BHUTAN

Unterwegs im Himalaya-Königreich

Andreas von Heßberg

TRESCHER VERLAG

1. Auflage 2016

Trescher Verlag
Reinhardtstr. 9
10117 Berlin
www.trescher-verlag.de

ISBN 978-3-89794-350-6

Herausgegeben von Bernd Schwenkros und Detlev von Oppeln

Reihenentwurf und Gesamtgestaltung:
Bernd Chill
Gestaltung, Satz, Bildbearbeitung: Ulla Nickl
Lektorat: Sabine Fach
Stadtpläne und Karten: Johann Maria Just, Martin Kapp, Ulla Nickl
Druck: druckhaus köthen

Gedruckt auf chlorfrei gebleichtem Papier

Printed in Germany

Alle Angaben in diesem Reiseführer wurden sorgfältig recherchiert und überprüft. Dennoch können Entwicklungen vor Ort dazu führen, dass einzelne Informationen nicht mehr aktuell sind. Gerne nehmen wir dazu Ihre Hinweise und Anregungen entgegen. Bitte schreiben Sie an **post@trescher-verlag.de.**

Titel: Tigernestkloster bei Paro
Vordere Klappe: Der Dzong von Paro
Hintere Klappe: Stupa im Süden zwischen Zhemgang und Gelephu

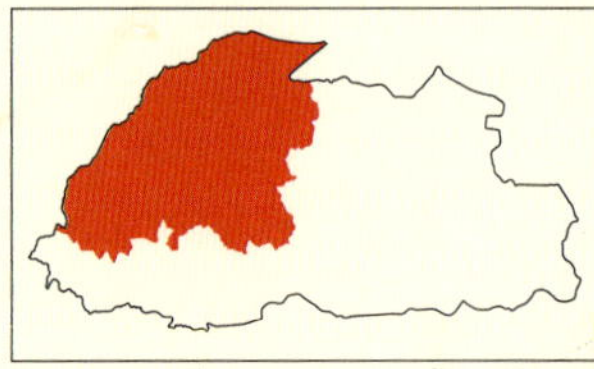

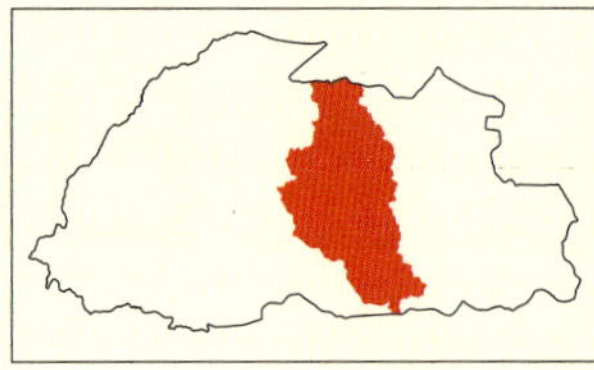

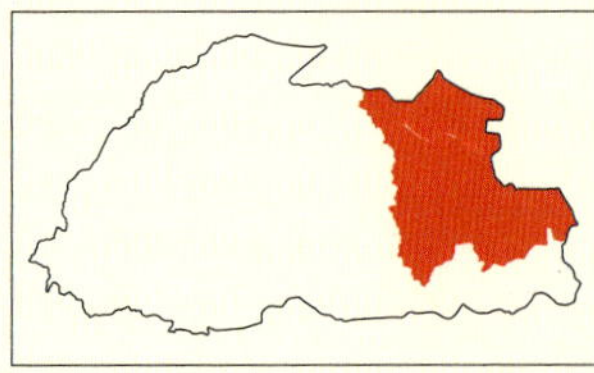

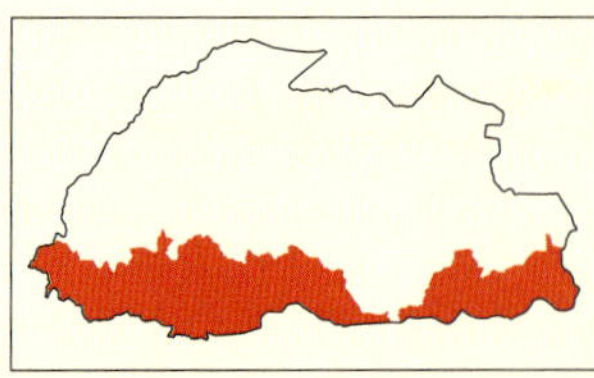

Junger Mönch

SPEED
30 KM
BP-2-A5367

Tänzer auf einem traditionellen Tsechu-Fest

Glück als Staatsziel

Bhutan steht für etwas, was wir in unserer getakteten und rationalen Welt schon weitgehend verloren haben und immer häufiger suchen: Die Welt hinter dem Sichtbaren, die Welt, wie sie zwischen Mensch und Natur sein könnte, die Spiritualität in den Dingen, die uns umgeben, aber auch im eigenen Ich. Kurz gesagt, das Glück auf Erden. Bhutan – das Land des Bruttosozialglücks ist ein Land mit einer tief verwurzelten buddhistischen Kultur.

Dieses kleine Land im östlichen Himalaya kann uns allen als Vorbild dienen, weil es den Respekt vor der Natur, der Kultur und den Menschen höher stellt als die Gier nach Geld, nach Erfolg oder Macht. Wir sind alle nur Sandkörnchen im Universum. Das, was wir meinen erschaffen zu müssen, hat nur dann eine dauerhafte Existenz, wenn es von den Nachkommen belebt wird. Das spürt man sehr deutlich, wenn man in einem Tempel vor einer Statue steht, die seit dem 7. Jahrhundert von den Einheimischen verehrt wird.

Bhutan will aber kein Shangri La sein, wie es der Schriftsteller James Hilton 1933 in seinem Roman ›Lost Horizon‹ beschrieb. Bhutan will ein Staat sein, der die traditionelle Kultur, die Naturreichtümer und die Ressourcen des Landes mit ins 21. Jahrhundert nimmt. Der entscheidende Faktor ist die Geschwindigkeit des Wandels. Überall auf der Welt, wo westlich geprägte Zivilisationen ein Land mit traditioneller Kultur zu schnell überrannt hatten, sind die Traditionen weitgehend zerstört worden, ebenso wie Großteile der Natur. Deshalb bremst Bhutan diesen Prozess durch rigorose Gesetze und klare Ansagen an den Tourismus: 250 US-Dollar pro Tag muss jeder bezahlen, der das Königreich besuchen möchte. Das schreckt viele ab und das ist auch gut so, wenn man es mit der Situation in Nepal vergleicht, wo schon in den 1960er Jahren die freien Kräfte des Tourismus vieles zerstört haben.

Mir war es auf Einladung von bhutanischer Seite vergönnt, mich als Reisejournalist frei im Land bewegen zu dürfen. Ich konnte so ohne den Druck eines Reiseleiters oder eines strengen Terminkalenders die wichtigsten Gebiete und Orte besuchen. Damit ich das auch ohne die Kosten und die Umständlichkeit eines motorisierten Fahrzeuges machen konnte, erhielt ich darüber hinaus auch das Privileg, mit dem eigenen Reiserad das Land erkunden zu dürfen. Diese Ehre möchte ich in Form von möglichst genauer Recherche und mit dem Blick auf die ›Details am Straßenrand‹ an die Leser weitergeben und sie dadurch an der Reise durch dieses grandiose Land teilhaben lassen.

Bhutan ist ein kleines Land, hat aber für den Tourismus eine magnetische Anziehungskraft. Die Tatsache, dass im deutschsprachigen Raum bisher noch kein umfassender Reiseführer zu Bhutan vorlag, mag auch der geringen Anzahl der Reisenden geschuldet sein. Insofern schließt dieses Buch eine Lücke im Bücherregal und im Rucksack aller Himalaya-Reisenden.

Somit allen ein herzliches ›Kususangpo‹ (Willkommen) in Bhutan! Ich wünsche allen Bhutan-Reisenden einen gelungenen und zufriedenen Aufenthalt, mit viel Muße für die Begegnungen mit den Menschen, der Kultur und der Natur des Landes.

Das Wichtigste in Kürze

Etwa 90 Prozent aller Touristen in Bhutan (Besucher aus Indien und Bangladesch nicht einbezogen) kommen wegen der Kultur, der Religion oder der Tsechu, der großen mehrtägigen buddhistischen Festivals. Dabei konzentriert sich der überwiegende Teil aller Touristen auf ein breites West-Ost-Band im Zentrum des Landes. Der tropische Süden und der von Hochgebirgen geprägte Norden spielen bislang eine sehr untergeordnete Rolle. Viele Gebiete sind über das Straßennetz Bhutans gar nicht erreichbar, sondern nur über Indien angeschlossen, zudem waren viele Gebiete bis vor wenigen Jahren noch Sperrgebiete für Besucher. Die wenigen Reisebücher zu Bhutan (meist englischsprachig) konzentrieren sich auf die Touristenhochburgen und blenden den Rest des Landes weitgehend aus. Deshalb hat der Autor versucht, auch Wege und Plätze abseits der Hauptziele zu besuchen und zu beschreiben. Das Buch soll eine Hilfe für all diejenigen sein, die sich intensiv auf die Natur, Landschaften, Kulturen und Menschen Bhutans vorbereiten wollen.

Am Anfang des Buches stehen ausführliche **Informationen zu Land und Leuten** (→ S. 21), die sich besonders der Landschaftsökologie (Geologie, Biologie, Naturschutz), der Geschichte, dem Buddhismus und den Volksgruppen widmen.

Anschließend werden zunächst im Westen **Paro**, das Einfallstor ins Land (→ S. 154), die **Hauptstadt Thimphu** (→ S. 176) sowie einzelnen Distrikte über **Zentral-** (→ S. 209) nach **Ost-Bhutan** (→ S. 251) behandelt. Die **südlichen**, von Touristen nur selten besuchten Distrikte, bekommen einen separaten Abschnitt (→ S. 281).

Für all diejenigen, die zum **Trekking** (→ S. 297) in die faszinierende Bergwelt Bhutans kommen, gibt es ein eigenes Kapitel mit kurzen Routenbeschreibungen zu den zehn beliebtesten Trekkingrouten.

Die Reportage über die **Radreise** des Autors durch Bhutan (→ S. 335) soll zum Lesen und Träumen anregen und ist für diejenigen gedacht, die ähnliche Unternehmungen vorhaben oder schon gemacht haben. Es soll aber auf alle Fälle den Blick auf die kleinen Details am Wegrand schärfen. Das Privileg, alleine und mit einem weitestgehend freien Tourenprogramm in Bhutan eine Radreise machen zu dürfen, wird auch als Verpflichtung verstanden, darüber zu schreiben und andere zu inspirieren.

Die aktuellen **Reisetipps von A bis Z** (→ S. 390) versuchen, alle wichtigen Fragen zu klären, sei es im Vorfeld bei der Organisa-

Zeichenunterricht an der Akademie für traditionelle Kunst in Thimphu

tion, bei der Auswahl des Reiseanbieters, der Auswahl der zu besuchenden Regionen oder der Ausrüstung. Es mag sein, dass sich einige Informationen schneller ändern, als dem Verlag und dem Autor lieb ist. Wir bitten daher alle Bhutan-Reisenden, uns solche Änderungen mitzuteilen.

Formalitäten

Bhutan ist ein Land mit relativ restriktiven Einreiseformalitäten, um die großen Touristenströme etwas abzubremsen. Es ist für Touristen verpflichtend, eine **Agentur vor Ort** zu haben und mit einem Führer unterwegs zu sein. Jeder normale Tourist zahlt momentan (2016) 250 US-Dollar pro Tag (Nebensaison 200 US-Dollar). Darin enthalten sind der Transport, Reiseführer, Hotel und Restaurant. Die **Hotels** innerhalb dieses Pauschalbetrages liegen in der 3-Sterne-Kategorie. Wer eine Übernachtung in der 4- oder 5-Sterne-Kategorie wünscht, muss zuzahlen. Die genauen Kosten für eine Zuzahlung erfährt man von seiner Reiseagentur, sie werden sehr individuell berechnet (aktuelle Verfügbarkeit, Art des Hotels, Saison). Die Preisangaben für die Hotels in diesem Buch geben dabei eine Orientierung.

Man benötigt ein **Visum** für Bhutan, das man jedoch nur über die **Einladung** von einer bhutanischen Agentur (oder Behörde) bekommt. Ohne Visum wird man nicht ins Flugzeug gelassen. Nur wenige deutsche Reiseanbieter haben bislang Bhutanreisen in ihren Programmen. Die hohen täglichen ›Eintrittsgelder‹ spielen dabei sicherlich eine Rolle.

Gesundheit

Es gibt keine amtlichen Impfvorschriften; empfohlene Impfungen: Tetanus, Hepatitis A, Diphtherie und Polio.

Wichtige Regeln

Das **Fotografieren** und **Filmen** innerhalb der Tempel ist meistens verboten. Manchmal darf man gegen eine Spende trotzdem Aufnahmen machen.

Garuda (Fabelwesen) am Dzong von Gangtey im Distrikt Wangdue

Für den Besuch von Ämtern, Klöstern, Tempeln, Dzongs müssen Bhutaner/innen einen bestimmten **Dress-Code** einhalten. Dieser gilt für Ausländer nicht – man sollte sich dennoch dezent kleiden.

Reisen im Land

Normalerweise stellt die Agentur, über die man ins Land gekommen ist, ein **Transportfahrzeug**. Man kann aber auch mit dem sehr guten öffentlichen Bussystem reisen. In den Städten und Distrikt-Zentralen gibt es Taxis. Trampen ist für Ausländer in Bhutan unüblich. Ein Fahrzeug gibt es nur mit Fahrer zu mieten. **Radtouristen** sind ebenfalls an eine Agentur gebunden und werden von einem Begleitfahrzeug ›beschattet‹. Wer zu Fuß mit Rucksack unterwegs sein will, benötigt ebenfalls einen Guide. Bei vielen **Trekkingtouren** stehen auch Packpferde, Maultiere oder Yaks zur Verfügung und sind in den 250 US-Dollar pro Tag bereits enthalten.

Übernachtungen

Es gibt zahlreiche Hotels, Resorts, Guesthouses oder Lodges mit sehr unterschiedlichen Standards bezüglich der technischen Ausstattung, der traditionellen Einrichtung

Häuser im Parotal

und des Service. In der Preiskategorie 1200 bis 2000 Nu pro Übernachtung bekommt man meist gute Hotelzimmer mit westlichem Standard. In allen größeren Siedlungen und den Distriktzentren gibt es Hotels – für Einheimische und Besucher. Zu den Zeiten der großen Tsechus (buddhistische Festivals) sind die besseren Hotels schnell ausgebucht. Also: frühzeitig buchen!
Das Zelten ist zwar fast überall erlaubt, aber nicht nötig, da man die Unterkunft schon mitbezahlt hat.

Verständigung

Bhutan hat in den 1960er Jahren das indisch-englische Schulsystem übernommen. Die meisten Menschen sprechen Englisch. Häufig ist die Aussprache etwas gewöhnungsbedürftig, weil der Sing-Sang und das rasante Sprechtempo der Einheimischen mit dem gelernten Englisch kombiniert werden. Die Amtssprache ist das Dzongkha, eine dem Tibetischen verwandte Sprache. Die Schrift ist ebenfalls der tibetischen sehr ähnlich. Im Allgemeinen gelten die Bhutaner als sehr hilfsbereit und gegenüber Ausländern als zuvorkommend. Selbst bei Menschen in abseits gelegenen Dörfern klappt es daher auch immer mit der Kommunikation mit Händen und Füßen.

Häufig vorkommende Bezeichnungen

(ausführliches Glossar → S. 418)

Chhu	Fluss
Chorten	Grabmal oder Stupa
Druk yul	Name für Bhutan in der Landessprache
Duar	südliche Ebenen des Landes
Dungkhag	Unterdistrikt
Dzong	Festung, meist Sitz der Verwaltung
Dzongkhag	Distrikt
Gho	Nationaltracht der Männer
Goemba	Tempel
Kira	Nationaltracht der Frauen
La	Bergpass
Lam	Straße
Lhakhang	Kloster oder Heiligtum
Tsechu (Tshechu)	religiöses, mehrtägiges Fest
Utse	zentraler Turm (Tempel) innerhalb eines Dzongs
Zam	Brücke

Entfernungstabelle

	Haa	Paro	Thimphu	Wangdue Phodrang	Punakha	Gasa	Trongsa	Jakar	Mongar	Lhuntshi	Trashigang	Trashi Yangtse	Phuentsholing	Samtse	Dagana	Tsirang	Sarpang	Zhemgang	Pemagatshel	Samdrup Jongkhar
Samdrup J.	822	764	711	637	657	707	507	438	264	341	174	228	327	430	382	270	217	340	98	
Pemagatshel	774	716	663	589	609	659	459	390	216	293	126	180	425	528	480	368	315	438		98
Zhemgang	426	368	315	241	261	311	111	180	354	431	444	478	343	378	323	211	158		438	370
Sarpang	332	274	221	147	167	217	277	346	520	597	610	644	185	220	165	53		158	315	296
Tsirang	279	221	168	94	114	164	224	293	467	544	557	591	238	273	112		53	211	368	350
Dagana	347	289	236	162	182	232	292	361	535	612	625	659	350	385		112	165	323	480	462
Samtse	299	241	250	293	296	377	426	492	666	743	756	790	78		385	273	220	378	503	431
Phuentsholing	221	163	172	215	218	299	345	414	588	665	678	712		78	350	238	185	343	425	387
Trashi Yangtse	682	624	571	497	517	567	367	298	124	201	54		712	790	659	591	644	478	180	228
Trashigang	648	590	537	463	483	533	333	264	90	167		54	678	756	625	557	610	444	126	174
Lhuntshi	635	577	524	450	470	520	320	251	77		167	201	665	743	612	544	597	431	293	341
Mongar	558	500	447	373	393	443	243	174		77	90	124	588	666	535	467	520	354	216	264
Jakar	384	326	273	199	219	269	69		174	251	264	298	414	492	361	293	346	180	390	438
Trongsa	315	257	204	130	150	200		69	243	320	333	367	345	426	292	224	277	111	459	507
Gasa	238	180	127	70	50		200	269	443	520	533	567	299	377	232	164	217	311	659	707
Punakha	188	130	77	20		50	150	219	393	470	483	517	218	296	182	114	167	261	609	657
Wangdi Ph.	185	127	74		20	70	130	199	373	450	463	497	215	293	162	94	147	241	589	637
Thimphu	111	53		74	77	127	204	273	447	524	537	571	172	250	236	168	221	315	563	711
Paro	70		53	127	130	180	257	326	500	577	590	624	163	241	289	221	274	368	716	764
Haa		70	111	185	188	238	315	384	558	635	648	682	221	299	347	279	332	426	774	822

Die schönsten Reiseziele

Paro Dzong ►

Diese Festung beeindruckt durch ihren massiven fast quadratischen Bau, die dicken Außenmauern und die Wehrhaftigkeit der Anlage. Im Inneren existiert ein lebendiges Klosterleben mit vielen Pilgern. Hier ist auch der Sitz der Lokalregierung. Oberhalb des Dzongs liegt der Ta Dzong (Wehrturm) mit dem sehenswerten Nationalmuseum. (→ S. 156)

Thimphu Dzong

Dieser riesige Dzong ist der Sitz der Zentralregierung und beeindruckt durch seine Größe. Er wurde erst nach den kriegerischen Auseinandersetzungen mit Tibet gebaut worden und steht im Tal von Thimphu. (→ S. 187)

Dzong von Punakha ▼

Früher der Sitz der Regierungen und der Wintersitz des Klerus. Der Zugang zum Dzong geschieht über die sehenswerte und weltweit größte Holz-Kragbrücke. Beeindruckend auch die große Holztreppe zum Inneren des Dzongs, die bei Gefahr einfach zerstört werden konnte. (→ S. 198)

Trongsa Dzong ►

Der wohl interessanteste und von außen beeindruckendste Dzong. Er steht auf einem Felsvorsprung und überblickt das weite Tal. Im Inneren befinden sich viele Tempel und Heiligtümer. Man kann stundenlang durch die engen Gänge und über steile Treppen herumirren. (→ S. 211)

Tigernest-Kloster

Das Kloster im Paro Distrikt ist wohl das bekannteste bhutanische Kloster. Es hängt wie ein Schwalbennest in der Felswand. Die etwas anstrengende Wanderung zum Kloster wird mit einer beeindruckenden spirituellen Atmosphäre und einer Panorama-Aussicht belohnt. (→ S. 161)

Kurjey-Kloster ▼

Dieses Kloster am Stadtrand von Jakar (Bumthang) mit seinen drei großen Tempeln ist wegen der Lage und Umrandungsmauer mit den unzähligen kleinen Chörten sehenswert. Die Tempel sind im Inneren sehr farbenprächtig und mit besonderen Wandgemälden ausgestattet. (→ S. 229)

Handwerks-Akademie ▼

Das ›National Institute for Zorig Chusum‹ in Thimphu ist eine Art Handwerks-Universität. Hier werden all die wichtigen traditionellen Handwerke gelehrt, die für den Erhalt der Kultur und der Kulturgüter des Landes notwendig sind. Dabei kann der Besucher den Schülern während der Arbeit über die Schultern schauen. (→ S. 185)

Nationalparks

Bhutan verfügt über zahlreiche, einen Besuch werte Nationalparks, u.a. den Jigme Dorji National Park, den Jigme Singye Wangchuck National Park, das Bumdeling Wildlife Sanctuary und den Royal Manas National Park. Hier findet man von Menschenhand unbeeinflusste Naturlandschaften und das komplette ursprüngliche Arteninventar des Landes – bisher gibt es noch keine ausgerottete Tier- und Pflanzenart in Bhutan. (→ S. 105)

Religiöse Festivals (Tsechu) ▼

Landesweit gibt es zahlreiche dieser Tsechus, die auch gut im Kalender verteilt sind, sodass ein Besucher im Prinzip immer irgendwo eines dieser religiösen Treffen und Feiern in seinen Reiseplan mit einflechten kann. Besonders bekannt oder sehenswert sind die Tsechus in Paro, in Thimphu, in Punakha, in Gangtey, im Ura-Tal, im Dramitse-Kloster und in Gom Kora. (→ S. 126)

Outdoor-Aktivitäten

Zahlreiche Naturlandschaften und alpine Trekking-Gebiete laden dazu ein, das Land mit den eigenen Beinen zu erkunden. Unterstützt wird man dabei in der Regel von Packtieren (Maultiere oder Yaks) und lokalen Guides. Besonders gut ausgebaute und lohnenswerte Trekking-Routen sind der Drukpath-Trek, der Jomolhari Trek, der Dagala Thousand Lakes Trek, der Laya Gasa Trek, der BumthangCultural Trek, der Snowman Trek, der Nabji Trek und der Merak Sakten Trek. (→ S. 305)

»Wonach suchst du? Nach Glück, Liebe, Seelenfrieden? Suche nicht am anderen Ende der Welt danach, sonst wirst du enttäuscht, verbittert und verzweifelt zurückkehren. Suche am anderen Ende deiner selbst, in der Tiefe deines Herzens.«

bhutanisches Sprichwort

Besucher des Nationalen Erinnerungschörten im Thimphu

LAND UND LEUTE

Zahlen und Fakten

Name: Königreich Bhutan (seit 1907)
Staatsform: Erbmonarchie, seit 1907
Regierungssystem: konstitutionelle Monarchie (seit 2008)
Administrative Gliederung: 20 Regierungsbezirke
Staatsoberhaupt: König Jigme Khesar Namgyel Wangchuck (seit 6.12.2006)
Regierungspräsident: Tshering Tobgay (seit 27.7.2013)
Oberster Abt (Je Khenpo): Trulku Jigme Chhoedra (seit 1996)
Hauptstadt: Thimphu (99000 Einwohner, 2011)
Weitere Städte: Phuentsholing, Gelephu, Wangdue, Paro, Jakar, Tongsa
Einwohnerzahl: 733643 (2014)
Fläche: 38394 qkm (Baden-Württemberg: 35751 qkm)
Bevölkerungsdichte: 19,11 Einwohner/qkm
Bevölkerung: Bhutanesen tibetischer Abstammung sowie Nepalesen aus Indien und Nepal
Religion: tibetischer Buddhismus (75 Prozent), indischer Hinduismus (22 Prozent)
Sprachen: Dzongkha = Druk-Yul (Amtssprache), oft Englisch
Alphabet: ähnlich dem tibetischen
Höchste Erhebung: Gangkhar Puensum 7570 m
Tiefster Punkt des Landes: Flusstal des Drangeme Chhu an der indischen Grenze 97 m
Längster Fluss: Puna Tsang Chhu (etwa 250 km)
Größter See: aufgestauter Bereich des Flusses Torsa an der indischen Grenze
Klima: stark vom Monsun geprägtes Klima: Mitte September bis Mitte Juni trocken, restliche Zeit viel Regen. Je nach Landesteil warme bis schwül-heiße Sommer und sehr kalte bis gemäßigte Winter.
Alphabetisierung: 52,8 Prozent (2005)
Staatsgrenzen: Indien (Provinzen Sikkim, West-Bengalen, Assam, Arunachal Pradesh) im Westen, Süden und Osten. Tibet (von China besetzt) im Norden.
Landeswährung: Ngultrum (BTN, Nu) und Indische Rupie (INR)
Zeitzonen: + 5Stunden zur MEZ (Winterzeit)
Nationalfeiertag: 17. Dezember
Telefonvorwahl: 00975 (oder +975)
Internetkennung: .bt

Die bhutanische Flagge mit dem Drachen (Druk)

Geographie

Das Gebiet des Königreichs Bhutan liegt ausschließlich im Bereich des zentralen Gebirgszuges des Himalayas. Das Land besitzt eine durchschnittliche Höhe von etwas mehr als 2000 Meter und gehört damit zu den höchstgelegenen Ländern der Erde. Der höchste Berg ist der 7570 Meter hohe Gangkhar Puensum (auch Kangkar Punsum genannt), der auf der Grenze zu Tibet liegt und dessen Gipfelregion deshalb zwischen Bhutan und China umstritten ist. Dieser Bergriese ist zugleich der weltweit höchste unbestiegene Berg. Das wird auf absehbare Zeit auch so bleiben. Den letzten Versuch, den Gangkhar Puensum zu besteigen, unternahm eine britische Expedition im Jahr 1986. Seit 1994 ist das Bergsteigen oberhalb von 6000 Metern in Bhutan gesetzlich verboten, da die Bevölkerung in den hohen Gipfeln den Aufenthaltsort von Göttern sieht. Von chinesischer Seite könnte es vielleicht in Zukunft eine Besteigung geben, was aber extrem aufwendig ist.

Im äußersten Süden Bhutans erreicht man die tropische Tiefebene von Assam, die sogenannten Duar-Ebenen (siehe Kapitel zu den Reisezielen, → S. 282). Hier liegen mit 100 bis 200 Metern über der Meereshöhe die tiefsten Regionen Bhutans. Ein derartig hohes Geländerelief auf einer so kleinen Fläche birgt viele Probleme wie die Errichtung und Aufrechterhaltung einer modernen Infrastruktur. Auf der anderen Seite liegen große Potentiale in der Nutzung der Wasserkraft.

Die Fläche des heutigen Staates Bhutan beträgt 38394 Quadratkilometer und ist damit nur etwas größer als das Bundesland Baden-Württemberg. Die maximalen Ausdehnungen des Landes sind von Nord nach Süd etwa 170 Kilometer und von Ost nach West 330 Kilometer. Auf dieser Fläche leben allerdings sehr viel weniger Menschen: nur 733643, was eine Bevölkerungsdichte von etwas mehr als 19 Menschen pro Quadratkilometer bedeutet (in Baden-Württemberg sind es 15-mal mehr).

Blick von Bhutan nach Tibet

Landschaft im Drangme-Tal

Bhutan wird von Indien und Tibet (von China besetzt) umschlossen. Die indischen Provinzen sind im Westen Sikkim (seit 1975 von Indien eingenommen), West-Bengalen (mit dem Distrikt Darjeeling), im Süden Assam und im Osten Arunachal Pradesh (in der Summe eine 659 Kilometer lange Grenze zu Indien). Der gesamte Norden Bhutans hat eine gemeinsame Grenze mit Tibet (477 Kilometer lang).

Bhutan ist administrativ in 20 Provinzen (Dzongkhag) unterteilt (siehe Tabelle). Politisch wird Bhutan in vier Einheiten (Dzongdey) untergliedert, auch wenn das geographisch nicht immer ganz genau passt: West-, Zentral-, Ost- und Süd-Bhutan.

Bhutan landschaftlich zu untergliedern, ist nicht sehr einfach und für den Laien auch nicht einfach nachvollziehbar, denn das gesamte Land besteht nur aus Hügeln und Bergen. Nur im äußersten Süden Bhutans befindet man sich außerhalb des Himalayas in den Ebenen Assams (Duar-Ebenen). Diese Region ist aber ein so schmaler Streifen an der Grenze zu Indien, dass man daraus keine eigene landschaftliche Gliederung herausziehen kann. Auf die südlichen Ebenen wird im Buch noch näher beim Klima und den Reisezielen eingegangen. Als Vorder-Himalaya, ›Lesser Himalaya‹ oder Siwalik werden die Berge im südlichen und zentralen Teil Bhutans genannt, sie sind maximal 3000 Meter hoch. Im Norden davon liegen die über 4000 Meter hohen Gebirgszüge des ›Hoch-Himalayas‹, auch Lunana genannt. Zwischen den beiden Bergzonen gibt es fließende Übergänge. Der Übergang zu den südlichen Tiefebenen ist dagegen sehr abrupt, ähnlich dem des Alpensüdabhangs in Italien.

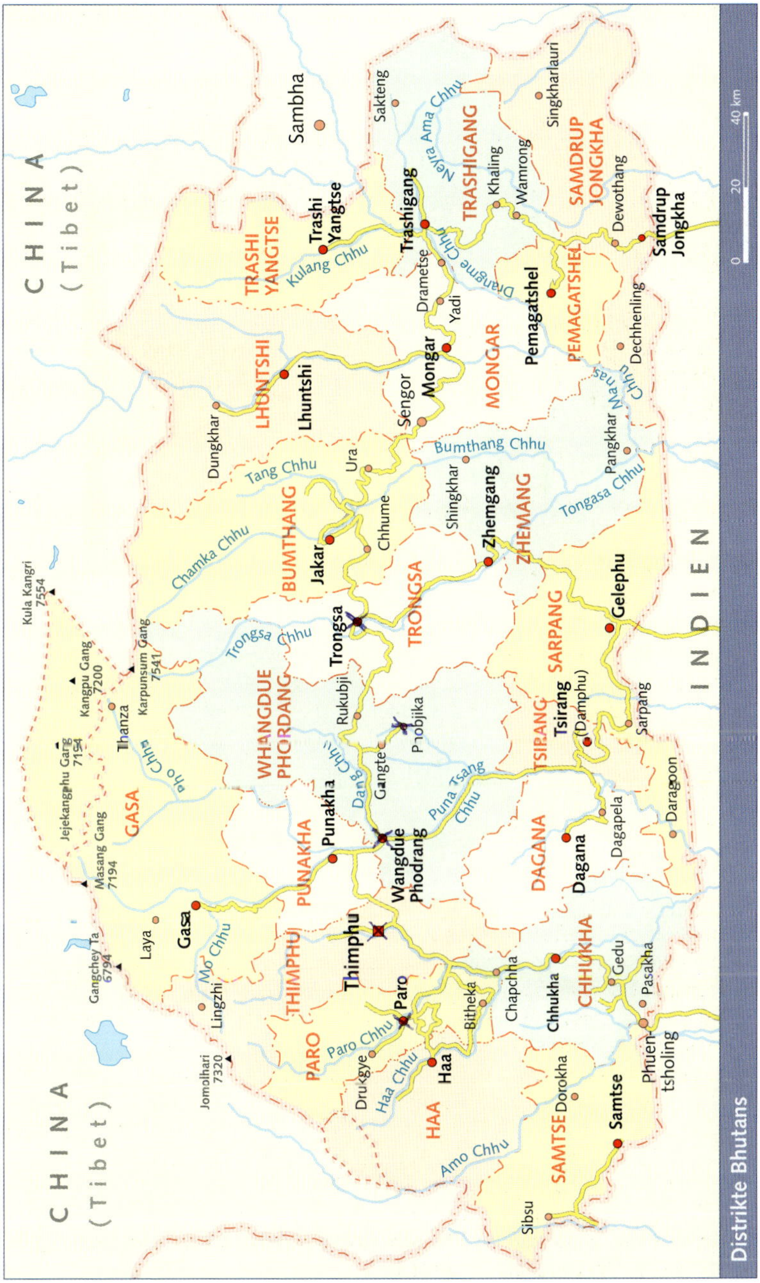

Distrikte Bhutans

Schutzheiliger im Dzong von Paro

Die Regierungsdistrikte Bhutans

	Distriktzentrale	Fläche [qkm]	Einwohner	E/qkm
West-Bhutan				
Haa	Haa	1319	12583	9,54
Paro	Paro	1693	38613	22,81
Thimphu	Thimphu	1617	116115	71,81
Wangdue Phodrang	Wangdue Phodrang	4181	33783	8,08
Punakha	Punakha	845	18922	22,39
Gasa	Gasa	4089	3326	0,81
Zentral-Bhutan				
Bumthang	Jakar	2490	17563	7,05
Trongsa	Trongsa	1815	14474	7,97
Zhemgang	Zhemgang	2146	20060	9,35
Ost-Bhutan				
Lhuntse	Lhuntse	2881	16354	5,68
Trashi Yangtse	Trashiyangtse	1459	19069	13,07
Mongar	Mongar	1638	39956	24,39
Trashigang	Trashigang	2171	54591	25,15
Süd-Bhutan				
Chhukha	Phuentsholing	1991	83123	41,75
Samtse	Samtse	1725	64446	37,36
Tsirang	Damphu	632	19810	31,34
Dagana	Dagana	1276	19397	15,20
Sarpang	Sarpang	2048	45497	22,22
Samdrup Jongkhar	Samdrup Jongkhar	2207	43612	19,76
Pemagatshel	Pemagatshel	593	14889	25,11

Geologie

Die Aufwerfung und Faltung des Himalayas entstand als Folge der Kollision der indischen mit der eurasischen Platte. Noch in der Phase vor der Kollision lag ein flaches tropisches Meer zwischen Indien und dem Kontinent, das Tethys-Meer. Vor etwa 45 Millionen Jahren trafen beide Platten aufeinander, wobei Indien mit etwa neun Zentimetern pro Jahr nach Norden driftet und dabei die Plattenmassen stark aufhebt und faltet. Noch heute erhebt sich der Himalaya mehr als einen Zentimeter pro Jahr, was allerdings fast komplett durch die Erosion wieder zunichte gemacht wird. Indien ist bis heute schon etwa 2000 Kilometer weit in den eurasischen Kontinent hineingerammt, was in dieser Kollisionszone (nicht nur im Himalaya) immer wieder für starke Erdbeben, geologische Verschiebungen und Faltungen führt. Neueste Erkenntnisse zeigen, dass erst die Aufwerfung des Himalayas und das Heben der tibetischen Hochlandmasse den Motor für den jährlichen Monsun verursacht haben. Je höher die Berge im Einflussbereich der Monsunregen sind, desto mehr und heftiger fällt dort Regen und Schnee, desto höher ist dort auch wieder die Erosionsrate.

Die Himalaya-Berge Bhutans gehören zu den Plattenmassen Indiens. Die Kollisionszone der beiden Platten liegt weiter im Norden, im tibetischen Flusstal des Yarlung Tsangpo. Die hohen Berge Bhutans zeigen tiefe Schichten von metamorphosen und granitischen Gesteinen mit einer geologischen Dicke von bis zu 30 Kilometern. Unter metamorphosen Gesteinen versteht man die in die Tiefe abgetauchten Gesteins- und Sedimentschichten, die durch die dortige Hitze und Druck beispielsweise zu Schiefer, Gneis oder Tonstein umgewandelt werden. Beim Abtauchen und Falten von Gesteinen entstehen auch immer Risse in der Erdkruste, in die dann Magma eindringen kann und die als dunklere Bänder oder Gesteinsschichten mit den umgebenden metamorphosen Schichten zurück an die Oberfläche gelangen.

Im Tang-Tal im Bumthang-District

Blick auf den Makalu an der tibetisch-nepalesischen Grenze beim Flug nach Paro

Bei der Betrachtung der Entstehungsgeschichte der metamorphen und granitischen Himalaya-Gesteine ist es beispielsweise verständlich, dass es kaum große Schichten mit Kalkgestein (Kreide, Kalkstein, Marmor) in Bhutan gibt.

Jüngere Sedimentschichten, sprich der Großteil der durch die Erosion von Gletschern, Flüssen und Regen verursachte Schutt der hohen Berge, liegt in massiven, teilweise mehrere Hundert Meter dicken Schichten in den Tälern und besonders in den südlichen Tiefebenen von Indien. Alle Flüsse Bhutans transportieren besonders in der Regenzeit und während der Schneeschmelze im Himalaya enorme Mengen an Gestein in Richtung des Indischen Ozeans. In vielen breiten Tälern Bhutans sind aus den über die Jahrmillionen entstandenen Sedimentschichten gute Ackerböden entstanden. Viele Täler des Landes sind jedoch zu eng für eine Ablagerung von Sedimenten – die Geschiebefracht wird weiter nach Süden verlagert.

Erdbeben

Durch die vielen Falten- und Knautschzonen des Himalayas verlaufen auch noch tektonische Spannungszonen, die geprägt sind von enormen Scherkräften. Entlang dieser Zonen kommt es immer wieder auch zu starken Erdbeben, wie zum Beispiel das in Sikkim, in unmittelbarer westlicher Nachbarschaft zu Bhutan, am 18. September 2011 mit einer Stärke von 6,9 auf der Mw-Skala (Momenten-Magnituden-Skala; die Richter-Skala wird nur für schwache Erdbeben verwendet). Dieses Beben hatte in West-Bhutan an vielen Gebäuden zum Teil massive Schäden verursacht.

Aber auch schon früher ist die Region von heftigen Erdbeben erschüttert worden. Das schwere Erdbeben in Nord-Assam am 12. Juni 1897 war mit 8,1 Punkten (Mw-Skala) eines der schwersten jemals in Asien gemessenen Beben. Zum

Nebel und Wolken wie hier in Zhemgang sind durch die hohe Luftfeuchtigkeit bedingt

Vergleich: Das schwere Erdbeben in San Francisco in 1989 hatte 7,1 Punkte, war also weniger als ein Zehntel so stark (Zur Erklärung: Die Erdbeben-Skalen sind logarrhythmische Skalen. Eine Einheit mehr = 10-fach stärker). Das Epizentrum lag etwa 80 Kilometer südlich von Bhutans Grenze in Assam, in 35 km Tiefe. In dieser Region liegt die Oldham-Verwerfung, die die nördliche Grenze des Shillong-Plateaus in der Indischen Platte bildet. Hier bauen sich immer wieder Spannungen auf, da die indische Platte stark nach Norden drängt. Die Wucht der Erschütterung war so heftig, dass die Dzongs von Punakha und Lingzhi (an der Nordwestgrenze zu Tibet) zerstört wurden. Die Dzongs von Wangdue Phodrang, Trongsa, Jakar und viele weitere Bauwerke wurden in erheblichem Ausmaß beschädigt. Nur der Paro Dzong blieb weitgehend heil. Es gab insgesamt etwa 1500 Tote, wobei die meisten auf indischer Seite zu beklagen waren. Dieses Erdbeben und die Beschleunigungskräfte waren mit über 1G (9,81 m/s^2) so heftig, dass zum ersten Mal überhaupt beobachtet wurde, dass Steine, auch große Felsen, in die Luft gehoben wurden und neben ihrem alten Platz wieder landeten. Die Erdverschiebungen, die während eines Bebens stattfinden, waren mit bis zu 16 Metern so hoch wie bis dahin noch nie nach einem Beben gemessen.

Ein weiteres schweres Erdbeben erschütterte Bhutan am 15. August 1950 (8,6 auf der Mw-Skala). Jedoch war dabei das Epizentrum im Bereich der Grenze des Bundesstaates Arunachal Pradesh zu Ost-Tibet und somit weit genug von Bhutan entfernt. In der Fachliteratur wird dieses Beben auch als Assam-Beben bezeichnet.

Klima und Reisezeit

Die Hebung des tibetischen Hochlandes auf durchschnittliche Höhen von um die 5000 Meter verursachte vor etwa 30 bis 20 Millionen Jahren auch ein Umlenken der subtropischen Jet-Winde, die zu zwei unterschiedlichen Effekten führte: ein trockenes, wüstenhaftes Hochdruckklima auf dem tibetischen Hochland mit einer massiven Abschirmungsfähigkeit der nord-polaren Kaltluftströme (dadurch ist ganz Südostasien mit subtropischem Klima begünstigt worden) und ein sich zyklisch aufbauendes Tiefdruckgebiet über dem Golf von Bengalen. Das sommerliche Hochdruckgebiet über Tibet saugt warme und feuchte Luftmassen aus Süden an und verursacht so den Monsun, dessen Regenmassen aber sehr häufig das tibetische Hochland nicht erreichen, sondern an den hohen Bergkämmen des Himalayas und Hengduan Shan abregnen. Dieser Sommer-Monsun dauert in der Regel von Mitte Juni bis Mitte September. Der Ort mit der höchsten jemals in einem Monat gemessenen Regenmenge (9300 Millimeter; Juli 1861) liegt nur etwa 200 Kilometer südlich von Bhutan im indischen Bundesstaat Meghalaya (südlich von Assam). Dort wurde auch die global dritthöchste jährliche Regenmenge gemessen: 26461 Millimeter zwischen dem 1.8.1860 und dem 31.7.1861 (Anmerkung: Die Niederschlagsmenge wird in Millimeter angegeben und bezieht sich auf die Regenmenge in Litern pro Quadratmeter).

Bei der näheren Betrachtung des Klimas Bhutans erkennt man große regionale Unterschiede. Im tropischen und subtropischen Süden ist es fast das gesamte Jahr hindurch warm bis heiß mit einer hohen Luftfeuchtigkeit. In den Tälern Zentral-Bhutans bestimmt ein gemäßigteres Klima mit kühlen bis sehr kalten Wintern (je nach Höhenlage) und mit heißen, oft trockenen Sommern. Im nördlichen Bergland Bhutans sind die Winter sehr kalt, relativ schneearm, und die Sommer kühl.

Vegetation im Süden: eine kleine Springkraut-Art

Entsprechend dem Klima und dem jahreszeitlichen Wetter sind die idealen Reisezeiten in Bhutan sehr unterschiedlich. Im Süden würde ein Mitteleuropäer ohne gute Anpassung in den Monaten April bis September stark unter der schwülen Hitze leiden. Für die tropischen Tieflandgebiete im Süden ist daher als ideale Reisezeit der November bis Februar zu nennen. In den nördlich davon gelegenen subtropischen Bergen (›Lesser Himalaya‹) kommt noch der Oktober und März dazu. Von April bis September, also zur Monsunzeit, rate ich zu einem längeren Besuch dieser Regionen eher ab.

In Zentral-Bhutan ist die ideale Reisezeit demzufolge das Frühjahr ab Anfang April bis weit in den Herbst hinein bis Ende Oktober. Während der Monsunzeit im Juni bis August kann es in einigen Tälern mit einer weiten Öffnung nach Süden auch in Zentral-Bhutan zu starken Nachmittagsregen kommen. Thimphu hat beispielsweise 500 Millimeter Regen von Juni bis August. Diese sind aber weit weniger heftig als im Süden des Landes. Die Sommer Zentral-Bhutans zeigen Tageshöchsttemperaturen von 25 °C bis 30 °C. Im Frühjahr und Herbst entsprechend niedrigere Temperaturen. In Zentral-Bhutan ist in den Tälern (bei etwa 2000 m) mit den ersten nächtlichen Bodenfrösten ab Mitte bis Ende Oktober zu rechnen. Schnee fällt in den Tälern Zentral-Bhutans den gesamten Winter über nur sehr wenig, dafür auf den hohen Bergen dieser Region umso mehr. Die Straßen über die Bergpässe Zentral-Bhutans können dann auch für mehrere Tage gesperrt sein.

Der nördliche, vom Hoch-Himalaya geprägte Landesteil eignet sich für Besuche und Reisen vom Mai bis in September, mancherorts noch bis in den Oktober. Die Sommer sind hier kühl, fast schon skandinavisch, jedoch weitgehend trocken und fast immer sonnig. Dafür sind die Winter lang und sehr kalt. In 4000 Meter Höhe ist der Schnee Anfang April verschwunden, in 5000 Meter Höhe Mitte Mai. In dieser Zeit, kombiniert mit der Rhododendron-Blüte und den bunten Almen, kann man für Trekkingtouren im Hochgebirge grandiose Tage mit milden Temperaturen und nur wenig Regentagen erleben. Im September und Oktober, teilweise auch noch im November, sind die Tagestemperaturen nicht mehr so mild wie im Frühjahr. Dafür ist die sonnige Hochdruckwetterlage sehr viel stabiler und die Fernsicht grandios.

Bauernhäuser bei Thimphu

Für alle Regionen Bhutans gilt eines sicher: Man befindet sich auf dem 27. Breitengrad Nord und das bedeutet sehr schnelle Sonnenauf- und Sonnenuntergänge mit einer entsprechend kurzen Dämmerungsphase.

Durchschnittstemperaturen in Bhutan

		Paro	Thimphu	Trongsa	Bumthang	Kanglung, Tashigang	Bhur, Gelephu	Phuntsholing, Chukha
Dezember	min	2,6	-2,1	7,2	-3,6	3,9	14,7	17,2
	max	14,0	16,0	18,0	12,6	15,4	24,1	24,9
November	min	6,3	2,2	9,7	1,6	7,2	17,8	26,0
	max	15,8	18,3	19,3	15,1	18,2	26,7	28,3
Oktober	min	11,0	8,0	13,4	6,6	11,2	21,2	15,6
	max	20,4	21,2	22,3	18,0	21,7	28,9	31,2
September	min	15,4	13,6	17,1	12,3	15,5	24,1	24,8
	max	23,5	23,8	25,0	21,1	23,9	30,4	31,6
August	min	17,4	15,4	17,1	14,3	16,8	24,7	11,9
	max	25,2	25,1	26,6	22,4	24,8	30,9	32,6
Juli	min	17,9	15,9	18,2	14,3	17,0	24,3	23,1
	max	25,1	24,0	25,9	22,5	24,3	30,2	31,9
Juni	min	15,7	14,6	17,2	12,9	16,2	24,0	10,1
	max	24,5	24,4	24,7	21,7	23,7	29,7	32,6
Mai	min	12,6	10,9	14,5	9,4	13,3	22,7	20,9
	max	22,5	22,8	23,6	19,1	22,7	29,4	32,4
April	min	9,1	6,7	13,5	5,7	10,4	21,0	6,3
	max	20,1	20,7	23,9	17,1	21,1	28,3	31,1
März	min	5,7	3,0	10,4	1,9	7,3	18,3	18,2
	max	17,6	18,2	22,3	14,8	18,8	26,6	29,5
Fetbruar	min	3,3	-0,7	6,2	-1,3	4,6	16,2	5,1
	max	14,9	15,8	19,3	12,5	15,6	24,7	26,5
Januar	min	1,4	-3,3	5,6	-4,2	2,5	13,4	16,2
	max	12,8	14,6	17,5	11,0	13,6	22,9	23,9

Hydrologie

Bhutans Reichtum liegt im schnell fließenden Wasser, bedingt durch das hohe Geländeprofil. Alle Flüsse Bhutans entwässern in Richtung Brahmaputra (auf tibetischer Seite Yarlung Tsangpo) und damit in den Indischen Ozean. Die fünf größten Flusssysteme (Chhu = Fluss) des Landes sind von West nach Ost betrachtet diejenigen des:

1. Amo Chhu, der aus Tibet kommt und durch die Provinzen Haa und Samte nach Indien fließt.

2. Wand Chhu, dessen Einzugsgebiet im Ostteil der Provinz Haa (Haa Chhu), im gesamten Bereich der Provinz Paro (Paro Chhu) bis hoch zu den Bergriesen Jomolhari (7314 m) und Jichu Drake (6794 m) und im zentralen Bereich der Provinz Thimphu (Thimphu Chhu) liegt. Dieser Fluss durchströmt noch die Provinz Chhukha, bevor er Assam erreicht.

3. Puna Tsang Chhu (manchmal auch Sunkosh Chhu genannt), der aus den nördlichen Teilen der Provinz Gasa, Punakha und Wangdi stammt und durch die Provinzen Dagana, Tsirang und Sarpang außer Landes fließt. Er ist mit etwa 250 Kilometern der längste Fluss Bhutans.

4. Mangde Chhu, dessen Quellflüsse im nordöstlichen Teil der Provinz Gasa und im Norden von Wangdi liegen. Er durchfließt die Provinzen Tongsa und vereinigt sich in der Provinz Shemgang mit dem Bumthang Chhu, der sein Einzugsgebiet in der gleichnamigen Provinz hat. Als Tongasa Chhu fließen beide etwa 20 Kilometer weiter, bevor sie den Manas Chhu und die Tiefebene von Assam erreichen.

5. Der Kuru Chhu (aus den Provinzen Lhuntshi und Mongar) und der Drangme Chhu (aus Trashi Yangtse, Trashigang und dem nordwestlichen Bereich der indischen Provinz Arunachal Pradesh), die sich in der Provinz Pemagatsel zum Manas Chhu vereinigen und fünf Kilometer vor der indischen Grenze mit dem Tongasa Chhu zusammen treffen.

Große Flusssysteme Bhutans

Neubau eines Wasserkraftwerks im Wangdue-Distrikt

Viele Flüsse Bhutans, besonders diejenigen, die im Hoch-Himalaya entspringen, werden von den Gletschermassen der Bergriesen gespeist. Insgesamt werden in ganz Bhutan 618 Gletscher oder Eisfelder mit 2660 Gletscherseen aufgelistet. Das Eis- und Eisseevolumen Bhutans wurde auf etwa 78 Kubikkilometer berechnet (2011). Dieses riesige Reservoir ist durch den Klimawandel und dem damit einhergehenden Gletscherschwund im Himalaya stark gefährdet. Die Flüsse Bhutans sind nicht nur Trinkwasserspender für die Bevölkerung und dienen der Bewässerung von landwirtschaftlichen Flächen, sondern sorgen auch für einen gewissen finanziellen Wohlstand des Landes mit Hilfe der zahlreichen Wasserkraftwerke. In diesen Zusammenhängen wird auf das hydrologische System Bhutans noch in den Kapiteln ›Umweltschutz‹ und ›aktuelle ökonomische Situation‹ eingegangen.

Pflanzenwelt

Die Flora Bhutans ist stark in Vegetationszonen untergliedert, die wiederum von den klimatischen und geologischen sowie topographischen Gegebenheiten abhängig sind. Hier kann eine sehr viel eindeutigere Untergliederung Bhutans vorgenommen werden, als es beispielsweise bei der landschaftlichen Betrachtungsweise möglich ist. Die Landesfläche ist noch mit etwa 72 Prozent von Wald bewachsen, was für ein asiatisches Land ein einmaliger Spitzenplatz ist. Durch die enge geographische Verzahnung von tropischen und subtropischen Lebensräumen (im Süden und in den Tälern unterhalb von 1000 Metern) und von gemäßigten und kühlen Lebensräumen (im Landeszentrum und im Hoch-Himalaya) sind nicht nur eine Vielzahl von Biotopen, Ökosystemen und Vegetationszonen entstanden, sondern auch eine extrem große botanische und faunistische Artenvielfalt. Besonders in der Pflanzenwelt ist die Liste der Arten sehr umfangreich. Auf der Fläche von Bhutan sind bisher schon um die 5500 Arten beschrieben

Bunte Bauhinia (Bauhinia variegata)

worden, während es auf dem gesamten Gebiet der Bundesrepublik Deutschland (neunmal so groß) ›nur‹ etwa 4500 Arten sind. Und in Bhutan werden es immer mehr: Viele Landesteile sind bisher noch nicht ausreichend gründlich von professionellen Botanikern und Systematikern untersucht worden – es lassen sich immer noch neue Arten finden! Bhutan hat die wohl höchste Artendichte aller Länder (Anzahl der Arten pro Quadratkilometer) und dies macht es zu einem für Naturliebhaber, Botaniker, Ornithologen und Naturschützer höchst attraktiven Reiseland. Zusätzlich hat Bhutan sehr strenge Naturschutz- und Landschaftsschutzgesetze (siehe Kapitel zu Naturschutz, → S. 103) und ist deshalb eines der ganz wenigen Länder auf der Erde, die noch ihr gesamtes ursprüngliches Arteninventar besitzen – in der jüngeren Zeit ist noch keine Tier- und Pflanzenart verschwunden!

Vegetationszonen

Bhutan lässt sich in drei große floristische Gebiete aufteilen: die tropisch-subtropische Zone von der indischen Grenze (Duar-Ebenen) bis in eine Höhe von etwa 2000 Metern, also der südlichste Landesteil; die temperate (gemäßigte) Zone Zentral-Bhutans mit Höhen zwischen 2000 und 4000 Metern; die alpine Zone im Norden in Höhen über 4000 Meter. Neben dem Relief sind weitere wichtige Ökofaktoren für eine hohe floristische Artenvielfalt die saisonalen Regenfälle des Monsuns und die trockenen Täler im Regenschatten des Monsuns.

Die drei floristischen Gebiete sollen daher zusätzlich in insgesamt sieben Vegetationszonen eingeteilt werden (angelehnt an das System der beiden japanischen Botaniker Sasuke Nakao und Keji Nishioka): a) die tropische Zone mit den typischen Arten Riesenbambus, Betelnusspalmen (Areca catechu) und Rattanpalmen (Calamus spec.). b) subtropisch bis temperate Waldzone in einer Höhe zwischen 1000 Meter und 2500 Meter mit immergrünen Laubbäumen einschließlich der hartlaubigen Eichen (Quercus spec.), Edelkastanie (Castanea spec.), Zimt (Cinnamomum spec.) und Fieberstrauch (Lindera pulcherrima), mit einer Vielzahl von epiphytischen Orchideen. c) die Trockentäler im Regenschatten der hohen Bergketten. d) die landwirtschaftlichen Kulturzonen. e) die Nadelwaldzone mit dem hohen Anteil an Rhododendron und Seidelbaststräuchern. f) die alpinen Wiesen bis in Höhen von 5000 Meter mit vielen Primel-Arten, Edelweiß (Leontopodium spec.), dem blauen Scheinmohn (Meconopsis horridula; die National-Blume Bhutans), dem hochstämmigen Rhabarber (Rheum nobile), Pedicularis-, Iris- und Aster-Arten. g) die nördlichen hochalpinen Gebiete oberhalb 5000 Meter mit nur noch wenigen Blütenpflanzen, u. a. Androsace tapete, Saussurea spec. und vielen Flechtenarten. (Übersicht → S. 39)

Wälder

Da Bhutan noch auf etwa 72 Prozent seiner Landesfläche mit Wäldern bewachsen ist, möchte ich auf diese auch noch näher eingehen. Die größte Fläche nehmen die Nadelwälder ein, die je nach Höhenlage und Exposition zum Monsun aus ganz unterschiedlichen Arten zusammengesetzt sind. In den trockeneren Regionen bilden die Tränenkiefer (Pinus wallichiana, Blue Pine, bhut.: Tomphu-shing) und die Bhutan-Kiefer (Pinus bhutanica) dichte Waldbestände. In den tieferen Lagen wächst vereinzelt auch noch die Emodi-Kiefer (Pinus roxburghii). Den trockenen Waldflächen beigemischt sind auch zwei Zypressenarten, die Kaschmir-Zypresse (Cupressus cashmeriana) und die Himalaya-Zypresse (Cupressus torulosa).

Letzteres ist der Nationalbaum Bhutans, Tsenden genannt. Er kann bis zu 45 Meter hoch werden und Stammdurchmesser von über zwei Meter bekommen. Besonders in der Nähe von alten Klöstern wachsen solche mit viel Mythologie versehene Baumriesen, die entsprechend heilig behandelt und verehrt werden. In den Nadelwäldern mit höheren Niederschlagsmengen finden sich Sikkim-Fichte (Picea spinulosa), Himalaya-Tanne (Abies spectabilis, bhut.: Dungshing), Bhutan-Tanne (Abies densa), Himalaya-Hemlocktanne (Tsuga dumosa), Sikkim-Lärche (Larix griffithii), Himalaya- oder Papier-Birke (Betula utilis) und ein Baumwacholder (Juniperus squamata). Typisch für diese Wälder sind auch die meterlangen, an den Ästen hängenden Bartflechten (Usnea spec.). Dazwischen

Ein baumartiger Rhododendron

wachsen zahlreiche Rhododendronarten. Bisher sind für Bhutan 46 Arten bestimmt worden. Besonders zur Rhododendronblüte im April/Mai lohnt sich eine Bhutanreise. Die eindrucksvollste Rhododendronart ist wohl Rhododendron arboreum, der baumartig wächst, bis zu 30 Meter hoch werden kann und im Mai bedeckt ist mit tiefroten Blüten.

Ein interessanter botanischer Aspekt der Nadelwälder Bhutans: An manchen nordexponierten Hängen Zentral-Bhutans liegt die obere Waldgrenze bei 4400 Metern, gebildet von der Himalaya-Tanne. Das kommt wohl an den Höhenrekord für Bäume sehr nah ran – vergleichbares gibt es höchstens noch mit der Tannenart Abies forrestii im östlich gelegenen Gebirge Hengduan Shan.

Zwei weitere besonders hübsche Blütenbäume der temperaten Wälder tieferer Höhenlagen sind die beiden Magnolien Magnolia campbellii und Magnolia globosa, deren Blüten handtellergroß sind. In den unteren Höhenlagen findet man auch noch Eichen- und Ahornarten, deren Laub im Herbst gelb leuchtet.

Im Gegensatz zu den Nadelwäldern der temperaten Zone sind die Wälder der subtropischen und tropischen Zone ein ›hotspot‹ der Artenvielfalt. In dieser Zone sind einzelne Waldbäume niemals so dominant und bestandsbildend wie die Kiefern oder Tannen in der temperaten Zone. Hier herrscht das Prinzip des geordneten Chaos – auf jedem weiteren Meter findet man eine neue Baum- oder Strauchart. Auf den Ästen und Stämmen der Bäume sitzen sehr viele Farne und Orchideen (Epiphyten), an den Stämmen klettern Rankpflanzen, zum Beispiel Monstera-Arten.

Besonders in den untersten Hängen und Talebenen der tropischen Zone Süd-Bhutans sind schon viele Flächen Wald gerodet und in landwirtschaftliche Flächen umgewandelt worden. Dabei spielt die Hangneigung keine so bedeutsame Rolle wie das Vorhandensein von oberhalb gelegenen Bächen, da an diesen Hängen Terrassenfeldbau betrieben wird, selbst, wenn die Terrassen nur zwei Meter breit sind.

Wo immer die Topographie es zulässt, werden Terrassenfelder angelegt

Die Vegetationszonen des Landes

Vegetationszonierung an einem typischen Gebirgsrücken in Bhutan (schematisiert)

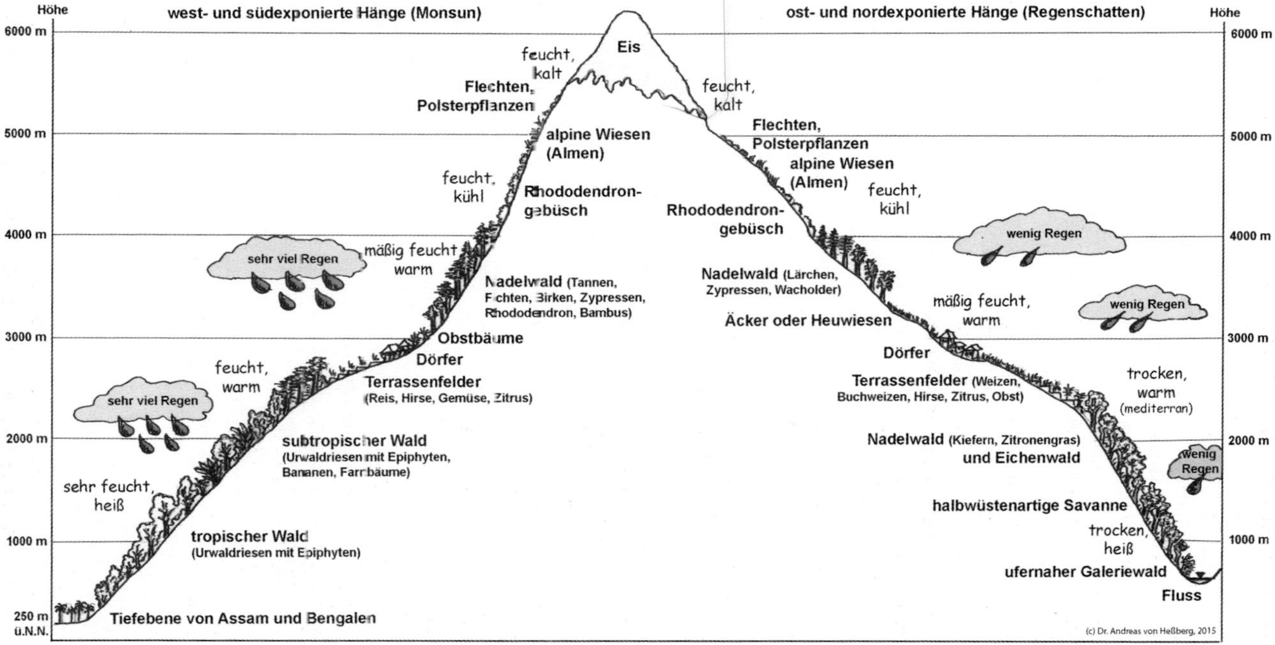

EXTRA

Ethno-botanische Aspekte der Pflanzenwelt Bhutans

Der Wacholder, von den Einheimischen ›Sup‹ genannt, hat wegen seiner ätherischen Öle und Harze eine große Bedeutung für die Herstellung von Räucherstäbchen und für die wichtigen Räucherzeremonien in den kleinen Opferöfen, die bei jedem Tempel stehen, manchmal auch auf den Dächern der Privathäuser. Verbrannt werden besonders die frischen kleinen Zweige, die durch den Wassergehalt der Nadeln besonders viel Rauch entstehen lassen. Wenn keine Wacholder zur Verfügung stehen, weil schon alle Büsche ums Dorf herum abgeschlagen wurden, dann nehmen die Bhutanesen auch die frischen Zweige der Tannen oder Zypressen.

Bhutan hat neben seinem heutigen Staatsnamen auch einige ältere Gebietsbezeichnungen (siehe Kapitel Geschichte). Eine davon lautet ›Lho Jong Men Jong‹, wörtlich übersetzt ›Südliche Täler der Heilpflanzen‹. Zur Blütezeit des tibetischen Königreichs, der Zeit der Dalai Lamas und der tibetischen Medizin, waren die Staatsgrenzen nicht so dicht wie momentan zwischen Tibet und Bhutan, sondern es herrschte ein reger Verkehr an Waren und Menschen. Im Hochland und den Gebirgen von Tibet ist die Vegetationsdecke und die Artenvielfalt sehr viel geringer. Die meisten benötigten Medizinpflanzen wurden daher aus den südlichen Himalayatälern und den daran anschließenden subtropischen und tropischen Re- nach Tibet gebracht. Alleine in Bhutan wachsen etwa 300 Medizinpflanzen. Der Tauschhandel funktionierte sehr gut, brauchten die Bewohner des heutigen Bhutans doch Salz, Felle und Gerste, was es wiederum in Tibet reichlich gab. Viele Familien konnten als Pflanzensammler saisonal davon leben. Das Wissen der Wuchsorte und der Pflanzenarten war ein hohes Kapital.

Auch wenn sich heute mehr und mehr die westlich orientierte Medizin in Bhutan verbreitet, so gibt es sie noch, die Heilpflanzensammler und deren Verarbeiter und Vermarkter. Allerdings kann der Glaube an die besondere Wirkung von Heilpflanzen auch destruktiv für die Natur und die Ökosysteme sein. So werden beispielsweise sehr hohe Preise für den Raupenkeulenpilz (Ophiocordyceps sinensis) auf dem tibetischen und besonders chinesischen Markt gezahlt. Dadurch gehen viele Bhutanesen, die auf ein zusätzliches Einkommen hoffen, in die alpine Zone, um den Pilz dort zu suchen und zu ernten. Da diese Zone bisher weitgehend frei von menschlichen Einflüssen gewesen ist, wirkt sich diese menschliche Präsenz, auch wenn sie nur einige Wochen im Jahr dauert, sehr negativ auf die oberste Bodenschicht aus, da der der Pilz ausgegraben wird. Auch die Tierwelt, besonders Schneeleoparden, reagieren sehr empfindlich auf Störungen.

In den tropischen Regenwäldern von Assam und Bhutan wächst der Adlerholzbaum/Gharubaum (Aquillaria agallocha), dessen Holz gesammelt wird. In Indien war das Adlerholz schon früh bekannt und heißt auf Sanskrit ›Agar‹. Das indische Wort für Räucherstäbchen heißt ›Agarbati‹. Zum Räuchern wird das Adlerholz nur dann verwendet, wenn es von Pilzen infiziert wurde. Der Pilzbefall regt die Harzproduktion des Baumes an. Je harzreicher das Holz ist, umso aromatischer ist der Rauch und umso wertvoller ist es. Adlerholz gilt als der kostbarste und teuerste Räucherstoff überhaupt, mit bis zu 50 000 Euro je Kilogramm. Das aus Adlerholz destillierte Öl ist wahrscheinlich das wertvollste ätherische Öl der Welt mit einem derzeitigen Marktpreis von 250 000.- Euro je Kilogramm.

Tierwelt

Die Tatsache, dass in Bhutan noch alle ursprünglichen Tierarten leben, bedeutet, dass die entsprechenden Habitate weitgehend unberührt von menschlichen Einflüssen geblieben sind. Dazu kommt das Jagdverbot auf Wildtiere, was von der ländlichen Bevölkerung allerdings nicht immer und überall eingehalten wird. Die Verstöße haben aber offensichtlich nur sehr geringe Auswirkungen auf die Wildtierpopulationen. Die auf großer Fläche intakten Lebensräume Bhutans beherbergen noch Tierarten, die in der unmittelbaren Nachbarschaft schon sehr selten geworden oder komplett verschwunden sind.

Säugetiere

Bisher wurden beispielsweise über 100 Säugetierarten auf dem Gebiet Bhutans entdeckt. Darunter ist in den tropischen Gebieten Süd-Bhutans der asiatische Wildelefant (Elephas maximus), das Panzernashorn (Rhinoceros unicornis), der Wasserbüffel (Bubalus arnee), das Gelbbauch-Moschustier (Moschus chrysogaster), das Himalaya-Moschustier (Moschus leucogaster) oder der scheue Himalaya-Serau (Capricornis thar) zu finden. In den tropischen und subtropischen Regionen gibt es vielerorts noch den Bengalen-Tiger (Panthera tigris), den Nebelparder (Neofelis nebulosa), den Indischen Leopard (Panthera pardus fusca), die Asiatische Goldkatze (Pardofelis temminckiiden), den Lippenbär (Melursus ursinus) und den Weißkragen-Schwarzbär (Selenarctos thibetanus). Auffällig sind die weiß-gelblich bis ocker-goldfarbenen Goldlanguren (Trachypithecus geei), die in kleinen Verbänden bis zu 20 Tieren in den Baumkronen sitzen, jedoch wegen ihres auffälligen Fells leicht entdeckt werden können.

In Süd- und Zentral-Bhutan existiert noch eine eigene Goldlangur-Unterart mit silber-grauem Fell (Trachypithecus geei bhutanensis). Durch Fotofallen wird in den letzten Jahren immer deutlicher, welche Raritäten und heimlich lebenden Tierarten in den unberührten Wäldern Bhutan leben, zum Beispiel die sehr scheuen Goldkatzen. Es wurde auch ein Foto von einem Tiger in 4100 Meter Höhe gemacht – faktisch kann also fast überall in Bhutan ein Tiger auftauchen.

Affen (Gold-Languren) zwischen Zhemgang und Trongsa

Es gibt noch Tiger in Bhutan

Aber die Anzahl dieser Großkatzen ist mit etwa 150 Individuen nicht hoch genug, als dass dieses scheue Tier sich dem Menschen zu stark nähert. Konflikte gibt es höchstens mit Tierzüchtern und Nomaden. In der Nadelwaldzone Zentral-Bhutans ist neben den Hirscharten, dem Lippenbär, Wildschweinen oder dem Wolf als Säugetier-Highlight der Rote Panda (Ailurus fulgens) zu nennen. In der alpine Zone des Himalayas lebt noch eine gesunde Population des Schneeleoparden (Panthera uncia). Außerdem sind in dieser Zone noch zu finden: der Wolf (Canis lupus himalayensis), der Weißlippenhirsch (Cervus albirostris), der Axishirsch oder Chital (Axis axis), das Blauschaf (Pseudois nayaur), der Indische Muntjak (Muntiacus muntjak) und schließlich das Takin (Budorcas taxicolor). Letztgenanntes ist eine auf den ersten Blick recht merkwürdig aussehende Art, halb Ziege, halb Rind, etwas an das afrikanische Gnu erinnernd, deshalb auch Rindergemse genannt. Neueste Untersuchungen ordnen das Takin jedoch zu den Schafen. Die hier vorkommende Unterart des Bhutan-Takin (Budorcas taxicolor whitei) ist das National-Säugetier des Landes.

Vögel

Neben den vielen Reptilien- und Amphibienarten Bhutans, darunter auch die Königskobra (Ophiophagus hannah), Waran- und Eidechsen-Arten, kleine bunte und große braune Kröten, ist Bhutan besonders unter Ornithologen bekannt.

Bisher wurden um die 670 Vogelarten auf dem Gebiet Bhutans nachgewiesen – Tendenz steigend! Davon sind alleine 221 endemische Arten – der wohl höchste prozentuale Anteil eines kontinentalen Landes (Inseln können höhere Anteile haben). Zum Vergleich: In ganz Nord-Amerika wurden bisher etwa 800 Vogelarten entdeckt. 464 Vogelarten sind ganzjährig in Bhutan, die restliche Anzahl sind Zugvögel. Einige Vogelarten ziehen aus dem bhutanischen Hoch-Himalaya und den im Winter kalten Höhenlagen der zentral-bhutanischen Berge in die tropischen Tiefebenen von Indien. Es gibt aber auch Vogelarten, die vor dem kalten tibetischen Winter nach Bhutan flüchten, wie der seltene und in ganz Bhutan berühmte Schwarzhalskranich (Grus nigricollis). Für ihn gibt es in manchen Regionen regelrechte herbstliche Empfangs-Festivals.

Roter Panda

In Bhutan werden keine Vögel gejagt, so dass hier ein Vogelparadies und somit ein Eldorado für Ornithologen existiert. Die hohe Diversität der Avi-Fauna hat ihre Ursache auch darin, dass Bhutan eine sehr weite Breite an verschiedenen Landschaftselementen und Landschaftseinheiten besitzt. Von den tropischen Tiefebenen von Assam über die subtropischen Wälder, die subtropischen halbwüstenartigen Trockentäler, die Eichen-Laubwälder, die Nadelbaum-Rhododendren-Wälder, die Almwiesen und Rhododendron-Busch-Zone, die Hochgebirgslandschaften des Himalayas und vieles mehr – die Spannbreite auf so kleiner Fläche ist enorm. Dazu kommen die wenigen anthropogenen Landschaften, die jedoch alles andere als großflächige Monokulturen sind.

Die Vogelbeobachtungszeit ist von März bis Mai, während der Zugzeit und Balz-und Brutzeit. Nur sehr wenige Vogelarten sind besser außerhalb dieser zwei bis drei Monate zu beobachten. Darunter ist auch der Kaiserreiher (White-bellied Heron, Ardea insignis), einer der 50 seltensten Vogelarten der Erde. Er ist besser im Winter zu sehen. Einige Vogelarten sind aber auch das ganze Jahr über gut zu beobachten, wie Rosenschwanztrogon (Ward's Trogon, Harpactes wardi), Nepalhornvogel (Rufous-necked Hornbill, Aceros nipalensis) und Schmuckkleiber (Beautiful Nuthatch, Sitta formosa). Durch die vielen Gebirgsstraßen, besonders in Ost-Bhutan, ist es möglich, viele der seltenen Vogelarten direkt von der Straße aus zu beobachten. Fährt man ein

Ein Nepalhornvogel

Mennigvogel (Pericrocotus) in Ost-Bhutan

Stück weiter bergauf oder bergab, ist man schon wieder in einer anderen Vegetationszone und in einem neuen Vogelparadies mit anderem Arteninventar. Eine Wanderung durch den Wald offenbart weitere Vogelarten. Noch besser sieht es aus, wenn man sich auf eine zweiwöchige Trekkingtour ins Hochland aufmacht. Da wird dem Ornithologen eine noch größere Anzahl an Vogelarten und auch Individuen geboten. Jedoch muss man sich mit dem Thema auskennen und möglichst einen versierten Kenner der Gegend dabei haben.

Die Lieblingsstrecke der Ornithologie in Bhutan ist die Straße vom Thrumshing La (3763 m) hinunter zum Kuru Chhu bei nur 575 Meter (93 Kilometer Strecke). Hier sieht man besonders gut und häufig den Blythtragopan (Blyth's Tragopan, Tragopan blythii), Satyrtragopan (Satyr Tragopan, Tragopan satyra), Rosenschwanztrogon (Ward's Trogon, Harpactes wardi), Nepalhornvogel (Rufous-necked Hornbill, Aceros nipalensis) oder den Weißhaubenhäherling (Laughing thrush, Garrulax leucolophus). Selbst mit meinem stark auf die Pflanzen konzentrierten Blick habe ich bei der schnellen Abfahrt auf dieser Strecke einige besondere Vögel am Straßenrand gesehen: Blutfasan (Blood Pheasant, Ithaginis cruentus), Kalifasan (Kalij Pheasant, Lophura leucomelanos), Doppelhornvogel (Great Hornbill, Buceros bicornis), Gelbschnabelelster (Yellow-billed Blue Magpie, Urocissa flavirostris), Scharlachmenningvogel (Scarlet Minivet, Pericrocotus flammeus) und den Asiatischen Paradiesschnäpper (Asian Paradise-Flycatcher, Terpsiphone paradisi).

In den subtropisch bis tropischen Tieflagen von Ost- und Südost-Bhutan können der Furchen-Hornvogel (Wreathed Hornbill, Rhyticeros undulatus), der Herkules-Eisvogel (Blyth's Kingfisher, Alcedo hercules) und der Glanzrückensegler (Dark-rumped Swift, Apus acuticauda) beobachtete werden.

Die auf ornithologische Reisegruppen spezialisierten Reiseagenturen sind unter Reisetipps A bis Z (→ S. 406) aufgelistet.

Es würde den Rahmen des Reiseführers sprengen, alle ornithologischen Highlights aufzulisten. Es sei daher auf die im Anhang befindliche Literaturliste hingewiesen. Trotzdem greife ich einige mir als etwas Besonderes er-

Blutfasan

Dzo (Züchtung zwischen Yak und Hausrind) auf dem Pele La

scheinende Vogelarten aus der Fülle des Arteninventars heraus (hier auch der Versuch, passende deutsche Namen für diese Arten zu finden):

- Hühnervögel, darunter viele Wachtelarten, bunte Fasanen, wie der Himalaya-Monal und der Kalij-Fasan, wildlebender Pfau, die Wildform unseres Haushuhns, der Blut-Fasan, der Satyr-Tragopan oder der Blyth-Targopan.
- Bartvögel, wie der Blauwangen-Bartvogel, der Blauohr-Bartvogel oder der Goldkehl-Bartvogel.
- Hornvögel, wie der seltene, über einen Meter große Riesen-Hornvogel (Doppelhornvogel) und der Nepal-Hornvogel.
- 14 verschiedene Kuckuck-Arten.
- 12 verschiedene Eulen-Arten, darunter der Nepal-Uhu und der Himalaya-Fischuhu.
- 14 Adler-Arten, darunter auch der seltene Binden-Seeadler, sowie fünf Geier-Arten.
- 4 verschiedene Pirol-Arten.
- mehrere Arten von Mennigvögel und Drongos.
- 10 Bülbül-Arten (Haarvögel).
- 33 Timalien-Arten.

Der nationale Vogel Bhutans ist der Kolkrabe (Corvus corax tibetanus), da dieses Tier den Gott Gonpo Jarodonchen darstellt, einer der wichtigsten Schutzgötter des Landes.

Die Haustiere Bhutans

An dieser Stelle sollen die Haustierarten Bhutans nicht vergessen werden: Rind, Schwein, Schaf, Ziege, Yak (oder vielmehr die Kreuzung mit dem Hausrind, Dzo genannt), Pferd (häufig sind das Maultiere), selten Esel, Hund und Katze, Hühner, selten Enten und Gänse, Honigbienen, im tropischen Süden des Landes noch der Wasserbüffel und in sehr kleiner Anzahl für Schwerarbeiten der Indische Elefant.

EXTRA

Wanderungen von Tieren in Bhutan

Bhutan mit seiner enorm reichen Flora und Fauna ist Durchzugs- und Überwinterungsgebiet für viele seltene Tierarten. Sein Klima reicht von subtropischen Regionen über gemäßigtes Klima bis hin zu alpinen Regionen. Dreiviertel des Landes sind bewaldet, davon steht die Hälfte der Gebiete unter Naturschutz, sei es als Nationalparke oder komplett geschützte Naturreservate.

Das besondere Verhältnis der Bhutaner zur Natur, für die deren Schutz und die persönliche Existenz Hand in Hand gehen, liegt darin, dass der Wald und die Landschaft des Himalayas die ›Quelle‹ ihres Lebens sind – ›the source of life blood‹, wie Nawang Norbu, Direktor des Ugyen-Wangchuck-Instituts für Natur- und Umweltschutz, erklärt. Nawang Norbu ist Doktorand an der International Max Planck Research School Organismal Biology der Universität Konstanz und des Max-Planck-Instituts für Ornithologie.

Das 2004 gegründete Ugyen-Wangchuck-Institut für Umwelt- und Naturschutz, benannt nach dem ersten bhutanischen König, will als Exzellenz-Zentrum in Südostasien die Forschung und wissenschaftlichen Erkenntnisse in den Bereichen der Ökologie zugunsten des Umwelt- und Naturschutzes vorantreiben. Feldforschungskurse im Land, wissenschaftlicher Austausch und internationale Kooperationen sollen dabei helfen, die drängenden Probleme des globalen Klimawandels zu lösen, die auch für die phantastische Biodiversität Bhutans Konsequenzen haben werden.

Das Max-Planck-Institut für Ornithologie arbeitet seit 2014 für zunächst drei Jahre im wissenschaftlichen Austausch und in gemeinsamen Projekten mit dem Ugyen Wangchuck Institut für Umwelt- und Naturschutz zusammen. Die Wissenschaftler der Abteilung für Tierwanderung und Immunökologie im Teilinstitut in Radolfzell untersuchen globale Tierwanderungen. Die zentralen Fragen sind dabei: Warum unternehmen Tiere diese oft gefährliche Wanderung und wie gelangen sie von einem Ort zum anderen und überleben dabei? Wie kann man das globale Phänomen der Tierwanderung bewahren? Antworten hierauf finden die Forscher, indem sie einzelne Individuen mit Biologgern und GPS-Sendern ausstatten, die über Satellit Bewegungsmuster übertragen. Die erhaltenen Daten werden in der ›Movebank‹, einer internationalen Datenbank, gesammelt und analysiert.

In gemeinsamen Projekten möchten nun die Wissenschaftler des Max-Planck-Instituts für Ornithologie und ihre bhutanischen Kollegen in Freilanduntersuchungen herausfinden, welchen zentralen Umwelteinflüssen die Höhenwanderung mancher Tierarten im Himalaya unterliegt, die dabei oft mehrere Tausend Höhenmeter zurücklegen und sich nicht selten sogar auf 5000 Meter über dem Meeresspiegel aufhalten. Dabei sind die Forscher auch vor die Herausforderung gestellt, neue Radio-Telemetrie-Techniken zu entwickeln, die den besonderen Bedingungen eines sehr gebirgigen Gebietes entsprechen. Am Beispiel besonders seltener Tiere wie dem gefährdeten Schwarzhalskranich, der in Bhutan überwintert, wollen die Wissenschaftler mit der Analyse ökologischer Daten und der Bewegungsmuster genauere Maßnahmen zum Schutz bestimmter Zugkorridore treffen und damit dieses Phänomen der Tierwanderung erhalten helfen.

Geschichte Bhutans

Die paläolithischen, neolithischen und vorgeschichtlichen Funde auf der Fläche Bhutans sind bisher so selten und die Kenntnisse über diese Zeit so lückenhaft, dass dazu keine klare Aussage getroffen werden kann. In der Epoche vor etwa 1 Million Jahren (die Gattung Homo verließ Afrika vor etwa 1,5 Millionen Jahren in Richtung Asien) wurden Teile des indischen Subkontinents besiedelt. Das Problem der Archäologen ist jedoch das Fehlen von Faustkeilen in der Region Nord-Indiens, offensichtlich weil damals niemand solche Keile in der Region verwendet hatte. Die frühesten Funde von bearbeiteten Steinen in Nordindien stammen aus dem Soan-Tal (heutiges Pakistan) aus der Zeit 500000 bis 125000 Jahre vor unserer Zeit. Diese Soan-›Geröllkultur‹ gab es in ganz Nord-Indien und in der Siwalik-Region (Vor-Himalaya), vermutlich auch in den unteren Tälern Bhutans. Vom Ende des Pleistozäns (um etwa 9660 vor unserer Zeit), als Nordeuropa unter einer dicken Eisschicht lag, gibt es einige Skelett- und Schädelfragmente aus Nord-Indien. Eine kontinuierliche Besiedlung (Jäger- und Sammler-Kultur) der Fläche Bhutans wird es also vermutlich schon seit dieser Zeit gegeben haben, zumindest in den subtropisch geprägten fruchtbaren Tälern Süd-Bhutans.

Frühgeschichte

Die eigentliche Geschichtsschreibung Bhutans beginnt mit dem Buddhismus. Die Landesgeschichte und Religionsgeschichte Bhutans sind so eng miteinander verwoben, dass es an dieser Stelle auch immer Querverweise zwischen beiden Themengebieten geben wird.

Der Geschichte nach hat Tsangpa Gyare Yeshe Dorji (1161–1211), ein hoher tibetischer Geistlicher, Ende des 12. Jahrhunderts in Süd Tibet, in der Nähe von Gyangze, ein Kloster eingeweiht und während der Zeremonie hat es im fernen Süden kräftig gedonnert. Damals war noch der Glaube an Drachen viel lebendiger und so entschied man, das eingeweihte Kloster Druk (Drachen) zu nennen. Die religiöse Schule, die von dort aus gegründet wurde, hieß Druk-pa (pa = Schule). Die Mönche dieses Klosters zogen schon bald auch in die Region des heutigen Bhutans und gründeten dort wiederum mehrere Klöster (siehe geschichtlicher Ablauf weiter unten). Die Region jenseits des Haupthimalayas (über einige nicht zu hohe Pässe von Tibet erreichbar) wurde wegen des Drachendonners Druk yul (Drachenland) genannt. Druk yul heißt Bhutan noch heute in der Sprache der Einheimischen (Dzongkha), nur wird es malerischer als ›Land des Donnerdrachen‹ übersetzt.

In einem Kloster in Jakar

Kloster Jampey bei Jakar ist eines der ältesten buddhistischen Klöster des Landes

Der Begriff ›Bhutan‹ stammt wahrscheinlich von dem tibetischen Wort ›Bod‹ ab, welches Tibet meint. Bhutan ist also schon sehr früh Teil des tibetischen Kulturraums gewesen, da die Besiedelung in den fruchtbaren Tälern und auf den alpinen Hochweiden weit schneller vonstatten ging als in den malariaverseuchten Tiefebenen von Assam, die heutige Besiedlung des Gebietes also eher von Nord nach Süd erfolgte. Aber von Tibet aus gesehen war dieses Gebiet weit entfernt. ›Bhota-ant‹ heißt auf Sanskrit ›das Ende Tibets (Bhot)‹. Eventuell geht der Begriff des heutigen Staates auch aus dem Sanskrit-Wort ›Bhu-uttan‹ (Hochland) hervor. Das Wort Bhutan wurde von den englischen Kolonialherren auf dem indischen Subkontinent in deren Landkarten verwendet, eventuell auch geschaffen. Teilweise nannten die Briten das Gebiet Bhootan.

Man geht davon aus, dass die erste historisch nachweisbare Bevölkerung der Region zu der Volksgruppe der Mompa gehörte, die noch heute im Osten von Bhutan mit etwa 2500 Menschen lebt. Das Zentrum der Mompas reicht heute weiter im Osten bis nach China, sie sind dort eine anerkannte ethnische Minderheit. Nach den frühesten tibetischen und bhutanischen Chroniken soll es in dieser Region in der Zeit zwischen 500 vor und 600 nach dem Beginn unserer Zeitrechnung zwei Königreiche der Mompa gegeben haben: Lhomon Tsendenjong (Südliches Mompa Sandelholz Land) und Lhomon Khashi (südliches Mompa Land der fünf Zugänge; meint wohl die fünf großen Flusstäler). Die Mompa haben im 17. Jahrhundert die tibetische Religion der Gelug-pa (Gelbmützen) angenommen. Davor waren sie Anhänger der Bön-Religion, eine schamanistische Religion, die bis heute starke Einflüsse auf den tibetischen Buddhismus hat. Die Mompa waren bis vor wenigen Jahrzehnten, und sind es in seltenen Fällen bis heute, ein Volk von Jägern und Sammlern.

Der Einfluss des tibetischen Buddhismus

Der tibetische Buddhismus kam erstmals im 7. Jahrhundert in die Region des heutigen Bhutans, als der tibetische König Songtsan Gampo (Regentschaft 627–649) anordnete, dass hier zwei buddhistische Tempel erbaut werden sollen – einer in der heutigen Provinz Paro: Kyichu, einen Kilometer nördlich des heutigen Ortszentrums von Paro; ein anderer in der heutigen Provinz Bumthang: Jampey, eineinhalb Kilometer nördlich des heutigen Ortszentrums von Jakar. Hier war auch für einige Zeit der Wohn- und Meditationsort des ersten buddhistischen Heiligen, der Bhutan besuchte. Anfangs, so wie auch in Tibet, war der Buddhismus die Religion der Oberschicht. Die einfache Bevölkerung handelte immer noch nach den schamanistischen Prinzipien der Bön. Im 8. Jahrhundert (747) kam ein berühmter Geistlicher aus dem Gebiet des heutigen Nord-Pakistan nach Bhutan, um hier die Lehre Buddhas zu verbreiten. Sein Name war Padmasambhava, wobei er in Tibet und Bhutan bekannter ist unter dem Namen Guru Rinpoche (kostbarer Meister; → S. 137). Die Anhänger der Nyingmapa-Sekte (Schule der Alten/Rotmützen-Sekte) sehen in Guru Rinpoche den zweiten Buddha. Zusätzlich zu diesem Meister gab es auch weltliche Herrscher, die hier den Buddhismus förderten. Dazu zählte der hier im Exil lebende König Sindhu Raja (später Sendha Gyab), der seine Regentschaft auf das Gebiet des heutigen Bumthang ausbreitete. Wahrscheinlich ist dieser König auch persönlich von Guru Rinpoche zum Buddhismus geführt worden.

Der Buddhismus schaffte es aber nicht, alle Bön-Anhänger zu überzeugen oder alle Bön-Praktiken zu verhindern. So nahm der tibetische Buddhismus nach und nach die eine oder andere religiöse Praxis der Bön auf, wie etwa Butterlampen, Gebetsfähnchen, geschmückte Steinhaufen an besonderen Landmarkierungen und einige Dinge mehr. Dadurch stieg die Akzeptanz bei der einfachen Bevölkerung mehr und mehr. Zusätzlich vereinigte der Buddhismus die verschiedenen Täler der Region zu einem einzigen Staatsgebilde. Die ersten Aufzeichnungen über Bhutan stammen aus dieser Zeit.

Guru Rinpoche

Den Legenden nach hat Guru Rinpoche mehrere gefährliche Naturdämonen auf dem Gebiet Bhutans besiegt oder vielmehr gezwungen, sich der Lehre Buddhas anzuschließen, und dadurch das Land für den Buddhismus ›befriedet‹. Vermutlich ist das ein Hinweis auf die Überzeugungsarbeit gegenüber den Bön-Anhängern gewesen, dass die schamanistischen Naturkräfte keine Macht auf den ängstlichen Menschen haben können.

Nachdem es im 9. und 10. Jahrhundert in Tibet (824 Ermordung des tibetischen Bön-Königs Langdarma durch einen buddhistischen Mönch) zu schweren Unruhen kam und die Anhänger der Bön und des Buddhismus sich heftig bekriegten, wurde es auch in Bhutan sehr ruhig um die neue Religion. In dieser Zeit verschwand der Buddhismus in Tibet fast komplett, und auch in Bhutan konnte er sich nur noch in den entlegenen Landesteilen halten. Viele Klöster wurden verlassen, zahllose wertvolle Kultgegenstände und Schriften verschwanden. Einige wurden versteckt, in der Hoffnung, dass diese in Zukunft wieder von Gläubigen gefunden werden. Besonders die tibetische Aristokratie und die Mönche fürchteten den Zorn der Bön und flüchteten sich in die Täler Zentral- und Ost-Bhutans, wo sie ihren Einfluss nach und nach wieder aufbauten. So entstanden in vielen Gebieten Bhutans kleine lokale Königreiche. Auf diese Weise ergaben sich weitere enge Kontakte nach Tibet.

Die zweite Welle des Buddhismus

Im 10. Jahrhundert breitete sich die zweite Welle des Buddhismus in Tibet aus, ausgehend vom damaligen Königreich Guge im heutigen Grenzgebiet zwischen West-Tibet und Ladakh. Diesmal war die neue Religion erfolgreicher und blieb dauerhaft in dem Gebiet. Zusätzlich entstanden in Tibet neue Strömungen des Buddhismus: die Kadam-pa, die Kagyu-pa und die Sakya-pa, die ihre missionarischen Aktivitäten auch auf das Gebiet des heutigen Bhutans ausweiteten. Ein tibetischer Gelehrter der Kagyu-pa, Gyalwa Lhanangpa (1164–1224) erbte von seinem Ururgroßvater in dem Gebiet von Paro Ackerland, worauf er sich hier eine Zeit lang niederließ. Er gründete die neue Schule der Lha-pa.

Im 13. Jahrhundert (1240) fielen die Mongolen in Tibet und Bhutan ein. Sie unterwarfen die Tibeter nicht, wie sie es mit vielen anderen Völkern taten, son-

Buddha-Darstellung an einer Hauswand

Mani-Steine (buddhistische Andachtsstätte) in Bumthang

dern führten eine Schutzherrschaft über diese Gebiete ein. In dieser Zeit lehrte auch der große buddhistische Reformator Tsongkhapa (1357–1419) eine neue Lehre: die ›Schule der Tugendhaften‹ – Gelug-Pa (›Gelbmützen-Sekte‹). Nach schweren innertibetischen Unruhen zwischen den Gelug-pa und den Nyingma-pa griffen die Mongolen militärisch zugunsten der Gelug-pa ein, installierten den Titel des Dalai Lama als geistliches Oberhaupt über Tibet und führten auch die Reinkarnationslehre für diese obersten Meister (Lama heißt Lehrer oder Meister) ein. Die Anhänger der Nyingma-pa mussten sich entweder mit der neuen Situation abfinden oder sie wichen in die Randgebiete aus, beispielsweise nach Bhutan, wo die Nyingma-pa noch immer eine starke Position im Land innehatten. In Bhutan waren es besonders die Nyingma, die viele der einige Jahrhunderte zuvor vergrabenen wertvollen buddhistischen Kultobjekte und heiligen Schriften (Terma) wiederfanden. Diese ›Auffinder von Schätzen‹ nannte man Terton. Sie waren hoch angesehene Personen. In der Zwischenzeit wurde der tibetische Buddhismus Staatsreligion und zugleich eine politische und gesellschaftliche Stütze des feudalen Systems in Bhutan. Zu dieser Zeit wurden auch die ersten Dzongs (Festungen mit Klosterleben) gebaut.

Im 13. Jahrhundert kam noch ein weiterer bedeutender Geistlicher aus Tibet nach Bhutan, Phajo Drugom Shigpo (vermutlich 1208–1275), der einem neuen Zweig der Kagyu-pa angehörte: den Druk-pa, die aus dem schon erwähnten gleichnamigen Kloster südlich von Gyantse in Tibet stammten. Zwischen dieser ›Drachen‹-Sekte, gegründet von Tsangpa Gyare Yeshe Dorji, und den Lha-pa kam es zu Auseinandersetzungen, die Phajo Drugom Shigpo gewann. Daraufhin entstanden die ersten Druk-pa Klöster auf dem Gebiet Bhutans: Phajoding, etwa drei Kilometer westlich und Tango, etwa 20 Kilometer nördlich vom Zentrum Thimphus entfernt. Der Grundstein für die landesweite Verbreitung dieser Schule der Kagyu-pa und auch für den weiteren Zuzug von Tibetern und Gelehrten der Druk-pa war gelegt. Die Konflikte aber zwischen den einzelnen Schulen oder Sekten und zwischen den kleinen Königreichen oder Fürstentümern reichte weit bis hinein ins 17. Jahrhundert. Das Missionierungsstreben war ihnen wichtiger als das Streben nach einem stabilen und einheitlichen Staatengebilde.

Das Tango-Kloster nördlich von Thimphu

Im Westen und im Zentrum Bhutans herrschte die Schule der Druk über die Religionsausübung. Im Osten des Landes, besonders in Bumthang, waren die Mönche der Nyingma-pa besonders präsent, auch weil diese hier die meisten Tertons hervorbrachten. Einer der bekanntesten Tertons war Dorji Lingpa (1346–1405), der in der Region Bumthang zahlreiche heilige Schriften von Guru Rinpoche fand.

Der größte tibetische Philosoph der Nyingma-pa, Longchen Rabjampa (1308–1363) siedelte (aus Tibet flüchtend, wo er im Streit mit dem dortigen König lag) in der Region Bumthang und gründete dort vier Klöster: Shingkhar (1350) im nordöstlichen Bereich des Ura-Tals, Tharpaling (1352) im Chume-Tal westlich von Jakar, Samtenling (gegen 1353) ebenfalls im Chume-Tal und Ogyenchoeling im oberen Tang-Tal, heute ein Palast und bekanntes Museum.

Im frühen 16. Jahrhundert kam der Lama Ngawang Chhogyel (1465–1540) mit seinen Söhnen aus Süd-Tibet nach Bhutan. Dort veranlasste er zahlreiche Klosterbauten, beispielsweise 1525 den Druk Choeding (Tshongdoe Naktshang) in Paro oder das Kloster Pangri Zampa fünf Kilometer nördlich des Dzongs von Thimphu. Ein anderer angesehener Lama, der Bhutan in dieser Epoche besuchte, war Drukpa Kunley (1455–1529), besser bekannt als ›Heiliger Narr‹ (→ S. 140). Von ihm wurde das Kloster Chimi gegründet, welches auf dem Weg vom Dochu La nach Punakha links auf einem Bergrücken zu sehen ist.

Ebenfalls in Bumthang wurde im Jahr 1450 der später wohl bekannteste Lama der Nyingma-pa Bhutans geboren, Pema Lingpa (1450–1521). Dieser galt nicht nur als eine Reinkarnation von Guru Rinpoche, sondern auch von Longchen Rabjampa. Er war ein bekannter Terton und gilt als Gründer der Klöster Petsheling, Kungzandra und Tamshing in seiner Heimat Bumthang. Er ist ein direkter Vorfahr der heutigen königlichen Familie Wangchuck.

Reichseinigung

Als dann Mitte des 16. Jahrhunderts die Druk-pa ihren Einfluss auch auf den Osten des Landes ausbreiteten, war Bhutan noch immer in viele kleine Fürstentümer und Lokalherrscher zersplittert. Das änderte sich, als am Anfang des 17. Jahrhunderts (1616) Ngawang Namgyal (1594 – vermutlich 1651) aus Süd-Tibet vom dortigen Druk-Stammkloster in Ralung nach Bhutan kam. Angeblich wich er dem immer größer werdenden Druck der Gelug-pa in Tibet nach Süden aus. Er ist im Übrigen ein Ururenkel von Ngawang Chhogyel. Ngawang reiste durch West-Bhutan und predigte die Lehre der Druk-pa. Er muss so erfolgreich oder charismatisch gewesen sein, dass auch sein politischer Einfluss rasch wuchs. Schon bald etablierte er sich als der religiöse Führer Bhutans, mit dem Titel Zhabdrung Rinpoche (›kostbares Juwel, zu dessen Füssen man sich niederwirft‹) und damit als der erste in der Herrscherlinie der Zhabdrungs. Natürlich hatte Ngawang Namgyal auch Gegner, besonders unter den anderen religiösen Schulen des Landes.

Im Jahr 1629 schlossen sich die fünf höchsten Lamas der gegnerischen Schulen Lha, Nenying, Kathog, Chagzam und Barawa zusammen und führten einen Angriff auf den Dzong Simtokha im etwa acht Kilometer vom Zentrum Thimphus gelegenen Wang-Tal, der allerdings erfolgreich abgewehrt werden konnte. Daraufhin suchten die fünf gegnerischen Lamas unter der Führung von Lama Palden (Lha-pa) Unterstützung in Tibet. In mehreren kleineren militärischen Auseinandersetzungen schafften es die Soldaten des Zhabdrungs, die tibetischen Truppen zurückzuschlagen. Der Einfluss der Gegner schrumpfte zunehmend. Schließlich besiegte die Armee des Zhabdrungs sogar noch eine Allianz seiner Gegner mit einem Heer aus Ladakh, was ihn zum mächtigsten Herrscher in Bhutan machte. Auf diese Weise wurde Bhutan zu einem Staat vereinigt. Es entwickelte sich eine Theokratie in Bhutan. In den Jahren 1635 bis 1639 versuchten die Tibeter öfters noch eine militärische Lösung des Konfliktes mit Bhutan zu erzwingen,

Gebetsmühlen im Mongar Dzong

hatten aber keine Chance. Im Jahr 1639 bestätigte der Tsang Desi, der oberste weltliche Herrscher Tibets, dass Ngawang Namgyal diese Machtposition und somit die faktische Unabhängigkeit von der tibetischen Provinz Tsang und vom großen Land im Norden besitzt.

Ngawang Namgyal weitete seine Machtpositionen nach den erfolgreichen Kämpfen gegen seine Rivalen in der Region massiv aus, baute diplomatische Beziehungen zu den Nachbarn in Indien, Ladakh und Nepal. Zu dieser Zeit gab es auch zahlreiche Klöster und Tempel Bhutans außerhalb des Landes, beispielsweise am heiligen Berg Kailash in West-Tibet. Das waren die Klöster Rimpung, Doba, Khochag und De Dzong – alle in der Nähe von Gartok (heißt heute Garyarsa, im Gebiet des Kailash-Massives). Diese blieben den Bhutanern weiterhin erhalten. Im Gegenzug durften die Tibeter ihre Klöster auf der Landesfläche Bhutans weiter betreiben. Außerdem entstand eine rege Bautätigkeit in ganz Bhutan. Viele neue Klöster und Festungen (Dzongs) wurden errichtet. Das bekannteste neu entstandene Kloster war Cheri nördlich von Thimphu. Hier wurde eine komplette Mönchsschule und Mönchsgemeinschaft neu eingerichtet. Unter den bekanntesten neugebauten Dzongs sind die von Paro, Wangdue Phodrang, Punakha, Trongsa und Simtokha – teilweise begannen die Bautätigkeiten schon ab 1635. Als der Dzong von Punakha fertig gestellt war, wechselte die Mönchsgemeinschaft aus Cheri hierher und bildete den zukünftigen Hauptsitz der Druk-pa im Land, mit einem Je Khenpo (oberster Abt) als Vorsitzenden.

Altar in Paro

Pilger in einem Kloster

Ungefähr in dieser Zeit – man nimmt an, dass es das Jahr 1627 war – hatten die ersten westlichen Reisenden Kontakt zu Bhutan. Die beiden portugiesischen Jesuiten Pater Cacella und Pater Cabral kamen auf ihrem Weg von Calcutta (heute Kolkata) nach Shigatse zum Hof des Panchen Lama durch Bhutan und blieben mehrere Monate lang im Kloster Cheri nördlich von Thimphu. Sie kannten auch Ngawang Namgyal, von dem sie später in ihren Aufzeichnungen berichteten. Bis 1774 gab es dann keine Kontakte mehr zu Europäern.

In Tibet hatte hingegen die Gelug-pa zusammen mit der Armee der Mongolen ihre Aggressivität gegenüber den Nyingma-pa im Süden nie aufgegeben und sannen auf Rache. Im Jahr 1644 erreichte eine tibetisch-mongolische Armee das obere Tal von Bumthang – angeblich, um eine heilige tibetische Statue wieder nach Hause zu holen. An das extreme und trockene Hochlandklima Tibets optimal angepasst, hatten diese Soldaten große Probleme mit den Wäldern und dem feucht-warmen Klima in Bumthang. Für die Bhutaner war es ein Leichtes, die Armee unschädlich zu machen. Die große Menge an Rüstungen und Waffen kann heute noch im Ta Dzong von Paro, im dortigen Nationalmuseum, betrachtet werden. 1648 wurde ein zweiter Versuch von einem tibetisch-mongolischen Heer versucht – ebenfalls erfolglos. Von nun an hatten die Bhutaner für eine längere Zeit keine Invasionen aus Tibet mehr zu befürchten.

Der Zhabdrung festigte weiter seine Stellung als oberster Herrscher Bhutans und ließ weitere Dzongs zur Absicherung auch der entfernten Regionen bauen, so die Dzongs von Zhemgang, Trashigang, Trashi Yangtse, Mongar, Lhuentse und Jakar. Die östlichen und zentralen Täler Bhutans wurden erst kurz nach dem Tod des Zhabdrung (1656) mit West-Bhutan vereint und die dortigen eigenständigen Fürstentümer aufgelöst.

Briefmarke zur Erinnerung an den Sieg über eine tibetisch-mongolische Armee

Seit 1656 existiert Bhutan mehr oder weniger in den Grenzen, wie sie heute noch stehen – bis auf kleinere Veränderungen im Süden. Die Regierung von Bhutan unter dem Gouverneur von Trongsa, Penlop genannt, hatte auch die Aufgabe, die Staats- und Kulturidentität gegenüber Tibet herauszuarbeiten und abzugrenzen, auch um die eigenständige Religion und Kultur der Bhutaner vor den Einflüssen der Nachbarn zu schützen. In dieser Zeit sind viele der lokalen und religiösen Feste, Zeremonien, Tänze oder Traditionen entstanden. Auch wurde in dieser Zeit die bis heute fast unveränderte nationale Bekleidung eingeführt und das Volksfest Tsechu institutionalisiert. Gesetze, Steuern und Handlungsanweisungen sowohl für die zivile Bevölkerung als auch die Mönchsgemeinschaften (der Zhabdrung war ja auch oberster Druk-pa Lama) wurden eingerichtet. Unter anderem wurde die Bevölkerung gezwungen, sich bei staatlichen Projekten (Straßenbau, Brücken, Dzongs, Tempeln) einzubringen. Dieses Gesetz endete erst im Jahr 1956.

Spirituelle und weltliche Herrschaft

Im 17. Jahrhundert wurde auch der Grundstein gelegt für die Zweiteilung der Macht im Land. Zum einen wurden alle Fragen zur Religion und Spiritualität weiterhin vom Zhabdrung behandelt. Der oberste Abt war aber weiterhin der Je Khenpo aus Punakha. Die Aspekte der materiellen (weltlichen) Außen-, Sicherheits-, Staatspolitik wurde in Zukunft von einem säkularen Herrscher, dem Desi, abgedeckt. Das funktionierte in dieser Form bis 1907 (→ S. 64). Je Khenpo und Desi waren gleichberechtigte und gleichstarke Herrscher. Dieser erste Desi war Tenzin Drugyey (1591–1656), einer der Druk-pa Mönche, der viele Jahre zuvor mit Ngawang Namgyal aus Süd-Tibet nach Bhutan kam. Dieser richtete ein administratives System der regionalen Selbstverwaltungen ein, jeder mit einem Penlop an der Spitze. Zu dieser Zeit wurde Bhutan in nur drei Distrikte unterteilt: Paro im Westen, Dagana im Süden und Trongsa im Zentrum mit dem Hauptverwaltungssitz in Punakha. Im Jahr 1651 zog sich Ngawang Namgyal aus der aktiven Politik in das Dzong-Kloster Punakha zurück und zeigte sich auch nicht mehr in der Öffentlichkeit. Man geht davon aus, dass er relativ bald danach starb. Sein Tod wurde aber erst 1705 (54 Jahre später!) offiziell bestätigt. Als Grund wird vermutet, dass während der Regentschaft der ersten sechs Desi die Anwesenheit des spirituellen und politischen Vorbildes des Zhabdrung nötig gewesen war, um Bhutan als eigenständigen Staat zu festigen und Tibet weiter außen vor zu halten. Tibet versuchte zwischen 1656 und 1730 sechs Angriffe auf Bhutan.

Nachdem im Jahr 1705 der Je Khenpo von Punakha den Tod des Zhabdrung verkündete, musste auch gleich dafür gesorgt werden, dass die Linie des Zhabdrung in Zukunft fortbestehen wird. Deshalb verkündete er, dass beim Tod des Zhabdrung drei Lichtstrahlen vom Körper des Verstorbenen fortgingen. Diese wurden interpretiert als die des Körpers, der Sprache und des Bewusstseins. Der Zhabdrung wird also in Zukunft in diesen drei Verkörperungen wiedergeboren werden. Die Reinkarnation des Bewusstseins ist aber diejenige, die an der Spitze des Staates stehen wird. Folglich musste stets nach dem Tod eines Zhabdrungs ein Kind in dessen Bewusstsein gesucht werden. Die Stabilität des Staates war so über die Reinkarnationslehre gesichert.

Allerdings barg das auch einen Nachteil: Das gefundene Kind war für viele Jahre zu jung für die Regierungsgeschäfte, sodass der Desi faktisch der Chef des Landes war. Da der Desi eine auf Zeit ausgewählte Person des öffentlichen Lebens war und da es im Land verschiedene Fraktionen von politischen und religiösen Strömungen gab, gab es einen ständigen Disput, welcher nun der wahre Herrscher oder die richtige Reinkarnation des Zhabdrung sei. Außerdem gab es einen ewigen Streit darüber, welche der drei Inkarnationen des Zhabdrung (Körper, Spra-

Festival zu Ehren eines Lamas

che, Bewusstsein) die richtige sei, um das Land zu führen. Alle nachfolgenden Reinkarnationen waren politisch schwach oder unfähig, keiner von ihnen hatte mehr die politische und spirituelle Ausstrahlung, die Ngawang Namgyal besaß.

Über 200 Jahre lang führte das zu inneren Unruhen, politischen Grabenkämpfen und teilweise heftigem Bürgerkrieg. Das ist auch schon daran zu erkennen, dass es in diesen 200 Jahren (bis 1907) sechs Inkarnationen des Zhabdrung gab, jedoch 55 Desi, von denen 22 frühzeitig, vor dem Ende ihrer Regentschaft, von ihren Gegnern aus dem Weg geschafft wurden. In den Jahren 1729 und 1730 marschierten sogar tibetische Truppen in Bhutan ein, um dem Chaos ein Ende zu setzen. Der Dalai Lama beschloss allerdings, Bhutan eigenständig zu lassen, und so wurde die innenpolitische Situation nur beruhigt und anschließend diplomatische Vertretungen beider Länder vereinbart.

Kontakt mit den Briten

In den Jahren danach baute Bhutan weitere politische Beziehungen zu den Nachbarn im Süden und Westen auf: zu Nepal, Ladakh, Sikkim und dem Königreich Cooch Behar (südlich von Bhutan im heutigen Indien). Später gab es auch Konflikte mit diesem Königreich, die darin gipfelten, dass Bhutan dort einmarschierte und das Königtum abschaffte. Das führte 1772 zu einem Hilferuf an die britische East India Company, mit der Bitte, die Bhutaner wieder aus ihrem Land zu drängen. Das war der erste Kontakt der Briten mit dem Land Bhutan, von dem man schon 1771 gerüchteweise etwas gehört hatte – die Briten waren damals noch nicht so weit in Richtung Himalaya vorgedrungen.

Der britische Gouverneur von Bengal half letztendlich mit einem gut ausgerüsteten Heer, die Bhutaner aus Cooch Behar zu vertreiben – nicht ohne empfindliche Verluste auch auf Seiten der Briten. Das Königshaus von Cooch Behar wurde wieder eingesetzt, aber der Preis war hoch: In der Folge verlor das Königshaus seine politische Eigenständigkeit an die Briten und an die East India Company. Die Briten verfolgten die Bhutaner weiter in Richtung Berge und gewannen zwei weitere Schlachten im Januar und April 1773.

Butterlampen in einem Kloster

Der damalige 17. Desi richtete ein Hilfegesuch an den tibetischen Panchen Lama im Kloster Tashi Lhunpo in Shigatse. Dieser wiederum schrieb einen freundlichen Brief an den britischen Gouverneur in Calcutta. Die Briten wollten ihrerseits einen guten nachbarschaftlichen Austausch mit den Tibetern im Norden ihrer indischen Kolonie. Man fürchtete damals weniger die Chinesen als Aggressoren in Richtung Indischen Ozean als den russischen Zaren, der seinen Einfluss nach

Hauswand im Drangme-Tal

Zentralasien und Afghanistan ausdehnte. Man wusste noch nichts über die geographischen Gegebenheiten auf dem Dach der Welt, weshalb von Russland sicherlich keine Invasoren in Richtung Indien gekommen wären. Die guten politischen Beziehungen zu Tibet wollten die Briten also nicht wegen der unwichtigen Sache mit Bhutan aufs Spiel setzen, und so wurde am 25. April 1775 in Calcutta der Friedensvertrag zwischen Bhutan und den Briten unterzeichnet. Der Desi musste einige Zugeständnisse machen, die Briten gaben dafür das gesamte bis dahin eingenommene Gebiet Bhutans wieder ab. Die East India Company schickte noch im Folgemonat eine Expedition unter der Leitung von George Bogle nach Bhutan und auf den Weiterweg nach Tibet zum Panchen Lama zur Aufnahme offizieller politischer Beziehungen. Allerdings ging es der EIC hauptsächlich um Handelsbeziehungen. Der Auftrag an George Bogle war klar: ›Das Finden von Waren von hohem Wert und geeigneter Transportfähigkeit.‹ Die Expedition blieb fünf Monate in der Region Thimphu, bevor sie nach Tibet weiter reiste. Bogle brachte erstmals Kartoffeln mit nach Bhutan und ließ diese von Bauern anpflanzen.

In den Folgejahren 1776 und 1777 gab es zwei weitere britische Expeditionen nach Bhutan; geleitet von Alexander Hamilton, der Thimphu und Punakha besuchte und dafür sorgte, dass die Briten weiterhin auf ihrem Weg nach Tibet (Shigatse liegt relativ nahe zur Nordgrenze Bhutans) durch das Land kommen dürften.

Der Friedensvertrag mit den Briten konnte allerdings nicht verhindern, dass es innerhalb Bhutans weiterhin zu starken Konflikten und Unruhen kam. Das schwächte die außenpolitische Situation Bhutans zunehmend.

In der Folge des Britisch-Burmesischen Krieges (1825/26) brachten die Briten auch die Region Assam unter ihre Kontrolle. Als die Briten feststellten, dass die direkt an die Berge Bhutans angrenzenden Tiefländer, die sogenannten Duars, ideale Teeanbaugebiete sind, und als sie bemerkten, dass diese Duars eigentlich in einem gemeinsamen Abkommen zwischen Bhutan und Assam von beiden genutzt wurden, übernahmen sie die Assam-Duars (die östlichen Duars).

Minikloster als Andachtsstätte am Wegesrand

Das Wort Duar stammt wahrscheinlich vom englischen Wort ›door‹ (Tür, Tor), da dieses die Eingänge zur Bergwelt Bhutans waren. Für die Bhutaner war die Region immer von geringer strategischer Bedeutung gewesen, da die Tiefebene massiv malariaverseucht war. Die Bhutaner blieben stets oben in den Bergen, hatten diese Region aber unter ihrer Kontrolle, da sie an den landwirtschaftlichen Produkten aus den fruchtbaren Ebenen interessiert waren. Hier wohnten relativ wenige Bhutaner, sondern Volksgruppen anderer Herkunft, die mit dem Klima besser zurechtkamen. 1840 annektierten die Briten die zwei östlichsten Duars, im September 1841 auch die restlichen Duars von Assam. Bhutan bekam dafür eine vertraglich geregelte jährliche Entschädigungszahlung von den Briten. Auch planten die englischen Kolonialherren, die westlichen Duars (Benaglen Duars) zu übernehmen, kamen aber nicht dazu. Zum einen forderten der Afghanistan-Krieg und der Krieg gegen die Sikhs ihre volle militärische Konzentration im Nordwesten des Subkontinents. Zum anderen hatten die Briten große Probleme, in dem Malariagebiet der Duars ihre Soldaten gesund und kampfstark zu halten. Zusätzlich gab es 1857 Unruhen und Aufstände gegen die Kolonialherrschaft in Indien. Diesen Umstand nutzten die Bhutaner aus und festigten ihre Präsenz in den Bengal Duars, was wiederum die Briten ärgerte. Sie wollten ihrerseits den Bhutaner eins auswischen und reduzierten die vereinbarten Entschädigungszahlungen, was die Bhutaner dazu brachte, wieder in Cooch Behar einzumarschieren und eine ganze Reihe von Einwohnern, darunter auch einige Briten, zu entführen.

Das 19. Jahrhundert

In der Zwischenzeit gab es aber auch einige innenpolitische Änderungen, die den jahrhundertelangen offenen Konflikt zwischen den Penlops (Provinz- Gouverneuren), den Dzongpen (Dzong-Gouverneuren) und dem Desi (erwählter weltlicher Herrscher) endlich beendete. Die Konflikte zwischen den Penlops von Tsonga und Paro waren die heftigsten. In der zweiten Hälfte des 19. Jahrhunderts war es der Penlop von Tsonga, Jigme Namgyal (1825–1882), der durch eine geschickte Verhandlungstaktik eine ganze Reihe von Dzongpen hinter sich brachte und so zum mächtigsten Mann des Landes wurde. Endlich, seit der Zeit des ersten Zhabdrung, gab es für einige Jahre Frieden und Ruhe in Bhutan.

Im November 1864 kam der Sekretär des britischen Gouverneurs von Bengalen, Ashley Eden (1831–1887), nach Bhutan, um den Desi in Punakha zu treffen. Ashley schickte an das gemeinsame Regierungsgremium (Lhengyal Shungtshog) der Penlops von Tsonga, Paro, den Dzongpen sowie verschiedenen anderen Offiziellen, die die Regierungsgeschäfte für den noch minderjährigen 18-Jährigen Zhabdrung führten, einen Vertragsentwurf, der den Bhutaner keine Möglichkeit der Diskussion mehr geben sollte – es ging immer noch um den Streit um die Duars. Die Bhutaner ihrerseits präsentierten dem Briten einen Vertrag, der ihnen alle Duars wiedergeben sollte. Ashley fühlte sich und seine Begleiter massiv bedroht und unterzeichnete den Vertrag der Bhutaner mit dem Zusatz ›unter Einschüchterung‹. Die Briten wollten daraufhin diesen Vertrag nie anerkennen. Der Streit über die Duars blieb offen, und im November 1864 annektierten die Briten schließlich auch noch die westlichen Bengal Duars. Die Bhutaner führten im Januar 1865 unter der Führung des Penlop von Trongsa einen Angriff auf die Briten und drängten sie vorerst aus den westlichen Duars. Die Briten verstärkten ihre Truppen, eroberten die Stadt Samtse (in Südwest-Bhutan), zerstörten die Stadt Dewangiri, massakrierten alle Bewohner und beendeten den Krieg für immer. Diese letzte heftige Auseinandersetzung um Süd-Bhutan wird in den Geschichtsbüchern unter Duar-Krieg geführt. Aber eigentlich dauerte dieser Duar-Krieg nicht ein Jahr, sondern von 1840 bis 1865, also 25 Jahre. Im November 1865 wurde der Vertrag von Sinchula geschlossen. Bhutan verlor dabei alle Duars und damit reiche und wertvolle landwirtschaftliche Flächen für immer. Dafür erhielt Bhutan jährliche Ausgleichszahlungen von den Briten.

Jigme Namgyal war durch die Kriege und Niederlage gegen die Briten innenpolitisch etwas geschwächt, konnte aber seine Machtposition schnell wieder ausbauen und wurde 1870 als 51. Desi inthronisiert. Es folgte erneut eine Zeit

Britisches Erbe

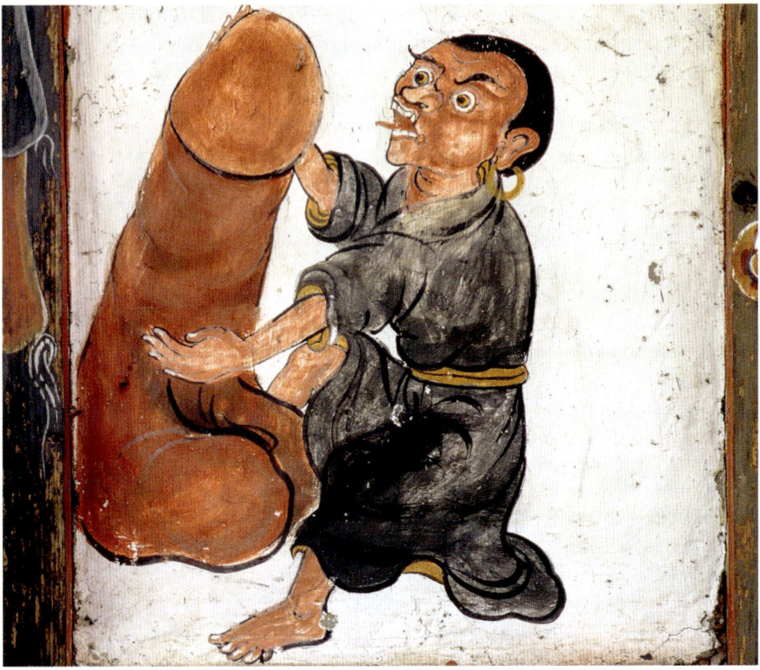

Penisdarstellungen gelten nicht als obszön, sondern sind Symbol der Fruchtbarkeit

der Intrigen und Streitereien, da der Penlope von Paro und die Dzongpen von Punakha und Wangdue Phodrang den neuen Desi wieder entmachten wollten. Im Jahr 1879 installierte Jigme Namgyal seinen 17-jährigen Sohn, Ugyen Wangchuk (1862–1926), als neuen Penlop von Paro. Als 20-Jähriger – sein Vater starb 1882 – wurde er praktischerweise auch Penlop von Trongsa (52. Desi wurde jemand anderes), ohne jedoch den Titel aus Paro dafür wieder abzugeben. Das gab ihm mehr Macht als dem amtierenden Desi. 1885 gab es offenen Streit zwischen den Dzongpen von Thimphu und Punakha, bei dem Ugyen Wangchuk vermitteln wollte. Die Vermittlung endete damit, dass die Truppen von Ugyen Wangchuk die der beiden Kontrahenten vom Schlachtfeld jagten. Der Dzongpen von Thimphu flüchtete nach Tibet und Ugyen Wangchuk wurde zum einflussreichsten und mächtigsten Mann Bhutans. Damit seine Machtpositionen auch nach außen gefestigt wurden, nahm er politische Beziehungen zu den Briten auf. 1904 half er dem Briten Francis Younghusband mit seiner Armee beim Durchmarsch durch Bhutan. Dieser war auf einer Straf-Expedition nach Tibet unterwegs, um unter Zerstörung der Burg von Gyantse (Gyangze) und einem Einmarsch in Lhasa die Öffnung des tibetischen Marktes für britische Waren zu erzwingen. Auch versuchte Ugyen Wangchuk zwischen den Tibetern und den Briten zu vermitteln. Dafür erhielt er 1905 den Titel ›Knight Commander of the Indian Empire‹ und reiste 1906 als Sir Ugyen Wangchuk nach Calcutta.

Die Druk Desi Bhutans (weltliche Herrscher)

Gedun Chomphel 1695–1701
Ngawang Tshering 1701–1704
Umdze Peljor 1704–1707
Druk Rabgye 1707–1719
Ngawang Gyamtsho 1719–1729
Mipham Wangpo 1729–1736
Khuwo Peljor 1736–1739
Ngawang Gyaltshen 1739–1744
Sherab Wangchuck 1744–1763
Druk Phuntsho 1763–1765
Druk Tendzin I. 1765–1768
Donam Lhundub 1768–1773
Kunga Rinchen 1773–1776
Jigme Singye 1776–1788
Druk Tendzin II. 1788–1792
Tashi Namgyal 1792–1799
Druk Namgyal 1799–1803
Tashi Namgyal (2. Mal) 1803–1805
Sangye Tendzin 1805–1806
Umdze Parpop 1806–1808
Bop Choda 1807–1808
Tsulthrim Drayga 1809–1810
Jigme Dragpa II. 1810–1811
Yeshey Gyaltshen 1811–1815
Tshaphu Dorji 1815
Sonam Drugyal 1815–1819
Tendzin Drugdra 1819–1823
Choki Gyaltshen 1823–1831
Dorji Namgyal 1831–1832
Adap Thrinley 1832–1835
Choki Gyaltshen (2. Mal) 1835–1838
Dorji Norbu 1838–1847
Tashi Dorji 1847–1850
Wangchuk Gyalpo 1850
Jigme Norbu (in Thimphu) 1850–1852
Chagpa Sangye (in Punakha) 1851–1852
Damcho Lhundrup 1852–1856
Kunga Palden (in Punakha) 1856–1861
Sherab Tharchin (in Thimphu) 1856–1861
Phuntsho Namgyal 1861–1864
Tshewang Sithub 1864
Tsulthrim Yonten 1864
Kagyu Wangchuk 1864
Tshewang Sithub (2. Mal) 1864–1866
Tsondru Pekar 1866–1870
Jigme Namgyal (1825–1881) 1870–1873
Kitsep Dorji Namgyal 1873–1877
Jigme Namgyal (2. Mal) 1877–1878
Kitsep Dorji Namgyal (2. Mal) 1878–1879
Chogyal Zangpo (-1880) 03.1879–06.1880
Jigme Namgyal (3. Mal) 1880–07.1881
Lam Tshewang 1881–05.1883
Gawa Zangpo 16. Mai 1883–23. August 1885
Sangye Dorji 1885–1901
Choley Yeshe Ngodub 1903–1905

Der derzeitige König Bhutans: Jigme Khesar Namgyal Wangchuck

Einführung der Monarchie

1907 starb der 52. Desi, worauf Ugyen Wangchuk als 53. Desi gewählt wurde. Am 17. Dezember 1907 wurde er im Dzong von Punakha als Druk Gyalpo (Drachenkönig) zum ersten König Bhutans gekrönt. Das System der Reinkarnation des Zhabdrung und der gewählten Desi wurde gegen eine erbliche Monarchie getauscht. Als König verbesserte er weiter seine Beziehung zu den Briten in Indien, auch als Sicherheit gegenüber den nun immer stärker werdenden Chinesen im Norden (Ende des chinesischen Kaiserreichs 1911).

1910 wurde der Vertrag von Punakha zwischen den Briten und Bhutan geschlossen, der besagt, dass sich die Briten nicht in die inneren Angelegenheiten des Landes einmischen werden und dass Bhutan hinsichtlich seiner Außenpolitik sich an die Empfehlungen und Anweisungen des britischen Gouverneurs von Bengalen orientiert. Bhutan sollte sich isolieren und im Zeitalter der Kolonisation seine eigene Identität bewahren.

Der zweite König, Jigme Wangchuk (1902–1952; König ab 1926), regierte während der großen Unruhen und des Zweiten Weltkrieges, was allerdings Bhutan kaum betraf, da das Land stark isoliert war. Jigme Wangchuk festigte das administrative System des Landes und brachte alles politische Leben unter seine direkte Kontrolle. Er machte den Wangdichholing Palast in Jakar (Bumthang) zu seiner Sommerresidenz und zog für die Wintermonate mit seinem gesamten Hofstaat nach Kuenga Rabten bei Trongsa.

Ugyen Wangchuk, der erste König Bhutans

Am 15. August 1947 erhielt Indien seine Unabhängigkeit von Großbritannien. Die neue indische Regierung anerkannte die volle Souveränität Bhutans. 1949 unterzeichnete Bhutan einen Vertrag auf gegenseitige Partnerschaft, der dem vorher mit den Briten geschlossenen Vertrag sehr ähnelte. Bhutan bekam sogar 82 Quadratkilometer im südöstlichen Duar zurück, darunter auch die einst von den Briten zerstörte Siedlung Dewangiri. Demnach blieb es aber wie vorher schon mit den Briten: Indien mischt sich nicht in die inneren Angelegenheiten Bhutans ein, und Bhutan lässt sich in Sachen Außenpolitik von Indien vertreten beziehungsweise leiten. Das Letztere war auch eine wichtige Klausel in Hinblick auf den Bürgerkrieg in China und dem Aufstieg der Kommunisten unter Mao Zhedong. Die Volksrepublik China wurde am 1. Oktober 1949 ausgerufen. Ab November 1949 und im Jahr 1950 mar-

Faksimile der Gründungsurkunde Bhutans (Original von 1907)

schierte die chinesische Volksbefreiungsarmee in Tibet ein und brauchte fast ein Jahr, um Lhasa zu erreichen.

Als der zweite König 1952 starb, folgte ihm auf dem Thron des Drachenkönigs sein Sohn Jigme Dorji Wangchuk (1929–1972), der in England und Indien erzogen und ausgebildet wurde. Er sprach fließend Englisch, Tibetisch und Hindi. Um die Beziehungen zu Indien zu verbessern, lud er den indischen Premier Jawaharlal Nehru und dessen Tochter Indira Ghandi 1958 nach Bhutan ein. Als die Chinesen 1959 nach der Flucht des Dalai Lamas nach Indien ihre Macht in Tibet ausbauten und das tibetische Volk massiv unterdrückten, verstand der junge König, dass in einer sich wandelnden Welt eine Isolation Bhutans nicht mehr angebracht ist.

Auf dem Weg zur Moderne

Mit dem ersten Fünf-Jahresplan wurde begonnen, die Wirtschaft und Gesellschaft langsam und vorsichtig an die globalen Gegebenheiten anzupassen. Gleichzeitig achtete aber auch der König darauf, dass die traditionellen Werte und gesellschaftlichen Strukturen möglichst bewahrt oder sehr behutsam auf die Moderne umgewandelt werden.

1962 schloss sich Bhutan dem Colombo-Plan an, einer Vereinigung von südost-asiatischen Ländern, mit dem Ziel gegenseitiger Hilfe. So kam Bhutan nun an technische und logistische Hilfe für den Aufbau und Modernisierung der Wirtschaft. Mit indischer finanzieller und technischer Hilfe wurde das erste Wasserkraftwerk in Bhutan gebaut, das Chhukha-Projekt in Südwest-Bhutan. 1969 trat Bhutan der Internationalen Post-Union bei, 1971 der UN und fast allen UN Organisationen, 1973 erfolgte die Mitgliedschaft in der Vereinigung Blockfreier Staaten und 1985 die Mitgliedschaft der SAARC (South Asian Association for Regional Cooperation). 1983 wurde der Flughafen von Paro eröffnet, 1990 wurde Bhutan an das internationale Telefonnetz angeschlossen.

Bhutan unterhält zurzeit zu 52 Staaten, den Vereinten Nationen (Botschaften in Genf und New York) und der Europäischen Union (Botschaft in Brüssel) direkte diplomatische Beziehungen in Form von Botschaften oder Generalkonsulate. Unter den europäischen Staaten mit Botschaften sind die Niederlande, Dänemark, Finnland, Großbritannien, Norwegen, Österreich, Schweden, Serbien, Spanien und die Schweiz. Mit letzterem Land verbindet Bhutan einiges, nicht nur die Topographie und das Fehlen eines Seehafens. Die Schweiz leistet in vielerlei Hinsicht Partnerschaftshilfe beim Aufbau von regionalen und lokalen Betrieben und Schulen, beim Straßenbau oder der Telekommunikation. 1969 wurde die erste Asphaltstraße von Indien nach Thimphu gebaut, die ersten Maschinen und Motoren kamen nach Bhutan. Davor bestand das gesamte Alltagsleben (Landwirtschaft, Handwerk, etc.) aus Handarbeit oder der Arbeitskraft von Pferden, Kühen oder Yaks. Viele Bhutaner waren erschrocken und schockiert vor der einziehenden Moderne.

Es gab auch innere Widerstände gegen die Schritte in Richtung Modernisierung und Öffnung. Damit diese Kräfte nicht die Überhand bekommen und es wieder zu innenpolitischen Grabenkämpfen kommt, so wie in den vergangenen Jahrhunderten, beschloss der König schon frühzeitig in seiner Regierungszeit (1953) vorzubeugen. Er rief eine nationale Kommission (Tshongdu) ein, die aus 150 Mitgliedern bestand, eine Art Parlament. Mitglieder dieser Kommission waren 105 Abgesandte (Chimi) der nun gebildeten 20 Distrikte (Dzongkhag). Dazu wählte jeder Haushalt einen Dorfvorsteher und diese wiederum wählten die Chimi. Der Klerus Bhutans wählte 10 Abgesandte der Mönchsgemeinschaften. 35 Abgeordnete waren Personen, die sich schon verdient gemacht hatten, sogenannte Senior-Beamte, oder Staatsbeamte aus den Ministerien, sowie die 20 Distrikt-Gouverneure. Diese letzte Gruppe wurde von der Regierung ausgewählt. Der Grundstein für die Demokratisierung des Landes und der Gesellschaft wurde gelegt.

Als der dritte König mit 44 Jahren 1972 starb, war das Land zwar auf dem richtigen Weg, aber noch lange nicht gefestigt. Sein damals noch 16-jähriger Sohn Jigme Singye Wangchuk (geboren 1956), ebenfalls in Indien und England erzogen und ausgebildet, jedoch auch mit einer bhutanischen Ausbildung in der Ugyen Wangchuck Akademie in Paro, versuchte das Modernisierungsprogramm seines Vaters fortzuführen. Er sprach sich auch für ein Wirtschaftsprogramm zur stärkeren Eigenständigkeit der heimischen Wirtschaft aus – die Abhängigkeit zu Indien erschien ihm zu groß. Das war ein vielversprechender

Der Straßenbau brachte auch Probleme

Plan: Bhutan hat eine geringe Bevölkerungszahl, große freie Landflächen und viele Natur-Ressourcen, sodass es stärker eine exportorientierte Wirtschaft aufbauen kann. Die Konzentration auf die Eigenständigkeit des Landes führte auch dazu, dass Jigme Singye Wangchuk der international gültigen Berechnungsformel für das Bruttosozialprodukt (Bruttoinlandsprodukt, BIP) etwas entgegen setzen wollte. Diese alternative Berechnung zum Wohlstand einer Nation sollte auch die Faktoren Zufriedenheit, Glück und Nachhaltigkeit beim Umgang mit den Ressourcen beinhalten, was ja die Zahlen des BIP nicht abbilden können. So wurde die Berechnungsformel des Bruttosozialglücks oder Bruttonationalglücks (BNG) (englisch: ›Gross National Happiness‹, GNH) entwickelt und sogleich auf Bhutan angewendet. Ein Vergleich mit einer großen Anzahl anderer Länder steht noch aus (→ S. 71).

Jigme Singye Wangchuk, der Vater des heutigen Königs

Öffnung zur Welt

Zur Krönung des vierten Drachenkönigs 1974 durften erstmals die internationalen Medien aus Bhutan berichten. Insgesamt 287 Ausländer wurden für dieses Ereignis eingeladen. Im Vorfeld mussten Hotels in Thimphu gebaut werden, damit die Gäste untergebracht werden konnten.

Die anschließenden Fünf-Jahrespläne konzentrierten sich auf die ländliche Entwicklung, das Schulsystem, das Gesundheitswesen und die Kommunikationssysteme. Der neue König führte auch das System der naturverträglichen Entwicklung ein, nach der alle wirtschaftlichen Interessen denen der Natur untergeordnet sind. Viele neue Nationalparks und Naturparks wurden im Laufe der Jahre eingerichtet. Ebenso wurde das Gerichtssystem reformiert und dezentralisiert – jede Distrikthauptstadt hat inzwischen ihr eigenes Lokalgericht. Auch wurde die gesamte Verwaltung verschlankt und auf die 20 Distrikte dezentralisiert. Das entlastet nicht nur den Druck auf die Hauptstadt und seine Institutionen, sondern schafft eine eigene lokale und regionale Identität – eines der Punkte, die helfen können, die Landflucht in Richtung Thimphu etwas zu bremsen. Überhaupt wurde während der Regierungszeit des vierten Drachenkönigs die eigentliche patriotische Identität geschaffen. ›One nation – one people‹ war stets sein Leitgedanke. Dafür lieben und verehren ihn die Landsleute wohl am meisten.

Der Regierungssitz befindet sich im Dzong von Thimphu

Die sechs wichtigsten Regierungsziele betonte der König immer wieder und wieder: Eigenständigkeit, Nachhaltigkeit, Effizienz und Entwicklung des privaten Sektors, Mitbestimmung des Volkes und Dezentralisierung, Entwicklung der menschlichen Ressourcen, regional gleiche Entwicklungen auf der gesamten Landesfläche.

2005 gab es eine weitere große Überraschung dieses modern ausgerichteten Königs: Jigme Singye Wangchuk kündigte an, zum einen in naher Zukunft zu Gunsten seines Sohnes auf den Thron zu verzichten, zum anderen die Monarchie Bhutans in eine konstitutionelle Monarchie umzuwandeln. Und selbst diese Umwandlung zur Demokratie sollte durch ein landesweites Referendum geschehen (Abstimmung über einen ersten Entwurf im März 2005). Die Arbeiten an einer zukünftigen Verfassung liefen jedoch schon seit 2001, wurden aber offensichtlich bis 2005 noch geheim gehalten.

Am 9. Dezember 2006 war es dann soweit: Jigme Khesar Namgyal Wangchuck (geb. 1989) wurde zum fünften Drachenkönig ernannt und am 8. November 2008 inthronisiert. Er war damals mit 28 Jahren das jüngste Staatsoberhaupt der Erde. Der Vater, gerade einmal 52 Jahre alt, beschloss, sich in Zukunft mehr um die eigene Spiritualität und Meditation zu kümmern. Er hält sich meist aus der Öffentlichkeit fern und überlässt alle wichtigen Auftritte seinem Sohn. Dieser bekam vom weise vorausdenkenden Vater zuerst eine strenge buddhistische Ausbildung in Bhutan verordnet, bevor er nach USA und England gehen durfte, um dort zu studieren. Er besuchte das private Wheaton College in Norton (Massachusetts) und ging dann im Jahr 2000 zum Magdalen College der Oxford University nach England. Dort erreichte einen Master of Philosophy (M.Phil.) in Politik. In Oxford lernte er auch seine Frau Jetsun Pema kennen, die er im Oktober 2011 heiratete. Jetsun Pema studierte Internationale Beziehungen mit den Nebenfächern Psychologie und Kunstgeschichte.

Nationale Identität

Bhutan sah sich in seiner jüngsten Geschichte mit zwei politischen Problemen konfrontiert: dem der Staatsbürgerschaft und den Assam- und Bodo-Separatisten in den Duars.

1990 wurde zur Stärkung der nationalen Identität ein Gesetz zum Thema Staatsbürgerschaft erlassen. Bhutaner ist demnach, wer vor 1958 einer war oder direkter Nachkomme eines solchen ist. Das veranlasste zahlreiche Nepalesen, die seit Ende des 19. und Anfang des 20. Jahrhunderts mehrheitlich die südlichen Duar-Ebenen und die dort fruchtbaren landwirtschaftlichen Gebiete bewohnten (von den Briten wurde diese Ansiedlung massiv unterstützt), das Land zu verlassen. Der Dzongkha-Ausdruck für Süd-Bhutan, Lhotshampa, ist gleichbedeutend mit der Übersetzung ›nepalesisch-sprechend‹. Die Nepalesen stehen jedoch als Hauptpersonengruppe für eine ganze Reihe anderer Ethnien, die in Süd-Bhutan seit Anfang des 20. Jahrhunderts dort siedeln. Zwar hat man von Seiten des bhutanischen Staats die dort lebenden Nepalesen integrieren wollen, hat ihnen kulturelle Eigenständigkeit zugesichert, ihre Sprache an den Schulen als dritte Lernsprache erlaubt. So schien der Konflikt eigentlich behoben zu sein.

Jigme Singye Wangchuk wird nach wie vor sehr verehrt

In den 1980er Jahren änderte sich jedoch im Zuge des Gedanken ›One Nation – One People‹ die Politik Bhutans gegenüber den nationalen Minderheiten. Es wurde eine ›Sittenpolizei‹ ins Leben gerufen, die für die Einhaltung der nationalen Identität und der öffentlichen Verhaltensregeln beauftragt wurde. Ab nun galt für alle Bewohner der Driglam Namzha die bhutanische Etikette. Für alle öffentliche Auftritte, in den Schulen und in den Ämtern musste das nationale Gewand (Gho/Kira) getragen werden. Zugleich wurde die nepalesische Sprache im Süden des Landes in den Schulen nur noch zu einem Nebenfach verbannt. Das führte zu massiven Protesten der Lhotshampa. Die Regierung argumentierte, dass gerade die Förderung der nepalesischen Sprache in den Schulen zu einer ungehinderten und teilweise illegalen Zuwanderung von Nepalesen nach Süd-Bhutan geführt hatte. 1988 wurde eine landesweite Volkszählung durchgeführt – mit dem Ziel, illegale Einwanderer zu identifizieren. Jeder Nicht-Bhutaner musste nachweisen, dass er vor 1958 schon hier lebte oder von einem abstammte. Manche bhutanische Nepalesen hatten keine Papiere, es gab Überfälle, Entführungen, Morde und eine Stimmung voller Angst und Unsicherheit. Daraufhin verließen von 1988 bis 1993 einige Zehntausend Nepalesen Süd-Bhutan. Diese nepalesischen Bhutaner (inoffizielle Zahlen gehen von fast 88 000 Personen bis 1993 aus) lebten viele Jahre in provisorischen Zelt- und Barackenlagern der UNHCR (United Nations High Commissioner for Refugees) in Nepal in der Südostprovinz Jhapa. Sie wurden ein bis heute ungelöster Streitfall zwischen beiden Ländern. Ende 2005 waren es schon 105 000 Personen, die von dem UNHCR versorgt werden mussten (10 Prozent bis 15 Prozent von ihnen wurden in den Lagern geboren). Trotz der Verhandlungen zwischen Nepal und Bhutan konnte noch keine Einigung über diese ›displaced persons‹ gefunden werden. Der wohl bekannteste Sprecher der nun in Nepal lebenden Flüchtlinge, Tek Nath Rizal, hatte gegenüber der Regierung von Bhutan das Problem der Flüchtlinge immer wieder angeprangert, protestiert und in der Weltöffentlichkeit wach gehalten. Da er angeblich dem Staat Bhutan schadete, den König beleidigt und sein Amt als Mitglied im königlichen Beratungsgremium missbraucht habe, wurde er von 1989 bis zu seiner Amnestie in 1999 in Bhutan ins Gefängnis geworfen. Amnesty International brachte eine weltweite Kampagne für ihn ins Rollen. Tek Nath Rizal lebt heute in Nepal. Das Flüchtlingsproblem ist noch nicht gelöst.

Im indischen Assam versuchen seit 1979 bewaffnete Separatisten den indischen Staat herauszufordern und zu schwächen. Ziel der ›United Liberation Front of Assam‹ und der beiden Bodo-Separatistengruppen ›Bodo Liberation Tiger Force‹ und ›Bodo Security Force‹ ist eine Loslösung der Region von Indien. Nach ihren Angriffen und Attentaten ziehen sie sich regelmäßig in die unbewohnten älder Süd-Bhutans zurück. Manchmal nehmen sie auch Geiseln unter der bhutanischen Bevölkerung, um Lösegelder zu erzwingen. Die Armee Bhutans griff im Dezember 2003 schließlich die Separatistenlager im Urwald an und verjagte alle Kämpfer in Richtung Indien. Als Rache gab es im September 2004 ein Bombenattentat in der süd-bhutanischen Grenzstadt Gelephu mit zwei Toten und 27 Verletzten. Der Konflikt schwelt noch, die Gebiete entlang der Grenze zu Assam werden daher besonders streng von der Armee und Polizei kontrolliert. Touristen benötigen eine spezielle Erlaubnis für Reisen in dieser Region.

Das Bruttonationalglück

Die offensichtlich mehr ganzheitliche Berechnungsgrundlage für die Lebensqualität und den sozialen Fortschritt eines Landes, wie sie Bhutan eingeführt hat, ist ein besserer Indikator und sinnvolleres Konzept als das nur von Zahlen aus der Wirtschaft und der Dienstleistungsbranchen erarbeitete Bruttoinlandsprodukt (BIP) oder Bruttonationaleinkommen (BNE), englisch: Gross National Product (GNP). Das bhutanische Konzept der Einbeziehung von Daten des ausgewogenen und nachhaltigen Umgangs mit den Ressourcen des Landes, der sozialen und gesellschaftlichen Entwicklung und Gleichberechtigung, der gerechten Verteilung der Güter, dem Schutz der kulturellen Werte und der Regierungs- und Verwaltungsstrukturen (›good governance‹) in die Berechnungen zum Bruttonationalglück hat nicht nur weltweit hohe Beachtung gefunden. Es ist inzwischen eines der wichtigsten Zugpferde für den nationalen Tourismus geworden und wird entsprechend offensiv gegenüber dem Ausland propagiert. In Bhutan gibt es sogar eine staatliche Kommission, die sich um das BNG kümmert, die ›Gross National Happiness Commission‹ (www.grossnationalhappiness.com).

Bisher ist es noch recht schwierig für einen Volkswirt oder Wirtschaftswissenschaftler, das BNG objektiv berechnen zu können, da ja eine ganze Reihe von subjektiven Werten mit in die Darstellung einfließen. Das geschieht im Übrigen teilweise auch beim BIP. Die Frage nach der korrekten Berechnung ist daher eine politisch-gesellschaftliche Frage nach den Eckpunkten und Rahmenbedingungen, innerhalb derer für bestimmte Kriterien etwas sein muss oder nicht mehr sein darf, um zu einer irgendwie aussehenden ›Note‹ zu kommen.

Geschwister im Distrikt Trashi Yangtse

Es dauerte einige Jahre von der Idee des Königs bis zur Erarbeitung einer brauchbaren und wissenschaftlich fundierten Methode zur Berechnung des BNGs. Ausgearbeitet hatte dies das ›Centre for Bhutan Studies for the Royal Government of Bhutan‹ (CBS) mit einer umfangreichen Studie 2010 und 2012. Der BNG-Index liefert eine Zusammenfassung des Wohlergehens von Individuen in neun Lebensbereichen, die wiederum aus 33 Indikatoren bestehen, die wiederum von 124 Variablen dargestellt werden. Es fließen also sehr viele Faktoren in diesen Index ein. Am Ende gibt es einen Glück-Gradienten. Im Jahr 2010 sahen die ›Glücks‹-Zahlen für Bhutan so aus: 8,3 Prozent sind zutiefst glücklich, 32,6 Prozent sind umfangreich glücklich, 48,7 Prozent sind nahezu glücklich und 10,4 Prozent sind unglücklich. Daraus wird dann in Kombination mit dem Grad an Genügsamkeit und Versorgungssicherheit für jede dieser vier ›Glücks‹-Kategorien ein Faktor berechnet und ein Mittelwert erstellt. Dieser Wert lag für Bhutan im Jahr 2010 bei 0,743 (identisch mit der Aussage, dass sich 40,9 Prozent aller Bhutaner mit dem Begriff ›glücklich‹ identifizieren).

Die Idee zum BNG wird dem vierten König, Jigme Singye Wangchuck, zugeschrieben. Er hatte 1979 bei einem Interview mit einem Journalisten, der ihn zum BIP Bhutans fragte, entgegnet, dass die bhutanische Wirtschaft stärker Rücksicht auf die traditionellen buddhistischen Werte und den Schutz der natürlichen Lebensgrundlagen nimmt und dass dies das BIP nicht abbilden kann.

Dieser Gedanke wurde von einigen renommierten Wirtschaftswissenschaftlern und Instituten aufgenommen, unter anderem vom britischen New Economic Foundation's Centre for Well-Being in Zusammenarbeit mit der NGO Friends of the Earth. Dort wurde der sogenannte ›Happy Planet Index‹ (HPI) erstellt, der die Lebenserwartung und die Zufriedenheit der Bevölkerung eines Landes in Relation zum jeweiligen ökologischen Fußabdruck darstellt (unter anderem Ressourcenverbrauch und Nachhaltigkeit). Die Berechnung des HPI ist relativ übersichtlich: Die durchschnittliche Lebenserwartung der Menschen eines Landes wird mit der Lebenszufriedenheit multipliziert. Diese wiederum ist eine Kombination aus subjektiven Kriterien und messbaren Größen. Das Produkt wird durch den ökologischen Fußabdruck dividiert. Länder, die einen sehr hohen ökologischen Fußabdruck haben (beispielsweise USA, Russland oder viele afrikanische Länder), können zwar auch eine glückliche Bevölkerung haben, sind aber auf der HPI-Liste weit unten. Im globalen Ranking um diesen HPI belegt Costa Rica den ersten Platz mit einem HPI von 64,0 (Zahlen von 2012), weil diese Nation sehr viel in den Umwelt- und Artenschutz sowie in Naturtourismus und gerechte Verteilung der nationalen Güter investiert. Auf Platz 2 liegt Vietnam (60,4). Die diesbezüglich zwei besten Länder Europas sind Albanien (54,1) auf Platz 18 und die Schweiz (50,1) auf Platz 34. Deutschland liegt auf Platz 46 mit 47,2 Punkten. Die USA liegen auf Platz 105 mit nur 37,3 Punkten. Bhutan ist auf dieser Liste von 2012 nicht dabei. Auf der Liste von 2009 belegte Bhutan den 17. Platz mit 58,5 Punkten.

Selbst in der Industrienation Deutschland, wo alles, so scheint es manchmal, auf Wachstum getrimmt ist, gibt es eine vom Bundestag eingesetzte Enquete-Kommission ›Wachstum, Wohlstand, Lebensqualität‹, die nach Indikatoren jenseits der Zahlen aus Industrie, Handwerk oder Dienstleistungssektor suchen. So entstanden die ›W3‹-Faktoren, die auch soziale und ökologische Faktoren, Faktoren zum Wohlstand und dem persönlichen Glück aufnehmen.

Der Buddhismus in Bhutan

Den Buddhismus nördlich und südlich des Himalayas auf wenigen Seiten so zu erklären, dass dem Besucher Bhutans das Wesen dieser Religion deutlich wird, ist kaum möglich. Der in Bhutan praktizierte und aus Tibet stammende Buddhismus ist mit seinen unterschiedlichen Schulen und Lehrrichtungen in sich schon so vielseitig, dass er nur von Gelehrten in wenigen Worten darstellbar ist. Ich möchte es trotzdem versuchen und bitte alle praktizierenden Buddhisten um großzügige Nachsicht. Der interessierte Leser und Besucher Bhutans sei an die weiterführende Literatur zu diesem Thema verwiesen.

Der bhutanische Buddhismus ist sehr eng mit der Geschichte Bhutans verwoben, weswegen die religionshistorischen Erläuterungen auch als Ergänzung zum Geschichtskapitel dienen können – und umgekehrt. Die Religion des Buddhismus, sofern sie überhaupt als solche zu bezeichnen ist, entstand vor etwa 2500 Jahren im nördlichen Teil Indiens. Zu der damaligen Zeit bestand in Nordindien am Fuß des Himalayas eine reiche Kultur mit großen geistigen Freiheiten. Unter diesen Bedingungen entwickelten sich Philosophie und Religion in anderen Bahnen als wenig später im Vorderen Orient.

Ziel des Buddhismus ist die freie und individuelle Entfaltung des menschlichen Geistes. Siddharta Gautama, später Buddha genannt, warnte seine Schüler, einfach seinen vorgetragenen Worten zu glauben. Er wünschte, seine Belehrungen immer zu hinterfragen und durch eigene Erfahrungen zu überprüfen. Strenggenommen ist die ursprüngliche Lehre von Siddhartha Gautama eine atheistische Religion ohne Bezug zu einem Gott, ohne höhere Mächte, ohne ein Paradies und ohne eine von außen aufgezwungene Ordnung. Stattdessen ist die Lehre auf das Überwinden der persönlichen Bedürfnisse, Sehnsüchte und Wünsche ausgerichtet. Im Laufe der Jahrhunderte und der religionsgeschichtli-

Mönche am Dochu La

Erläuterungen für Touristen in einem Kloster

chen Veränderungen entstanden jedoch auch Gottheiten, ohne die der gläubige Mensch scheinbar nicht auskommen will, und Normen, an die sich die Mönche und Nonnen zu halten hatten.

Die Lehre Buddhas ist darauf ausgerichtet, dass jeder die Erleuchtung erreicht. Für den Weg dorthin muss der Schüler und Lernende selbständig auf die ihm innewohnende verborgene Begabung bauen. Das jedem Menschen eigene Potential für die Erleuchtung, genannt Buddhanatur, beruht auf dem Vertrauen auf den richtigen Weg und das richtige Ziel. Dieses ist der wohl grundlegende Unterschied zu den anderen Religionen.

Die Lehre Buddhas, Dharma genannt, ist eine der drei Stützen – also eine der ›Drei Juwelen‹ – des Buddhismus und wird in Tibet und Bhutan seit etwa 1000 Jahren als Tschö bezeichnet, übersetzt ›wie die Dinge sind‹. Die beiden anderen Säulen des Buddhismus beziehen sich auf die Erleuchtung (Buddha) und auf die Mönchsgemeinschaft (Sangha). Buddha stellt im Buddhismus die freie und volle Entfaltung des Geistes und die Verkörperung der Erleuchtung dar. Diese Entfaltung des Geistes wohnt jedem Lebewesen, ob Mensch oder Wurm, als die erwähnte Buddhanatur inne, auch wenn sich das jeweilige Wesen dessen nicht immer bewusst ist. Der Weg zur Erleuchtung, zum Buddha, ist der Dharma, die nötige Belehrung. Damit dieser Weg erfolgreich beschritten wird, umgibt man sich mit Freunden, die diesen Weg schon begangen haben oder noch auf ihm üben, Sangha genannt.

Es gibt buddhistische Schulen, die über die Meditation im Buddha die letztendliche Zuflucht suchen, andere Schulen sehen das Ziel der Zuflucht in der Lehre, der Dharma, der man sich schrittweise annähert. Je höher die Erkenntnisebenen in der Dharma, desto wichtiger ist für den Schüler auf dem weiteren Weg die Sangha, die Gemeinschaft der Mönche. Diese helfen nicht nur bei weiterem Erkenntnisgewinn, sondern sind auch Vorbild. Der Begriff Bodhisattva bedeutet ›der Erleuchtungsstrebende‹ und bezeichnet ein solches Vorbild in der Sangha, das kurz vor der Erleuchtung steht, aber freiwillig darauf verzichtet, um den übrigen Menschen auf dem Weg dorthin zu helfen. Erst wenn alle Menschen das Nirwana erreicht haben und damit den ewigen Kreislauf von Geburt und Tod durchbrochen haben, beschreiten auch die Bodhisattvas den Weg zur endgültigen Erleuchtung.

Der Kern der budhistischen Lehre

Ein Kennzeichen des Buddhismus, das ihn auch von den meisten anderen Weltreligionen unterscheidet, ist die Gleichheit aller Menschen, die Achtung von allem Leben, die hohe Toleranz und das Fehlen von aggressiver Missionierung. Der Kern der buddhistischen Lehre wird geprägt von den ›Vier Edlen Weisheiten‹:

- Alles Leben ist dem Leiden unterworfen.
- Das Leiden resultiert aus den drei menschlichen Grundübeln Gier, Hass und Unwissenheit.
- Der Mensch kann sich selbst aus dem Leid befreien, wenn er alle Bedürfnisse, Wünsche und Begehrlichkeiten ablegt.
- Der Weg zur Befreiung aus dem Leid, zum Eingang ins Nirwana, der ›Achtfache Pfad der Edlen‹, ist in der Lehre Buddhas aufgezeichnet. Der edle achtfache Pfad erklärt die Mittel, um dauerhaftes Glück, die Erleuchtung, zu erreichen. Er sei hier nur kurz zusammengefasst. Dabei sind die drei Hauptpfade:
- Weisheit entwickeln, Unwissenheit überwinden.

Mit Buddha-Darstellungen geschmückter LKW

- Das persönliche Handeln so einsetzen, dass positives Karma aufgebaut und negatives abgebaut wird.
- Mit dem Geist handeln.

Die acht Mittel des Pfades sind:

- Verstehen, wie Leid entsteht, seine Ursachen erkennen und wissen, wie es zu beenden ist.
- Unterscheiden zwischen relativer und absoluter Wahrheit.
- Man erkennt die Natur des Geistes, da die Störgefühle (Neid, Ehrgeiz, Eifer und andere) nicht länger das eigene Fühlen und Handeln bestimmen.
- Sinnvolles Reden, nicht lügen, keinen Unsinn erzählen, nicht schlecht über andere reden.
- Das Handeln aufgeben, das anderen schadet. Sinnvolle Lebensführung: ein von Mitgefühl und Weisheit bestimmtes Leben führen.
- Richtiges Bemühen: Energie aufbringen und auf die unzerstörbare Natur des Geistes meditieren.
- Richtige Achtsamkeit: das Objekt der Konzentration nicht vergessen.
- Richtige Vertiefung: den Geist immer wieder an einer Stelle halten und durch Meditation seine zeitlosen Qualitäten immer wieder hervorbringen.

Die Schulen des tibetischen Buddhismus

Etwa 500 Jahre nach dem Tod von Siddhartha Gautama (im Jahr 528 vor unserer Zeitrechnung) spaltete sich die Religionsgemeinschaft in den Theravada- (oder Hinayana-)Buddhismus und in den Mahayana-Buddhismus auf. Der unter anderem auch in Tibet und Bhutan wirkende Mahayana (›großes Fahrzeug‹) strebt nach der stufenweisen Erleuchtung aller Lebewesen. Der Weg dorthin ist erfüllt mit dem positiven und guten Wirken zugunsten einer späteren Wiedergeburt und besitzt dadurch auch eine wichtige soziale Rolle.

Große Gebetsmühle in der Nähe des Tigernest-Klosters bei Paro

Der Vajrayana-Buddhismus

Der Zweig des Buddhismus, den der indische Gelehrte Padmasambhava (Guru Rinpoche) in der zweiten Hälfte des 8. Jahrhunderts nach Tibet und Bhutan brachte, war ein Zweig des Mahayana, der tantrische oder Vajrayana-Buddhismus. Der Vajrayana nutzt als Mittel zur Erlösung unter anderem auch magische Rituale und Praktiken, die dazu herangenommen werden, materielle Dinge ins Geistige zu verbannen und aus rein geistigem Vorstellen Dinge zu materialisieren, also alle Dinge als vergänglich darzustellen. Durch die in der ursprünglichen Bön-Religion der gesamten Himalaya-Region ebenfalls praktizierte Magie hatte es der Vajrayana relativ leicht, sich in Tibet zu etablieren. Nach und nach verschmolzen die Praktiken beider Religionen, weswegen es die Bön-Religion in Tibet immer noch in einer ungebrochenen Tradition gibt – in Bhutan ist sie fast vollständig verschwunden.

Überall an den Straßen gibt es kleine Altäre

Der Kadam-Orden (Kadam-pa)

Um das Jahr 770 gründete Padmasambhava (Guru Rinpoche) in Samye das älteste Kloster Tibets. König Trisong Detsen machte im Jahr 779 den Buddhismus zur Staatsreligion. In den Jahren nach dem Tod des Königs folgten jedoch heftige innertibetische Kämpfe zwischen dem Vajrayana- und dem Zen-Buddhismus, der in Teilen Chinas praktiziert wurde. Bei letzterer Philosophie ist es mit Hilfe von bestimmten Praktiken möglich, direkt ins Nirwana zu gelangen. Durch die staatliche Förderung des Buddhismus durch die tibetischen Könige festigte sich der Buddhismus zunehmend in Tibet. Die Anhänger der Bön-Religion waren unzufrieden mit dem Verlust der religiösen Vormachtstellung, was zur Ermordung des Königs Ralpachen im Jahr 836 führte. In der Folge flüchteten viele Lamas nach Bhutan. Der nachfolgende Bön-König regierte nur sechs Jahre, bevor auch er ermordet wurde. Damit endete nicht nur das tibetische Königtum, sondern es begannen auch lange Jahre der Willkür und des Terrors durch Provinzherrscher. Kurz nach der Jahrtausendwende (1042) erneuerte sich die buddhistische Lehre vom westtibetischen Königreich Guge aus. Den Anstoß dazu gab der Guge-König Yeshe Ö, der den indischen Gelehrten Atisha in sein Land holen ließ. Dieser gründete den Kadam-Orden (Kadam-pa), veranlasste zahlreiche Klostergründungen, stellte das Studium der Mahayana-Richtung ins Zentrum der Lehre und führte eine strenge Ordensdisziplin für die Mönche ein.

Oberer Bereich einer nepalesischen Stupa bei Lhuntshi

Rotmützen (Kagyü-pa)

In dieser Zeit des zweiten buddhistischen Aufbruchs in Tibet entstand neben der Kadam-pa auch die Kagyü-Schule (Kagyü-pa), die sich jedoch schon nach wenigen Jahren in vier Hauptlinien aufspaltete. Aus diesen gingen verschiedene weitere Orden hervor, unter anderem auch der Karma-Kagyü (Karmapa), dessen Hauptkloster das 60 Kilometer nordwestlich von Lhasa gelegene und 1189 erbaute Tsurphu ist. Das Kloster Sakya wurde das Zentrum einer weiteren Schule, der Sakya-pa, die der Karmapa nahesteht. Neben der alten Schule Nyingma-pa, die sich auf Padmasambhava beruft, gab es nur 100 Jahre nach der Neuorientierung durch den indischen Gelehrten Atisha viele unterschiedliche neue Richtungen innerhalb des tibetischen Buddhismus. Als sogenannte Rotmützen werden die drei Orden der Nyingma-pa, der Kagyü-pa und der Sakya-pa bezeichnet. Im Laufe der folgenden Jahrhunderte entwickelten sich die Schulen nicht nur unterschiedlich stark, sondern die Klöster vermehrten auch Reichtümer und weltliche Macht. Äbte regierten und lebten wie Fürsten. Die Reformen Atishas schienen in Vergessenheit geraten zu sein. Sogar die damalige mongolische Supermacht unter Dschingis Khan, unter deren Einfluss Tibet zum Ende des 12. Jahrhunderts geriet, stärkte diese Machtstrukturen der Klöster noch. Die Mongolen, eigentlich die Eroberer, zeigten ein zunehmendes Interesse am tibetischen Buddhismus und assimilierten so die Kultur ihrer südlichen Nachbarn. Auch die mongolische Herrschaft vermochte jedoch nicht die Streitereien zwischen den Klöstern und Fürstentümern zu verhindern. Die gesellschaftlichen Leitlinien verfielen zunehmend, und das Klosterleben entfernte sich stärker denn je von Buddhas Lehren.

Gelbmützen (Gelug-pa)

Mitte des 14. Jahrhunderts betrat ein Mönch die Bühne der tibetischen Geschichte, der durch seine Reformen den Buddhismus für Tibet grundlegend veränderte: Tsongkhapa (1357–1419, Mönchname Losang Dragpa). Er reformierte mit seiner neuen Schule der Gelug-pa (Schule der Tugendhaften) im 40 Kilometer östlich von Lhasa gelegenen Kloster Ganden (gegründet 1409) den tibetischen Buddhismus: Schwarze Magie und Okkultismus wurden verboten, das Spirituelle wurde auf tantrische Rituale beschränkt, die Mönche waren wieder dem Zölibat unterlegen und mussten sich den 253 Regeln Buddhas unterwerfen. Tsongkhapa hinterließ der Nachwelt achtzehn Bände gesammelter Lehren, die hunderte Texte zu allen Aspekten des Buddhismus enthalten und einige der schwierigsten Punkte von Sutra und Tantra klären. Er hatte unzählige Schüler, die herausragendsten unter ihnen waren Gyeltsab Dharma Rinchen (1364–1431), sein Nachfolger im Kloster Ganden, Khedrub Je Gelek Plezangpo (1385–1438), der rückwirkend zum ersten Panchen Lama ernannt wurde und Gyalwa Gendun Drub (1391–1474), der rückwirkend zum ersten Dalai Lama ernannt wurde. Die Gelug-pa, die auch als ›Gelbmützen‹ bekannt ist, prägte in den darauffolgenden Jahrhunderten das Leben in Tibet am stärksten von allen Schulen und Denkrichtungen. Die Gelug-pa gründeten 1416 das Kloster Drepung – dessen erste Äbte später zu den ersten drei Dalai Lamas benannt wurden – und 1419 das Kloster Sera. Die drei Klöster Ganden, Drepung und Sera wurden zu den drei Säulen des tibetischen Staates, sie wurden zu den Zentren von Religion, Meditation, Forschung, Wissenschaft und Studium.

Durch den zunehmenden Einfluss der Gelug-pa im Zentrum Tibets wurden die anderen Schulen und Fürstentümer bedrängt. Es kam zu innertibetischen militärischen Auseinandersetzungen, in dessen Folge die Mongolen den Gelug-pa zu Hilfe eilten und die Streitigkeiten gewaltsam beendeten. Nach dem Sieg verlieh der mongolische Herrscher Gusri Khan dem damaligen fünften Dalai Lama die religiöse und weltliche Macht. Nebenbei musste aber die beherrschende Rolle des Dalai Lama noch gefestigt werden. So wurde die Reinkarnationslehre von den Mongolen entwickelt.

Tsa-Tsa (kleine Lehmfiguren als Opfergaben, oft bunt angemalt)

Die Drukpa-Kagyüpa Bhutans

Die Druk-pa gehören zu den kleineren Schulen des Kagyüpa-Ordens, der seine Ursprünge in Süd-Tibet hat. Der gedankliche Vater der Druk-pa war der Lama Lingrepa Pema Dorji (1128–1188), ein Schüler des Phagmo Drupa Dorji Gyelpo (1110–1170). Die Schule der Druk-pa selbst wurde aber erst durch einen Schüler von Lingrepa gegründet, dem Lama Tsangpa Gyare Yeshe Dorji (1161–1211). Dieser Tsangpa Gyare hat im Jahr 1193 im süd-tibetischen Ralung (bei Gyangze) das erste Drug-Kloster eröffnet. Von hier aus kamen viele buddhistische Missionare nach Bhutan. Der Name Druk (oder Drug) kam aber erst ein paar Jahre später zu dieser buddhistischen Denkrichtung. Als im Jahr 1205 Tsangpa Gyare in der Nähe der Einmündung des Lhasa-Flusses in den Yarlung Tsangpo ein weiteres Kloster gründete, hörte man bei der Eröffnungszeremonie im fernen Süden (in Richtung Bhutan) kräftig Donner, was man auf die Aktivitäten von Drachen zurückführte und weshalb man dieses Kloster das ›Donnerkloster‹ oder das ›Kloster des Donnerdrachen‹ nannte. Im Tibetischen heißt Druk (manchmal auch Drug) ›Drache‹. So kamen die Druk-pa zu ihrem Namen.

Tsangpa Gyare meisterte die tantrischen Praktiken des Mahamudra und der Sechs Yogas von Naropa bereits in frühem Alter. Als Terton (Entdecker alter verborgener Texte und religiöser Kultobjekte, den sogenannten Termas) entdeckte er Texte und Textstellen, die zuvor von Rechungpa, dem wichtigsten Schüler des tibetischen Tantrikers Milarepa, verborgen wurden.

Für die Mitglieder und Praktizierenden der Druk-pa ist eine einfache Lebensweise und die geringe Bedeutung materieller Besitztümer kennzeichnend. Die Druk-pa brachten viele bedeutsame Lamas, Siddhas und Tantriker hervor. Ein bekannter Meister dieser Linie war der in Tibet und Bhutan für seine ›verrückte Weisheit‹ berühmte Drugpa Kunley.

Der Titel des Oberhauptes der Druk-pa wird Gyalwang Drugpa genannt, welcher als Reinkarnation des ersten Gyalwang Drugpa Tsangpa Gyare gilt und in Bhutan Tulku genannt wird.

Mönche im Paro-Tal

In einem Kloster bei Thimphu

In Bhutan wird die Druk-pa nach außen und innen hin durch den obersten Abt des Landes, den Je Khenpo, repräsentiert. Dieser hat seinen offiziellen Sitz im Dzong von Punakha. Der Je Khenpo ist zugleich auch oberster Hüter der Druk-pa-Mönchsgemeinschaft. Der aktuelle (2015) Je Khenpo heißt Tulku Jigme Chhoeda und ist die 70. Reinkarnation des verstorbenen Vorgängers.

Die Reinkarnationslehre

Eine der wesentlichen Besonderheiten des tibetischen und bhutanischen Buddhismus ist die Reinkarnationslehre, die Lehre von der Wiedergeburt, die ihren Ursprung in der Karma-Kagyü-Schule hat. Inkarnation bedeutet wörtlich ›Verkörperung‹. Der tibetische Buddhismus betrachtet große und bedeutende Lehrer und Gelehrte (Lama) als Verkörperung, also als Wiedergeburt eines Buddhas oder Bodhisattvas. Diese Wiedergeburt ist allerdings nicht an das jeweilige Individuum gebunden, sondern an das Amt, das dieser Lehrer innehatte. Damit löst sich die Reinkarnationslehre auch von dem höchst Vergänglichen des körperlichen Wesens, was praktischerweise auch das Aufkommen von Dynastien nur schwer ermöglicht. Stirbt ein Lehrer oder Abt, so bleibt sein Amt bestehen und damit die Lehre, die mit diesem Amt ausgeübt und gelehrt wurde. Nach der Lehre von Tod und Wiedergeburt kehrt der Verstorbene in einem neugeborenen Kind wieder zur Erde zurück. Nun ist es die Aufgabe von ausgewählten religiösen Würdenträgern, diese Wiedergeburt ausfindig zu machen. Die Anstrengungen, die für die Suche nötig sind, beginnen häufig damit, dass ein Orakel zur Suchrichtung und einigen Anhaltspunkten befragt wird. Im Fall der Suche nach der Reinkarnation eines Dalai Lama wird das Staatsorakel von Nechung befragt, das direkt neben dem Kloster Drepung liegt. In Bhutan gibt es Reinkarnationen von Guru Rinpoche, Pema Lingpa, Ngawang Zhabdrung und einigen anderen hoch angesehenen Lamas oder Tantrikern der Geschichte. Einige historische Personen

Gebetsfahnen auf dem Thrumshing La

haben gleich drei Reinkarnationen (Prinzip der multiplen Reinkarnation) hinterlassen, wie beispielsweise Ngawang Zhabdrung oder Pema Lingpa eine Wiedergeburt des Körpers, der Sprache (Stimme) und des Bewusstseins (Geistes).

Manchmal hat auch der Verstorbene selbst mehr oder weniger eindeutige Hinweise hinterlassen, wo nach seiner Reinkarnation zu suchen ist. Sind nach oft langer Suche einige Kinder in die engere Auswahl gekommen, so werden diese einer strengen Prüfung unterzogen. Diese Kinder müssen Gegenstände des Alltags und der Religionsausübung des Verstorbenen von denen anderer Personen unterscheiden, und körperliche Merkmale des Verstorbenen müssen auch bei der Wiedergeburt erkennbar sein. Bis die neue Inkarnation zweifelsfrei gefunden ist, können mehrere Jahre vergehen. Wenn die Suche jedoch erfolgreich ist, kommt das Kind in die Obhut des zuständigen Klosters und wird auf sein zukünftiges Leben vorbereitet. Bei weltlichen Dingen, die bei Äbten oder hohen Würdenträgern stets Bestandteil des Klosterlebens sind, übernimmt bis zur Volljährigkeit ein geistiger Würdenträger als Vormund diese Aufgabe.

Astrologische Bestimmungen für die bhutanische Architektur

Ein wichtiger Aspekt der bhutanischen Architektur ist der Glaube an astrologische Anordnungen. Dieses astrologische Anordnungssystem heißt Tsi Tah-ni und behandelt zwei Aspekte. Der eine Aspekt berücksichtigt den Einfluss auf Geist, Körper und Sprache, während der andere Aspekt Vorkehrungen gegen ungünstige Einflüsse trifft. Tsi Tah-ni ist sehr im bhutanischen Alltag verwurzelt und soll Frieden und Harmonie in das Leben bringen. Der Glaube der meisten Bhutaner ist von klein auf an tief verwurzelt im Animismus. Der Himmel, die Erde und der Untergrund sind Sitze übernatürlicher Wächter.

Um diese Gottheiten nicht zu verärgern und um in Harmonie mit den anderen Lebewesen zu leben, sind die astrologischen Rituale und Bestimmungen von besonderer Bedeutung in der bhutanischen Architektur. Dabei werden alle Vorgänge von diesen Bestimmungen begleitet, von der Wahl des Standortes für das Gebäude bis hin zum Aushub des Fundaments oder der tatsächlichen Bauarbeiten. So erfolgt die Wahl des Standortes für ein Gebäude nicht ohne den Rat eines Astrologen. Dieser sucht das Gelände nach Zeichen ab. Dabei begeht er das Gelände direkt und beobachtet es aus der Ferne, beispielsweise von nahegelegenen Bergkuppen oder Felsen. Falls der Astrologe den Standort als ungünstig bewertet, kann ein Beschwichtigungsritual durchgeführt werden.

Ist der Standort mit Zustimmung des Astrologen als gut befunden, so wird als nächstes die Zeremonie zur Öffnung der Erde durchgeführt. Das Datum dafür wird wiederum vom Astrologen festgelegt. Bei dieser Zeremonie wird ein Bild des Sadhag auf dem Boden ausgebreitet. Sadhag ist die Gottheit, die unterhalb der Erdoberfläche wohnt, und wird meist als halb Mensch, halb Schlange dargestellt. Die Zeremonie soll dem Sadhag Respekt zollen, sodass es zu keinen unvorhergesehenen Katastrophen für das Gebäude kommt. Der Astrologe bittet im Rahmen der durch Gebete begleiteten Zeremonie den Sadhag um ›Erlaubnis‹, das Gebäude auf dem Boden zu errichten. Die Rituale erfolgen nach genau festgelegten Abläufen. Am Ende der Zeremonie markiert der Astrologe das Gelände. Dann wird

Frauen errichten Lehmwände

eine Kuhle ausgehoben, in der eine versiegelte Urne vergraben wird. Diese Urne heißt Sachubumter und soll wie ein Goldtopf eine wertvolle Gabe an die Gottheiten des Untergrunds und des Wassers darstellen und diese beschwichtigen. Die Urne enthält tatsächlich wertvolle Gegenstände der Erde, zum Beispiel Gold, Silber oder Edelsteine, ebenso wie bestimmte Objekte, die die Gottheiten freundlich stimmen sollen. Solche Sachubumter werden auch oft an Stellen vergraben, die besonders häufig Naturgewalten wie Fluten, Erosion oder Erdbeben ausgesetzt sind. Nach diesem Ritual kann der eigentliche Bau des Gebäudes beginnen. In der Regel wird für ein bhutanisches Bauernhaus ein Steinmauerfundament auf einer Fläche mit fest gestampftem Lehm gebaut. Heutzutage wird diese Steinmauer aus Natursteinen mit Zement oder Beton errichtet. Auf die Natursteinmauer kommt eine Mauer mit gekauften Betonsteinen, gekauften ungebrannten Lehmziegeln oder eine Mauer aus gestampftem Lehm (das wird vor Ort selbst gemacht). Die Fenster- und Türrahmen werden gleich beim Hochziehen der Mauer mit eingebaut. Ebenso die Quer- und Stützbalken. Das Dach ist mit der Mauerkrone fest verzapft und verbunden. In früheren Zeiten war ein Haus komplett ohne Nägel gebaut worden. Heutzutage allerdings hört man an den Baustellen das Klopfen der Hämmer.

Bambusgerüst – viel Vertrauen in die Verbindungsklammern der einzelnen Halme

Bhutan heute

Die Nationalflagge Bhutans besteht aus zwei Farben: orange (für den Buddhismus) und gelb (für die Macht des Königs) diagonal geteilt: der obere Teil ist der Gelbe. In der Mitte ist ein weißer Drache zu sehen, der in jeder seiner vier Klauen einen weißen Edelstein hält. Weiß steht für die Reinheit der inneren Gedanken und Handlungen, die alle ethnischen Gruppen Bhutans vereinen. Die Edelsteine stehen für Reichtum, Sicherheit, Schutz und Wehrhaftigkeit Bhutans.

Das Nationalwappen zeigt zwei gekreuzte Donnerkeile (bedeutet die Harmonie zwischen der religiösen und der weltlichen Macht) sowie unten eine Lotusblüte und ist gekrönt von einem Edelstein. Die Lotusblüte bedeutet die Reinheit und Weisheit, der Edelstein die uneingeschränkte Macht. Eingerahmt wird das alles durch zwei Drachen.

Der Nationalfeiertag ist der 17. Dezember, der Tag, als vor über 110 Jahren Ugyen Wangchuk zum ersten Drachenkönig gewählt wurde (→ S. 64).

Das National(säuge)tier ist das Takin (Budorcas taxicolor, → S. 42); der Nationalvogel ist der Tibet-Kolkrabe (Corvus corax subsp. tibetanus), weil dieser die Königskrone und den Thron schmückt; die Nationalblume der Blaue Scheinmohn (Meconopsis horridula oder M. grandis); der Nationalbaum ist die Himalaya-Zypresse (Cupressus torolusa) wegen ihrer Widerstandsfähigkeit, Langlebigkeit und wegen ihres stämmigen geraden Wuchses.

Die aktuelle soziale und gesellschaftliche Situation der Bhutaner wird immer noch davon geprägt, dass sich das Land nach über 400 Jahren der Isolation erst so spät in der modernen Zeit für gesellschaftliche Einflüsse und Waren der anderen Länder öffnete. Die meisten sozialen Strukturen konnten so in die Moderne gerettet werden. Außerdem gibt es einen nationalweiten Kodex bezüglich Aussehen und Auftreten in der Öffentlichkeit sowie der Kommunikationsformen. Dieser Verhaltenskodex wird streng überwacht – selbst die ›neuen Wilden‹ in Thimphus quirligem Szene-Leben können sich dem nicht ganz entziehen.

Politische Situation

Seit den demokratischen Reformen, den ersten Parlamentswahlen und der Umwandlung in eine konstitutionelle Monarchie mit einer Gewaltendrittelung im Staat ist viel in Bhutan geschehen. Im Folgenden wird auf die aktuelle Situation von Politik, Wirtschaft und Sozialsysteme eingegangen.

Die Gewalt im Staat ist aufgeteilt zwischen dem Nationalparlament (Legislative), der Zentralregierung (Exekutive), dem königlichen Beraterstab (weltliche Kontrollinstitution), dem Gerichtswesen (Judikative) und den klösterlichen Gemeinschaften mit dem Je Khenpo als oberster Abt (klerikale Kontrollinstitution).

Parlament

Das Nationalparlament (Tshongdu) mit 150 Sitzen wurde 1953 erstmals einberufen. Allerdings ist die Zusammensetzung heute etwas anders: 10 Mitglieder stellt der Klerus, 40 Mitglieder werden vom König einberufen (hohe Beamte aus den Ministerien und den Distriktverwaltungen, Honoratioren des Staates), 100 Mitglieder

Logo der People's Democratic Party

werden vom Volk gewählt. Im Jahr 2007 wurde ein Mehrparteiensystem eingeführt, wobei für die ersten Wahlen 2008 nur zwei Parteien zugelassen wurden, die für die Monarchie ungefährlich waren und als ›loyal‹ galten (das System nicht gefährden). Diese Parteien sind Druk Phuensum Tshogpa (DPT; Bhutan Peace and Prosperity Party), die aus der früheren Bhutan People's United Party und aus der All People's Party hervorgegangen ist, und die People's Democratic Party (PDP). Eine dritte Partei, die Bhutan National Party (BNP), hatte den Antrag zur Wahlzulassung 2008 wieder zurückgezogen, existiert aber immer noch. Neben diesen drei Parteien gibt es noch die erst 2013 gegründete Bhutan Kuen-Nyam Party (BKP) und die in Bhutan verbotene Bhutan Peoples' Party (BPP), die schon 1990 gegründet wurde und hauptsächlich die nepalesischen Flüchtlinge Bhutans repräsentiert (arbeitet von Nepal aus). Es gibt auch noch einige kleine Splitterparteien Bhutans, die allerdings alle vom Exil aus arbeiten.

Die Wahl im April 2008 ging folgendermaßen aus: von den 47 Sitzen in der Nationalversammlung gingen 45 Sitze an die DPT und 2 Sitze an die PDP. Die letzte Wahl von 2013 korrigierte dieses Verhältnis wieder etwas. Momentan hat die DPT 15 Sitze und die PDP 32.

Die Volksvertreter werden auf drei Jahre gewählt. Die Nationalversammlung kam bis 2005 nur einmal im Jahr für eine dreiwöchige Sitzung in der Hauptstadt zusammen. Inzwischen fällt aber immer mehr Arbeit an, sodass zwei bis drei Sitzungen pro Jahr stattfinden. Die Sitzungen sind öffentlich.

Regierung

Seit 1998 wählt die Nationalversammlung die Minister und Staatssekretäre für eine Dauer von fünf Jahren. Diese wiederum wählen den Regierungschef (der König ist seit 1998 nur noch Staatsoberhaupt), wobei der Chefposten zwischen den Ministerien im Jahresturnus wechselt. Die Regierung besteht somit aus dem Regierungschef, den Ministern und den Staatssekretären. Sie erlassen Gesetze und sind die Exekutivgewalt im Staat. Momentan (seit Juli 2013) ist Tshering Tobgay der Regierungschef. Er ist auch Parteichef der PDP.

Geburtstagsfeier für den vierten König

Bauernhof inmitten von Reisfeldern

Königlicher Beraterstab

Der königliche Beraterstab (Lodroe Tshogde) wurde schon 1965 vom dritten König eingerichtet. Die Mitglieder dieses Gremiums sind ständig abrufbereit und beraten den Monarchen. Ihre Aufgabe ist es darüber hinaus, die korrekte Umsetzung und Ausführung der Gesetze aus dem Nationalparlament zu überprüfen. Dieser Beraterstab besteht aus neun Mitgliedern, die für drei Jahre in dieses Gremium entsandt werden und vom Parlament bestätigt werden müssen. Acht der neun Mitglieder bestehen aus zwei Gesandten des Klerus und sechs Parlamentariern. Die neunte Person wird vom König ernannt und hat den Vorsitz über diesen Beraterstab.

Der König selbst hat ebenfalls große Möglichkeiten, direkt in die Politik einzugreifen. Er ist als Staatsoberhaupt auch der einzige im Staat, der die Staatsbürgerschaft verleihen darf, beispielsweise für tibetische Flüchtlinge oder aus Bhutan geflüchtete Nepalesen. Er ist die letzte Instanz auf dem Weg durch die Gerichte.

Gerichtswesen

In jedem der 20 Distrikte gibt es inzwischen eigene Regionalgerichte. Die schwierigen Fälle oder die Berufungsfälle werden an das zentrale Gericht in der Hauptstadt überwiesen. Der oberste Gerichtshof von Bhutan (seit 1968) besteht aus sechs Richtern: vier vom König ernannt, zwei vom Parlament gewählt. Der König ist die letzte Berufungsinstanz, für die jeder Bhutaner ein Recht zur Anrufung hat. Da Bhutan zu den Ländern mit den geringsten Kriminalitätsraten gehört, beschäftigen sich die Gerichte hauptsächlich mit Grundstücks- und Besitzstreitigkeiten sowie mit Familien- und Ehestreitigkeiten. Ein modernes Rechtssystem wird momentan aufgebaut – Rechtsanwälte etablieren sich und die juristische Ausbildung der Richter wird reformiert.

Verwaltungstruktur

Die einzelnen Distrikte (Dzongkhag) wurden zu Zeiten des ersten Zhabdrung noch von den Penlops und den Dzongpen verwaltet. Inzwischen heißen die 20 Gouverneure Dzongdag. Jeder Dzongdag hat einen Assistenten (Dzongrab), der die Aufgaben der inneren Angelegenheiten des Distriktes organisiert und leitet. Die Dzongdag unterstehen direkt dem Innenministerium der Zentralregierung. Alle 20 Distrikte sind wiederum in Unterdistrikte (Gewog) – man würde von aus mehreren Dörfern bestehenden Groß-Gemeinden sprechen – unterteilt. Die Einwohner der Dörfer wählen eine/n Dorfvorsteher/in. Diese/r Dorfvorsteher/in heißt im Süden Mandal, im Norden Gap. Diese Person hat auch die Aufgabe, bei kleineren Streitigkeiten in den Kommunen zu vermitteln und wenn möglich beizulegen. Sowohl auf Distriktebene (Dzongkhag Yargye Tshogchun) als auch auf Gemeindeebene (Gewog Yargye Tshogchun) gibt es Komitees aus gewählten Vertretern und Beamten, die sich um Entwicklungsprojekte, Problemlösungen und Regierungsanweisungen kümmern. Auf diese Weise ist die Dezentralisierungspolitik der Regierung in gute lokale, regionale, demokratische Hände weitergegeben worden. Bhutan besitzt eine sehr niedrige Korruptionsrate: Platz 30 von 171 Ländern mit einem Index von 65 Punkten, Tendenz leicht steigend. 100 Punkte heißt keine Korruption (Daten von Transparency International).

Staatlicher Klerus

Neben den erwähnten Institutionen von Parlament, Regierung, königlichem Beraterstab und den Gerichten gibt es noch die Klostergemeinschaften des staatlichen Klerus (Dratshang). Staatlicher Klerus deshalb, weil die Klöster und Mönchsgemeinschaften 1968 ihre Besitztümer weitgehend an den Staat abgeben mussten und seitdem eine jährliche staatliche Zuwendung erhalten. Einige der Ländereien sind an bedürftige Bauern verteilt worden. Momentan werden etwa 6000 Mönche und Nonnen (Anim; von denen es aber nur etwa 200 gibt) vom Staat bezahlt. Der oberste Abt des Landes (Je Khenpo) wird von den in der Hierarchie der einzelnen Klöster am höchsten stehenden Mönchen gewählt. Dieses Amt kann er bis zu seinem Tod ausüben – in der Regel geschieht das auch. Der Je Khenpo hat die Aufgabe, über die religiösen Angelegenheiten des gesamten Landes und aller Klostergemeinschaften zu wachen. Obwohl der Abt ein Drukpa ist, kümmert er sich auch um die anderen buddhistischen Glaubensrichtungen und Schulen, nicht aber um die hinduistischen Belange der nepalesischen und indischen Volksgruppen. Der Je Khenpo hat einen Vertreter, den Dorji Lopen, der für religiöse Unterweisungen zuständig ist.

In jedem Haupt-Dzong eines Dzongkhag (Distrikt) hat auch die Distrikt-Klostergemeinschaft ihren Sitz. Diese werden jeweils von einem Lam Neten geleitet, der von der Gemeinschaft gewählt wird, meist der Mönch mit dem höchsten Rang.

Die Hierarchien und Ränge der Mönche sind lang und kompliziert, genauso wie es die Ausbildung in den Klöstern ist. In der Regel kommen die Kinder ab einem Alter von etwa fünf bis acht Jahren in die Klosterschule und beginnen mit dem Studium der heiligen Texte. Manchmal kommen aber auch die Kinder nach dem Ende ihrer Grundschulzeit (14- bis 15-jährig) ins Kloster und lernen dort

Kleiner Junge im Kloster Dramitse

weiter. Dabei gibt es Unterschiede, ob jemand als Theologe ausgebildet werden soll und sich hauptsächlich dem Studium der buddhistischen Texte widmet oder sich nur für eine bestimmte Zeit mit religiösen Fragen im Allgemeinen beschäftigen wird, um sich später als religiöser Laie zu üben. Familien, die ein Kind im Kloster haben, haben ein hohes Ansehen. Meist ist es der zweit- oder drittgeborene Sohn. Die Ausbildung zum ordinierten Mönch (Gelong) dauert in der Regel sieben bis neun Jahre, je nach Begabung. In dieser Zeit lernen die Novizen das Klosterleben, alle religiösen Alltagsrituale und die vielen buddhistischen Texte. Dabei werden diese Texte stur auswendig gelernt – nur wer alle 108 Bücher Buddhas und die vielen Interpretationen seiner Schriften im Gedächtnis hat, kommt eine Stufe weiter. Jede dieser Stufen ist von einem bestimmten Gelübde abhängig. Je nach Begabung orientiert sich der Novize nach der ›Grundausbildung‹ in Richtung ›buddhistische Texte lesen und interpretieren‹ oder aber er wechselt zu den religiösen Riten, Tänzen, Gesängen und den religiösen Kunsthandwerken (Tankas oder Wandgemälde; Skulpturen oder Fresken; Schnitzereien, Stoffverarbeitung). Die Mönche der tibetischen buddhistischen Schulen dürfen nicht rauchen und haben Alkoholverbot. Sie bleiben ledig, müssen aber keine Vegetarier sein. Ein Mönch kann sein Gelübde jedoch wieder zurücknehmen und eine Familie gründen. Solche ehemaligen Mönche (Getre) oder Laienmönche (Gomchen) kümmern sich ebenfalls um die religiösen und spirituellen Belange ihres Dorfes und deren Bewohner. Für die religiösen Riten und Zeremonien im Auftrag von Personen außerhalb des Klosters oder Dzongs, egal ob im Kloster oder zu Hause ausgeübt, bekommen die Mönche Geld – oder Sachspenden. Neben den Gehaltszahlungen vom Staat (staatlicher Klerus) haben die Mönche und Klöster so eine zusätzliche Einnahmequelle – diese Spenden dürfen sie behalten. Neben den schon erwähnten 6000 vom Staat bezahlten Mönchen gibt es auch etwa 3000 Mönche, die von Spenden aus der Bevölkerung versorgt werden.

Steinbruch im Distrikt Haa

Neben den Laienmönchen und ehemaligen Mönchen gibt es auch noch echte Laien, die nur eine gewisse Zeit im Kloster lebten und in den buddhistischen Texten und Zeremonien eingewiesen wurden.

Nach den Jahren des Lernens gehen die in der Regel schon ordinierten Mönche auf Wanderschaft, durch die Dörfer und durchs Land, häufig auch nach Indien oder Tibet zu den dortigen Mönchsgemeinschaften. Nach seinen Wanderjahren wird der Mönch als Lehrer (Lama= Meister) in den Klostergemeinschaften praktizieren. Neben den Lamas gibt es noch den Rang des Tulku oder Rinpoche (Verkörperung eines verstorbenen großen Meisters). Dieser stammt einer Linie von Inkarnationen ab und trägt wie alle anderen in dieser Abstammungslinie den gleichen Namen oder Namenszusatz. Solche Tulku können sowohl ordinierte Mönche als auch Laienprediger sein und dürfen dann auch eine Familie haben. Den Titel eines wiedergeborenen großen Meisters behält man auch sein Leben lang.

Wirtschaftliche Situation

Die reinen makro-ökonomischen Zahlen Bhutans verzerren etwas die tatsächliche Situation im Land, auch weil viele Bhutaner zufrieden sind – was diese Zahlen nicht darstellen können und weil alles wirtschaftliche Geschehen dem Natur- und Umweltschutz untergeordnet ist. Auch ist Bhutan (neben Ecuador) ein Land, in dem ein nicht wachstumsorientiertes Wirtschaftsmodell in der Verfassung verankert ist. Das Bruttoinlandsprodukt (BIP) betrug 4 745 000 000 US-Dollar (Platz 158 von 188; mit 6,13 Prozent Steigerungsrate), das Bruttonationaleinkommen (Gross National Income, GNI) betrug 6920 US-Dollar (Platz 128 von 199) (alle Zahlen von 2013). Aber im Vergleich mit anderen Ländern mit ähnlichen Kennzahlen besitzt Bhutan einen hohen Standard im Schulsystem, im medizinischen Sektor, in der Infrastruktur (Straßen, Strom, Telekommunikation, Wasserversorgung) und im Umweltschutz. Die momentane Inflationsrate liegt bei etwa 8 Prozent.

Das BIP wird erwirtschaftet durch die Industrie (45 Prozent), Dienstleistungen (38 Prozent) und in der Landwirtschaft (17 Prozent). Die Arbeitslosigkeit liegt landesweit bei vier Prozent, wobei hier ein großer Unterschied zwischen Thimphu und dem Rest des Landes existiert. Besonders die Jugendarbeitslosigkeit in der Hauptstadt ist sehr hoch. Die Berechnung der international geltenden Armutsgrenze (ist für Bhutan nicht aussagekräftig) listet darunter ca. 30 Prozent der Bevölkerung.

Das finanzielle Budget des Staatshaushalts von 2014/2015 beinhaltete ungefähr 44,2 Milliarden Nu (736 Millionen US-Dollar). Fast drei Fünftel dieser Ausgaben werden vom indischen Staatshaushalt bezahlt. Dementsprechend liegt die Staatsverschuldung bei rund 55 Prozent des Bruttoinlandsproduktes, welches 2014 bei 2390 US-Dollar pro Einwohner oder zusammengerechnet für das ganze Land bei 1,82 Milliarden US-Dollar lag.

Der industrielle Sektor ist mit etwa 9,5 Prozent pro Jahr der am stärksten wachsende in Bhutan. Die landwirtschaftliche Produktion wächst dagegen nur sehr langsam, da der Zuwachs an landwirtschaftlichen Produktionsflächen wegen der strengen Naturschutzauflagen kaum zu steigern ist. Die Effizienz in der Landwirtschaft steigt jedoch allmählich. Besonders die Verarbeitung und Wertschöpfung in dieser Branche muss dringend im Fokus zukünftiger Entwicklungen stehen. Durch die zunehmende Straßenvernetzung mit Indien und den dortigen Absatzmärkten können landwirtschaftliche Güter schneller, frischer, effizienter und zum Teil auch schon verarbeitet Richtung Süden exportiert werden.

Hotel in Trashigang

Eine wichtige Devisenquelle des Landes ist zweifelsohne der Tourismus (→ S. 147).

Die wichtigste Stütze des Staatshaushaltes sind allerdings mit weitem Abstand die Stromexporte Bhutans nach Indien und Bangladesch. Bhutans Reichtum sind die hohen Berge und das viele Wasser, wodurch die Wasserkraft und der daraus gewonnene Strom ein Geschenk der Natur sind. Damit diese Natur aber nicht zu stark beeinträchtigt wird, werden zur Produktion von Strom keine Staudämme gebaut. Diese würden den Naturhaushalt und die Ökologie des Fließgewässers massiv beeinträchtigen, häufig sogar irreversibel zerstören. Bhutan geht einen anderen Weg und wird dabei von Experten aus Österreich, der Schweiz und Indien beraten. Die Lösung heißt Durchlaufkraftwerke oder Laufwasserkraftwerke. Das Kraftwerk wird in den Fluss gebaut, und zwar so, dass die Ökologie des Flusses weiter bestehen kann – nur ein Teil des Wassers fließt in die Turbine. Die Weltbank gibt an, dass Bhutan ein Wasserkraft-Potential von etwa 30 Gigawatt besitzt. Bisher in Betrieb, im Bau oder in Planung sind 16 Gigawatt. Ein Laufwasserkraftwerk benötigt kein Aufstauen von Wasser, es kommt mit dem natürlichen Gefälle zurecht. Allerdings muss in der Regel für die Bauzeit der Fluss umgeleitet werden, damit dieses Kraftwerk in das Flussbett gesetzt werden kann, was zu einer großen logistischen und technischen Herausforderung in den engen Flusstälern Bhutans wird.

Werbung für den Militärdienst – eine Wehrpflicht gibt es nicht

Die Staatsausgaben von etwa 736 Millionen US-Dollar (2014/15) verteilten sich aktuell auf den Bildungssektor mit 7 Prozent und auf den Gesundheitssektor mit 3,5 Prozent. Das Militär Bhutans erhält übrigens nur etwa 1 Prozent der staatlichen Ausgaben!

Bildungswesen

Schon in den 1960er Jahren wurde das englisch-indische Schulsystem übernommen. Der damalige dritte König genoss selbst die Vorteile einer weltlichen Ausbildung in Indien und England. Die Schüler gehen in der Regel für elf Jahre zur Schule: ein Jahr Vorschule (pre-primary), sechs Jahre Grundschule (primary), zwei Jahre erste Oberschule (junior high school oder primary high school) und zwei Jahre zweite Oberschule (high school oder secondary high school). Danach können sie bei geeigneter Qualifikation zum Studieren nach Thimphu oder ins Ausland gehen. Für die Übergänge zwischen der Grundschule und den beiden Oberschulen sind Leistungstests erfolgreich zu absolvieren.

Das hierarchische Schulsystem unterliegt einer strengen Disziplin. Der Unterricht beginnt früh mit einem Gebet, dem Hissen der Nationalflagge und dem Singen der Nationalhymne. Die Schüler haben Schuluniformen an. Unterrichtet wird in allen fachlichen Gebieten, von der Naturwissenschaft bis zur Literatur, Kunst und Sprache. Wichtige Fächer sind aber auch bhutanische Geschichte und Kultur, buddhistische Grundkenntnisse und Landeskunde. Alle Textbücher und die gesamte Schulausbildung für die ersten elf Jahre sind für jeden Schüler gratis. Inzwischen gibt es in jeder Groß-Gemeinde eine Grundschule. Die beiden Oberschulen befinden sich in den etwas größeren Ortschaften oder zentral gelegen zwischen diesen. In manchen sehr entfernten Regionen Bhutans werden noch nicht alle Kinder vom Schulsystem erfasst, besonders bei den Yak-Nomaden im Norden oder den Kindern ethnischer Minderheiten im fernen Südosten. Die Schulen machen stets mit großen Tafeln oder Plakaten auf sich aufmerksam – sie sind selbst für Reisende nicht übersehbar. Der Stolz auf seine eigene Schule schwingt bei diesen Schildern auch stets mit.

Lehrer an einer Schule in Dagana

Schulkinder in Mongar

Die relativ moderne und gut strukturierte Schulausbildung hat allerdings auch einen gravierenden Nachteil: Sie sorgt für viele gut ausgebildete und ehrgeizige junge Leute, die dann einen Mangel an geeigneten Arbeitsplätzen im eigenen Land haben. Viele junge Leute gingen und gehen nach Indien zum Studieren und kehren nicht mehr zurück nach Bhutan. Die 2003 gegründete Universität von Thimphu kann noch nicht alle für das Land wichtigen Studiengänge anbieten. Der Schwerpunkt liegt auf der Lehrerausbildung, der Ausbildung für Bau-, Elektroingenieure und dem land- und forstwirtschaftlichem Sektor. Andere Studiengänge, beispielsweise Medizin oder Naturwissenschaften, müssen im Ausland an mit Bhutan kooperierenden Universitäten gelernt werden. Die juristische Fakultät steckt ebenfalls noch in den Anfängen. Verständlich ist jedenfalls, dass die vielen gut ausgebildeten jungen Bhutaner lieber einen Beruf oder Arbeitsplatz in der Hauptstadt suchen, als sich in der Provinz zu langweilen oder in den handwerklichen und landwirtschaftlichen Betrieben ihrer Eltern zu arbeiten. Das fördert den Druck auf die Stadt Thimphu immer mehr, erhöht die soziale und kulturelle Kluft zwischen der ländlichen und der städtisch geprägten Bevölkerung und bringt die Distrikte in ihrer wirtschaftlichen Eigenständigkeit nicht weiter voran. Das Problem wurde zwar von der Regierung schon seit längerem erfasst, nur ist ein Gegenlenken sehr schwierig und benötigt hohe Anstrengungen bezüglich besserer Infrastrukturen und ländlicher Entwicklungsprogramme. Neben dem Verkauf von elektrischer Energie an Indien und dem Tourismus ist die drittwichtigste Einnahmequelle des Landes der Export landwirtschaftlicher Produkte (auch größtenteils nach Indien). Dieser letztgenannte Sektor muss in Zukunft auf lokaler und regionaler Ebene massiv gestärkt werden, die Wertschöpfung von Produkten muss in der Region gehalten werden. Das könnte dazu führen, die Landflucht etwas einzudämmen.

Gesundheitswesen

Das Gesundheitssystem Bhutans ist für alle Bewohner des Landes gratis, zumindest die Grundversorgung. Jede Distriktzentrale hat ein kleines Krankenhaus mit den notwendigen medizinischen Versorgungen. In der Hauptstadt gibt es das National Referral Hospital sowie einige ausländische Ärzte, an die sich Touristen wenden können. Für komplizierte Fälle und aufwendige Gerätemedizin werden Patienten nach Indien geschickt – sofern das von den Patienten bezahlbar ist. In den Groß-Gemeinden gibt es häufig eine oder mehrere Personen mit einer medizinischen Grundausbildung mit den nötigsten Notfall-Medikamenten oder einer Unfall-Ersthilfe. Manchmal sind auch medizinische Praktikanten in den Provinzen unterwegs, um den bäuerlichen Familien zu helfen. Nicht alle entfernt lebenden Familien können zu jeder Jahreszeit schnell genug erreicht werden. Jedoch ist die medizinische Versorgung mit insgesamt etwa 170 medizinischen Einrichtungen für ein Land mit so niedrigem BIP wie Bhutan außergewöhnlich hoch. Alles in allem schafft das Gesundheitssystem in dem doch sehr dünn besiedelten Land, über 92 Prozent aller Menschen zu erreichen. Die Quote der Kinderimpfungen liegt bei annähernd 100 Prozent. Die Kindersterblichkeit oder die Geburtensterberate (Kind/Mutter) ist in den letzten Jahren stark gesunken. Über 80 Prozent aller Bhutaner haben Zugang zu sauberem Trinkwasser. Ein aktuelles Problem des Gesundheitssektors ist die Eindämmung der HIV-Erkrankungen. Die Regierung und die Klöster, deren Mönche in den Dörfern auch die Aufgabe haben, für bessere Hygiene-Standards zu werben, gehen offen und progressiv mit dem Thema Aids um und versuchen mit vielen Hinweistafeln und Aufklärungsplakaten die Menschen des Landes zu sensibilisieren.

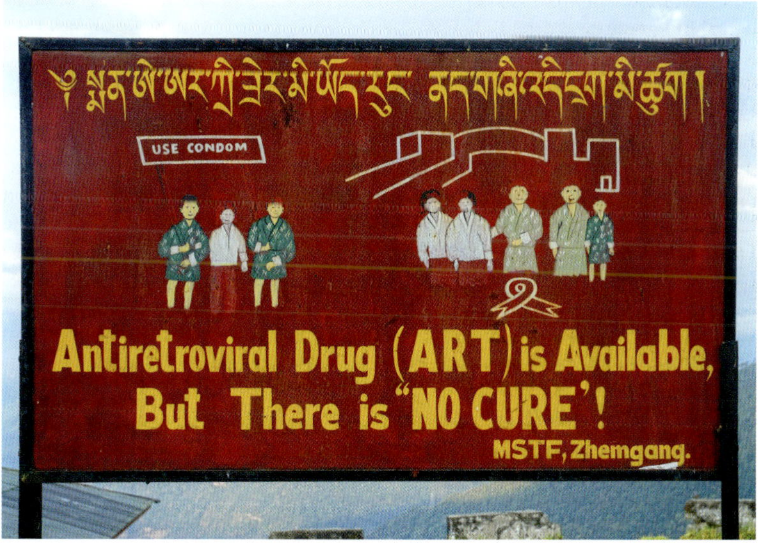

Warnung vor HIV

Traditionelle Medizin

Neben der von uns Europäern so genannten Schulmedizin besitzen die traditionelle bhutanische Heilmedizin und die Verwendung von pflanzlichen, tierischen und mineralischen Zutaten noch immer einen hohen Stellenwert in der Behandlung von Patienten. 1967 wurde die erste offizielle Verteilstelle für traditionelle Medikamente und medizinische Hilfe in Bhutan errichtet, die 1997 umgewandelt wurde und heute Nationales Institut für Traditionelle Medizin (NITM) heißt. Zu finden ist dieses Institut im Westen Thimpus in der Nähe der Nationalbibliothek und dem Zentrum für Traditionelle Handwerkskunst. Dieses Institut ist komplett in das Gesundheitssystem des Landes integriert worden, sodass es in jedem Krankenhaus Bhutans auch immer eine separate Abteilung für traditionelle bhutanische Medizin gibt.

Diese traditionelle Medizin ist der tibetischen Medizin sehr ähnlich. Als der Buddhismus von Indien nach Tibet kam, wurden auch die Grundlagen für die tibetische Medizin geschaffen. Im Laufe der Jahrhunderte kamen indisch-ayurvedische Praktiken (Humours), die chinesische Medizin (Yin-Yang und Pulserfassung) sowie persische Heilkunst (Unani) zur tibetischen Medizin. Bhutan selbst, unter den Tibetern als Lho Jong Men Jong, wörtlich übersetzt ›Südliche Täler der Heilpflanzen‹ bekannt, war nicht nur das Herkunftsgebiet vieler Medizinpflanzen, mit dem Buddhismus kam auch die tibetische Medizin ins Land. Dass dann im Zuge der Bildung einer eigenen Nationalität und Kultur unter dem Zhabdrung Ngawang Namgyal im 17. Jahrhundert auch die bhutanische Medizin von der tibetischen abgegrenzt wurde, ist verständlich. Zu verdanken haben das die Bhutaner dem damaligen Arzt und Minister Tenzin Drukey.

Die Grundlage der traditionellen bhutanischen Medizin ist der ganzheitliche Ansatz (ähnlich der tibetischen Medizin) und die untrennbar miteinander verbundenen Elemente des körperlichen Wohlbefindens und des Geistes (Bewusstseins). Marig-pa, die Laster eines unreinen Geistes, sind das Gift und die Wurzeln allen Übels und Leidens des Menschen. Die drei schlimmsten Laster sind Verlangen, Geiz und Eifersucht (Dud-chag), Hass, Ärger und Arroganz (Zshe-dang) sowie Ignoranz und Verblendung (Ti-mog).

Die medizinische Diagnose erfordert stets auch eine persönlichen Aussprache zwischen dem Arzt und seinem Gegenüber über die Lebensgewohnheiten und in der Vergangenheit liegende Ereignisse des Patienten. Darauf folgt eine Untersuchung der 12 Pulse (die So-ba-rig-pa-Methode ermöglicht eine Feststellung von Erkrankungen jedes Organs nur durch spezielle Pulsmessungen), der Augen, der Zunge und des Urins.

Nach der Diagnose kommt die Therapie. Die Behandlung beruht einerseits auf natürlichen Heilmitteln (aus Heilpflanzen, Tierprodukten und Mineralien), die in 300 unterschiedlichen Mischungen variiert werden können, und andererseits auf Diät- und Verhaltensvorschriften. Daneben gibt es noch den traditionellen Aderlass (Gtar), die Akupunktur mit Goldnadeln (Ser khab), Heilkräuter- und heiß-kalte Wechselbäder (Dugs), medizinische Ölmassagen (Byugs pa), Schwitzen in Heildämpfen (Lum), Bäder in von speziellen heißen Mineralsteinen erhitztem Wasser (Sman chu) oder in Geothermalquellen (Tsha chhu) und viele andere Anwendungsmöglichkeiten.

EXTRA

Die Hilfsorganisation Pro Bhutan e.V.

(von Harald Nestroy)

Wir sind ein deutscher, gemeinnütziger Verein mit nur neun engagierten ehrenamtlichen Mitgliedern. Wir helfen den Menschen in Bhutan im Bereich Gesundheit, Erziehung von blinden und hörgeschädigten Kindern sowie beim Erhalt des kulturellen Erbes.

Seit 1993 planen und bauen wir in Bhutan schlüsselfertige Gebäude, die wir mit Hilfe unserer Spender und Partner finanzieren. Nach Übergabe an die Regierung von Bhutan nutzen die bhutanischen Institutionen, für die wir diese Gebäude errichten, diese vorbildlich zugunsten der bedürftigen Menschen.

Unsere schon erfolgreich durchgeführten Projekte:

1. Bau des Krankenhauses mit Personalhäusern in Punakha,
2. Bau der Ausbildungsstätte für medizinisch-technisches Personal in Punakha,
3. Bau der Poliklinik und eines zweiten Bettentraktes für das Krankenhaus in Punakha,
4. Bau der Kantine mit moderner Küche für das Krankenhaus in Punakha,
5. Total-Renovierung des Hauptgebäudes des Krankenhaus in Punakha,
6. Verschiedene Spenden medizinischer und anderer Ausrüstung,

Punkt 1 bis 6: Gesamtkosten des Krankenhaus-Komplex in Punakha 1 332 000 Euro.

7. Bau von Heimen, Küche, Speisesaal und Küchentrakt für blinde Kinder im Institut für behinderte Kinder in Khaling (130 000 Euro, finanziert mit Hilfe von ›Sternstunden e. V.‹ des Bayerischen Rundfunks, München).

Mutter und Tochter

8. Bau von drei Schulgebäuden, drei Heimen und des Gebäudes für vorberufliche Ausbildung in handwerklichen Berufen für hörgeschädigte Kinder, Wangsel Institute, Schulkomplex Drukgyel (1 Mio. Euro, finanziert mit Hilfe von ›Sternstunden – wir helfen Kindern‹ und ›BILD hilft – Ein Herz für Kinder‹).
9.Wiederaufbau der Kragbrücke zum Dzong von Punakha in der traditionellen Architektur des 17. Jahrhunderts, aber mit modernem technischem Innenleben (850 000 Euro Sonderspenden).
10. Dauerausstellung ›Bhutanische Kragbrücken‹ im dorfseitigen Turm der Brücke zum Punakha Dzong (250 00 Euro).
11. Bau von Küchen und Toiletten im Nonnenkloster Bjachung Karmo (15000 Euro).
12. Spende von Tischen und Bänken im Speisesaal sowie Ausstattung der Schlafräume des Klosters Dechen Phoedrang (18000 Euro).

Unsere Projekte in Vorbereitung oder Planung:
Für hörgeschädigte Kinder in der Schule in Drukgyel Bau des zweiten Heims für Mädchen (32 Betten), 220 000 Euro, finanziert mit Hilfe von ›BILD hilft – ein Herz für Kinder‹.

Für das Krankenhaus in Punakha wollen wir mehrere dringend benötigte, zusätzliche Personal-Unterkünfte bauen. Dieses Projekt ist wegen der erheblichen Kosten noch in der Prüf-Phase. In Vorprüfung ist ein Projekt zur Errichtung eines Heimes für arme, alte Bhutanerinnen und Bhutaner.

Von 1996 bis 2011 haben wir deutsche Ärzte an unser Krankenhaus in Punakha geschickt, die dort eine hervorragende, aufopfernde Arbeit geleistet haben. Dazu kamen noch Laboranten und Techniker. Die Kosten für diese Personalleistungen: bisher 240 000 Euro.

Private Förderer, aber auch Institutionen wie ›Komitee Ärzte für die Dritte Welt‹ (Frankfurt), ›Sternstunden – wir helfen Kindern‹ (Bayerischer Rundfunk, München), ›BILD hilft – Ein Herz für Kinder, haben bisher unsere Projekte großzügig unterstützt. Wir hoffen, dass das auch künftig so sein wird, denn wir haben noch viel vor für Bhutan.

Das Auswärtige Amt (Berlin) und die deutsche Botschaft in New Delhi stehen voll hinter unserem Engagement und haben Projekte aus Mitteln für den Kulturerhalt sowie eine Reihe von Kleinstprojekten für unser Krankenhaus in Punakha mitfinanziert.

Eine unserer Besonderheiten, neben unseren Erfolgen in Bhutan: Wir haben praktisch keine Verwaltungskosten in Deutschland (etwa für Büro-Miete oder Personal). Denn wir von ›Pro Bhutan‹ sind strikt ehrenamtlich tätig. Deshalb kommt praktisch jeder gespendete Euro unseren Projekten und damit den Menschen in Bhutan zugute.

Weitere Informationen: Pro Bhutan e.V., Carl-Keller-Weg 1, 79539 Lörrach, www.proBhutan.com

Frauenrechte

In Bhutan erleben die Frauen ein für südostasiatische Verhältnisse relativ hohes Maß an Gleichberechtigung. Das hängt auch damit zusammen, dass Frauen in Bhutan die größeren Immobilienbesitzer sind. Auf dem Land sind 60 Prozent der Landbesitzer Frauen, in Thimphu sind immerhin 45 Prozent aller Immobilien und aller Geschäfte in der Hand von Frauen (Zahlen aus 2001). Die Frauen sind zwar wie fast überall auf der Welt diejenigen, die sich um den Haushalt, das Kochen und alle Arten der Weberei und Textilverarbeitung kümmern. Daneben arbeiten sie ganz selbstverständlich mit den Männern auf den Feldern, speziell zur Erntezeit, wenn alle helfenden Hände benötigt werden. Die Entscheidungen über Fragen zum Haushalt oder der Führung der Landwirtschaft werden in der Regel von den Eheleuten gemeinsam getroffen. Fragen zum Vieh oder der Haltung und Zucht werden oft von den Männern entschieden. Der Verkauf von landwirtschaftlichen Produkten, aber auch die in den kleinen Distriktzentralen aufkommenden Läden sind fast immer fest in Frauenhand. Die Frauen sind in den Familien auch die Bewahrer der Traditionen, speziell auf dem Land.

In der Hauptstadt ändert sich das Bild momentan stark. Hier rennt man eher dem Geld hinterher und vernachlässigt so viele Traditionen und Verhaltensregeln. Der sorgsam aufgebaute Bildungssektor in Bhutan ermöglicht es den Frauen, auch Berufe zu wählen, die früher nicht für sie zugänglich waren. Speziell alle Berufe im öffentlichen Dienstleistungsbereich (medizinische Versorgung, Verwaltung, Lehrerberuf) besitzen für die Frauen des Landes große Potentiale, die ihre Positionen als gleichberechtigte Mitglieder der Gesellschaft weiter fördern werden. Trotz der gesetzlichen Voraussetzung ist es den Frauen noch nicht

Frauen bei einem Fest in Thimphu

immer und überall möglich, in die höheren Regierungsposten und Verwaltungsebenen zu kommen. Die erste Distrikt-Richterin wurde 2003 ernannt. Selbst im nationalen Sport, dem Bogenschießen, geben Männer nur sehr zögerlich zu, dass Frauen ebenso gute Schützen sein können. Bei den Olympischen Spielen in London traten zwei Frauen aus Bhutan in dieser Disziplin an.

Bei den Wahlen ist die Wahlbeteiligung der Frauen auch immer signifikant niedriger als bei den Männern. Frauen lassen sich kaum für öffentliche Ämter aufstellen.

Die wichtigste Frauenrechtorganisation des Landes ist die National Women's Association of Bhutan, die 1981 von Dasho Dawa Dem gegründet wurde, eine der sehr wenigen Frauen, die den ehrenvollen Titel Dasho vom König erhalten haben. Seit 2004 gibt es noch eine zweite NGO für die Frauen Bhutans, die RENEW (Respect, Educate, Nurture and Empower Women), gegründet von Königin Ashi Sangay Choeden Wangchuck.

Medien

Seit 1967 gibt es die staatliche Tageszeitung Kuensel (Klarheit/Genauigkeit), die erst 1992 privatisiert wurde. Trotzdem halten sich die Journalisten Bhutans streng an die Traditionen und schreiben nicht schlecht über hochrangige Personen, die Regierung, das Königshaus oder religiöse Angelegenheiten. Eine Berichterstattung aus dem Umfeld des Königs und seiner Familie gibt es zwar, aber eine in die Privatsphäre eindringende ›Yellow Press‹ über das Königshaus wäre in Bhutan unvorstellbar. Seit 2006 gibt es zwei weitere Tageszeitungen, die Bhutan Times und den Bhutan Observer, teilweise auch in Englisch.

Die digitale Medienlandschaft Bhutans hat ihren Start 1999 gehabt, als zur 25-jährigen Krönungsfeier des fünften Königs Fernseh- und Radioprogramme per Satellit in Bhutan ihren Betrieb aufnahmen. Beides sind staatlich geführte Medien. Es war das letzte Land der Erde, das dieses Medium angenommen hat. Seit nun mehr 25 Jahren wächst die Anzahl der in Bhutan per Satellit erreichbaren TV-Kanäle ins Unendliche; besonders aus Indien, China und über die asienweit ausgestrahlten internationalen Programme (CNN, BBC, Al Chasira) kommen neue Einflüsse in die Wohnzimmer der Bhutaner. Es prallen Welten und Kulturen massiv aufeinander, und viele Bhutaner fragen sich, ob diese Einflüsse gut für die Menschen, die Gesellschaft und das Land sein können. Im Jahr 2005 sind einige der ausländischen Kanäle auch wieder gesperrt worden. Man befürchtete massive negative Einflüsse auf die Jugend des Landes.

Seit 2004 gibt es ein Mobiltelefonnetz, seit 1999 auch den Anschluss an das weltweite Internet. Viele Hotels haben in ihren Zimmern oder zumindest in der Lobby des Hotels WLAN. Manche Hotels verfügen auch über einen öffentlich zugänglichen Computer, an den sich der Gast setzen kann. In Thimphu und einigen Distrikt-Zentralen gibt es auch Internetläden oder Internetcafés. Da das Mobil-Telefonnetz (BM; Bhutan Mobile) in ganz Bhutan sehr gut ausgebaut ist, sind auch Internet-USB-Sticks erhältlich, um auf diese Weise mit seinem Notebook landesweit ans WWW angeschlossen sein zu können. Das Internet heißt übrigens Druknet – Drachennetz.

Eine Landfrau trägt Bauholz nach Hause

Volksdroge Betelnuss (Doma)

Die unreifen Nüsse der Betel(nuss)palme (Areca catechu) werden in weiten Teilen Asiens kleingehackt und gekaut. In Bhutan wächst diese Palme nur in den tropischen Tiefländern, die an den indischen Bundesstaat Assam angrenzen. In ganz Südostasien bis Nord-Australien ist diese Palmenart verbreitet. Sie ist eine sehr alte Kulturpflanze (Grabbeigaben schon vor 7500 Jahren). Schon Marco Polo hat die Betelnuss und deren Einnahme beschrieben. Diese Droge dürfte die wohl am meisten konsumierte psychoaktive Pflanze sein.

Die Palme wird bis zu 25 Meter hoch, bildet keine Zweige und hat bis zu zwei Meter lange Fiederblätter. Die orangeroten Steinfrüchte (botanisch gesehen keine Nuss) haben die Größe eines Hühnereis. Unter der faserigen Außenschale verbirgt sich ein drei bis zehn Gramm schwerer Samen, der für Doma verwendet wird. Der Wirkstoff ist ein Alkaloid namens Arecolin. Werden diese Samen zerkaut, so findet eine Hydrolyse dieses Arecolins zu Arecaidin und Methanol statt. Diese Stoffe werden im Mund rasch absorbiert und passieren ebenso schnell die Blut-Hirn-Schranke, was gegen Ermüdung hilft. Diese Hydrolyse funktioniert aber nur in dem gewünschten Ausmaß, wenn noch gelöschter Kalk mitgekaut wird. Damit der Kalk und die gehackten Nüsse zusammen kommen, werden beide Zutaten in den Blättern des Betelpfeffers (Piper betle) eingerollt oder eingeschlagen angeboten. Manchmal werden noch Gewürze (oder Minze, Kautabak) mit dazu gefügt, um den leicht bitteren Geschmack der Nüsse zu übertönen. Durch die Alkalisierung mit Hilfe des Kalks wird ein Farbstoff (Phlobatannin) produziert, der den Speichel rot färbt. Allerdings wird bei dauerhaftem Konsum das Zahnfleisch stark angegriffen, schrumpft und hat Zahnausfall zur Folge. Zusätzlich stumpfen die Geschmacksnerven ab. Neben gelben Zähnen und schlechtem Atem kann der häufige Konsum auch Mundhöhlen- und Speiseröhrenkrebs verursachen. In Taiwan ist es die fünfttödlichste Krebsart (2011).

In Bhutan, wo viele in den großen Höhen unterwegs sind und es in weiten Teilen des Landes in der Nacht oder im Winter recht kalt sein kann, dient das Betelnusskauen zur geistigen und körperlichen Anregung, aber auch um Hunger- und Kältegefühle zu unterdrücken. Daher ist es nicht verwunderlich, wenn fast alle Lkw- und Bus-Fahrer sowie viele Taxi-Fahrer regelmäßig Betelnüsse kauen. In Bhutan ist darüber hinaus das Betelkauen ein Akt der Geselligkeit. Häufig bekommt man von einheimischen Bekannten, Partnern oder Freunden Doma angeboten – ein Ritual, dass die guten Beziehungen unterstreichen sollen. Selbst wenn man schon mehrmals darauf verzichtet hat, wird einem das immer wieder mal angeboten. Die Gesundheitsbehörde Bhutans versucht mit entsprechenden Kampagnen den Doma-Konsum einzuschränken, jedoch bisher nur mit geringem Erfolg. Auch unter jungen Leuten ist Doma weit verbreitet.

Eine Betelnuss wird geschält

Umwelt- und Naturschutz

Der Umweltschutz besitzt in der Gesetzgebung des Landes einen hohen Stellenwert, weit höher als in vielen der ›entwickelten‹ oder Industrie-Nationen. Jede geplante Baumaßnahme mit einem Eingriff in den Naturhaushalt, jedes Straßenprojekt oder Wasserkraftwerk, jeder Hausbau oder jede Industrieansiedlung wird genauestens überprüft und notfalls auch abgelehnt. Bhutan strebt an, als erstes Land der Erde eine reine Öko-Landwirtschaft zu betreiben. Der Schutz der unberührten Natur ist nicht nur dem Gesetzgeber, sondern auch den Bhutanern selbst ein hohes Anliegen. Zusätzlich kommt es dem Land zu Gute, dass die Bevölkerungsdichte so gering ist. Da lassen sich Schutzgebiete und Naturreservate leichter und mit höherer Akzeptanz einrichten. Der tief in der Bevölkerung verankerte Buddhismus verhindert per se eine zu starke Übernutzung der Naturressourcen, beispielsweise die der Wälder oder Flüsse.

Interessant, bisweilen in unseren mitteleuropäischen Augen grotesk, muten dann solche Entscheidungen pro Natur an, an die wir als fortschrittsgläubige Industriemenschen sicherlich kaum einen Gedanken verschwendet hätten (zumindest die meisten von uns): Die Einflugschneise des internationalen Flughafens von Paro ist umrahmt von hohen Bergen und dicht bewaldeten Hängen. Die Piloten benötigen für Paro eine spezielle Einweisung in die örtlichen Gegebenheiten. Die Passagierflugzeuge müssen sich aus der Reisehöhe in weiten und engen Schleifen immer tiefer schrauben und überfliegen dabei in nur knapper Höhe die Kiefernwälder der südlichen Berghänge. Immer wieder gibt es Warnungen der Piloten, die dort zu hoch gewachsenen Bäume könnten in Zukunft eine Gefahr darstellen. Aber niemand will die alten Bäume fällen, weil der Täter dann damit rechnen muss, dass er an seinem eigenen Lebensfaden ein großes Stück abgeschnitten haben wird. Zweites Beispiel: Ich rase mit etwa 50 km/h mit meinem Reiserad auf einer sauberen und neuen Asphaltoberfläche einen steilen Berg hinab, lege mich in jede Kurve, soweit es die Haftung der Reifen zulässt und genieße den Fahrtwind. Es ist Linksverkehr! Ich schieße um eine Kurve und ohne Vorwarnung steht ein mächtiger uralter Baum mit tiefen Ästen vor mir auf der

Subtropische Vegetation nördlich des Dochu La

Eingang zum Nationalpark Jigme Dorji

Straßenmitte! Genauer gesagt gabeln sich beide Fahrbahnen auf und vereinigen sich hinter dem Baum wieder. Der Baum ist heilig, einige Gebetsfähnchen hängen an ihm, einige weiß gekalkte Steine liegen am Stammfuß. Ein Lkw oder Bus hätte wegen der tiefen Äste wahrscheinlich Probleme, auf der einen Seite vorbeizukommen. Die müssen auf die Gegenfahrbahn ausweichen. Wer diesen Baum nicht kennt, muss schnell reagieren. Ich versuche mir vorzustellen, wie ein Warnschild für einen in der Straßenmitte wachsender Baum aussehen könnte.

»The forest is a peculiar organism of unlimited kindness and benevolence that makes no demands for its sustenance, and extends protection to all beings, offering shade even to the axe man who destroys it.‹ (Buddha-Zitat).

Aber auch die Weitsicht des vierten Königs Jigme Singye Wangchuck (Vater des jetzigen Königs) förderte landesweit den Naturschutzgedanken stark: »Throughout the centuries the Bhutanese have treasured their natural environment and have looked upon it as the source of all life. This traditional reverence for nature has delivered us into the 20th century with our environment still richly intact. We wish to continue living in harmony with nature and to pass on this rich heritage to our future generations.«

Schon in den Schulen des Landes wird intensiv gelehrt, wie wichtig der Umwelt- und Naturschutz ist. Die Schüler gehen regelmäßig und häufig mit ihren Lehrern zu sogenannten ›field excursions‹, um die Natur auch ganz praxisnah zu erleben und zu verstehen.

Schutzgebiete

Inzwischen sind etwa 42,7 Prozent des Landes Schutzgebiete, Nationalparks oder Naturreservate mit einer Gesamtfläche von etwa 15059 Quadratkilometer (siehe Karte). Dieser Prozentsatz ist wohl einer der Spitzenplätze weltweit. Alleine im Jahr 2007 sind 3800 Quadratkilometer dazugekommen, als alle bis dahin bestehenden neun Schutzgebiete mit sogenannten Öko-Korridoren verbunden wurden, sodass wandernden Tierarten und isolierten Populationen wieder eine bessere Verknüpfung ihrer unterschiedlichen Lebensräume ermöglicht werden kann. Im Jahr 2008 kam dann noch mit 4149 Quadratkilometern das zehnte Schutzgebiet dazu.

Die Nationalparks von Bhutan

Name des Schutzgebietes	Fläche [km²]	Lage im Land	Besonderheiten
1 Phibsoo Wildlife Sanctuary	278	Süden	Wurde 1974 eingerichtet, um die einzigen natürlichen Salbaum-Bestände (Shorea robusta) zu schützen; Wildtiere: Chital-Hirsch, Elefant, Gaur, Tiger, Nebelparder, Goldlangur, Hornvogel.
2 Royal Manas National Park	1023	Süden	Verbunden mit JSW National Park im Norden und indischem Tiger-Park im Süden (zusammen über 5000 km²); Wildtiere: Panzernashorn, Wasserbüffel, Tiger, Gaur, Lippenbär, Elefant, Goldlangur, mehr als 360 Vogelarten.
3 Khaling Wildlife Sanctuary	273	Südosten	Tropisches Gebiet mit Anschluss an ein Schutzgebiet in Indien; Wildtiere: Elefant, Gaur, Zwergwildschwein, Borstenkaninchen.
4 Sakten Wildlife Sanctuary	650	Osten	Wegen vieler endemischer Arten im äußersten Osten eingerichtet; das weltweit einzige Schutzgebiet für den Yeti; hauptsächlich temperate Nadelwälder mit hoher Artenvielfalt an Rhododendron.

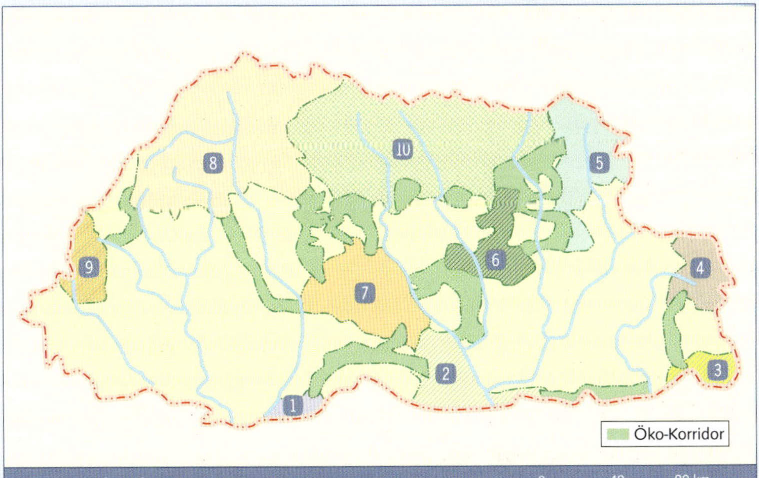

Nationalparks

Name des Schutzgebietes	Fläche [km²]	Lage im Land	Besonderheiten
5 Bumdeling Wildlife Sanctuary	1545	Nordosten	Große Flächen mit alpiner Tundra-Vegetation; Wildtiere: Blauschaf, Schneeleopard, Roter Panda, Tiger, Indischer Leopard, Schwarzbär, Moschustier; wichtiges Winterquartier des Schwarzhalskranichs.
6 Thrumshing National Park	768	Zentrum	Wurde eingerichtet, um die alten natürlichen Baumbestände der Tannen- und Kiefernwälder zu schützen; Wildtiere: Roter Panda, Kappenlangur, Hornvogel, Tragopan.
7 Jigme Singye Wangchuck National Park (vormals Black Mountain National Park)	1400	Zentrum	Große unberührte Reste der Himalaya-Vorberge, die in Indien und Nepal schon zerstört wurden; viele Laubwälder; Wildtiere: Tiger, Schwarzbär, Leopard, Roter Panda, Serau, Kragenbär, Goldlangur, 450 Vogelarten (!), Winterquartier einer großen Gruppe von Schwarzhalskranichen.
8 Jigme Dorji National Park	4329	Nordwesten	Der größte Park Bhutans; von subtropischen bis hochalpinen Regionen; viele Yak-Nomaden; Wildtiere: Takin, Schneeleopard, Blauschaf, Tiger, Moschustier, Roter Panda, Kragenbär, Sambar-Hirsch, Serau, Murmeltiere, mehr als 300 Vogelarten.
9 Torsa Strict Nature Reserve	644	Westen	Soll die temperaten Nadelwälder und alpinen Wiesen West-Bhutans schützen; das einzige Schutzgebiet des Landes ohne eine dauerhaft dort wohnende Bevölkerung.
10 Wangchuck Wildlife Sanctuary	4149	Zentraler Norden	In diesem Park werden die großen dichten Nadelwälder und die laubabwerfenden Wälder des Himalaya-Hauptkamms geschützt. Darüber gibt es viele alpine Wiesen-Landschaften. Die besonderen Arten in diesem Park sind der Tiger, der Schneeleopard oder der Himalaya-Bär.
Landesfläche	38394		
Gesamtfläche Nationalparks	15059 (42,7%)		

Ressourcenmanagement

Alle ökonomischen Interessen des Landes werden dem Naturschutz untergeordnet. Aber nicht nur deshalb ist Bhutan einzigartig auf der Welt. Auch das Ressourcenmanagement unterliegt strengen Nutzschutzregeln. Die Ressource Holz wird daher nur sehr vorsichtig und in kleinem Umfang aus den Wäldern geholt. Trotz des immens großen Holzvorrates in den heimischen Wäldern sieht man nur sehr wenige und nur lokal arbeitende Sägewerke. Holz wird nur für den täglichen Bedarf (Hausbau, Inneneinrichtung, Brennmaterial) in sehr vorsichtiger und nachhaltiger Weise geerntet – immer unter dem strengen Blick der Forstbehörden. Selbst ein Privatwaldbesitzer darf in seinem eigenen Wald die strengen Schutzgesetze nicht außen vor lassen. Gesetzlich verboten ist der Export von Holzrohware (Rundholz) aus den Wäldern. Allerdings sind rings um die Dörfer und Klöster die Wälder schon übernutzt, besonders wegen des Brennholzbedarfs. Etwa 80 Prozent des Energiebedarfs der ländlichen Bevölkerung wird aus Holz gedeckt. Die Bewältigung dieses Problems ist eine große Aufgabe für die nächsten Jahrzehnte. Aber zunehmend werden Gas- oder Ölöfen oder Heizungen beziehungsweise Strom genutzt, was den Druck auf die siedlungsnahen Wälder wieder entlastet. Damit es keinen Schwarzhandel mit Brennholz oder Schnittholz gibt, sind an vielen Punkten Bhutans Straßenkontrollen eingerichtet, sogenannte ›Forest Check Points‹.

Ein weiteres ökologisches Desaster ist die Überweidung und die Beweidung von ungestörten Landschaften, speziell der Waldweide. Dazu kommt die bis heute anhaltende Gewohnheit der im Osten des Landes lebenden Landwirte, die Wälder abzubrennen um Ackerböden zu gewinnen, die allerdings nach zwei bis vier Jahren ausgelaugt sind. Diese ›slash and burn‹ Praxis verändert die natürlichen Lebensräume besonders stark und irreversibel. Wenn Rinder in Wälder

Im Tango-Kloster von Thimphu

Holz spielt eine wichtige Rolle beim Hausbau

getrieben werden, dann fressen sie alles, was schmeckt – und das sind besonders die jungen Triebe und Keimlinge. Die gesamte natürliche Artenzusammensetzung gerät so aus den Fugen, was wiederum starke Einflüsse auf die Tierwelt zur Folge hat – auch wenn der Wald für einen Außenstehenden immer noch genauso wie vor der Beweidung aussehen mag. Außerdem fördert die Waldweide die Konflikte mit den Großkatzen und dem Kragenbär, was wiederum zu einer geringeren Akzeptanz des Artenschutzes in Bhutan führt. Ein Problem mit umgekehrten Vorzeichen ist die Tatsache, dass sich in Bhutan die Wildscheine zunehmend ausbreiten, da ihre natürlichen Fressfeinde mehr und mehr die siedlungsnahen Gebiete meiden. Große Flächen mit landwirtschaftlichen Schäden sind die Folge – die Jagd ist in Bhutan verboten, Jäger und private Schusswaffen gibt es faktisch keine. Randalierende Wildscheine müssten von Gesetz wegen durch die Polizei kontrolliert werden – nur hat die etwas anderes zu tun, als sich um Schweine zu kümmern. Das Töten von Wildtieren ist unvereinbar mit der Lehre des Buddhismus, aber die hohen Preise auf dem Schwarzmarkt für bestimmte tierische Produkte (Nashorn, Tigerknochen, Moschusdrüsen) lockt immer wieder Verwegene in die Wälder. Die Strafen sind empfindlich.

Das naturnahe und nachhaltige Ressourcenmanagement bezieht sich auch auf die Naturschätze unter der Vegetationsschicht: die geologischen Schätze des Landes. Allerdings sind die Bodenschätze sowieso in dem metamorphosen und granitischen Gesteinsschichten nicht üppig vorhanden.

Müllprobleme und Müllbeseitigung in Bhutan

von Klaus Schätte, Köln

Anders als in weiten Teilen Europas sind die Müllabholung von Privathaushalten und die Lagerung auf Deponien in Bhutan nur in den mittleren und großen Städten halbwegs organisiert. Zwar sind die Gesetze durch Verbote offener Müllverbrennung und durch Strafen für das Fortwerfen von Müll oder für fehlende Müllbehälter relativ streng. Jedoch erfolgt die Durchsetzung der Bestimmungen mangels Interesse, Wissen und Personal kaum. In kleinen Dörfern wird der Müll größtenteils in offenen Erdlöchern gesammelt und unsortiert verbrannt. Obwohl schon auf privater Basis ein Recyclingsystem existiert, ist das Wissen in der Bevölkerung bezüglich der Recyclingmöglichkeiten nicht überall bekannt und leider durch die Wertstoff-Aufkäufer limitiert. Außer Bierflaschen wird zum Beispiel kaum Glas angekauft.

Die Hauptstadt Thimphu und die meisten Distriktzentralen in West- und Zentral-Bhutan besitzen eine regelmäßige Müllsammlung und entsprechende Deponien. Leider sind bisher kaum Bemühungen zur Trennung in Wertstoffe und kompostierbare Stoffe bekannt, geschweige denn in der Praxis umgesetzt. In Thimphu bevölkern Wertstoffsammler die Deponie. Vor kurzem wurde dort eine erste Kompostierungsanlage eröffnet.

Generell konnte ich beobachten, dass Dörfer und Städte in Bhutan weit sauberer sind als die in Indien oder Nepal, was aber hauptsächlich dem sozialen Einsatz der Bürger zu verdanken ist. Besonders die Stadt Trashi Yangtse in Nordost-Bhutan hat sich in den letzten Jahren dadurch ausgezeichnet, ihre Bewohner zum regelmäßigen Müllsammeln zu animieren. Die letzten Jahre bekam diese Stadt stets den jährlich vergebenen Titel ›Sauberste Stadt Bhutans‹, verlor diesen aber in 2014 wieder. So entstand der Ehrgeiz, den Titel wieder zurückzuholen – mit Hilfe zweier ausländischer Experten: dem WWF-Experten Piet Van der Poel und Klaus Schätte (12 Jahre Erfahrung in ähnlichen Projekten in Nepal und Indien).

Die beiden Hauptziele von uns ›Müllexperten‹ im Distrikt Trashi Yangtse waren a) die Hilfe bei der Durchführung einer Aufklärungskampagne insbesondere zu den Gefahren unsortierter offener Verbrennung, und b) der Vorstellung und Schulung eines möglichst einfach zu handhabenden Systems der Mülltrennung. Bei der Vorstellung und Schulung wurde gezeigt, wie der Müll in Wertstoffe (Glas, Metall, PVC und PE-Flaschen), in Problemmüll (Chemikalien, Batterien und Elektroschrott), in organischen Kompostmüll und in Leichtfolien (Tüten, Verpackung) getrennt wird. Die Wertstoffe sollen in Zukunft den Händlern wieder zum Kauf angeboten werden. Für den Problemmüll gibt es bisher leider noch keine sinnvolle Lösung, er soll bis dahin separat gelagert werden. Der Biomüll soll bisher noch deponiert, in Zukunft kompostiert werden. Die Leichtfolien können bei entsprechenden Temperaturen in einem Ofen verbrannt werden, dafür haben wir aus einem alten Ölfass ein transportierbares Demonstrationsobjekt gebaut, in dem hohe Temperaturen ein fast geruchsfreies und relativ unschädliches Verbrennen der Leichtfolien ermöglichen. In vier Dörfern wurden wetterfeste Steinöfen gebaut. Der nicht recycelbare Müll, wie die aluminiumbeschichteten Tetrapacks und Chipstüten muss auf die Deponie, besser noch, vergraben werden, um Herumfliegen zu vermeiden. Bei dieser Art der Mülltrennung ist ein Überquellen der Deponien so schnell nicht zu erwarten.

Traditionen, Kunst und Kultur

Der Nationalstolz der Bevölkerung eines so kleinen und dünnbesiedelten Landes fördert spezielle Traditionen, Verhaltensregeln und festliche Ereignisse – schon auch, um sich und seine eigenständige Kultur von den großen Nachbarn abzugrenzen. Eingeführt wurden die meisten Verhaltensregeln vom Zhabdrung Ngawang Namgyal; sie werden Driglam Namzha genannt. Dieser Kodex bestimmt, wie man sich zu kleiden hat, wie man sich gegenüber Vorgesetzten oder höhergestellten Personen benimmt, wie man sich setzt, isst, und vieles mehr. Dieser Driglam Namzha wird seit 1989 auch aktiv von der Regierung gefördert, da so die bhutanischen Traditionen besser und länger gegenüber den westlichen Einflüssen erhalten werden können.

Die Volksgruppen Bhutans

Bhutan ist aus verschiedenen Richtungen besiedelt worden und besitzt daher unterschiedliche Volksgruppen, auch wenn sie sich alle als Bhutanesen bezeichnen. Die wohl ersten Bewohner der Region des heutigen Bhutans siedelten im Osten aus der Region Arunachal Pradesh kommend. Sie werden Sharchop genannt. Die erste große Einwanderungswelle aus Tibet erreichte Bhutan im 9. Jahrhundert über das Tal des Nyang Chu (von Gyantse nach Süden kommend) und über die Bergpässe des Himalayas in die heutigen Distrikte Gasa, Wangdue Phodrang, Punakha, Thimphu, Haa und teilweise auch Samtse. Diese Menschen sind zur Volksgruppe der Ngalong geworden. In den unwirtlichen nördlichen Bergregionen der Provinzen Gasa und Thimphu haben sich auch in den Folgejahren noch tibetische Yak-Nomaden niedergelassen. Ihre Kultur und ihre Familien haben sich noch nicht sehr stark mit denen der südlich lebenden vermischt. Diese drei Volksgruppen haben etwa 50 Prozent Anteil an der Gesamtbevölkerung.

Mädchen in Thimphu

Entlang der Südgrenze Bhutans, in den Duars und angrenzenden Gebieten, leben sehr viele Menschen aus Nepal, die größtenteils Anfang des 20. Jahrhunderts hierher kamen. Sie flüchteten damals vor dem strengen Kastensystem ihrer Heimat und machten die Gebiete entlang der Grenze zu Assam auf großer Fläche urbar (dort stand tropischer Urwald). Diese Nepalesen werden Lhotshampa genannt und teilen

Volles Nationalstadion in Thimphu zu Ehren des 60. Geburtstages des vierten Königs

sich untereinander in unterschiedliche Volksgruppen (Brahman, Rai, Limbu, Chettri, Gurung und Newar) auf. Die Lhotshampa machen etwa 35 Prozent der Gesamtbevölkerung aus.

In den äußersten Ost-Regionen des Landes (bei Sakteng) existieren noch die seminomadisch und teilweise noch polyandrisch (eine Frau hat mehrere Männer) lebenden Brokpa. Diese und weitere kleine Splittergruppen anderer Ethnien haben etwa 14 Prozent Anteil an der Gesamtbevölkerung.

Eine interessante Geschichte ergab sich rund um die Bevölkerungszahl seit dem UN-Beitritt 1971. Damals wurde die Anzahl der in Bhutan lebenden Menschen mit einer Million angegeben. Über die Folgejahre kletterte diese Zahl dann auf 1,2 Millionen. Bei der 2005 durchgeführten Volkszählung kam dann die erstaunliche Zahl von nur 672425 Bewohnern heraus. Die letzten Zahlen geben 716896 Menschen an. Das Bevölkerungswachstum beträgt momentan nur noch 1,18 Prozent (1994 war es noch bei 3,1 Prozent) und die Geburtenrate liegt bei 18,75 Geburten pro 1000 Einwohner. Die Lebenserwartung eines heute Neugeborenen liegt statistisch gesehen im Landesdurchschnitt bei 66,13 Jahren. Die demographische Zusammensetzung der Bevölkerung sieht zunächst typisch für ein Land aus, welches nicht zu den ärmeren gehört: 28 Prozent bis 14-Jährige, 66 Prozent 14- bis 64-Jährige und 6 Prozent ältere. Der von den Vereinten Nationen 2013 berechnete HDI (Human Development Index) beträgt jedoch nur 0,584 (Platz 136, allerdings mit steigender Tendenz). Zum Vergleich: Deutschland liegt bei 0,911 (Platz 6)

Die 19 Sprachen auf dem Gebiet Bhutans sind ebenso unterschiedlich wie die Bevölkerungszusammensetzung. Die Ngalong sprechen selbstverständlich Dzongkha, eine vom tibetischen abstammende Sprache. Tibeter und Bhutanesen können ihre jeweils benachbarte Sprache lesen, aber die Verständigung ist schwierig. Die Lhotshampa sprechen Nepalesisch. Fast alle Bhutanesen, beson-

Stoffe in einer Weberei in Bumthang

ders alle unter 40 Jahre, sprechen oder verstehen zumindest Englisch, teilweise zwar einen schlechten und schnell gesprochenen indisch-englischen Dialekt, aber für einen Touristen noch nachvollziehbar. Wenn es Kommunikationsprobleme bei den Bhutanesen in ihrer Landessprache gibt, beispielsweise bei speziellen Fachbegriffen oder Wörter des modernen Lebens, dann wechseln die Bhutanesen innerhalb des Gesprächs, häufig auch innerhalb des Satzes ins Englische. Das klingt dann für die Ohren eines Touristen sehr wirr und amüsant (siehe auch Kapitel ›Redewendungen und kleiner Sprachführer‹).

Bekleidung

Das offensichtlichste Merkmal der Bhutanesen, zumindest für einen Ausländer, ist das nationale Bekleidungsgewand der Männer, Gho genannt. Es besteht aus einem weißen Hemd mit breitem Kragen, jedoch ohne Knöpfe zum Schließen der rechten und linken Hälfte des Hemdes. Darüber wird eine Art Robe in spezieller Falt- und Wickelmethode angezogen. Diese Robe wird durch ein breites Stoffband (Kera) etwas höher als die Taille festgehalten und zugleich etwas hochgezogen, sodass die Robe unten auf Höhe der Knie endet. Oberhalb des Stoffbandes entsteht eine geräumige Innentasche, in die sehr viel mehr reinpasst, als man als Außenstehender vermuten würde. Die Robe besteht in der Regel aus gewobener Baumwolle und hat gestreifte Muster in dezenten neutralen Farben (Alltag) oder in bunten sich wiederholenden Mustern (offizielle und öffentliche Auftritte des Trägers) oder in gold-gelb gehaltenen Mustern (für hohe Feste und wichtige Anlässe). Bedruckte Gho-Stoffe sind sehr günstig in vielen Läden Thimphus zu finden und kosten um die 40 Euro. Möchte man einen handgewebten Stoff haben, zahlt man auch leicht bis zu 400 Euro. Unter der Robe werden heutzutage in der Regel kurze Turnhosen und ein T-Shirt getragen – im Winter auch lange

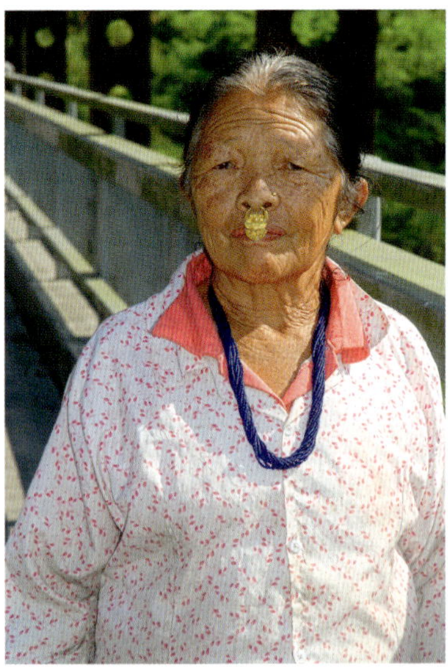

Frau mit Nasenschmuck in Süd-Bhutan

Ehepaar in Nationalbekleidung

Hosen und ein Pulli. Früher wurde unter dem Gho nichts getragen! Als Strümpfe dürfen nur knielange schwarze Strümpfe getragen werden. Halbschuhartige Lederschuhe sind üblich.

Beim Besuch eines Klosters oder eines Amtes, dem Festivalgelände oder der Bogenschießarena darf man nicht ohne die passende Bekleidung erscheinen (es sei denn, man ist westlicher Tourist). Wenn es kalt ist und man schon eine lange Hose unter dem Gho trägt, muss für den Besuch des Dzong oder Klosters die lange Hose hochgekrempelt werden, sodass die Strümpfe bis zu den Knien zu sehen sind. Erst wenn offiziell Winter ist, dürfen die langen Hosen über die Strümpfe gehen. Das ist der Fall, sobald der Je Khenpo von seinem Sommersitz in den Dzong von Punakha umgezogen ist.

Zusätzlich ist für Besuche von Dzongs und Klöstern oder anderen wichtigen Orten (Ämter) und Ereignissen ein weißer bis hellbeiger Zeremonienschal (Kabney) nötig, der in spezieller Weise um den Hals und die Schultern gelegt wird. Ohne den weißen Schal und ohne dessen korrekte Wicklung kommt man als Bhutaner nicht in ein Kloster, Dzong oder Amtsgebäude rein. Die Wächter kontrollieren scharf die Etikette und machen auf alle Bekleidungsfehler aufmerksam. Die Farben Rot (tragen nur Mönche) und Gelb (tragen nur der König und der Je Khenpo) für die Kabney sowie florales Design in den Streifenmustern sind tabu.

Frauen tragen für offizielle Anlässe oder Besuche von Klöstern, Dzongs und Ämtern den Kira. Das ist eine bis zum Boden reichende Art von Rock, auch auf Höhe der Taille durch ein Stoffband gehalten, aber zusätzlich an den Schultern durch eine große Brosche oder Silbernadel (Koma) fixiert. Dieser Rock darf bunte und wilde Muster und Farben besitzen. Er ist entweder aus Seide oder aus dünner Baumwolle. Unter der Kira wird eine bunte Bluse aus Seide oder dünner Baumwolle (Wonju) getragen. Diese Bluse muss farblich und von den Mustern her zum Kira passen. Insofern trauen sich nur sehr wenige Frauen in der Hauptstadt, mit allzu schrillen Farben und Mustern aufzutreten. Die häufigsten Grundfarben sind ein dunkles Blau und viele Rosa- und Grüntöne. Je nach Temperatur

Studenten im Gho, der traditionellen Männerkleidung

und Bedeutung des öffentlichen Auftretens wird über dem Kira noch eine vorne offen geschnittene Jacke (Toego) getragen. Schmuck, bei feierlichen Anlässen auch in großen Mengen, wird gerne getragen. In der Regel ist es Silberschmuck oder Schmuck mit zu den Farben der Bekleidung passenden Halbedelsteinen. Der Schmuck kann mehrere Generationen lang schon in Benutzung sein. Für die ganz besonderen Anlässe gibt es auch Kira mit handbestickten Mustern und aus handgewobenem Brokatstoff, Kushutara genannt. Über die linke Schulter wird ein in rotem Streifenmuster gehaltener Schal (Rachu), häufig aufwendig gestickt, gelegt. Dieser ist der Länge nach dreimal gefaltet und dann liegt dann doppelt auf der Schulter. Für die Besuche von Dzongs und Klöstern gilt das Anlegen eines Zeremonienschals genauso für Frauen wie für die Männer.

Neben dem erwähnten weißen Schal für gewöhnliche Menschen gibt es noch einige gefärbte Zeremonienschals. An der Farbe kann man den Rang einer Person schnell erkennen. Der wichtigste Schal ist der gelbe Schal. Dieser ist nur dem König (momentan Vater und Sohn) sowie dem Je Khenpo (oberster Abt Bhutans) vorbehalten. Der Träger eines blauen Schals ist ein Volksvertreter aus dem königlichen Beratergremium. Der Träger eines roten Schals ist ein vom König für besondere Verdienste Geehrter, ein Dasho. Der Regierungschef, der Vizeminister sowie alle anderen Minister tragen einen orangefarbenen Schal. Die Richter des Landes tragen grüne Schals.

Neben dem nationalen Bekleidungsstück Kira gibt es für die Frauen in der Region Laya (Gasa-Distrikt) einen anderen Kodex: schwarze, aus Yak-Wolle gewobenen Röcke und ein konisch nach oben spitzzulaufendes Bambus-Hütchen.

Verhaltensregeln

Gho und Kira sind für Touristen nicht von Bedeutung, es sei denn, man passt sich derartig an und möchte die nationale Tracht tragen – dann aber korrekt und nicht schlampig gefaltet!

Wichtiger für Touristen sind bestimmte Verhaltensregeln gegenüber den Einheimischen. Wie in den anderen asiatischen Ländern ist auch in Bhutan eine soziale Hierarchie und damit verbundene Respektsbekundung überall präsent. Besonders vor älteren Menschen, vor Menschen mit hohem Rang und vor geistlichen Würdenträgern wird dieser Respekt gezeigt. Daneben bestimmen viele kleine, aber nicht unwesentliche Benimm-Regeln den Alltag.

Man zeige niemals mit dem Finger auf eine Person oder ein religiöses Objekt. Man sollte stattdessen mit der gesamten Hand (aneinander gelegte Finger) zeigen. Bei der Begrüßung nimmt man entweder die rechte Hand oder besser noch: beide Hände. Ebenso nimmt man beide Hände, um ein gereichtes Objekt entgegenzunehmen.

Gegenüber einem Bhutanesen ist es unschicklich, sich die Nase zu putzen oder ins Taschentuch zu schnauben. Man dreht sich um, wenn die Nase tropft.

Beim herzlichen Umarmen von Freunden ist das Klopfen auf die Schultern erlaubt. Niemals sollte man aber auf den oberen Teil des Kopfes klopfen. Dieser ist der heiligste Körperteil, der nicht berührt werden sollte. Das gleiche gilt auch beim Umgang mit Kindern, denen man ja mal gerne den Kopf streicheln möchte.

Wenn man jemandem gegenüber sitzt, niemals die Füße in dessen Richtung strecken oder zeigen. Außerdem beim Sitzen die Beine nicht übereinander legen, sondern nebeneinander platzieren. Die Füße gelten als die unreinsten Körperteile und sollten daher jemand anderen nicht berühren.

Wenn man mit einem Menschen, dem man Respekt erweist, redet, hält der Bhutaner die linke Hand vor den Mund, um sein Gegenüber nicht mit schlechter Luft und unreinen Worten zu belästigen oder zu schädigen. Allerdings gerät diese Angewohnheit momentan zunehmend verloren.

Rauchen ist in der Öffentlichkeit Bhutans verboten und daher fast verschwunden, im privaten Bereich ist es erlaubt – bei einer Unterhaltung ist es verpönt. Legaler Tabakerwerb ist fast nicht mehr möglich (Zollzuschlag aus dem Ausland 100 Prozent). Bhutan hat am 17. Dezember 2004 beschlossen, ein nikotinfreies Land zu werden. Der Handel mit Tabak ist mit hohen Geldstrafen verbunden (etwa 200 Euro). Begründet wurde die Maßnahme mit religiösen, gesundheitlichen und wirtschaftlichen Gründen.

Bhutanerin beim Einkaufen

Kleiner Verhaltenskodex

Man redet nicht schlecht über das Königshaus, den König und die Monarchie. Ebenso spricht man stets respektvoll bei Themen rund um den Buddhismus und die Spiritualität.

Beim Eintreten in ein Haus oder Gebäude, besonders in einen Tempel tritt man niemals auf die Türschwelle. Das ist höchstens den ganz alten Leuten erlaubt, die den weiten Schritt über die teilweise doch recht hohen Türschwellen bei den Tempeln nicht mehr in einem Stück schaffen.

Wenn ein Bhutaner mit seinem Gegenüber, besonders bei Ausländern, respektvoll umgeht, dann verwendet er am Ende fast jeden Satzes die Silbe ›la‹ – selbst, wenn er in englischer Sprache mit einem redet: ›Nice to meet you la!‹ oder ›The bus will departure at ten o'clock la‹. Deutsch redende Bhutaner mit der Respektssilbe ›la‹ am Ende eines jeden Satzes habe ich noch nicht getroffen.

Man soll in der Öffentlichkeit immer sittlich passende Kleidung tragen, keinen Anlass zur Erregung öffentlichen Ärgernisses geben, keine zu kurzen Röcke und keine kurzen Turnhosen, keine schlampige Hippie-Bekleidung und zu tiefe Ausschnitte tragen.

Beim Betreten eines Tempels müssen die Schuhe ausgezogen werden. Man darf aber nicht barfüßig laufen, sondern muss Socken tragen.

Auch dürfen in den Tempeln und in vielen Räumen eines Klosters oder Dzongs keine Kameras (Foto/Film) benutzt werden. Bitte bringen Sie auch nicht Ihren einheimischen Reiseführer in die missliche Lage, beim im Tempel aufpassenden Mönch wegen des Fotografierens nochmal nachzufragen. Regenschirme sollten eingeklappt sein und die Kopfbedeckung (Hüte, Kopftücher) abgenommen werden.

Die Einheimischen gehen in der Regel dreimal betend um den Tempel, seltener um den gesamten Gebäudekomplex herum – wer da mitgehen möchte, sollte immer nur mit dem Uhrzeigersinn gehen – nicht gegen ihn (das haben früher die Anhänger der Bön getan).

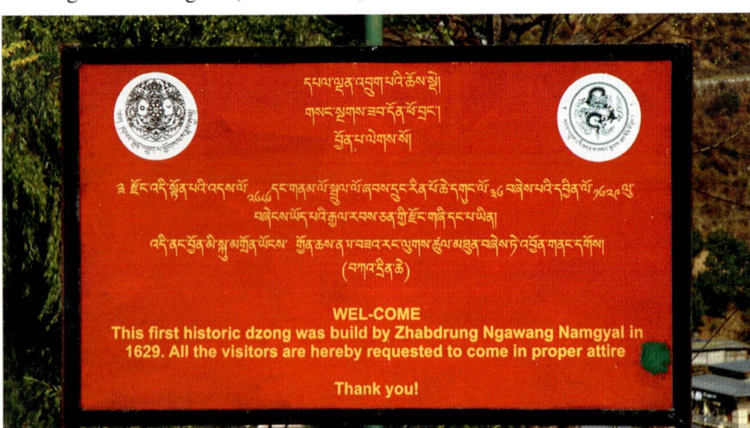

Bitte an Besucher eines Klosters

Im Restaurant

Wird im Tempel oder in einem Klosterraum gerade eine Zeremonie oder ein Unterricht abgehalten, so sind Gäste in der Regel immer willkommen. Trotzdem muss man sich als Tourist vorher vorsichtig vergewissern, ob das Eintreten erwünscht ist und bleibt dann am Rand des Geschehens in der Nähe der Tür. Innerhalb eines Tempels gibt es häufig die Möglichkeit, hinter die Buddha-Statue zu gehen. Die Wand ist oft voll mit in bunten Tüchern gewickelten Schriftstücken und Büchern. Man muss aber den im Tempel aufpassenden Mönch vorher um Erlaubnis fragen, ob man hinter das Allerheiligste gehen darf.

Wer eine Opfergabe im Tempel lassen möchte, gibt einen 10-Nu-Schein am Altar ab (mit beiden Händen!). Es kann sein, dass dann der diensthabende Mönch oder auch der Führer der Touristengruppe ein Schälchen gesegnetes, heiliges Wasser aus einem großen Kessel holt, und davon etwas über die opfergebenden Hände versprüht. Anschließend bekommt man das Schälchen in die Hände und soll so tun, als würde man etwas davon vorsichtig trinken. Dann wird etwas von diesem Wasser oder auch der Rest über den Kopf des Gebers und in alle Himmelsrichtungen versprüht.

Bei einer Diskussion passiert es Mitteleuropäern relativ schnell, dass sie eine festgefahrene Meinung über eine Sachlage haben und diese auch vehement verteidigen. In Bhutan (und vielen anderen asiatischen Ländern) ist ein solches Verhalten problematisch, weil es seinem Gegenüber kaum eine Möglichkeit lässt, sein Gesicht zu wahren und mit einer anderen Meinung aus dem Gespräch herauszukommen. Daher empfiehlt es sich, in Unterhaltungen immer die Wörter vielleicht oder möglicherweise mit einzubauen, das lässt Ausgänge offen.

Wenn man eingeladen wird oder Gast ist, bekommt man stets ein Getränk angeboten. Es gilt als höflich, dieses beim ersten Mal abzulehnen. Beim zweiten Angebot sollte man dann dankend annehmen. Der Gastgeber wird stets ein zweites Getränk anbieten, eventuell gar ein drittes. Bei Alkohol kann sich der Gast heraushalten und sein Gesicht wahren, wenn er darauf hinweist, dass Alkohol nicht erwünscht

Gemüsegarten

ist, vom Körper nicht vertragen wird, niemals getrunken wird oder erst zu einer späteren Tageszeit erlaubt ist. Ist man privat zum Essen eingeladen, kann es sein, dass man den Besucher in der guten Stube alleine mit seinem Willkommensgetränk und einem Imbiss oder Obst lässt, während die Gastgeber in der Küche verschwinden und erst wieder auftauchen, wenn das Essen fertig ist. Möglicherweise wird der Gast auch beim Essen alleine gelassen – die Gastgeber essen in der Küche. Eine rege Unterhaltung ist beim Essen nicht üblich. Ebenso unüblich ist es, sich nach dem Essen miteinander noch lange am Tisch zu unterhalten – ist der letzte Gang verspeist, steht man auf und wechselt den Sitzplatz (beispielsweise im Hotel) oder geht nach Hause, oder alles wird abgeräumt und man setzt sich erneut in die gute Stube. Das Signal zum Beenden einer Essensrunde muss vom Gast aus kommen. Wer also im Restaurant mit einer Gruppe Bhutanern sitzt und diese auch noch Gastgeber sind, darf es nicht zu der peinlichen Situation kommen lassen, dass die Gastgeber gespannt auf das Aufbruchssignal warten, der Gast aber nicht weiß, dass mit dem letzten Gang der Besuch des Lokals beendet ist.

Sprache

Die offizielle Amtssprache ist Dzongkha. Wörtlich übersetzt heißt das ›die Sprache, die im Dzong gesprochen wird‹. Dzongkha ist eine auf der tibetischen Schrift basierende eigenständige Sprache. Manchmal wird die Sprache auch Jonkha, Bhotia, Zongkhar oder Drukke genannt. Im ehemaligen Königreich Sikkim wird Dzongkha auch heute noch gesprochen. In Indien gibt es um die 3000 Nutzer dieser Sprache. Weltweit geht man von 160 000 Dzongkha-Nutzern aus. Es gibt verschiedene Dialekte innerhalb Bhutans. Je weiter man nach Osten kommt, desto weniger einfach ist es für einen Städter aus Thimphu, die Sprache und den Dialekt noch zu verstehen.

In früheren Zeiten (bis vor etwa 50 Jahren) war Dzongkha eine reine Verkehrssprache, die Schriftsprache hieß Choekey und wurde eigentlich nur in den Klöstern und von den Gelehrten verwendet. Choekey stammt aus dem Alt-Tibetischen (klassisches Tibetisch, wird im Alltag nicht mehr benutzt), weshalb viele der alten heiligen Schriften in den Klöstern bis heute in dieser Schrift gelesen werden. Choekey und somit Dzongkha gehört zur tibeto-birmanischen Untergruppe der sino-tibetischen Sprachfamilie. Ein Tibeter könnte die Schrift lesen, würde aber meistens keinen Sinn in den Wörtern darin erkennen. Dzongkha hat 30 Konsonanten und vier Vokale und entsprechend viele Schriftzeichen im Alphabet (→ S. 415). Die Schrift wird von links nach rechts geschrieben/gelesen.

Wer Dzongkha erlernen möchte, benötigt ein gutes Gedächtnis für die Schreibweise der Buchstaben. Dagegen ist die Aussprache einfach. Es gibt nur drei Tonhöhen: hoch, mittel (Neutral) und niedrig. Die hohen und niedrigen Tonhöhen werden durch Präfixe oder Suffixe dargestellt, manchmal auch durch zusätzliche Buchstaben, die über oder unter den Hauptbuchstaben gesetzt werden. Da Dzongkha eine junge Sprache und Schrift ist, gibt es eine staatliche Kommission zur Entwicklung und Förderung des Dzongkha. Diese Kommission möchte die Orthographie vereinheitlichen und ein bhutanisches Wörterbuch ähnlich dem Duden herausbringen.

Bhutanische Küche

Die Küche des Donnerdrachenreichs ist im Himalaya und auf dem indischen Subkontinent nicht für ihre komplizierten Rezepte, wohl aber für ihre Vielfalt und Geschmacksintensivität bekannt. Die beiden wichtigsten Grundnahrungsmittel sind weißer Reis (Ja Chum) und der etwas nussig schmeckende rote Reis (Eue Chum). In höheren Landesteilen wird Buchweizen und Weizen angebaut – dort tritt der Reis etwas in den Hintergrund. Viele der bhutanischen Gerichte sind vegetarisch – es gibt auch einige Hotels im Land, deren Küche voll vegetarisch arbeitet. Die Fleischarten in der bhutanischen Küche sind in der Regel Yak, Rind und Schwein.

Zu fast allen Rezepten gibt es den sehr scharfen bhutanischen Chili. Daher sind fast alle Gerichte für europäische Besucher extrem scharf und übertreffen an Schärfe zum Teil sogar die indische und thailändische Küche. Man kann sich aber tatsächlich innerhalb einiger Tage daran gewöhnen. Auch Kleinkinder werden langsam mit immer höheren Dosen an die Schärfe gewöhnt. Chilis gelten in Bhutan als Gemüse und nicht als Gewürz. Es ist üblich, bei einem bhutanischen Gericht neben den gekochten Chilis auch noch rohe oder getrocknete Chilis zu servieren, die man so nebenher noch vernascht. Besonders im Herbst sieht man in vielen Landesteilen Bhutans die Chilis auf den Hausdächern zum Trocknen ausgelegt.

Das Nationalgericht Bhutans ist Emadatse oder Ema Datshi, ein deftiger Eintopf aus Yak-Käse und scharfen grünen Chilis. Daneben gibt es verschiedene Curry-Gerichte und auch viele Gerichte, die aus Tibet in die heimische Küche ihren Weg gefunden haben. Darunter sind die bekannten Momos (Teigtaschen ähnlich wie Ravioli oder Pelmeni) und Thukpa (spezielle Nudelsuppe).

Der leicht gesalzene Buttertee ist in Bhutan das traditionellste Getränk – auch wenn zunehmend schwarzer und grüner Tee beziehungsweise Bier und Wein auf dem Tisch stehen. Der bekannteste einheimische Schnaps heißt Ara und ist aus Reis, Weizen oder Mais gebrannt. Es gibt auch ein Bier aus Getreide, genannt Chang, was gerne getrunken wird. In den letzten Jahren wurde jedoch das dunkle ›Druck 1100‹ aus der Brauerei in Thimphu zur beliebtesten Biersorte des Landes.

Chilis liegen zum Trocknen auf dem Dach

Kleine Orientierung auf den Speisekarten

Ara - alkoholisches Getränk mit etwa 30 bis 40 Volumenprozent Alkohol
Bumthang Chang - eine Art Bier aus verschiedenen Getreidesorten, in Bumthang beliebt
Buta - Buchweizennudeln (speziell in Bumthang). Können auch aus Weizenmehl sein.
Churpi - Käse aus Yak-Milch
Datsi - frischer Weichkäse
Doma - umgangssprachlicher Begriff für das Päckchen mit Betelnuss, Betelblättern und Kalk
Eze - bhutanischer Salat, der mit Chili scharf gewürzt ist.
Gesasip - eine Art Maisbrei
Gondomaru - Rührei
Hema - Chilischote
Hema Datsi - Nationalgericht, Chilischoten mit Käse
Kabze - ausgebackene Teigstückchen aus Eiern
Kule - Buchweizen-Pfannkuchen (Fladen)
Masheer - eine Art Forelle aus einheimischen Flüssen
Nadja - indischer Tee (mit Milch und Zucker)
Phagshapa - in Streifen geschnittenes Schweinefleisch
Seudeu - Käseart
Seudja - gesalzener Buttertee
Shabale - gebratene Klöße
Sip - flach geschlagener Reis
Trimomo - über Dampf gegartes Brot
Tsampa - geröstetes Gerstenmehl
Zao - gerösteter Reis

Rezepte

Thukpa (Suppe) (4 Portionen)

Thukpa ist ursprünglich eine traditionelle tibetische Nudelsuppe, die sich im gesamten Himalaya-Raum großer Beliebtheit erfreut und üblicherweise mit Fleisch gegessen wird.

Zutaten: 300 g Eiernudeln, 6 EL kalt gepresstes Rapsöl, 5 cm Ingwer, 8 kleine Knoblauchzehen, 1 kg Lammhackfleisch (alternativ: Rinderhackfleisch), 2 mittelgroße Zwiebeln, 1 kleiner Weißkohl, 2 EL Sojasoße, 1 Prise Salz, 1 Hand voll Koriandergrün.

Zubereitung: Die Nudeln in 1 l gesalzenes, sprudelnd heißes Wasser (großer Topf) geben. Bei reduzierter Hitze in der angegebenen Zeit (meist 8 Minuten) kochen. Nudeln abgießen und abtropfen lassen, dann auf einer großen Platte verteilen. Die abgekühlten Nudeln mit 4 EL Öl vermischen. Im nun leeren Nudeltopf das restliche Öl (kann hierfür auch Olivenöl sein) erhitzen. Den geschälten und in feine Streifen geschnittenen Ingwer und den geschälten und gehackten Knoblauch 2 Minuten anbraten und das Fleisch hinzufügen. Unter ständigem Rühren so lange bei schwacher Hitze braten, bis das Fleisch fast gar ist. Die in dünne Scheiben geschnittenen

Auf dem Bauernmarkt in Paro

Zwiebeln und den fein geraspelten Kohl dazugeben und weitere 4 bis 5 Minuten unter häufigem Rühren in der Pfanne garen. 1 L Wasser und die Sojasoße hinzugießen, aufkochen und die Nudeln hineingeben. Mit Salz abschmecken. Die Suppe in vorgewärmte Suppenschalen schöpfen und mit frischem Koriander garnieren.

Kewa Datshi (Kartoffeln mit Käse) (2 Portionen)

Zutaten: 4 große Kartoffeln (festkochend); 100g Yak-Käse (oder Feta); 1/4 Tasse rote, in Würfel geschnittene Zwiebeln; 1 TL Salz; 1 EL Rapsöl; 1 rote kleingehackte Chili-Schote; eine in Streifen geschnittene grüne Paprikaschote.

Zubereitung: Die Kartoffeln schälen, waschen und in möglichst dünne Scheiben schneiden. Je dünner desto besser. Zwiebeln schälen und würfeln. Chili längs einschneiden, entkernen, waschen und in Ringe schneiden. Paprika putzen, waschen und in feine Streifen schneiden. Öl im Wok oder in einer Pfanne erhitzen. Zwiebel und Chili darin andünsten. Kartoffeln zugeben und kurz andünsten. Mit etwa 200 ml Wasser ablöschen und ca. 15–20 Minuten garen. Inzwischen den Käse reiben und diesen mit der geschnittenen Paprika unter die Kartoffeln heben. Mit Salz abschmecken.

Ema Datshi (Chili-Käse-Suppe) (6 Portionen)

Das Nationalgericht, welches bei den Tibetern auch Churu genannt wird, ist einfach herzustellen.

Zutaten: 150 g Blauschimmelkäse (Gorgonzola); 6 mittelgroße rote Kartoffeln; 1250 g Rindfleisch (Gulasch); 6 scharfe Chilis; 8 Knoblauchzehen; 3 mittelgroße Tomaten; 10 Frühlingszwiebeln; 2-3 TL Salz; 1 EL Butter; 1 TL Sichuan-Pfeffer (Emma);

Zubereitung: Kartoffeln waschen und in dünne runde Scheiben schneiden und zur Seite legen. Die folgenden Zutaten in einen großen Topf oder Wok geben: Butter, Chili waschen, Stiel abschneiden und einmal der Länge nach aufschneiden. Tomaten der Länge nach in Scheiben schneiden. Knoblauch schälen und zerquetschen. Das Fleisch in mundgerechte Stückchen schneiden. Zwiebeln ohne die weißen Teile in große Stücke schneiden. Pfeffer dazu. Käse dazu krümeln. So viel Wasser in den Topf, das alles gerade so bedeckt ist. Nun alles stark erhitzen und gut rühren (für etwa 20 Minuten). Danach bei geringer Hitze fünf Minuten weiter rühren. Jetzt die Kartoffelscheiben zugeben und das Ganze mit Salz abschmecken. Nach weiteren 10 Minuten bei mittlerer Hitze sollten die Kartoffelscheiben weich sein. Nicht wundern, wenn die Suppe recht dünn aussieht - das gehört so.

Kann mit Reis oder Senkong serviert werden. Wird traditionell in zwei separaten Schalen angeboten. Man kann das Rezept auch in einer vegetarischen Version kochen. Statt dem Fleisch nimmt man dann Wolkenohrpilze (eingeweicht und in mundgroße Stücke geschnitten) und kleine Nudeln (auf die letzten 10 Minuten mit dazugeben).

Beim Sieben von Reis

Frisches Chili Ae-zey

Zutaten: frische grüne oder rote Chili, Tomaten, Hüttenkäse oder Feta, Koriander, Ingwer, Zwiebeln.

Zubereitung: Alle Zutaten (außer dem Käse) reinigen und fein hacken. Alles miteinander mischen. Dann alles mit dem Käse vermischen und kräftig zermatschen. So weit wie nötig oder gewollt mit Salz abschmecken. Statt Koriander kann auch Petersilie verwendet werden. Die Schärfe kann für Mitteleuropäer ungewohnt sein. Die Bhutaner lieben diese Creme, beispielsweise als Dip oder Brotaufstrich.

Senkong (Hirsebrot) (6 Portionen)

Zutaten: 300 bis 400 g dunkles Hirse-Mehl (Ragi or Bajri); Wasser.

Zubereitung: In einer großen Pfanne etwa 3 cm hoch Wasser zum Kochen bringen. Das Mehl in vier Haufen in die Pfanne schütten. Nicht rühren. Für 5 Minuten kochen lassen. Dann die vier Haupthaufen mit einem hölzernen Pfannenheber voneinander trennen. Die Häufchen beginnen, auf dem Wasser zu schwimmen. Etwa 3 Minuten später die großen Teile halbieren und ganz vorsichtig alles rühren. Jetzt sehr kleine Hitze einstellen. Nach weiteren 2 Minuten die Hitzequelle ausschalten, aber weiter sehr vorsichtig rühren. Ziel ist, die Mehlhäufchen komplett im Wasser verschwinden zu lassen, sodass keine mehr übrig bleiben. Wenn sich alles aufgelöst hat und das Mehl das Wasser aufgesaugt hat, wird die gesamte Masse wieder in 4 bis 6 größere Stücke geteilt und zu einer Art Bällchen geformt und auf dem Teller serviert. Sollte die Masse zu flüssig sein, dann hat man zu viel Wasser genommen und muss während des Prozesses noch Mehl auf die Häufchen nachschütten. Ist es zu trocken und bröselt es, dann kochendes Wasser vorsichtig zwischen die Mehlhäufchen gießen. Wer will, kann statt Wasser auch Gemüsebrühe nehmen und schafft so eine würzigere Variante des Senkong.

Sel Roti (süßes Brot aus Süd-Bhutan; 10 bis 12 Stück)

Zutaten: 3 Tassen weißer Reis, 1 sehr reife Banane (geschält und gematscht), 1 Tasse Zucker, 3/4 Tasse zerlassene Butter, 1/2 Tasse Reismehl, 1/2 TL Kardamom; 1 EL sehr feingehackte Cashew-Nüsse; 1 TL Backpulver, 5 Tassen Pflanzenöl zum Frittieren.
Zubereitung: Den Reis waschen und am Tag vorher in warmem Wasser einweichen. Alle Zutaten zu einer feinen Paste vermischen (muss richtig schmierig sein). Wenn es zu dick ist, etwas Wasser zugeben, wenn es zu dünn ist, Reismehl dazu geben. Dann muss diese Masse so kräftig wie möglich luftig geschlagen werden, also möglichst viel Luft unter den Teig rühren. Bei Raumtemperatur für ein bis zwei Stunden stehen lassen. Der Teig muss die Konsistenz eines festen Hefeteigs haben. Das Öl in einer großen Pfanne mit flachem Boden und hohem Rand erhitzen. Öltemperatur mit einem kleinen Tropfen des Teigs testen. Den Teig in dünne Ringe (Durchmesser weniger als 10 Zentimeter) in das heiße Öl gießen und die so entstehenden Brotringe mittelbraun bis dunkelbraun frittieren. Da der Teig eventuell zu zäh für den Gießvorgang ist, empfiehlt sich eine Spritztüte (für das Dekorieren von Sahnetorten) mit großem Spritzloch. Solange die Ringe noch flexibel im Öl schwimmen, kann man sie mit einem Holzlöffel noch in Form bringen. Der Ring muss einmal vorsichtig gewendet werden. Anschließend auf einem Tuch abtropfen lassen. Dieses süd-bhutanische Brot wird traditionell mit Alu-Kopi (Kartoffeln und Kohl) serviert. Man kann es mit Joghurt und frittiertem oder gekochtem Gemüse servieren.

Momos (tibetische Teigtaschen) (6 bis 8 Portionen)

Momos werden in ganz Tibet, aber auch in vielen anderen Regionen mit tibetischen Wurzeln hergestellt. Dazu benötigt man einen Dampfgarer oder einen entsprechenden Dampfeinsatz im Kochtopf. Die Tibeter verwenden in der Regel Topfetagen aus Bambus die über den Topf mit kochendem Wasser gestellt werden und in denen die Teigtaschen gedünstet werden. Die Momos dürfen sich nicht berühren, sonst verkleben sie. Am besten legt man einige Weißkohl- oder Chinakohlblätter auf die Gitterroste des Dampfgareinsatzes; die Dampfaustrittslöcher sollte man dadurch jedoch nicht völlig verschließen. Der Teig für vier Personen wird aus 250 g Weizenmehl, 1/2 TL Salz, 1 EL Öl, einem Ei und 170 ml warmem Wasser erstellt. Alle Zutaten zu einem geschmeidigen, aber festen Teig verkneten, der nicht an den Fingern kleben bleiben darf. Nach einer Ruhepause von einer Stunde (wichtig) rollt man den Teig auf einem bemehlten Holzbrett so dünn wie möglich aus. Mit einer runden Form – zum Beispiel einem Schälchen – werden die Momos ausgestochen. Ein Esslöffel der Füllung wird in die Mitte des Kreises gegeben, die Ränder hochgeklappt und durch Verdrehen verbunden. Über dem kochenden Wasser etwa zehn Minuten garen.
Die Füllungen können aus verschiedenen Zutaten bestehen: Fleischstückchen mit Zwiebeln, Gemüsemischungen, Gemüse-Käse-Mischungen, sogar süßen Fruchtmischungen. Bei den pikanten Momos werden Soßen oder Dips gereicht, die aus Sojasoße, Gewürzen und scharfer Chilipaste bestehen. Sehr lecker ist auch eine Spinat-Feta-Füllung: 500 g frischen Spinat blanchieren und fein hacken. Dazu gibt man eine feingehackte und angeröstete Zwiebel, einige Knoblauchzehen, etwas Pfeffer und Salz, eine kleine Menge feingehackten frischen Ingwer und schließlich etwa 400 g feingewürfelten Feta-Käse. Heiß servieren.

Familienfeiern und Rituale

Die Einzigartigkeit der Traditionen Bhutans ist auch im Familiären zu finden. Wer tiefer in die Kultur der Einheimischen eintauchen möchte, sollte sich vor der Bhutanreise damit auseinander setzen.

Die Geburt

In Bhutan wird jedes neugeborene Kind begrüßt. Es gibt keine Diskriminierung von Mädchen, wie es in anderen asiatischen Ländern, besonders in Indien, geschieht. Die Feierlichkeiten sind bei Jungen und Mädchen dieselben. Die Geburt ist Anlass für die Familie, Freunde herbeizurufen. Die ersten drei Tage wird jedoch noch kein Besuch empfangen, da diese Zeit als unrein gilt. Am dritten Tag wird ein Reinigungsritual, Lhabsang, durchgeführt. Danach können Besucher ins Haus kommen. Die Gäste bringen nicht nur Geschenke für das Kind, sondern auch für die Mutter. In den ländlichen Gegenden werden in der Regel Reis und Milchprodukte gegeben, in den Städten bringen die Besucher Geld oder Kleidung mit. Der Name des Kindes wird im Allgemeinen durch einen Geistlichen bestimmt. Der Name steht meistens in Verbindung mit einer der lokalen Gottheiten. Einige Kinder bekommen auch einen Namen, der an den Namen des Tages angelehnt ist, an dem sie geboren wurden. Wichtig ist auch Kye tsi – das Horoskop des Kindes wird aufgeschrieben, es basiert auf dem bhutanischen Mondkalender. Die Einzelheiten dieses Horoskops bestehen aus Datum und Zeit der Geburt. Sie sagen die Zukunft des Kindes voraus. Im Horoskop sind auch verschiedene Rituale enthalten, die zu verschiedenen Zeitpunkten im Leben des Kindes ausgeführt werden müssen. Diese Rituale dienen als Mittel gegen Krankheiten, Probleme und Unglücke. Geburtstage werden traditionell in Bhutan nicht gefeiert. Jedoch kommen Geburtstagsfeiern in der Hauptstadt in den letzten Jahrzehnten etwas mehr in Mode.

Drei Generationen in Thimphu

Junge Frau mit Kleinkind

Die Hochzeit

Bis vor wenigen Jahrzehnten waren von den Eltern arrangierte Hochzeiten üblich, besonders in Ost-Bhutan. Eine lange Tradition hatten auch Hochzeiten zwischen Cousin und Cousine. Heutzutage sind die meisten Ehen Liebeshochzeiten und finden auf Grund der eigenen Wahl statt. Obwohl einige reiche Leute zur Hochzeit Empfänge arrangieren, werden die meisten Ehen auf einfache Art und Weise geschlossen. Es gibt ein kleines Ritual mit einem Geistlichen, die Eltern, Verwandte und Freunde schenken dem Paar Tücher (Kata oder auch Kha Dar genannt), Geld und Sachgüter. In Ost- und Südbhutan ziehen traditionell die Ehefrauen nach der Hochzeit in die Häuser der Ehemänner, in Westbhutan ist es genau anders herum. Allerdings wird das heute in der Praxis nicht mehr so oft praktiziert wie früher. Eine Scheidung wird in der Gesellschaft Bhutans als etwas Normales akzeptiert. Es gibt kein negatives Stigma deswegen. Geschiedene Ehepartner heiraten auch wieder neu.

Das Begräbnis

Der Tod ist im Buddhismus nicht das Ende, denn nur durch den Tod kann man im Kreis der Wiedergeburt einen Schritt weiterkommen. Aus diesem Grund gehört der Tod auch zu einer der teuersten Angelegenheiten der familiären Feste. Viele Rituale müssen durchgeführt werden, um der Seele des Verstorbenen zu helfen, in ein besseres Leben geboren zu werden. Die Rituale werden am siebten, vierzehnten, einundzwanzigsten und neunundvierzigsten Tag nach dem Tod durchgeführt. Der Termin der üblichen Verbrennung der Leiche kann nur an bestimmten Tagen stattfinden, die von einem Astrologen oder kundigen Geistlichen bestimmt werden. Mit dem Aufstellen von weißen, länglichen Gebetsflaggen im Namen des Verstorbenen finden in den drei darauffolgenden Jahren Feiern zum Todestag statt. Die Verwandten und Menschen aus der Umgebung kommen zu diesen Ritualen. Dabei fließt in der Regel auch immer reichlich Alkohol.

Nationale Feste

In Bhutan sind fast alle Feste von religiösem Charakter und Bedeutung. Sie sind wichtige Bestandteile der kulturellen, nationalen Identität. Die wenigen weltlichen Feierlichkeiten sind:

Der Nationalfeiertag am 17. Dezember erinnert an die Krönung des ersten Drachenkönigs und der Einführung der Monarchie im Jahr 1907.

Der Geburtstag des vierten Königs (Vater des jetzigen Königs) am 11. November. Zu seinem 60. Geburtstag wurden am 11.11.2014 im Nationalstadion in Thimphu, aber auch in allen Distriktzentralen große Feierlichkeiten abgehalten. Die Hauptstadt war voller Menschen aus dem ganzen Land. Das Stadion war übervoll und die Tanzshows der in Trachten auftretenden verschiedenen Volksgruppen Bhutans und hunderter Schüler und Studenten dauerten viele Stunden.

Ebenso wichtig ist der Krönungstag des vierten Königs, der 2. Juni.

Bhutan richtet sich offiziell nach dem tibetischen Mondkalender, wonach der erste Tag des Jahres (Gyalpo Losar) der erste Neumond des Februars ist. Dieser Tag ist kein hoher Feiertag und wird hauptsächlich im Kreis der Familie oder enger Freunde verbracht. Nur in manchen Ortschaften und Tempeln werden zu Neujahr religiöse Zeremonien für die lokalen Gottheiten durchgeführt. Außerdem gibt es am Neujahrstag Bogenschießwettbewerbe (siehe Abschnitt zu Sport). In den Distrikten im Osten wird Neujahr (Nyinlo) zur Wintersonnenwende (21. Dezember) gefeiert. In Haa und Paro wird dieser Tag (Lomba) nach dem alten Ackerbaukalender am letzten Tag des 10. und an den beiden ersten Tagen des 11. bhutanischen Mondmonats gefeiert, was nach unserem Kalender Ende November oder Anfang Dezember ist.

Im Süden des Landes wird unter der nepalesischen Bevölkerung das Neujahrsfest am ersten Neumondtag des Aprils gefeiert.

Religiöse Feste

Religiöse Feste sind über das ganze Land und den Jahreskalender verteilt. Einige dieser Feste sind kleine lokale Feiern, andere sind in ganz Bhutan äußerst wichtige Gedenktage. Der wichtigste von allen ist Tsechu, der an die besonderen Verdienste und den Geburtstag von Guru Rinpoche erinnert. Das Wort Tsechu bezieht sich auf den 10. Tag des Monats (nach dem Mondkalender). Nicht jedes Tsechu Bhutans wird aber an einem 10. eines Monats durchgeführt. Dieses Fest dauert manchmal bis zu fünf Tage. Einer der Höhepunkte ist das Entrollen eines riesigen Thangkas, eines mit vielen Applikationen und Patchwork genähten Wandbild. Diese Thangkas gibt es auch in kleinen Formaten für das eigene Heim oder als Souvenir, aber die richtig großen sind mehrere Meter lang und breit und können nur von vielen kräftigen Händen an den großen Außenwänden der Dzongs oder Klöster entrollt werden, selten auch mal auf einer Hangwiese. Diese riesigen Thangkas werden Thangdroel genannt und haben als Motiv in der Regel Guru Rinpoche und seine acht Verkörperungen. Schon beim Anblick dieser heiligen Bilder soll der Gläubige vom ewigen Kreislauf von Tod und Wiedergeburt erlöst werden. Den größten Thangdroel Bhutans gibt es in Punakha.

Großvater und Enkel

Religiöse Tänze

Neben dem Entrollen des Thangdroel sind die religiösen Tanzvorführungen (Cham) von großer Bedeutung für die Gläubigen. Diese Tänze, meist mit wild verzierten und bemalten Masken und Kostümen, werden von Mönchen oder Laien aufgeführt. Interessant dabei ist, dass es in diesen religiösen Tänzen auch Spaßmacher und Narren gibt, die dafür sorgen, dass die Tänze nicht zu ermüdend und einschläfernd wirken. Diese Narren dürfen etwas, das sonst in der tief religiösen Gesellschaft Bhutans nicht erlaubt ist: Sie dürfen sich mit Witzen und Possen über die Mönche oder die Religion lustig machen. Das geschieht natürlich in festgelegten Rahmen und ist auch eine Art Wettstreit zwischen den Narren. Das Publikum soll nur unterhalten, die religiöse Ordnung aber keinesfalls gestört werden.

Tanz des Schwarzhutmagiers auf einem Tsechu

In den Distriktzentralen von Thimphu, Punakha, Wangdue Phodrang, Tsonga und Paro gibt es neben dem Tsechu auch noch die Feiern Dromchoe (mit Tanzveranstaltungen) und Yeshe Gompo beziehungsweise Palden Lhamo (beides Zeremonien für die Hauptschutzgottheiten der Druk-pa).

Die Tänze im Einzelnen sind landesweit bekannt und beziehen sich auf folgende Themen:

- Moralische und belehrende Vorführungen – Tanz des Prinzen und der Prinzessin, Tanz des Hirschen und der Jagdhunde, Tanz des Totengerichts.
- Reinigende und vor bösen Geistern befreiende Tänze – Tanz der Meister der Bestattungsstätten, Tanz der Schwarzhutmagier, Tanz der Ging und der Tsholing, Tanz der Ging mit Stöcken, Tanz der Ging mit Schwertern
- Tänze, die den Sieg des Buddhismus und den von Guru Rinpoche verkünden sollen – Trommeltänze, Tanz der Helden, Tanz der Himmlischen Wesen, Tanz der acht Verkörperungen des Guru Rinpoche.

Die Daten der wichtigsten Festivals und Feiern des Landes im Jahr 2016 (nur als Anhaltswert für die Folgejahre) stehen in den Reisetipps von A bis Z (→ S. 390).

Neben Tänzen sind in manchen Gebieten und Distrikten die Lesungen von religiösen Texten im Tempel des Dorfes von hoher Feiertagsbedeutung. Dazu kommen alle Bewohner des jeweiligen Dorfes im Tempel zusammen und feiern den Tag mit viel Alkohol (Bier oder Schnaps) in dörflicher Runde.

Musik

Die Musik Bhutans spielt bei den Zeremonien und Tänzen eine wichtige Rolle als Verstärkung der Vorführungen, ist aber auch nach strengen Rhythmen organisiert. Viel Improvisation ist nicht möglich. Die Instrumente bei den religiösen Festen sind Langhörner (Dungchen), große aufgehängte Trommeln (Nga), die beidseitig mit einem U-förmigen Holz geschlagen werden, eine Art Oboe (Gyaling), unterschiedliche Metallbecken, Trompeten aus menschlichen Oberschenkelknochen, kleine Glocken (Drilbu), große weiße Meeresschnecken für tiefe Töne und kleine doppelseitige Handgrifftrommeln mit zwei kleinen Holzkugeln an Schnüren.

Weltliche Musik hört man auch: solche, die der Kategorie Volksmusik zugeordnet werden kann, aber auch moderne Musik aus der Hauptstadt. Volkslieder gibt es sowohl mit religiösen Geschichten im Hintergrund, die in der Regel in Tibetisch gesungen werden, als auch das Alltagsleben der Bhutanesen als Hintergrund haben, und dann in Dzongka gesungen werden. Letztere Lieder sind typisch für die Bauern und Handwerker, die einfach während der Arbeit ein Liedchen anstimmen wollen. In der urbanen Kultur Thimphus gehen diese Gesangstraditionen verloren. Hier macht sich eine neue Musikrichtung breit, der Rigsar. Diese als bhutanische Popmusik zu bezeichnende Musikrichtung hat ihre Wurzeln in der westlichen, indischen und tibetischen Musikszene.

Bildende Kunst

Neben den Tänzen und der Musik spielen für die nationale Identität auch noch die anderen Kunstrichtungen eine wichtige Rolle. Diese werden besonders in der Königlichen Kunstakademie in Thimphu gelehrt, auf diese Weise bewahrt man die alten Traditionen. Alle Kunstformen Bhutans haben ihre Wurzeln im Buddhismus. Nach der Lehre Buddhas sind sämtliche Kunstformen, ob Tanz,

Musikinstrument

Malerei oder Schnitzerei, Darstellungen des Weges zur Befreiung vom ewigen Kreislauf von Leben und Tod. Die Kunst Bhutans beschreibt nicht Gegenstände oder Fakten, sondern interpretiert Werte. Die Kunstrichtungen des Landes haben eine lange Tradition hinter sich. Schon der fünfte Desi, Gyalse Tenzin Rabgye (1680–1694) eröffnete eine Schule für bhutanische Kunst und Handwerk. Diese Schule heißt heutzutage National Institut for Zorig Chusum (siehe Thimphu) und lehrt die 13 traditionellen Kunstrichtungen: Malerei, Skulpturen-Handwerk, Gold- und Silberschmiedekunst, Stahlschmiedearbeiten, Metallguss, Bambus-Arbeiten, Weberei, Schnitzerei, Drechslerei, Tischlerei (Zimmerei), Stickereien, Papierherstellung, Maurer-Handwerk.

In der Nationalen Kunstschule in Thimphu kann man als Besucher den verschiedenen Tätigkeiten und Unterrichten zuschauen. Man wird über die vielen traditionellen Fähigkeiten erstaunt sein. Gleich beim Eingangsbereich gibt es auch einen Laden, in dem viele der hier produzierten (Übungs)objekte zum Verkauf angeboten werden. Die Preise sind fair und helfen den angehenden Künstlern zu einer finanziellen Hilfe und Bestätigung ihrer Arbeiten, auch wenn buddhistische Kunst stets anonym ist. Noch in der Zeit vor dem Tourismus gab es kein Kunsthandwerk in Bhutan zu kaufen, da dieses nur für spezielle Zwecke und Aufträge für Dzongs, Tempel, Klöster oder öffentliche beziehungsweise private Auftraggeber erschaffen wurde. Selbst bei der nun käuflich zu erwerbenden Handwerkskunst überwiegen die buddhistischen Inhalte alle Kunststile und Formen. Das ändert sich erst seit wenigen Jahren ganz zaghaft – nun treten die ersten Künstler mit ihren Landschaftsbildern oder Personenporträts auf, signieren ihre Werke mit ihren Namen und bilden eine freischaffende Kunstszene in der Hauptstadt. Gleiches zeigt sich auch in der Literatur, der Textilbearbeitung (eigene königliche Textil-Hochschule und National Textile Museum in Thimphu; siehe Kapitel zu Thimphu) und, wie schon beschrieben, in der Musik.

In der Nationalen Kunstschule in Thimphu

Plakat für den Zeichenunterricht in der Nationalen Kunstschule in Thimphu

Wandgemälde

Zu den Wandgemälden in den Dzongs, Klöstern und Tempeln sei hier noch kurz auf die Herstellung eingegangen. Die Lehm oder Steinwände der Mauer werden mit einer Schicht aus Lehm, Stroh, Sand und Wasser grob verputzt. Darauf kommt ein Feinputz aus feinem Lehm. Dieser wird weiß gekalkt. Dann werden mit einem Kohlestift die wichtigsten Umrisse des Bildes aufgetragen. Da die buddhistischen Darstellungen stets sehr ähnliche Motive, Figuren, Farben zu einem bestimmten Bild haben, beispielsweise die Abbildung des Guru Rinpoche oder die der vier Freunde (Elefant, Affe, Hase und Pfau), so gibt es neben den erlernten und geübten Linienführungen für die Vorzeichnung kaum eigene künstlerische Ausdrucksmöglichkeiten. Die häufigsten figürlichen Abbildungen in den Dzongs, Klöstern und Tempeln sollen kurz erklärt werden. Zu unterscheiden sind die Darstellungen von Buddha, Bodhisattvas, Schutzgottheiten und historischen Figuren.

Die sechs häufigsten Darstellungen von Buddha sind Sakyamundi, Dhyani Buddhas, Opagme, Tsepame, Maitreya, Sangye Menlha.

Sakyamundi stellt die historische Figur Buddhas (Gautama Buddha) dar, den Buddha der Gegenwart. Üblicherweise wird er sitzend mit überkreuzten Beinen in der ›diamantenen‹ Position (Meditationshaltung Dhyanasana) auf dem Lotusblütenthron gezeigt. Seine Haare sind dunkelblau und um seinen Kopf wird ein goldener (gelber) Heiligenschein gemalt. Seine rechte Hand berührt den Boden (Bhumisparsa; Erdanrufung, um die Erde als Zeugin seiner Erleuchtung anzurufen), die linke Hand ruht nach oben offen in der Haltung Dhyana (Versenkung/Meditation) auf dem rechten Fuß, mit einer Bettlerkugel (geschlossene Schale) auf der Handfläche.

Buddhastatue vor Wandgemälde in Tsirang

Die häufig dargestellten fünf Dhyani Buddhas (transzendente Buddhas) sind Vairocana, Akshobhya, Ratnasambhava, Amitabha und Amoghasiddhi. Die fünf Dhyani-Buddhas sind keine historischen Gestalten, wie etwa Sakyamundi, sondern dienen als Symbole der meditativen Verwirklichung zu höheren Bewusstseinszuständen. Kurz gesagt sind es Meditations-Buddhas. Jeder der fünf Dhyani-Buddhas wird mit bestimmten Charakteren und Symbolen verknüpft und verkörpert eine der fünf Weisheiten. Diese Weisheiten wirken den fünf tödlichen Giften entgegen, die für die meditative und spirituelle Entwicklung des Menschen negativ sind. Diese fünf Gifte und die dazugehörigen Weisheiten sind:

1) die Unwissenheit – die alles umfassende Weisheit;
2) das Begehren – die unterscheidende Weisheit;
3) die Ablehnung – die spiegelgleiche Weisheit;
4) der Neid – die alles vollendende Weisheit;
5) der Stolz – die Weisheit der Erkenntnis von der Gleichheit.

Jeder der Dhyani-Buddhas ist mit einer bestimmten Hautfarbe und mit einer speziellen Hand-Geste (mudra) charakterisiert.

Opagme, auch Amitabha genannt ist der Buddha des ›unermesslichen Lichtglanzes‹ (oft auch bezeichnet als Buddha der ›umfassenden Liebe‹). Der transzendente Buddha wird speziell im chinesischen und japanischen Kulturraum stark verehrt (die größte freistehende Buddha-Statue der Welt in Hongkong ist eine Darstellung von ihm). Amitabha bezeichnet das ›reine Land‹, in das die Menschen während ihres Todes mit Hilfe der Rezitation des Namens Amitabha oder des Denkens des Amitabha-Mantras hineingeboren werden sollen. Im tibetischen (und bhutanischen) Buddhismus (Vajrayana) gilt er als eine Art Ur-Buddha der Lotusblüte. Dargestellt wird er mit gekreuzten Beinen auf dem Lotus-Thron, beide Hände im Schoß ruhend mit den offenen Handflächen nach oben und eine Bettlerkugel in beiden Händen haltend. Seine Hautfarbe ist rot.

Tsepame oder auch Amitayus genannt, ist der Buddha des unermesslichen Lebens und wird verbunden mit Lebenshandlungen für ein langes Leben. Sein Körper ist ebenfalls rot und er sitzt mit gekreuzten Beinen auf dem Lotus-Thron. Er hält eine kostbare Vase in beiden Händen. In der Vase ist der Nektar der Unsterblichkeit.

Maitreya, auch Jampa genannt, ist der Buddha der Zukunft und damit für die Gläubigen eine wichtige Figur. Er ist noch nicht ins Nirwana gegangen, sondern sitzt als Bodhisattva im Himmel, bis seine Zeit auf Erden gekommen ist, als Buddha vollständig zu inkarnieren. Die Darstellungen zeigen ihn meistens sitzend, den Boden mit seinen Füßen berührend, was seine ›unvollständige‹ Buddha-Form darstellt. In der linken Hand hält er ein Wassergefäß.

Den Überlieferungen gemäß hat sich Sakyamundi selbst in einen dunkelblau gefärbten Buddha verwandelt, den Sangye Menlha. Dieser strahlt heilendes Lapislazuli-Licht aus und gilt als der Medizin-Buddha. Er sitzt mit gekreuzten Beinen auf dem Lotus-Thron, die Finger seiner rechten Hand berühren den Boden und die linke Hand liegt auf dem Schoß, mit der offenen Handfläche nach oben. In der Bettlerkugel liegen drei heilende Früchte

Bodhisattvas

Bodhisattvas sind weise Personen der Vergangenheit, die eine so hohe spirituelle Reife und Stufe erlangt haben, dass sie ins Nirwana gehen und aus dem ewigen Kreislauf von Tod und Wiedergeburt entrinnen hätten können. Stattdessen verweilen sie mit ihrem Körper (werden also wiedergeboren) noch auf der Erde, um mit ihrer Weisheit den anderen Menschen zu helfen, auch dieses Stadium zu er-

Im Kloster Kurjey in Bumthang

langen. Sie fungieren für die Gläubigen wie eine Art Schutzengel im abendländischen Glauben. Unterschieden wird im Buddhismus zwischen irdischen und überirdischen Bodhisattvas. Erstere sind im Weltleben stehende Menschen, die von Güte und Mitgefühl getragen, ihre Weisheiten zum Wohle aller mitfühlenden Lebewesen einsetzen. Im Mahayana-Buddhismus sind besonders die acht ›großen‹ Bodhisattvas von Bedeutung und immer wieder auch in den Klöstern und Tempeln dargestellt: Manjushri (Bodhisattva der Weisheit); Vajrapani (Halter des Vajra, ein buddhistisches Ritualobjekt); Padmapani (Lotushalter), Maitreya (Bodhisattva der universalen Liebe); Ksitigarbha (ist hautsächlich in Japan populär); Nirvanaviskambin; Akashagarbha; Samantabhadra (der ringsum Segensreiche).

Die überirdischen Bodhisattvas sind transzendente Wesenheiten, die in gleicher Weise allen mitfühlenden Lebewesen beistehen und ihnen auf dem Pfad der Befreiung behilflich sind. Die wichtigsten überirdischen Bodhisattvas sind: Avalokiteshvara/Chenresi und Manjushri/Jampelyang.

Chenresi ist wohl der wichtigste Bodhisattva Bhutans. Er ist eine Art Schutzgottheit des Landes und der Religion. Er sitzt mit gekreuzten Beinen auf dem Lotus-Thron und hat zwei seiner vier Arme in einer predigenden Haltung, während die beiden anderen Arme in der Regel buddhistische Ritualobjekte halten. Es gibt häufig auch Darstellungen von Chenresi mit elf Köpfen und im Kreis angeordneten 1000 Armen. Die vielen Arme sollen das große Mitgefühl darstellen. Angerufen wird Chenresi mit dem Mantra ›Om Manipadme hum‹.

Jampelyang stellt die Verkörperung von Weisheit und Wissen dar. Er trägt ein Schwert in seiner rechten Hand und zerstört damit die Dunkelheit und Unwissenheit. In der linken Hand hält er das Buch der transzendenten Weisheit. Er ist ein Schutzgott der Schüler, Studenten, aller Lernenden und der verschiedenen Künste.

Im Dzong von Lhuntshi

Der Bodhisattva Chana Dorji

Der Bodhisattva Chana Dorji (Vajrapani) gilt als die Verkörperung der Tatkraft aller Buddhas. Er ist der Bodhisattva des Donnerkeils, der Schutzgott der Kraft und des Sieges. Er wird in einer gewundenen Körperhaltung dargestellt, mit einem zornigen Gesicht, einem dritten Auge und einem ausgestreckten Bein. Ihn umgeben Weisheitsflammen. Die Schlangen um seinen Hals stehen für den kontrollierten Zorn.

Schutzgottheiten (Chokyong)

Nagpo Chenpo ist der erbittertste Schutzheilige Bhutans. Er wird sehr unterschiedlich dargestellt. Der Sage nach soll Nagpo Chenpo dem zukünftigen Zhagdrung Ngawand Namgyal als Rabe erschienen sein, um ihn zu überzeugen, dass er nach Süden, nach Bhutan gehen soll. Dieser Rabe ist heute das Symbol für die Rabenkrone des Königshauses. Er wird angerufen, wenn der Gläubige eine neue Unternehmung oder ein neues Geschäft vor sich hat und um einen guten Ausgang bittet. Aber er wird auch in Zeiten von Not und Angst angebetet. Nagpo Chenpo hat eine schwarze Hautfarbe, rotes nach oben stehendes Haar und besitzt ein drittes Auge. Er ist umgeben von Flammen und Rauch. In der Regel hält er einen Schädel in seiner linken Hand. Manchmal hat er mehrere Arme.

Palden Lhamo (Mahakali) ist eine zweite wichtige Schutzgottheit des Landes. Sie ist eine tibetische Göttin und beschützt speziell die Lehre Buddhas, so-

Darstellung der Schutzgöttin Palden Lhamo

mit wird sie von allen Schulen des tibetischen Buddhismus verehrt. Sie erscheint meistens in Kombination mit Nagpo Chenpo am Eingang zu einem Tempel oder Kloster. Von der Bevölkerung wird sie angerufen in Zeiten von großen Schwierigkeiten und Unglücken, wie etwa Naturkatastrophen. Sie hat ein zorniges Auftreten und ist mit ihrem dunkelblauen Körper und den roten Fußsohlen und Innenhandflächen unverwechselbar. Auf ihrem Kopf trägt sie eine Krone aus fünf Schädeln. In ihrer rechten Hand schwenkt sie eine Keule, in ihrer linken Hand trägt sie einen Totenschädel.

Historische Figuren in der Kunst

Wichtige historischen Figuren, die in vielen Tempeln als Statuen stehen/sitzen oder als Wandbilder zu sehen sind, sind Guru Rinpoche, Milarepa, Chenresi, Drukpa Kunley, Pema Lingpa und Zhabdrung Ngawang Namgyal.

Guru Rinpoche

Zu Guru Rinpoche (›wertvoller Meister‹) gibt es widersprüchliche Angaben bezüglich seiner Identität. Wahrscheinlich kam er um das Jahr 770 aus Indien nach Tibet. Der erste König von Tibet, Trisong Detsen (742–797), wollte den Buddhismus in Tibet festigen und holte dafür den Abt der buddhistischen Nalanda-Schule aus Indien, den Lama Santaraksita (tibetisch Shiwatso). Dieser ließ das erste buddhistische Kloster errichten: Samye in der Nähe von Lhasa. Allerdings gelang es ihm nicht, die Lehre Buddhas erfolgreich einzuführen – man machte böse Dämonen dafür verantwortlich. Daraufhin wurde Verstärkung aus Indien geholt: Padmasambhava, auch Guru Rinpoche genannt, ein bekannter Tantriker. Dieser wendete eine andere Technik an, die Dämonen zu besiegen. Er vernichtete sie nicht, sondern er zwang sie, die Lehre Buddhas anzunehmen. Diese tantrische Methode war schon damals in Indien Tradition, das Böse nicht zu eliminieren, sondern die negativen Kräfte umzuleiten zur besseren geistigen Erweckung. So wurde er auch zum Gründer der Nyingma-pa.

Nach seiner Zeit in Tibet reiste Guru Rinpoche nach Süden ins heutige West-Bhutan (meditierte dort beispielsweise in der Höhle hinter dem heutigen Tigernest-Kloster) und später nach Zentral-Bhutan (Bumthang). Überall missionierte er die Bevölkerung – der Buddhismus hatte sich zu dieser Zeit noch lange nicht überall etabliert, er war vorerst nur die Philosophie und Religion des Adels und der geistigen Elite des Landes. Viele der heiligen Texte und Kultgegenstände (sogenannte Terma), die in Gefahr liefen, von den Gegnern des Buddhismus zerstört zu werden, wurden von Guru Rinpoche versteckt, besonders in Zentral- und Ost-Bhutan. Die späteren Auffinder dieser wertvollen Gegenstände wurden Terton genannt und waren höchst angesehene Personen, beispielsweise Pema Lingpa. In den Tempeln als Statue oder Wandgemälde wird Guru Rinpoche, alias Padmasambhava, in seinen acht Manifestationen gezeigt: Saroruhavajra, Pema Gyelpo, Shkya Senge, Loden Chokse, Nyima Ozer, Senge Dradrok, Dorji Drolo und Padmasambhava. Die künstlerischen Darstellungen dieser acht Manifestationen unterliegen strengen Regeln. Hier sei auf die Fachliteratur (Tibet Handbook von Gyurme Dorji) zum Buddhismus oder auf das Internet hingewiesen.

Junge Mönche beim Studium im Kloster

Jetsun Milarepa

Jetsun Milarepa (1052–1135) ist einer der bekanntesten tibetischen Yogis. Er ist ein Vertreter der Kagyu-pa, des tibetischen Buddhismus. Er war dafür berühmt, mit seinen magischen Kräften (er nutzte die tantrische Praxis der Schwarzen Magie) über dem Boden schweben zu können oder in kürzester Zeit enorme Strecken zurücklegen zu können. Er ist auch dafür bekannt, viele Gedichte und Lieder verfasst zu haben, die noch heute genutzt werden. Milarepas Leben stellt das Idealbild eines Bodhisattvas dar, der mit seiner tantrischen Praxis den Kreis des ewigen Lebens und Sterbens durchbrochen hat, aber auf den Eintritt ins Nirwana verzichtet, um anderen diesen Weg dorthin einfacher zu machen. In der künstlerischen Darstellung ist dieser Yogi daran zu erkennen, dass er seine rechte Hand an sein rechtes Ohr hält und die linke Hand mit nach oben offener Handfläche in seinem Schoß ruht.

Chenresi

Chenresi, in Indien auch Avalokitesvara genannt, ist ein sehr unterschiedlich beschriebener Bodhisattva und kann in unterschiedlichen Kulturen mal weiblich, mal männlich dargestellt sein. Chenresi ist einer der weit verbreiteten Bodhisattvas der Mahayana-Hauptrichtung des Buddhismus. Sein Name setzt sich zusammen aus den Begriffen für das Herabschauen auf alle Lebewesen mit den Augen des Mitgefühls. Er ist ein bedeutendes göttliches Wesen im tibetischen Buddhismus und wird jenseits von Tibet vor allem in Bhutan, Nepal und Ladakh (Nordwest-Indien) verehrt. Chenresi hat eine außergewöhnlich hohe Zahl an verschiedenen Manifestationen (Erscheinungen) mit jeweils unterschiedlichen Bedeutungen. Am bekanntesten ist wohl die des Avalokitesvara mit den 1000 Armen und elf Köpfen. Häufig wird Chenresi auch als Statue gezeigt, bei der der rechte Arm nach unten hängt, die Handfläche nach außen zeigend und die linke Hand vor dem Herz steht, zwei Mittel- und Ringfinger aufrecht gestreckt. Avalokitesvara ist auch der Erschaffer von Tara. Eine Träne von Chenresi schuf einen See, in dem sich eine Lotusblüte öffnete. Diese wiederum schuf die Figur Tara.

Pema Lingpa

Pema Lingpa (1450–1521), war ein berühmter Auffinder (Terton) von heiligen Texten und Kultgegenständen (Tema), die von Guru Rinpoche einige Jahrhunderte vorher versteckt wurden, als nämlich im9. und 10. Jahrhundert die Ausbreitung des Buddhismus einen Rückschlag hinnehmen musste und weitestgehend aus dem Gebiet Tibets und Bhutans wieder verschwand. Er war Angehöriger der Nyingma-pa, des tibetischen Buddhismus und ein bedeutsamer Lama seiner Zeit. Weil er als wohl der wichtigste Terton gilt, wird er immer gleich nach Guru Rinpoche genannt. Er ist im Gebiet Bumthangs geboren worden, was ihn somit zu einem echten Bhutaner macht. Er ist auch der Erbauer oder Restaurateur von vielen Tempeln und Klöstern des Landes. Die Familien-Linie von Pema Lingpa führt direkt zum Königshaus Wangchuck. Außerdem sind die Wiedergeburten der drei Linien seines Körpers, seines Geistes und seiner Sprache bedeutsame Personen Bhutans – bis heute: der Gangteng Trulku Rinpoche, der Petsaling Trulku Rinpoche und der Sungtrul Rinpoche. Auf den Wandbildern oder als Statue wird er häufig mit einem Hut gezeigt, dessen Spitze von einem Donnerkeil geziert wird.

Zhabdrung Ngawang Namgyal

Über den ersten Herrscher von ganz Bhutan und bedeutsamen Gelehrten des 17. Jahrhunderts, Zhabdrung Ngawang Namgyal (1594–1651) wurde schon im Kapitel Geschichte ausführlich berichtet (→ S. 56). Auf den Wandbildern ist er gut an seinem langen Kinnbart zu erkennen.

Bauernhaus im Distrikt Haa

Lama Drukpa Kunley (der ›Heilige Narr‹)

Der in Bhutan beliebte und häufig verehrte tibetische Buddhist Drukpa Kunley (1455–1529) bekam im Kloster Ralung in Süd-Tibet unter dem ebenso in Bhutan bekannten und hoch geschätzten Lama Pema Lingpa (ein wichtiger Terton in der Region Bumthang) seine buddhistische Ausbildung, bevor er zum Missionieren nach Süden zog. Er brachte in viele Gebiete Bhutans den tibetischen Buddhismus der Druk-pa (Schule) mit teilweise sehr eigenwilligen, aber offensichtlich erfolgreichen Methoden. Er war ein großer Meister des Mahamudra, eine der vielen tantrischen Praktiken, um zu einer Vertiefung des Geistes während der Meditation zu gelangen. Dabei geht es besonders um rituale Handgebärden (Ausdrucksbewegungen), die in einer bestimmten Reihenfolge als eine Art Siegel in der tantrischen Praxis dienen, die Natur der Realität als eine Art Leere (das Materielle auflösend)

Fliegende Penisse an einer Hauswand

zu verstehen. Dabei wird auf den eigenen Geist fokussiert, um während der Meditation zu erkennen, dass die glückselige Erkenntnis jedem Menschen immanent ist und das Erreichen der inneren Leere der Gipfelpunkt des tantrischen Pfades zur Erlangung der Buddha-Natur ist. Mahamudra ist heutzutage dafür bekannt, dass es besonders von der Kagyu-pa eingesetzt wird. Aber auch die Gelug-pa und Sakya-pa nutzen diese Praxis. Ebenso werden auch die Nyingma-pa-Mönche in dieser tantrischen Praxis ausgebildet.

Während seiner Wanderjahre in Tibet und Bhutan war er auch ein angesehener tibetischer Yogi und ein bekannter Dichter. Er verfasste viele Lieder und Gedichte für die Bevölkerung Bhutans, die teilweise heute noch lebendig in der Volkskultur verhaftet sind. Seine Lieder und Gedichte bestehen häufig aus humorvollen und leicht anrüchigen Texten. Er selbst bevorzugte auch stets ein leicht skandalöses und unverschämtes Verhalten beim Vortragen seiner Gedichte und Lieder. Er wollte also nicht nur mit seiner derben Art den Buddhismus festigen, sondern auch den etablierten Klerus herausfordern und ärgern, weil diese eine seiner Meinung nach ein extrem prüdes Verhalten und eine neurotische Art der Lehre vom Buddhismus hatten. Wegen seiner teilweise skurrilen Methoden bekam er seinen Beinamen ›Heiliger Narr‹, ›Madman of the Dragon Lineage‹ (der Verrückte der Drachen-Linie) oder ›The Divine Madman‹ (der weissagende Verrückte).

Er schaffte es, den Buddhismus bei den einfachen Menschen auf dem Land, die weder schreiben noch lesen konnten, dauerhaft zu verwurzeln. Zu dieser Zeit war der Druk-pa-Buddhismus noch nicht so stark etabliert und viele Menschen auf dem Land praktizierten noch alte Riten aus dem früheren Schamanismus. Vielleicht ist er auch deshalb der wohl beliebteste Heilige in Bhutan, weil er neben seinem exzentrischen Texten auch dafür bekannt war, durch seine sexuellen Ausschweifungen zu provozieren. Er war dafür bekannt, dass er selbst vor den Ehefrauen seiner Gastgeber oder finanziellen Unterstützer nicht zurückschreckte. Er brüstete sich mit zahllosen sexuellen Wettbewerben. Einen Kata (Segensschal, der dem Gast um den Nacken gelegt wird) band er stattdessen um seinen Penis mit der Hoffnung auf mehr Glück bei den Frauen. Der Sage nach verwandelte Drukpa Kunley einige lokale Dämonen in Schutzgottheiten, indem er diese mit seinem Penis schlug. Wer derartiges vollbringt, dem eilt schnell ein entsprechender Ruf voraus. So wurde sein Penis als ›Blitz der Flammenden Weisheit‹ benannt. Die an viele Hauswände gemalten ›fliegenden Penisse‹ sind eine große Reminiszenz an diesen Lama.

Einer seiner Aussprüche hieß ›Meine Meditationspraxis sind Mädchen und Wein‹. Ein anderer hieß ›Ich glaube an die Lamas, wenn es mir passt. Ich praktiziere den Dharma auf meine eigene Weise:‹ Das Tango-Kloster bei Thimphu ist stolzer Besitzer eines Thangka, auf den Kunley einst uriniert hat.

Das Chimi Lhakhang zwischen Thimphu und Punakha ist das Kloster, welches speziell an Drukpa Kunley erinnert. Es wurde von einem Cousin 1499 gebaut. Dort steht nicht nur eine große Statue des Lamas, sondern mit ihm auch sein Hund Sachi – ungewöhnlich für eine zentrale Tempelstatue in Bhutan. Wer in diesem Kloster am Altar ein Opfer gibt (Geldspende), der erhält vom Mönch daneben eine Segnung mit einem hölzernen Phallus. Frauen mit Kinderwunsch kommen hierher, um für Fruchtbarkeit zu bitten und den zukünftigen Namen des Kindes zu wählen.

Architektur

Die Architektur gehört auch zu einem wichtigen Ausdruck der nationalen Identität der Bhutanesen. Die traditionelle Architektur ist stark beeinflusst vom Buddhismus, denn alle Bauelemente, Proportionen und Farben haben tiefere religiöse Bedeutungen. Sie sorgen dafür, dass die erwünschten guten Geister einen leichten Zutritt in das Gebäude bekommen, während die abzuweisenden bösen Geister ferngehalten werden sollen. Über Generationen hinweg beeinflussten das Klima und die Geographie, die natürlichen Baumaterialien und der Buddhismus den heute typischen Baustil Bhutans. Aufgrund der politischen Isolation des Landes über viele Jahrhunderte waren die individuelle Entwicklung und der traditionelle Stil ohne die Einflüsse von außen gewährleistet. Neben der Architektur der öffentlichen Gebäude (Dzongs, Tempel, Klöster und Chörten) entstand auch ein eigener Stil für private Haustypen. Das Erscheinungsbild scheint für einen Außenstehenden landesweit doch ziemlich einheitlich zu sein. Aber dem Spezialisten offenbaren sich immer wieder Nuancen und Feinheiten der einzelnen Regionen. Gemeinsam aber ist allen der traditionelle Gebrauch von Holz für Zimmer- und Dachbalken, Fensterschürzen und Türrahmen mit der entsprechenden farblichen Gestaltung. Wandmalereien an den Außenwänden der Privathäuser sind ebenso streng identisch. Hier eine kurze Erklärung der Bedeutungen dieser Symbole.

Das achtspeichige Rad steht für das Rad des Gesetzes, das Rad der Zeit oder das Rad des Lebens, dem ewigen Kreislauf von Geburt, Tod und Wiedergeburt. Aus diesem mühseligen Kreislauf kommt man nur heraus, wenn man der Lehre Buddhas folgt und die Erleuchtung (Buddha) erlangt. Im Sanskrit heißt dieses Symbol Dharmachakra (Chakra = Rad und Dharma = Gesetz, Lehre) und ist im Buddhismus auch das Symbol der von Buddha verkündeten Lehre.

Moderne Wohnhäuser im traditionellen Architekturstil des Landes

Das achtspeichige Rad: der ewige Kreislauf von Geburt, Tod und Wiedergeburt

Die Lotosblüte spielt in Indien, Tibet und Bhutan eine wichtige Rolle bei der Symbolik. Die Blüte steht für den Lauf der Zeiten mit den Einzelphasen Stängel, Blüte und Frucht und damit für die Wirkung der Lehre Buddhas (die Wurzeln sind im Schlamm, über der Oberfläche erblüht der Lotos).

Der Vajra oder Dorji (Donnerkeil) ist ein buddhistisches Ritualobjekt. Er ist das essentielle Symbol des Vajrayana Buddhismus. Das Symbol zeigt die unzerbrechlichen Qualitäten von Diamanten, die unzerstörbare Kraft eines Donnerkeils und die untrennbare Klarheit des Raums. Der Vajra steht für die Undurchdringbarkeit, Unaufbrechbarkeit, Unteilbarkeit und Unzerstörbarkeit Buddhas, also der Erleuchtung.

Der Endlosknoten ist meistens eine stilisierte Darstellung einer Endlosschlinge ohne Anfang und Ende. Dieses Symbol bedeutet im Buddhismus der ›Buddha Knoten‹ (Shrivatsa).

Shankha (das Muschelhorn oder Schneckenhorn) ist eines der vier Hauptattribute der Hindugottheit Vishnu und steht im Buddhismus für eines der acht Glückssymbole. Die anderen buddhistischen Glückssymbole (Ashta-mangala) sind: der Ehrenschirm, das Goldfischpaar, die Schatzvase, der Lotos, der Endlosknoten, das Siegesbanner und das Rad.

Die Swastika (›Hakenkreuz‹) ist ein weiteres wichtiges religiöses Glückssymbol im Buddhismus. Man sieht es häufig an den bunt bemalten und verzierten Lkws.

Der fliegende Penis ist ein Symbol für Fruchtbarkeit, aber auch für die Verehrung des Lama Drukpa Kunley (siehe zwei Abschnitte vorher).

Sport

Das Bogenschießen

Der wohl wichtigste Bestandteil des Nationalstolzes (und der Volksunterhaltung) ist das Bogenschießen (Datse). Mönchen ist es allerdings nicht erlaubt, beim Bogenschießen mitzumachen. Sobald die Bhutanesen die Zeit finden, gehen sie aufs Schießgelände, das in der Regel außerhalb des Dorfes liegt, oder manchmal auch auf einem abgeernteten Feld. Traditionell ist der Sport eine Männerdomäne, Frauen sind als Schützen auf den Schießfeldern oft noch unerwünscht. Aber seit einiger Zeit bringen es die ersten Frauen in diesem Sport schon zu gewissem Erfolg. Bei den Olympischen Spielen 1984 waren drei Schützinnen aus Bhutan mit dabei. Die Bogenschützin Tshering Chhoden ist bekannt geworden, weil sie an den Olympischen Spielen in Sydney 2000 und in Athen 2004 teilnahm, und weil ein Dokumentarfilm über sie gedreht wurde. Der Dokumentarfilm begleitet die damals 25-jährige Sportlerin zwischen den Tradition und der aufkommenden Moderne in ihrem Land. Bei den Olympischen Spielen in London 2012 war Tschering Chhoden wieder dabei; als Trainerin für die bhutanische Bogenschützin Sherab Zam.

Besonders im November, wenn die Ernte eingefahren ist und die Felder und das Vieh nicht jede zupackende Hand benötigen, laufen die Männer mit ihren Sportbögen zu ihren Treffen. Selbstverständlich darf man als Einheimischer zum Bogenschießen nur im Gho (oder Kira) kommen. Zu Beginn des Wettbewerbes wird ein Gebet gesprochen. Manchmal gibt es auch noch einen Imbiss. Anschließend werden die Mannschaften ausgewählt, die gegeneinander anzutreten haben. Wenn Mannschafen unterschiedlicher Dörfer oder gar Distrikte gegeneinander antreten, erübrigt sich dieser Schritt.

Das Ziel ist ein weiß gestrichenes Holzbrett, oben abgerundet, 30 Zentimeter breit und in einem Winkel von etwa zehn Grad fest in den Boden gesteckt. Auf diesem Brett befindet sich auf halber Höhe ein schwarzer Kreis. Etwa 10 Zentimeter über dem Boden gibt es einen Querstrich über die Breite des Bretts. Die Schussdistanz beträgt 145 Meter. Häufig gibt es auf beiden Seiten des Schussfeldes ein solches Ziel. Es wird abwechselnd in die eine und in die andere Richtung geschossen – das erübrigt das zeitaufwendige Holen der verschossenen Pfeile. Hinter dem Ziel gibt es einen Erdwall oder eine Lehmmauer. Rechts und links des Bretts stehen zwei Meter hohe Steinmauern mit Sehschlitzen, hinter die sich die gerade nicht aktiven Schützen stellen, um nicht getroffen zu werden. Häufig habe ich aber auch beobachtet, dass diese sich nicht hinter der Wand schützen, sondern nur etwa zwei Meter neben dem Brett stehen. Da muss man offensichtlich viel Vertrauen in den Schützen haben. Die eintreffenden Pfeile werden von den am Ziel stehenden Teilnehmern kommentiert beziehungsweise machen diese den Schützen klar, um wie viel oder wenig sie das Ziel verfehlt haben. Trifft ein Schütze auf das Brett, so stimmen seine Mannschaftskollegen am Ziel ein Freudengesang an. Trifft er gar innerhalb des Kreises, wird hoch auf den Schützen gejubelt und im Kreis getanzt. Die Kollegen der gegnerischen Mannschaft verhalten sich dabei in der Regel ruhig. Schießt jemand nur knapp am Ziel vorbei, so wird dieses nur laut zum Schützen gerufen, groß kommentiert wird das noch nicht. Wenn jemand sehr weit neben das Brett schießt, kann sich der Schütze eines johlenden, aber humorvollen Spotts der Gegenmannschaft sicher sein. Jeder Schütze darf zweimal schießen. Ein Schütze, der auf das Brett getroffen hat, darf sich einen bunten Stoffstreifen an einen Gho-Gürtel hängen. Daran erkennt man dann auch als Außenstehender schnell die Qualität der Schützen und des Turniers.

Nur noch in den entlegenen Dörfern wird heute mit den traditionellen Holzbögen geschossen. Die wandern zunehmend in die Museen, zu den übenden Kindern oder auf dem Müll. Jeder Schütze, den ich sah, hatte schon einen der modernen High-Tech Compound-Bögen. Gezählt wird folgendermaßen: Ein Treffer im Kreis bringt drei Punkte, ein Treffer auf dem Brett außerhalb des Kreises und oberhalb des Querstrichs bringt zwei Punkte. Ein Pfeil unterhalb des Querstrichs und im Boden vor dem Brett gibt noch einen Punkt. Komplizierter ist die Wertung, wenn niemand bei einem Durchgang aufs Brett trifft. Dann gelten auch noch die Pfeile innerhalb einer Pfeillänge um das Brett mit einem Punkt. Die Mannschaft, die als erstes 33 Punkte erreicht hat, hat gewonnen. Dann ist ein Durchgang beendet. Es wird in drei Durchgängen gespielt, damit es entweder 3:0 oder 2:1 steht. Zwischen den Durchgängen trifft man sich zum Imbiss mit genügend Starkbier (›Druk-Beer 1100‹ mit 8 Prozent).

Bei ernsten Turnieren stehen die mit den besten Gewändern und teuerstem Schmuck angetanen Frauen am Spielrand und feuern lautstark ihre Männer oder ihre Mannschaft an. Die gegnerische Mannschaft wird laut provoziert, soll verunsichert und abgelenkt werden.

Teilnehmer an einem Bogenschießwettbewerb

Die bhutanischen Jungs sind genauso fußballbegeistert wie ihre Altersgenossen überall auf der Welt

Weitere Sportarten

Eine andere beliebte Sportart in Bhutan ist eine Art Dart (Khuru), welches besonders von Jugendlichen und Mönchen auf eine Distanz von 20 Metern auf ein ähnliches Ziel wie beim Bogenschießen durchgeführt wird.

Fußball erfreut sich immer größerer Beliebtheit. Dazu trägt zum einen der 2002 produzierte Kinofilm ›Das andere Finale‹ bei, in dem es um das enthusiastische Geschehen auf und neben dem Spielfeld beim Spiel der Mannschaft Bhutans gegen die von Montserrat geht. Es endete 4:0 für Bhutan. Zum anderen gibt es den ›Kings Cup‹, der in Thimphu im Nationalstadion (Changlimithang; 15 000 Sitzplätze) ausgetragen wird (November 2014), und bei dem die Mannschaften von Bhutan, Nepal, Indien, Bangladesch und Thailand gegeneinander spielen. Der Trainer der Fußballnationalmannschaft war von 2007 bis zu seinem Tod 2014 der Österreicher Helmut L. Kronjäger.

Weitere beliebte Sportarten sind Basketball und Tae Kwon Do, beides kann man ohne viel Infrastruktur auch in den Schulhöfen und Turnhallen entfernter Distrikte ausüben. Golfplätze sind in Bhutan noch eine Seltenheit. Ich kenne aktuell zwei kleine in Thimphu und einen in Haa, der übrigens komplett auf Sand liegt. Cricket ist von den Indern übernommen worden – erfordert aber entsprechende Plätze und ist deshalb nicht landesweit bekannt und beliebt.

Tourismus

Bis in die 1960er Jahre gab es kaum nicht-indische, ausländische Reisende im Land, meist britische Forschungsreisende oder Naturwissenschaftler.Alle Visa für nicht-indische Ausländer mussten vom König unterzeichnet werden.

1961 kam der Trekking-Spezialist Desmond Doig, Himalaya-Legende und Mitarbeiter von National Geography, auf Einladung der königlichen Familie nach Bhutan, um mehrere Touren durch das Land zu unternehmen und als erster im Ausland darüber zu berichten. In den Folgejahren kamen Geologen, Naturkundler und Kartographen, Ornithologen und Botaniker. Aber der Tourismus setzte erst mit der Krönung des vierten Königs 1974 ein. Seit 1974 gab es kleine Gruppen bezahlender Touristen, die die Region Paro und Thimphu besuchten. Der Reiseveranstalter dieser ersten Gruppen war Lars Eric Lindblad (1927–1994), ein schwedisch-amerikanischer Unternehmer und Forschungsreisender, der zu vielen abgelegenen Regionen der Erde erstmals Reisegruppen führte, so unter anderem die erste Touristengruppe in die Antarktis, auf die Osterinsel oder Galapagos. Er war es auch, der die bhutanische Regierung davon überzeugte, nur wenige Touristen pro Jahr ins Land zu lassen und hohe ›Eintrittsgelder‹ zu verlangen. Anfangs kamen die Touristengruppen über den Landweg nach Bhutan.

Seit der Flughafen von Paro 1983 eröffnet wurde und die staatliche Fluggesellschaft Drukair mit einer Verbindung von Kolkata nach Paro startete, kommen mehr Touristen ins Land. Aktuell unterhält Drukair Verbindungen nach Kolkata, Kathmandu, New Delhi, Singapore, Bagdogra, Bangkok, Dhaka, Gaya, Guwahati und Mumbai. Die benutzten Flugzeuge der Drukair sind momentan fünf Airbus 319–100 und eine ATR 42-500 (Zwei-Propeller-Turboprop mit 42 Sitzplätzen). Seit Oktober 2013 gibt es noch eine neue Fluggesellschaft: Bhutan Airlines.

Busfahrt von Lhuentse nach Thimphu

Aktuelle Statistiken

Der Tourismus in Bhutan ist seit der Öffnung des Landes gewaltig angestiegen und zur wichtigsten Devisenquelle geworden. Viele Jahre lang lagen die Touristenzahlen unter 5000 Gästen pro Jahr. Das lag allerdings nicht am Mangel an potentiellen Interessenten, sondern eher an den zur Verfügung stehenden Sitzplätzen in den Flugzeugen und an den Bettenkapazitäten der Hotels. Ohne eine Reiseagentur konnte kein Tourist Bhutan besuchen, somit auch nicht ›auf gut Glück‹ und individuell. Diese eher ökonomische Reglementierung war anfangs sicherlich nicht verkehrt, um so das Land langsam und vorsichtig an die westliche Kultur heranzuführen und nicht zu viel der eigenen traditionellen Werte zu verlieren. Seit dem Jahr 2000 stiegen die Zahlen dann auf über 9000 internationale Besucher pro Jahr (Besucher aus Indien, Bangladesch und den Malediven sind darin nicht mit einbezogen!). Im Jahr 2014 kamen insgesamt 133480 internationale Besucher nach Bhutan, das entspricht einer Steigerungsrate von dreizehn Prozent gegenüber dem Vorjahr (116209). Von dieser hohen Anzahl an Besuchern waren allerdings nur 57932 internationale Besucher (2013: 52783 internationale Besucher; fast 10 Prozent Anstieg) und von dieser Zahl waren etwa 45000 Touristen. Die übrigen Besucher waren ›Offizielle‹ (auf Einladung der Regierung), Geschäftsleute und Familienbesucher. Die meisten Touristen kamen 2014 aus Thailand (20,9 Prozent), China (14,0 Prozent) und den USA (12,6 Prozent), gefolgt von Deutschland (5,1 Prozent, entspricht 2971 Personen) und Japan (4,7 Prozent). Zum Vergleich: 2004 waren es insgesamt 9249 internationale Touristen, darunter 671 Deutsche. Momentan kommen 90 Prozent aller Touristen über den Flugplatz Paro nach Bhutan.

Es kursieren immer noch Gerüchte, wonach die Anzahl der Touristen von Staatsseite reglementiert ist. Das ist falsch. Die Anzahl der Sitzplätze in den Flugzeugen nach Paro und die Anzahl der Hotelbetten limitiert die Anzahl an Touristen. Natürlich werden sehr viele Touristen auch von den hohen Kosten eines Bhutan-Urlaubes abgeschreckt. Vielen ist die weite Anreise für nur wenige Tage Aufenthalt zu mühsam und die Tagesgebühren im Land zu hoch. Einen dreiwöchigen Aufenthalt kann sich kaum einer leisten. Die sogenannte Zwangspauschale oder auch liebevoll ›Bhutan-Eintrittsticket‹ genannte Reisepauschale von momentan 250 US-Dollar pro Tag für internationale Touristen beinhaltet schon die Unterkunft, die Verpflegung, den Transport und den bhutanischen Reisebegleiter. Im Winter und in den Monsunmonaten kostet dieses ›Bhutan-Eintrittsticket‹ nur 200 US-Dollar.

Trotz der Tatsache, dass die üblichen Preise für Hotels, Transport und die Besuche in den Restaurants für die Himalaya-Region recht hoch sind, bleibt noch etwa die Hälfte dieser 250 US-Dollar (beziehungsweise 200 US-Dollar) für den Staat übrig. Das verschwindet aber nicht einfach in der Tasche des Tourismusministeriums oder anderer dunkler Kanäle. Damit werden vielmehr Projekte gefördert, die der Infrastruktur oder dem Gemeinwesen dienen, es werden Projekte für den Naturschutz, das Schulsystem oder den Gesundheitssektor bezahlt. Insofern ist diese Summe völlig gerechtfertigt, will man ja als Tourist gerne ein Land sehen, in dem die traditionellen Werte und Kulturen noch lebendig

Straßenbau im Distrikt Mongar

sind, obwohl die Menschen hier auch schon ein Mobiltelefon haben und über 50 Fernsehkanäle verfügen. In anderen Ländern, beispielsweise in Tibet, wird das meiste Geld aus dem Tourismus in die Staatskasse und damit nach China verschickt, währenddessen die buddhistische Kultur der Einheimischen zur Show-Folklore ›verdisneysiert‹ wird.

Berichteten die ersten Touristen noch von mangelnder Anzahl der Unterkünfte und Betten, über sehr rustikale Restaurants und Transportbedingungen, so wird inzwischen massiv versucht, den Standard der Hotels, der Transportfahrzeuge oder auch der Auswahl an Sehenswürdigkeiten den internationalen Maßstäben anzupassen. Mancherorts ist das hervorragend gelungen, ohne dabei die Identität und typische Kultur, die vorher existierte, allzu stark zu verdrängen. Im März 2011 eröffnete in Thimphu sogar eine Schule für Internationalen Tourismus und Dienstleistung. Das dazugehörige Ausbildungshotel ›Royal Institute of Tourism and Hospitality‹ (RITH) liegt am nordwestlichen Stadtrand in Richtung Fernsehturm. Interessant ist diesbezüglich die Zusammenarbeit zwischen Bhutan und Österreich. Wichtig bei der Ausbildung sind bei allem, was mit dem Tourismus zu tun hat, der Nachhaltigkeitsgedanke und eine Philosophie, von der sich westliche Tourismusagenturen und Manager etwas abschauen sollten.

Bhutan in weniger als zehn Tagen

Die allermeisten internationalen Touristen kommen nach Bhutan, um kulturelle Stätten und Ereignisse (Festivals) zu besuchen (96,7 Prozent). Die Naturbeobachter, Ornithologen oder Botaniker machen gerade einmal zwei Prozent aller Besucher aus. Ähnlich sieht es mit den Touristen mit sportlichen Ambitionen aus (1 Prozent). Zum Meditieren kamen 2013 nur 0,5 Prozent aller Touristen nach Bhutan.

Zu den kulturellen Besonderheiten des Landes gehören zweifelsohne die populären buddhistischen Festivals (Tshechu). Am häufigsten von Ausländern besucht wird das Paro Tshechu, gefolgt von denen in Thimphu, Jambay, Punakha und Ura.

Unter den Trekkingtouristen am beliebtesten ist Drukpath-Trek (873 Personen), der Jomolhari-Trek (848), der Gasa-Laya-Trek (189) und der Bumthang-Kultur-Trek (158). Den legendären Snowman-Trek liefen 2013 nur 128 Personen. Ein interessanter Faktor für den Tourismus ist auch die Frage, wie lange die Touristen im Land bleiben. Ein Tourist aus USA bleibt durchschnittlich 7,5 Tage im Land, während ein deutscher Besucher im Durchschnitt 9,3 Tage bleibt. Am längsten bleiben die Schweizer mit 10,75 Tagen. Die meisten Touristen kommen im Oktober (16,2 Prozent). Die Nachbarmonate August, September und November haben auch noch hohe Touristenzahlen, sodass in allen drei Monaten zusammen 48 Prozent der Besucher nach Bhutan kommen. Einen zweiten Peak gibt es im März und April (beide Monate zusammen: 19,5 Prozent). In der Zeit des Monsuns (Juni, Juli; 18,5 Prozent) und des Winters (Dezember bis Februar; 14,0 Prozent) kamen 2014 etwas über 18876 (= 32,6 Prozent) Touristen nach Bhutan. Fast dreiviertel aller Touristen besuchen die drei Distrikte Paro, Thimphu und Punakha (72 Prozent). Da bleibt für die übrigen 17 Distrikte nicht mehr viel übrig.

Packpferd für Trekkingtouren

Schaut man sich die Preise in den Reisekatalogen an, so verwundert es nicht, dass die Altersgruppe mit den häufigsten Besuchern die der über 60-Jährigen ist (25,48 Prozent), während die Gruppe der unter 25-Jährigen nur auf einen Anteil von 5,7 Prozent kommt. Nur 7,8 Prozent aller Besucher kommen ein zweites Mal, während 87,56 Prozent zum ersten Mal nach Bhutan reisen.

Bei all den Statistiken aus den Jahren 2013 und 2014 gibt es noch Zahlen, die auch zum Schmunzeln anregen: Für diejenigen Bereiche, für die Vorschläge für Verbesserungen gemacht wurden, liegt auf Platz eins mit 34,7 Prozent der Wunsch nach Verbesserung der Straßen, gefolgt mit 30,5 Prozent der Wunsch nach Verbesserung der öffentlichen Toiletten entlang der Straßen und dem Wunsch nach einem besseren Mülltrennungssystem.

Die Regierungen und der König Bhutans beschließen regelmäßig einen Fünf-Jahresplan zur wirtschaftlichen Entwicklung des Landes. Jeder dieser bisherigen Pläne hatte spezielle Konzepte und Wirtschaftsbereiche als Schwerpunktthemen, beispielsweise die Telekommunikation oder den Straßenbau. Der Plan von 2008 bis 2013 hatte eine hohe Priorität auf den nachhaltigen Tourismus gehabt.

Objektiv betrachtet ist klar, dass der Tourismus Bhutan auch verändert hat und noch weiter verändern wird. Die Frage ist nur, wie schnell dies geschieht – vor allem auch im Vergleich mit anderen Ländern, die sich relativ spät erst für den Tourismus geöffnet haben. Es ist zumindest ein Spannungsfeld, welches viele Chancen und Potentiale für das Land hat, aber auch viele Gefahren birgt.

»Nimm dir jeden Tag die Zeit, still zu sitzen und auf die Dinge zu lauschen. Achte auf die Melodie des Lebens, welche in dir schwingt.«

Siddhartha Gautama, Buddha

Stupas auf dem Pass Dochu La

WEST-BHUTAN

Paro-Distrikt

Ein Großteil der Besucher Bhutans kommt über den Flugplatz Paro ins Land. Die meisten von ihnen übernachten auch die erste Nacht in der Stadt oder der Region, besuchen die dortigen Kulturschätze und sammeln so ihre ersten Landeseindrücke. Hier zeugen Souvenirläden oder ›Handcraft-Shops‹ von einer hohen Dichte an solchen Gästen. Die Bhutaner haben sich daran gewöhnt.

Ankunft am Flugplatz

Der Landeanflug auf den Flugplatz in Paro ist gewagt und nur speziell geschulten Piloten erlaubt. Mit den Flugzeugen, die momentan von DrukAir oder Bhutan Airlines genutzt werden – dem Airbus 319 und ATR 42-500 sowie dem Airbus 310 –, ist der Sinkflug über und zwischen den Bergen in das Tal von Paro ein kleines Abenteuer für sich. Wer einen Fensterplatz hat, bekommt seine Nase nicht mehr von der Scheibe weg, ist doch der Blick auf die Wipfel der Nadelbäume und in die Innenhöfe der Bauernhäuser zum Greifen nah. Wer keinen Fensterplatz hat, sollte sich den Spaß erlauben, öfters mal zum linken oder rechten Fenster rauszuschauen. Dort gibt es dann viele gekippte Landschaftseindrücke oder einfach nur blauen beziehungsweise bewölkten Himmel. In den steilen Kurven, die die Piloten fliegen, spürt man die schräge Sitzposition kaum. Bei schlechtem Wetter können die Flüge nach Paro übrigens massiv verspätet sein oder gänzlich für den Tag ausfallen.

Während des Landeanflugs fallen auch schnell die vielen Einzelgehöfte an den oft terrassierten Hängen auf. Die Häuser sind in der Regel in einem guten und schmucken Zustand. Die Bevölkerung des Paro-Tals ist stolz auf ihre großen und typischen Bauernhäuser und rechnet sie zu den schönsten des ganzen Landes. Viele Häuser besitzen noch die traditionellen Holzschindeldächer, die leider zunehmend von Blechdächern verdrängt werden, und haben Wandmalereien und bunte Holzbalken um die Fenster, Türen und rund um das Dach.

Der Flugplatz in Paro ist klein, der Weg vom Flugzeug über die Betonfläche zum Empfangsgebäude ist kurz, die Abfertigung geht schnell. Nur ausländische Besucher mit einem gültigen Einreisedokument dürfen in ein Flugzeug nach Bhutan steigen. Dieses bekommt man in

Ankunft auf dem Flughafen von Paro

▲ Karte S. 155

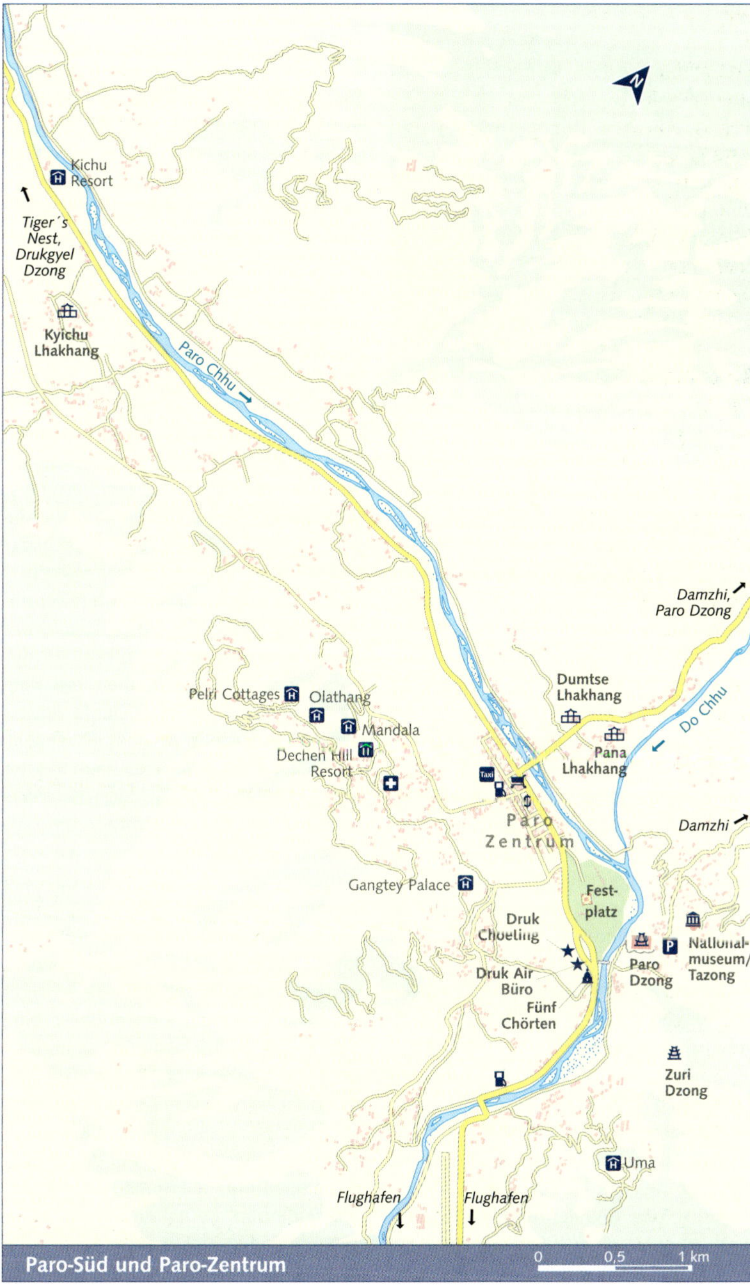

Paro-Süd und Paro-Zentrum

Kragbrücke über den Paro-Fluss

der Regel von einer Reiseagentur oder einem Verantwortlichen in Bhutan im Vorfeld der Reise per E-Mail zugeschickt und druckt dieses für den Check-in aus. Somit sind alle ankommenden Touristen schon einmal überprüft worden. Die Einreisebeamten kontrollieren diese Einladung und stempeln das Visum in den Reisepass, man geht zum Gepäckband und anschießend nach draußen, wo auf dem Parkplatz der Bus für die Reisegruppe, der Hotelbus oder das Taxi wartet und fährt zu seiner Unterkunft. Wenn die Flugzeuge keine Verspätungen haben, kommen sie in der Regel am Vormittag nach Paro, da die starke Wolkenbildung und womöglich der Regen meist erst ab den Mittagsstunden einsetzen. Dadurch hat man meist schon am Ankunftstag die Möglichkeit, die ersten Kulturstätten und Besonderheiten von Paro und Umgebung zu sehen.

Der Paro Dzong

▲ Karte S. 155

Am auffälligsten – und von fast überall im gesamten Paro-Tal zu sehen – ist der Paro Dzong, der auch Rinpung Dzong (Festung des Juwelenhügels) genannt wird *N27°25'37", E89°25'26"*. Dieser Dzong wurde vom Zhabdrung Ngawang Namgyal in den Jahren 1645 bis 1646 in Auftrag gegeben und besteht seit dieser Zeit in seiner jetzigen Größe. Im Jahr 1907 brannte der gesamte Dzong vollständig ab, wurde aber mit Hilfe einer Sondersteuer vom damaligen Paro Penlop Dawa Penjor nach den alten Plänen wieder aufgebaut. Im Laufe der letzten Jahre wurden immer wieder Teile des Gebäudekomplexes renoviert und ausgebessert, besonders nach den Schäden durch das Sikkim-Erdbeben am 18. September 2011 (Stärke 6,9).

Der Fußweg zum Dzong führt von der Stadt Paro und der asphaltierten Hauptstraße über die traditionelle und kürzlich erst renovierte, überdachte **Kragbrücke** (Nyamai Zam) über den Paro-Fluss zum Fuß des ›Juwelenhügels‹ und dann auf einem mit großen Granitplatten bedeckten Weg an der Ostseite (rechts) des Dzongs und an imposanten Zypressen vorbei hoch zum Vorplatz und der großen Eingangstreppe. Oberhalb des Vorplatzes gibt es auch einen Parkplatz für Autos und Kleinbusse. Der Dzong ist nicht nur Verwaltungssitz des gleichnamigen Distriktes, sondern auch ein Kloster mit momentan etwa 220 Mönchen. Wie üblich müssen Bhutaner ihre traditionelle Kleidungsordnung beachten, wenn sie in den Dzong kommen, Touristen sind jedoch davon befreit.

Im Eingangsbereich sind beiderseits **symbolische Wächter** an die Wände gemalt: zum einen ein Mensch, der einen Tiger an einer Kette hält, zum anderen eine Person, die einen schwarzen Yak mit sich führt. Obwohl der erste Innenhof umgeben ist mit reich geschmückten und geschnitzten Fassaden und Balkons, fällt der Blick jedoch zugleich auf den zentralen **Tempelturm**, den fünfstöckigen Utse, und seine bunt bemalten Schnitzereien (erbaut um 1649). Für einen Besuch der Innenräume und besonders des Tempelturms ist ein lokaler Führer sinnvoll, der dem Besucher die Wandbilder, Statuen und Bedeutungen erklären kann.

Der Tempelturm beherbergt vier verschiedene Tempel, die unterschiedlichen Zwecken geweiht sind, unter anderem den Drolma (tibetisch: Tara) und den Druk-pa-Lamas.

Vom hinteren Teil des Gangs um den Tempelturm führt eine steile Treppe hinab in den kleineren zweiten Innenhof, wo die Mönchsgemeinschaft wohnt. Hier ist speziell der Raum gleich links interessant: der große **Studiersaal der Mönche**. Sollte er geöffnet sein und die Mönche nicht gerade essen oder studieren, so schaue man sich die Wandgemälde und die Statue an. An den Wänden gibt es Bilder vom Zhabdrung Ngawang Namgyal, von Guru Rinpoche und vom Buddha der drei Zeiten (Zukunft, Gegenwart, Vergangenheit). Die Statue stellt Buddha in seiner Jowo-Form dar, also Siddhartha Gautama als zwölfjähriger Prinz.

Auf der rechten Seite des Innenhofes ist die große **Versammlungshalle** (Dukhang) der Mönche. In den Gängen und Galerien dazwischen gibt es wieder bunt bemalte Schnitzereien und schöne Wandgemälde, unter anderem auch zwei Mandalas. Die Bedeutungen der erwähnten Figuren (zum Beispiel der Mann mit dem Tiger an der Kette), der Motive (zum Beispiel der Mandalas) oder der benutzten Farben wird im Kapitel Bildende Kunst genauer erklärt (→ S. 129).

Im Innenhof des Tempelbereichs findet am ersten Frühlingstag der **Paro Tsechu**, das lokale Tanz- und Maskenfestival, statt.

Der Ta Dzong und das Nationalmuseum

Neben dem Paro Dzong ist ein weiteres auffälliges Gebäude im Tal der Ta Dzong, der Wachturm etwa 100 Höhenmeter oberhalb des Dzong *N27°25'43", E89°25'32"*. Von einem Ta Dzong erhielt man in früheren Zeiten einen besseren Blick auf die Geschehnisse im Tal und bemerkte rechtzeitig Handelskarawanen oder anrückende Truppen. Aber im Laufe der Zeit verlor der Turm diese Bedeutung. Erbaut wurde er nach 1650 von einem Halbbruder des ersten Zhabdrung, dem damaligen Paro Penlop Tenzing Drugda. Im Laufe des 20. Jahrhunderts verfiel der Turm wegen seiner Bedeutungslosigkeit

Der Paro Dzong, im Hintergrund der Wachturm

zunehmend, bis er auf Veranlassung des dritten Königs von 1965 bis 1968 renoviert wurde und in seinen Räumen das Bhutanische Nationalmuseum (Gyelyong Damtenkhang) eingerichtet wurde. Durch das starke Sikkim-Erdbeben von 2011 wurde der Turm so stark beschädigt, dass oberhalb des Turms ein neues Steingebäude errichtet wurde, um die Museumsstücke auszulagern. Die interessantesten und schönsten Teile können hier betrachtet werden.

Das **neue Museumsgebäude** besitzt verschiedene Ausstellungsräume mit traditionellen Tanzmasken, alten Waffen, Textilien, alten Thangkas und mit den botanischen und zoologischen Besonderheiten sowie den biogeographischen Landschaftseinteilungen des Landes. Einige ausgestopfte Tiere sind auch dabei. Im gesamten Museum sind das Fotografieren und Filmen verboten. (Eintritt für Ausländer 200 Nu. Öffnungszeiten 9 bis 16.30 Uhr, sonntags und montags geschlossen, www.nationalmuseum.gov.bt).

Derzeit wird die Innenkonstruktion des alten Turms restauriert. Wann der Turm für die Öffentlichkeit wieder geöffnet sein wird, konnte nicht in Erfahrung gebracht werden.

Der alte Wachturm Ta Dzong

▲ Karte S. 155

Vom Ta Dzong gibt es einen kleinen Weg am Hang hinunter zum Dzong. Die meisten Besucher werden aber mit dem Auto oder Bus hinunter gebracht. Die Zufahrt zum Ta Dzong und auch zum Parkplatz oberhalb des Dzong kommt vom Dolpo-Tal aus den Hügel hoch. Auf der Zufahrt von Paro in das Dolpo-Tal und über die Brücke des gleichnamigen Flusses kommt man am Dungtse-Tempel vorbei.

Der Dungtse- (oder Dumtse-) Lhakhang

Dieser relativ kleine Tempel ist einer der bedeutsamsten und neben dem nördlich von Paro gelegenen Kyichu-Tempel der älteste buddhistische Tempel Bhutans *N27°26'06'', E89°24'48''*. Er wurde schon 1421 (andere Quellen schreiben 1433) von dem tibetischen Lama Thangton Gyelpo (Changzampa, der ›Eisenbrückenerbauer‹) (1385–1464) errichtet. Dieser Tempel besitzt einen eher untypischen Baustil, nämlich den eines großen achteckigen Chörten (Stupa). Er wurde von Thangton Gyelpo erbaut, weil im Paro-Tal ein großer Dämon herrschte, der genau an dieser Stelle bezwungen wurde und seitdem durch den Stupa im Untergrund gefangen gehalten wird. Der Chörten ist dreigeschossig, der unterste repräsentiert die Hölle, der mittlere die Erdoberfläche und der obere den Himmel. Alle drei Stockwerke sind schlecht beleuchtet. Es ist daher ratsam, eine Taschen- oder Stirnlampe mitzubringen, wenn man die alten Wandgemälde und Gemäuer von innen sehen will. Für Besucher, die an der buddhistischen Geschichte Bhutans und an alten Gemälden interessiert sind, sollte der Reiseveranstalter diesen Tempel mit ins Programm nehmen und die Besichtigung in den Innenräumen vorher schon mit den zuständigen Mönchen abklären, sonst steht man womöglich vor verschlossenen Türen.

Eingang zum Dungtse Lhakhang

Weitere Sehenswürdigkeiten

Neben dem Dzong, dem Nationalmuseum und dem Tempel gibt es noch vier kleine Sehenswürdigkeiten im Stadtgebiet von Paro: die fünf Chörten am südöstlichen Ortseingang, den Ugyen-Pelri-Palast und die beiden Tempel Chörten Lhakhang und Druk Choeding.

Die **fünf Stupas** am Ortseingang wurden erst in jüngerer Zeit erbaut. Sie sind zur Erinnerung an den ersten König Bhutans, Ugyen Wangchuck, auf einer Verkehrsinsel errichtet worden. Beide Fahrbahnhälften sind so getrennt voneinander. Direkt nach den fünf Chörten biegt man nach links ab und steht schon vor dem Druk Choeding Tempel, von den Einheimischen auch Tshongdoe Naktshang genannt. Dieser Tempel wurde 1525 auf Veranlassung von Ngawang Choegyel (1465–1540), dem Ururgroßvater des späteren Zhabdrung Ngawang Namgyal, errichtet, einer der Äbte aus dem tibetischen Kloster Ralung. Die Hauptstatue in diesem Tempel stellt den zukünftigen Buddha (Jampa) dar. Daneben gibt es Figuren der lokalen Schutzgottheiten Paros, dem Gyenyen, dem Jichu Drakey und dem Hong Gyelri. Geschmückt ist das Ganze mit alten bhutanischen Waffen.

Der **Palast Ugyen Pelri** (Thang) wurde auf Veranlassung von Tshering Penjor, dem Paro Penlop, Anfang des 20. Jahrhunderts errichtet. Er steht ebenfalls gleich am Ortseingang bei den fünf Stupas (auf der rechten Straßenseite, hinter einer Mauer innerhalb eines kleinen Parks). Der Palast ist die Residenz der Mutter der Königin und daher der Öffentlichkeit nicht zugänglich. In dem Park fand im Frühjahr 2015 die erste Blumen- und Gartenausstellung Bhutans statt, auch weil die Königinmutter eine begeisterte Gärtnerin ist. Man bekommt einen kleinen Einblick in das Gelände vom Dzong aus.

Bei den fünf Chörten fährt man an einer Allee von alten Weiden vorbei. Auf der linken Straßenseite erstreckt sich der **Bogenschießplatz**. Hier treffen sich jeden Sonntag die Männer, um ihrem Lieblingssport nachzukommen.

Kommt man ins Zentrum von Paro, fällt zur rechten Seite sofort der große **Chörten-Tempel** auf. In der Regel ist der Eingang zu der innenliegenden Kapelle geschlossen. Hier steht eine Statue von Jowo Sakyamuni, flankiert zur einen Seite durch Guru Rinpoche, zur anderen durch Chenresi.

Die Stadt Paro

Paro selbst war bis Anfang der 1980er Jahre eine grobe, mehr oder weniger dichte Siedlungsstruktur. Erst ab etwa 1985 wurde mit entsprechenden Wohnungsbauprogrammen eine Art Stadt entwickelt.

Alle **Holzhäuser**, die entlang der Hauptstraße stehen, sind also erst in den letzten Jahrzehnten entstanden. Durch ihren traditionellen Baustil sehen sie jedoch sehr viel älter aus, was das Stadtbild umso hübscher macht. Neben den nötigen Läden zur Versorgung der Einheimischen gibt es auch zahlreiche Geschäfte mit

Holzhäuser in Paro

Schmuck, Stoffen, **Kunsthandwerk** (›handicraft‹) und Souvenirs. In den oberen Stockwerken befinden sich häufig **Restaurants**. Der ausländische Besucher sollte nicht scheuen, seinen kleinen Mittagshunger hier zu stillen. Die Speisekarten sind in der Regel auch auf Englisch, die Speisen sind gut, reichhaltig und günstig. Außerdem bekommt man hier einmal andere Gerichte als in den Touristenhotels. Sehenswert ist ebenfalls der Besuch des **Bauernmarktes**, auf dem alle Früchte und Gemüsesorten der Region, aber auch aus dem tropischen Süden des Landes angeboten werden. Schon alleine die Auswahl der Früchte, geschweige denn ihre für Europäer ungewohnten Formen, Farben und Gerüche lohnt das Schlendern zwischen den Reihen. Das eine oder andere Schmackhafte lässt sich dabei sicherlich auch für den eigenen Konsum finden, und wenn es nur die kleinen, aber sehr leckeren Bananen sind. Besonders am Vormittag geht es hier hoch her. Auf dem Markt und in den Imbissbuden beiderseits werden auch gute lokale Snacks angeboten. Der Marktplatz befindet sich links der Hauptstraße, wo man in die kleine Straße gegenüber dem großen Chörten-Tempel abbiegt.

▲ Karte S. 155

Kloster Kyichu Lhakhang

Talaufwärts von Paro, im gleichnamigen Tal gelegen, gibt es einige absolute Höhepunkte Bhutans zu besichtigen. Die Asphaltstraße führt nur etwa 15 Kilometer hinter Paro bis zum Drukgyel Dzong. Schon nach etwa zwei Kilometern hinter der Stadtgrenze, etwas links an einem kleinen Hang stehend, erblickt man das Kloster Kyichu Lhakhang *N27°25'39'', E89°24'20''*. Dieses wurde schon im Jahr 659 auf Veranlassung des damaligen tibetischen Königs Songtsen Gampo errichtet. Zu dieser Zeit war der Buddhismus in Tibet und der Region Bhutan erst im Aufkommen, die Bevölkerung folgte noch der vielen Naturreligionen, wie dem Bön. Über die Jahrhunderte wurde dieser Tempel zu einem der bedeutendsten ganz Bhutans. Nach und nach wurden weitere Gebäude hinzugefügt und alte Teile renoviert. Im Jahr 1839 kam ein goldenes Dach dazu.

Auf Veranlassung der Frau des dritten Königs, Ashi Kesang Wangchuck, wurde 1968 der **Guru-Tempel** gebaut. Dieser beinhaltet eine fünf Meter hohe Statue von Guru Rinpoche und eine Statue von Kurukulla (auch als rote Tara bezeichnet), die Pfeil und Bogen aus Blumen in d hält. Im Haupttempel des Klos ndet sich eine Statue von Jow uni (dem zukünftigen Buddha) aus dem siebten Jahrhundert, von der erzählt wird, dass sie zur gleichen Zeit aufgestellt wurde wie die bekannte Staute im Jokhang Tempel in Lhasa. Vor der Statue kann man am abgenutzten Holzboden erahnen, wie viele Generationen von Pilgern sich hier niedergeworfen haben. Auf der linken Seite in einer Nische steht eine Statue von König Songsten Gampo.

Tigernest-KLoster (Taktshang Goemba)

Acht Kilometer von der nördlichen Stadtgrenze Paros entfernt macht die Straße eine Linkskurve und steigt leicht an. Hier, rechter Hand bei einem mächtigen Baum und einem Restaurant ›Drei Brüder‹, biegt man ab auf die kleine Asphaltstraße zum wohl berühmtesten Kloster Bhutans, dem Taktshang Goemba, auch als Tigernest-Kloster (›Tiger's Nest Monastery‹) bekannt *N27°29'31", E89°21'50"* (2982 m). Während der Anreise auf der Hauptstraße sieht man schon von weitem die Gebäude hoch oben in einem Felsen an der nördlichen Talwand. Die kleine Asphaltstraße führt zuerst nach

Im Kloster Kyichu Lhakhang

Stupa und Gebetsfahnen auf dem Weg zum Kloster

unten über den Paro-Fluss und steigt dann in einigen Kurven durch die kleine Ansiedlung von Bauernhäusern und kleinen Hotels durch den Kiefernwald bis zu einem großen Parkplatz. Hier warten auch schon unzählige Souvenirverkäufer auf die Besucher.

Aufstieg zum Kloster

Der Aufstieg zum Kloster führt durch den lichten, flechtenbehangenen Kiefern-Eichenwald mit zahlreichen Rhododendren im Unterwuchs, geschmückt mit ebenso zahlreichen Gebetsfähnchen. Wanderer mit normaler Kondition sollten mit etwas über anderthalb Stunden Aufstiegszeit (350 Höhenmeter) rechnen. Zwischendrin ergeben sich immer wieder freie Blicke und fotogene Eindrücke auf das Felsenkloster. Die erste Stunde des Aufstiegs – bis zu einer Cafeteria – kann auch auf dem Rücken von Maultieren bewältigt werden. Die Pferdchen werden an der Leine von Einheimischen geführt und der Ritt kostet etwa 800 Nu. Für die Wanderung durch den Wald wird dringend empfohlen, eine Wasserflasche und Sonnenschutz mitzunehmen, da man sich auf dem Sonnenhang des Paro-Tals

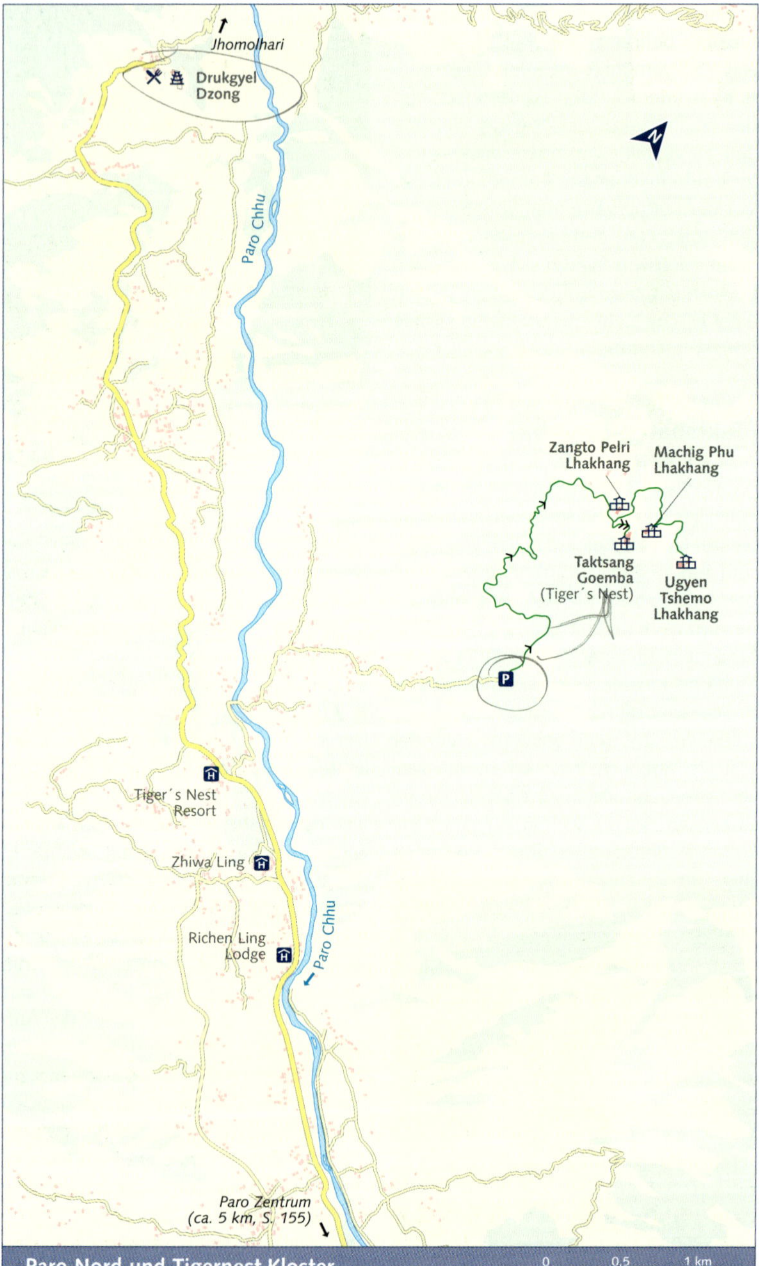

Paro Nord und Tigernest-Kloster

Das berühmteste Kloster des Landes: Taktshang Goemba

bewegt. Nach etwa 300 Höhenmetern vom Parkplatz aus erreicht man einen kleinen **Stupa** und eine hohe Dichte an **Gebetsfahnen**.

An der **Cafeteria** (2950 m) kann man sich mit Getränken und kleinen Speisen erfrischen und hat zudem noch einen tollen Blick auf das Kloster aus etwa der gleichen Höhe. Man kann im Restaurant des Hauses auch ein Tagesmenü oder ein Büffet bekommen, muss dafür aber im Vorfeld schon Bescheid geben. Seit kurzem hat noch ein weiteres Café eröffnet, das **Tashi-Café**. Auch hier kann man sich erfrischen und einen Imbiss zu sich nehmen (für Arrangements im Vorfeld rufe man die Telefonnummer 17925051 oder 17163044 an).

Nach etwa weiteren 20 Minuten Aufstieg erreicht man eine kleine **Quelle** und ein **Gästehaus des Klosters**. Von dort sind es noch wenige Schritte bis zu einem **Aussichtspunkt** auf 3140 Metern Höhe. Von hier aus schaut der Besucher schon leicht hinunter zum Felsenkloster. Jetzt kommt der schwierigste Abschnitt des Weges: einige **enge und steile Treppen** (mit Geländer) hinunter zu der Brücke über den Sturzbach, an der **Schneelöwenhöhle** (Singye Pelphu Lhakhang) vorbei und auf dem Stufenweg hinauf zum Klostereingang.

Am ersten Gebäude wartet ein Bediensteter auf die Touristen und zeigt ihnen, wo sie ihre Rucksäcke und Kameras verschließen können. Es sind keine Fotoapparate oder Filmkameras im Kloster erlaubt. Außerdem möchte der Kontrolleur den Tascheninhalt sehen. Feuerzeuge sind ebenfalls mit in den Schrank einzuschließen. Jeder Besucher wird in einem Buch registriert. Das Kloster ist für Besucher täglich von 8 bis 13 und von 14 bis 17 geöffnet.

■ Sehenswürdigkeiten

Die meisten Besucher des Klosterbereichs sind an der **Höhle** interessiert, in der Guru Rinpoche drei Monate lang meditierte und weswegen hier auch dieses Kloster entstand. Die Höhle ist vergittert und der Blick in das dunkle Loch ist ernüchternd. Für die gläubigen Buddhisten ist dieses aber ein Platz höchster Spiritualität. Der

Tempel gilt als einer der heiligsten Stätten des tibetischen Buddhismus. Guru Rinpoche wird in diversen Abbildungen auf dem Rücken eines Tigers reitend gezeigt. Die Legende sagt, dass der Heilige die abgeschiedene Meditationshöhle auf diese Art erreichte. Daher auch der Name des Klosters. Das Bild ist nicht zu verwechseln mit dem Abbild von Tseringma, dem Beschützer des Klosters, der auf einem Schneelöwen reitet. Guru Rinpoche gibt es in acht verschiedenen Manifestationen, so dass viele der Wandbilder und Statuen in den Tempeln des Tigernest-Klosters diese darstellen. Als Guru Rinpoche wieder zurück nach Tibet reiste – das Paro-Tal war in Folge seiner Tätigkeit zum Buddhismus bekehrt worden –, kamen auch andere tibetische Heilige hierher und meditierten. Darunter waren Milarepa (1040–1123), Phadampa Sangye (?–1117), Machig Labdron (1055–1153) oder Thangton Gyelpo (1385–1464).

In einem der Tempel, dem **Guru Tsengye Lhakhang**, befindet sich eine Statue vom Gründer des Klosters aus dem 17. Jahrhundert, Gyelse Tenzin Rabgay. Dieser war der vierte Desi und Paro Penlop. Man geht heute aber davon aus, dass schon vor dieser Zeit Gebäude am Felsen standen, vermutlich errichtet vom Sonam Gyeltshen, ein Nyingmapa-Lama aus dem 14. Jahrhundert. Etwas oberhalb dieses Tempels liegt eine kleine **Kapelle** mit Butterlampen, wo vom Besucher für 20 NU eine Kerze angezündet werden kann. Ein weiterer Tempel ist der von **Tshepame** (Amitayus, dem Buddha des langen Lebens). Hier stehen Statuen von Tshepame, Guru Rinpoche und Guru Dorji Droloe.

Tsa-Tsas auf dem Gelände des Klosters

▲ Karte S. 162

Bei einem Großbrand im Kloster im Jahr 1998, verursacht durch Butterlampen, wurden einige Wandbilder und viele der Holzkonstruktionen zerstört. Durch eine große nationale und internationale Anstrengung konnte aber alles bald wieder im Originalzustand aufgebaut und renoviert werden.

Wer noch genug Zeit und Kondition besitzt, sollte auf einem kleinen Seitenweg oberhalb des vorgenannten Aussichtspunktes noch 15 Minuten weiter den Hang hoch gehen. Dort gelangt man zum **Machig-phu Lhakhang**. Hierher kommen die Bhutaner mit dem Wunsch nach Nachwuchs, um zu beten. In der Höhle hinter der Kapelle sieht man auf der rechten Seite die Abbildung der tibetischen Heiligen und Tantrikerin Machig Labdron. Sie ist für den Wunsch nach einem Mädchen zuständig. Auf der linken Seite gibt es einen an die Felswand gemalten Penis. Dieser ist für den Wunsch nach einem Jungen anzubeten beziehungsweise zu berühren. Im Tempel selbst sind Statuen sowohl von Machig wie auch ihrem Ehemann Padampa Sangye zu sehen. Machig Labdron ist im Übrigen eine bemerkenswerte Person gewesen: Es heißt von ihr, sie hätte die tantrische Praxis des ›Chöd‹ perfektioniert, nach der durch die Konzentration auf einen bestimmten Gegenstand dieser zum Verschwinden gebracht werden konnte.

Oben am Hang stehen noch weitere Tempel im Felsen oder Wald: Taktshang Ugyen Tsemo (erbaut 1408), der Taktshang Oezergang (1646) und der Taktshang Zangdopelri (1853). Momentan sind einige Renovierungsarbeiten an den Gebäuden zu sehen. Eventuell sind die Tempel daher für die Öffentlichkeit geschlossen. Bei guter Fernsicht lohnt sich der weitere Aufstieg wegen des Panoramas über das Paro-Tal trotzdem.

Der Drukyel Dzong

Im weiteren Verlauf des Paro-Tals, am bisherigen Ende der Asphaltstraße, erreicht man das kleine Dorf Jetshaphu am Fuß des Drukyel Dzong *N27°30'14", E89°19'20"* (2564 m). Dieser Dzong wurde 1649 auf Veranlassung des Zhabdrung Ngawang Namgyal errichtet, um hier die Handelskarawanen aus und nach Tibet zu kontrollieren. Während der Invasion eines tibetischen Heeres im Jahr 1644 mussten die Tibeter eine militärische Niederlage einstecken. Daraufhin bekam dieser Dzong zur Grenze nach Tibet den Namen ›Bhutans‹ (Druk) ›Sieg‹ (Gyel). Bei einem erneuten Angriff der Tibeter im Jahr 1648 konnte von hier aus ein erneuter Sieg für Bhutan erreicht werden. Bis zum Jahr 1951 war der Dzong ein örtlicher Verwaltungssitz. Ein durch Butterlampen verursachter Brand zerstörte im gleichen Jahr das Gebäude fast vollständig. Die heutige Dachkonstruktion dient nur noch dazu, die Ruine vor dem völligen Zusammenbruch zu retten. Bisher waren alle Renovierungsversuche aus verschiedenen Gründen, meist aus Geldmangel, verschoben worden. Viel ist hier nicht mehr zu sehen. Der eigentliche Grund für den Besuch dient eher dem Blick auf den **Jomolhari**, einem vergletscherten Bergriesen von beeindruckenden 7314 Metern Höhe. Besonders im Herbst ist bei klarer Atmosphäre der Blick auf diesen weißen Bergkegel schon bei der Anfahrt zum Drukyel Dzong zwischen den Bäumen zu sehen.

Hinter dem Dzong windet sich eine schlecht zu befahrende Schotter- und Naturpiste weiter talaufwärts. Hier beginnt der bekannte und auch des Öfteren von Ausländern begangene **Jomolhari Trek** (→ S. 306). In früheren Zeiten, als die Grenze zu Tibet noch offen war, wurden mit Hilfe von Pferde- und Yak-Karawanen durch das obere Paro-Tal zum Tremo La (Pass) Handelswaren zur

Die Überreste des Drukyel Dzongs im oberen Paro-Tal

West-Bhutan

Der Jomholari erhebt sich über dem Paro-Tal

nächsten tibetischen Stadt, Phari Dzong, gebracht. Exportiert wurde Reis, Buchweizen, Medizinkräuter, Gewürze, Waren aus Indien und feine Webarbeiten (zum Beispiel aus indischer Seide). Importiert wurde Salz und Tee.

Direkt aus Norden fließt ein Fluss nach Paro: der Do Chhu, der in der Nähe des Dungtse Lhakhang in den Paro Chhu mündet. Am Chörten-Tempel vorbei führt die Straße weiter in dieses Tal. Nach rechts führt eine Brücke auf die andere Talseite und den Hang hoch zum Nationalmuseum und zum Parkplatz oberhalb des Paro Dzong. Fährt man geradeaus ins Tal, so gelangt man durch kleine Ansiedlungen landwirtschaftlicher Gehöfte und einiger Läden entlang der Straße. Die Region ist vom Reis- und Gemüseanbau und der Rinderzucht geprägt. In dieses Tal verirren sich nur wenige Touristen .

Hoch zum Cheli La

Talabwärts von Paro, direkt unterhalb des eingezäunten Flugfeldes des Flughafens, liegen die Ortschaften Khangkhu und Bondey. In **Bondey**, gleich neben der Brücke über den Paro Chhu und zur Straße nach Haa steht am westlichen Ufer der **Tempel Bondey Lhakhang**, erbaut um das Jahr 1610. Fährt man hinüber nach Haa, die südwestlich vom Paro-Distrikt gelegene Region (→ S. 171), so muss man sehr viele Höhenmeter und enge Kurven überwinden, bis man weit oben auf dem Cheli La auf 3804 Metern Höhe steht. Die Distanz zwischen der Brücke in Bondey und dem Pass beträgt 36 Kilometer.

Die Reisterrassen rund um Bondey hinter sich lassend, taucht die Straße schon nach wenigen Höhenmetern in den **Kiefernwald** ein. Würziges Baumaroma umgibt einen, im Unterwuchs stehen Rhododendronbüsche und Farne. Im April und Mai lassen sich viele Blumen im Wald entdecken, darunter einige Primelarten und natürlich die verschiedenen Farben und Formen der Rhododendronblüten. Für viele Kilometer ändert sich am Landschaftsbild nicht viel. Erst in etwa **3300 Metern Höhe** kommen mächtige Tannen dazu. Der Wald ist dicht mit **Bartflechten** behangen, was von einer hohen Luftfeuchtigkeit oder häufigem Regen zeugt. Hin und wieder sieht man vereinzelte Lärchen. Die Rhododendren können bis zu zehn Meter hoch werden, besonders die dunkelrot blühende Art.

Tannenwald mit Bartflechten in der Nähe des Klosters

▲ Karte vordere Umschlagklappe

Der Tamchhog Lhakhang

Ab **3700 Metern Höhe** lichtet sich der Wald zunehmend auf, und Berberitzen- und Rhododendronbüsche übernehmen das Landschaftsbild. Der fehlende Wald ist die Folge der Yak-Beweidung in den oberen Bergregionen. Die Berge erreichen hier Höhen von über 4400 Metern. Es gibt zwei weitere Felsenklöster etwas abseits dieser Strecke: das Dzongdrakha Goemba oberhalb des Tals, das sich von Westen aus nach Bondey erstreckt und das Kila-Nonnenkloster, welches man in einer Felswand rechts der Straße zum Pass nach etwa 25 Kilometern erblicken kann. Beide Komplexe sind nach vorliegenden Informationen nicht der Öffentlichkeit zugänglich.

Auf dem **Cheli La** gibt es ein großes Meer an Gebetsfahnen und ein winziges Dach mit Sitzgelegenheiten zum Schutz vor Sonne oder Regen. Der Betonblock mit der Höhenangabe des Passes wurde von Soldaten aus Indien errichtet (Kaserne in Haa) und zeigt eine falsche Höhenangabe (3988 Meter anstatt der korrekten Höhe von 3804 Metern). Außerdem ist der Cheli La laut der dortigen Anzeigetafel der höchste Straßenpass Bhutans. Der zweithöchste ist der Thrumshing La (3763 m) an der Grenze zu Ost-Bhutan.

Nach Chhuzom

Auf der linken Uferseite in **Bondey**, an der Hauptstraße nach Thimphu gelegen, steht der **Tago Lhakhang**. Tago ist das Wort für die Walnuss; der Tempel hat eine ungewöhnliche Form und wird daher von den Einheimischen so genannt. Im Dorf selber stehen einige sehr hübsche und reichlich verzierte und bemalte Holzhäuser entlang der Straße. An die vielen bunten Reklameschilder, die den traditionellen Baustil stark verzerren, wird man sich jedoch in ganz Bhutan gewöhnen müssen.

Von Bondey führt die Hautstraße weiter nach Osten und immer schneller talabwärts, dem wild herabfließenden **Paro Chhu** folgend. Schon nach etwa einem Kilometer hinter Bondey steht die familiär geführte **Räucherstäbchen-Fabrik** Tshenden Incense Factory. Wer daran interessiert ist, bei der Herstellung von traditionellem Räucherwerk zuzuschauen, sollte seinem Reiseführer rechtzeitig Bescheid geben, um einen Besichtigungstermin einzuplanen.

13 Kilometer von Bondey entfernt steht auf der linken Flussseite, auf einem kleinen Hügel thronend, der **Tamchhog Lhakhang** (auch Tachogang Lhakhang, ›Tempel des Hügels des hervorragenden Pferdes‹). Gegründet wurde der Tempelkomplex um 1420 von dem tibetischen Heiligen Thangton Gyelpo (›Eisenbrückenerbauer‹, siehe Dungtse Lhakhang), der hier auch eine seiner zahlreichen Eisenbrücken bauen ließ. Die Brücke wurde jedoch 1969 durch ein Hochwasser weggerissen. Reste der schweren Kettenglieder fand man nach dem Hochwasser und brachte sie in das Kloster Gom Kora in Ost-Bhutan. Einige davon wurden wieder in die neue **Brücke** integriert, die 2005 im traditionellen Stil aufgebaut wurde. Das Kloster kann besichtigt werden. Das Besondere an ihm ist das beeindruckende

Nepalesische, tibetische und bhutanische Chörte bei Chhuzom (v.l.n.r.)

Alter. Über 600 Jahre lang haben hier Pilger, Räucherstäbchen und Butterlampen ihre Spuren hinterlassen. Die Wandgemälde sind kaum noch zu erkennen, die Farben ausgebleicht oder verrußt. Die zentralen Wandbilder zeigen Thangton Gyelpo selbst und seinem Sohn Dewa Tsangpo. Eine weitere wichtige Figur in diesem Tempel ist die lokale Schutzgottheit Maza Damsum.

Nach fünf Kilometern talabwärts erreicht die Straße die **Brücke über den Wang Chhu**, direkt neben der Mündung des Paro Chhu. Die Ortschaft und der Platz heißen **Chhuzom**, das Zusammenfluss bedeutet. Direkt am Ufer stehen drei Chörten, um den Platz vor bösen Geistern zu schützen. Sie sind in unterschiedlichen Baustilen erbaut worden, im nepalesischen, im tibetischen und im bhutanischen (von links nach rechts).

Die Brücke befindet sich auf 2093 Metern über dem Meeresspiegel *N27°18'48", E89°32'48"*.

In Richtung Thimphu geht es nach der Brücke linker Hand talaufwärts, nach rechts führt die Asphaltstraße weiter nach Süden zu den Distrikten Chhukha und Samtse (hierfür muss man über Indien wieder zurück nach Bhutan fahren) sowie zur Grenzstadt Phuentsholing. Bleibt man auf der rechten Seite des Wang Chhu und fährt vor der Brücke nach rechts weiter, kommt man zum Distrikt Haa.

Von Chhuzom nach Paro sind es 22 Kilometer, nach Thimphu 31 Kilometer, nach Haa 80 Kilometer und nach Phuentsholing 141 Kilometer.

Paro und Paro-Distrikt

Geldwechsel: In Paro gibt es Filialen der Bank of Bhutan und der Bhutan National Bank (beide auch mit Geldautomaten ausgestattet). Die Öffnungszeiten der Banken sind in der Regel von 9 Uhr bis in die frühen Nachmittagsstunden, samstags nur am Vormittag.

Post: Die Hauptpost hat ebenfalls ab 9 Uhr geöffnet und schließt um 17 Uhr (samstags um 12.30 Uhr).

Im Westen der Stadt liegt das **Krankenhaus**, das in Notfällen (Verletzungen) auch Ausländer aufnimmt. Ansonsten wäre es ratsam, sich im Fall einer Krankheit nach Thimphu zu begeben.

Karte vordere Umschlagklappe

Die Hotels in Paro und der Region rund um die Stadt haben den Charakter von ausgedehnten Ferien-Resorts oder Romantik-Hotels, sind allesamt im traditionellen Baustil errichtet und bieten in der Regel hohe internationale Standards. Sie befinden sich alle außerhalb des eigentlichen Stadtgebietes, in der Regel zwischen hohen Bäumen versteckt im schattigen Grün.

Tashi Namgay Resort, Tel. +975/8/272319, www.tashinamgayresort.com, reservationtnr@tashinamgayresort.com. Direkt beim Flughafen, allerdings auf der anderen Uferseite des Paro Chhu (Brücken jeweils zwei Kilometer ober- und unterhalb). Dieses Hotel hat einfache Zimmer, ›europäische‹ Standardzimmer und deluxe-Zimmer. Die Kosten bewegen sich für die Standardzimmer bei 2500/2800 Nu (EZ/DZ.

Khangkhu Resort, Tel. +975/8/272393, 272158, www.khangkhuresort.com, khangkhu.resort2010@gmail.com. Etwa einen Kilometer flussaufwärts, ebenfalls auf der Westseite gelegen. Die Preise bewegen sich auf dem gleichen Niveau wie das vorgenannte Hotel. Hier haben einige Zimmer Balkons mit Blick auf das Tal und den gegenüberliegenden Dzong.

In Laufnähe zur Innenstadt von Paro liegen die westlich des Zentrums erbauten Hotels Gangtey Palace, Dechen Hill Resort und Joi-Yang'z Hotel.

Gangtey Palace, Tel. +975/8/271301, tpenjor68@gmail.com. Das Haus wurde schon im 19. Jahrhundert erbaut und war lange Zeit der Wohnsitz und die Residenz des Penlop von Paro. Das traditionelle Gebäude besitzt große Räume, geschmackvoll eingerichtete Zimmer mit Gartenblick und einen eigenen historischen Altar im Hauptturm. Die Preise bewegen sich im Bereich 2300/2700 Nu (EZ/DZ) für die Standardzimmer und 3500/4000 Nu für die Deluxe-Räume.

Dechen Hill Resort, Tel. +975/8/271392. Die Preise liegen bei 1450/1750 Nu (EZ/DZ. Die Räume sind erst in jüngster Zeit renoviert worden, dadurch ist die Atmosphäre im Hotel nicht so traditionell und geschichtsträchtig wie im Gangtey. Das Restaurant verspricht eine exzellente indische Küche. Die Entfernung zum Stadtzentrum beträgt vom Hotel aus etwa 1,7 Kilometer.

Olathang Hotel, Tel. +975/8/271304, ohotel@druknet.bt; Standardzimmer 2000/2500 Nu, EZ/DZ, Luxuszimmer 3000/3500 Nu, separate Hütten 2500/3000 Nu. Noch ein Stück weiter westlich vom Stadtzentrum hangaufwärts liegt dieses bekannte Hotel. Es sieht fast aus wie ein kleiner Dzong und wurde 1974 für die Beherbergung ausländischer Gäste während der Krönungsfeiern des vierten Königs erbaut. Die meisten Zimmer sind um einen lieblichen Innenhof platziert, in dem es im Sommer angenehm schattig und windgeschützt ist. Die separaten Hütten stehen in unterschiedlichen Größen zur Verfügung und eignen sich sowohl für kleine Gruppen als auch für Pärchen. Das Hotel wird von der großen Agentur ›Bhutan Tourism Corporation Ltd.‹ betrieben, die mit vielen ausländischen Agenturen zusammenarbeitet, so dass man als Kleingruppe nur schwer einen freien Platz finden kann.

Komplex Pelri Cottages, Tel. +975/8/272173, pelri@druknet.bt; 2200/2500 Nu, EZ/DZ. Gleich oberhalb des vorgenannten Hotels liegt diese Ansammlung von Hütten hübsch in einer ehemaligen Apfelplantage. Der Komfort der Holzhütten ist einfach, aber angenehm für all diejenigen, denen der überbordende Luxus der anderen Resorts und Hotels zuwider ist. Die meisten Räume sind innen mit tibetischen Teppichen ausgestattet.

Haven Resort, Tel. +975/8/270999 oder 17114422, www.haven-bhutan.com, santi@haven-bhutan.com; teure Zimmer um die 11000 Nu beziehungsweise in der

Hauptsaison und zum Paro Festival um die 18000 Nu. Dafür gibt es hier Wellness, einen Gymnastikraum, ein sehr gutes Thai-Restaurant und moderne Zimmer mit westlichem Komfort. Das Hotel liegt links der Zufahrtsstraße zum Ta Dzong/Nationalmuseum ein Stück oberhalb im Hang des Do-Chhu-Tals.

Valley View, Tel. +975/8/272541, valleyview@druknet.bt; günstige Zimmer für Rucksackwanderer, 2000/2500 Nu, EZ/DZ. Direkt an der erwähnten Zufahrtsstraße, es eignet sich besonders für all diejenigen, die den Druk-Trekkingpfad nach Thimphu gehen werden oder von dort kommen.

Rema Resort, Tel. +975/8/271082, remaresort1@gmail.com. Nimmt man die Brücke über den Paro Chhu im Norden der Stadt und biegt noch vor dem Dungtse Lhakhang nach links auf eine Straße, so erreicht man das Hotel. Es hat einfache, aber schöne Räume, liegt ruhig etwas abseits der Hauptstraße, ist noch gut im Bereich eines Spaziergangs zum Stadtzentrum gelegen und bietet einen tollen Panoramablick auf das Paro-Tal und die Stadt mit Dzong. Die Preise sind mit 1250 Nu/Tag angenehm niedrig. Das Gebäuse ist erst 2010 eröffnet worden.

Kichu Resort, Tel. +975/8/271646, kichuparo@gmail.com. Bei der weiteren Fahrt ins Paro-Tal, knapp ein Kilometer nach dem Abzweig zum gleichnamigen Kloster, liegt rechter Seite der Asphaltstraße und zwischen vielen Weiden in Flussnähe das Resort. Die Preise bewegen sich zwischen 2700 und 4000 Nu, die Zimmer sind modern ausgestattet und der Service nicht so aufdringlich. Es heißt, hier würden besonders gerne Trekkinggruppen absteigen.

Ugyen Phendeyling Resort, Tel. +975/8/272017, upresort@druknet.bt). Etwas weiter auf der Asphaltstraße hinter dem Abzweig zum Tigernest-Kloster und dann nach links auf einem holprigen Traktorweg erreicht man das besonders bei buddhistischen Pilgergruppen beliebte Resort. Es gibt einen privaten Tempel zum Meditieren und einen angenehm einfachen Komfort in den kleinen Betonhäuschen. Die Preise bewegen sich zwischen 1750 und 3000 Nu. Hinter dem Hotel gibt es schöne Wanderwege hoch in den Kiefern-Rhododendron-Wald.

Tiger's Nest Hotel, Tel. +975/8/271310, www.tigernest.bt, tigernestresort@gmail.com. Es liegt nicht zu übersehen direkt an der linken Straßenseite, etwa elf Kilometer außerhalb Paros. Alleine der Blick über das Tal und hinüber zur Felswand des gleichnamigen Felsenklosters ist es wert, hier abzusteigen. Die Standardräume liegen bei 1500/1700 Nu (EZ/DZ), die Luxusräume bei 2500/2800 Nu (EZ/DZ). Das Restaurant bietet eine sehr gute Küche. Sowohl das Frühstücks- als auch das Abendbüffet beinhalten stets auch traditionelle bhutanische Speisen. Die Küche ist wegen der Nähe zum heiligen Kloster streng vegetarisch! Das Hotel hat eine große Terrasse, auf der man bis in den Abend hinein mit einer Kanne Tee den Blick zu den Reisfeldern, Bauernhäusern und das Felsenkloster genießen kann. Es gibt einen Wellnessbereich, ein Kaminzimmer und eine Bar. Dieses Hotel ist offensichtlich bei deutschen Touristen beliebt, besonders bei wanderfreudigen und Mountainbike-Gruppen. Das mag daran liegen, dass man vom Tigernest-Kloster statt mit dem Auto auch in etwa einer Stunde zurück zum Hotel wandern kann und so dem vielen ›Herumgefahrenwerden‹ etwas entgehen kann.

Amankora, Tel. +975/8/272333, www.amanresorts.com, parofo@amanresorts.com. Einige Kilometer weiter in Richtung Drukyel Dzong liegt versteckt im Wald dieses Luxushotel. Die Preise liegen alle im mittleren bis oberen fünfstelligen Nu-Bereich. Dieses Hotel ist das teuerste und luxuriöseste der ganzen Region. Allerdings bleibt die Frage offen, durch was diese Preise gerechtfertigt sind.

▲ Karte S. 155

Haa-Distri[illegible]

Momentan gib[illegible] Straßenverbindungen von Paro nach Haa: eine über den 3804 Meter hohen Cheli La (von Bondey aus sind es etwa 67 Kilometer) und eine andere von Chhuzom (80 Kilometer). Beide Verbindungsstraßen sind landschaftlich äußerst reizvoll, weshalb es sich anbietet, beide Strecken in einen Rundkurs einzubeziehen.

Über Chuzom nach Haa

Von Chhuzom aus führt die Straße zunächst durch landwirtschaftlich geprägte Hänge mit relativ trockener Vegetation, da sie im Regenschatten der hohen Berge liegen.

Schon nach wenigen Kilometern kommt der etwa einen Kilometer links unterhalb der Straße gelegene **Dobij Dzong** in Sicht. Der kleine Dzong wurde an dieser strategisch bedeutsamen Stelle gebaut, weil hier alle Karawanen im Tal und an den Hängen kontrolliert werden konnten. Bis 1976 war der Dzong ein staatliches Gefängnis, danach wurde er als kleines Kloster für etwa 25 Mönche umgebaut.

›Zauberwald‹ an der Straße von Paro nach Haa

Terrassenfelder auf dem Weg nach Haa

Je weiter die Straße sich am Hang hocharbeitet, desto öfters taucht sie ein in einen Kiefern-Eichenwald, in den Talkerben gibt es sogar kleine Bäche. Schon bald befindet man sich weit oberhalb des Wang-Chhu-Tals. Einige Kilometer nach der Ortschaft **Susana** macht die Straße einen scharfen Knick nach Nordwesten in das **Haa-Tal** (32 Kilometer seit Chhuzom, 2567 m). Jetzt gibt es auch kleinere Abschnitte mit steil abschüssiger Straßenführung, die Siedlungen sind an den Hängen verstreuter. Angebaut wird Reis, Weizen, verschiedene Gemüsearten und besonders die scharfen Chili. Die Häuser im Haa-Tal sind besonders fotogen, im traditionellen Stil gebaut, bemalt und teilweise mit Schnitzereien verziert.

Die Ortschaft **Bitekha** (47 Kilometer seit Chhuzom bei 2650 m) besitzt zwei kleine Läden und ein lokales Restaurant. Kinder spielen auf der Straße, Kühe schlafen auf der Straße, die Anzahl der täglichen Fahrzeuge ist sehr überschaubar. Fast scheint es, als sei die Zeit hier stehengeblieben. Die Straße bleibt weit oberhalb des Südhangs des Tals auf fast immer der gleichen Höhe. Allmählich nähert man sich so dem Haa Chhu.

Nach 55 Kilometern seit Chhuzom macht die Straße wieder einen markanten Knick und führt jetzt in Richtung Norden. Vom Ort **Jodeka** (68 Kilometer seit Chhuzom) wird momentan eine neue Straße nach Süden über den Sela La und in die Provinz Samtse gebaut. Der Samtse-Distrikt ist bisher noch nicht von Haa aus an das Straßennetz Bhutans angeschlossen. Von Jodeka sind es noch elf Kilometer bis zur **Brücke über den Haa Chhu** und zu einigen alten Häusern entlang der Straße. Auf der rechten Straßenseite liegt das Stadion und der Bogenschießplatz. Überall sieht man große Propagandaplakate der Armee und bald auch die dazugehörige **Kaserne**. Hierbei handelt es sich um das größte Trainingscamp der indischen Armee in Bhutan (IMTRAT, Indian Military Training Team) und um ein kleineres Trainingscamp der bhutanischen Armee.

Die Stadt Haa

Die weitläufige Anlage der Kasernengebäude umschließt auch den ›alten‹ **Wangchulo Dzong** von Haa (erbaut 1915), der allerdings ohne Probleme für Ausländer erreichbar ist. Auffällig bei diesem Dzong sind das vergoldete Dach und die blaue Farbe der meisten bemalten Balken des Dachs beziehungsweise der Fenster. Eine derartige Farbgestaltung ist für Bhutan einmalig. Der Dzong beherbergt die Verwaltung des Distriktes und die der örtlichen Armee. Für Mönche und Gläubige ist da kaum mehr Platz. Deshalb wurde ein neuer Dzong und ein neues

Blick auf den Wangchulo Dzong mit seinem vergoldeten Dach

▲ Karte vordere Umschlagklappe

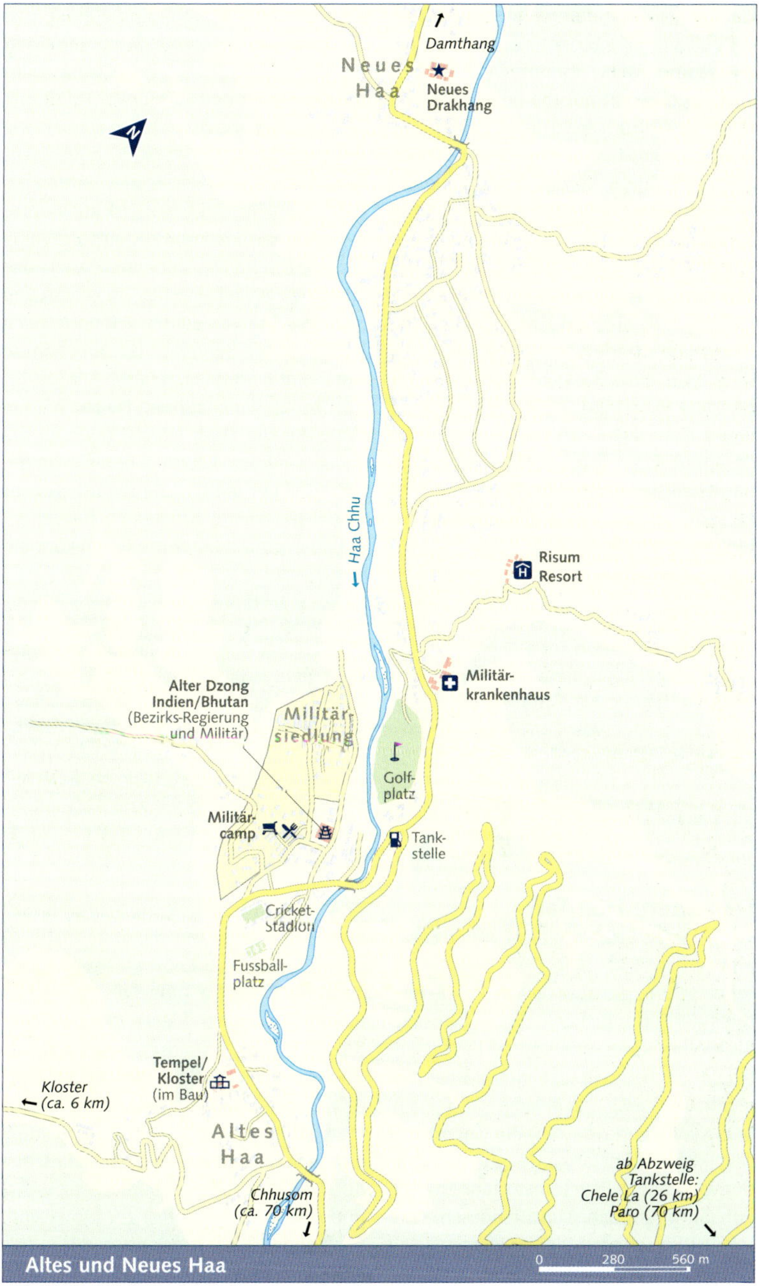

Altes und Neues Haa

Haa einige Kilometer weiter talaufwärts gebaut. Vom Kasernengelände aus führt die Straße weiter hinunter zur großen Stahlbrücke und auf die linke Uferseite des Haa Chhu. Direkt am Fluss gibt es einen großen Golfplatz - die indischen Soldaten haben für das Bogenschießen nicht so viel übrig wie ihre bhutanischen Kollegen -, der allerdings sehr sandig und damit schwierig zu spielen ist. An der kleinen Tankstelle gibt es den Abzweig hoch hinauf auf den Cheli La und hinüber nach Bondey im Distrikt Paro (26 Kilometer zum Pass, 65 Kilometer bis Bondey, → S. 166).

Bleibt man unten im Tal, erreicht man das neue Haa. Zur rechten Seite steht das **Krankenhaus**, gleich danach führt eine sehr steinige Straße etwa 500 Meter weit zum **Risum Resort** (s.u.).

Nach einem weiteren Kilometer ist man im **Zentrum** des modern aufgebauten Haa und am lokalen **Dratshang**, dem Kloster. Nach dem die etwa 150-köpfige Mönchsgemeinschaft im alten Dzong keinen Platz mehr fand, wurde dieses neue Gebäude in den letzten Jahren gebaut. Der Haa Dratshang ist auch unter dem Namen Lhakhang Kharpo (Weiße Kapelle) bekannt. Hier wird auch das jährliche Festival (Tsechu) am achten und neunten Tag des achten Monats (nach bhutanischer Berechnung) abgehalten. Kurz hinter dem Lhakhang Kharpo erreicht man die **Lhakhang Nagpo** (Graue Kapelle). Die Stadt Haa ist neu und ohne besonderen Charme und Besonderheiten. Aber weiter talaufwärts gibt es noch drei kleine Klöster zu besuchen, die auch gut erwandert werden können.

Haa

Risum Resort, Tel. +975/8/375350; risumresort@yahoo.com. Die beste und komfortabelsten Unterkunft in dem sonst nicht so häufig von Touristen besuchten Distrikt. Die Preise bewegen sich zwischen 1800 und 2500 Nu, das Essen im Restaurant ist gut, das Personal bemüht sich (erschien mir etwas planlos) und ist sehr hilfsbereit, die Zimmer sind angenehm und modern (2014 wurden sieben neue Häuschen mit je zwei Apartments zusätzlich zum alten Gästehaus gebaut) und der Blick auf das obere Haa-Tal und die Berge gegenüber ist lohnenswert.

Lhayul Hotel, Tel. +975/8/375251; klhayul7@yahoo.com. Im Zentrum der Stadt, gleich neben dem Basar. Die Übernachtung ist recht günstig (70/85 Nu EZ/DZ). Wer nur eine Tagestour nach Haa unternimmt, kann hier auch gut und preiswert zu Mittag essen .

Das obere Haa-Tal

Im nächsten größeren Dorf, **Yangthang**, gibt es einige kleinere Tempel und Klöster zu sehen, die aber nicht so ohne weiteres der Öffentlichkeit zugänglich sind. Bis hierher kann man sich fahren lassen. An der nächsten Brücke nimmt man den rechten Abzweig und gelangt nach eineinhalb Kilometern zum **Yangtho Goemba**. In dem kleinen Kloster gibt es alte Wandbilder von Zangto Pelri (einer Manifestation von Guru Rinpoche) und Tshomen, dem lokalen Schutzgeist, der im kleinen Teich neben dem Kloster leben soll.

▲ Karte S. 173

Kommt man zurück zum erwähnten Abzweig und nimmt die linke Piste, so gelangt man zwei Kilometer später zum **Tsenkha Goemba** (auch als Changkha Goemba ausgeschildert). Dieses kleine Kloster wurde erst frisch renoviert.

Von Haa etwa elf Kilometer entfernt liegt das **Chhundu Lhakhang** (auch Getsu Lhakhang genannt). Hier stehen mehrere Altäre, die den lokalen Schutzheiligen Chhundu (mit blauem Gesicht) und Jowya (rotgesichtig) gewidmet sind. Die Landwirtschaft des oberen Haa-Tals ist auf den Anbau von Buchweizen und

Sägewerk im Haa-Tal

Gerste ausgerichtet, aber auch die Yak-Zucht spielt eine wichtige Rolle. Da die winterlichen Temperaturen im Haa-Tal nicht viel frisches Futter für die Rinder bereithalten, werden viele der Tiere in die südlicheren Bereiche des Haa-Distriktes geführt, wo ein subtropisches Klima herrscht.

Vom oberen Bereich des Haa-Tals führt ein zweitägiger Wanderweg über den Saga La zum Drukyel Dzong im Paro-Tal (→ S. 165). Im Dorf **Dumthang**, etwa 25 Kilometer nach Haa, endet die Piste. Dahinter, an der Grenze zu Tibet und Sikkim liegt das **Torsa Strict Nature Reserve**. Dieser nur 644 Quadratkilometer große Nationalpark soll die temperaten Nadelwälder und alpinen Wiesen West-Bhutans schützen. Es ist der einzige Nationalpark des Landes ohne eine dauerhaft dort wohnende Bevölkerung.

Über den Cheli La zurück nach Paro

Wer die Rundreise nach Paro vervollständigen will und nun hoch zum Cheli La (3804 m) fährt, bekommt zwischen den vielen Haarnadelkurven immer wieder weite Blicke in das Haa-Tal und auf das goldene Dach des **Wangchulo Dzongs**. Der Dzong liegt auf 2610 Metern, man hat also 1200 Höhenmeter zu bewältigen. Wer Zeit hat und an einem kleinen Spaziergang durch grandiose Nadelwälder interessiert ist, der lasse seinen Fahrer vorfahren und begebe sich auf den etwa einstündigen Wanderweg zum **Kila-Nonnenkloster**. Der kontinuierlich nach unten führende Weg beginnt direkt am Pass (links vom Betonklotz mit der falschen Höhenangabe, → S. 167) und geht vorbei an vielen Gebetsfahnen und einigen Chörten. Am Nonnenkloster selber, dessen Gebäude auch teilweise in einer Felswand stecken, ist nicht viel zu besuchen, denn die Innenräume sind der Öffentlichkeit nicht geöffnet. Momentan leben hier zwischen 25 und 30 Frauen. Das Kloster soll schon im neunten Jahrhundert als Meditationszentrum gegründet worden sein und ist damit das älteste Nonnenkloster des Landes.

Schmucke Bauernhäuser unterwegs

Die Hauptstadt Thimphu

Als Besucher Bhutans nähert man sich der Hauptstadt in der Regel von Paro aus, zumindest aber auf der Straße von Süden kommend.

Von Chhuzom aus sind es etwa 31 Kilometer bis zum Stadtzentrum der Metropole. Die Straße dorthin ist breit, teilweise frisch asphaltiert und stark befahren. Die Bhutaner haben die Angewohnheit, den Mittelstrich auf dem Asphalt als Richtschur für ihre eigene Fahrspur zu nutzen, weshalb zwar für Radfahrer und Pferdegespanne immer genug Platz am Straßenrand bleibt, aber dafür genügend gefährliche Situationen mit dem Gegenverkehr auftreten können. Drei Kilometer nach Chhuzom geht es in einer Talkerbe auf einer staubigen Piste steil bergan zu ein paar kleinen Dörfern und zum Ausgangspunkt (Dorf Khoma) des bemerkenswerten ›Dagala-Tausend-Seen‹-Wanderweges (→ S. 306). Ab der Ortschaft Namseling wird die Bebauung immer dichter, bis man durch das große geschmückte **Eingangstor von Thimphu** kommt (100 Meter vorher geht es steil rechts hoch zum Ro-Chog Pel Hotel). Dabei ist der Übergang von landwirtschaftlichen Flächen und traditionellen Bauernhäusern hin zu fünf- bis siebenstöckigen Wohngebäuden sehr fließend. Irgendwie hat man das Gefühl, keinen richtigen Stadtrand zu erkennen, auch wenn es das **Willkommenstor** über der Straße und dahinter einen Stupa gibt. Außerdem sind auch die höheren Häuser mit einem Minimum an traditioneller Architektur ausgestattet. Die Dächer und Dachvorsprünge, die Fenster, Türen und deren Rahmen, die Fassadengemälde – all das unterliegt strengen architektonischen Baugesetzen, welche der Staat erlassen hat. Niemand kann hier einfach einen Beton-Alu-Glaspalast hinstellen oder eine hässliche Mietskaserne. Ein Minimum an traditioneller bhutanischer Bauweise und Fassade muss selbst bei den Wohnblöcken durchgeführt werden. Hinter dem Empfangstor zur Stadt sind es noch etwa drei Kilometer, bis die Straße auf jeder Seite zweispurig wird. Dort macht auch das Wang Chu-Tal einen Knick nach Nordwesten; und wer von Süden anreist, hat jetzt auch sehr

Blick über Thimphu

Karte S. 177

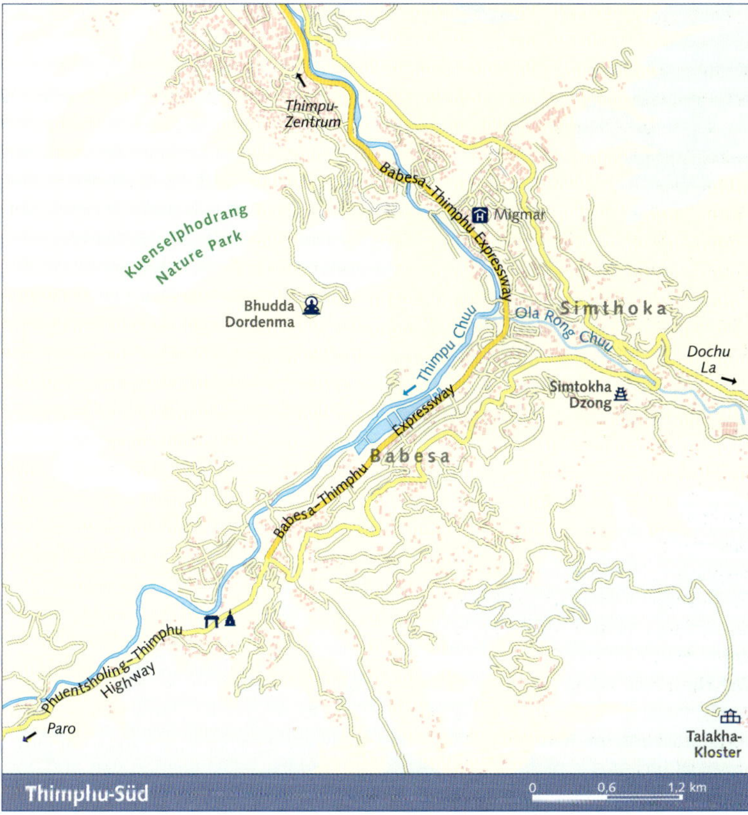

Thimphu-Süd

viel mehr Häuser und dicht bebaute, städtische ›Landschaft‹ vor sich. Spätestens jetzt wird einem klar, dass man in der größten Stadt der gesamten Region angekommen ist. Zuviel darf man deshalb nicht erwarten – zum Glück! Thimphu hatte nach dem Zensus von 2005 etwas über 79 000 Einwohner, die gesamte Metropolregion hatte nach einer Erfassung von 2015 etwa 115 000 Einwohner. Diese Stadtgröße entspricht in Deutschland einer Kleinstadt, sicherlich nicht einer überregionalen Zentrale, geschweige denn einer Landeshauptstadt. Aber hier sind die Verhältnisse eben anders, kleiner, und damit überschaubarer und deshalb auch angenehmer. Thimphu ist nicht nur eine Stadt, sondern auch einer der 20 bhutanischen Distrikte. Der Distrikt ist mit 1617 Quadratkilometer der siebtkleinste, in ihm leben allerdings etwa 17 Prozent der gesamten bhutanischen Bevölkerung.

Vor dem Jahr 1960 war in der heutigen Hauptstadt nicht viel los. Einige verstreute Gehöfte gab es, dazu den **Tashichoedzong** aus dem 17. Jahrhundert, den Dzong von Thimphu. Dieser ist seit 1952 **Sitz der Regierung von Bhutan**. Thimphu hatte zu dieser Zeit noch keine Straßenverbindung nach Indien, dieser Anschluss kam erst in den 1960er-Jahren.

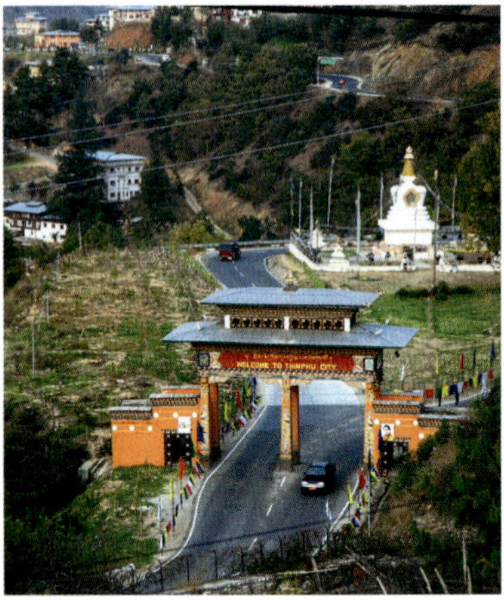

Stadttor von Thimpu

Thimphu eignet sich für alle Besucher ideal zu Erkundungen und individuellen Sightseeing-Unternehmungen. Selbst für diejenigen, die in ein festes Touristenprogramm eingebettet sind, ergeben sich stets Lücken, in denen man ›abhauen‹ und die Stadt neugierig erkunden sollte. Grundsätzlich: Die größte Gefahr in der Stadt geht von den Auto- oder Motorradfahrern aus – nicht anders als in

Der große Buddha Dordenma

anderen Städten. Bitte überqueren Sie eine Straße auch in Thimphu nur, wenn sie vorher den Verkehr im Auge haben. Thimphu hat keine Ampelanlagen an den Verkehrskreuzungen. Im Zweifelsfall regeln Polizisten im Zentrum der Kreuzung den Verkehr. Die Fußgänger sind in Thimphu kein Freiwild für Autofahrer, Motorradfahrer und Mountainbiker, müssen sich aber auch an klare Regeln halten. Andere Gefahren sind nicht präsent. Weder gibt es Taschendiebe, lästige Andenkenverkäufer, noch bettelnde Kinder oder bissige Hunde – Thimphu ist eine Hauptstadt des Glücks!

Südlich des Zentrums

Buddha-Statue

Im Südwesten der Stadt, etwa vier Kilometer Fahrstrecke vom Zentrum und hoch oben am Hang im Gebiet Changri Künsel Phodrang entsteht momentan mit 51 Metern die größte und höchste Buddha-Statue der Welt (laut Infotafel) *N 27°26'36", E 89°38'43"*(2297 m). Die Oberfläche der Statue ist aus Bronze und symbolisiert den Buddha Dordenma. Im Buddha selbst werden sich 100 000 kleine, 20 Zentimeter hohe Buddha-Statuen und 25 000 Statuen mit 27 Zentimetern Größe befinden, alle aus Kupfer und mit Gold überzogen. Das ganze Projekt ist von Sponsoren finanziert, der wichtigste kommt aus Hongkong. Vor der riesigen Buddha-Statue wird ein großer Platz für Festivals, Zeremonien und andere hohe Anlässe gebaut. Der Platz ist so groß, dass vier Helikopter landen könnten. Von hier oben hat man jedenfalls einen exzellenten Blick in den nördlichen und südlichen Bereich der Stadt.

Auf dem Weg zur Buddha-Statue kommt man auch an dem Hinweisschild zum Kuenselphodrang Nature Park vorbei. Hier beginnt ein sehr schöner Wanderpfad, für all diejenigen Besucher Thimphus

▲ Karte S. 177

bestens geeignet, die mal raus aus der Stadt wollen und denen die vielen kulturellen Höhepunkte schon über den Kopf gewachsen sind. Öffnungszeiten im Winter 9 bis 18 Uhr, im Sommer bis 19 Uhr.

Der Simtokha Dzong

Im Süden der Innenstadt, etwa fünf Kilometer vom Stadion entfernt, befindet sich der Stadtteil Simtokha. Hier gabelt sich die Straße in Richtung Süden (Paro oder Phuentsholing) und in Richtung Osten (hoch zum Dochu La). Hoch oberhalb der Abzweigung steht der alte Simtokha Dzong, auch bekannt unter dem Namen Sangak Zabdhon Phodrang (Palast der tiefen Bedeutung der geheimen Mantras) *N27°26'17", E89°40'11"*. Dieser Dzong wurde im Jahr 1629 im Auftrag von Zhabdrung Ngawang Namgyal errichtet und gilt als der älteste Dzong Bhutans. Natürlich gab es schon vor dieser Zeit Festungsanlagen, aber erst der Zhabdrung hatte diese Bauart der Dzongs mit den darin enthaltenen Klöstern entwickeln lassen. Der Simtokha Dzong ist zumindest der älteste in seiner Struktur vollständig erhaltene Dzong Bhutans. Der Dzong war ein wichtiger Stützpunkt für den Zhabdrung gegen seine gegnerischen Lamas, deshalb wurde er auch an dieser strategisch sehr geeigneten Stelle gebaut. Heute beherbergt die Anlage das Landesinstitut für Sprache und Kulturforschung.

Die zentrale Figur im Haupttempel ist Sakyamuni, umgeben von acht Bodhisattvas. Die Wandgemälde im Inneren des Tempels sollen mit die ältesten von Bhutan sein. In einem westlich gelegenen kleinen Tempel gibt es auch ein frühes Gemälde von Zhabdrung Ngawang Namgyal, daneben eine grüne und eine weiße Tara und ein Abbild von Chenresi. Vom Simtokha Dzong gibt es einen schönen Wanderweg zum Talakha-Kloster

Der Haupttempel im Simtokha Dzong

(Goemba), etwa vier bis fünf Stunden meist bergauf und zwischen Apfelbaumplantagen und Bambusgestrüpp. Das Kloster stammt aus dem 15. Jahrhundert. Zwar führt auch eine Fahrspur hier hoch, aber die ist wirklich nur für Allradfahrzeuge geeignet und sehr anstrengend. Zu diesem Kloster kommt man auch, wenn man den ›Dagala-Thousand-Lakes-Trek‹ von Khoma oberhalb Chhuzom bis nach

Wandmalerei im Simtokha Dzong

Thimphu (oder andersherum) geht. Vom Kloster (3080 m) zum Tale La (4180 m) sind es mindestens drei anstrengende Stunden bergauf. Bei guter Fernsicht belohnt der Blick auf die Umgebung die Mühen des Aufstiegs.
Viel mehr Trekking-Tipps und Tageswanderungen rund um Thimphu sind auf der Internetseite www.bhutan-trails.org oder im hinteren Teil des Buchs (→ S. 305) zu finden.

Spaziergang durch das Stadtzentrum

Das Zentrum der Stadt wird von vier parallelen Straßen (Lam) geprägt: die Chhogyel Lam, die Chang Lam, die Norzin Lam und die Doebum Lam. Es gibt auf der linken (östlichen) Uferseite des Wang Chu auch noch eine breite Straße (Dechen Lam), die jedoch dazu dient, den Durchgangsverkehr aus dem Zentrum fern zu halten.
Beginnen wir unseren Stadtspaziergang im Osten bei der Chhogyel Lam. Von Süden kommend auf der vierspurigen Schnellstraße gabeln sich Chhogyel Lam, Chang Lam und Norzin Lam an der Stelle, wo über den Fluss eine **Brücke** hinüber zur Dechen Lam führt. Unter der Brücke und auf der linken Uferseite befindet sich der **Zentrale Busbahnhof** von Thimphu. Von hier werden alle Regionen Bhutans mit Reisebussen angefahren. Der Zugang zum Busbahnhof liegt rechts nach der Brücke von der Dechen Lam, in deren südöstlicher Verlängerung auch die Straße zum Dochu La (Pass) und nach Zentral-Bhutan führt.
In der **Chhogyel Lam** hat man immer zur rechten Seite den Fluss, während zur Linken der **Schießplatz für die Bogenschützen** und danach das **Nationalstadion Changlimthang** liegt. Von der Chhogyel Lam aus kommt man auf das Spielfeld und die Ehrentribünen. Der

▲ Karte S. 181

Geburtstagsfeier für den vierten König im Nationalstadion

Eingang für die Zuschauertribüne ist von der Chang Lam aus. Das Stadion wird für viele Sportereignisse, aber auch kulturelle Events und Staatsparaden genutzt. Die Anzahl der Sitzplätze auf der Zuschauertribüne wird mit 15 000 angegeben. Nördlich des Nationalstadions gibt es noch eine Schwimmhalle sowie Hallen und Plätze für Basketball, Tennis und Squash. Hier befindet sich auch das Büro des Nationalen Olympischen Komitees. Von Frühjahr bis Herbst gibt es in den Sportstätten Events und Sehenswertes – Plakate kündigen alles sehr gut an, und wenn es ›nur‹ eine Feier zum Geburtstag des Königs ist. Wer Bhutaner in Bhutan kennenlernen möchte, muss sie beim Feiern und bei besonderen Festen beobachten.
Nach den Sportstätten geht eine Straße nach links hoch zur Chang Lam ab, an der auch ein kleiner privater Tempel liegt, der **Zangto Pelri Lhakang**. Der landesweit bekannte Musiker Dasho Aku Tongmi hat diesen Tempel in den 1990ern erbauen lassen. Es ist der höchste Tempel Bhutans und stellt den Himmelssitz von Guru Rinpoche dar. Entsprechend hoch sind auch die Statuen im Inneren.

Gleich nach diesem Abzweig, weiter nach Norden, erreicht man die großen Hallen des **Wochenendmarktes**. Hier werden sämtliche Früchte und landwirtschaftlichen Produkte des Landes, aber auch alle entsprechenden importierten Produkte aus Indien gehandelt. Der Markt ist von Freitag früh bis Sonntagabend geöffnet. Die Bevölkerung versorgt sich für die nächsten Tage, die Händler handeln untereinander und diejenigen für die entfernten Distrikte feilschen und versuchen günstige Preise auszuhandeln. Der Lärmpegel, die Farben und Gerüche, die ganze Atmosphäre erinnern schon stark an einen indischen Markt oder einen arabischen Basar.

Gegenüber der Markthalle führt eine neue Fußgängerbrücke über den Fluss zum **Kuendeyling Bazaam**. Hier kann man sich mit fast allen Souvenirs aus Bhutan, aber auch mit Produkten aus Indien und Nepal eindecken. Ob tibetische Alphörner, Gebetsmühlen, Buddha-Statuen oder Hüte verschiedener Volksgruppen – alles wird hier angeboten. Etwa 250 Meter nach der Markthalle gibt es auf der linken Seite eine der zwei Tankstellen

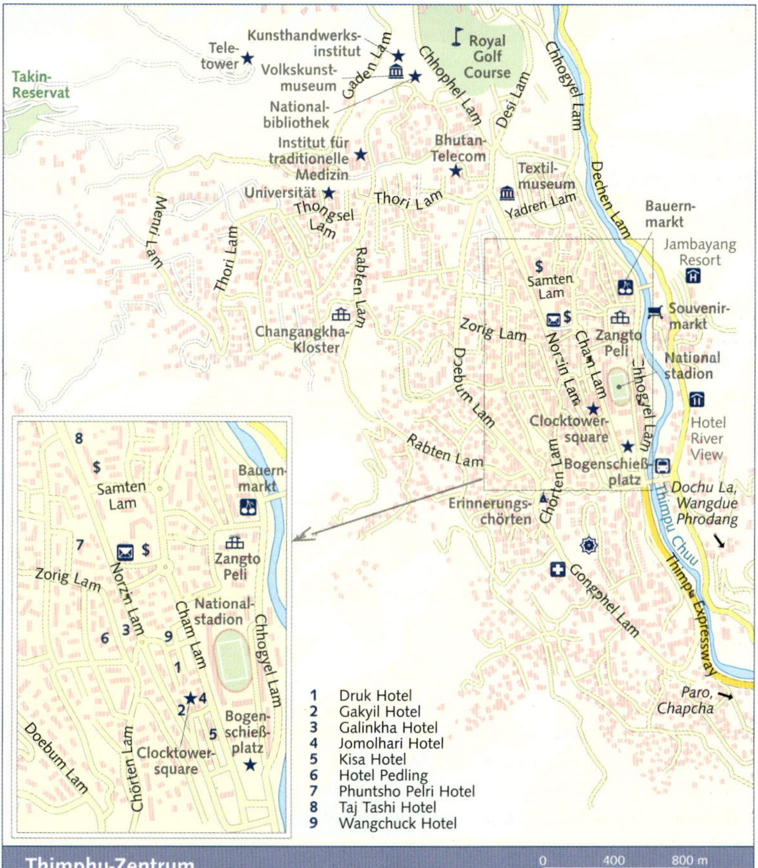

Thimphu-Zentrum

Wohnhäuser im traditionellen Architekturstil

im Innenstadtbereich. Dann sind es noch etwa 150 Meter bis zum Verkehrskreisel von Chang Lam und Chhogyel Lam. In die erstgenannte Straße biegen wir jetzt wieder nach Süden. Bis zum Kreisel an der Samten Lam, die hoch zur Nozin Lam führt, passiert nicht viel. An der rechten Straßenseite stehen viele Holzbuden mit einer breiten Auswahl an Souvenirs, Nationaltrachten, religiöser Kunst und indischen Billigwaren. Auch hier lohnt sich das Schauen und Feilschen.

Weiter nach Süden passiert man die Bhutan National Bank (rechter Seite) und die zweite Verbindungsstraße zur Norzin Lam, an der die Polizeizentrale und das Luger Kino liegen. Schon bald erreicht man das Nationalstadion von oben. Gegenüber der nördlichen Ecke des Stadions findet sich ein sehr gutes Restaurant, das **Bhutan Kitchen**, oberhalb des Fitnesscenters in der dritten Etage gelegen. Gegenüber des Haupteingangs zum Stadion liegt das **Wangchuk Hotel**. An der vierten Verbindungsstraße zur Nozin Lam gibt es eine Haltestelle der Stadtbusse und gegenüber die recht bekannte **Om Bar**. In der südlichen Chang Lam liegen auf der rechten Seite ein großes **Postamt** und eine Filiale der Nationalbank.

150 Meter später erreicht man im Süden die Lungten Zampa, wo wir unsere Wanderung begonnen hatten. Als nächstes wollen wir die Norzin Lam wieder nach Norden gehen, machen aber vorher noch einen kleinen Abstecher zur etwa 300 Meter westlich gelegenen Erinnerungs-Chörten. Dafür muss man etwas den Hang hoch laufen, es gibt einen Fußpfad parallel zur Zogchen Lam.

■ Der Erinnerungs-Chörten

Der Nationale Erinnerungs-Chörten (National Memorial Chörten) wurde 1974 in Erinnerung an den zwei Jahre vorher verstorbenen dritten König erbaut. Der Baustil ist tibetisch – es gibt in Bhutan aber auch nepalesische und bhutanische Chörten. Der Erinnerungs-Chörten ist ein wichtiges religiöses Gebäude für viele Bhutaner. Täglich kommen viele Menschen hierher, um das Gebäude dreimal im Uhrzeigersinn zu umkreisen, Gebete und Mantras dabei rezitierend

▲ Karte S. 181

und eine Opfergabe zurücklassend. Das Gebäude besitzt zahlreiche **Fassadengemälde** und **tantrische Statuen**, gleichermaßen als Symbol für die Friedfertigkeit und die Verteidigungsbereitschaft des Buddhismus.

Gleich am **Eingangstor** stehen drei beschützende Bodhisattvas: Avalokiteshvara, der Buddha des Mitgefühls, Manjushri, der Buddha der Weisheit und Vajrapani, der Buddha der Macht. Auf der inneren Seite des Eingangstores sind Zhabdrung Ngawang Namgyal, Guru Rinpoche und der historische Buddha abgebildet. Den Erinnerungs-Chörten sollte man sich bei einem Besuch in Thimphu auf jeden Fall ansehen.

Zurück am Beginn der Norzin Lam beachte man die kleine, aber schmuckvoll gestaltete **Tankstelle**. Häufig ist hier alles verstopft mit Lkws und Pkws, die nach dem Ellbogenprinzip versuchen, einen Platz an der Zapfsäule zu erhalten. Die Tankstelle unterliegt ebenfalls den bhutanischen Bauvorschriften zum traditionellen äußeren Erscheinungsbild städtischer Gebäude. Etwa 150 Meter nach der Tankstelle gabelt sich die Norzin Lam.

Besucher am Nationale Erinnerungs-Chörten

Der Uhrenturm gibt dem Clocktower Square seinen Namen

Clocktower Square

Der rechte Arm führt zum Clocktower Square. Schon davor, aber auch rund um diesen Fußgängerplatz stehen einige Hotels, so das Druk Sherig, Dragon Roots, das NT Hotel, das Gakyil, das alt bekannte Druk Hotel, das Yoedzer und das Jumolhari. Rund um die Turmuhr gibt es ein paar gute Restaurants, Einkaufsmöglichkeiten und einen Supermarkt. Auf dem weiten Gelände versammeln sich Alt und Jung auf ein Schwätzchen. Allerdings könnte der gesamte Platz etwas modernisiert und aufgefrischt werden.

Verkehrskreisel an der Chörten Lam

Folgt man der Norzin Lam weiter hangaufwärts, so erreicht man bald den Verkehrskreisel zur Chörten Lam, in dessen Mitte Polizisten mit tänzelnden Armbewegungen den Verkehr regeln. Schauen Sie diesen Beamten bei ihrer Choreographie zu – Sie sehen immer wieder neue Figuren und werden aus dem amüsierten Staunen nicht herauskommen! Das

Verkehrsregelung im Stadtzentrum von Thimphu

Fotografieren ist erlaubt. Rund um diesen Platz liegen weitere bekannte Restaurants und Hotels, wie die Hotels Galingkha, Pedling, Norling und Taktsang. Einige der Häuser hier sind noch im traditionellen Holzbau errichtet, und man sieht ihnen ihr Alter von 50 Jahren an.

Nach weiteren 250 Metern kommt man an der **Hauptfiliale der Tashi Bank** vorbei. Dahinter ist auch das Nobel-Hotel Taj Tashi gelegen, an der Querstraße Samten Lam.

Etwa 300 Meter nach der Bank erreicht man auf der linken Seite die **Jigme Dorji Wangchuck Public Library** (öffentliche Bibliothek) und anschließend das **Nationale Textilmuseum** auf der rechten Seite. Am nächsten Kreisel kommt die Doebum Lam von links. Bis zum Dzong von Thimphu nach Norden heißt die Straße jetzt **Desi Lam**.

Da die Doebum Lam fast nur Wohnbebauung beherbergt, machen wir unseren Stadtrundgang nach Norden weiter. Nach etwa 100 Metern erreicht man auf der Desi Lam wieder einen Kreisel. Hier gehen wir nach links bergauf in die **Chhophel Lam**. Vorbei an dem Gebäude von Bhutan Telecom erreichen wir die **Pedzoe Lam**, der wir weiter bergauf folgen.

Nationalbibliothek

Wir kommen nun zur National Library. Der Eintritt kostet 100 Nu. Hier steht und liegt auf mehreren Stockwerken fast alles Gedruckte zu Bhutan, darunter auch ein Exemplar des größten lieferbaren Buches der Welt ›Bhutan: A Visual Odyssey Across the Last Himalaya Kingdom‹, das unter einem Glasdeckel aufgeblättert zu bestaunen ist. Leider kann man als Besucher der Bibliothek das Buch nicht selber durchblättern. Das wird einmal pro Monat von den Angestellten gemacht. Die Dimensionen dieses Buchs: 2,14 Meter mal 1,52 Meter auf 114 Seiten und 65 Kilogramm schwer. (Wer dieses riesige Buch bestellen möchte: ISBN 978-0974246901, im Friendly Planet Verlag erschienen, 200 bis 500€). Viele Bücher der Bibliothek sind auch englischsprachig (im Erdgeschoss). Alles in der Bibliothek ist nur zum Anschauen und Lesen, nicht zum Ausleihen!

Volkskunstmuseum

Schräg gegenüber der Nationalbibliothek sieht man das Folk Heritage Museum – leicht an den traditionellen Gebäuden zu erkennen. In mehreren kleineren Gebäuden und Zimmern sind Alltags- und Gebrauchsgegenstände aus Bhutan ausgestellt. Vor allem das bäuerliche Leben wird mit den vielen historischen Exponaten wieder sehr lebendig, wenn man bedenkt, dass in den fern abgelegenen Distrikten Bhutans damit noch heute gewirtschaftet wird. Zu sehen sind Korbflechtarbeiten, Holzschnitzereien, Töpferwaren, gewebte Stoffe, eine komplette Kücheneinrichtung und vieles mehr. Der Eintritt kostet 150 Nu.

Kunsthandwerksinstitut

Am Hang oberhalb der Bibliothek und des Heimatmuseums liegt das National Institute for Zorig Chusum of Arts and Crafts, das Institut für die Lehre der bhutanischen traditionellen Kunsthandwerke. Hier sollte man unbedingt vorbeischauen. In vielen Lehr- und Werkzimmern werden die Talente der jungen angehenden Künstler gefördert. Es gibt alle Arten der traditionellen Kunst, vom Holz schnitzen über den Bau von Tonskulpturen über das Nähen, Sticken und Textilmalen bis zum Malen von Wandteppichen oder der Metallverarbeitung. Überall kann man als Besucher hineinschauen und fotografieren. Im Eingangsbereich des Institutes gibt es auch einen kleinen Verkaufsladen, wo die jungen

Künstler ihre Werke verkaufen und der Eintritt für das Gelände entrichtet werden muss (150 Nu).

Die große Grünfläche, die man unterhalb der erwähnten drei Gebäudekomplexe sieht, ist übrigens der Royal Golf Course von Thimphu.

Folgt man der Pedzoe Lam weiter bergauf, erreicht man die Thongsel Lam nach rechts. Hier liegt in der Serzhong Lam das **National Institute for Traditional Medicine**.

Ein Takin, das Nationaltier Bhutans

Changangkha-Kloster

Im Westen der Innenstadt, oben am größtenteils mit Wohnungen bebauten Hang befindet sich das Changangkha-Kloster. Auf einer kleinen Hangrippe wie eine Festung gebaut, diente dieses Kloster seit dem 12. Jahrhundert als Mönchsschule. Errichtet wurde es von Lama Phajo Drukgom Shigpo aus dem Kloster Ralung in Süd-Tibet. Es ist eines der ältesten Klöster des Landes. Die gesamte Anlage könnte einige Renovierungsarbeiten vertragen, beeindruckend sind der Blick hinunter auf die Stadt und die Besichtigung des Haupttempels trotzdem. Die Hauptfigur im Tempel ist eine Manifestation von Chenresi mit elf Köpfen und tausend Armen. Eine Besonderheit sind auch die besonders großen Gebetsmühlen, die man als Besucher in Bewegung setzen kann.

Gebetsmühlen im Changangkha-Kloster

Das Takin-Reservat

Für einen weiteren Ausflug müssen wir zurück zur Chhophel Lam, der wir weiter bergauf bis zu einer spitz von links einmündenden Straße folgen, der Gaden Lam. Diese Straße fahren/wandern wir nun hoch. Bald schon gibt es einen schönen Fotoblick auf den Tashichhodzong, das mächtige Gebäude des Dzong von Thimphu (→ S. 187). Nach etwa anderthalb Kilometern erreicht man in einem Kiefernwald den ehemaligen Zoo von Thimphu, heute Takin-Schutzgebiet (Reservat) genannt. Der Ortsteil heißt Motithang (grüne Wiese). Es war der vierte König, der beschloss, dass ein Zoo nicht mit den Werten des Buddhismus vereinbar sei, und so entließ man alle Tiere in die Natur. Die Takins, das National-Säugetier Bhutans (→ S. 85), waren allerdings schon so stark an die Menschen gewöhnt, dass sie nicht et-

▲ Karte S. 181

wa in die Wälder rannten, sondern in der Stadt auf der Suche nach Futter spazieren gingen. Deshalb hat man sie wieder hierher gebracht. Daneben gibt es noch ein Gehege für Gorals und ein großes Freigelände, wo Takin, Hirsche und Gorals in kleinen Herden nebeneinander grasen.

Folgt man der Straße zu den Takins weiter, so erreicht man nach einigen Serpentinen und Höhenmetern den **Funkturm** von Thimphu (Telecom Tower) auf 2685 Metern Höhe. Von hier oben bietet sich ein weiter Blick in das bebaute Tal der Hauptstadt und die umgebenden bewaldeten Hänge.

Der Dzong von Thimphu

Der Thimphu Dzong, auch Tashichhodzong (Festung der glückverheißenden Religion) genannt, ist eines der mächtigsten und wuchtigsten Gebäude des ganzen Landes und heute Sitz der Regierung. Die sieben goldgelben und roten Dächer dominieren weithin sichtbar das Umfeld. Auf der Fahrt vom Stadtzentrum zum Dzong sieht man zur linken Seite viele niedrige Gebäude. Das sind ausgelagerte Regierungsgebäude, nachdem es im Dzong zunehmend eng wird für den kontinuierlich wachsenden bürokratischen Apparat. Der Dzong von Thimphu steht erst seit 1772 an dieser Stelle. Jeder Bhutan-Reisende wird sofort bemerken, dass Dzongs eigentlich immer an strategisch guten Positionen gebaut wurden, auf Bergrücken oder Felsvorsprüngen. Nicht so der Dzong von Thimphu. Grund dafür war die damalige politische und militärische Situation: Der Zhabdrung Ngawang Namgyal hatte in der ersten Hälfte des 17. Jahrhunderts seinen Sieg über die rivalisierten Lamas davongetragen und einen Dzong nordöstlich vom jetzigen Platz bauen lassen, der auch sein Sommersitz wurde. Dieser ist bei einem Brand 1771 zerstört worden. Daraufhin beschloss der damalige Desi und der Je Khenpo einen neuen Dzong auf dem flachen Hochufer des Wang Chhu errichten zu lassen. Mit äußeren feindlichen Armeen rechnete man nicht mehr, so wurde darauf verzichtet, den neuen Dzong an einen Berghang zu bauen. Damit er trotzdem nicht leicht erobert werden konnte, musste er umso größer gebaut werden. Vom Jahr 1866 bis 1871 wurde der Dzong nach einem Brand erneut aufgebaut, nach dem schweren Erdbeben von 1897 musste ebenfalls viel repariert werden. Ab 1962 wurde der Dzong kontinuierlich zum Regierungssitz erweitert und ausgebaut.

Schon beim Gang vom Parkplatz zum Haupteingang für Besucher auf der Ostseite sollte man sich im Klaren sein, dass

Der Dzong dient als Regierungssitz und ist entsprechend bewacht

West-Bhutan

Blick über den Dzong, in der Mitte der zentrale Tempel

man ein Regierungsgebäude betritt. Der gesamte Inhalt der Taschen muss auf den Tisch gelegt werden. Alle Foto- und Filmkameras werden untersucht. Ein Taschenmesser am Gürtel ist genauso unzulässig wie Mobil- oder Satellitentelefon. Die Kontrollbeamten nehmen alles streng unter die Lupe. Auch werden Personenkontrollen durchgeführt.

Nach den Kontrollen geht man durch die große schwere Eingangstür und einige Treppen nach oben, bevor man auf dem weiträumigen **Innenplatz** steht. Alle Fassaden der umliegenden Gebäude sind mit reichhaltigen Schnitzereien und Malereien verziert. Die zahlreichen Fensterbaldachine zittern im Wind. Die vielen Farben und Wandgemälde, dazu der Geruch von Räucherstäbchen und Butterlampen, die murmelnden Gebete der Mönche – all das legt eine ganz besondere Stimmung auf alle Gebäude und die gesamte Umgebung.

Mitten im Hof steht der **Sarp-Lhakhang**, der zentrale Tempel (›Neuer Tempel‹), verziert mit mythischen und magischen Tierköpfen. Im Inneren gibt es eine große Versammlungshalle der Mönche und eine dreistöckige Buddha-Statue mit dem historischen Buddha (Sakyamuni). Diese Versammlungshalle diente früher auch als Halle der Staatsversammlung, bis die Parlamentarier hinüber in die Convention Hall gezogen sind. Der Eintritt in den Dzong kostet nichts. Einheimische Bhutaner müssen einer strengen Kleiderordnung genügen, damit sie ins Gebäude gelassen werden. Für Touristen gilt das nicht.

Wenn man vom Dzong zurück zur Desi Lam geht und sich dann in Richtung Fluss hält, sieht man auch den Eingang zur **Residenz** und den **Palast des Königs**, genauer gesagt beider Könige, des vierten und des fünften Königs. Der Eingangsbereich wird von der Leibwache kontrolliert, Fotografieren ist hier verboten. Nach der Querung des Flusses geht es zum **Parlament** (Convention Centre) und zur **Königlichen Empfangshalle**, anschließend weiter zu den Klöstern und Tempeln nördlich von Thimphu.

▶ Karte S. 181

Wanderwege im Westen

Ein schöner Wanderpfad startet vom Telecom-Turm oberhalb des Takin-Reservates. Gehen Sie immer auf dem Grat des Hügels auf dem gut ausgetretenen und von Gebetsfähnchen umsäumten Weg nach oben. Nach etwa einer Stunde erreicht man den 1750 errichteten **Wangditse-Tempel**. Im Tempel, der 2001 renoviert wurde, stehen die Statuen der drei Schutzheiligen Yeshey Goenpo, Palden Lhamo und Tsheringma.

Zum nächstgelegenen Kloster, **Phajoding Goemba**, kommt man von hier aus nur quer durch die Natur und durch die Kiefernwälder. Der bequemere Weg zu diesem Kloster startet ab der Motithang Jugendherberge. Von hier aus sind es etwa fünf Kilometer hangaufwärts. Der große Klosterkomplex mit 10 Tempeln und 15 Mönchsherbergen liegt auf 3640 Metern Höhe. Das Kloster wurde im 13. Jahrhundert von dem Tibeter Togden Pajo gegründet und im Jahr 1748 auf seine heutige Größe durch den neunten Je Khenpo Shakya Rinchen erweitert. Dessen Figur schmückt auch den zentralen Tempel.

Das Parlamentsgebäude

Von hier aus sind es noch 300 Meter zum nächsten Kloster, dem **Thujidrag Goemba**. Dieses kleine Kloster mit Meditationsplatz hängt an einer überhängenden Felswand in 3950 Meter Höhe. Zwischen beiden Klöstern befindet sich ein **Zeltplatz** für diejenigen, die zum sogenannten Druk-Path-Trek von Paro nach Thimphu (oder andersherum) aufbrechen wollen.

Zu den Klöstern im Norden

Für den Besuch der Klöster und Tempel im Norden der Hauptstadt ist es am besten, ein Taxi zu nutzen oder sich ein Mountainbike auszuleihen. Es geht zuerst über die große Brücke über den Wang Chhu in der Nähe des Thimphu Dzong. An der linken Uferseite führt eine asphaltierte Straße weiter talaufwärts.

Direkt nach der Brücke kann man beim Blick zum großen Dzong zwischen den vielen Bäumen die niedrigen Dächer des **Samtenling-Palastes** erblicken, der Residenz der Königsfamilie. Das große Gebäude gleich unterhalb der Straße ist für die Staatsempfänge und Sitzungen der Volksvertreter (Royal Banquet Hall). Jetzt erreichen wir in den Stadtteil Taba und Langjo, wo in den letzten Jahren einige fünfgeschossige Wohnhäuser errichtet wurden. Folgt man der Dechen Lam weiter, kommt man etwa zwei Kilometer später zu einer Brücke über den Wang Chhu. Gegenüber in dem weitläufigen Park versteckt ist der **Dechenchoeling-Palast**, der offizielle Wohnsitz der Mutter des Königs.

Nun hält man sich auf der ersten Straße nach rechts und fährt an der Kaserne der königlichen Leibgarde vorbei bis zu dem großen **Klosterkomplex Pangri Zampa**. Deutlich sind die beiden gigantischen Zypressen vor dem Kloster zu sehen. Der Sage nach hat Guru Rinpoche seinen Wanderstecken hier in die Erde

Mönche im Pangri-Zampa-Kloster

gesteckt und daraus wuchs die große, zweistämmige Zypresse. Der örtliche Dämon wollte das dem großen Guru aus Tibet gleich tun, hat aber ›seinen‹ Baum falschherum in die Erde gesteckt. Das erklärt den merkwürdigen ›upside-down‹ Wuchs der zweiten, nicht minder imposanten Zypresse. Vom Kloster Pangri Zampa fährt man 500 Meter hangaufwärts bis zu einer kleinen Kreuzung. Hier geht es zuerst noch geradeaus weiter hangaufwärts. Nach rechts geht es weiter ins Tal zu den anderen Klöstern.

Pilger im Dechenphu Lhakhang

▲ Karte S. 191

Dechenphu Lhakhang

Nach etwa drei Kilometern von der kleinen Kreuzung aus gerechnet erreicht man den Parkplatz des Dechenphu Lhakhang. Dieses Kloster ist der Wohnort von Geynyen Jagpa Melan, einem der wichtigsten Schutzheiligen des Landes. Das Kloster ist eines der wichtigsten in der ganzen Hauptstadtregion. Hierher kommen viele Pilger und Gläubige, um für das positive Gelingen ihrer Unternehmungen oder ihres Alltags zu beten. Die Bogenschützen pilgern genauso hierher, um für den Sieg bei einem Wettbewerb zu bitten, wie die Schüler vor einem Examen, die Kranken beten für ihre Genesung oder die Bauern für gutes Wetter und Regen. Das gesamte Kloster ist von 2005 bis 2008 komplett saniert und renoviert worden. Der Klosterkomplex ist auf alle Fälle sehenswert.

Cheri-Kloster

Zurück zur kleinen Straßenkreuzung geht es nun für einige Kilometer durch den kühl-feuchten Nadelwald, vorbei an zwei Bachläufen, die wild sprudelnd von den Hängen zur linken Seite herunterfließen und durch kleine Gebäude mit **Wasser-Gebetsmühlen** geleitet werden. An einer Felswand ist ein großer farbenfroher Buddha graviert. Wir gelangen zum **Dorf Begana**, wo wir erneut über den Fluss auf die andere Seite des Tals wechseln müssen.

Nach weiteren ein bis zwei Kilometern erreicht man eine kleine, nach rechts abgehende Asphaltstraße. Wir fahren aber zunächst geradeaus und sehen schon von weitem den Klosterkomplex Cheri (Goemba) weit oben in den Hang gebaut (*N27°35'46", E89°37'32"*, 2890 m). An einem Haus, dessen Fassade mit zwei fliegenden Penissen verziert ist, steigen wir aus dem Auto und gehen über die traditionelle **Kragbrücke** zum **Stu-**

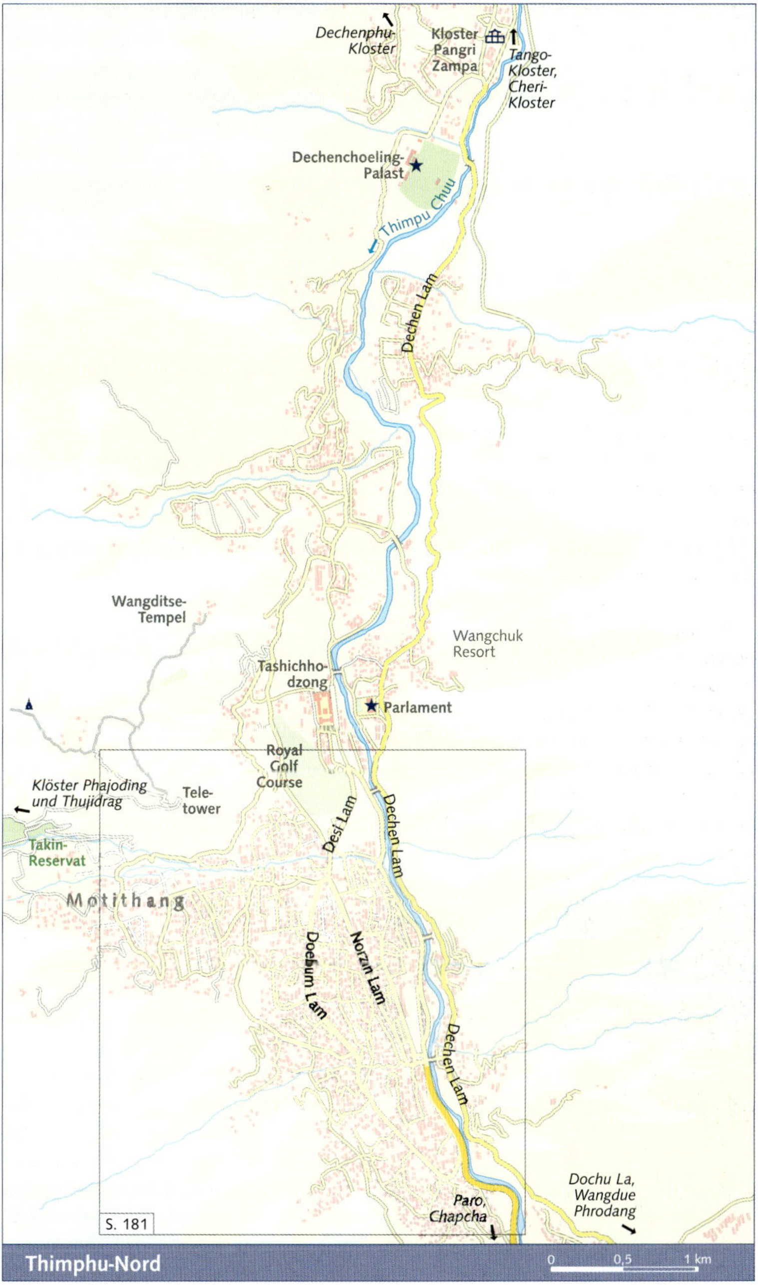
Dechenphu-Kloster
Kloster Pangri Zampa
Tango-Kloster, Cheri-Kloster
Dechenchoeling-Palast
Thimpu Chuu
Dechen Lam
Wangditse-Tempel
Wangchuk Resort
Tashichho-dzong
Parlament
Royal Golf Course
Klöster Phajoding und Thujidrag
Tele-tower
Desi Lam
Dechen Lam
Takin-Reservat
Motithang
Doebum Lam
Norzin Lam
Dechen Lam
Dochu La, Wangdue Phrodang
Paro, Chapcha
S. 181
Thimphu-Nord
0
0,5
1 km

pa auf die andere Uferseite (2600 m). Wer nicht über die Brücke geht und sich weiter talaufwärts hält, überschreitet die Grenze zum **Jigme Dorji National Park**, der mit 4329 Quadratkilometern der größte des Landes ist. Er wurde zum Schutz von hochalpinen Regionen, dem Takin, Blauschaf, Schneeleopard, Tiger, Roten Panda und vielen anderen Tieren ausgewiesen. Hier beginnt auch der Trekking-Pfad nach Lingshi (vier Tage) oder nach Gasa (fünf bis sechs Tage). → S. 307

Neben dem großen Stupa gibt es noch in den Felsen gravierte Buddha-Figuren. Hier beginnt der etwa **einstündige Weg** hoch zum Kloster. Man sollte sich eine Wasserflasche mitnehmen, denn der Weg führt durch einen recht lichten Nadelwald, in dem Wanderer oft ungeschützt der Sonne ausgeliefert sind.

Innerhalb des Klosterkomplexes hat man viele Bewegungsfreiheiten, kann die Tempel besuchen oder auf engen und schiefen Treppenstufen zwischen den Gebäuden die ruhige und spirituelle Atmosphäre

Entlang des Weges zum Tango-Kloster

Das Cheri-Kloster

auf sich wirken lassen. Das Kloster wurde 1620 durch Zhabdrung Ngawang Namgyal gegründet. In einem kleinen silbernen Stupa befinden sich die Überreste des Vaters vom Zhabdrung. Der Blick in die Landschaft ist durch das enge Tal und die umgebenden Wälder nicht ganz so beeindruckend, umso imposanter dafür wieder die gigantische Zypresse vor einem der Gebäude. Der Sage nach war diese ebenfalls ein eingepflanzter Wanderstock eines Heiligen aus Tibet.

Tango-Kloster

Zurück am Parkplatz geht es nun die vorher erwähnte kleine Asphaltstraße bis hoch zum Parkplatz des Tango-Klosterkomplexes. Dort werden Getränke und kleine Imbisse angeboten.

Der **Fußweg** ist gut mit Steinplatten, Sitzbänken und Mülleimern ausgebaut. Normalerweise benötigt man 40 Minuten für den Weg nach oben. Überall hängen selbstgemalte Hinweistafeln zum Bewahren der Natur und zum Vermeiden

▲ Karte S. 191

von Umweltverschmutzungen. Im Kloster Tango befindet sich auch eine Mönchs-Universität, deren Studierende sich sehr um diesen Weg kümmern. Das Kloster kann man allerdings vom Parkplatz aus noch nicht sehen, dazu sind die Bäume der Umgebung zu hoch und zu dicht. Der große zentrale Tempel kann besucht werden. Manchmal bekommen die Pilger und Besucher links neben dem Tempel Buttertee und Kekse angeboten, hinter dem Tempel gibt es zur Mittagszeit eine große Schale Reis mit Gemüse, von der jedem Besucher ein Löffel voll in die Handfläche ausgegeben wird. Hinter der Küche geht es zu den Waschbecken, und wenn man diesem Weg weiter folgt, gelangt man zu zwei kleinen Gebäuden etwas unterhalb, wo von den Besuchern und Pilgern Butterlampen entzündet werden können.

Das Kloster wurde im 12. Jahrhundert durch den Lama Gyalwa Lhanampa gegründet. Die meisten größeren Gebäude stammen aber aus dem 15. Jahrhundert, als der Lama Drukpa Kunley dieses Kloster massiv ausbauen ließ, sowie aus dem 18. Jahrhundert, als der achte Desi das Kloster erweiterte. *N27°35'36", E89°38'19"* (2719 m).

Thimphu

In Thimphu gibt es laut Angabe aus dem TCB momentan 58 Hotels im ›internationalen‹ Standard, was so viel heißt, dass diese Hotels auch für internationale Gäste hergerichtet sind und entsprechend ›Sterne‹ besitzen. Wobei ein Drei-Sterne-Hotel nicht unbedingt etwas mit dem zu tun haben muss, was bei uns in Mitteleuropa diese Kategorie bedeutet. Im ›Zwangs‹-Reisepreis von 250 US-Dollar (Nebensaison 200 US-Dollar) pro Tag ist das Hotel mit inbegriffen. Dieses Hotel darf aber dann nicht über 3 Sterne besitzen. Was darüber hinaus an Preisen auf dem Markt exsistiert, muss der Kunde separat bezahlen.

Neben diesen 58 Hotels gibt es noch etwa 20 Gästehäuser, kleine regionale Hotels oder Hostels.

Im Folgenden sind einige empfehlenswerte und gut gelegene Unterkünfte aufgelistet. Die Liste erhebt keinen Anspruch auf Vollständigkeit – es sind einfach zu viele Hotels in der Stadt.

Druk Hotel, Tel. +975/2/322966, www.drukhotels.com. Am Platz mit dem Uhrenturm. Deluxe-Zimmer für 7300 Nu (EZ) oder 8700 Nu (DZ) pro Nacht; Suite kostet 13000 Nu.

Gakyil Hotel, Tel. +975/2/339640, www.gakyilbhutan.com. Relativ preiswerte Zimmer für ein so neues Hotel im Zentrum der Stadt: 4000 Nu/5000 Mu (EZ/DZ).

Galingkha Hotel, Tel. +975/2/325387, www.hotelgalingkha.com. Günstig, gut und zentral gelegen in der Nähe des Verkehrskreisels auf der Norzin Lam. Für 3200 Nu/3700 Nu (Standard EZ/DZ) oder 4500 Nu/5000 Nu (Deluxe EZ/DZ) pro Nacht.

Jomolhari Hotel, Tel. +975/2/322747, www.hoteljumolhari.com. Am Uhrenturm. Dieses Hotel hat eine breite Auswahl verschiedener Zimmerkategorien: Standard 3500 Nu/4000 Nu (EZ/DZ), Deluxe 4500 Nu, Junior-Suite 5000 Nu und Executive Suite 5500 Nu.

Jambayang Resort, Tel. +975/2/322349, www.jambayangresort.com. Am Ostufer des Flusses über der Stadt gelegene Anlage mit mehreren Gebäuden. Schöne Aussicht auf die Stadt! Das Hotel liegt in der mittleren Preiskategorie: 3000 Nu/3500 Nu (Standard EZ/DZ) und 4000 Nu bis 7000 Nu (Deluxe und Suite). Dieses Hotel besitzt auch vier Apartments für 3000 Nu.

Kisa Hotel, Tel. +975/2/336494, www.hhlbhutan.com. Mehrstöckiges Gebäude im traditionellen Stil, zentral auf der Chang Lam in der Nähe des Nationalstadions. Die Deluxe-Räume kosten 2860 Nu (EZ) und 4285 Nu (DZ), die King-Size Suite kostet 5000 Nu pro Nacht.

Norling Hotel, Tel. +975/2/322997, www.norlinghotel.com. Auf der Norzin Lam. Mit das wohl preiswerteste Hotel in dieser Auflistung: 1650 Nu (Standard)

Hotel Migmar, Tel. +975/2/338901, www.hotelmigmar.com. Moderate Preise bei 3800 Nu (EZ) und 5200 Nu (DZ) beziehungsweise bei 7500 Nu (deluxe). Die Küche ist sehr gut, vielgestaltig und reichhaltig. Das Hotel liegt etwa zwei Kilometer südöstlich vor der Innenstadt und verkehrstechnisch gut an der vierspurigen Hauptstraße gelegen. Der Verkehrslärm wird aber weitestgehend von den Glasscheiben geschluckt.

Pedling Hotel, Tel. +975/2/325714, www.hotelpedling.com. In der Dondrub Lam, in der Nähe des Verkehrskreisels. Moderate Preise: 3200 Nu/3600 Nu (Standard, EZ/DZ) und 4500 Nu/5000 Nu (Deluxe, EZ/DZ).

Phuntsho Pelri Hotel, Tel. +975/2/334970, hotelpp1@gmail.com. Zentral in der Dondrub Lam, traditionelle Architektur und fast schon billig im Vergleich mit den anderen Hotels der Hauptstadt: 3000 Nu/3500 Nu (Standard, EZ/DZ), 4000 Nu (deluxe) und 4500 Nu Suite.

R. Penjor Lodge, Tel. +975/2/325578, lethobtn@druknet.bt. Dieses einfache, aber gemütliche in der Norzin Lam (Innenstadt) gelegene Hotel hat extrem günstige Übernachtungspreise: von 1000 Nu (Standard EZ) bis 1500 Nu (Standard king size).

River View Hotel, Tel. +975/2/325029, www.riverviewbhutan.com. Tolle Lage am Ostufer oberhalb der Nationalstadions; gutes Restaurant mit schöner Aussicht. Dieses Hotel besitzt vier verschiedene Kategorien. Standard (2900 Nu/3400 Nu), Deluxe (3600 Nu/4000 Nu), Junior Suite (4500 Nu/5000 Nu) und Executive Suite (7500 Nu/8000 Nu) – jeweils EZ/DZ.

Taj Tashi Hotel, Tel. +975/2/336699, tajtashi.thimphu@tajhotels.com. Dieses riesige Hotel mit dem Hauch von Internationalität hat die neben dem Amankora wohl heftigsten Preise in der Stadt. Pro Nacht zahlt man hier für die einfachsten Zimmer (deluxe) 600 US-Dollar und für die teuersten Zimmer (Luxus-Suite) 1100 US-Dollar. Das Hotel liegt zwischen der zentralen Innenstadt und dem Regierungs-Dzong in der Samten Lam.

Wangchuk Hotel, Tel. +975/2/323532, www.wangchukhotel.com. Dieses in der zentralen Innenstadt gelegene traditionelle, eher einfache Hotel hat für seine Lage und seinen Bekanntheitsgrad noch relativ faire Preise: 3500 Nu/4000 Nu (deluxe, EZ/DZ).

Wangchuk Resort, Tel. +975/2/365262, www.wangchukhotel.com. Dieses Hotel im traditionellen, farbenfrohen Stil liegt oberhalb der Stadt in einem sehr ruhigen Kiefernwald, gleich neben der renommierten Hotelfachschule. Neben dem Hotel steht sogar ein privater und sehenswerter Tempel. Die Preise sind moderat: 3500 Nu/4000 Nu (EZ/DZ), das Essen des hauseigenen Restaurants ist sehr gut.

Wer in Thimphu mal gut, gepflegt und mit schönem Ambiente bhutanisch Essen gehen möchte, der begebe sich ins **Bhutan Kitchen** von Herrn Tashi Norbu. Das Lokal befindet sich in der Chang Lam gegenüber dem nördlichen Ende des Nationalstadions in der dritten Etage des Hauses (Tel. +975/2331919 oder 17613515, bhutankitchen2013@gmail.com).

Natürlich gibt es noch viele andere gute Lokale in der Hauptstadt, von Thai über Indisch bis zur italienischen Pizzeria. Ich möchte an dieser Stelle nur die Restaurants mit bhutanischer Küche auflisten (alphabetisch): **Chhodon Restaurant** in der Dungkhar Lam (Tel. +975/2323679), **Mid Point Restaurant** in der Wogzin Lam (Tel. +975/2321269), **Musk Restaurant** am Clocktower Square (Tel. +975/2323388), **Plums Café** in der Chörten Lam (Tel. +975/2324307), **Zombala** in der Doendrup Lam.

▶ Karte S. 181/191

Auf der Passhöhe stehen 108 Chörten

Zum Dochu La

Fährt man von Thimphu aus nach Osten, auf der großen Staatsstraße nach Wangdue Phodrang und nach Punakha, geht es schon gleich nach dem Stadtgebiet steil bergauf. Die ausgebaute Asphaltstraße führt durch Nadelwälder (Pinus wallichiana), durchsetzt mit Rhododendren und Eichen, zum **Dorf Hongtsho** (2880m). Hier gedeihen viele Apfel- und Birnbäume, weshalb auch das Obst am Straßenrand tütenweise angeboten wird. Am hinteren Ortsrand befindet sich ein **Kontrollpunkt**, wo alle Ausländer (auch solche, die mit dem öffentlichen Bus unterwegs sind) ihr Visum vorzeigen und abstempeln lassen müssen. Da es der erste Checkpoint dieser Art von Thimphu aus ist (es folgen noch weitere im Land), sei darauf hingewiesen, dass auf dem Visum auch die Provinzen und Fahrrouten aufgelistet sind, die dem Ausländer offen stehen beziehungsweise die der Besucher für die Einladung angegeben hatte. Steht also der Distrikt Punakha oder Wangdue Phodrang nicht auf dem Visum, so wird man hier wieder zurück in Richtung Stadt geschickt.
Vom Dorf führt ein Wanderweg nach Osten zum Trashigang Goemba und von dort weiter zum Dochu La, falls man sich dort wieder abholen lässt. Umgekehrt ist die Wanderung angenehmer, weil es größtenteils bergab geht.
Nach etwa 24 Kilometern vom Stadtkern Thimphus aus gemessen (von der Abzweigung zum Simtokha Dzong sind es 20 Kilometer) steht man auf 3125 Metern auf dem **Dochu La** (*N27°29'26", E89°44'59"*). Hier hängen nicht nur hunderte Gebetsfahnen in den Tannen und Rhododendren. Auf einer Verkehrsinsel wurden im Jahr 2005 insgesamt **108 rechteckige Chörten** errichtet, die an die 108 Bücher/Kapitel der Lehre Buddhas erinnern sollen.
Ein großer Parkplatz lädt zum Halten und Umherwandern ein. Besonders fotogen wirkt der Gebetsfahnenwald und die Chörten bei Nebelstimmung – was häufig der Fall ist, da die subtropischen Luftmassen aus Osten hier auf die kalten Schichten des Gebirges treffen. Leider wird dadurch auch an den meisten Tages des Jahres die Fernsicht gestört.
Vom Dochu La aus kann man, wenn der Nebel es erlaubt, auch die Schnee- und Eisriesen des Himalaya-Hauptgrates sehen, mit den Bergen Gangla Karchung (6395 m), Zangphu Kang (7094 m)

und Gangkar Punesum (7570 m). Je früher am Vormittag man hier steht – am besten zum Sonnenaufgang –, desto höher ist die Wahrscheinlichkeit dieses Anblicks.

Gleich oberhalb des Parkplatzes und des kleinen Restaurants liegt das neu erbaute **Druk Wangyal Lhakhang**, welches an der Außenfassade besonders üppig mit Schnitzereien und goldfarbenen Ornamenten ausgestattet ist. Ein idealer Vordergrund für ein Foto mit Himalaya-Gipfeln. Im Inneren gibt es Wandmalereien mit etwas anderen Motiven, als die gewohnten: Der fünfte König kämpft gegen Assam-Rebellen im tropischen Urwald, ein Mönch arbeitet an einem Notebook und auf einem anderen Bild ist ein Flugzeug der staatlichen Fluggesellschaft DrukAir zu sehen. Wandmalereien des 21. Jahrhunderts eben – wieso auch nicht?

Die weitere Straßenführung taucht nun immer tiefer in einen **subtropischen Bergwald** ein, im Unterwuchs gedeihen sehr viele Rhododendren und Bambus. Von Mitte März bis in den Mai hinein kann man hier eine endlose Blütenpracht bewundern. Zehn Kilometer unterhalb des Passes beginnt der **Royal Botanical Garden** (mit einem großen Hinweisschild), ausgestattet mit einem Besucherzentrum, einer Cafeteria, einem Kinderspielplatz, einem Zeltplatz und natürlich dem Rhododendron-Garten. Während der Blüte ein Muss für alle Gartenfreunde und Botaniker – und zugleich wegen der vielen Vogelarten auch für Ornithologen. Öffnungszeiten im Sommer von 9 bis 17 Uhr und im Winter bis 16 Uhr.

Vom Dochu La nach Punakha sind es 53 Kilometer, nach Wangdue Phodrang genau 50 Kilometer.

Im Botanischen Garten kann man die subtropische Vegetation der Region erkunden

Auf der Straße nach Punakha

Dochu La

Direkt hinter dem Pass steht das frisch umgebaute **Dochu La Resort** (Tel. +975/2380404; www.dochularesort.com; namgay_budhar@hotmail.com) mit einigen sehr angenehmen Zimmern (1600/2500 Nu, EZ/DZ). Wer die frühe Fahrt von Thimphu zum Sonnenaufgang vermeiden möchte, sollte doch einfach gleich hier oben übernachten. Die Aussicht von der Terrasse ist spitzenmäßig. Viele Besuchergruppen kommen hier auch für einen Mittagsstopp oder einfach auf eine Tasse heißen Tee herein.

▲ Karte vordere Umschlagklappe

Der Punakha-Distrikt

Vom Dochu La führt die Straße, die 2015 wegen Erweiterungsarbeiten einer einzigen Dauerbaustelle glich, in vielen Kurven hinab zur Ortschaft Metshina. Die Waldvegetation wird immer subtropischer, die Temperatur immer wärmer. Während der Abfahrt sieht man auf der nächsten Bergrippe zur Linken ein Kloster mit vielen Gebetsfahnen: das **Chimi Lhakhang**, das dem tibetischen Lama Drukpa Kunley gewidmet ist und schon 1499 erbaut wurde. Man fährt von Metshina aus auf einer frisch geschobenen Piste dorthin (eventuell jetzt schon mit Asphalt). Zu Fuß ist es am kürzesten, wenn man den zwanzigminütigen Weg vom **Dorf Sopsokha** nimmt (etwa ein Kilometer nach Metshina). In der Regenzeit ist dieser Weg jedoch sehr schlammig und rutschig. In dem Kloster gibt es Statuen des ›Verrückten Heiligen‹ (→ S. 140), von Sakyamuni und von Chenresi. Außerdem steht die hölzerne Abbildung von Kunleys Penis im Kloster. Frauen mit einem nicht erfüllten Kinderwunsch kommen hierher, um von diesem Heiligen gesegnet zu werden. Wer eine Spende am Altar hinterlässt, wird von einem der Mönche mit einem hölzernen oder knöchernen Penis auf dem Kopf gesegnet.

In **Metshina** gibt es eine Tankstelle, einige gute ländliche Restaurants sowie gute Versorgungsmöglichkeiten mit Gemüse, Obst und anderen Lebensmitteln. Hier zweigt auch die Straße nach Punakha ab (noch elf Kilometer). Es geht steil den Hang hinunter, und bald ist ein kleiner Stupa oberhalb des großen **Mo Chhu** (Punak Chhu) erreicht. 6,5 Kilometer nach Metshina erreicht man das moderne **Dorf Khuruthang**, gebaut 1999, mit einer Vielzahl an Einkaufsmöglichkeiten, kleinen Restaurants und lokalen Hotels, Werkstätten, Schulen und einem großen nepalesischen Chörten. Hier zweigt über eine Stahlbrücke die neue Verbindungsstraße nach Wangdue Phodrang ab. Die Ortschaft Khuruthang ist das ausgelagerte alte Punakha, nachdem es im nahen Städtchen immer enger wurde und der dortige Dzong nicht zugebaut werden durfte.

Nepalesischer Chörten in Khuruthang

Der prächtige Dzong von Punakha

Der Dzong von Punakha

Nach vier weiteren Kilometern ist der Parkplatz des bekannten Dzong in Punakha erreicht N27°34'59", E89°51'40" (1225 m). Kurz vor der Ortschaft gibt es von einem kleinen Park gegenüber der Schule eine gute Stelle für passende Fotos auf das historische Gebäude, das zwischen dem Zusammenfluss des Mo Chhu (Mutterfluss) und Pho Chhu (Vaterfluss) liegt. Der wohl bedeutendste Dzong Bhutans war bis in die Mitte der 1950er-Jahre für über 300 Jahre lang der Regierungssitz des Landes, ist noch heute das Zentrum des Klerus (der Je Khenpo und der wichtigste Teil der Mönchsgemeinschaft haben hier ihre Winterresidenz) und für viele Bhutaner nach wie vor die heimliche Hauptstadt – vor allem für die ländliche Bevölkerung, die mit der quirligen Hauptstadt Thimphu nichts anfangen können. Hier wurde am 17.12.1907 der erste König gekrönt und 2008 bekam der jetzige König die Rabenkrone ebenfalls hier aufgesetzt. Der Dzong ist der zweitälteste in Bhutan (Baubeginn 1637), es wurde aber auch [illegible]erlich an- und zugebaut. Viele [illegible]tigen Gebäude stammen aus d[illegible] 1744 bis 1763, der Zeit der R[illegible]ft des 13. Desi, Sherab Wang[illegible]gab immer wieder große Brände (der letzte 1986), Erdbeben (1897) und Flutschäden (1994), die zu umfangreichen Reparaturen und Renovierungen führten.

Der Eingang zum Dzong liegt hinter der großen **Kragbrücke**, die 2008 vom deutschen gemeinnützigen Verein Pro Bhutan e. V. geplant, finanziert und mit schweizerischer Ingenieurskunst in traditioneller Form (mit raffiniert versteckter moderner Sicherungstechnik) neu errichtet wurde. Im dem Parkplatz zugewandten Brückenturm ist eine hochwertige Fotoausstellung über traditionel-

Große Gebetsmühle

▲ Karte vordere Umschlagklappe

Junge Mönche im Punakha Dzong

le bhutanische Brücken sowie den Neubau der Punakha-Brücke zu sehen. Sie ist im Übrigen die längste Kragbrücke aus Holz der Welt. Der Eintritt ist frei. Die steilen Holztreppen zum Haupteingangstor konnten in früheren Zeiten entfernt werden, so dass es für anrückende Truppen (aus Tibet) nicht möglich war, in den Dzong einzudringen. Die Tibeter haben es trotz vieler Versuche nie geschafft, den Dzong zu erobern. Grund für die Invasionen soll das Ziel gewesen sein, die im Kloster aufbewahrte heilige Reliquie (s.u.) wieder nach Tibet zurückzubringen.

Im **ersten Innenhof** (Dochey) steht ein alter ausladender Bodhi-Baum (Ficus) und ein großer weißer Chörten. Die Räume rings um diesen Innenhof sind für administrative Zwecke vorgesehen, denn der Dzong ist auch Verwaltungssitz des Distrikts.

Zwischen dem ersten und zweiten Innenhof steht der fünfgeschossige **zentrale Turm** (Utse). In ihm befindet sich der **Tse-Tempel**, welcher das wohl **bedeutsamste Heiligtum Bhutans** enthält: die vom Zhabdrung aus Tibet (Kloster Ralung) mitgebrachte Statue von Chenresi (Avalokiteshvara). Diese Statue soll während der Einäscherung des Leichnams von Tsangpa Gyare, dem Gründer der Drukpa, entstanden sein. Sie ist dem Besucher verschlossen und wird nur bei der einmal im Jahr stattfindenden Prozession nach außen getragen.

Der **zweite Innenhof** und die Räume rund darum werden von der Mönchsgemeinschaft benutzt. Im hintersten (südlichen) Dochey steht der Tempel, in dem die Überreste von Pema Lingpa (dem großen Terton) und von Zhabdrung Ngawang Namgyal, der hier starb, aufbewahrt werden.

Am südlichen Ende des hinteren Innenhofes befindet sich die große **Versammlungshalle** mit besonders schönen Wandgemälden über das Leben Buddhas.

Neben dem großen Dzong gibt es auch ein kleines, sehr viel älteres Gebäude, welches eine **Buddha-Statue aus dem Jahr 1326** beherbergt. Nördlich des Haupteingangs befindet sich neben einem großen Chörten ein Einäscherungsplatz. Das große Gebäude im Osten des Dzong ist der königliche Palast beziehungsweise das Gästehaus.

Neben der historischen Bedeutung des Dzong für das Land gilt dieser auch als der schönste Dzong Bhutans, besonders im zeitigen Frühjahr (Anfang bis Mitte April), wenn die alten Jakaranda-Bäume vor den hohen weißen Mauern ihre unzähligen violett-blauen Blüten öffnen.

Ins nördliche Mo-Chhu-Tal

Wegen der niedrigen Höhe und des nach Süden offenen Tals reicht die subtropische Klimazone bis weit hinauf ins Mo-Chhu-Tal. Mancherorts sind zwei Reisernten pro Jahr möglich, es gedeihen Bananenstauden, Orangen- und Mandarinenbäume und viele andere schmackhafte Früchte beziehungsweise Gemüsesorten. Wasser ist genug vorhanden und wird häufig über Bewässerungskanäle auf die terrassierten Felder geleitet.

Fährt man von Punakha aus weiter talaufwärts, so erreicht man auf einer kleinen Asphaltstraße nach etwa 15 Kilometern den **Nationalpark Jigme Dorji**. Das Tal wird immer enger, die Bäume immer höher und die Vegetation immer dichter. Philodendren klettern an den Stämmen hoch, an Astgabeln und auf den Baumrinden sitzen Orchideen, riesige Farne bedecken den Unterwuchs, bunte Schmetterlinge sammeln sich an Pfützen. Schließlich gibt es einige Schlangen, die sich auf dem Asphaltband aufwärmen, aber schnell zur Seite verschwinden, wenn sich jemand nähert. Nur selten gibt es Stellen, an denen die Hänge terrassiert wurden und etwas Landwirtschaft möglich ist. Offiziell verläuft die Grenze zwischen den beiden Distrikten Punakha und Thimphu im Fluss, so dass man sich auf dem kleinen Sträßchen oberhalb des Mo Chhu sogar wieder für etwa 25 Kilometer im letztgenannten Distrikt befindet.

Die **Siedlung Rimchha h**inter der Parkgrenze verfügt einen kleinen Laden und ist Sitz der örtlichen Parkverwaltung. Ansonsten geht es weiter durch den dichten Urwald. Bei **Tashithang** hat man den Distrikt Thimphu wieder verlassen und kommt jetzt nach Gasa.

Punakha

Übernachtungsplätze gibt es genug in der Region – für fast jeden Geldbeutel.

Damchen Resort, Tel. +975/2/584367; www.damchenresorts.com, damchenresorts@gmail.com; 2000/2200 Nu, EZ/DZ. Das zur Stadt Punakha nächstgelegene Touristenhotel, gleich unterhalb von Khuruthang, in Fußnähe zum Dorf.

Amankora, Tel. +975/2/584222, www.amanresorts.com, amankora@amanresorts.com. Sechs Kilometer nördlich des Dzongs liegt dieses übertrieben luxuriöse Hotel mit fünfstelligen Übernachtungspreisen.

Uma Hotel, Tel. +975/8/279999, www.comohotels.com, res.uma.bhutan@comohotels.com. Etwa 14 Kilometer talaufwärts von Punakha befindet sich das komfortable und luxuriöse Uma Hotel. Es liegt sehr ruhig, ist modern ausgestattet und traditionell eingerichtet und wurde erst 2013 eröffnet.

Die Hotels **Meri Puensum**, Tel. +975/2/584237, www.meripuensum.bt, meripuensum@gmail.com, und **Zangtho Pelri**, Tel. +975/2/584125; hotzang@druknet.bt, liegen sechs Kilometer südlich von Punakha und oberhalb der Ortschaft Khuruthang an einem steilen Berg. Bei beiden Häusern liegen die Preise zwischen 1700 Nu und 2200 Nu. Beide Hotels haben Zimmer mit Balkon, so dass die grandiose Aussicht auf das Punakha-Tal genossen werden kann. Der Berghang hinter den Hotels ist auch gut für kleine Wanderungen geeignet, besonders zum Sonnenaufgang, wenn noch nicht so viel Dunst im Tal liegt.

▶ Karte vordere Umschlagklappe

Der Gasa-Distrikt

Der nördlichste Distrikt Bhutans ist mit 4089 Quadratkilometern der zweitgrößte des Landes, aber der mit weitem Abstand am dünnsten besiedelte (nur 3326 Einwohner). Bis vor Kurzem bestand keine Verbindungsstraße zur Distriktzentrale. Das hat sich seit etwa sechs Jahren geändert, so dass jetzt auch Linienbusse aus Thimphu bis nach Gasa unterwegs sind. Auch soll die Strecke einst von Gasa bis nach Laya führen.

Der Gasa-Distrikt wird nicht so sehr wegen seines kleinen Dzongs oder besonderer Tempel besucht, sondern in der Regel wegen der **heißen Quellen**, die in der Nähe der Ortschaft Gasa liegen. Kommt man von Süden, so passiert man das kleine **Dorf Damji**, bevor nach weiteren etwa zwei Kilometern die heißen Quellen rechts unten liegen (ausgeschildert). Die Piste führt bald über den Lingshi Chhu. Noch etwa zwei Kilometer sind es bis **Gasa** (insgesamt von Punakha aus etwa 50 Kilometer). Von den heißen Quellen läuft man etwa eine Stunde und 15 Minuten nach Gasa (oder umgekehrt). In Gasa (2780 m) gibt es entlang der Hauptstraße einige Läden und Imbiss-Restaurants sowie eine Polizeistation, wo die Visa beziehungsweise die Permits für die nördlicheren Regionen überprüft werden. Wer den Dzong besuchen möchte, muss sich noch weiter aus dem Dorf heraus und hoch auf einen leicht bewaldeten Hügel begeben.

Auf dem Weg nach Gasa

Der **Gasa Dzong** (Tashi Thongmen Dzong) leuchtet mit seinen weißen Mauern schon von weitem – man soll ihn sogar vom Dochu La sehen. Der Dzong wurde im 17. Jahrhundert unter Tenzin Drukdra, den zweiten Desi, auf einem früheren Meditationsplatz von Drubthob Terkungpa aus dem 13. Jahrhundert errichtet. Er wurde von Anfang an als Bollwerk gegen Angriffe aus Tibet gebaut und entsprechend massiv konstruiert. Die größten Erweiterungsbauten wurden unter dem vierten Desi, Gyalse Tenzin Rabgye, errichtet. Im Januar 2008 wurde der Dzong durch einen Großbrand stark beschädigt, jedoch schnell wieder aufgebaut. *N27°55'0", E89°41'0"* (2850 m).

Von Gasa aus führt auch einer der **bekanntesten Trekkingrouten Bhutans** nach Norden zur Siedlung Laya und weiter nach Lingshi (→ S. 307). Zusammenfassend lässt sich feststellen, dass das Gebiet Gasa das wohl größte Potential des Landes für Trekkingtouristen besitzt. Nicht nur die bekannten Routen, wie die erwähnte nach Lingshi und weiter bis zum Drukyel Dzong im Paro-Tal, sondern auch die Strecke nach Lunana und an den 7000ern vorbei in den Distrikt Bumthang sind außerordentlich schöne Strecken mit sehr viel hochalpiner Landschaft, Yak-Weiden und tibetischen Volksgruppen sowie unberührten Nadelwäldern. Natur- und Wandergenuss pur, ohne die heißen, subtropischen Temperaturen und hohe Luftfeuchtigkeit, wie sie im Süden und häufig im Zentrum Bhutans herrschen.

Der Distrikt Wangdue (Wangdi) Phodrang

Phodrang heißt Glück, und so soll dieser größte Distrikt des Landes (4181 qkm) nicht nur den Menschen hier Glück geben; man geht außerdem davon aus, dass dem Land selbst das Glück innewohnt. Der Distrikt erstreckt sich über einen weiten Bereich an Klimazonen und Landschaftstypen. Hoch oben im Norden grenzt er an Tibet und an den 7570 Meter hohen Ganghar Punesum mit einer vergletscherten und hochalpinen Landschaft. In den tiefen Tälern im Zentrum des Distrikts, im Regenschatten der hohen Berge, herrscht hingegen halbwüstenhaft trockenes Klima mit dorniger und hitzetoleranter Vegetation. Im Süden in den subtropischen Tälern werden Orangen und Bananen angebaut.

An der schon erwähnten Straßengabelung in **Metshina** (→ S. 197) fährt man noch etwa acht Kilometer weiter und erreicht nach einer kontinuierlichen Abfahrt die große **Stahlbrücke** über den Punak Tsang Chhu.

Von weitem kann man schon den **Dzong** hoch oben auf einer Rippe sehen – allerdings brannte dieser 2013 komplett nieder. Die lehmfarbenen Mauerreste laden momentan nicht gerade zu einem Besuch des Geländes ein. Kleinere Bau- und Sicherungsarbeiten waren 2015 schon im Gang. Wann dieser Dzong (1638 auf Veranlassung des Zhabdrung errichtet) wieder aufgebaut und eröffnet wird, ist zurzeit nicht bekannt.

Zu sehen gibt es deshalb momentan nur den **Radak-Neykhang-Tempel** aus dem 17. Jahrhundert, der vor dem Eingang zum Dzong neben der großen Zypresse steht. Der Tempel ist einem lokalen König gewidmet, der wohl sehr kriegerisch gewesen sein muss, denn im Inneren des Tempels gibt es viele historische Kriegswaffen zu sehen. Die Wandgemälde zeigen verschiedene Darstellungen der lokalen Schutzgottheit.

Das neue Wangdue

Von Punakha führt auch eine neue Asphaltstraße direkt nach Wangdue-Neustadt. Dazu wechselt man bei **Khuruthang** die Flussseite und fährt etwa 15 Kilometer talabwärts entlang des großen **Punak Tsang Chhu**. Zwischendrin lohnt

Landschaft im Phobjikha-Tal

Karte vordere Umschlagklappe

sich ein Fotostopp. Der Fluss hat wegen der Gletscherabflüsse des Pho Chhu ein leicht türkisfarbenes Wasser, was einen guten Kontrast zu der halbwüstenartigen, trockenen Landschaft zu beiden Hängen darstellt.
Die gleichnamige Ortschaft hinter dem Dzong, ebenfalls auf dem Berggrat erbaut, wurde zu eng für den stetigen Bebauungsdruck. So entschloss man sich 2010, die gesamte Stadt etwa drei Kilometer weiter im Norden, in der Nähe des Dorfes Bajo, neu aufzubauen. Diese Neustadt wurde 2013 bezogen, 2015 wurde aber auch an einigen Stellen noch gebaut. Der Charme dieser mit rechteckigen Häuserblocks und einem rechtwinkligen Straßennetz geplanten Stadt konnte sich bisher noch nicht so recht entwickeln. Dafür gibt es eine große Anzahl an Läden und Restaurants, Werkstätten und Banken sowie einige lokale Hotels.

Wangdue

Kinten Hotel, Tel. +975/2/48112, hotelkinten@gmail.com. Das einzige für Touristen empfehlenswerte Hotel . Man findet es, indem man bis runter zum Taxistand fährt und dort nach links schaut. Die Zimmer sind sauber, aber einfach ausgestattet. Die Badezimmer haben keine separate Dusche, sondern man wäscht sich mit warmem Wasser aus einem Eimer. Als Abfluss dient ein Loch in der Wand. Diese Art von Duschkabine ist in vielen lokalen Hotels Bhutans üblich. Man muss sich nur daran gewöhnen, dass das Badezimmer anschließend halb unter Wasser steht und entsprechend vorsichtig zur Toilette gehen. Die Preise sind im niedrigen Bereich, der lokalen Bevölkerung angepasst. Man sollte darauf achten, kein Zimmer direkt unter dem Dach zu bekommen, weil die Tauben einen sonst nicht einschlafen lassen, ehe es wirklich dunkel ist.
Ein gutes **Restaurant** findet sich beim Taxistand auf der rechten Häuserzeile.

Dragon's Nest Resort, Tel. +975/2/480521. Auf der westlichen Seite des großen Flusstals, entlang der Abfahrt von Metshina und etwa vier Kilometer vor der großen Stahlbrücke. Die Zimmerpreise liegen zwischen 1800/2300 Nu (EZ/DZ) für die Standardversionen und 2300/2800 Nu für die Luxusversion. Die Zimmer sind nett eingerichtet, man sollte aber versuchen, eines mit Blick auf das weite Flusstal zu bekommen. Die Qualität des Restaurants konnte noch nicht eigenhändig überprüft werden. Gerüchte besagen, dass das Personal sehr lahm ist.
Kichu Resort, Tel. +975/2/481359; kichuparo@gmail.com. Dieses landschaftlich sehr reizvoll gelegene Hotel liegt östlich von Wangdue, neun Kilometer in Richtung Tongsa. Es hat einen großen Garten mit vielen exotischen Gewächsen, angenehm eingerichtete und ausgestattete Zimmer in kleinen Bungalows und eine rein vegetarische Küche. Die Übernachtungspreise liegen bei 2700/3000 Nu (EZ/DZ).

Nach Süden

Zuerst soll der Süden des Wangdue-Distriktes noch kurz vorgestellt werden, bevor es auf der Hauptstraße weiter nach Osten geht. Bleibt man bei der Stahlbrücke über den Puna Tsang Chhu auf der rechten Uferseite, kommt schon bald eine etwa 40 Kilometer lange Baustelle. Hier entstehen mit indischer Hilfe zwei gewaltige **Durchlauf-Wasserkraftwerke**. Der Unterschied zu herkömmlichen Staudamm-Kraftwerken, die die Flussökologie und die Durchgängigkeit des Gewässers ziemlich zerstören, ist das Vorhaben, einen Teil des Flusswassers durch ein Röhrensystem solange talabwärts zu leiten, bis das Gefälle zum alten Flussbett hoch genug ist und damit die Turbinen mit dem nötigen Wasserdruck versorgt. Die Kunst ist es, so viel Wasser im Flussbett zu belassen, dass die Wasserlebewesen und der Geschie-

Wasserkraftwerk am Punak Tsang Chhu

betransport möglichst wenig von diesem Eingriff tangiert werden. Ein Nachteil in den engen und felsigen Kerbtälern der Region ist jedoch, dass der gesamte Fluss für die Dauer der Bauarbeiten am Einmündungsbereich der riesigen Stahlrohre mit einem Durchmesser von etwa sechs Metern umgeleitet werden muss. Das erfordert riesige Tunnel durch die Felswände und große aufwendige Konstruktionen im Talgrund.

Hinter der Baustelle wird die Landschaft wieder ruhig, sauber und frei von großen Maschinen. Hin und wieder kommt man an **kleinen Siedlungen vorbei**. Einige sind mit ihrem Angebot an Restaurants und Geschäften offensichtlich auf die Lkw-Fahrer ausgerichtet. Touristen verirren sich auf die Strecke nach Süden nur selten. Dabei wird die Landschaft umso interessanter, je weiter man dieser Straße folgt. Der tobende und wasserreiche Puna Tsang Chhu fließt immer zur linken Seite, mal ganz nah, häufig sehr weit unterhalb der Straße. Die Vegetation wechselt von den trockenen kiefern-dominierten Wäldern zu subtropischen, mit Orchideen bewachsenen und mit Lianen behangenen Bäumen.

Besonders im Frühjahr ist die Region ein Highlight für die Beobachtung von Vögeln und Schmetterlingen. Affen (Assam-Makaken; Macaca assamensis) klettern auf den Bäumen oder sitzen am Straßenrand. Hinter jeder Kurve kann man Neues entdecken, zum Beispiel eines der scheuen Moschustiere (Moschus leucogaster). Die letzte größere Siedlung im Wangdue Phodrang-Distrikt ist **Uma** (etwa 45 Kilometer ab der Brücke bei Wangdue). Bis zur Distriktgrenze sind es noch ungefähr 12 Kilometer, bis zur Weggabelung Dagana/Tsirang noch weiter 15 Kilometer (von Wangdue bis hierher 72 Kilometer).

Nach Osten

Auf der West-Ost-Hauptstraße führt die Straße am Basar neben dem erwähnten Radak-Neykhang-Tempel in der Altstadt von Wangdue (1245 m) vorbei und steigt zuerst ganz langsam an, im-

▲ Karte vordere Umschlagklappe

mer mit einem tiefen Blick hinab ins Tal verbunden. Nach etwa zehn Kilometern gibt es eine leichte Abfahrt hinunter zur **Ortschaft Chhuzomsa** (Samtengang) in der Nähe der Einmündung des Pe Chhu ins Haupttal *N27°30'16", E89°59'55"* (1479 m). Gleich am Ortsrand der Siedlung gibt es eine **Seilbahn** hinauf in das südlich des Tals gelegene Tashila. Die Seilbahn befördert mit 1340 Metern Höhenunterschied zur Talstation Waren in die Bergdörfer und gefällte Baumstämme hinunter, aber um 8 und um 17 Uhr werden auch Passagiere transportiert. Die Fahrt nach oben dauert 45 Minuten, man sitzt in einer hölzernen Kiste und ist dem Wetter und dem Blick nach unten ausgesetzt – für Angsthasen ist das nichts.

Vier Kilometer hinter Chhuzomsa geht es auf die **Brücke über den Dang Chhu** (1555 m). Hier iliegt unterhalb der Straße auch das oben erwähnte Kichu Resort. Ab jetzt geht es mehr oder weniger immer nur noch bergauf, bis man in **Nobding**, wo ein kleines aber sehr gutes **Restaurant** zum kurzen Zwischenstopp einlädt, schon 2640 Meter geschafft

Laden am Straßenrand

hat. Die gesamte Straße von Chhuzomsa bis zum Pele La war noch 2015 in einem schrecklichen Zustand, mit vielen Baustellen und Felssprengungen. Die gesamte Fahrbahn wird momentan erweitert. Mancherorts wird der Verkehr nur einspurig durchgelassen, was mit langen Staus verbunden ist. Die weitere Strecke ist besonders Anfang bis Mitte April sehenswert.

Im Unterwuchs der riesigen Tannen blühen unzählige Rhododendronblüten, in dunkelrot, rosa, weiß oder gelb. Etwa zwölf Kilometer nach Nobding geht es rechts ins **Phobjikha-Tal** (man beachte die Hinweisschilder mit Kranichen drauf). Der Abzweig liegt auf 3240 Metern Höhe. Von hier sind es nur noch drei Kilometer zum mit Fahnen geschmückten **Pele La** *N27°32'12", E90°12'08"*, 3396 m), wo in der Straßenmitte ein kleiner tibetischer Stupa steht. Der Verkehr ist nicht so dicht, so dass die meisten Bhutaner, sogar die öffentlichen Busse, eine volle Umrundung des Bauwerkes fahren, bevor sie die Fahrt fortsetzen. Die Touristenbusse halten selbstverständlich für einen Fotostopp. Die Besitzer der zwei kleinen Buden mit feinen **Webarbeiten** (Teppiche, Schals, Decken) und Schmuck haben sich darauf eingestellt. Der Pass ist auch die Grenze zum Distrikt Trongsa. Zur Provinzzentrale sind es noch 68 Kilometer.

Abstecher ins Phobjikha-Tal

In den westlichen Ausläufern der Schwarzen Berge (Black Mountains) liegt das durch eiszeitliche Gletscher in U-Form geschliffene Hochtal von Gangtey und Phobji. Hier gibt es einige Sehenswürdigkeiten, die der Besucher nicht auslassen sollte. Die Region Gangtey und Phobji ist auch für sehr schöne Wanderwege (viele davon Tagestouren), Mountainbike-Trails und Reitpfade bekannt und beliebt. Wer die Zeit hat, sollte hier mindestens einen vollen Tag verbringen.

Vom Abzweig der großen West-Ost-Straße geht es für eineinhalb steile Kilometer zu einem **Stupa** auf 3333 Metern Höhe (Lowa La). Ab hier hat man schon einen ersten Blick hinunter ins Tal, wenn auch der Blick auf die beiden genannten Ortschaften noch durch Wald verdeckt ist.

Gangtey

Die erste Ortschaft hat man nach sechs Kilometern Abfahrt erreicht. Kurz vor dem Ortsrand liegt linker Hand seit 1990 eine **buddhistische Schule** (›Kuenzang Chholing retreat and meditation centre for monks‹). Danach gibt es eine kleine Serpentine, und anschließend geht nach rechts eine Asphaltstraße weiter talabwärts. Das ist die Straße nach Phobji (oder Phobjikha). Die gesamte Region ist landwirtschaftliche geprägt, hauptsächlich durch den Anbau von Kartoffeln. Die Erdfrüchte aus dem Phobij-Tal sind in ganz Bhutan und in Indien bekannt für ihren guten Geschmack und ihr gutes Aussehen. Die Kartoffel ist der ganze Stolz der etwa 4700 Einwohner des Tals, die auch ihren eigenen Dialekt (Henke) bis heute bewahren.

Das **Gangtey-Kloster** (Goemba) sieht man schon, wenn man sich dem Ort nähert. Es wurde nach einer Prophezeiung durch Pema Lingpa von dessen Enkel (erste Reinkarnation von Pema) auf einem Hügel über dem Tal um 1613 erbaut. Viele der größeren Gebäude wurden dann durch Tenzing Legpey Dhendup, der zweiten Reinkarnation von Pema geschaffen. Die momentan hier lebende Pema Reinkarnation (Gangtey Trulku) ist die neunte des alten Meisters. Die Holzschnitzereien am Hauptgebäude des Klostertempels und am Utse, dem zentralen Turm, sind besonders ornamental und aufwendig bemalt. Die Farben wirken sehr frisch, obwohl der Tempel über 400 Jahre alt ist. Die meisten Holzkonstruktionen mussten in den Jahren 2001 bis 2008 wegen einer Holzkäferinvasion ausgewechselt werden. *N27°29'03", E90°09'57"* (3060 m).

▲ Karte vordere Umschlagklappe

Mönch in der buddhistischen Schule von Gangtey

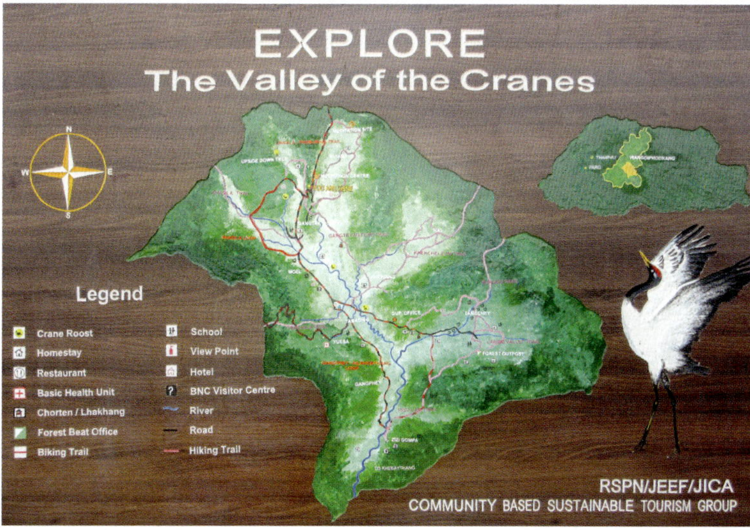

Im Kranichinformationszentrum

Kranich-Informationszentrum

Die weitere Fahrt nach Tabiting bringt uns dem hinteren Tal immer näher. Nach etwa zwei Kilometern steht man vor dem Schwarzhalskranich-Informationszentrum. Von November bis Mitte Februar verbringen in dem teilweise sumpfigen und schon immer waldfreien Tal tausende der seltenen Schwarzhalskraniche aus Tibet ihren Winter. Zwar gibt es hier auch einen Winter, aber dieser ist weit weniger streng als im tibetischen Hochland. Diese Besonderheit führt zu den meisten Besucherströmen in dieses abgeschiedene Tal. Das Besucherzentrum (Tel. +975/2/442536) ist in der Hauptsaison der Kraniche von früh um 5 Uhr bis 17 Uhr geöffnet. Hier wird man umfassend über die Ökologie des Tals, die vielen anderen Tierarten (Himalaya-Schwarzbär, Leopard, Sambar-Hirsch, Muntiak und viele mehr) sowie über den Jahresverlauf der Kranichwanderungen informiert. Im Besucherzentrum gibt es leistungsstarke Fernrohre zur Kranichbeobachtung direkt vom Haus aus. Ein englischsprachiger ›Field Guide to Crane Behaviour‹ und entsprechende Videos zeigen das Leben der Kraniche auch außerhalb der Saison. Auf Wunsch werden vom Personal des Informationszentrums auch landschaftsökologisch-faunistisch orientierte Exkursionen angeboten (kosten für eine Gruppe etwa 400 Nu), wahlweise auch zu Pferd (nochmal 400 Nu extra pro Pferd).

Phobjikha-Tal

Im Ort gibt es drei Hotels für Touristen, das **Dewachen Hotel** (Tel. +975/2/442550, www.dewachenhotel.com), das **Gakiling Gästehaus** (Tel. +975/2/442540 oder 17651577) und das **Phuntshogchholing Farmhaus** (Tel. +975/17669676, reservation@hotelpedling.com), alle drei in der mittleren Preis- und Servicekategorie. Wer es luxuriös liebt, muss im **Amakora Gangtey Hotel** (Tel. +975/2/442235; amankora@amanresorts.com), im nördlichen Bereich des Tals, absteigen.

»Die Zeit ist ein großer Lehrer. Das Unglück dabei: Sie tötet ihre Schüler.«

buddhistische Weisheit

ZENTRAL-BHUTAN

Der Trongsa Dzong

Der Distrikt Trongsa

Von Wangdue bis nach Trongsa sind es auf der Asphaltstraße 130 Kilometer. Hinter dem Pele La fährt man durch einen Nadelwald mit hohen, urwüchsigen und flechtenbehangenen Tannen (Abies densa). Im Gegensatz zu unseren mitteleuropäischen Tannen haben diese hier einen stockwerkartigen Wuchs, die Nadeln sind steifer und die kleinen Äste hängen nicht herab, sondern wachsen waagerecht. Aus der Ferne betrachtet würde man nicht auf die Idee kommen, dass es sich um Tannen handelt. Im Unterwuchs wachsen verschiedene Rhododendrenarten, wobei diese auch baumförmig und bis zu zehn Meter hoch werden können. Besonders im April und Mai blühen viele Primelarten, Enziane, Hahnenfußgewächse und sogar eine Edelweißart. In den Lücken des Unterwuchses steht eine niedrige Bambusart.

Schon während der Fahrt durch den Wald muss man auf am Straßenrand weidende oder auf der Straße schlafende Yaks achten!

Durch das Nyala-Tal

Die Fahrt geht kontinuierlich talabwärts, schneidet das eine oder andere Seitental und erreicht dann das fruchtbare Tal des Nyala Chhu. Auf den Weiden stehen Yaks oder die gescheckten Dzo (eine Kreuzung von Yaks mit Kühen), es gibt kleine Berg- und Farmhäuser, auf den Äckern wächst Gerste und Buchweizen. Das Landschaftsbild ändert sich etwas, wenn man am Hang gegenüber der Ortschaft **Rukubji** (2700 m) vorbeifährt. Hier bietet ein riesiger Schwemmfächer eines Seitenflusses eine außergewöhnlich große Ackerfläche an. Angebaut werden neben Gerste und Buchweizen auch Kartoffeln und Senf. Die Häuser des Dorfes, die moderne Schule und der Tempel sind alle am unteren Rand und Hang des Schwemmfächers dicht gedrängt, um keine wertvolle Ackerfläche zu verschwenden – für Bhutans Berge eine ungewöhnliche Dorfstruktur. Etwa 16 Kilometer nach dem Pass knickt die Straße in das Seitental des Nikka

Makake im Wald bei Trongsa

Karte vordere Umschlagklappe

Der Stupa von Chendebji

Chhu und erreicht bei **Sephu** die Brücke. Hier lädt ein gutes Restaurant (Tserring's) zur Mittagspause ein. Der kleine Ort ist der Endpunkt des berühmten Snowman-Trek, dieser 25-tägigen angeblich schwersten Trekkingtour der Welt. Die kleinen Läden des Dorfes bieten Flechtarbeiten aus Bambus an, von kleinen Schalen bis großen Pferdesatteltaschen. Nachdem man wieder zurück ist im Nyala-Tal, sieht man schon von weitem den großen weißen **Stupa von Chendebji** (Chörten Charo Kasho). Das Gebäude wurde auf Veranlassung vom tibetischen Lama Shida im 19. Jahrhundert erbaut, um die bösen Geister der Region zu töten. Das Gebäude ist dem großen Stupa Swayambhunath in Kathmandu nachempfunden worden. Der kleinere Chörten im bhutanischen Baustil ist erst 1982 entstanden.

Neben dem Chörten steht das **Chendebji Hotel** (Tel. +975/3440004 oder 17635633, namgay_budhar@hotmail.com) mit der Möglichkeit eines guten Mittagsstopps, dem Kauf lokaler Souvenirs und auch der Möglichkeit zur Übernachtung (etwa 2000 Nu mit gutem Frühstück).

Die Fahrt geht weiter steil bergab, die Straße windet sich hoch oben über dem Tal und erklimmt nochmal eine kleine Bergrippe, bevor es einen großen Richtungswechsel nach Nordosten gibt. Jetzt befindet man sich hoch oben über dem Mangde Chhu. Der Nadelwald ist einem Wald aus Laubbäumen und Kiefern gewichen. Die Vegetation wird immer dichter und subtropischer. Bald erreicht man wieder offenere Landschaften. An den terrassierten Hängen stehen vereinzelt Bauernhöfe. Der Blick reicht weit nach Süden des Distriktes und in Richtung Zhemgang. Am gegenüberliegenden Hang sieht man die Straße, die von Trongsa nach Süden führt – wenn nicht die Sicht stark durch Wolken beeinträchtigt ist. Wir befinden uns inmitten der **Schwarzen Berge**, die dafür bekannt sind, dass sie häufig eben nicht zu sehen sind. Das nächstgrößere Dorf ist **Tashiling,** wo im Jahr 2005 das Kloster **Potala Lhakhang** durch den Je Khenpo eingeweiht wurde. Drei Jahre später wurde hier eine buddhistische Schule eingerichtet. Ein schöner Platz zum Lernen der Lehren Buddhas!

Der Trongsa Dzong

Nach etlichen Kilometern am steilen Hang entlang sieht man am vermeintlichen Talende die hohen weißen Mauern des mächtigen Trongsa Dzongs. An einer Kurve in das Mangde-Chhu-Tal nach Nordwesten liegt eine **Aussichtsplattform** unterhalb des **Viewpoint Restaurants**. Bis zur **Brücke** über den Mangde Chhu ist es nicht mehr weit. An einem Kontrollposten werden hier die Reisepapiere der Ausländer überprüft. Jetzt steigt die Straße wieder an und erreicht nach etwa sieben Kilometern den Bus-

Zentral-Bhutan

Mönche im Dzong

parkplatz neben der großen **Gebetsmühle von Trongsa**, an einem kleinen Seitental gelegen. Der große, mächtige und das gesamte Tal dominierende, auf einem Felsvorsprung erbaute Dzong liegt unterhalb des Parkplatzes. Eine Zufahrtsmöglichkeit besteht an der rechten Seite des kleinen Bachs, eine andere liegt im Dorf weiter hinten.

Für den Besuch des Trongsa Dzong sollte man sich Zeit und einen fachkundigen Führer mitnehmen. Entweder fährt man schräg gegenüber der Bank of Bhutan die kleine Straße talabwärts oder man geht die Treppen etwa 100 Meter südlich der Verkehrsinsel hinunter. Vom Parkplatz aus geht es links zum **Bogenschießplatz** (in der Regel am Sonntag Betrieb) und gerade hinunter zur mächtigen Zypresse am Eingang der Festung.

Im Jahr 1647 beschloss der Zhabdrung Ngawang Namgyal die strategische Situation der Ortschaft Trongsa (es gab vorher schon einen Tempel und einige Häuser) zu nutzen und ließ hier einen gewaltigen Dzong auf der kleinen Landspitze errichten. Es wurde viele Jahre lang daran gearbeitet, in späteren Jahrhunderten auch noch erweitert. Bisher gab es glücklicherweise noch keine großen Brände im Dzong, und nur das Assam-Erdbeben von 1897 verursachte starke Schäden. Mit österreichischer Unterstützung wurden von 1999 bis 2004 umfangreiche Restaurierungsarbeiten durchgeführt. Der offizielle Name des Dzongs ist Chhoekhor Raptentse Dzong. Den lokalen oder kenntnisreichen Führer braucht man in diesem Dzong auch deshalb, weil man sich sonst im Labyrinth von Innenhöfen, Treppen, verwinkelten Durchgängen und Richtungswechseln verirrt. Im Dzong gibt es 23 Tempel, die niemand an einem Tag umfassend besuchen kann – einige sind auch nicht so einfach der Öffentlichkeit zugänglich. Deshalb beschränkt man sich auf die wichtigsten Tempel, die den tantrischen Göttern Yamantaka, Hevajra, Cakrasamvara und Kalacakra geweiht sind. Schon 1541 ließ der Urgroßvater vom Zhabdrung, Lam Ngagi Wangchuck, hier einen kleinen Tempel erbauen. Im **Tempel der Chörten** sind die Überres-

▲ Karte S. 213

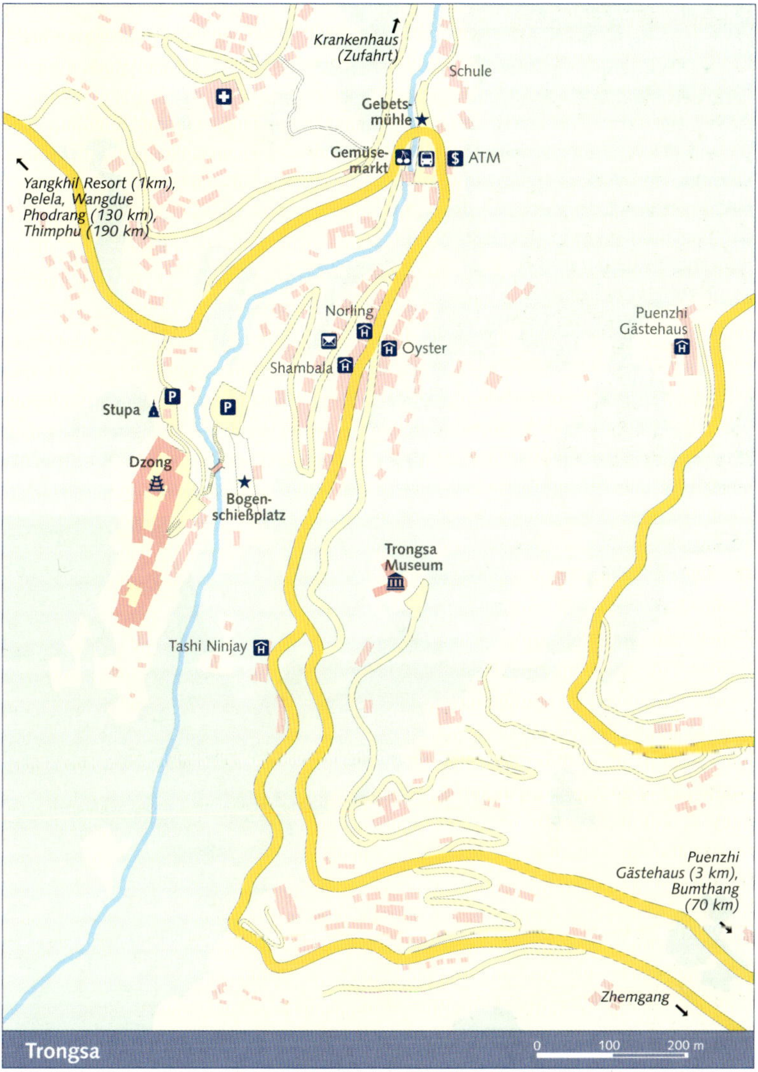

te des ersten Bauherrn in einer Chörte aufbewahrt. Im 1771 erbauten **Maitreya-Tempel** steht eine große Tonstatue des zukünftigen Buddhas. Der zum Zeitpunkt des schweren Erdbebens von 1897 regierende Gouverneur (Penlop) von Trongsa, Jigme Namgyal, ließ den Dzong rasch wieder reparieren. Sein Sohn, der hier 1861 geborene Ugyen Wangchuck, der spätere erste König von Bhutan, ließ anschließend die vielen Verzierungen und Schnitzereien wieder anfertigen. Seit der Gründung der Wangchuck-Dynastie ist der jeweilige erstgeborene Sohn zugleich auch der Penlop von Trongsa. Die Königsfamilie ist bis heute dem Dzong eng verbunden, sorgt viel für dessen Renovierungen und kommt auch öfters hier vorbei.

So wie die Mönchsgemeinschaft von Thimphu den Winter im Dzong von Punakha verbringt, so wechseln die Mönche von Bumthang in den kalten Wintermonaten Januar und Februar auch in den Dzong von Trongsa.

Den **Wachturm Ta Dzong** und das **Trongsa-Museum** erreicht man entweder zu Fuß (viele Treppen) oder mit dem Fahrzeug. Etwa 200 Meter oberhalb der Straßengabelung liegt zur Linken der Eingang des Fußweges mit grauen Granitplatten. Die Zufahrt kommt von der Straße nach Bumthang zum Ta Dzong. Im Museum, das ebenfalls mit österreichischer Unterstützung renoviert wurde, gibt es einen guten Überblick über die Monarchie des Landes und über buddhistische Kunst. Viele Ausstellungsgegenstände sind Leihgaben des Königshauses und werden mit guter Lichttechnik modern präsentiert. Das Museum umfasst mehrere Stockwerke in diesem Turm. Immer wieder gibt es grandiose Blicke hinunter zum Dzong und auf das enge Tal des Mangde Chhu. Neben dem Wissensdurst kann man hier auch ganz profan mit Getränken und kleinen Imbissen die körperlichen Bedürfnisse stillen. Das Museum hat von 9 bis 17 Uhr (im Winter bis 16 Uhr) geöffnet. Sonntags ist es

Labyrinthisch: der Trongsa Dzong

Karte S. 213

geschlossen. Der Eintritt kostet 200 Nu. Für Interessierte gibt es noch etwa 27 Kilometer südlich von Trongsa den **Winterpalast des zweiten Königs**, Jigme Wangchuck, zu sehen. Dazu fährt man auf der Straße nach Zhemgang bis zur Ortschaft Kuenga (Kunga) Rabten. Da die Straßenführung sehr kurvenreich ist und man nicht schnell vorankommt, muss man mit einer Stunde Fahrzeit rechnen. Zu sehen gibt es allerlei Königliches und einen Einblick in das Leben der Familie vor 60 Jahren. Die Holzschnitzereien am Gebäude sind ebenfalls sehenswert.

Trongsa-Stadt

Es lohnt sich, nicht nur den Dzong, sondern auch den Ort und den Turm oben auf dem Berg zu besuchen. Die meisten Touristen kommen nur für ein paar Stunden und fahren dann nach Bumthang weiter, was eigentlich schade ist. Der Ort hat mehrere gute Restaurants, viele Läden mit Früchten, Nüssen und Gemüse aus dem Süden, es gibt ›Handicraft‹-Läden und einige gute Hotels. Die Stadt als eine solche zu bezeichnen, ist etwas vermessen, ist doch die Hauptstraße in 10 Minuten durchwandert.

i Trongsa

Die **Bank of Bhutan** mit Geldautomat liegt am Bushalteplatz im Zentrum des Ortes. Im **Phuntsho Wangmo Bhutanese Handicraft Shop** findet man eine große Auswahl an lokalem Kunsthandwerk, aber auch an indischen und chinesischen Billigwaren.
Ein Postamt gibt es gegenüber dem NorlingHotel

Oyster House, Tel. +975/3521413. Oberhalb der Weggabelung (mit kleiner Verkehrsinsel) mit dem Hinweisschild nach Trashigang (352 Kilometer), Thimphu (200 Kilometer) und Gelephu (244 Kilometer). Hier kann man nicht nur gut essen, sondern auch übernachten. Bei Touristen ist dieses Hotel auch wegen der großen Sonnenterrasse beliebt – sollte die Sonne nicht etwas zu stark scheinen.

Norling Hotel, Tel. +975/3521178. Unterhalb der Verkehrsinsel, hier entsprechen die Zimmer eher schon dem westlichen Geschmack, auch wenn die Badezimmer sehr rustikal eingerichtet sind.

Shambala Hotel, Tel. +975/3521135. Gleich linker Hand des Norling steht dieses kleine, aber feine Hotel, dessen Küche auch tibetische und bhutanische Spezialitäten zubereitet.

Tashi Ninjay Guesthouse, Tel. +975/3521531 oder 17677329, tashininjay@gmail.com. Bleibt man auf der Straße nach Süden (Richtung Zhemgang und Gelephu), so erreicht man nach etwa 300 Metern das ehr modern und angenehm eingerichtete Guesthouse. Die Zimmer haben einen Balkon mit direktem Blick auf den Dzong. Das Restaurant im Erdgeschoss (Eingang rechts die Treppe runter) bietet eine gute landestypische Küche an. Alleine wegen des Blicks auf die Festungsanlage lohnt sich die Übernachtung.

Wer hoch hinaus will (auch mit den Preisen), der hat zwei weitere Unterkunftsmöglichkeiten:

Puenzhi Guest House, Tel. +975/3521197, puenzhi@druknet.bt. Man lässt sich noch etwa vier Kilometer auf der Straße nach Bumthang den Berg hochfahren (einiges oberhalb des Ta Dzongs). Die Übernachtung kostet hier 1800/2200 Nu (EZ/DZ) und 3000 Nu (deluxe). Die Zimmer sind geräumig, modern und komfortabel. Der Blick von den Balkons oder der Terrasse hinunter auf den Dzong ist beeindruckend. Wenn in der Stadt heiße oder subtropische Temperaturen herrschen, so weht hier oben immer noch ein leichtes Lüftchen.

Yangkhil Resort, Tel. +975/3521417 oder 17113867, yangkhilresort@druknet.bt. Das zweite luxuriöse Hotel, etwa eineinhalb Kilometer vor Trongsa an der Straße aus Thimphu gelegen. Die Preise bewegen sich für Standardräume bei 2200/2500 Nu und für Luxusräume bei 3000/3200 Nu (EZ/DZ).

Der Zhemgang-Distrikt

Von Trongsa sind es bis zur nächsten Distriktzentrale 111 Kilometer mit unzähligen Kurven, Steigungen und steilen Abfahrten. Man folgt mehr oder weniger dem Flusstal des Mangde Chhu, bleibt aber für viele Streckenabschnitte weit oberhalb des Flusses. Gleich hinter Trongsa entsteht unten im Tal momentan ein gewaltiges Wasserkraftwerk. Für viele Kilometer hört man das stetige Hämmern der Bagger, Lkws und Generatoren leisten ein Übriges zur Geräuschkulisse. Die Hänge der Region sind unten sehr viel steiler als oben, weshalb so gut wie alle landwirtschaftlichen Flächen, somit auch die Siedlungen, in den oberen Hangregionen liegen. Für die Bewohner kann es daher schon eine Tagesreise bedeuten, in das Dorf auf der anderen Talseite zu gehen, obwohl dieses nur zwei oder drei Kilometer entfernt liegt. Für den Besucher der Region sind solche tiefen Landschaften interessanter, weil so sehr viel mehr Eindrücke gesammelt werden können als in einer lieblichen Hügellandschaft. Der Mangde Chhu ist auch die östliche Grenze des zweitgrößten Nationalparks des Landes, des Jigme Singye Wangchuck National Park (vormals Black Mountain National Park). Das Besondere an diesem Park und der Region sind die großen unberührten Reste der Himalaya-Vorberge, die in Indien und Nepal schon zerstört wurden. Hier wachsen viele Laubwälder, in denen einige selten gewordene Tierarten leben: Tiger, Himalaya-Schwarzbär, Leopard, Roter Panda, Serau, Kragenbär, Goldlangur, 450 Vogelarten (!) und schließlich das bekannte Winterquartier der großen Gruppe von Schwarzhalskranichen aus Tibet.

Immer wieder windet sich die Straße in ein kleines Seitental mit einem tosenden Bergbach. Hier gibt es dann Reste der einst subtropischen Vegetation, turnen Affen in den Bäumen oder rufen exotisch klingende Vögel. Danach kommt man wieder auf terrassierte Felder mit Getreide, Gemüse oder Orangenbäumen. Etwa 60 Kilometer nach Trongsa erreicht man den großen Mangde Chhu (1000 Meter Höhe), bevor es wieder in zahlreichen Kurven am Hang nach oben geht. Der Dzong von Zhemgang gerät in Sichtweite, aber die Strecke verlangt noch viel Fahrgeschick vom Fahrer. Für die 111 Kilometer muss man bis zu vier Stunden rechnen! Etwa acht Kilometer vor dem Ziel führt in einer engen Kurve eine Asphaltstraße minderer Qualität (im Jahr 2014) weiter am Hang entlang. Das ist eine abkürzende Strecke zur Siedlung Tingtinbi an der Brücke über den Mangde Chhu und zur Straße nach Gelephu. Hier spart man sich sehr viele Höhenmeter und Kurven, sollte man (noch) nicht nach Zhemgang fahren wollen. Die Hauptstraße quält sich in einigen Serpentinen weiter den Berg hoch.

Zhemgang

Der Dzong von Zhemgang (*N27° 12'52", E90°39'31"*, 1923 m) und das kleine Städtchen liegen strategisch vorteilhaft auf einer Bergrippe, die in früheren Zeiten das Beobachten aller Vorgänge und Bewegungen von angreifenden Truppen oder vorbeiziehenden Karawanen ermöglichte. Die Distriktzentrale ist heute ein wichtiger Ort für die regionale Bevölkerung und die Lkws der Händler aus dem südlichen Distrikt Sarpang sowie aus dem indischen Assam. Der Distrikt selber und damit auch die Aufwertung zur Zentrale entstanden erst 1963, als der Distrikt Khyeng in die heutigen Pro-

▲ Karte vordere Umschlagklappe

Dorf im Zhemgang-Distrikt

vinzen Mongar und Zhemgang getrennt wurde. Der Dialekt, den die regionale Bevölkerung spricht, heißt demnach auch Khyengkha.

Der Name Zhemgang stammt von den tibetischen Wörtern Shang Gang (Shang-Berg oder Berg des Shang) und hat seinen Ursprung schon im 12. Jahrhundert, als ein Drukpa-Lama aus dem Norden (Drogon Shang Kyeme) hier einen ersten Tempel errichten ließ. Wann genau die heutige Gestalt des Dzong entstand, konnte nicht in Erfahrung gebracht werden. Allerdings sind die meisten neueren Renovierungsarbeiten, Umbauten und Einrichtungen ebenfalls aus dem Jahr 1963, als in dieses Gebäude eine neue Distriktverwaltung einzog.

Für den Besucher hat der Ort drei gute Restaurants mit lokaler Küche, eine Bank, mehrere Werkstätten und ein kleines Hotel: das Valley View am hinteren Ortsausgang (Tel. +975/3741187 oder 17938181, schoden1988@gmail.com). Der Besitzer ist ein guter Koch und zaubert schnell und günstig leckere Gerichte. Die Zimmer sind von einfachem Standard, die Badezimmer haben keine Dusche, stattdessen bekommt man vom Besitzer einen großen Eimer heißes Wasser ins Badezimmer gestellt und kann dann selbst mit dem kalten Wasser mischen und sich übergießen. Der Blick ins tiefe Tal ist besonders bei Sonnenaufgang lohnenswert. Viele der ornithologischen Reisegruppen (›birdwatchers‹) steigen hier ab, weil die Region grandios zum Beobachten der vielen Vogelarten geeignet ist.

Umgebung von Zhemgang

Von Zhemgang gibt es die Möglichkeit, zu den Ortschaften **Buli** und **Nyakar** zu fahren. In den beiden Orten leben noch heute Einwohner mit dem Titel ›König‹. Die Region war bis zur Vereinigung Bhutans im 17. Jahrhundert aufgesplittert in viele kleine Königreiche und Fürstentümer. Die Mitglieder dieser ehemaligen Herrscherfamilien dürfen trotz des Machtverlustes diese Titel noch immer tragen. Die Region nach Südosten des Distriktes wird immer niedriger und subtropischer. Angebaut werden neben Reis auch Bananen, Mangos, Orangen, Yams und weitere exotische Früchte, deren Namen ich nicht kenne, sowie interessanterweise auch Bambus. Letztgenannte Pflanze wird in vielen Produkten Bhutans verarbeitet, und es heißt, der

Auch Zhemgang hat natürlich einen Dzong

Bambus aus dem Distrikt Zhemgang sei dafür der beste.

Westlich der Stadt, nur über einen zweitägigen (oder ausgedehnten fünftägigen) Fußmarsch (eventuell mit Trägern oder Maultieren) zu erreichen, liegt die kleine Siedlung Nabji. Hier steht eine sehr alte Steinstele die den Platz markiert, wo etwa im Jahr 790 unter der Vermittlung von Guru Rinpoche der Streit zwischen den beiden Herrschern Sindhu Raja (Assam) und Naochhe (Bumthang) beigelegt wurde.

Interessant an der Region ist auch die ethnische Minderheit der Mompa, besonders in der Umgebung des Dorfes Kuda (Kudra), wo noch ungefähr 3000 von ihnen leben sollen. Von den Mompa ist man überzeugt, dass sie die ersten Siedler Bhutans waren. Ihre Ursprünge sind in der Region der heutigen nordöstlichen indischen Provinz Arunachal Pradesh zu finden. Mompa heißt übersetzt ›Leute der Dunkelheit‹ und bezieht sich darauf, dass sie hier ein von ihrer Ursprungsregion völlig isoliertes Leben geführt haben. Die Mompa praktizieren eine Mischung aus Buddhismus und Schamanismus, waren früher nur Jäger und Sammler, haben sich heute auch auf Korbflechtereien und das Weben mit Pflanzenfasern orientiert. Bekannt für ihre exzellenten Kenntnisse der einheimischen Flora sammeln die Mompa viele der Urwaldarten für medizinische Zwecke und verkaufen sie an bhutanische Händler.

Der Distrikt Zhemgang wird besonders im Osten und Süden stark von subtropischen Urwäldern geprägt. Die Besiedlungsdichte ist sehr gering (unter zehn Einwohner pro Quadratkilometer). Die meisten Dörfer befinden sich entlang des Tals des Mangde Chhu und des aus Bumthang kommenden Bumthang Chhu (nach dem Zusammenfluss beider heißt der Fluss Tongasa Chhu). Die

Von der Straße hat man immer wieder grandiose Fernblicke

Straßen- beziehungsweise Pistenerschließung der Dörfer ist wegen des steilen Landschaftsreliefs sehr gering. Die Region im Süden des Distriktes ist auch Teil des **Royal Manas National Park** (siehe Distrikt Sarpang), die südlichste Siedlung ist **Panbang**, schon im tropischen Tiefland von Assam auf unter 200 Meter Höhe gelegen.

Auf der Straße von Zhemgang nach Süden geht es für 34 Kilometer in vielen Kurven und mit grandiosen Fernblicken hinunter zur Brücke bei **Tingtinbi** (*N27°08'51", E90°41'28"*, 560 m), wo ein Kontrollposten steht. Das Dorf gleich oberhalb der Brücke hat zwei Läden, zwei kleine lokale Restaurants und ein Gästehaus.

Anschließend windet sich die Straße wieder den Hang hoch. Kurve für Kurve kommt man durch den tropisch-subtropischen Regenwald. Goldlanguren-Affen sind häufig in den Bäumen zu sehen. Nach etwa 20 Kilometern hat man den **Tama La** auf 2031 Meter Höhe erreicht (*N27°05'13", E90°38'33"*). Auch hier, an der Grenze zum Distrikt Sarpang, ist es feucht-warm. Die tropische Tiefebene von Assam ist schon sehr nah.

▲ Karte vordere Umschlagklappe

Der Bumthang-Distrikt

Die Fahrt hoch auf den **Yotong La** ist eine sehr steile Strecke und mühsam für alte Motoren (und Radfahrer). Die alten indischen und meistens überladenen Lkws qualmen kräftig und schaffen oft nicht mehr als Schritttempo. Von Trongsa sind es nur 28 Kilometer hoch auf die 3436 Meter Höhe. Wie üblich fährt man lange Strecken durch den Nadelwald, bestehend aus Tannen, Fichten, einzelnen Kiefern und Lärchen. Im Unterwuchs Rhododendren, Wacholder, Berberitzen und eine kleine Bambusart. Wo es kleine Waldlücken entlang der Straße gibt, steht vielleicht ein Yak und sucht nach Futter. Im Frühjahr sollte man auch die Augen offen halten, denn es gibt häufig auch große und bunte Waldhühner am Straßenrand, die Magensteine picken. Der Pass (*N27°31'01", E90°35'13"*) wird von unzähligen Gebetsfahnen und einem alten tibetischen Stupa verziert.

Das Chhume-Tal

Die Abfahrt ist nicht weniger rasant und schon bald erreicht man auf etwa 3000 Meter Höhe die erste Siedlung im fruchtbaren Chhume-Tal: **Gaytsa**. Direkt rechts der Straße steht der kleine Tempel Chuchi Lhakhang.

Buli Lhakhang

Viel bedeutsamer sind jedoch das Kloster und die angeschlossene Nyingma-Schule Buli Lhakhang links im Nachbardorf, die schon von weitem zu sehen sind. Die Anlage hat ihren Ursprung im 14. Jahrhundert durch Tukse Chhoying, dem Sohn von Dorji Lingpa. In den letzten Jahren ist die gesamte Struktur mit Hilfe der amerikanischen Himalaya-Hilfe renoviert worden (www.ahf-bhutan.com). Im Haupttempel gibt es drei Stockwerke. Der Tempel im mittleren Stockwerk ist Sangay geweiht, den drei Manifestationen Buddhas der Vergangenheit, Gegenwart und Zukunft. Das obere Stockwerk ist der Öffentlichkeit nicht zugänglich.

Tharpaling-Kloster

Vom Tempel aus kann man oben im Berg auf einem Felsvorsprung das rote Dach des Tharpaling-Klosters (Goemba) erkennen. Dieses wurde 1352 von dem Nyingma-Heiligen und Philosophen Longchen Rabjampa (1308–1363) gegründet, nachdem er aus Tibet floh und fast zehn Jahre hier lebte. Momentan wird das Tharpaling-Kloster ausgebaut und soll in Zukunft über 100 Mönche beherber-

Auf dem Weg zum Yotong La

Das Buli Lhakhang im Chhume-Tal

gen. Eine Pflasterstraße aus Natursteinen führt etwa zehn Kilometer zum Kloster hoch. Von Jakar (im Choekhor-Tal) gibt es auch einen Wanderweg am Kloster vorbei ins Chhume-Tal. Hinter dem Kloster führt die Fahrspur – jetzt noch holpriger – auf 3800 Meter Höhe.

Kloster Choedrak

Hier oben, häufig im Nebel der Wolken und bei Eis und Schnee in den Wintermonaten, steht das kleine Kloster Choedrak mit drei Tempeln. Im rechten Tempel, dem Thukje Lhakhang, steht eine 1000-armige Statue von Chenresi. Im Lorepa Lhakhang gibt es einen steinernen Fußabdruck von Guru Rinpoche, der hier längere Zeit meditiert hat. Der Name des Tempels geht auf den Klostergründer Lorepa (1187–1250) zurück, der seinem Vorbild folgte und auch mehrere Jahre hier lebte und meditierte. Der Tempel oberhalb, der Zhambhala Lhakhang, ist dem Gott der Gesundheit und des Wohlergehens geweiht. In der Nähe des Klosters hat Pema Lingpa mehrere Terma, versteckte heilige Texte und Gegenstände, gefunden.

Auf dem Weg zurück kann man noch einen Abstecher zum Samtenling-Kloster machen, das im 14. Jahrhundert gegründet wurde und in jüngster Zeit nach einem Brand neu aufgebaut wurde.

Domkhar

Zurück auf der Hauptstraße geht es an vielen fruchtbaren Äckern vorbei. Angebaut wird hauptsächlich Weizen, Gerste, Buchweizen und Kartoffeln. Die Höhe und die relativ trockene Lage im Chhume-Tal erlauben fast keine anderen Feldfrüchte. In den Gärten gedeihen verschiedene Gemüsesorten. Außerdem spielt die Rinder- und Yakzucht eine Rolle. Im weiteren Verlauf kommt man ins kleine Dorf Domkhar. Hier steht rechts etwas oberhalb der Straße der alte Sommerpalast des zweiten Königs, erbaut 1937. Im Dorf gibt es kleine Läden, Imbiss-Restaurants und viele neue Häuser. Die gesamte Region wächst. Mehrere Sägewerke verarbeiten die guten, gerade wachsenden Kiefern der Umgebung und machen sie zum Transport nach Westen fertig. Nach weiteren vier Kilometern gibt es eine lange gerade Abfahrt an einer gro-

▲ Karte hintere Umschlagklappe

ßen Schule vorbei. Auf der linken Seite der Straße stehen kleinere Restaurants und Übernachtungsunterkünfte, wohl aber nur für Einheimische gedacht. Hinter der Schule kommt man am Nyingpo Lhakhang vorbei, der 1587 von Pema Lingpas Enkel Tenpe Nyima errichtet wurde. Am Fluss ist vor 25 Jahren ein indisches Wasserkraftwerk zur Versorgung der Täler Bumthangs gebaut worden.

Sägewerk im Chhume-Tal

Zungney

Die vorletzte Ortschaft im Chhume-Tal, bevor es hinüber nach Jakar geht, ist Zungney. Zwei Dinge sind hier interessant, um einen kurzen Stopp einzulegen: der kleine Tempel des Dorfes und die Läden mit den lokalen Webereien. Der Tempel soll seinen Ursprung bei der Bewältigung der bösen Dämonin im hiesigen Tal haben und auf Initiative des tibetischen König Songtsen Gampo erbaut worden sein. Seine wichtigste Statue stellt Vairocana (einer der fünf transzendenten Buddhas) dar – ein Hinweis darauf, dass der Tempel tatsächlich aus dem 7. Jahrhundert stammen könnte. Die Einwohner des Dorfes sind für ihre mechanischen Webstühle bekannt, die mit vielen Pedalen bedient werden. Je mehr Pedale am Webstuhl sind, desto bunter können die Muster aus verschiedenen Wollfäden gewoben werden. Die Arbeiten sind zwar nicht billig, aber ihren Preis wert und weit über die Region hinaus bekannt und begehrt. In den Souvenirläden (Handicraft) am Straßenrand findet man ein breites Spektrum an Waren und Preisen. Die Einwohner selbst sind an den um den Kopf gebundene Wollschals zu erkennen.

Fassade eines alten Stupa

Am bekanntesten sind die Yathra (Yatra), gewebte Wollstreifen mit typischen geometrischen Mustern der Weber aus Zungney. Diese Streifen werden für verschiedene andere Textilien als Applikationen oder mit anderen Streifen vernäht zu größeren Decken und Bettlaken verarbeitet. Auch sind Schals aus den Yathra beliebt. Früher kam die Schafwolle für diese Weber aus Tibet, was inzwischen nicht mehr möglich ist. Es wird mit Hilfe australischer Fachleute versucht, ein Schafzuchtprogramm in der Region (Tang-Tal) aufzubauen. Viel Wolle kommt inzwischen aber auch aus Neuseeland.

Prakhar Goemba und Nimalung Goemba

Von Zungney führt ein zehnminütiger Wanderpfad nach Süden auf die andere Seite des Tals. Hier befinden sich zwei bedeutsame Klöster: der Prakhar Goemba und der Nimalung Goemba.

Der erstgenannte Tempel wurde von Dawa Gyaltshen, dem Sohn von Pema Lingpa, gebaut. Im unteren Stockwerk des Gebäudes ist eine von nepalesischen Künstlern geschaffene Sakyamuni-Statue, im mittleren Stockwerk sind die acht Manifestationen Guru Rinpoches zu sehen, und im Obergeschoss stehen neun kleine Stupas. Mitte des neunten Monats des Mondkalenders (also im Spätherbst) findet das Prakhar-Festival statt. Geht man den Pfad etwa 25 Minuten weiter den Hang hoch, so erreicht man das erst 1935 gegründete Nimalung-Kloster. Hier leben momentan etwa 100 Mönche, aber wegen der angeschlossenen Schule soll das Kloster noch erweitert werden. Das hiesige Tsechu findet im fünften Monat (Juli) statt. Dann wird ein riesiger Thangka (Thondrol) an der Außenfassade des Gebäudes entrollt, auf dem in Form von farbenfrohen Stickereien und Applikationen ebenfalls die acht Manifestationen Guru Rinpoches zu sehen sind.

Nanga Bypass

In der kleinen Siedlung Nangar, bestehend aus einigen in der Umgebung stehenden Häusern, gabelt sich die Straße. Der linke Abzweig führt in ein paar Kurven durch den Kiefernwald hoch zum Kiki La (2852 m) und dann in einer steilen kurvenreichen Abfahrt nach Jakar, dem Hauptort im Choekhor-Tal. Die rechte und recht breite Straße führt direkt in das Ura-Tal und weiter nach Ost-Bhutan (Mongar, Trashigang). Diese als Nanga Bypass genannte Straße ist erst 2014 fertiggestellt worden, von sehr guter Oberflächenqualität, mit angenehmer Straßenbreite und übersichtlichen Kurven. Diese neue Straße umgeht das Nadelöhr Jakar, drei weitere Pässe und das gesamte Ura-Tal und kommt nach etwa 20 Kilometern einen halben Kilometer unterhalb der Ortschaft Ura wieder auf die alte West-Ost-Verbindungsstraße.

Die Strecke führt fast ausschließlich durch Nadelwälder. Einzige Ausnahme ist die Ortschaft Tangsibi und das Offenland um das Dorf. Hier führt das neue Asphaltband talseitig am unteren Ende des Dorfes vorbei.

Die gesamte Strecke von Trongsa über den Kiki La nach Jakar (Verkehrsinsel) beträgt 69 Kilometer, vom Yotang La sind es 41 Kilometer, von Domkhar 27 Kilometer und vom Kiki La nur noch 11 Kilometer.

▲ Karte hintere Umschlagklappe

Jakar

Da die Region Bumthang und besonders das Choekhor-Tal und die Stadt Jakar viele religiöse und damit auch touristische Sehenswürdigkeiten zu bieten hat, ist sie bei Besuchergruppen auch entsprechend beliebt. Fast alle Touristen, die länger als eine Woche nach Bhutan kommen, besuchen Bumthang. Das heißt auch, dass die Infrastruktur hier, vor allem in der Zentrale Jakar, besonders gut ausgebildet ist. Häufig wird die Stadt auch Chakkar geschrieben, was aber auch nur eine andere Schreibweise und Aussprache für den Dzong hoch oberhalb der Stadt ist. Die Siedlung im Tal hieß früher Chamkhar und wurde in den letzten Jahren mehr und mehr in Jakar umgenannt. Das Klima der Region Bumthang ist für Mitteleuropäer im April und Mai (frühlingshafte bis frühsommerliche Temperaturen) und im Oktober (Spätsommer) am angenehmsten. Der Sommer kann geprägt sein von warmen bis heißen

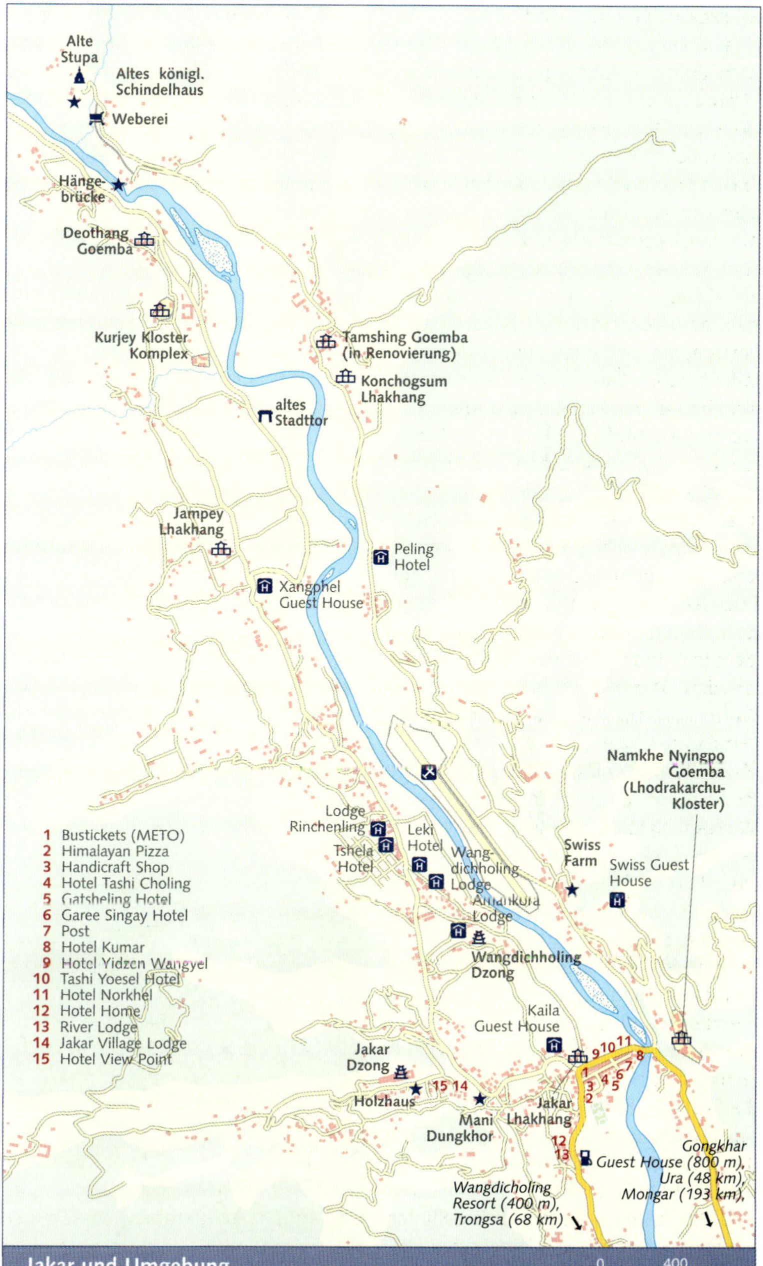

Jakar und Umgebung

sowie subtropischen Bedingungen. Ab November geht es in der Nacht schon nahe an die Frostgrenze, es kann aber tagsüber grandios sonnig und angenehm sein. Durch die Thermik über den großen Ackerflächen des Tals wird in der Regel in den Nachmittagsstunden ein starker trockener Fallwind aus dem nach Süden offenen Tal verursacht, der unangenehm stark wehen kann und sehr viel Staub aufwirbelt.

Die Landschaft des mit Ackerflächen und kleinen Siedlungen bedeckten weiten Choekhor-Tals erinnern an so manche mitteleuropäische Berglandschaft.

Der erste Eindruck, den der Besucher nach dem Durchqueren des kleinen Stadttores bekommt, ist der des geschäftigen Treibens auf der breiten Hauptstraße. Gleich am kleinen Verkehrskreisel steht auch ein sehr kleiner Tempel, der **Jakar Lhakhang** aus dem 14. Jahrhundert. Er ist in der Regel verschlossen. Vor dem Tempel ist der städtische Taxistand. Gegenüber liegen die gut sortierten Souvenirläden Sonam Handcrafts und Bumthang Handicraft Shop. Links vom letztgenannten Laden geht es zum Busbahnhof, dem Fußballplatz (Uygen Wangchuck Stadion) und der Himalayan Pizzeria (Tel. +975/36314371).

Neben dem Zugang zum Kaila Guesthouse (s. u.) gibt es einen Laden einer landwirtschaftlichen **Kooperative Bumthang Organic Outlet** (your source for local, fresh and organic products from Bumthang). Viele Produzenten der Region sind stolz darauf, dass ihre landwirtschaftlichen Betriebe komplett ohne Pestizide oder andere synthetische Chemikalien auskommen. Eine auf alle Fälle unterstützendwerte Initiative.

Vor der Brücke über den Bumthang Chhu gibt es eine Bankfiliale, gleich dahinter auf der rechten Seite ein tibetischer Stupa. Zwischen Brücke und Verkehrskreisel entdeckt man sehr viele Läden, Restaurants mit einheimischer Küche, Werkstätten und das eine oder andere kleine Hotel, meist nur für die lokale Bevölkerung. Dazu muss auch erwähnt werden, dass die Überlandbusse aus allen östlichen Distrikten in Bumthang über Nacht einen Stopp einlegen und so jeden Abend eine große Menge an einheimischen Passagieren ein Quartier benötigen.

Die Sehenswürdigkeiten der Stadt und näheren Umgebung kann man zwar auch auf eigene Faust erkunden, es ist jedoch wegen der Fülle an Informationen, die man dann nicht erhält, sinnvoll, sich einen Führer zu suchen.

▲ Karte S. 223

■ Der Dzong von Jakar

Wir beginnen mit dem Rundgang beim Jakar Dzong, wörtlich übersetzt als die ›Festung des weißen Vogels‹. Hier entschloss sich der Urgroßvater des Zhabdrung 1549 ein Kloster zu bauen, nachdem ihm tibetische Lamas die Omen gedeutet und den Platz ausgewählt hatten. Die Besatzung des Dzong konnte von der erhöhten Position das gesamte Tal überblicken. Von Tibet aus kamen

Hoch thront der Dzong über Jakar

Der Königspalast von Jakar

öfters bewaffnete Truppen in diese Region, da der Oberlauf des Bumthang Chhu (manchmal auch Chamkhar Chhu genannt) weit hinauf in den Himalaya reicht und es dann über den Mon La direkt nach Tibet geht. Durch den Sieg über die tibetischen Truppen (die Tibeter rückten zur falschen Jahreszeit an und kamen mit dem feuchtwarmen Klima nicht zurecht) bekam die Festung ihren offiziellen Namen Yuelay Namgyal Dzong (›Sieg über Phuntsho Namgyal‹, den tibetischen Herrscher). Die momentan zu sehenden Baustrukturen wurden im Jahr 1667 geschaffen. Der Dzong ist sehr groß und besitzt besonders dicke Außenmauern. Der Utse (zentrale Turm) befindet sich an der Außenwand, was es bei keinem anderen Dzong Bhutans gibt. Bei längeren Belagerungen konnte über einen versteckten Gang von einer Quelle im Tal Wasser hoch in den Dzong gebracht werden. Man hatte an alles gedacht – es wurde aber so gut wie nie benötigt. Die Tibeter hatten einfach die klimatischen Verhältnisse der Region nicht beachtet. Wenn man die steile Auffahrt zum Parkplatz oder den mit Steinplatten ausgelegten steilen Fußweg von der Stadt hoch auf den Berg bewältigt hat, erreicht man das Eingangstor. Am Kontrollhäuschen wollen Uniformierte die Daten des ausländischen Besuchers in ein Registrationsbuch schreiben, der Dzong ist ja auch ein Regierungsgebäude. Nach der Eingangstreppe, dem verwinkelten Eingang und dem Durchschreiten der riesigen Holz-Stahltüre steht man auf dem ersten, sehr schmalen Innenhof, der die Quartiere der Mönche beherbergt. Weiter nach links (Westen) kommt man zum Innenhof des administrativen Bereichs des Dzong. Die Fassaden im Inneren des Dzong sind reichhaltig geschmückt mit farbenfrohen Schnitzereien. An der westlichen Außenmauer – vom halben Weg zum Registrierhäuschen führt ein Pfad hoch – steht der Ta Dzong, der halbrunde Wachturm. Normalerweise steht der Ta Dzong immer weit oberhalb der Festung am Berg. Wieso er hier direkt an den Dzong angebaut wurde, kann man nur vermuten.

Wer vom Parkplatz aus noch zwei Kilometer weiter wandert (oder sich fahren lässt), erreicht das Lamey Goemba. Dieser große Komplex aus Palast und Kloster ist im 19. Jahrhundert als eine Residenz von Ugyen Wangchuck entstanden, bevor dieser König wurde. Momentan wird das Gebäude von der Forstverwaltung verwendet und ist der Öffentlichkeit nicht zugänglich.

Der Königspalast

Auf der Straße nach Norden muss man aufpassen, dass man die kleine Zufahrt zum nächsten Highlight nicht verpasst. Schräg gegenüber dem Handicrafts Emporium (linke Straßenseite), bei einem kleinen Stupa (rechte Seite) führt ein kleiner Asphaltweg schräg herunter zu einigen Bäumen und einer grünen, kurz gemähten Wiese. Die große Freifläche dient als Festivalgelände. Folgt man dem Weg, steht man 200 Meter später am

Eingang zum Wangdichholing Palast, erbaut 1857 vom Trongsa Penlop Jigme Namgyal, dem Vater des ersten Königs, der im Palast 1861 geboren wurde. Der spätere König wandelte das Gebäude zum Prinzenpalast um, wobei der zweite König hier nur den Sommer verbrachte - als Winterpalast diente der südlich von Trongsa stehende Kuenga Rabten. Momentan wird das Gebäude als Schule für Mönche (Lobdra) genutzt. Gleich neben dem Nordausgang vom Innenhof stehen fünf große Gebetsmühlen.

Weiter die Straße entlang steht auf der rechten Seite hinter dem Krankenhaus der Stadt der Sey (Gold) Lhakhang, besser bekannt unter dem Begriff Lhodrak Seykhar Dratshang, eine der wichtigsten buddhistischen Schulen für die Mönchsausbildung der Region. Im Haupttempel, der der Öffentlichkeit zugänglich ist, steht eine Figur von Marpa Lotsawa, dem großen Lehrer und Übersetzer der Texte der Kagyu-Schule des tibetischen Buddhismus. Die Schule wurde 1963 eröffnet.

Jakar

Jakar Village Lodge, Tel. +975/3631242 oder 17171777, jakarvillagelodge@gmail.com. Zwischen der Stadt und dem Dzong, linker Seite der Auffahrt zum Parkplatz. Komfortable Zimmer und einen guten Service. Das Essen soll besonders gut sein und der dort angebotene frisch gemahlene Kaffee erstklassig. Die Preise liegen bei 2800/3000 Nu, (EZ/DZ, Standard) und 3000/3500 Nu (EZ/DZ, Luxus). Direkt daneben liegt das **Hotel View Point** mit ähnlicher Ausstattung und Preisen.

Amakora, Tel. +975/3631190, www.amanresorts.com. Luxushotel kurz vor dem Palast und diesen fast verdeckend. Die Preise liegen in der Spitzenklasse: 96000 bis 103000 Nu (EZ/DZ) für eine Übernachtung mit Vollverpflegung (lokale, asiatische, europäische Küche).

Kaila Guesthouse, Tel. +975/3631219, kailaguesthouse94@gmail.com. Auf der Hälfte vom Verkehrskreisel zum großen Chörten unterhalb des Dzong-Berges, liegt auf der rechten Straßenseite, zwei Häuser weiter nach hinten versetzt, dieses erwähnenswerte Hotel mit seinem hübschen Innenhof. Dieses Hotel ist das am nächsten zum Zentrum gelegene (von denen, die für Touristen geeignet sind) und kann auch deshalb empfohlen werden, auch weil der Besitzer der ehemalige langjährige Koch vom Swiss Guesthouse ist. Es ist also mit einer guten Speisekarte zu rechnen. Die Einrichtung des Hotels ist weniger aufwendig und luxuriös, was offensichtlich bei vielen jüngeren Touristen und auch den vielen NGO-Mitarbeitern der Region gut ankommt. Hier kommt man schnell in Kontakt zu Einheimischen und Besuchern und erfährt alles wichtige des Tages. Die Übernachtungspreise liegen bei 2000 bis 2300 Nu.

Hotel Home, Tel. +975/3631444 oder 17612962, hotelhomebtn@yahoo.com. Etwa 100 Meter südlich hinter dem Stadttor und gegenüber der einzigen Tankstelle des Distriktes liegt oben am Hang das mit holzverkleideten Zimmern, geräumigen Badezimmern, schönen Ausblicken ins Tal und einem großen Speisesaal ausgestattete Hotel. Die Preise liegen bei 1650/1750 Nu (EZ/DZ) und 3000 Nu (deluxe).

River View Lodge (Tel. +975/3631287, pemadawa@druknet.bt. Die Auffahrt liegt gleich hinter der Tankstelle, die steile Asphaltstraße hoch. Sehr angenehme, nicht teure Zimmern(1800/2000 Nu Standard und 2500 bis 2900 Nu Luxus), Holzöfen in jedem Zimmer, einer gute Panoramaaussicht auf das untere Bumthang-Tal und ein sehr engagierter und hilfsbereiter Besitzer. Viele Indivdualreisende steigen hier ab, weil man hier in familiärer Runde zusammen sitzt. Das Restaurant ist nicht auf Luxus aus, sondern auf lokale Spezialitäten, die Frühstücksmarmeladen sind alle selbstgemacht. Besonders im November war auch der große Holzofen im Speisesaal (bukhari) sehr beliebt als

▶ Karte S. 223

Treffpunkt. Es ist mein persönlicher Tipp bei all den vielen Unterkünften, auch weil man in wenigen Schritten in der Stadt ist und weil Dawa, der Besitzer, mich jederzeit an seinen Internet-fähigen Computer ließ. Der Besitzer betreibt auch noch ein Hotel im Tang-Tal, die Mesithang River Lodge (→ S. 243).

Wangdicholing Lodge, Tel. +975/3631452 oder 17670399, wangdicholingresort@druknet.bt. Hier sind die Zimmer geräumig, komfortabel und etwas rustikal. Hier steigen ebenfalls viele ausländische Besucher ab, auch viele Kleingruppen und Individualisten. Das Restaurant genießt einen guten Ruf und die Preise sind angenehm (2000/2300 Nu, EZ/DZ). Die Distanz zum Stadtzentrum beträgt weniger als einen Kilometer.

Mountain Lodge, Tel. +975/3631255, mtnlodge@druknet.bt. An der Straße vom Stadtzentrum Richtung Norden. Hier laden die mit Holz verkleideten Innenräume, die ruhige und angenehme Atmosphäre, das gute Essen und der Blick auf das Tal zum Verweilen ein. Die Preise sind ebenfalls sehr angenehm (2000/2200 Nu, EZ/DZ)

Wangdichholing Lodge, Tel. +975/3631452, hotelwangdichholing@drucknet.bt. Die Preise liegen etwas über denen der Mountain Lodge: 2000/2300 Nu (EZ/DZ). Das Hotel gehört einer der größten Reiseagenturen des Landes und besitzt einen sehr hohen Übernachtungsstandard. Alle 35 Zimmer haben einen Balkon, sind modern ausgestattet und traditionell eingerichtet. Das Restaurant erfüllt sehr viele Wünsche.

Leki Guesthouse, Tel. +975/3631231, lekilodge@druknet.bt. Diese Unterkunft soll die älteste im Bhumtang-Tal sein. Es sind aber in jüngster Zeit über 10 neue Zimmer angebaut worden. Der Speiseraum ist mit lokalen Webarbeiten ausstaffiert, die auch käuflich erworben werden können. Die Preise sind moderat: 2000/2500 Nu (EZ/DZ, Standard) und 3000 bis 4000 (deluxe).

Lodge Rinchenling, Tel. +975/3631147, rinchenlinglodge@gmail.com. Die Zimmer sind geräumig, das Restaurant hat einen guten Ruf und die Lage des Gebäudes befindet sich zwischen Obstbäumen abseits der Straße. Die Übernachtungspreise liegen bei 2750 bis 3500 Nu Standard/Luxus.

Auf der großen Straße **nach Süden in Richtung Tang-Tal** und zum Distrikt Mongar, auf der linken Uferseite bleibend, kommt man noch an vier weiteren Hotels vorbei: **Jakar View Guesthouse** (Tel. +975/3631454, hoteljakarview@druknet.bt), **Valley Resort** (Tel. +975/3631668 oder 17774466, sangayphuntso7@gmail.com), dem **Gongkar Guesthouse** (Tel. +975/3631288 oder 17671035, tsheringgong@yahoo.com) und der **Yozerling Lodge** (Tel. +975/3631846, yozerling@yahoo.com).

Das **Gongkar Guesthouse** (1875/2000 Nu Standard und 3550/3800 Nu Luxus, EZ/DZ) gehört zu den besten Hotels des Tals. Komfortable, geräumige Zimmer, gute Badezimmer, ein exzellentes Restaurant, ein schöner Garten und eine Terrasse mit Blick hinüber zum Dzong und auf die Stadt sowie eine ruhigen Lage etwas oberhalb der Straße locken viele ausländische Gäste.

Die **Yozerling Lodge** liegt preislich ein gutes Stück darunter (1800 Nu Standard und 3500 Nu deluxe), lockt dafür mit dem typischen Holzbaustil des Bumthang-Tals und holzverkleideten Zimmern. Hier wird persönliche Gemütlichkeit groß geschrieben.

Das **Valley Resort** wurde frisch umgebaut und hat neun modern eingerichtete Zimmer und, wie der Name sagt, hat Ausblick auf das Bumthang-Tal und die bewaldeten Hänge. Die Preise liegen zwischen 2250 und 2500 Nu.

Im **Jakar View Guesthouse** gibt es 12 modern ausgestattete, aber traditionell eingerichtete Zimmer mit geräumigen Badezimmern, Balkons und Zimmerheizungen. Die Preise liegen zwischen 2300 bis 2500 Nu.

Durch das Bumthang-Tal

Das Jampey-Kloster

Kurz nachdem die Straße aus Jakar ein kleines Wäldchen durchquert, erreicht man eine Straßengabelung, wo sich zur rechten Seite eine lange Mauer und ein dahinterliegender Park befinden (Gelände mit Unterkünften der Königsfamilie) und die rechte Straße schräg nach unten führt. Die linke Straße geht geradeaus zum Jampey Lhakhang. Der Tempel hat seinen Namen vom zukünftigen Buddha (Jampa), auch Maitreya genannt. König Songten Gampo aus Tibet hatte im 7. Jahrhundert insgesamt 108 Tempel in Tibet und dem Himalaya erbauen lassen, um so den Buddhismus gegenüber den schamanistischen Religionen (zum Beispiel Bön) zu festigen. Darunter waren auch zwei in Bhutan: Kyichu bei Paro und Jampey bei Jakar, beide erbaut im Jahr 659. Am Tempel und den Nebengebäuden wurde immer wieder an- und umgebaut. Jeder Penlop von Trongsa wollte auf diese Weise etwas Besonderes schaffen und hinterlassen.

Die Hauptfigur im ältesten Tempel ist Jampa, der Buddha der Zukunft. Er hat typischerweise seinen Fuß auf einem Elefanten. Über dem Eingang in den Tempel ist eine Statue von Guru Rinpoche zu sehen, der sich hier lange Zeit aufgehalten hat. Der nördlich des Innenhofes gelegene Kalachakra-Tempel wurde durch Ugyen Wangchuck in seiner Zeit als Penlop von Trongsa hinzugefügt. In ihm befinden sich die Hauptstatuen von Guru Rinpoche, Tsepame und Chenresi. Oberhalb des Eingangs liegt noch der Sangay Lhakhang. Hinter dem Haupttempel stehen zwei große Stupas. Eine ist dem jüngeren Bruder des zweiten Königs gewidmet, der zweite Lama Pentsen Khenpo, dem buddhistischen Lehrer und spirituellen Unterweiser des ersten und zweiten Königs. Der gesamte Klosterkomplex besitzt an jeder Ecke auch noch zusätzliche Stupas in den Farben des Buddhismus: Gelb, Rot, Weiß, Grün und Blau. Die Farben stehen für die fünf Elemente: Gelb für die Erde, Rot das Feuer, Weiß die Luft (Wolken, Wind), Grün das Wasser, Blau die Leere (Raum, Himmel).

Felsen im Kloster Jampey mit der Inschrift ›Om mani padme hum‹

▲ Karte S. 223

Eines der spektakulärsten Festivals in Bhutan ist das hier im Oktober stattfindende Jampa Lhakhang Drup. Viele der dort verwendeten Masken, Hüte und Kostüme sind im sehr kleinen und leicht zu übersehenden Chakhar-Tempel aufbewahrt. Dieser steht rechts der Hauptstraße nach Norden, gleich unterhalb der zuvor schon erwähnten abschüssigen Kurve. Der Tempel sieht aus wie ein normales Haus, weist aber im Gegensatz dazu einen zu aufwendigen Dachaufbau auf. Hier hatte der ehemalige Herrscher der Region, der aus Indien stammende Sendha Gyab, auch besser unter Sindhu Raja bekannt, seinen Palast. Dieser König war auch derjenige, der Guru Rinpoche nach Indien einlud. Neben diesem kleinen Haus steht das Gästehaus der Königsfamilie.

Auf der Mauer stehen 108 kleine Stupas

Das Kurjey-Kloster

Etwa einen halben Kilometer nach dem Jampey Lhakhang steht rechts der Straße das alte Stadttor. Man kann sich beim Anblick dieses engen Durchgangs gut vorstellen, wie schmal die Pferdewagen einst waren. Die Asphaltstraße führt vier Meter daneben vorbei. Es geht in eine kleine Senke und steigt dann wieder auf das vorherige Niveau an. Jetzt ist der nächste Besuchspunkt nicht mehr zu übersehen: der Kurjey Lakhang mit der unten (an der Straße) gelegenen Klosterschule. Zum Kloster geht es 200 Meter weiter talaufwärts in einer steilen Rampe schräg zurück zum dazugehörigen Parkplatz.

Dieses Kloster ist eines der bedeutsamsten ganz Bhutans und des Himalayas. Einmalig für die Verhältnisse hier ist beispielsweise die Mauer rund um das Klostergelände mit 108 Stupas auf der Mauerkrone. Wer in den Innenhof möchte und nicht zu den V.I.P. gehört, der muss mit der Holzleiter über die Mauer klettern.

Markant sind die **drei großen Tempel**, die vom Innenhof, der eher einem offenen Platz gleicht, am Hang Richtung Nordwesten stehen. Im **rechten Tempel** (Guru Lhakhang) berichten Wandgemälde vom Kampf zwischen Gut und Böse. Dabei ist das Gute dargestellt als Vogel Garuda (soll für den Meister Guru Rinpoche stehen) und das Böse als der lokale Dämon oder als Schneelöwe Shelging Kharpo. Es heißt von diesem Tempel, dass er schon 1652 von Mingyur Tenpa erschaffen wurde. Im unteren Stockwerk gibt es eine enge Felsenpassage, von der die Bhutaner sagen, wer hier durchkriecht, könne seine Sünden hinter sich lassen.

In der oberen Etage des Tempels steht das wichtigste Heiligtum des gesamten Klosters: ein kleiner Schrein mit dem Abbild von Shelging Kharpo. Daneben gibt es hunderte (oder sind es tausende?) von kleinen Statuen von Guru Rinpoche, Pema Lingpa und Drolma (Tara). Die größte Statue im Tempel ist erneut von Guru Rinpoche und seinen acht Manifestationen, flankiert von den acht Chörten, die die gleiche Symbolik tragen. Hinter der Statue ist eine kleine Meditationshöhle, wo der große Meister persönlich gesessen haben soll.

Der **zweite Tempel** ist noch nicht so alt wie der erste. Als im Jahr 1900 der erste König noch Penlop von Trongsa war, ließ er diesen erbauen. Er trägt den Namen Sampa Lhundrup Lhakhang. Im Eingangsbereich stehen die Wächter der vier Himmelsrichtungen und die lokalen Schutzgötter. Die weiß gekleidete Figur auf einem weißen Pferd auf der rechten Seite ist Shelging Kharpo. Beeindruckend ist die Größe der Statue von Guru Rinpoche, sie beträgt zehn Meter.

Der **Tempel Nummer drei** ist auf Anregung der Königin Ashi Kesang Wangchuck, Frau des dritten Königs, 1984 erbaut worden. Am Gebäude kann man ein großes Rad des Lebens sehen. Dort ist ein Mann abgebildet, der mit weißen und schwarzen Steinen beladen wird, für seine guten und schlechten Lebenstaten. Auf der gegenüberliegenden Wandseite gibt es ein großes rundes Mandala. Im Tempel sind viele Abbildungen an den Wänden, die das korrekte buddhistische Leben und Verhalten betrifft. Hier wird das Klosterleben, die Regeln und Lebensweisen der Mönche, aber auch die richtige Kleiderordnung gezeigt. Das Gemälde erscheint fast schon wie ein Wand-Comic

Gebetsfahnen im Kurjey-Kloster

▲ Karte S. 223

Blick in den Innenhof des KLosters

für Buddhisten. Die Königin ließ auch die Mauer mit den 108 kleinen Stupas um den gesamten Tempelkomplex erbauen. Die gegenüber den drei Tempeln stehenden Gebäude sind die Unterkünfte und Wirtschaftsräume der Mönche, die sich um das Gelände kümmern. Gleich unterhalb der alten Flussterrasse, auf der dieses Kloster steht, entsteht momentan eine große Klosterschule.

Links neben dem linken Tempel führt eine Holztreppe über die Mauer. Wenn man dem Weg dahinter nach links folgt, kommt man nach wenigen Minuten zum **Zangto Pelri Lhakhang**, zu einem Tempel mit schönen Wandgemälden über das Paradies von Guru Rinpoche. Nach Aussage der Einheimischen sind drei Umkreisungen im Uhrzeigersinn Pflicht, bevor man ins Innere des Tempels gehen darf. Ein Stangenwald mit vertikalen Gebetsfahnen schmückt das Gelände zur rechten Seite des Tempels. Von hier hat man einen sehr schönen Blick auf das vorhergehende Tempelgelände. Folgt man dem Weg und der Fahrspur zurück, so gelangt man auch außerhalb der Tempelmauer direkt zum Parkplatz. Von dort aus geht ein steiler Fußpfad an der rechten Mauerseite hoch in den

Wald. Interessant zu sehen, wie die uralte Zypresse hinter dem ersten Tempel schon in das Gebäude mit integriert wurde! Wenn man dem Pfad fünf Minuten bergauf folgt, gelangt man zu einer heiligen Quelle, Khurjey Drupchhu genannt, wo die Mönche hingehen, um Wasser zu holen oder ihre Kleidung zu waschen. Auf dem Klostergelände wird im Juni jedes Jahres auch das beliebte **Kurjey-Festival** abgehalten. Mit Maskentänzen und Tanztheater, ausgeführt von Mönchen, wird unter anderem gezeigt, wie Guru Rinpoche gegen den Schneelöwen (Shelging Kharpo) kämpft. Ein riesiger Thangka, der hier Guru Tshengye Thondrol heißt, wird an der Mauer des Klosters entrollt. Darauf sind die acht Manifestationen des großen Meisters in aufwendigen Stickereien und Nähereien zu bewundern.

Bleibt man auf der Asphaltstraße weiter talaufwärts, so gelangt man an der linken Straßenseite schon bald zu einem kleinen privaten Tempel, dem **Deothang Goemba**. Dieser 1949 errichtete Bau wurde von Dasho Phuntsok Wangdi veranlasst und enthält eine große Statue von Guru Rinpoche.

In die nördlichen Bereiche des Tals

Der Rundweg durchs Tal des Bumthang (Chamkhar) Chhu würde jetzt über die Hängebrücke auf die andere Flussseite wechseln. Wer noch die zwei Klöster/Tempel weiter talaufwärts sehen möchte, fährt auf der Straße etwa eineinhalb Kilometer weiter bis zum Dorf Toktu Zampa, wo man auf einer Brücke über den Fluss auf die linke Flussseite fährt. An der Brücke endet das Asphaltband. Danach geht es nochmals etwa zwei Kilometer weiter bis zum **Thangbi (Thankabi) Goemba**. Dieser schon 1470 von Shamar Rinpoche gegründete Tempel leuchtet schon von weitem wegen seines gelben Dachs. Der Haupttempel ist den drei Buddhas der Vergangenheit, Gegenwart und Zukunft geweiht (Dusum Sangay). Das Gelände wird von Laienmönchen, die auch heiraten dürfen, betreut.

Wer noch mehr Wanderambitionen hat, kann noch bis zum **Ngang-Kloster** weiter gehen (etwa zwei Stunden) und sich dort von einem Allradfahrzeug wieder abholen lassen. Die Fahrspur ist wegen Bauarbeiten momentan aber in einem schlechten Zustand, so dass die Fahrt hoch zum Kloster eine Qual ist. Das

Malereien im Kloster

Zentral-Bhutan

Alter Stupa im Bumthang-Tal

könnte in Zukunft besser werden, aber zwei Stunden Wandern macht den Kopf frei, wenn man schon den ganzen Tag Tempel von außen und innen gesehen hat. So genießt man das Flusstal, die Wiesen und die ruhigen Nadelwälder. Vom Thangbi Goemba geht es auf die linke Uferseite und dann stetig talaufwärts. Dieser Pfad ist auch schon Bestandteil der Bumthang-Kultur-Trekking-Tour (→ S. 307), die hinüber ins Tang-Tal führt. Außerdem führte dieser Pfad in früheren Zeiten, als die Grenze nach Tibet noch offen war, auf dem direkten Weg hoch zum Mo La und weiter nach Tibet. Viele Handelskarawanen, aber auch die eine oder andere Armee, kamen hier vorbei. Das Ngang-Kloster, übersetzt als Schwanen-Kloster, wurde im 15. Jahrhundert auf Anregung des Lama Namkha Samdrup, eine Wiedergeburt von Pema Lingpa, gebaut. Die Hauptstatue stellt Guru Rinpoche dar. Es gibt ein Bild vom Zhabdrung auf der gegenüberliegenden Wandseite und eines vom Guru Rinpoche, in der Lotusblüte sitzend und von Schwänen umgeben. In einem weiter oberhalb stehenden Tempel sind viele Masken des örtlichen Festivals (Ngang Shey Tsechu) aufbewahrt. Dieses kleine Fest findet im zehnten Monat des Mondkalenders statt.

Wer von der Ortschaft **Toktu Zampa** (auf 2535 Meter Höhe) auf der rechten Flussseite bleibt und die Piste weiter talaufwärts fährt oder geht, kommt nach etwa fünf Kilometern ins Dorf **Duer**. Hier beginnt der ›Duer Hot Springs Trek‹, der verlängert werden kann und zum Basislager des Gangkar Punesum führt.

Auf der Ostseite des Tals

Zurück auf dem Rundweg durchs Tal queren wir nun auf der weniger als einen Meter breiten Hängebrücke zum anderen Ufer. An dieser Stelle muss der Bumthang Chhu an einigen Felsen vorbei und bietet schöne Fotomotive auf der rechten Uferseite unterhalb der Brücke. Gleich auf der anderen Seite angekommen, begebe man sich nach links auf einem kleinen Fußpfad und gelangt nach etwa 600 Metern zu einer Fahrspur. Nach etwa 400 Metern sind am Weg auf der linken Seite **Malereien auf einem großen Felsen** zu sehen. Sie zeigen Guru Rinpoche mit einem Tiger. Auf der Fahrspur wende man sich nach links und kommt nach einer Kurve zu einem

Frauenkooperative im Bumthang-Tal

▲ Karte S. 223

alten Holzhaus (renovierungsbedürftig und verschlossen) von für hiesige Verhältnisse beeindruckender Größe, welches der Königsfamilie gehört.
Weiter oberhalb stehen vier Gehöfte mit Wiesen, Äckern und Obstbaumplantagen davor. Inmitten der Felder und zwischen den Bäumen steht ein **uralter Stupa**, der mal wieder etwas weiße Farbe benötigen würde. Man muss sich seinen Weg dorthin zwischen den Zäunen und Mauern suchen (die Kühe auf dem Feld sind harmlos!), denn dieses als Dorjibi Lhakhang bekannte Bauwerk wird nur selten besucht.
Zurück auf der Fahrspur kommt man noch an einer Weberei vorbei, dem **Dorjibi Weaving Centre**. Diese Frauen-Kooperative wurde vom WWF Bhutan und der Schweizer Stiftung Elysium gegründet. Im Inneren der kleinen Produktionshalle stehen etwa zehn mechanische Webstühle, an denen die traditionellen und nicht gerade billigen Wolltücher, Teppiche oder Schals entstehen. Im kleinen Verkaufsraum kann man nach dem passenden Mitbringsel direkt vom Produzenten schauen.
Der weitere Weg kommt an Äckern mit Kartoffeln, Buchweizen oder Gerste sowie an einigen Apfelbäumen vorbei. Links oberhalb des Weges steht der Pema Sambhava Lhakhang, der an einer Meditationshöhle von Guru Rinpoche von Pema Lingpa um das Jahr 1490 erbaut wurde. Der Komplex wurde im 19. Jahrhundert durch Jigme Namgyal, dem Vater des ersten Königs und Penlop von Trongsa, erweitert. In den frühen 1970er Jahren wurde alles auf Veranlassung des damaligen Königs Jigme Dorji Wangchuck renoviert. Zu sehen sind nach dem kurzen, aber sehr steilen Aufstieg viele Felsengemälde und natürlich die Meditationshöhle selbst, die in bunten Regenbogenfarben bemalt ist.

In der Weberei

Das Thamsing-Kloster

Weiter auf der Piste zurück in Richtung Jakar gelangt man nun zum Tamshing Goemba und zum Konchogsum Lhakhang. Das Thamsing-Kloster ist das wohl bedeutsamste Nyingma-Kloster Bhutans. Es wurde 1501 vom Pema Lingpa gegründet und seitdem immer wieder ausgebaut und vergrößert. Es heißt, den ersten Tempel hätte Pema Lingpa selbst gebaut. Im Inneren sind Wandgemälde zu sehen, die noch im Originalzustand aus der Hand des Bauherrn stammen. Moderne Untersuchungsmethoden haben weitere Wandgemälde ausfindig gemacht, die noch eine Farbschicht darunter liegen.
Beim Betreten des Klostergeländes fällt sofort das geschäftige Treiben der Mönche auf, die in dem langen Gebäude mit Balkons zur rechten Seite wohnen. Im Jahr 2014 und 2015 wurde auf der linken Seite des Geländes und am Haupttempel umfangreich gearbeitet. Mit Hilfe der UNESCO soll der gesamte Komplex einer Generalsanierung unterzogen werden. Die Mönche packen kräftig mit an, zusammen mit einem ganzen Trupp von Handwerkern. Mön-

Zentral-Bhutan

che in der sommerlichen Mittagshitze bei der mühsamen Arbeit nur mit einer kurzen Turnhose zu sehen, ist für Besucher ungewohnt.

Den Tempel kann man trotz der Bauarbeiten besuchen. In der Vorhalle befinden sich die schon erwähnten alten Wandgemälde. Geht man im Uhrzeigersinn, so erkennt man der Reihe nach das Rad des Lebens, die Göttin Lhamo Remati (Mahakali), die lokale Gottheit Shangpa Marnak Sogdu, eine Person aus der Umgebung der Göttin Lhamo, eine weitere lokale Gottheit Shangpa Ngamo, Pema Lingpa (an dem Hut und der Vase des langen Lebens erkennbar), Choedra Gyamtsho (1454–1506, der siebte Karmapa), Yeshe Tsogyel (Frau von Guru Rinpoche), Guru Rinpoche (auch mit Hut), Jampel Zhenyen (Schüler von Garab Dorji und Behüter der Lehren der Dzongchen-pa), Garab Dorji (hat die Dzongchen-Lehren von Buddha Vajrasattva erhalten), der Buddha Vajradhara (in blauer Farbe), der Buddha Vajrasattva (in Weiß), der Buddha Amogasiddhi (in Grün), der Buddha Amitabha (in Rot), der Buddha Ratnasambhava (in Gelb), der Buddha Akshobya (in Blau) und der Buddha Vairocana (in Weiß, typisch mit dem Rad in der Hand). Weiter hinten geht es weiter mit den Wandbildern: der Buddha Amitayus (des unendlichen Lebens), Guru Dragpo (in Rot), eine Manifestation von Guru Rinpoche mit einem Skorpion in der Hand, der Bodhisattva Avalokiteshivara (in sexueller Vereinigung), die tantrische Gottheit Hayagriva (in sexueller Vereinigung), dem höchsten Buddha der Nyingma-pa (Samantabhadra, in sexueller Vereinigung), derselbe nochmal (in einer dämonischen Version), der Bodhisattva der Erkenntnis (Manjushri), Yama (in sexueller Vereinigung), der Bodhisattva Avalokiteshivara, der Bodhisattva der Macht (Vajrapani), Prajna Paramita (Göttin der transzendenten Weisheit), Vajrakila (Gott des Donnerkeils, in sexueller Vereinigung), Vaisravana (Gott des Reichtums), Mahakala (Schutzgott), Ekajati (Schutzgott der Nyingma-pa, mit einem Auge und einem Zahn) und Rahu (Schutzgott der Nyingma-pa, Gott der Finsternis, mit Augen bedecktem Körper). So bekommt man beim Rundgang im Tempel auch gleich einen Grundkurs in Sachen Bilderkennung und Personenerkennung in der doch für

Frisch renoviertes Dach des Thamsing-Klosters

Karte S. 223

Neue Dekorationselemente warten auf ihre Bemalung

uns außenstehende Besucher so verwirrenden Götter- und Halbgötterwelt des hiesigen Buddhismus.

Die wichtigste Statue im Inneren des Tempels stellt Guru Rinpoche dar. Zu beiden Seiten befinden sich der Buddha der Zukunft (links) und der Vergangenheit (rechts). Der Guru hat, was nicht üblich ist bei den vielen Darstellungen über ihn, keine Schuhe an. Über der Statue schweben Garuda (mystischer Vogel) und zwei mystische Krokodile (Maksara). In der Glasvitrine vor dem Altar steht eine Statue von Pema Lingpa. Das obere Stockwerk hat einen umlaufenden Balkon mit dem Blick auf den Altar. Die Deckenhöhe ist nichts für hochgewachsene Mitteleuropäer. Pema Lingpa, der Bauherr, war jedoch ein kleiner Mann, und so orientierte man sich offensichtlich an dessen Körpermaße beim Bau dieses Stockwerks. In der oberen Kapelle befindet sich eine Statue des Buddha des langen Lebens (Tsepame) und eine große Sammlung von Masken für die Tänze der Lama. Im unteren Bereich des Tempels hängt auch ein Kettenpanzerhemd von Pema Lingpa. Er soll es sogar selbst geschmiedet haben. Wer in diesem 25 Kilogramm schweren Hemd dreimal um den Tempel geht, bekommt seine Sünden erlassen, so heißt es. Das Kettenhemd ist jedoch nicht ausleihbar - zumindest für mich als Besucher nicht.

Konchogsum Lhakhang

Gleich beim Tamshing-Kloster beginnt auch wieder die Asphaltoberfläche auf der Straße. Schon nach wenigen Schritten (etwa 400 m) steht man vor dem kleinen und unscheinbaren Tempel Konchogsum Lhakhang, der sehr alt sein soll. Pema Lingpa, der den Tempel im 15. Jahrhundert erneuern hatte lassen, berichtet davon, dass dieser Tempel schon im 8. Jahrhundert gestanden haben soll. Es wird sogar vermutet, dass das erste Gebäude an dieser Stelle schon im 6. Jahrhundert stand. Leider brannte der Tempel 2010 ab, verursacht durch eine Butterlampe. Die Renovierungen waren 2014 noch im Gang. Im oberen Bereich des Tempels hing früher eine Glocke, von der momentan nur ein Fragment zu sehen ist. Der andere Teil befindet sich im Nationalmuseum in Paro. Es gibt viele Geschichten rund um das Gebäude und

Die Fassade ist bereits fertig

Waschtag im Kloster

diese alte Glocke. Die Beschriftung auf der Glocke besagt, dass diese für die königliche Familie Tibets gegossen wurde und in dessen Klang man den Klang des Buddhismus hören könne. Angeblich wurde diese Glocke dann in Tibet gestohlen und nach Bhutan und schließlich hierher gebracht. Es heißt, ihr Läuten soll bis nach Lhasa zu hören gewesen sein. Deshalb schickten die Tibeter Soldaten, um die Glocke wieder zurückzuholen. Diese war allerdings zu schwer und man ließ sie, absichtlich oder nicht, fallen, worauf sie zersprang und für immer ihren schönen Klang verlor. Die Glocke soll aus einer besonderen Legierung gegossen worden sein: 50 Prozent Bronze, 20 Prozent Zinn, 20 Prozent Silber und 10 Prozent Gold.

Schweizer Käse ›made in Bhutan‹

Nun geht es immer weiter nach Süden, vorbei an vielen hübschen Bauernhäusern. Das große Holzschild zum **Peling Hotel** weist in die Gegenrichtung, sollte man es suchen. Das Hotel liegt links oberhalb der Straße, gleich hinter einem kleinen Kiefernwald, der bis zur Straße reicht. Das Peling Hotel (Tel. +975/3631579 oder 17523728, www.hotelpeling.com.bt, info.hotelpeling@gmail.com) bietet eine phantastische Aussicht auf weite Teile des Tals und den Gegenhang bis hinüber zum Kurjey-Kloster. Die Zimmer und Badezimmer sind geräumig und besitzen Balkons. Die Zimmer besitzen Heizungen, was nicht in jedem Hotel in Bumthang üblich ist. Es gibt ein gutes Restaurant, und geworben wird auch mit einem ›Hot Stone Bath‹. Die Kosten sind mit 2700/2900 Nu (EZ/DZ) und 3600 Nu (deluxe) im mittleren Bereich.

Bei der weiteren Fahrt kommt man am örtlichen **Flughafen** vorbei. Hier starten in unregelmäßigen Abständen die ATR42-Flugzeuge (Propeller) der DrukAir nach Paro.

Es geht vorbei an einer Reihe von Kuhställen und Rinderweiden. Das ungewohnte Schild ›Red Panda Weiss Beer‹ der **Bumthang-Brauerei** zeigt an, wo wir uns nun befinden: bei der ›Swiss Farm‹. Fritz Maurer ist einer der ersten Schweizer gewesen, der nach Bhutan kam. Im Rahmen eines Entwicklungsprojektes baute er mit einheimischen Landwirten eine Molkerei und Käserei auf, die in-

Weißbier in Bhutan

▲ Karte S. 223

Nahe der Swiss Farm bei Jakar

zwischen so bekannt und deren Qualität so begehrt ist, dass der hier produzierte Käse bis nach Indien exportiert wird. Das Projekt wurde über die Jahre immer mehr erweitert und umfasst inzwischen eine Brauerei (aus der das süffige Weißbier stammt), einen landwirtschaftlichen Maschinenring und die Entwicklung und Weitergabe von energiesparsamen Holzöfen für die Familien im Bumthang-Tal. Ebenso entstand hier 1983 das erste Gästehaus im Tal, das **Swiss Guesthouse** (Tel. +975/3631145, swissguesthouse@druknet.bt). Mit einem grandiosen Panoramablick über das Bumthang-Tal und Jakar, umgeben von Apfelbäumen, mit holzverkleideten Zimmern und eingerichtet im rustikalen Stil – schöner kann man in Jakar eigentlich nicht unterkommen. Die 26 Zimmer und Badezimmer sind geräumig und mit Heizung ausgestattet. Das Hotel kann sich aus einer eigenen Quelle hinterm Haus mit exzellenter Trinkwasserqualität versorgen. Natürlich bekommt man in der Bar auch das Red Panda Bier frisch vom Fass gezapft! Die Preise sind gar nicht so hoch für diese Qualität: 2580/2600 Nu (EZ/DZ).

Im Hofladen (Yoeser Lhamo Shop) gegenüber der Brauerei gibt es eine gute Auswahl an Spirituosen, Weinen und Obstsäften, den wichtigsten Lebensmitteln (besonders ›Made in Bumthang‹) und natürlich eine immer frische Auswahl der hauseigenen Käsesorten. Bei den Spirituosen seien der selbstgemachte Honigwein und der lokale Pfirsichschnaps erwähnt. Die Käsesorten variieren zwischen Edamer, Emmentaler, Gouda und Tilsiter, alles in zertifizierter Ökoqualität. Das Kilogramm kostet ungefähr 400 Nu. Im Juli und August gibt es hier auch frischen Honig von den Imkern des Tals. Manchmal ist das Personal irgendwo im Hintergrund beschäftigt, dann rufe man die Telefonnummer 03631193 an. Oder man mache gleich per Telefon einen Termin zum Mittagessen oder der Käseprobe im kleinen Restaurant im Nebenraum beziehungsweise im nahegelegenen Biergarten (!) aus.

Die Brauerei kann besichtigt werden, die Molkerei aus hygienischen Gründen nicht. Ein Besuchstermin muss vorher telefonisch vereinbart werden (Tel. +975/3631197 oder 17110150 oder 17723713). Die Führung kostet 270 Nu pro Person und bezahlt damit direkt das Personal, wie es in der Ankündigung heißt. Jeder Besucher darf/soll das Bier auch verköstigen und bekommt deshalb eine Flasche Weißbier mit auf den Weg. Die Brauerei ist geschlossen an Tagen, wo gebraut oder abgefüllt wird, am Samstagnachmittag und an Sonn- und Feiertagen.

■ Padtselling Jangchubpelri-Kloster

Gleich nach dem Hofladen geht die steinige Piste hoch zum Padtselling Jangchub Pelriling Ngagyur Nyingma Institut und zum Padtselling Jangchubpelri-Kloster sowie oben nach links zum Swiss Guest House. Zum Kloster kann man allerdings auch die Treppen und den Fußweg direkt bei der großen Stahlbrücke über den Fluss nehmen, zu der es jetzt noch etwa einen Kilometer ist. Der Weg mit der Treppe beginnt hinter den Schildern. Das Padtselling Jangchub Pelriling Ngagyur Nyingma Institut und das dazugehörige Padtselling Jangchubpelri-Kloster (auch **Namkhe Nyingpo Goemba** genannt) entstanden in den 1970er-Jahren, als viele aus Tibet geflohene Nyingma-pa Mönche eine neue Bleibe suchten. Die riesige Gebetshalle beherbergt große Statuen von Guru Rinpoche, Chenresi und Saakyamuni. In der Klosterschule (Institut) wird auf dem großen Vorplatz die traditionelle Form des Debattieren und Diskutieren gepflegt. Der Lehrer sitzt, umringt von seiner Klasse und gibt einem Schüler eine Aufgabe oder Frage. Dieser versucht in einer debattierenden Art, jedes Argument und jeder Satz unterstützt mit dem Klatschen der Hände, den Zuhörern und dem Lehrer darzustellen. Der Lehrer erwidert nur selten, dann aber auch mit den Händen unterstützt. Häufig fallen andere Schüler mit in die Diskussion ein. Als Zuschauer vom Rand des Geschehens sollte man den Unterricht nicht mit allzu aufdringlicher Fotografie stören. Ein Objektiv mit großer Brennweite hilft dabei.

Eingang zum Padtselling-Jangchubpelri-Kloster

▲ Karte 223

Wie ein Schweizer den Käse nach Bhutan brachte

Von Detlev von Oppeln

Im Jahr 1968 las der Schweizer Käsemeister Fritz Maurer eine Zeitungsannonce, in der das Königreich Bhutan einen Käsemeister suchte. Damals wusste er noch nicht, dass Bhutan etwa so groß ist wie die Schweiz und versteckt im östlichen Himalaya liegt. Allein der Wunsch nach einem Auslandspraktikum ließ den jungen Käsefachmann rasch zusagen. Ein Jahr später waren endlich alle Visaformalitäten erledigt und der Käser auf dem Weg in ein Land, das damals gerade die ersten Asphaltstraßen baute.

Maurers erstes Einsatzgebiet waren die Schwarzen Berge in Zentral-Bhutan, wo ihn bereits 200 Yaks und ein völlig entnervter anderer Käsemacher aus der Schweiz erwarteten. »Vergiss es Fritz, ohne Milch kein Käs'«, sagte dieser. Denn die zur Verfügung stehenden Yaks gaben maximal zwei Liter Milch am Tag. Damit ließen sich nur geringe Mengen Käse herstellen.

Fritz Maurer reagierte flexibel. Um das Jahr nicht sinnlos in Bhutan zu verbringen, wollte er Kartoffeln anbauen, da ihm die schwarze Erde dieser Region fruchtbar erschien. Bei der Ernte stellte sich jedoch heraus, dass alle Pflanzen von Kartoffelkrebs befallen waren. Mit Hilfe der Schweizer Organisation Helvetas schaffte er 300 Kilo krebsresistentes Saatgut aus der Schweiz herbei und konnte bei der nächsten Kartoffelernte endlich einen Erfolg verbuchen. Das neue Saatgut verbreitete sich rasch in Bhutan, besonders in höher gelegenen Gegenden, in denen Reis nicht mehr angebaut werden konnte. Maurer gewann sogar das Königshaus für seine Idee, den Bauern Land zum Kartoffelanbau zur Verfügung zu stellen.

Kurz vor Ablauf seines Visums besuchte ihn der Bruder des Königs, um Maurer erneut auf den Wunsch nach Schweizer Käse anzusprechen. Der Käser postulierte das Fehlen einer Milchwirtschaft mit den entsprechenden Kühen und Weiden, deren Entwicklung mindestens 20 Jahre Zeit erfordern würde. Darauf soll der Königsbruder geantwortet haben: »Fritz, wir sind ein armes Land, doch reich an Zeit«. Das nahm sich der Schweizer zu Herzen und besorgte Milchkühe aus Südindien, die er in einer abenteuerlichen und lang andauernden Fahrt heil ins Tal von Bumthang brachte. In Jakar baute er seinen Milchhof, die Käserei und einige Jahre später sogar eine Weißbier-Brauerei auf. Seitdem gibt es in Bhutan Emmentaler, Greyerzer, Gouda und andere Schweizer Spezialitäten. Auch die Herstellung von Honig und Apfelsaft wurden von dem umtriebigen Käser initiiert. Heute leben viele Bhutanesen von der Erzeugung und dem Verkauf dieser Produkte.

Nachdem er in den 1970er Jahren vom König die bhutanische Staatsbürgerschaft erhalten hatte, die damals wie heute eine große Auszeichnung war, erbaute er das Swiss-Guesthouse, ein im bhutanisch-schweizer Holzhausstil errichtetes Landhaus, das auch Touristen offen steht. Verheiratet mit einer Bhutanerin kann der heute über 70-jährige zufrieden auf eine große Familie mit Kindern und Enkelkindern sowie auf die Verbreitung seiner Ideen aus der Schweiz in vielen Teilen Bhutans blicken.

Interessant ist in diesem Zusammenhang auch die Tatsache, dass die Swiss Farm zu einem wichtigen Arbeitgeber in Jakar geworden ist. In der Milchviehhaltung und der Molkerei werden viele helfende Hände benötigt.

Das Tang-Tal

Im Distrikt Bumthang spricht man stets von den vier Tälern, in denen die Menschen (größtenteils) leben und wo Landwirtschaft möglich ist. Neben den beiden schon genannten ist das Tang-Tal auf alle Fälle einen Tagesbesuch wert. Hier gibt es, eingebettet in eine reizvolle Berglandschaft, einige buddhistische Sehenswürdigkeiten. Außerdem ist das Tang-Tal wegen der Abgeschiedenheit von den großen Handelswegen und Durchgangsstraßen noch relativ gut in seiner Ursprünglichkeit erhalten geblieben. Viel geben die mageren Böden nicht her, sodass sich auch kein großer Reichtum bei den Bauern einstellen konnte. Im Wesentlichen wird hier Buchweizen angebaut, dessen Blüten im Herbst die Landschaft in ein zartes Rosa färbt. In den letzten Jahren sind auch Kartoffeln von guter Qualität angebaut worden. Das Problem der koordinierten Abfuhr von landwirtschaftlichen Produkten existiert nicht mehr so stark wie früher, als es noch keine Piste aus dem Tal gab. Früher musste alles mit Maultierkarawanen über den Phephe La (3360 m) ins Bumthang-Tal gebracht werden. Seit einigen Jahren versucht man sich auch in der Schafzucht, weil die für die Webereien benötigte Wolle nicht mehr aus Tibet kommt. In den höheren Lagen des Tals wird auch Yak-Zucht betrieben.

■ Auf den Spuren von Guru Rinpoche und Pema Lingpa

Man folgt der Asphaltstraße in Richtung Mongar und kommt nach sieben Kilometern zu einem tibetischen Stupa (2672 m), von wo es vier Kilometer wieder hinunter geht bis kurz vor die Brücke über den Tang Chhu (nach fast elf Kilometern ab dem Verkehrskreisel in Jakar). Hier geht es nun linker Hand auf eine sehr steinige und holprige Piste (*N27°32'16", E90°48'26", 2597 m*). Auf dem Hinweisschild steht ›Welcome to Tang, Wabthang Dzongkhag Road – Length 28 km‹.

Kurz vorher liegt die **Schaffarm Dechenpelrithang**, die mit australischer Unterstützung eingerichtet wurde. Diese ist inzwischen zur nationalen Schaftzucht-

An der Einfahrt ins Tang-Tal

▲ Karte S. 241

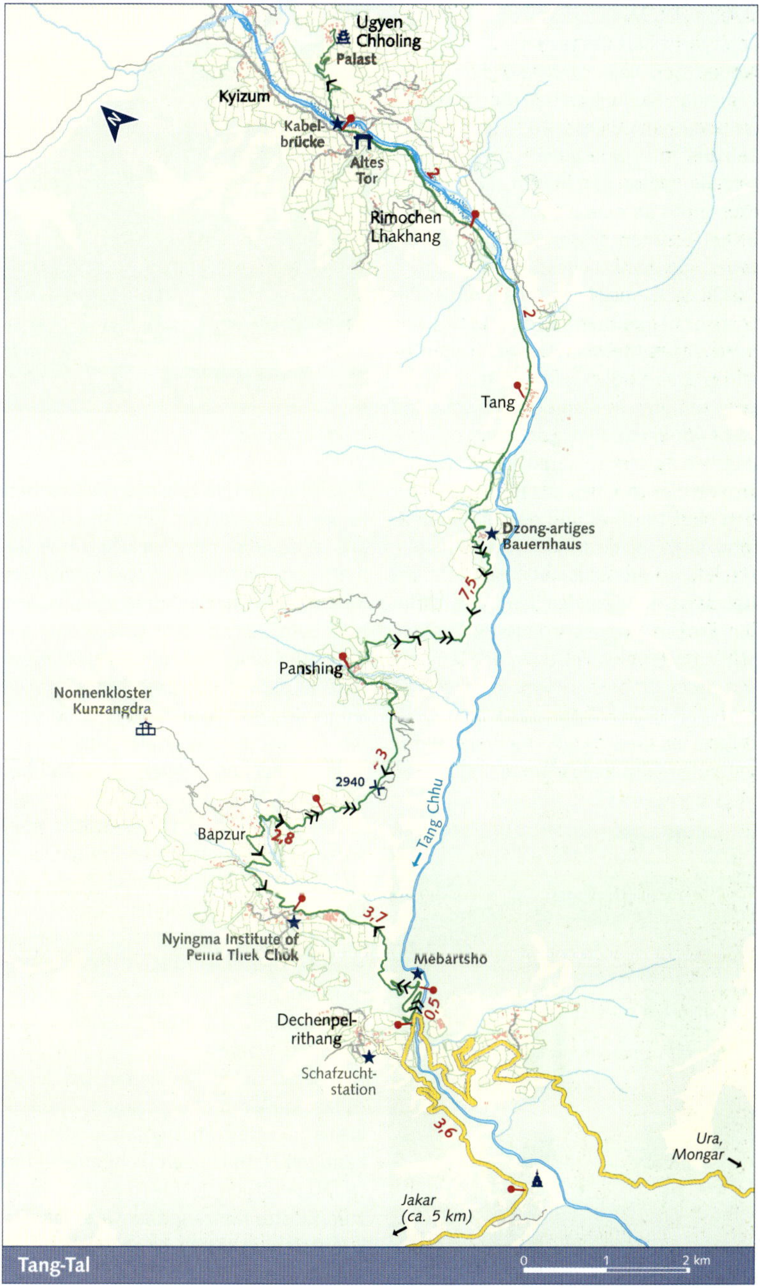
Ugyen Chholing Palast
Kyizum
Kabel-brücke
Altes Tor
Rimochen Lhakhang
2
Tang
Dzong-artiges Bauernhaus
7,5
Panshing
Nonnenkloster Kunzangdra
~3
2940
Bapzur
2,8
Tang Chhu
3,7
Nyingma Institute of Pema Thek Chök
Mebartsho
0,5
Dechenpel-rithang
Schafzucht-station
3,6
Ura, Mongar
Jakar (ca. 5 km)
0
1
2 km
Tang-Tal

station des Ministeriums für Land- und Forstwirtschaft aufgestiegen.

Neben den links oberhalb der Straße liegenden Ställen (an den Blechdächern zu erkennen) wurde 2014 ein **großer Tempel** mit außergewöhnlicher Form und Bauweise geschaffen. Er erinnert fast schon an eine chinesische Pagode. Bisher konnten dessen Zweck und Hintergründe nicht recherchiert werden.

Schon nach einem Kilometer auf der Piste erreicht man den Parkplatz des heiligen Ortes **Membartsho** (zu sehen ist ein großes Schild). Hier läuft man ein paar Minuten in Richtung Schlucht und steht vor einem Platz, der vielen Einheimischen als sehr spirituell gilt. Ein Eremit wohnt hier in einer kleinen Hütte, der den Platz umsorgt und darauf aufpasst, dass die Besucher sich korrekt verhalten. Der Name der Schlucht heißt wörtlich übersetzt ›brennender See‹, und meint die großen ruhigeren Flussstellen zwischen den steilen Felsen in der Schlucht des Tang Chhu – andere Seen gibt es hier nicht. Der Sage nach hat Pema Lingpa an dieser Stelle mehrere Terma gefunden, also heilige Texte und Kultgegenstände von Guru Rinpoche aus dem

Wasserbetriebene Gebetsmühle

In Membartsho

7. Jahrhundert. In zahllosen Felsnischen liegen tausende von Tsha-Tsha, kleine, aus Lehm geformte Kegel, teilweise bemalt und mit kleinen Papierzetteln im Inneren versehen, auf denen Wünschen oder Fürbitten an Pema Lingpa oder andere spirituelle Vorbilder geschrieben sind. In der Felswand sind drei Figuren eingraviert, um die ein Altar gebaut wurde: Guru Rinpoche (Mitte) mit Sakyamuni (links) und Pema Lingpa (rechts). Über den Fluss gibt es eine Holzbrücke.

Weiter auf der steilen Piste erreicht man nach zwei Kilometern die Zufahrt zum **Nyingma Institut of Pema Thekchok Choling** und zum Nonnenkloster Shedra Tang Bebzur. Das Kloster mit seinen etwa 120 Nonnen ist der Öffentlichkeit nicht zugänglich. An der Klosterschule wird momentan gearbeitet, denn sie soll erweitert werden.

Nach etwa sieben Kilometern, bei denen es fast immer nur bergauf geht und teilweise auf einem Pflaster aus runden und kantigen Natursteinen nicht angenehm zu fahren ist, erreicht man den Abzweig zum Kloster **Kunzangdrak Goemba**, gekennzeichnet durch ein Hinweisschild am kleinen Häuschen mit einer Wasser-

▲ Karte S. 241

gebetsmühle. In diesem Kloster werden die meisten von Pema Lingpa gefundenen Terma aufbewahrt. Der Meister selbst, hier in der Region im Dorf Chel geboren, veranlasste den Bau dieses in die Felswand hinein gebauten Klosters auf etwa 3500 Meter Höhe schon im Jahr 1488. Zuvor wurde, nachdem an dieser Stelle sowohl Guru Rinpoche als auch sein Schüler Namkhe Nyingpo meditiert hatten, schon im 8. Jahrhundert hier ein Heiligtum errichtet. Die verschiedenen Tempel des Felsenklosters sind Guru Rinpoche, Pema Lingpa, seinem Sohn Dewa Gyeltsen und Avalokiteshvara geweiht. Die interessanteste Statue ist im Khandroma-Tempel: eine vergoldete Kupferstatue von Pema Lingpa.

Es ist eine mühsame Fahrt bis zum Ende der Piste und dann ein ebenso mühsamer Aufstieg auf einem schmalen Pfad hoch zum Kloster. Man muss schon mindestens eineinhalb Stunden Wanderzeit einplanen (einfacher Weg). Nach mehreren kleinen Abfahrten und Anstiegen erreicht man das Dorf Tang, das bei den Einheimischen Mesithang heißt. Es gibt einen kleinen Laden, ein Imbiss-Restaurant, eine Schule und einige Häuser im traditionellen Holzbaustil der Region. Hier steht auch das einzige Hotel des Tang-Tals: die **Mesithang River Lodge** (Tel. +975/ 3631287, pemadawa@drucknet.bt) mit typischen, ländlichen Charme und Ausstaffierung. Ideal für das Kennenlernen des (noch) authentischen Bhutans.

Gleich hinter dem Dorf sieht man links eine große Felswand. Darunter, hinter einem großen Felsen eingeklemmt, steht der Tang Rimochen Lhakhang. Hier meditierte Guru Rinpoche, weshalb Pema Lingpa ein Gebäude errichten ließ. Das Gebäude ist für die Öffentlichkeit geschlossen. In der großen Felswand dahinter erkennt man Streifen mit heller oder schwarzer Substanz, wohl Farbveränderungen durch unterschiedliche Mineralien, die von Gläubigen als die Streifen eines Tigerfells gedeutet werden.

Nach etwa einem Kilometer ist man im **Dorf Kyizum** (Kizum)(21 Kilometer von der Asphaltstraße entfernt), wo es auch einen kleinen Laden und sogar einen Camping- und Picknickplatz gibt. Hier führt auch eine Hängebrücke für Fußgänger (und Radfahrer) auf die linke Uferseite des Tang Chhu (*N27°36'11", E90°53'04"*, 2703 m).

Im oberen Tang-Tal bei Kyizum

Der Museums-Palast Ogyen Chholing

Zum Museums-Palast Ogyen Chholing

Jetzt folgt man der Fahrspur (Fahrzeuge müssen schon bei Tang die Flussseite wechseln) und erreicht nach etwa vier Kilometern den Ogyen (Ugyen) Chholing Palast. Von der Hängebrücke und dem Picknickplatz läuft man ungefähr 45 Minuten hoch zum Palast Rimochen Lhakhang. Seinem unten wartenden Fahrer kann man ruhig drei Stunden Schlaf gönnen – für den Palast und das dortige Museum sollte man sich wenigstens eineinhalb Stunden Zeit nehmen. Noch besser ist es, einen englischsprachigen Orts- oder Museumskundigen mitzunehmen.

Im Ura-Tal

▲ Karte S. 241

Der Palast steht an einem Platz, von dem es heißt, dass hier schon im 14. Jahrhundert der Nyingma-pa Lama Longchen Rabjam als Eremit lebte. Der Sohn von Pema Lingpa, Dorji Lingpa, meditierte ebenfalls hier und entdeckte dann viele Terma. Das Kloster, welches von den Nachfahren des Pema Lingpa erbaut wurde, musste dem Palast weichen, der im 19. Jahrhundert von Tshokye Dorji, dem hier geborenen Penlop von Trongsa erbaut wurde. Da dieser auch ein direkter Nachfahre des alten Meisters war und dessen Blutslinie bis heute besteht, ist auch der Palast in Privatbesitz geblieben.

Das Assam-Erdbeben von 1897 hat sehr starke Schäden hinterlassen, so dass die meisten Gebäude, wie der Utse (Turm), der Tshuglhakhang (Haupttempel), das Chamkhang (Tanzhaus) oder auch das Shagkor (Gästehaus) ihre heutige Struktur etwa Anfang des 20. Jahrhunderts erhalten hatten.

Das **Museum**, welches die Familie hier 2001 eingerichtet hatte, bietet nicht nur außergewöhnliche Exponate, sondern auch einen sehr guten Einblick in das Leben und den Alltag einer höher gestellten Familie der letzten beiden Jahrhunderte. Ein kleines Büchlein als Museums-Führer in Englisch kostet nur 350 Nu und lohnt sich. Bringen Sie eine Stirnlampe mit – nicht alles ist gut ausgeleuchtet.

Das angeschlossene **Gästehaus (**Tel. +975/3680704) besitzt zwei Suiten und sechs kleinere Standardräume (700 bis 1300 Nu), ein ausgezeichnetes Restaurant und einen schönen Garten zum Entspannen. Eine vorherige Anmeldung ist notwendig und ratsam – die Fahrt zurück nach Jakar ist lang! Fahrzeuge kommen entweder über eine Furt bei der Ortschaft Tang auf die andere Uferseite oder über eine neue Autobrücke oberhalb der Ortschaft Kyizum im Dorf Gamling. Von hier aus gibt es auch einen **Fuß- und Maultierpfad hinüber ins Bumthang-Tal** (etwa sechs Stunden, über den Phephe La, 3360 Meter hoch) und hinüber **nach Lhuntshi** (drei Tage, über den Rodang La, 4160 Meter hoch).

Wer geradeaus im Tang-Tal bleibt, erreicht nach etwa drei Stunden Fußmarsch das **Kloster Thowadra** (Thowadrak). Hier soll der Meister Guru Rinpoche selbst meditiert haben, weshalb schon um 1240 von Lorepa ein Kloster gegründet wurde. Der Name heißt wörtlich übersetzt ›höchster Felsen‹ und spricht aus, was man sieht: Das Kloster ist in einen Felsen auf 3400 Meter Höhe hineingebaut worden. Die hiesige Nyingma-pa Mönchsgemeinschaft wurde Ende des 18. Jahrhunderts angesiedelt.

Das Ura Tal

Das vierte der besiedelten Bumthang-Täler ist das Ura-Tal, das kleinste und am weitesten von Jakar entfernte Tal. Wer von Jakar nach Ura fährt, hat zwei Möglichkeiten. Entweder die alte Straße in Richtung Mongar, nach der großen Brücke in Jakar nach rechts und dann für etwa 50 Kilometer über viele Kurven und zwei Pässe. Alternativ fährt man zurück über den Kiki La zum Dorf Nanga und nutzt dort die neu gebaute Straße nach Ura, den sogenannten Nanga-Bypass (→ S. 222).

Landschaftlich reizvoller ist sicherlich die alte Strecke. Vorbei an dem Abzweig der Piste ins Tang-Tal (nach 11 Kilometern) und über die Tang-Chhu-Brücke geht es für viele Kilometer hangaufwärts. Man kommt vorbei an Weiden, auf denen Yaks oder Schafe stehen, an einzelnen

Stupa- und Tempelneubau in Tangsibi

Gehöften und an dichten Nadelwäldern. Hin und wieder gibt es bei passender Sicht einen weiten Blick ins Bumthang-Tal und zum Dzong von Jakar. Nach 36 Kilometern erreicht man auf 3480 Meter Höhe einen kleinen alten tibetischen Stupa. Das ist jedoch noch nicht der höchste Punkt auf der Strecke nach Ura!

37 Kilometer hinter Jakar liegt unterhalb der Straße das Dorf **Tangsibi** mit seinen grünen Weiden, die ab November bis April jedoch braun verfärbt sind.

Manistein auf dem Ura La

Auf dem Festival Ura Yakchoe

Das Dorf liegt auf 3350 Meter Höhe, wo die Sommer schon kürzer sind als im Bumthang-Tal. Die Asphaltstraße, die man unterhalb des Dorfes im gleichen Hang entdeckt, ist der Nanga-Bypass. 2015 wurde an einem Tempel in Tangsibi gebaut, der weiße Stupa links davon war schon fertig. Die Bauernhäuser schmiegen sich alle an einem Platz zusammen, damit nicht die wertvolle Ackerfläche durch die Bebauung verschwendet wird.

Die Fahrt geht weiter bergauf, bis man am Shertang La (Ura La) auf 3581 Meter Höhe steht (38 Kilometer seit Jakar). Umgeben von dichten Tannen- und Kiefernwäldern, hat man das Gefühl, in den bayerischen Alpen zu stehen. Nur während der Rhododendronblüte wird dieser europäische anmutende Landschaftseindruck wieder korrigiert. An den Ästen hängen Bartflechten und über den Pass viele Gebetsfähnchen. Der tibetische Stupa steht auf einer Verkehrsinsel, um welche die Fahrzeuge alle jeweils auch eine Umkreisung machen. Ob das jedoch für den Fahrer oder für das Auto von positivem Karma ist, konnte mir niemand sagen. Die Schussfahrt nach Ura ist schnell, und schon bald kommt man aus dem Wald heraus. Die Ortschaft Ura liegt weit unterhalb der vielen Weiden. Entlang der Straße gibt es nur einige vereinzelte Häuser.

■ Dorf und Kloster Shingkhar

Schon beim ersten Haus geht nach links eine Piste hangaufwärts, daneben gibt es ein Hinweisschild ›Royal Government of Bhutan. Ministry of Education. Shingkhar‹. Das ist die neun Kilometer lange Piste zum Dorf und Kloster Shingkhar auf 3390 Metern Höhe gelegen. Es ist ein lohnenswerter Abstecher, zumal die Piste nicht ganz so schlimm zu befahren ist, wie die nach Tang.

Einige Meter oberhalb des Dorfes steht ein altes Kloster, das vom Nyingmapa-Lama Longchen Rabjama (1308–1363) erbaut wurde. Im zentralen Tempel Dechen Chholing Goemba steht der steinerne Thron, von dem aus Longchen persönlich die Lehren vermittelt haben soll. Dieser Thron ist aber durch eine Statue von Longchen teilweise verdeckt. Die Hauptstatuen sind, wie so häufig, die Buddhas der drei Zeiten (Vergangenheit, Gegenwart, Zukunft). Daneben gibt es noch interessante Wandmalereien, darunter die drei Zyklen der Nyingma-pa: Lama Gondu, Kayge und Phur-pa. An der Decke gibt es gut renovierte Mandalas zu sehen. Das Besondere an diesem kleinen Kloster ist das hier im Oktober (neunten Monat) stattfindende Festival, das Shingkhar Romney, bei dem ein nur hier vorgeführter Yak-Tanz gezeigt wird.

Im **Shingkhar Retreat** (Tel. +975/ 3323206 oder 17603971, masagang@ druknet.bt), einem kleinen Restaurant und einer Herberge, ist die Mittagseinkehr bei regionaler bhutanischer Küche möglich. Die Zimmer sind sehr einfach, jedoch gemütlich (etwa 2200 Nu).

■ Ura

Auf der Asphaltstraße geht es in einem abschüssigen Bogen im Osten des Tals ins Ura-Tal. Die Zufahrt ins Dorf ist von unten, weshalb man zuerst meint, man fährt am Dorf komplett vorbei und wundert sich darüber, ob man den Eingang verpasst habe. Während der Fahrt kann man schon den großen Tempel auf der hinteren Seite der dichteren Bebauung erkennen. Beim Kilometer 49 (ab Jakar) biegt man nach rechts auf den Nanga-Bypass und dann gleich wieder nach rechts in Richtung Dorf ab (Abzweig bei *N27°27'53", E90°54'29"*, 3130 m). Die Asphaltoberfläche ist sehr neu und gut gearbeitet. Der große, die um-

Zentral-Bhutan

gebenden Häuser dominierende Tempel, der Guru Rinpoche geweiht ist, ist erst wenige Jahrzehnte alt: Baujahr 1986. Die große Hauptstatue zeigt auch den Meister Guru Rinpoche.
Interessant ist, dass dieses kleine Dorf zur Zeit des hiesigen Festivals aus allen Nähten platzt. Das Ura Yakchoe findet üblicherweise im Mai statt, ab dem 12. Tag des dritten Monats, wird aber von den Veranstaltern des Dorfes auch gerne kurzfristig verschoben. Derjenige Veranstalter, der seine Touristengruppe punktgenau zum Festivalbeginn bringt, verdient organisatorische Hochachtung. Das dreitägige Tsechu zeigt viele religiöse Maskentänze, Prozessionen und Tanztheater. Die lokale Bevölkerung brennt zum Festival eine Art Schnaps aus Getreide, der es in sich hat. So kann es auch gut sein, dass an den späten Abenden der Feiertage einige Gesellschaften in feuchtfröhlicher Runde landen oder auf diese Weise schneller in einen transzendenten Zustand kommen.
Während der Feiertage sind alle Wiesen rund ums Dorf mit Zelten belegt. Hotels oder andere Herbergen sind rar. Es gibt bisher nur zwei Unterkünfte: das rustikale und einfache **Yeshi Hotel** (Tel. +975/17762734) und das etwas stärker auf Touristen ausgerichtete **Arya Zambala Hotel** (Tel. +975/3680025 oder 17732699, azherbal05@yahoo.com), beide an der Hauptstraße hinunter ins Ura-Tal gelegen. Beide Herbergen sind sicherheitshalber vorher zu kontaktieren, da es auch sein kann, dass kein Verantwortlicher zu Hause ist.

▶ Karte hintere Umschlagklappe

■ Trekking von Ura aus

Von Ura aus gibt es auch einige kurze aber auch längere Trekkingtouren. Einer davon ist zwar nur etwa neun Kilometer lang, aber mit normaler Wanderkondition benötigt man trotzdem etwa vier Stunden, denn es geht über weite Strecken bergauf. Der Start zum **Ura-Wangthangla-Pfad** ist gleich hinter dem Hotel an der Hauptstraße nach Mongar. Ziel ist der 3663 Meter hohe Wangthang La. Es sind jedoch mehr als die 563 Meter Höhenunterschied vom Dorf Ura aus zu bewältigen. Wer jedoch vom Pass nach Ura herunterläuft, kann die Strecke auch in weniger als drei Stunden schaffen – ohne die Fotostopps eingerechnet. Besonders während der Rhododendronblüte von Anfang bis Mitte April ist dieser Wanderweg eine Augenweide für Blumenliebhaber und Fotografen. Wer in den frühen Morgenstunden unterwegs ist, kann auch einige der hier vorkommenden Wildtiere entdecken. Das Gebiet südlich und östlich von Ura, vier Distrikte berührend, gehört zum Thrumshing National Park. Gleich beim Eingang zum Wanderweg in Ura steht das Besucherzentrum des zugehörigen Nationalparks. Dieser wurde eingerichtet, um die großen unberührten Nadelwälder der Himalaya-Vorberge mit alten, flechtenbehangenen Urwaldbeständen von Tannen, Kiefern und Fichten der Hochlagen zu schützen. Als besondere Tierarten des Gebietes werden aufgelistet: Roter Panda, großer Hornvogel, Tragopan und andere seltene Buntfasane, Kappenlangur und der Himalaya-Schwarzbär. Neben diesem Wanderpfad gibt es in 3600 Meter Höhe am Thrumshing La einen **Rhododendron-Lehrpfad.** Hier soll es 40 verschiedene Arten dieses Ericaceen-Gewächses geben. Während der Blüte im Frühjahr ein Muss für alle Rhododendron-Fans. Am besten bestellt man für diesen Garten einen Ranger aus der Parkverwaltung in Ura und nimmt ihn mit hoch auf den Pass. Die Wanderung in dem kleinen botanischen Garten wird mit etwa 45 Minuten angegeben.

Auf dem Weg zum Thrumshing La

Der Thrumshing La

Ab dem Abzweig zum Nanga-Bypass und nach Ura (3130 m) sind es noch 28 Kilometer bis zum Wangthang La (3663 m) und drei Kilometer weiter bis zum Thrumshing La. Die Auffahrt ist manchmal recht steil, häufig ist die Straße in die Felswand gefräst und man darf trotz der Enge des schmalen Asphaltbandes nicht erwarten, dass es auch Leitplanken gibt. Oft liegen Felsbrocken und mitgerissene Waldvegetation auf der Fahrbahn. Häufig liegt die Passstraße wegen der feuchten Winde von Süden und der kühlen Luftmassen in den Bergen im dichten Nebel. Die Durchschnittsgeschwindigkeit kann zudem wegen der vielen Kurven nicht sehr hoch sein. Hinter dem Pass auf 3663 Meter Höhe, auf dem ein alter tibetischer Stupa steht, geht es hinunter zu zwei kleinen Bergflüssen. Ab der zweiten Brücke wird es teilweise wieder richtig steil, teilweise auch schwierig, da die Asphaltoberfläche durch Steinschlag und Lawinen zerstört wurde. Auf der Passhöhe des Thrumshing La (*N27°24'06", E90°59'47"*, 3763 m) steht ein kleines verschlossenes Haus, das ein Tempel sein könnte. In einer Verkehrsinsel steht eine Mani-Steinmauer mit unzähligen Tsa-Tsa und einen Räucheropfer-Ofen für Wacholder- oder Tannenzweige. Alles ist dicht von Gebetsfahnen geschmückt und verwoben. Der Wind weht stetig und heftig hier oben. Die Temperaturen unterscheiden sich spürbar zu Ura und sind ein noch heftigerer Kontrast, wenn man aus Osten hier hoch kommt, schließlich beträgt der Unterschied 3190 (!) Höhenmeter vom Kuru Chhu bis hier hoch. Am ersten April lag hier noch 20 Zentimeter Schnee. Im Kuru-Tal waren es dagegen subtropische 45 Grad! Der Thrumshing La ist auch die Distriktgrenze nach Mongar (105 Kilometer von hier).

»Begegnest du der Einsamkeit – hab keine Angst!
Sie ist eine kostbare Hilfe, mit sich selbst Freundschaft
zu schließen.«

tibetisches Sprichwort

OST-BHUTAN

Abfahrt vom Kori La ins Drangme-Tal

Der Distrikt Mongar

Wir befinden uns nun in Ost-Bhutan und somit für die meisten West-Bhutaner im ›Hinterland‹ – wobei der Distrikt Mongar da noch nicht so wirklich dazu gezählt wird. Die Städter aus Thimphu meinen damit die fünf Distrikte nördlich, östlich und südlich von Mongar. Wenn man Bumthang verlassen hat, befindet man sich auch etwas abseits der normalen Touristenströme, da in früheren Zeiten jeder Besucher Ost-Bhutans auch wieder nach Westen musste, um über Paro oder Phuentsholing das Land zu verlassen. Inzwischen gibt es jedoch die Möglichkeit, über das indische Guwahati (Hauptstadt Assams) zurück nach Neu Dehli, Kolkata oder Mumbai zu fliegen und somit nach Bhutan auch über den Grenzort Samdrup Jongkhar ein- oder auszureisen. Das ermöglicht eine Rundreise quer durchs ganze Land und damit einen nun immer stärker werdenden Tourismus in Ost-Bhutan. Der Osten des Landes ist in der Vergangenheit häufig auch durch die steilen und sehr schwierig zu überwindenden Bergketten der Himalaya-Vorberge abgeschnitten gewesen. Große Anstrengungen wurden in den letzten Jahrzehnten unternommen, um diese Distrikte an das bhutanische Straßennetz anzubinden und somit das Land auch enger zu vernetzen. Auch bietet der Osten des Landes einige ethnographische Besonderheiten. Nicht nur die Sprache der Bhutaner ist hier etwas anders – der Dialekt heißt Sharchop (Sprache des Ostens): In Ost-Bhutan gibt es noch viele kleine ethnische Minderheiten mit ihren eigenen Sprachen, einige von diesen Gruppen haben weniger als 1000 Menschen, die diese langsam verschwindenden Sprachen noch beherrschen. Die offizielle Landessprache Dzongkha dominiert zunehmend auch den östlichen Bereich Bhutans.

Im April auf dem Thrumshing La

▲ Karte hintere Umschlagklappe

Subtropische Landschaften

Die Abfahrt vom Thrumshing La hinab ins Tal des Kuru ist die wohl beeindruckendste Straßenabfahrt in Bhutan. Für 93 Kilometer geht es nur bergab, über hunderte Kurven, enge Stellen, steile Abgründe, Hindernisse auf der Fahrbahn (Steine, Äste, Rinder), durch nebelverhangene Wälder (besonders in der Monsun-Zeit und am Nachmittag) und nur selten auch durch Siedlungen. Wer sich hier hochquälen muss, für den scheint die Auffahrt nie zu enden. Schmal und eng an den Felsen gebaut sind die ersten Kilometer vom Pass hinunter in den Tannen-Rhododendron-Wald. Immer wieder schneidet die Straße kleinere oder größere Seitentäler, wo klare Bergbäche teilweise in Form von Wasserfällen die Hänge herunterströmen. Hier kann man bedenkenlos sein Trinkwasser abfüllen. Die erste größere Lichtung in dieser Waldlandschaft sieht man schon von weit oberhalb: die Wiesen und Äcker von **Sengor**. Diese Ortschaft (Häuser an der Straße *N27°18'38", E91°03'52'*) ist auf ungefähr 2735 Meter Höhe gelegen,

Das Dorf Sengor

was noch den Anbau von Kartoffeln und Gerste ermöglicht. Bis zum ersten Haus sind es 22 Kilometer vom Pass aus gerechnet. Die etwa 15 hübschen traditionellen Holzhäuser stehen im Zentrum des kleinen Tals, rund um den kleinen Tempel gruppiert. An der Straße gibt es ein Restaurant, wo die meisten Überlandbusse auch zum Mittagsimbiss anhalten: Kuenzang Hotel (Tel. +975/17866423 oder 04680461). Die Portionen sind gut und reichhaltig, meistens recht scharf. Wer die Sprache nicht spricht, macht es wie bei den anderen Besuchen von lokalen Imbiss-Restaurants: Man gehe in die Küche und zeige auf die verschiedenen Zutaten von Gemüse, Fleisch, Getreide oder Teigwaren. Dann klappt das mit dem Menü auf alle Fälle.

Die Fahrt geht weiter bergab, am Dorf vorbei und immer wieder hart am überhängenden Felsen entlang. Bei einem **Stupa auf 2734 Metern** macht die Straße einen Knick. Bei klarer Sicht, besonders am Morgen, hat man einen grandiosen Panoramablick auf die Berge Mongars. Wie schon in anderen Regionen Bhutans sind auch hier die Täler sehr steil, so dass sich Landwirtschaft und damit Besiedlung auf die oberen Hänge und Kuppen beschränkt, wo es nicht mehr so steil ist. Der Rest der Landschaft ist dicht bewaldet.

Die nun folgende Strecke bis ins Kuru-Tal ist die schwindelerregendste und vielleicht auch abenteuerlichste Strecke des Straßennetzes Bhutans. Die Straße ist an vielen Stellen in die Felswand geschnitten worden, häufig ist der Felsen überhängend. Der Blick in den Abgrund zur rechten Seite ist einfach nur tief, Leitplanken gibt es nur hin und wieder in Form von kleinen weiß bemalten Betonklötzchen. Die Straße ist nicht sehr breit (der Mittelstrich ist eigentlich bloße Verzierung) und stark kurvig, der Asphalt müsste dringend erneuert werden, und immer wieder liegen Steine und Pflanzenteile auf der Oberfläche. Der häufige Nebel verursacht eine gespenstische Situation, dass man die nächste Kurve noch nicht sieht und einfach nur darauf vertraut, dass die Fahrbahn dahinter auch tatsächlich weiterführt.

Je tiefer man kommt, desto stärker verändert sich auch die Vegetation. Noch bei Sengor wuchsen Tannen, Kiefern, Lärchen, Birken, Magnolien und Rhododendren. Zunehmend wachsen großblättrige Kletterpflanzen, unbekannte Baumarten und mehrere große und kleine Bambusarten am Straßenrand. Der Unterwuchs im Wald sieht verfilzt aus. Der dichte Wald ist Heimat einiger seltener Tierarten, wobei hier in den subtropischen Wäldern auch jederzeit mit einem die Fahrbahn querenden Tiger gerechnet werden muss. Die nächste Siedlung ist noch weit. Die gesamte Strecke vom Thrumshing La bis nach Mongar gilt unter Ornithologen als eines der Highlights Bhutans. Hier kann man auf kürzester Strecke fast alle interessanten vertikalen Vegetationszonen an den Bergen Ost-Bhutans durchfahren und dabei stets das dazugehörige Arteninventar der Avifauna beobachten. Etwa 35 Kilometer nach Sengor kommt man aus dem subtropischen Wald raus. Jetzt sieht man Terrassen für den Anbau von Mais, Erdnüssen, Weizen, Bananen, Orangen, Mangos oder Gemüse. Man sieht auch den weiteren Verlauf der Straße: ein Ende der vielen Kurven ist nicht abzusehen. Die Temperaturen sind außerhalb des Waldes schlagartig höher. Einzelne Gehöfte stehen entlang der Straße oder auf Rodungsinseln. Bei Thidang ist sogar ein Hotel im Bau.

Wenn die Straße schließlich schon ziemlich weit unten im Tal parallel zu einem Flussbett mit großen Schottersteinen führt, wende man seinen Blick nach rechts auf einen kleinen zugewachsenen Hügel. Hier erkennt man die aus dem Vegetationsfilz herausschauenden **Ruinen des alten Dzong von Shongar**. Dieser wurde um das Jahr 1100 von den Herrschern des Ura-Tals errichtet. Nach 1800, als der jetzige Mongar Dzong gebaut wurde, wurde dieser alte Dzong aufgegeben und verfiel zunehmend. Bis zur Ortschaft Lingmethang sind es von Sengor aus 50 Kilometer. Hier gibt es ein Sägewerk, eine große Schule, einige Läden und Restaurants und sogar ein kleines Hotel: Dorjie Hotel (Tel. +975/4744160). Gleich hinter dem Ort zeigt ein Schild zu einer Haselnussplantage, was man in diesen subtropischen Breiten nicht erwarten würde.

Bis nach Mongar sind es noch 30 Kilometer. Zuerst geht es mehr oder weniger bergab, die Straße ist jetzt breit und sehr modern gestaltet. Die Straße macht einen Knick nach Norden, und plötzlich steht man oberhalb des mächtigen **Kuru Chhu**. Bis zur Brücke über den Fluss sind es noch 12 Kilometer. Der dort erreichte

Die Brücke über den Kuru Chhu

▲ Karte hintere Umschlagklappe

tiefste Punkt der Strecke zwischen West- und Ostbhutan liegt bei nur noch 575 Metern (*N27°16'28", E91°11'36'*). Vom Thrumshing La hierher waren es 3190 Höhenmeter! Nach der Brücke steht gleich oberhalb ein großer Stupa nepalesischen Baustils. Der Ort heißt Kuri Zampa (Zam = Brücke). Dieses Bauwerk beinhaltet die heiligsten Überreste des ehemaligen Dzong von Shongar und wurde nach 1800 errichtet. Hier steht auch eine kleine Herberge (Trashigang Hotel, Tel. +975/4744135) beim Abzweig nach Süden, dem Flusstal des Kuru folgend. Diese Straße führte 2015 bis zu dem großen Wasserkraftwerk Kurichhu und der Ortschaft Gyepozhing, die momentan als eine neue Stadt ausgebaut wird. Die Straße soll in den nächsten Jahren bis nach Nganglam an der indischen Grenze ausgebaut werden. Das wären dann 65 Kilometer in den Süden des Distriktes Mongar, durch den Distrikt Pemagatsel und in den tropischen Süden von Samdrup.

Die Stadt Mongar

Ab der Brücke sind es noch 23 Kilometer, sehr viele Kurven durch einen sonnenbeschienenen und trockenen Hang, hoch auf 1640 Meter Höhe bis zur Stadt Mongar. Davor, nach 11 Kilometern, gibt es einen Abzweig nach links zur Provinz Lhuntshi (*N27°17'19", E91°13'42"*, 1093 m). Auf einem großen Betonschild wird an die Eröffnung dieser 65 Kilometer langen Asphaltstraße durch den König gedacht. Bei der weiteren Fahrt werfe man einen genaueren Blick auf die dominierende Grasart, die hier zwischen den Kiefern im trockenen Hang des Tals wächst: Es handelt sich um Zitronengras. Man kann versuchen, ein kleines Bündel davon herauszureißen (vorsichtig, denn die Grashalme und Blätter können in die Haut schneiden) und am sauber geschälten Fuß (Knoten) eines Halms zu kauen. Wenn es nicht nach Zitrone schmeckt, war es die falsche Grasart. Das Zitronengras spielt in der Region Ost-Bhutans auch eine kleine wirtschaftliche Rolle. Es wird getrocknet, als Tee oder Gewürz verpackt und zum wertvollen Öl destilliert. Nach vielen Kurven sieht man links oben die ersten höheren Betonhäuser von Mongar. Bald schon erreicht man das Stadttor und die dahinterliegende Stadt. Zur Hauptstraße geht es nach rechts. Hier findet man alle Geschäfte, Restaurants, kleine Herbergen, Werkstätten und Dienstleister. Das Städtchen ist in den letzten beiden Jahrzehnten rasch angewachsen und gewinnt auch immer mehr an Bedeutung als Knotenpunkt zwischen Westen und Osten, aber auch zwischen dem Norden und Süden. Auch kommen immer mehr Touristen in die Region.

Der **Dzong von Mongar**, im Jahr 1953 auf Anordnung des dritten Königs als Verwaltungssitz des Distriktes und als Heimat der kleinen Mönchsgemeinschaft erbaut, steht oberhalb der Hauptstraße. Eine kleine Straße führt in Kurven zum Parkplatz. Man kann aber auch die Treppen gerade hoch nutzen. Der Dzong besitzt zwei Eingänge, einen von Süden,

In Mongar

den man von der Hauptstraße aus erreicht, und einen von Norden, wo es zur Straße nach Osten hinausgeht. Der Grund für diese Bauweise liegt in der Tatsache, dass 1953 es nicht mehr nötig war, einen Dzong auch als Festung auszubauen. Der südliche Innenhof mit dem Utse wird von der Mönchsgemeinschaft genutzt. Der nördliche Innenhof ist der administrative Bereich des Gebäudes. Auf Grund des geringen Alters strahlen der Dzong und der im Utse untergebrachte Tempel nicht so viel ehrwürdige Geschichte aus. Die Wandgemälde sind alle in frischen Farben. Interessant ist zu erwähnen, dass der Haupttempel, der Sangay Lhakhang, der wohl einzige Tempel in Bhutan ist, der mit bequemen Sofas ausgestattet wurde. Ein weiterer Tempel steht direkt vor dem Eingangsbereich des Dzong. Hier sind auch die Unterrichtsräume für die vielen Novizen, die in diesem Kloster ausgebildet werden. Das Mongar Tsechu wird im November abgehalten. Zu diesem eine Woche dauernden Festival kommen die Menschen aus dem gesamten Distrikt in die Stadt. In der Stadt kann man sich für zwei Richtungen des weiteren Besuchsprogramms Ost-Bhutans entscheiden. Entweder fährt man wieder zwölf Kilometer zurück und nimmt die Straße nach Norden in den Distrikt Lhuntshi, oder man fährt am Dzong vorbei weiter bergauf nach Osten. Nach vielen Kurven und steilen Abschnitten durch dicht bewachsene Hangwälder

Im Dzong von Mongar

und einige Rinderweiden kommt man an zwei kleinen tibetischen und einer bhutanischen Stupa vorbei. Oberhalb der Ortschaft **Naling** steht noch ein kleiner Tempel auf dem Hügel, den man erst zurückblickend entdeckt. Danach geht es durch einen immergrünen Laubwald immer höher, bis man nach nur 18 Kilometern von Mongar aus auf dem **Kori La** steht (*N27°17'01", E91°18'08"*, 2400 m). In der Straßenmitte befindet sich ein großer bhutanischer (rechteckiger) Stupa. Tausende Gebetsfahnen schmücken das Areal. Es gibt ein kleines Häuschen, wo die Reisenden eine Butterlampe entzünden oder ein Getränk kaufen können. Das Asphaltband führt selbstverständlich um den Stupa herum.

Mongar

Wangchuk Hotel, Tel. +975/4641522, www.wangchukhotel.com, mongar@wangchukhotel.com. Das beste Haus in Mongar steht rechts oberhalb des Stadttors und hat einen sehr schön hergerichteten und bepflanzten Innenhof sowie geräumige, modern und komfortabel eingerichtete Zimmer, die in zwei Etagen mit einem rundumlaufenden Balkon zum Innenhof angeordnet sind. Die Preise sind im oberen Bereich 3000/3500 Nu (EZ/DZ, Standard) und 4000 Nu (Deluxe). Der Speisesaal in der ersten Etage ist geräumig und bietet auch großen Gruppen viel Platz. Die Küche ist empfehlenswert und multinational. Das Hotel hat einen zugänglichen Internet-Computer und einen großen, gemütlichen Empfangsraum. Der Besitzer ist sehr hilfsbereit und organisiert gerne alles für seine Gäste. (*N27°16'33", E91°14'14"*, 1643 m).

Dolma Hotel, Tel. +975/4641508, tasheetensin@hotmail.com. Fährt man vom Stadttor aus nach links, liegt das Hotel gegenüber der Tankstelle; es ist ist mehr für einheimische Gäste und Preise (900 Nu) ausgerichtet, ebenso wie das **Namgay Jorphel Hotel,** das an derselben Straße rechts liegt

Hotel Druk Zongar, Tel. +975/4641206, und **Druk Zhongar Hotel**, Tel. +975/4641587, drukzhongar@gmail.com. An der Straße oberhalb der Hauptgeschäftsstraße; beide werden gerne von kleinen Touristengruppen gewählt und haben mehr familiären Charakter als das Wangchuck Hotel.

Es gibt noch **einige weitere Herbergen** entlang der Hauptstraße wie z. B. das Tashing, Druk Shering oder Samling.

Die Ortschaft Yadi

Zum Kloster Dramitse

Die Abfahrt hinunter ins Drangme-Tal bietet wieder eine grandiose Strecke durch die verschiedenen Vegetationszonen und ein einzigartiges Straßengedärm an Kurven. Radfahrer haben hier ihre wahre Freude. Die Strecke von Mongar bis nach Trashigang beträgt 90 Kilometer, vom Pass bis zur Brücke bei Chazam, welches auf nur 705 Meter Höhe liegt, sind es 60 Kilometer.

Zunächst geht es steil durch den Regenwald, an der Ortschaft Ngatshang mit seinem kleinen privaten Kloster **Guru Lhakhang** direkt unterhalb der Straße und einer Haselnuss-Plantage vorbei. Nach weiteren kurvenreichen Kilometern erreicht man die kleine Siedlung **Yadi** (21 Kilometer seit dem Pass, auf 1450 Metern), die aus einigen Läden und einer großen Schule besteht. Hier hält auch der Bus aus Trashigang nach Bumthang zur Frühstückspause, denn schließlich beginnt die Fahrt bereits um fünf Uhr morgens. Immer häufiger weicht der ursprüngliche immergrüne Regenwald den terrassierten Äckern, Orangen- und Mangobäumen, den Bananenstauden oder anderen exotischen Gewächsen. Das Klima wird heißer und trockener, weil man sich mal wieder einem der tiefen halbwüstenartigen Täler nähert, die im Regenschatten der hohen Berge liegen.

Guru Lhakhang liegt in einer grandiosen Landschaft

Der Wald besteht nun aus Kiefern mit Zitronengras im Unterwuchs. An zwei als Frösche bemalten Felsen hat man einen guten Ausblick auf die weitere Straßenführung. Die als **Yadi Loops** bekannte Abfahrt führt in unendlich erscheinenden Serpentinen für etwa zehn Kilometer und 350 Höhenmeter weiter runter. Dazwischen gibt es an einem schönen Aussichtspunkt ein kleines Lokal, die **Zalaphangma Cafeteria** (Tel. +975/4539113), wo man jedoch vorher anrufen sollte, wenn man hier einen Stopp einlegen möchte.

Nachdem man die Kurven gut bewältigt hat, erreicht man auf nur 747 Metern die Brücke über den kleinen **Sheri Chhu**. Von dort geht es mal wieder ein paar Meter hoch zu einem kleinen Stupa, von dem der weite Blick ins Drangme-Tal möglich ist (*N27°15‘23″, E91°24‘37″*, 649 m). Die weitere Strecke nach Norden führt mehr oder weniger parallel zum Hang durch die trockene Vegetation und ist eine Erholung nach den vielen Kurven

▲ Karte hintere Umschlagklappe

zuvor. Nach etwa acht Kilometern seit diesem Straßenknick, bei den vier Häusern von Thungdari und einer strahlend weißen Stupa oberhalb der Straße (*N27°17'36", E91°27'19"*, 771 m), geht es auf einer Schotterpiste steil den Berg hoch.

Kloster Dramitse

Nach 18 Kilometern und 1343 Höhenmetern, die nur für Allradfahrzeuge empfohlen werden, erreicht man das bedeutsame Kloster Dramitse (Drametse Goemba (*N27°18'52", E91°26'15"*, 2114 m). Es ist das größte und für die Buddhisten Ost-Bhutans wichtigste Kloster der gesamten Region.

Dramitse bedeutet ›der Berg ohne Feind‹ und wurde so von der Gründerin Ani Chhoeten Zangmo, einer Ur-Enkelin des Pema Lingpa, genannt. Sie hatte nach ihrer Flucht aus Bumthang, wo sie angeblich zwangsverheiratet werden sollte, die Stelle weit oberhalb des jetzigen Klosters zum Meditieren ausgesucht. Dort verweilte sie mehrere Jahre, ehe sie zusammen mit ihrem Mann Yeshe Gyalpo das Kloster erbaute. Ihre Nachfahren sind bis heute hochangesehene Lamas der Geschichte Bhutans, darunter drei Zhabdrungs und einen Gangtey Trulku (Reinkarnation). Der Klostervorstand ist die Reinkarnation von Pema Lingpa, Peling Sungtrul. Das Kloster wurde immer wieder umgebaut und erweitert. Im 17. Jahrhundert, als es darum ging, die Grenze zu Tibet zu sichern, wurde an dieser strategischen Stelle mit weitem Blick auf die Geschehnisse im Drangme-Tal, der gesamte Komplex zum Dzong umgebaut. Sowohl Anfang des 20. Jahrhunderts unter dem ersten König als auch in letzter Zeit ist der Klosterkomplex umgebaut worden und wurden beziehungsweise werden weitere Tempel hinzugebaut. Eine große Klosterschule

Instrumente für die Gebetszeremonien

wird ebenfalls gerade gebaut. Bisher lebten und arbeiteten hier um die 80 Laienmönche oder verheiratete Nyingma-pa Mönche (Gomchen).

Das Kloster ist unter anderem auch für die **Trommeltänze** (Dramitse Nga Cham) bekannt, die während des Tsechu im September/Oktober aufgeführt werden. Viele der bhutanweit aufgeführten Tänze haben ihren Ursprung in diesem Kloster. Beim Festival wird auch ein riesiger Thongdroel (Textil-Bild) mit dem Abbild von Pema Lingpa entrollt. Der Haupttem-

Das wichtigste Kloster der Region: Dramitse

Ost-Bhutan

pel und mehrere kleinere Tempel können besichtigt werden.

Nach den elf Treppenstufen am Eingang – wobei man die oberste Stufe, die auch zugleich eine Art Türschwelle ist, nicht betreten sollte – stehen beiderseits **große Gebetstrommeln**, die der Besucher dreimal in eine volle Umdrehung bringen muss. Im Eingangsbereich sind Bilder der Schutzgottheiten zu sehen.

Im Tempel sitzt eine große Statue von Guru Rinpoche, hier befindet sich der goldene Stupa mit den sterblichen Überresten von Ani Chhoeten Zangmo. Daneben steht eine Statue ihres Ur-Großvaters Pema Lingpa.

Man sollte sich auf alle Fälle den **Goenkhang Chenmo** (Tempel) im oberen Stockwerk anschauen. Hier hängen eine Vielzahl von historischen Schusswaffen, meist Vorderlader, an den Wänden. Daneben gibt es Leder-Blech-Helme, Schilde, Pfeile und Bögen. Dazwischen hängen die Felle von Tieren, teilweise stark zersetzt oder von Motten zerfressen. Am Altar selbst hängt eine moderne AK74 (Kalaschnikow), die wohl bei den Auseinandersetzungen mit den Assam-Rebellen in Süd-Bhutan erbeutet und hier gespendet wurde. Wer an dem Altar ein Geldopfer gibt (10 bis 20 Nu sind üblich), der bekommt entweder einen gesegneten Text überreicht oder ihm wird ein Orakelspruch gegeben. Letzteres ist eine Hand voll Knochen, die in eine Schale geworfen werden und aus deren Deutung dann an der entsprechenden Stelle in einem heiligen Buch etwas (vor) gelesen wird.

Einen Raum dahinter, im **Tseringma Lhakhang**, hängen die vielen schwarzen Hüte, die für das Tsechu benötigt werden. Im kleinen Tempel zur rechten Seite des Treppenaufgangs, dem Kanjur Lhakhang, gibt es einen verglasten Schrein zur Rechten des kleinen Altars mit uralten heiligen Relikten. Der Altar selbst wird von zwei kleinen Elefantenstoßzähnen geschmückt. Gegenüber des Altars befindet sich der Sitz des Lamas und die beiden Sitze der Helfer, einer mit den Büchern zum Vorlesen, einer für die Person mit den Klangbecken. Die zwei trompetenartigen Hörner und die hängende Trommel vervollständigen das Bild eines Meditations- und Unterrichtsraums.

Skurrile Reliquie am Altar im ersten Stockwerk

Die Fahrt unten auf der großen Asphaltstraße geht noch für etwa elf Kilometer weiter und erreicht dann die **Stahlbrücke über den Drangme Chhu** (*N27°20'13", E91°32'47"*, 708 m). Ungefähr auf der Hälfte der Strecke nach oben hat man den Distrikt Trashigang (→ S. 266) erreicht. An der Brücke geht es auch geradeaus weiter. Das ist die Straße nach Trashi Yangtse (44 Kilometer ab hier, → S. 277).

Bevor ich näher auf die beiden genannten Distrikte eingehe, folgt hier der Abstecher von Mongar nach Lhuntshi.

▲ Karte hintere Umschlagklappe

Der Distrikt Lhuntshi (Lhuentse)

Der Distrikt ist die ursprüngliche Heimat der Familie Wangchuck, da einer der Söhne Pema Lingpas (Kuenga Wangpo) im frühen 16. Jahrhundert nach Dungkhar ausgewandert war. Daraus ging im Laufe der Jahrhunderte die Familie Wangchuck hervor. Überhaupt waren die Verbindungen zwischen den nördlichen Teilen der heutigen Provinz Lhuntshi, die einst Kurtoe hieß, und dem Bumthang-Tal früher sehr viel intensiver und über einige Bergpässe direkter.

Die abenteuerliche Verbindungsstraße zwischen dem Ura-Tal und Mongar sowie die Straße entlang des Kuru Chhu nach Norden sind ja Produkte der jüngsten Vergangenheit. Davon zeugt auch der lokale Dialekt des Bumthangkha, der in Lhuntshi und Umgebung gesprochen wird. Die Straße kann leider auch manchmal aufgrund von Bergrutschen und Lawinen gesperrt sein.

Die Fahrt von Mongar zum Dzong von Lhuntshi dauert etwa zweieinhalb bis drei Stunden und führt zuerst die zwölf Kilometer wieder hinunter in Richtung Kuru Chhu. Anschließend biegt man auf den **Lhuntshi Highway** ab (65 Kilometer bis zum Ziel).

Die erste Ortschaft, **Chhali**, besteht aus einer Handvoll Häuser entlang der Straße. Auch das zweite Dorf, **Rewan** (868 m), sieht nur ein klein wenig größer aus. Das liegt wohl an den beiden Läden am Straßenrand. Alle Dörfer liegen wegen der landwirtschaftlichen Flächen auf den sich noch oben abflachenden Hängen. Im tiefen Tal des Kuru Chhu ist es viel zu steil und eng für eine Besiedlung. Nur wegen der Straße sind im Laufe der Jahre hier Häuser entstanden, und es wird versucht, auf den kleinen Schwemmfächern etwas Landwirtschaft mit dem Anbau von Zitrusfrüchten oder Bananen zu betreiben.

Stupa bei Autsho

Die Straße nach Norden ist abenteuerlich

Ansonsten dienen diese Ansiedlungen nur dem Kontakt des weit darüberliegenden Dorfes zum Straßennetz und damit dem Rest des Landes.

Hinter Rewan wird momentan ein großes **Wasserkraftwerk** im Fluss gebaut. Die Straße ist voller Staub, Steine und Schlamm.

Kurz vor der Ortschaft **Autsho** steht ein großer **tibetischer Stupa** links der Straße, umgeben von 108 kleinen Stupas ringsherum. Später gibt es auch noch einen tibetischen Stupa in der Mitte der Straße. In Autsho ist auch das einzige ›touristenfähige‹ Hotel des Distrikts: Phayul Resort (Tel. +975/4510829 oder 17624046) mit kleinen, aber sehr schön hergerichteten Zimmern. Alles ist mit Holz gebaut und duftet leicht nach Kiefernharz. Die Übernachtung in einem der sechs Zimmer ist recht günstig: 1000/1500 Nu (EZ/DZ).

Nach weiteren ungefähr zehn Kilometern erreicht man das Dorf **Fawan**, wo man auch einen Imbiss in einem kleinen Lokal bekommt. Die Straße windet sich für 400 Höhenmeter auf einem Streckenabschnitt nach oben, um anschließend wieder hinunter zum Fluss zu führen. Der höchste Punkt liegt bei der Ortschaft **Gorkan**, direkt gegenüber der Stelle, wo der Noyurgang Chhu aus Nordwesten in den Kuru Chhu mündet. Dieses Tal wird auch für Trekkingtouren über den Rodang La (4160 m) nach Bumthang genutzt.

Etwa 50 Kilometer nach dem Abzweig quert man auf einer **Eisenbrücke** den Kuru Chhu. Hier führt eine Straße nach links den Hang hoch zur Ortschaft **Tangmachhu** (Darkila) und zu einer 41 Meter hohen Buddha-Statue. Die Straße soll demnächst asphaltiert werden. Bei Regen ist die jetzige Piste fast unpassierbar wegen des vielen Schlamms. In diesem zehn Kilometer entfernten und 600 Höhenmeter oberhalb liegenden Dorf gibt es auch eine bekannte Klosterschule.

Auf der rechten Uferseite geht die Fahrt jetzt für etwa sieben Kilometer weiter bis zu einer Brücke, wo auf der anderen Flussseite, am Einmündungsbereich eines kleinen Gebirgsflusses, ein großer tibetischer Stupa mit vielen kleinen Stupas auf einer Mauer darum zu sehen ist. Die Straße auf der anderen Seite wurde 2015 gerade gebaut und führt zum Dorf Khoma. Dieses Dorf und seine Be-

Gegenverkehr

▲ Karte hintere Umschlagklappe

Einfahrt nach Lhuntshi

wohner sind in ganz Bhutan und auch über die Grenzen hinaus für die exquisiten und aufwendigen Brokat-Stickereien bekannt. Hier werden in fleißiger Heimarbeit an traditionellen Webstühlen die sogenannten Kushutara hergestellt, die landesweit für eine Vielzahl von Textilien genutzt werden, von der Bettwäsche, über die Handtasche bis zu den Kira, die die Frauen Bhutans über der linken Schulter tragen. Diese Webarbeiten sind teuer, aber dennoch hoch begehrt und verlieren wegen ihrer hohen Qualität im Laufe der Zeit auch nicht an Wert. Ein Brokatstoff aus Khoma oder einem der anderen kleinen Dörfer des Gebietes sind Familienerbstücke. Zu diesem Dorf führt auch ein Trekkingpfad vom Städtchen Lhuntshi, der einiges an Höhenmetern absolviert und etwa drei Stunden in eine Richtung benötigt. Man nehme sich dafür einen lokalen Führer mit.

Die Stadt Lhuntshi

Weitere sieben Kilometer auf der ursprünglichen Straße im Kuru-Tal, fünf davon in steilen und engen Serpentinen, fährt man nun ins Distriktstädtchen Lhuntshi. Erst in den letzten 20 Jahren sind ein paar Betonhäuser gebaut worden, die aus der vormaligen Hüttenansammlung ein Städtchen gebildet haben. Die gesamte Siedlung hängt förmlich an einem steilen Berghang und es ist fraglich, wie hier noch weiter expandiert werden beziehungsweise wie die gesamte Infrastruktur (Wasser, Abwasser, Strom) gebaut werden kann. Das neue Krankenhaus liegt an einer kleinen Abflachung zu einem Hügel. Alle anderen Häuser schmiegen sich entlang der engen, steilen Straße. Es gibt sogar ein kleines Hotel: **Shangrila Hotel und Restaurant** (Tel. +975/4545123) gleich oberhalb der Zufahrt zum Dzong – in orange-gelber Farbe kaum zu übersehen.

Dzong von Lhuntshi

Der Dzong (Lhuntshi Rinchentse Phodrang Dzong) selbst steht auf einem hohen Felsen und ist nur von einer Seite über eine lange schmale Treppe zugänglich, was ihn zu einer guten Festung gemacht hatte. Schon der Sohn von Pema Lingpa, Kuenga Wangpo, hatte im frühen 16. Jahrhundert auf diesem Felsen einen kleinen Tempel errichtet. Das heutige Bauwerk ist jedoch etwas jün-

Der Dzong von Lhuntshi wird nicht so häufig von Touristen besucht

ger (1654), da der Penlop von Trongsa, Mingyur Tempa, die Region mit Militärgewalt der Region Zentral-Bhutans angliedern und anschließend diesen Felsen befestigen ließ. Der Innenhof ist relativ klein, ebenso der Utse. Im wichtigsten der vielen Tempel und Kapellen (sieben davon sind für die Öffentlichkeit zugänglich) stehen Statuen von Guru Rinpoche, Mahakala (Beschützer der buddhistischen Lehre) und Amitayus (einer der transzendenten Buddhas).

Geht man rechts des Utse die Treppe hoch in die zweite Etage des rechten Gebäudebereichs, so gelangt man zur **Versammlungshalle der Mönche**. Hier befinden sich an der rechten Seite großartige Wandgemälde mit dem Rad der Zeit und anderen symbolischen Bildern. Im Stockwerk des rechten Flügels befindet sich ein Tempel, der Avalokiteshvara (Bodhisattva des universellen Mitgefühls) geweiht ist. Auf der linken Seite des Innenhofs ist im Untergeschoss der Unterrichtsraum für die Novizen und im Obergeschoss ein Tempel, der Akshobya (einer der fünf großen transzendenten Buddhas) geweiht ist. Die Mönche dieses Dzongs haben in der Vergangenheit noch nicht sehr viele westliche Touristen gesehen, weshalb sie freundlich und offen sind für Fragen oder Führungen durch das Gebäude.

Die Verwaltungsgebäude für den Distrikt liegen nur zum Teil im Dzong. Die meisten Büros sind in den kleinen Gebäuden gleich unterhalb der großen Zugangstreppe untergebracht. Bei einem so dünn besiedelten Distrikt (nur 5,7 Einwohner auf einen Quadratkilometer), wird auch nicht so viel Administration benötigt.

Gleich unterhalb des Zugangs zum Dzong steht das dreigeschossige **Gästehaus der Königsfamilie** (Tel. +975/ 4545102). Hier muss man trotz der Buchung damit rechnen, wegen des Besuchs von Beamten kurzfristig wieder ausgeladen zu werden. Während des dreitägigen Tsechu im Dezember/Januar braucht man eh nicht in der Stadt übernachten, denn dann ist alles überfüllt.

Der Distrikt besteht aber noch aus etwas mehr als nur dem Städtchen Lhuntshi und den Weber-Dörfern im Osten. Wer den Distrikt wirklich kennenlernen will, der muss wandern gehen, heißt es.

▲ Karte hintere Umschlagklappe

Aber auch mit dem Fahrzeug, möglichst mit Allradantrieb, kommt man noch ein Stück weiter. Zum schon erwähnten Dorf Dungkhar sind es 40 Kilometer vom Krankenhaus in Lhuntshi aus. In diesem Dorf wurde 1825 der Vater des ersten Königs geboren. Er hatte allerdings schon mit 15 Jahren sein Heimatdorf verlassen, um nach Trongsa zu gehen, da er damit rechnete, später einmal Penlop von Trongsa und der 51. Desi zu werden. Für den Besuch ist ein Spezialpermit nötig, das von der eigenen Reiseagentur in Thimphu organisiert werden kann. Zu besichtigen gibt es ein Stück oberhalb des Dorfes den Jigme Namgyal Lhakhang und den Dungkhar Lhakhang. Unterhalb des Dorfes in der Nähe des Flusses steht der Goeshog Pang Lhakhang, der schon von Pema Lingpa erbaut wurde. Der Meister und sein Vorbild, Guru Rinpoche, waren in diesem Gebiet und meditierten in einer Höhle weit oberhalb der Ortschaft. Von Dungkhar bis zur tibetischen Grenze sind es im Flusstal des Kuru Chhu, der seine Quellflüsse weit hinter der Grenze hat, nur noch etwa 30 Kilometer.

Wandmalerei im Dzong von Lunthsi

Im Innenhof des Dzong

Singye Dzong

Zu einem anderen, ebenso genehmigungsbedüftigen Ziel führt keine Straße oder Piste: zum Singye Dzong. Dieser wohl abgeschiedenste Dzong Bhutans liegt drei bis vier Tagesmärsche von Lhuntshi entfernt im Nordosten des Distriktes. Der Wanderweg führt am Dorf Khoma vorbei und dann in das obere Tal des Singye Chhu. Man kann sich für diesen Trek auch Lasttiere (Maultiere) und einen lokalen Führer mieten. Der Dzong und der kleine Ort daneben liegen an der alten Handelsroute der Karawanen nach und von Tibet. Hier ist die Grenze nicht sehr weit (ca. 20 Kilometer) und die Pässe über den Himalaya-Hauptkamm sind nicht sehr hoch. Die nächste größere Siedlung auf tibetischer Seite ist Lhobrak. An dieser Stelle meditierte Guru Rinpoche, weshalb der Platz eine gewisse Bedeutung für die Buddhisten des Landes hat. Der Dzong selbst wurde durch eine Reinkarnation des Guru Rinpoche, Yeshe Tsogyal, der in dem Gebiet auch einige Terma gefunden hatte, als Tempel gegründet. Im 17. Jahrhundert wurde er dann befestigt ausgebaut.

Der Distrikt Trashigang (Tashigang)

Auf der östlichen Seite der bereits erwähnten **Brücke über den Drangme Chhu** (→ S. 260) bei Chazam gibt es einen **Checkpoint der Ausländerpolizei**. Die Überprüfung der Reisepapiere von Ausländern und der Eintrag in ein dickes Buch dauern jedoch nur wenige Augenblicke. Dann kann die Fahrt den Hang hoch fortgesetzt werden. Es sind nur etwa zehn Kilometer bis ins Zentrum des Städtchens und Provinzzentrums. Die Brücke liegt bei 708 Metern, das Ziel bei 1080 Metern. Die Strecke ist ausgebaut mit einer breiten Asphaltstraße, die Steigungen sind moderat, nur Schatten gibt es kaum.

Die Stadt Trashigang

Nach acht Kilometern (von der Brücke aus gerechnet) erreicht man in einer Kurve eine Reihe von Autowerkstätten. Kurz danach geht eine Straße nach

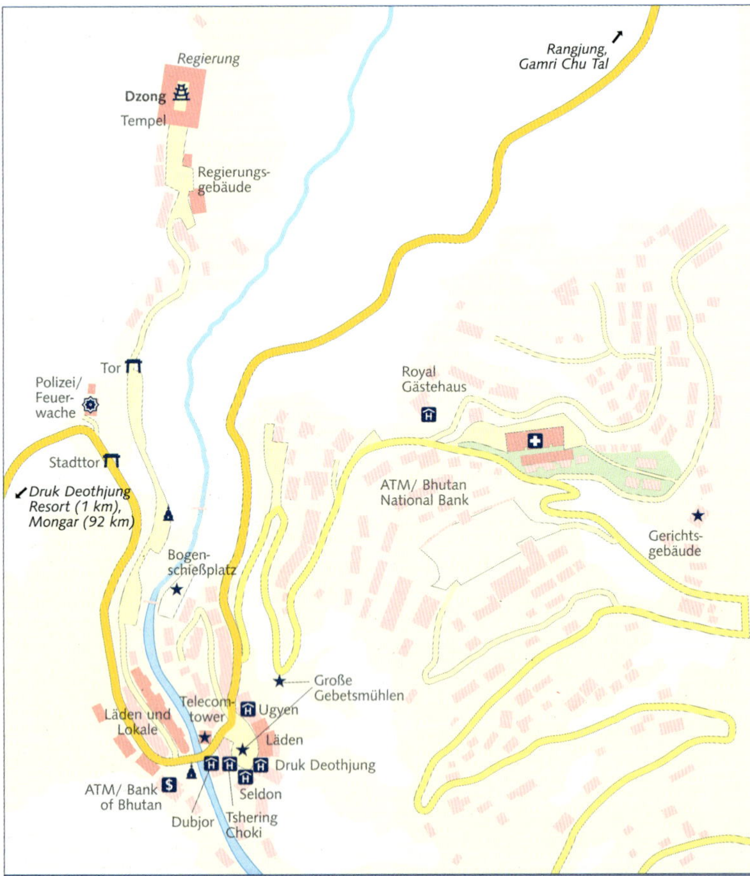

Trashigang

Im Stadtzentrum von Trashigang

rechts ab. Gleich oberhalb dieser abzweigenden Straße befindet sich die **einzige Tankstelle** der Distrikthauptstadt. Bleibt man auf der Hauptstraße, so sieht man das **Stadttor**, welches nur über der linken Fahrspur steht.

Nach einer scharfen Rechtskurve, wo links die Feuerwehr und Polizei ihr gemeinsames Gebäude haben, geht es für etwa 500 Meter wieder leicht bergab ins Zentrum zum großen **tibetischen Stupa**. Beiderseits der Straße gibt es Geschäfte, Restaurants, Handwerker, eine Bank und ein kleines Hotel. Hinter dem Stupa und nach der Brücke über den Bergbach geht es rechts auf einen kleinen Dorfplatz, in dessen Mitte eine große überdachte **Gebetsmühle** steht. Darum angeordnet mehrere Läden und zwei lokale Hotels.

Die Straße zum **Dzong** führt gegenüber dem Stupa bergab, ebenfalls umrahmt von Holzhäusern mit Läden und Restaurants. Vom großen Parkplatz aus hat man einen Blick hinunter zum **Bogenschießplatz**. Neben dem Parkplatz stehen einige neu gemauerte Häuser der Distrikt-Administration, dann folgt das Registrierhäuschen vom Dzong. Der Dzong wurde vom dritten Desi, Mingyur Tenpa, 1667 an der exponierter Stelle über den Tälern von Drangme Chhu und Gamri Chhu gebaut. Seit einiger Zeit wird der Dzong generalsaniert, teilweise werden sogar die Außenwände komplett von unten nach oben neu gemauert. Beim ersten Blick hat man den Eindruck eines zur Ruine verkommenen Gebäudes. Der Platz vor dem Dzong ist vollgestapelt mit Baumaterialien (*N27°20'12", E91°31'05"*, 1076 m) Die Besichtigung des Haupttempels im Utse, der hinter dem einzigen Innenhof steht, war 2015 dennoch möglich. Das hiesige Tsechu findet im November/Dezember statt.

Der Dzong von Trashigang

Trashigang

Hotel Druk Deothjung Resort, Tel. +975/4521440 oder 17119909, drukdeothjung@gmail.com. Die staubige und steile Auffahrt zum Resort zweigt etwa 1500 Meter vor der Stadt scharf rechts ab. Das erst vor wenigen Jahren entstandene Hotel ist die beste Unterkunft weit und breit. Die 23 Zimmer (2800/3200 Nu deluxe und 5000/6000 suite) sind komfortabel und geräumig, der Speisesaal bietet einen großen Rundumblick auf das Tal und den gegenüberliegenden Hang, und die Küche ist sehr gut und reichhaltig. Das Personal ist sehr hilfsbereit und nett. Das rechtfertigt auch die etwas höheren Preise.

Druk Deothjung Hotel, Tel. +975/4521214, drukdeothjung@gmail.com. Die Zimmer dieses im Stadtzentrum gelegenen Hotels sind leicht schmuddelig und klein, die Betten viel zu kurz und die Badezimmer sehr rudimentär ausgestattet. Dafür sind sie günstig: etwa 1800 Nu. In diesem Hotel kommt man im dazugehörigen **Restaurant** im Erdgeschoss schnell mit den Einheimischen in Kontakt. So viele Touristen sind nicht in der Stadt, als dass man sich hier schon an sie gewöhnt hat oder ihrer schon überdrüssig geworden ist. Die **Bäckerei mit angeschlossenem Garten** für einen gemütlichen Tee oder Kaffee im Erdgeschoss des Hotels ist erwähnenswert.

Ugyen Hotel, Tel. +975/4521140, an der Hauptstraße hinter dem Dorfplatz. Hier kosten die sehr rustikalen Zimmer (mit Badezimmer im Gang) nur um die 400 Nu pro Übernachtung.

Eine **weitere gute Bäckerei** ist in der Straße zum Dzong.

Von Trashigang weiter nach Osten

Trashigang ist auch der Ausgangspunkt für Exkursionen in das Gamri-Tal weiter Richtung Osten. Die Asphaltstraße durch die Stadt führt noch bis **Rangjung** (16 Kilometer), danach geht es auf Pisten weiter. Beim Ort **Galing** gibt es eine Brücke über den Fluss. Auf der anderen Hangseite schlängelt sich eine fast 20 Kilometer lange Piste den Berg hoch zum Dorf **Bartsam,** wo ein kleines Kloster steht. Bleibt man auf der linken (südlichen) Uferseite, steigt die Straße kontinuierlich an, bis man die Ortschaft **Lungten Zampa** erreicht hat (Zampa heißt Brücke). Nach sechs weiteren Kilometern, bei denen man auch an einer staatlichen Schule (Institute of Buna) vorbei kommt, erreicht man Rangjung auf einer Höhe

Im Drangme-Tal

Karte hintere Umschlagklappe

von 1120 Metern. Im Ort steht ein großer tibetischer Stupa.

Das Interessante an der Region ist das etwas unterhalb der Ortschaft gelegene **Kloster Rangjung Woesel Chholing,** ein großes Nyingma-pa-Kloster, welches 1990 von Garub Rinpoche gegründet wurde. Im Haupttempel stehen einige besonders schöne und bunte Skulpturen aus Butter (mit Gerstenmehl vermengt). Auf dem Innenhof findet im zwölften Monat des Mond-Kalenders das zehntägige Tsechu statt, bei dem viele nur hier gezeigte Tänze aufgeführt werden. Die beiden an das große Kloster angeschlossenen Gästehäuser (Tel. +975/4561145) können bei freien Plätzen auch Touristen aufnehmen. Buddhistische Gruppen werden aber bevorzugt einquartiert.

Hinter der Ortschaft steigt die Piste weiter den Hang hoch bis zum Dorf **Radi** (1560 m). Wer einen sehr steilen Abstecher hinunter zur Ortschaft Tzangkhar machen möchte, sollte das nur mit einem Allradfahrzeug machen, besonders bei schlammiger Fahrbahnoberfläche. In diesem Dorf gibt es viele Frauen, die sich auf das Weben von Roh-Seide (Bura, ›indische Seide‹) spezialisiert haben. Die Stoffe werden für viele andere Textilien verwendet, so zum Beispiel für die traditionelle Bekleidung Gho und Kira. Billig sind die Stoffe allerdings nicht – was nicht verwundert bei so viel Handarbeit.

Nach Radi steigt die Piste weiter an, quert viele Reisterrassen und erreicht das **Kloster Thakcho Kunzang Choeden Anim Goemba**. Hinter der Ortschaft Phongme (1845 m) steht der gleichnamige Lhakhang mit einer großen Statue von Chenresi mit 1000 Armen und elf Köpfen.

Hier endet die Piste. Dahinter liegt der **Nationalpark Sakten Wildlife Sanctuary**, der eingerichtet wurde, um viele endemische Arten im äußersten Osten zu schützen. Es ist, ganz offiziell, das weltweit einzige Schutzgebiet für den Migoi, die bhutanische Version des Yeti. Hier wachsen hauptsächlich Nadelwälder der temperaten Klimazone mit einer hohen Vielfalt an Rhododendronarten. Von Phongme aus startet auch ein viertägiger Trek zu den abgelegenen Ortschaften Merak und Sakten, wo es noch eine ethnische Minderheit der Brokpa gibt (→ S. 111). Östlich dieses Nationalparks liegt die indische Provinz Arunachal Pradesh.

Landschaftseindrücke östlich von Trashigang

Zum Yonphu La

Von Trashigang geht es auf der Straße nach Süden, die beim Stadttor und der Tankstelle beginnt (*N27°19'16", E91°32'21"*, 1000 m). Nach etwa 17 Kilometern erreicht man die erste größere Siedlung, **Rongthong**. Kurz davor gibt es die **Lingkhar Lodge** (Tel. +975/ 77116767 oder 17116766, lingkharlodge@gmail.com) mit großen geräumigen Zimmern, angeschlossenen Bade-

Ost-Bhutan

Blick in Richtung südliches Drangme-Tal

zimmern, Balkon und viel Komfort. Das Standardzimmer kostet 3000 Nu, das Zimmer in einer separaten Hütte 5000 Nu. Es gibt insgesamt 20 Zimmer.

Vier Kilometer weiter befindet man sich in **Kanglung**, das fast schon als Stadt bezeichnet werden kann. In diesem Städtchen gibt es das Sherubtse College, das 1978 gegründete erste seiner Art in Bhutan. Sinnigerweise heißt der Begriff Sherubtse ›Gipfel des Wissens‹ (auf 1890 Meter Höhe). Entsprechend viele junge Menschen sind auf der Straße unterwegs und entsprechend gut ist die Infrastruktur hier. Sogar gepflasterte Bürgersteige gibt es. In dieser Schule hat die Kanadierin Jamie Zeppa gearbeitet, was sie später dann in dem Buch ›Beyond the Sky and the Earth: A Journey into Bhutan‹ (ISBN 978-1-101-17420-3) verarbeitet hat.

Hinter Kanglung steigt die Straße weiter kontinuierlich an, kommt an einer Reihe von acht Chörten vorbei und erreicht das Dorf Yonphu, wo ein Tempel mit besonders schönen Wandmalereien zum Leben von Guru Rinpoche steht. Gleich hinter dem Dorf, etwa eineinhalb Kilometer vor dem gleichnamigen Pass, geht es auf einer kleinen Asphaltstraße nach links zum **Flugplatz von Yonphu** (Yonphula Domestic Airport, *N27°15'11", E91°31'13"*, 2580 m). Dieses Landefeld liegt auf einem Bergrücken und ist stark abschüssig. Wer hier landet, muss mit starken Seitenwinden rechnen und zugleich wissen, dass am hinteren Ende der Betonpiste die angebaggerte Felswand ist. Der Start auf der Fahrbahn bergab ist dagegen bestimmt einfacher. Das gesamte Gelände ist verlassen und wirkt sehr trostlos. Es existieren Ideen, in Zukunft wieder einen regelmäßigen Flugbetrieb von Paro aus anzubieten, beispielsweise zweimal die Woche, um den Tourismus in Ost-Bhutan zu fördern. Für Einheimische wären diese Flüge nicht erschwinglich, aber als Alternative für die mühsame und zeitaufwendige Rückreise aus Ost-Bhutan nach Paro wäre das sicherlich für viele westliche Touristen attraktiv. Eine andere Möglichkeit von Ost-Bhutan aus das Land zu verlassen besteht auch über die Hauptstadt von Assam Guwahati, zwei Autofahrstunden von der Grenze bei Samdrup Jongkhar entfernt. Nach 32 Kilometern vom Abzweig bei Trashigang steht man auf dem **Yonphu La** (2595 m). Von hier kann man die Tiefebene von Assam schon erahnen – im unendlichen Dunstschleier, der sich im gesamten Süden Bhutans ausbreitet.

Die Strecke nach Indien

Nach dem Pass lässt man im Prinzip auch die Himalaya-Berge hinter sich. Nach vielen Kurven und einigen weiteren Anstiegen erreicht man das Dorf **Khaling** (52 Kilometer nach dem Abzweig). In dem Ort gibt es das nationale Institut für Menschen mit Behinderungen und eine daran angeschlossene große Schule. Diese Einrichtung soll sehr gut organisiert sein, aus ganz Bhutan werden hier Schüler trainiert, sich im normalen Erziehungs- und Arbeitssystem integrieren zu können.

▲ Karte hintere Umschlagklappe

Gleich hinter Khaling steht ein Hinweisschild zum **National Handloom Development Project**, bei dem die Frauen der Region aufwendige Baumwollwebereien anfertigen. Das Projekt wird von der ›National Women's Association of Bhutan‹ (Dasho Daw Dem, P.O Box 379, Thimphu, Tel. +975/2322910) betrieben. Die Produkte werden in den Handicraft-Shops in Thimphu, Paro und Jakar angeboten (Emporium-Läden). Der Kauf hier vor Ort ist jedoch auch möglich. Das Prinzip des Projektes ist einfach: Die Familien der Umgebung bekommen die Baumwolle (aus Indien) und das Garn über Kredite und liefern dann ihre fertigen Produkte gegen Bezahlung. Die drei genannten Läden werden auch selbst von diesem Projekt betrieben. So ist der ganzen Region geholfen, und die Wertschöpfung bleibt vor Ort und nicht bei ein paar Händlern.

Von Khaling zur nächsten größeren Siedlung **Wamrong** sind es 27, sehr kurvenreiche Kilometer, mit zwei Pässen (2350 Meter und 2430 m) auf der Strecke. In Wamrong (auf 2130 Metern Höhe) gibt es wieder einen **Kontrollposten der Imigration Police**, wo die Reisepapiere der Ausländer geprüft werden. Im Dorf kann man in einigen der an der Straße gelegenen **Restaurants** einen kurzen Mittagsimbiss machen. Der größte Teil der Häuserzeile an der Hauptstraße ist bei einem Brand 2009 zerstört und inzwischen wieder im traditionellen Stil aufgebaut worden.

Nach weiteren 20 Kilometern erreicht man den Abzweig in Richtung Pemagatshel (etwa 18 Kilometer dorthin). Vom Abzweig aus sieht man oben am gegenüberliegenden Hang das **Kloster Yongla**. Dieses Kloster beherbergt einen der heiligsten Altäre (Schreine) Bhutans, weil hier einige antike wiedergefundene heilige Texte und Kultgegenstände aufbewahrt werden (→ S. 293).

Hinter dem Abzweig nach Pemagatshel sind es noch 55 Kilometer bis zum Kleinstädtchen Deothang und weitere 18 Kilometer bis zur Grenzstadt und Distrikt-Hauptstadt der gleichnamigen Provinz Samdrup Jongkhar (→ S. 294).

Ein Mädchen in Südost-Bhutan beobachtet eine kleine Gruppe Touristen

Der Distrikt Trashi Yangtse

Beginnend bei der Brücke über den Drangme Chhu auf 708 Meter Höhe führt die Straße nach 44 Kilometern und vielen Höhenmetern zur Distriktzentrale von Trashi Yangtse. Die Asphaltoberfläche der Straße ist stellenweise sehr stark beschädigt. Der Distrikt Trashi Yangtse wurde erst 1983 erschaffen. Zuvor gehörte das Gebiet zum Distrikt Trashigang. Im Norden grenzt diese Provinz an Tibet, die gesamte Ostgrenze berührt den indischen Bundesstaat Arunachal Pradesh. Die alte Handelsroute von und nach Trashi Yangtse verlief über den Dong La nach Lhuntshi und von dort weiter nach Bumthang. Auf der Strecke bis zur Stadt gibt es zwei bedeutsame buddhistische Stätten zu besichtigen, weswegen sich der Weg lohnt – auch wenn man ihn wieder zurückfahren muss.

Das Gom-Kora-Kloster

Schon nach den ersten Kilometern auf der Strecke talaufwärts ins Drangme-Tal erkennt man die grandiose Gebirgs- und Flusslandschaft zu beiden Seiten der Straße. Nach elf Kilometern erreicht man das bedeutsame Kloster Gom Kora (*N27°25'31", E91°33'49"*, 824 m). Dieser besonders hübsch auf dem Hochufer des wilden Flusses, zwischen grünen Feldern und Gemüsebeeten gelegene Klosterkomplex besitzt bei allen Bhutanern eine hohe Bedeutung als religiöse Stätte. Der eigentliche Name Gomphu Kora geht auf einen Meditationsplatz von Guru Rinpoche zurück, der hier in der Nische eines großen schwarzen Felsens lange Zeit gesessen haben soll. Der Begriff Kora, der aus dem Tibetischen stammt und die Umschreitung oder Umwanderung einer heiligen Stätte meint, bezieht sich auf die große Außenmauer des Tempels einschließlich des schwarzen Felsens, wo der Pilger mindestens dreimal im Uhrzeigersinn herumlaufen und die unzähligen Gebetsmühlen in Drehung versetzen muss.

So stellt auch die zentrale Figur im Tempel den Meister dar, flankiert von Chenresi in seiner Erscheinung mit den 1000 Armen. Ganz rechts im Tempel befindet sich ein Wandbild vom Schlangendämon Gangan Yonga Choephel, der einen goldenen Spiegel in der Hand hält. In der Vitrine auf der rechten Seite liegen allerlei heilige Relikte, darunter ein von Guru Rinpoche mitgebrachtes Garuda-Ei (ein großer eiförmiger Stein) oder ein Fußabdruck des Meisters (ein entsprechend geformter Stein), ein Hufabdruck des Pferdes von Guru Rinpoche (in Stein) oder ein phallusartiger Stein, der Pema Lingpa zugeschrieben wird.

Die Legende besagt, dass Guru Rinpoche in der Felsnische hinter dem jetzigen Tempel meditierte, als ein böser Dämon in Gestalt einer Schlange ihn bedrohte. Durch das zu schnelle Aufstehen hinterließ der Meister seinen Hutabdruck in der Höhlendecke. Das kann alles besichtigt werden. Der Meister Guru Rinpoche machte ein Abkommen mit dem Dämon, welches besagte, dass die Schlange ihn in Frieden lasse, solange er mit dem Meditieren nicht fertig ist. Unbemerkt, während die Schlange wartete, verwandelte sich der Guru in den mystischen Vogel Garuda und bezwang so den bösen Dämon. Dieses Symbol des Vogels ziert in ganz Bhutan viele Häuserwände.

Es gibt einen schmalen Spalt in Bodennähe, wo man schlangenartig hindurch kriechen kann und so seiner Sünden erleichtert wird. Es ist jedoch nicht erlaubt, auf den Felsen zu klettern!

An besonderen Tagen im Jahr (mit entsprechender Feuchtigkeit in der Luft)

▲ Karte hintere Umschlagklappe

Kleine Stupas auf dem Klostergelände von Gom Kora

kommen an einigen Stellen winzige Rinnsale den Felsen herab. Es wird gesagt, dass dieses heilige Wasser der von Guru Rinpoche geschaffene Nektar der Unsterblichkeit ist.

Gleich neben dem Eingang zum Bereich des schwarzen Felsens steht eine Glasvitrine mit Eisengliedern einer alten Hängebrücke des ›Eisenbrückenbauers‹ Thangtong Gyalpo (1385–1464), auch Lama Chakzampa genannt. Diese stammen vom nahegelegenen Dorf Duksum, wo die ursprüngliche Kettenbrücke unglücklicherweise im Jahr 2004 durch eine Überflutung zerstört wurde. Einige der gefundenen Kettenglieder wurden auch in der neuen Brücke bei Tamchhog Lhakhang (zwischen Paro und Chhuzum) verwendet.

Berühmt ist dieses Kloster auch für sein **Tsechu**, das im zweiten Mondmonat (März/April) abgehalten wird. Bis vor wenigen Jahren wurde während des Festivals der alte Thondrol von Gom Kora entrollt, der, anders als alle Thondrols Bhutans, nicht aus genähten Applikationen und Stickereien besteht, sondern gemalt ist. Inzwischen hat das Kloster einen neuen Thondrol, und der alte wird im Chörten-Kora-Kloster aufbewahrt. Während des Festivals kommen aus der ganzen Region die Menschen zusammen und pilgern um die Außenmauern des Tempels. Das Besondere daran: Die Pilger gehen die ganze Nacht hindurch um den Tempel. Dabei, so heißt es, werden auch neue Bekanntschaften unter Jugendlichen der weitauseinander liegenden Dörfer geknüpft.

Die **Klosterschule** liegt talabwärts hinter dem großen Platz. Bei gutem Wetter finden die Unterrichtsstunden unter

Idyllisch gelegen: Gom Kora

▲ Karte hintere Umschlagklappe

In dieser Felsnische soll Guru Rinpoche meditiert haben

freiem Himmel statt. Die rot gekleideten Mönche, die bunten Fahnen, die gelben Dächer und die weißen Mauern ergeben ein Fotomotiv nach dem anderen. Nur stören Sie bitte nicht den Unterricht mit zu aufdringlichen Annäherungen!

Subtropische Wälder, Affen und ein alter Dzong

Nach zwei Kilometern, hinter einem Felsenkliff, liegt die Ortschaft **Duksum** (auf 855 Metern) am Einmündungsbereich des Kulong Chhu (aus Trashi Yangtse) in den Drangme Chhu, der aus dem nahegelegenen Indien kommt (etwa 20 Kilometer Strecke, hier heißt der Fluss Dawung Chhu). Im Dorf gibt es ein paar Imbiss-Restaurants, Geschäfte und Reparaturwerkstätten. Außerdem werden die Web- und Handarbeiten der Frauen aus den Dörfern der Umgebung angeboten. Am Dorfrand geht es gleich steil hoch und ins hintere **Kulong-Tal**. Nach neun Kilometern gibt es einen asphaltierten Abzweig nach rechts zum Dorf **Tshenkarla** (Rangthang Woong). Hier stehen die Ruinen eines ehemaligen Dzong.

Je weiter man sich dem hinteren Tal nähert, desto steiler werden die Hänge und desto seltener sieht man terrassierte Felder oder Orangenplantagen. Mehr und mehr besteht die Umgebung aus subtropischem Wald. Goldlanguren sitzen in den Bäumen, der große Nashornvogel ruft vom Gegenhang und das Konzert von kleinen Fröschen versucht das Rauschen des tief unten liegenden Flusses zu übertönen. Die Straße windet sich am Hang entlang, führt in kleine Seitentäler hinein und wieder heraus, steigt kontinuierlich an und wird an manchen Stellen richtig abenteuerlich – mit überhängenden Felsen.

Von weitem kann man auf einem Hügel inmitten des Kulong-Tals ein großes Gebäude erkennen. Das ist der **ursprüngliche Dzong von Trashi Yangtse**, der von Pema Lingpa in Auftrag geben wurde,

Rhododendronblüte

Blick auf Trashi Yangtse

um die Handelswege zu kontrollieren. Direkt beim alten Dzong kommt aus Westen das Tal des Dongdi Chhu (siehe auch Trekkingtouren) in dessen weiterem Oberlauf man hinüber nach Lhuntshi gelangt. Heute ist der alte Dzong renoviert und beherbergt die etwa hundertköpfige Mönchsgemeinschaft der Distriktzentrale. Das wichtigste Heiligtum des Tempels ist eine goldene Statue von Chenresi, die aus dem tibetischen Kloster Ralung stammt. Zum Dzong führt eine kleine Asphaltstraße nach links runter ins Tal (*N27°35'36", E91°29'34"*, 1680 m), während die Hauptstraße geradeaus weiter führt.

Nur einen Kilometer später erreicht man gegenüber der Tankstelle einen alten nepalesischen Chörten und einige kleine Gebäude. Dieser Chörten sieht aus, als wenn er etwas in Vergessenheit geraten wäre oder ihn Kinderhände auf die Schnelle gebaut hätten. Zugleich strahlt er ein hohes Alter aus, das jedoch nicht genauer bestimmt werden konnte. Dieser alte Chörten fristet hier ein kleines

Der alte Dzong von Trashi Yangtse

Karte hintere Umschlagklappe

Schattendasein, da der große Chörten von Trashi Yangtse einige Kilometer weiter zu bekannt und attraktiv für Besucher und Pilger ist. Dafür gibt es hier weniger Gedränge. Man schaue sich die hübschen Wandbilder in dem kleinen Gebäude gleich neben dem Stupa an! Mit etwas Glück trifft man einen grau- und langhaarigen, freundlichen Guru, der das Gelände zu betreuen scheint. Leider spricht er jedoch kein Englisch.

Alter nepalesischer Chörten vor Trashi Yangtse

Trashi Yangtse und Chörten Kora

Einen Kilometer nach der Tankstelle sieht man in einem weiten Talkessel die Stadt Trashi Yangtse. Der Fluss Kulong Chhu ist an der ganz linken Talseite, rechts davon stehen viele schöne traditionelle Holzhäuser. Auf einem kleinen Hügel im hinteren Bereich des Talkessels steht der neuere, 1997 eröffnete Dzong.

Chörten Kora

Direkt links unterhalb der Asphaltstraße sieht man den großen nepalesischen Stupa, den Chörten Kora, wegen dem so viele Pilger und Besucher in den entlegenen Teil Ost-Bhutans kommen. Es gibt einen Parkplatz und gleich unterhalb eine große, überdachte Gebetsmühle. Nach wenigen Schritten steht man am Eingang zu diesem bedeutsamen Heiligtum (N27°36'23", E91°29'43", 1726 m). In der Umgrenzungsmauer um den Stupa sind fast 400 kleine Gebetsmühlen eingebaut – viel zu tun für einen Pilger, der dreimal im Uhrzeigersinn herumläuft. Chörten Kora (Kora bedeutet Umrundung eines heiligen Objektes) ist dem bei Kathmandu stehenden Stupa Boudhanath nachempfunden, aber bei weitem nicht so groß. Erbaut wurde dieser Chörten im Jahr 1740 durch den Lama Ngawang Loday. Es wird berichtet, dass der Lama selbst in Nepal gewesen sei und von dort eine Kopie des großen Stupas mitgebracht hätte. Leider schrumpfte die Kopie während der Rückreise etwas ein, sodass dieses Bauwerk hier etwas kleiner ausfiel. Anderen Quellen zu Folge wurde Chörten Kora 1782 durch den 13. Je Khenpo Yonten Thaye gebaut wurde.

Das große Kora-Festival, bei dem besonders viele Pilger kommen, startet im zweiten Mond-Monat (März). Interessanterweise findet diese Feier an

Chörten Kora

Ost-Bhutan

zwei unterschiedlichen Tagen statt, mit 15 Tagen Pause dazwischen. Der erste Feiertag ist für die Dakpa, einer Volksgruppe aus Arunachal Pradesh, gedacht. Diese feiern hier ihre Heilige, ein acht Jahre altes Mädchen, welches während der Konstruktion des Bauwerkes mit eingemauert wurde (ob lebendig oder tot konnte mir niemand eindeutig erklären). Mit der Hilfe dieses Mädchens sollte ein böser Dämon beruhigt und in Griff bekommen werden. Der zweite Feiertag ist für die Bhutaner, die aus ganz Ost-Bhutan hierher kommen, um durch die Umrundungen der Anlage Bonuspunkte für ihr Karma zu erhalten. Vor diesen Feierlichkeiten wird der Chörten neu geweißelt. Ein sehr kleines Kloster steht nach hinten versetzt links neben dem Stupa. Der daneben stehende Tempel (genau hinter der Stupa) ist Guru Rinpoche geweiht.

Auf dem Weg nach Trashi Yangtse

Die Stadt Trashi Yangtse

Da der neue Dzong wegen seines jungen Alters noch keine besondere historische Bedeutung besitzt, die Architektur ebenso nichts Besonderes darstellt und er 130 Höhenmeter oberhalb der Stadt steht, kann man sich den mühsamen Aufstieg sparen. Man sollte sich lieber in der Kleinstadt umschauen. Es gibt einige Geschäfte, kleine Restaurants und verschiedene Service-Einrichtungen (Bank mit ATM, Telekommunikation, Post, Schuster, Autowerkstatt, Apotheke, etc.). In den Souvenirläden findet man die typischen gewebten Textilien und Handarbeiten, darunter die besonders hübschen, gedrechselten Holzschalen und Holzbecher aus den hiesigen Avocado- und Ahornbäumen.

In der Stadt gibt es seit 1997 auch einen Ableger der Kunstschule in Thimphu, ein sogenanntes Nationales Institut für Zorig Chusum. Hier werden bisher sieben der 13 traditionellen bhutanischen Handwerke gelehrt: Holzhauerei, Drechslerei, Töpferei, Metallverarbeitung, Malerei, Lackmalerei und Stickerei. In einem angeschlossenen Laden (Tel. +975/4781141, geöffnet montags bis freitags 9 bis 15.30 Uhr mit Pause zwischen 12 und 13 Uhr) können die Werke der Schüler angeschaut und auch gekauft werden. Die Preise sind etwas niedriger als im 550 Kilometer entfernten Thimphu. Den Schülern darf auch während ihrer Arbeit über die Schultern geschaut werden. Ferien sind von Dezember bis März und zwei Wochen im Juli.

Wer sich die Stadt und die Umgebung genauer ansehen möchte, sollte auf alle Fälle hier übernachten und nicht gleich am selben Tag zurück nach Süden (beispielsweise nach Trashigang) fahren. Die Hotels sind nicht ganz so luxuriös und westlich ausgerichtet, dafür günstiger und oft familiärer.

Bumdeling Wildlife Sanctuary

Sobald man in die Stadt hineinkommt, sieht man auf der rechten Seite neben einem alten Baum den großen, dreigeschossigen Stupa in bhutanischem Bau-

▲ Karte hintere Umschlagklappe

stil. Wenn man von hier geradeaus im Tal des Kulong Chhu weiterfährt, erreicht man nach etwa vier Kilometern die Siedlung Tshaling und nach 13 Kilometern das Dorf Bomdeling. Die Grenze zum Bumdeling Wildlife Sanctuary liegt gleich hinter dem Ort. Dieses zweitgrößte Schutzgebiet des Landes wurde eingerichtet, um große Flächen mit alpiner Tundra-Vegetation zu schützen. Die besonderen Wildtiere des Gebietes sind: Blauschaf, Schneeleopard, Roter Panda, Tiger, Indischer Leopard, Himalaya-Schwarzbär und Moschustier. Gleich hinter dem Ort im weiten Tal des Kulong-Tals gibt es ein wichtiges Winterquartier des tibetischen Schwarzhalskranichs. Einen Besuch wert ist das neue Besucherzentrum im Ort mit angeschlossener Cafeteria. Von Bomdeling aus gibt es einen vierstündigen Wanderweg (hin und zurück) zum nordöstlich gelegenen Risum-Kloster. Man sollte sich besser einen lokalen Führer nehmen, wenn man diese buddhistische Stätte und die grandiose Landschaft entlang des Weges besuchen möchte. Auf alle Fälle besitzt die gesamte Region um Trashi Yangtse ein noch weitgehend unerschlossenes Potential für Naturtourismus.

Trashi Yangtse

Norbu Yangphel Hotel, Tel. +975/4781173, etwa 1500 Nu. Das erste Haus am Platz, in dem man auch sehr gut speisen kann.

Karmaling Hotel, Tel. +975/4781113, 1500/2000 Nu, EZ/DZ. Hier sind die Badezimmer noch nicht an den westlichen Besucher angepasst. Statt Duschen werden Eimer mit heißem Wasser angeboten. Dafür gibt es eine eigene Hausbäckerei und ein kleines Restaurant.

Ein Hotel eher wohl für die Einheimischen ist das **Sonam Deki Hotel**, Tel. +975/417693446.

Neben diesen drei Hotels gibt es noch drei Gästehäuser: **Bomdeling Wildlife Sanctuary Guest House**, Tel. +975/4781155, und das **Dzongkhag Guest House**, Tel. +975/4781148. Bei beiden liegen die Preise für die Übernachtung bei unter 1000 Nu. Die Betten sind hart und zu kurz, es gibt zwar heißes Wasser, aber keine Duschen und die Auswahl auf den Speisekarten ist gering. Bei ersterem Gästehaus liegt auch das sehenswerte **Besucherzentrum des gleichnamigen Reservates**. Das dritte Gästehaus ist das **Choki Farm House**, Tel. +975/2333540 oder 17603602, zhomo@bluepoppybhutan.com, mit sehr moderaten Preisen von 1300 bis 1500 Nu. Die Zimmer sind im tibetischen Stil eingerichtet.

Eine Seidenakazien-Art in Ost-Bhutan (Albizia)

»Nature protects if she is protected«

Slogan eines bhutanischen Naturschützers

DER SÜDEN BHUTANS

Nepalesischer Stupa im Distrikt Sarpang

Der Distrikt Chhukha

Etwa zehn Prozent (2014) aller Touristen Bhutans (Besucher aus Indien, Bangla Desh und den Malediven nicht einbezogen) reisen nicht mit dem Flugzeug nach Paro ein, sondern über Land. Ein kleinerer Teil von diesen kommt über Guwahati (Hauptstadt von Assam) nach Samdrup in Ost-Bhutan oder über Gelephu im Distrikt Samdrup. Etwa sieben Prozent der Grenzgänger kommen über die indische Grenzstadt Jaigaon in den Distrikt Chhuka und die Industriestadt Phuentsholing nach West-Bhutan.

Die Grenzstadt Phuentsholing

Diese schnell anwachsende Stadt ist ein Schmelztiegel der beiden hier aufeinander treffenden Kulturen, der hinduistischen und der buddhistischen. Nett zu fotografieren ist natürlich das **Torgebäude**, das ›Eingangstor‹ nach Bhutan. Die Stadt selbst wimmelt von Händlern, die die Waren aus dem großen Produktionsland Indien in das kleine Bhutan bringen. Dazwischen huschen Polizisten und andere Kontrollbeamte umher, um das Gewusel in geordnete Bahnen zu bringen – Bhutan ist in dieser Hinsicht eben nicht Indien. Ebenso gut ist die Grenze zwischen Indien und Bhutan an der Sauberkeit und dem kaum vorhandenen Straßenmüll erkennbar.

Für diejenigen, die in Indien reisen und meinen, sie könnten mal eben schnell nach Bhutan kommen: Auch über Land geht es nur mit einem gültigen Visum beziehungsweise mit einer Einladung einer Agentur aus Bhutan, nach der das Visum in den Reisepass gestempelt werden kann.

Wer aus dem feucht-heißen und manchmal unerträglichen Assam kommt, dem sei empfohlen, nicht in dieser stinkig-lauten Stadt zu übernachten, sondern noch weiter ins Landesinnere zu fahren. Wer hier trotzdem übernachten muss, dem stehen sehr viele einfache, billige Hotels zur Verfügung. Für Touristen liegen auch mehrere bessere Hotels am Platz, fast alle direkt in der Stadtmitte.

Als Sehenswürdigkeit im Stadtzentrum gibt es den **Zangto Pelri Lhakhang**, der noch relativ jung ist und noch keine besondere Geschichte ausstrahlt. Dafür

Das Tor nach Bhutan

Karte hintere Umschlagklappe

ist er für Fotografen von Interesse, da der Tempel von einem schönen Garten umgeben wird, wo im Schatten der Bäume Pilger mit ihren Gebetsmühlen sitzen. Der zweite Tempel im Zentrum ist der **Pungthim Dratshang**, der die lokale Mönchsgemeinschaft beherbergt. Viel gibt es allerdings hier nicht zu sehen.

Südlich der beiden Tempel, in der **Samdrup Lam**, gibt es Banken und das Postamt. Wer aus Indien kommt und noch indische Rupien hat, der braucht diese nicht in Ngultrum zu tauschen. Beide Währungen sind in Bhutan frei verwendbar (1:1). Der Busbahnhof liegt im Norden des Stadtzentrums. Busse fahren nach Thimphu am Morgen und benötigen etwa sieben Stunden für die Strecke.

Etwa zehn Minuten zu Fuß liegt im Norden des Busbahnhofs eine Krokodilzuchtstation: die **Norgay Crocodile Breeding Farm**. Die Idee, die zur Gründung dieser Zuchtstation 1981 führte, war das Ziel, die Krokodile zu vermehren und sie in ihre natürlichen Habitate wieder zu entlassen. Momentan gibt es etwa 20 ausgewachsene Krokodile, die den ganzen Tag träge und bewegungslos in der Sonne liegen und nur zur Fütterungszeit (mittags) aktiv werden. Zu sehen sind die im Freiland stark gefährdeten Gangesgaviale (Gavialis gangeticus) und eine Krokodil-Art, die auf den Hinweisschildern als Alligator bezeichnet wird – es könnte sich um den China-Alligator (Alligator sinensis) handeln.

Phuentsholing

Peljorling Hotel, Tel. +975/5252833. Direkt schräg gegenüber der bhutanischen Grenzkontrolle. Es ist günstig (400 bis 750 Nu), und das hauseigene Restaurant besitzt einen guten Ruf. Allerdings sollen die Zimmer ohne Klimaanlage ausgerüstet sein, was das Schlafen im Sommer fast unmöglich macht.

Kuenga Hotel, Tel. +975/5252293 oder 77231798. Rechts neben dem Peljorling. Hier bekommt man für wenig Geld (etwa 550/800 Nu pro Nacht, EZ/DZ) ein sauberes Zimmer, allerdings nicht unbedingt mit heißem Wasser zum Duschen.

Druk Hotel, Tel. +975/5252126, www.drukhotels.com, druk.phuentsholing@drukhotels.com. Nach der Tankstelle rechts die kleine Straße rein und damit hinter dem ›Immigration Checkpoint‹ liegt dieses große Hotel. Hier sind die Preise wohl am höchsten: 3000/3500 Nu Standardräume und 7700 Nu Luxusräume. Die Zimmer sind geschmackvoll und gemütlich eingerichtet, besitzen Klimaanlagen, und es gibt einen Garten zum Sitzen und Ausruhen. Heißes Wasser ist auch vorhanden.

Central Hotel, Tel. +975/5252172 oder 17110707, centralhotel@druknet.bt. Gegenüber der Tankstelle, in der Gatoen Lam. Die Preise variieren von 800 Nu bis 1800 Nu. Eine Übernachtung ist mit viel Straßenlärm im Zimmer verbunden. Dafür gibt es Klimaanlagen und man ist im Zentrum.

Hotel Namgay, Tel. +975/5252374 oder 17601082, hotel_namgay@yahoo.com. In der Tharpai Lam, mit Preisen gerade so im Mittelfeld: 1100/1300 Nu (Standard) und 1300/1500 Nu (Luxus). Das Schöne an diesem Hotel ist der Blick hinüber zum Zangto Pelri Tempel (Lhakhang). Das Personal ist hier besonders hilfsbereit und nett , die Zimmer sind modern und besitzen Klimaanlagen.

Gedu

Nach wenigen Kilometern auf der Straße nach Norden geht es in vielen Kurven hoch ins Bergland. Beim Blick zurück hat man das weite bengalische Tiefland von Assam unter sich.

Schon fünf Kilometer hinter Phuentsholing liegt die Ortschaft **Rinchending** mit dem kleinen **Kloster Kharbandi Goemba**, das 1967 auf Veranlassung der Witwe des zweiten Königs (Mutter des dritten Königs) erbaut wurde. Die alte Dame

Bhutanischer LKW bei Phuentsholing

hatte hier ihren Winterpalast. Der Tempel ist mit großen Figuren von Guru Rinpoche, Sakyamuni und dem Zhabdrung ausgestattet.

Bei Rinchending gibt es an der Straße auch noch einen **Kontrollposten für die Reisepapiere der Ausländer**.

Hinter der Ortschaft steigt die Straße kontinuierlich an, in vielen Kurven durch die Berge windend. Häufig, besonders während der Regenzeit, gibt es Hangrutschungen und Straßenblockaden. Inzwischen wird an einer breiteren und weniger gefährdeten Straße nach Gedu gebaut. Mit Baustellendreck und kurzen Staus muss momentan gerechnet werden. 41 Kilometer nach Rinchending und schon auf 2050 Metern Höhe kommt man in Gedu an. Kurz davor liegt der berühmt-berüchtigte Hang von Jumja, eine riesige instabile Rutschung, die den Verkehr auf der Straße häufig für Tage ausbremst.

Kurz vor Gedu führt eine etwa zehn Kilometer lange Seitenstraße nach rechts (Südosten) zum mächtigen **Wasserkraftwerk von Tala**, das mit der Leistung von 1020 Megawatt ganz West-Bhutan ausreichend versorgt. Der überschüssige Strom wird nach Indien exportiert. Der Tunnel, durch den die Fluten geleitet werden, ist 22 Kilometer lang! Von einem Aussichtsplatz kann man die großen Transformatoren und Stromverteiler sehen. Hier gibt es auch einen Bypass nach Rinchending.

Gedu selbst ist nur einen Stopp wert, wenn man seinen kleinen oder großen Hunger stillen möchte. Das beste Restaurant der vielen Möglichkeiten ist das Lhamu, welches leckere nepalesische Küche anbietet.

Chhukha

Die weitere Fahrt nach Chhukha (38 Kilometer) ist kurvenreich und verläuft über einige Berge (alle über 2000 Meter hoch). Man verlässt das Einzugsgebiet des Torsa Chhu und gelangt in den Bereich des Wang Chhu. Vor der Großgemeinde Chhukha kommt man am riesigen gleichnamigen **Wasserkraftwerk** (336 Megawatt) vorbei. Im Tal des Wang Chhu ist man wieder auf einer Höhe unter 1000 Metern.

Die **Brücke über den großen Fluss** erreicht man bei **Thegchen Zama** (›hohe starke Brücke‹). Hier stand früher ein Dzong, der die Handelswege nach Süden kontrollierte. Vom ihm ist jedoch nichts mehr zu sehen. Ab jetzt geht es

Ein frommer Wunsch, angesichts der Straßenverhältnisse

▲ Karte hintere Umschlagklappe

Halbkreisförmiger Dzong in Chhukha

auf der Ostseite des Tals wieder hoch. Von hier sind es genau 95 Kilometer nach Phuentsholin, früher war es genauso weit nach Thimphu. Nun ist aber eine neue Abkürzung im Bau, die die Strecke nach Norden erheblich vereinfachen wird.

Schon etwa einen Kilometer nach der Brücke geht es in Zukunft (2015 noch im Bau, soll 2016 eröffnet werden) auf einer teilweise vierspurigen Straße mit mehreren Tunneln im Wang-Tal weiter bis nach Watse. Die alte Straße windet sich hoch nach Chhukha, das eigentlich gar nicht als solches existiert. In einigen Karten steht hier der Dzong der Distriktzentrale, was jedoch nicht korrekt ist. Der Verwaltungssitz des Distriktes steht in der Ortschaft **Chimakha** (Tsimakha oder Tsimasham), einige Kilometer nördlich von Chhukha. Dieser neue Dzong (*N27°05'50'', E89°32'05''*, 2221 m) unterscheidet sich von allen anderen Dzongs, weil er halbkreisförmig gebaut ist. Hier steht auch das **Chhukha-Rabdey-Kloster**. Durch das geringe Alter des Gebäudes gibt es eigentlich nichts Besonderes darüber zu berichten. Sehenswert ist höchstens die Architektur. Im Halbkreis eingeschlossen steht der Utse. Vor dem Dzong gibt es einen großen Platz mit dem Fahnenmast, an dem die Nationalflagge weht, und eine großartige Aussicht auf das Wang-Tal.

Fahrt nach Chhuzom

Nach weiteren sieben Kilometern auf der Straße nach Norden kommt man durch die Siedlung **Bunakha** (2270 m), wo auch ein kleines Touristenhotel steht, das Bunagu (Tel. +975/8460522), welches eine große Terrasse mit Blick aufs Tal und ein gutes Mittagessen anbietet. Ein telefonisches Reservieren sei angeblich angeraten.

Nach zehn Kilometern durch einen waldreichen steilen Hang, mit einigen überhängenden Felsen und häufig heruntergefallenen Steinen auf der Fahrbahn erreicht man den Kontrollposten an der Brücke bei Tachhong Zam. Ab hier geht es wieder in steilen und engen Kurven in den Hang hoch, durch die Siedlung Chapcha und zum höchsten Punkt der Strecke zwischen Indien und Thimphu (Chapcha La, 2800 m).

Weit oben in der Felswand klebend, kann man das **Kloster Thadra Ney Lhakhang** sehen. In Chapcha gab es in früheren Zeiten auch einen Dzong, von dem allerdings heute nur noch eine Ruine geblieben ist.

Die nächsten Kilometer sind weiter eng, kurvenreich und mit vielen Hangrutschungen. Häufig ist der Asphalt zerstört, und nur eine staubige oder schlammige Piste blieb übrig. Solange die im Bau befindliche Strecke im Tal noch nicht freigegeben ist, quälen sich alle LKW von und nach Indien hier über die Berge. Besonders die langen Sattelschlepper blockieren die engen Kurven. Die durchschnittliche Reisegeschwindigkeit beträgt 25 Kilometer pro Stunde!

Von Chapcha nach Chhuzom sind es noch 23 Kilometer, von denen die ersten zehn Kilometer noch durch den Hang gefräst sind, bevor es dann auf der besser ausgebauten Strecke (ab Watse) schneller nach Norden geht. (Abzweig bei Watse: *N27°13'12", E89°31'05"*, 2154 m)

Etwa zehn Kilometer vor Chhuzom steht am Straßenrand das Damchu Hotel mit einem gut geführten Restaurant. Gleich beim Hotel verlässt man den Distrikt und erreicht den Distrikt Thimphu. Auf der westlichen Hangseite des Wang-Tals liegt der Distrikt Paro.

Der Distrikt Samtse

Im äußersten Südwesten Bhutans liegt der 1725 Quadratkilometer große Distrikt Samtse. Bis vor kurzem war diese Provinz noch nicht an das Straßennetz Bhutans angeschlossen. Es führte nur eine Straße von Indien kommend zur Siedlung **Dorokha**. Seit kurzer Zeit existiert jetzt eine Straßenverbindung von der Distriktzentrale Samtse nach Phuentsholing in Richtung Osten. Eine weitere Verbindung wird momentan gebaut, von Dorokha im Nordosten des Gebietes nach Haa. Alle Besucher des Distriktes mussten bisher über Indien ein- und ausreisen, was jedoch nicht sonderlich zeitaufwendig ist, da die **Stadt Samtse** schon in der Tiefebene von Assam liegt und deshalb die Straßen nicht so viele Kurven besitzt.

Reisernte in Südbhutan

Die Provinz weist ein subtropisches bis tropisches Klima auf. Samtse ist in Bhutan und auf indischer Seite dafür bekannt, dass die Orangen, Mandarinen und Zitronen hier besonders gut schmecken. Der Anbau von vielen Früchten und Gemüsesorten ist hier ganzjährig möglich. Besonders das Tal des Amo Chhu, der Grenzfluss zu Haa, gilt als eine sehr fruchtbare Region. Allerdings können die Früchte (beispielsweise Zitrusfrüchte, Mangos) nicht schnell genug zu den Verbrauchern nach Indien gebracht werden, da kaum Pisten aus diesem Tal nach Süden führen. In den höheren Bergen an der Grenze zu Haa und im Nordwesten zu Tibet und Sikkim wird Rinderzucht betrieben und Getreide angebaut. Die gesamte Region ist touristisch kaum erschlossen, und man braucht als ausländischer Besucher eine spezielle Genehmigung für die Fahrt dorthin. Ebenso benötigt man als Deutscher ein Multi-Entry-Visum für Indien. Besondere buddhistische Stätten sind nicht bekannt.

▲ Karte hintere Umschlagklappe

Die Distrikte Dagana und Tsirang

Dagana erreicht man sowohl von Indien als auch von Norden aus der Provinz Wangdue Phodrang (→ S. 202).

Ab der Weggabelung Dagana/Tsirang (72 Kilometer südlich der Brücke bei Wangdue Phodrang, *N27°01'37'', E90°04'30''*, 453 m) sind es noch 105 Kilometer bis nach Dagana. Gleich nach dem Abzweig führt die schmale Asphaltstraße mit nicht sonderlich gutem Belag steil hinunter ins Tal des **Puna Tsang Chhu** und zur Brücke auf 350 Metern Höhe.

Hier verlässt man den Distrikt Tsirang und kommt über die nächsten etwa 40 Kilometer nach Dagana. Die Straße windet sich zwischen Bananenstauden und subtropischen Urwaldbäumen sofort wieder den Hang hinauf, kommt dann schnell wieder zu einem Seitental hinunter, um sogleich wieder hinaufzuführen. In den Bäumen tummeln sich bunte Vögel und Langur-Affen. Die kommen gerne in die Nähe der Straße, weil sie am Hanganschnitt der Böschung mineralische Erde fressen.

Die Straße knickt dann scharf nach Westen in ein Seitental, das große Flusstal des Puna Tsang verlassend, und schraubt sich hoch zu den vielen verstreut stehenden Bauernhäusern.

Die erste größere Siedlung ist 45 Kilometer nach der Brücke erreicht: **Dagapela**. Direkt an der Straße nach Dagana gibt es nur drei Läden, das eigentliche Dorf ist links oberhalb am Hang (1326 m, bei der Schule). Hier befinden sich die einzige Tankstelle des Distrikts und eine große Schule für die gesamte Region. Überhaupt hatte ich das Gefühl, dass Dagapela, obwohl schon wieder im Distrikt Tsirang liegend, die weitaus wichtigere Siedlung ist – Dagana ist nur ein kleines Dorf. Von Dagapela aus führt inzwischen eine ausgebaute Piste nach **Kalikhola** im Distrikt Sarpang, direkt an der indischen Grenze gelegen. Die vielen landwirtschaftlichen Produkte der fruchtbaren subtropischen Region um Dagapela und Dagana, besonders die Zitrusfrüchte, können so schnell zu den indischen Absatzmärkten gebracht werden. Davon profitiert die gesamte Landwirtschaft des Gebietes. Ausländer dürfen noch nicht die Grenze bei Kalikhola passieren.

Die Schule von Dagapela

Türme des Dzongs von Dagana

Die Stadt Dagana

Nach Dagana sind es von Dagapela etwa 47 Kilometer mit sehr vielen Höhenmetern und Kurven. Die Straße windet sich zwischen den vielen Reisterrassen und Bananenstauden am rechten Hang des Daga Chhu bis zur Distriktzentrale (1545 m). Ein Hotel in der Siedlung nimmt Touristen auf: das **Pradhan Hotel** (Tel. +975/17685932 oder 06481180). Die Zimmer sind rudimentär und sehr gewöhnungsbedürftig. Die Betten sind zu hart und zu kurz, das Badezimmer ist sauber, aber mit einer etwas altertümlichen Einrichtung. Im Hotel bekommt man auch ein Mittag- oder Abendessen serviert. Der **Dzong** etwa 500 Meter oberhalb des Hotels ist frisch renoviert. Schon der erste Zhabdrung hatte das bis dahin noch nicht vollständig geeinte Bhutan in drei Distrikte unterteilt: Paro, Trongsa und Dagana. Dagana spielte schon früh eine wichtige Rolle bei der Sicherung der Südgrenze und der Bildung eines Einheitsstaates. Somit gab es auch einen politisch starken Dagana Penlop, der eine wichtige Rolle im Kabinet des Desi innehatte. Der Dzong in seiner heutigen Form wurde von Dronyar Druk Namgyel im Auftrag von Zhabdrung Ngawang Namgyel gebaut, um das Gebiet besser gegen die südlichen Gebiete im heutigen Assam und West-Bengalen zu schützen. Das Wort Dagana stammt aus dem Namen des hiesigen Schutzheiligen Darkala und aus dem Wort für die Region Darkarnang.

Im Daga-Tal führt eine Piste noch weiter talaufwärts zu den vielen Streusiedlungen. Weiter oben im Tal gibt es dann noch Fußpfade hinauf ins Gebirge und bis nach Chhuzom beziehungsweise zum Simtokha Dzong östlich von Thimphu (im Gebirge auch Anschluss an den Daga-Tausend-Seen-Trek).

Der schöne neue Dzong von Tsirang

▲ Karte hintere Umschlagklappe

Tsirang (Damphu)

Ab der Weggabelung Dagana/Tsirang (72 Kilometer südlich der Brücke bei Wangdue Phodrang) fährt man noch 22, teilweise steile Kilometer in serpentinreichen Kurven den Hang hoch. Das Kleinstädtchen Tsirang/Damphu liegt weit oben in 1654 Metern Höhe auf einem zunehmend flacher werdenden Hang. Die Strecke führt durch Reisterrassen und Kiefernwälder. Die Bebauung nimmt im oberen Hangbereich zu. Bald kommt man an einer großen Schule vorbei und fährt durch einen kleinen Hügeleinschnitt. Dann geht es nach rechts zu

Im Daga-Tal

einigen kleinen Restaurants, Geschäften und lokalen Hotels (Übernachtungspreise zwischen 400 und 1000 Nu).

Der **Dzong** steht an der Straße nach links in Richtung Sarpang. Geradeaus ist der Taxistand. Der relativ neue Dzong (Baujahre 2007 bis 2009) beherbergt die Distriktadministration des zweitkleinsten Dzongkhags Bhutans (632 qkm). Er ist im unteren Geschoss mit grob zugehauenen Natursteinen und im oberen Stockwerk mit wunderschönen Holzarbeiten im Rahmenkastenbau gebaut. Ein gelungenes Beispiel für einen modernen Bau im traditionellen Stil. Bleibt man auf der Straße, so steht links das neu erbaute Gerichtsgebäude und geradeaus oben am Hang das Kloster mit der Mönchsgemeinschaft. Das Kloster kann besichtigt werden. Der Haupttempel ist Guru Rinpoche und Sayakamuni geweiht. Die Mönche sehen hier sehr selten einen westlichen Besucher, sodass sie gerne den Tempel oder die Unterrichtsräume der Novizen zeigen. Der Besitzer des gleich unterhalb stehenden Namsal Hotels (Tel. +975/17629028, auf 1654 Meter Höhe) ist selber als Laie im Kloster tätig und führt seine Gäste ebenfalls durch die Gebäude. Das Hotel von 2014 ist modern,

Im Süden gedeihen tropische Früchte

mit geräumigen Zimmern, Blick ins Tal, gutem Service und leckeren Speisen im Restaurant. Die anderen Hotels des Kleinstädtchens brauchen eigentlich nicht erwähnt werden. Die Preise sind ebenfalls sehr lockend: 1200 Nu für Übernachtung ohne Abendessen und Frühstück.

Im Übrigen wird die dichter bebaute Region hier oben am oberen Hangbereich als Damphu bezeichnet, während die Stadt selbst Tsirang genannt wird. Deshalb findet man beide Ortsbezeichnungen häufig nebeneinander.

Hinter dem Hotel führt die Straße weiter nach Südosten. Auf den ersten 18 Kilometern erklimmt man noch einen kleinen Pass (*N26°56'56", E90°12'05"*, 1926 m), bevor es dann mit immer stärkerem Gefälle bis hinunter in die Tiefebene bei Sarpang geht. Von Tsirang bis Sarpang (Brücke, auf 384 Metern) sind es 53 Kilometer, die fast nur steil nach unten führen. Vom relativ kühlfeuchten Bergwald mit einem hohen Anteil an Kiefern schießt man hinunter in den subtropischen Wald und weiter hinab in die schwül-feuchten tropischen Klimabereiche. Die Luft wird schnell immer ›sirupartiger‹, besonders in den Sommermonaten. Die Straße ist eng, kurvenreich und von schlechter Qualität, deswegen geht es nur sehr langsam vorwärts.

Gleich hinter der Grenze zum Distrikt Sarpang, dem erwähnten Pass auf 1926 Metern, steht ein kleines Hotel links der Straße.

Der Distrikt Sarpang

Schaut man auf die Landkarte Bhutans, staunt man über die Form dieses Distrikts: Der Großteil der südlichsten Landesteile Bhutans und damit der Großteil der Grenze zu Assam wird von dieser Provinz abgedeckt. Wie ein langes Band zieht sich Sarpang von Chhukha im Westen bis nach Samdrup im Osten entlang. Die meisten Landschaften Sarpangs sind daher in der tropischen Klimazone. Nach Sarpang führen mehrere Straßen von Indien hinein, zwei Straßen kommen aus Bhutan.

Gehöft in den Bergen kurz vor Sarpang

▲ Karte hintere Umschlagklappe

Unscheinbare Blumen am Straßenrand

Die Stadt Sarpang

Die **Straße von Tsirang** erreicht die Brücke über den **Sarbhang Khola** kurz vor der Ortschaft Sarpang in nur 384 Metern Höhe. Hier ist auch ein **Kontrollposten der Immigration Police**, die die Reisedokumente der Ausländer prüft. Dann sind es nur etwa zwei Kilometer bis ins Zentrum der Distriktzentrale. Durch den erfolgreichen Kampf der bhutanischen Armee gegen die Assam-Separatisten ist wieder Ruhe in dieser Grenzregion eingetreten. Noch vor wenigen Jahren lag die erwähnte Straße in einem Sperrgebiet.
Das Straßenbild wird geprägt von Händlern, Geschäften, vielen indisch und nepalesisch aussehenden Menschen und zahllosen Fahrrädern – ungewohnt im sonst so bergigen Bhutan. Von Sarpang gibt es drei weiterführende Straßen: eine entlang der Grenze in Richtung Westen und Südwesten, eine geradeaus nach Süden in den Bundesstaat Assam und eine nach Osten zur Grenzstadt Gelephu. Letztere Straße ist die einzige, die für Ausländer (Inder ausgenommen) offen ist. Plötzlich ist alles flach und die Straße führt geradeaus – ebenso muss man sich an das feucht-heiße Klima gewöhnen. Es geht durch beschattete Abschnitte mit hohen Bäumen oder Palmenhainen (Betelnuss), häufig gibt es Äcker und kleine Siedlungen. Die indische Grenze liegt nur wenige Meter rechts der Straße. Oft gibt es Militärposten und Beobachtungstürme, von wo alle Verkehrsbewegungen auf der Straße genauestens registriert werden.

Gelephu

Nach 33 Kilometern ab Sarpang, auf denen nur sehr wenige Höhenmeter zu bewältigen waren, erreicht man die Stadt Gelephu (*N26°52'07", E90°29'08"*, 214 m). Kurz vor dem Ortseingang liegt auf der linken Seite der **neue Flughafen** Süd-Bhutans (eröffnet in 2012). Es ist unklar, ob und wann Flüge aus Paro hier ankommen.
Gelephu ist eine typische Grenzstadt mit ihrem Gewusel von Händlern und Reisenden, die entweder aus Indien Waren einführen oder diese Waren nach Bhutan weiterbringen. Viele kleine Hotels und Restaurants, Geschäfte (besonders Textilien) und Handicraft Shops prägen die Straßenzüge im Zentrum. Direkt am kleinen Verkehrskreisel steht ein **Tempel**

Landschaft bei Gelephu

mit einer großen Figur von Sakaymuni auf der Lotusblüte. Der Tempel ist ohne Seitenwände (dem tropischen Klima geschuldet), die Statue sitzt in einem Glaskasten. Der **Busbahnhof** liegt auf der gleichen Straßenseite wie der Tempel, 100 Meter in Richtung Osten.

Das Besondere an der Stadt? Die **Whiskey-Distillery**! Die bekanntesten Erzeugnisse dieser Firma heißen Bhutan Highland Grain Whiskey und Rock Bee Blended Grape Brandy. Eine Geschmacksprobe ist lohnenswert!

Ebenso ist die Stadt ein guter Ausgangspunkt für einen Besuch des **Royal Manas National Park**, vorausgesetzt er ist für Besucher geöffnet. Wegen der Assam-Separatisten war das Gebiet viele Jahre geschlossen. Es gibt zwei Straßen beziehungsweise Pisten in dieses Gebiet: eine von Katusegaor bei Lalai südöstlich von Gelephu und eine von Tingtinbi am Mangde Chhu im Distrikt Zhemgang auf der Strecke nach Norden. Ob und wie man in diesen abseits gelegenen Nationalpark kommt, muss man wohl am besten bei seinem Reiseveranstalter erfragen. Dieser 1023 Quadratkilometer große Park, der im Norden mit dem Jigme Singye Wangchuck National Park verbunden ist, wurde eingerichtet, um eine große Zahl an tropischen Tierarten des indischen Subkontinentes zu schützen, die auf indischer Seite stark gefährdet sind. Darunter sind der indische Tiger, das Panzernashorn, der mächtige Assam-Wasserbüffel, der Gaur, der Lippenbär, der indische Wildelefant, die Goldlangur-Affen und mehr als 360 Vogelarten. Auf indischer Seite liegt das Tiger-Schutzgebiet, sodass alle drei verbundenen Nationalparks zusammen auf über 5000 Quadratkilometer kommen.

Sakaymuni auf der Lotusblüte im Tempel von Gelephu

Auf der Straße in Richtung Norden zum Distrikt Zhemgang passiert man schon nach sieben Kilometern einen Kontrollposten (bei der Brücke über den Mo Chhu). Danach geht es sofort in steilen und engen Kurven den Hang hinauf. Bleibt man unten im Tal, so erreicht man nach 15 Kilometern von Gelephu aus gemessen die heißen Quellen (Tsachhu) von Shershong. Auf der Hauptstraße windet sich das Asphaltband Meter für Meter den Hang hinauf, quert grüne subtropische Wälder, erreicht kleine Streusiedlungen in den terrassierten Hängen (nach 53 Kilometern), kommt zu einem kleinen Pass, nach dem es jedoch nicht weit hinunter geht, und nach 71 Kilometern nach dem Verkehrskreisel von Gelephu steht man auf 2031 Metern Höhe am **Tama La u**nd damit an der Grenze zum Distrikt Zhemgang.

Gelephu

Die empfehlenswerten Hotels sind das **Tshen'dhen Hotel** (Tel. +975/6251536, bees@druknet.bt, 950 bis 1200 Nu), das **Chörten Hotel** (Tel. +975/6251252, hotelChörten@yahoo.com, 400 bis 900 Nu), das **Nokay Hotel** (Tel. +975/17726492), das **Hotel Tashi Paykheel** (Tel. +975/6251143) und das drei Kilometer außerhalb in Richtung Norden liegende **Dragon Guest House** (Tel. +975/6251019 oder 17448394, 700 bis 2000 Nu).

▲ Karte hintere Umschlagklappe

Die Distrikte Pemagatshel und Samdrup Jongkhar

Pemagatshel

Mit nur 593 Quadratkilometern ist Pemagatshel eindeutig der kleinste Distrikt Bhutans. Die Bevölkerungszahl liegt bei 15 000 Einwohnern. Geprägt ist dieser Distrikt von subtropischer Vegetation und dort, wo es etwas flacher wird, von Reisterrassen und Obstanbau. Die wenigen Ortschaften befinden sich fast immer auf den Kuppen der Berge, da die Hänge zu steil sind. Die Berge sind kaum über 2000 Meter hoch, weshalb ein Besuch der Region im Sommer nicht angeraten ist. Dafür ist es ab November und bis in den März für Mitteleuropäer erträglich.

Der Name des Distriktes und der Zentralsiedlung bedeutet ›Lotushain des Glücks‹ und wurde angeblich 1970 vom Lama Dudjom Rinpoche gegeben, als er hier eine Segnung durchführte. Auf der Seitenstraße vom Trashigang-Samdrup-Highway bei Tshelingor sind es nur 18 Kilometer hier hoch zur Hauptsiedlung. Allerdings ist die Straße eng und kurvenreich, und man muss ständig mit heruntergefallenen Steinbrocken auf der Fahrbahn rechnen.

Der **Pemagatshel-Dzong** ist neueren Baujahrs (1983), da der Distrikt ebenso noch nicht lange ein eigener Bezirk ist. Früher gab es in der Nähe einen anderen Dzong, den Shalikhar-Dzong. Von hier aus wurden die Handelsströme aus Ost-Bhutan in Richtung Assam kontrolliert. Allerdings ist dieser Dzong von indisch-britischen Truppen im Duar-Krieg (1864/65) zerstört worden.

Im Distrikt gibt es einige abseits gelegene Klöster, so in der Siedlung Chungkhar (im Nordosten), in Khar (im Südosten) oder in Yurung (im Westen), die jedoch alle an das Straßen- und Pistennetz des Landes angeschlossen sind. Das bekannteste Kloster des Distriktes ist das **Yongla (Yongle)-Kloster** in der Nähe der Straße nach Samdrup. Dieses Kloster wurde im 18. Jahrhundert von Jigme Kundrel, einem Schüler des bekannten tibetischen Nyingma-pa Lamas Jigme Lingpa, gegründet. Der Vater des ersten Königs, Jigme Namgyel, der Penlop von Trongsa war, benutzte das Kloster auch als Basislager für seine Angriffe gegen die Briten in Assam während des Duar-Krieges. Das Kloster verfiel im Laufe des 19. Jahrhunderts. Erst ab 1967 wurde es von der Regierung renoviert und wiederbelebt.

Üppige tropische Vegetation bei Gelephu

Im Jahr 1990 wurden durch den damaligen vierten König weitere Restaurierungsarbeiten in Auftrag gegeben. Der Haupttempel ist Guru Rinpoche geweiht. Pemagatshel ist auch für das **dreitägige Festival** (Tsechu) und die traditionellen Lieder bekannt. Das bekannteste Lied ist Ausa - ein Lied, das landesweit beim Abschied und beim Verreisen von Familienmitgliedern und Freunden gesungen wird.

Samdrup Jongkhar

Dieser Distrikt deckt den gesamten südöstlichen tropischen Bereich Bhutans ab. Interessant für Touristen ist dieser Distrikt nur für den Transit nach oder aus Indien, denn von der Grenzstadt und Distriktzentrale Samdrup sind es nur noch etwa zwei Fahrstunden bis zur Hauptstadt Assams, Guwahati, von wo aus man nach New Delhi fliegen kann. Vom Abzweig nach Pemagatshel bei Tshelingor und damit von der Nordgrenze des Distriktes bis nach Samdrup sind es 73 Kilometer. Auf dem Weg über die bewaldeten Berge ist die einzige nennenswerte Siedlung Deothang (55 Kilometer seit dem Abzweig und nur noch auf 870 Metern Höhe). Die Siedlung ist dafür bekannt, dass die indisch-britischen Truppen hier 1884 während des Duar-Krieges eine empfindliche Niederlage gegen die Armee Bhutans ein-

Abgeerntete Terrassenfelder

▲ Karte hintere Umschlagklappe

Warnschild an der Straße

stecken musste. Als die Angreifer einige Monate später wiederkamen und siegten, machten sie den Dzong von Deothang dem Erdboden gleich.
Die nächsten Kilometer sind steil und führen hinunter in die tropische Tiefebene. Kurz vor Samdrup gibt es noch einen Kontrollposten der Immigration Police, dann erreicht man die quirlige Grenzstadt. Der Dzong der Stadt ist ein funktioneller Neubau (1985) in traditionellem Baustil und beherbergt die Verwaltung des Distriktes. Er steht gleich beim Ortseingang und in der Nähe des Postamtes. Wie schon die anderen Grenzstädte zu Indien lebt auch diese von den Geschäftsleuten und Händlern, die ihre Waren aus dem großen Indien nach Ost-Bhutan weiterleiten. Nur wenige Touristen verirren sich bisher in der Stadt, die bei der Kreuzung auf der linken Seite liegt. Geradeaus geht es zum großen ›Abschieds‹-Tor, verziert mit einem Drachen, und zur Grenze nach Indien.
Im Ort gibt es auch eine Filiale der Bank of Bhutan mit Geldautomaten.
Der Distrikt Samdrup grenzt im äußersten Westen an den Royal Manas National Park an. Im Westen des Distriktes gibt es auch noch die Siedlung Nganglam, die bisher nur von Indien aus mit Fahrzeugen erreichbar ist. Da aber momentan von Gyepozhing südlich von Mongar eine neue Straße bis nach Nganglam gebaut wird, ist es mit der beschaulichen Ruhe dieser Siedlung auch bald vorbei. Dann wird es auch einen östlichen und sehr nahen Zugang zum Royal Manas National Park geben. Im äußersten Südosten des Distriktes gibt es noch den mit 273 Quadratkilometern kleinsten Nationalpark des Landes, das Khaling Wildlife Sanctuary. In diesem rein tropischen Gebiet mit Anschluss an ein Schutzgebiet in Indien werden hauptsächlich Wildelefanten, der Gaur, Zwergwildschweine und das Borstenkaninchen geschützt. Im Osten des Distriktes fließt aus dem Distrikt Trashigang kommend der **Phansiri Chhu**, in dessen Tal eine etwas dichtere Besiedlung möglich ist, weil die Hänge nicht mehr so steil sind. Hierhin soll angeblich in Zukunft auch eine Straße aus Indien gebaut werden.

Samdrup Jongkhar

Die Anzahl der Hotels in der Stadt ist etwas unübersichtlich, empfohlen werden können die folgenden:
Mountain Hotel, Tel. +975/7251178 oder 17326423, abhina_82@yahoo.co.uk. Mit geräumigen modernen Räumen und guten Badezimmern. Die Preise sind mit 800 bis 1800 Nu im unteren Bereich. Das hauseigene Restaurant kann empfohlen werden.
Hotel Menjong, Tel. +975/7251094 oder 17713430, reservationmh13@gmail.com. Es liegt zwei Preisklassen über dem vorgenannten: 2500 bis 4000 Nu. Das beste Haus im Ort ist modern, groß, die Matratzen sind weich, es gibt saubere Badezimmer und das Restaurant hat eine breite Auswahl an Gerichten.
Tashi Longched Trokhang Hotel, Tel. +975/7251470 oder 17751494: mit 2200 bis 2500 Nu pro Übernachtung.

»Zwei Dinge sollst du meiden, o Wanderer:
die zwecklosen Wünsche und die übertriebene
Kasteiung des Leibes.«

Siddhartha Gautama, Buddha

TREKKINGTOUREN IN BHUTAN

von Waltraud Schulze

Im Basecamp Jangothang (Jomolhari Trek)

Organisation des Trekkingtourismus

Der Trekkingtourismus ist vom Tourismusministerium stark reguliert, das heißt, die beschriebenen Treks sind ›offizielle‹, vom Ministerium entwickelte und kontrollierte Routen. Dabei ist es Vorschrift, dass eine Trekkinggruppe einen Führer mitnimmt. Alles Gepäck wird in der Regel auf Packpferden oder in höheren Lagen auf Yaks transportiert, so dass je nach Gruppengröße auch noch Pferdetreiber und Packer dazu kommen und eventuell auch noch ein Koch. Die Trekkingveranstalter stellen dabei auch Zelte und Schaumstoffmatten, einen Schlafsack muss jeder jedoch selber mitbringen. Diese Begleitmannschaft, die Packtiere sowie bei Bedarf Zelt und Isomatte sind in dem Preis von etwa 250 US-Dollar pro Tag (im Winter und im Monsun 200 US-Dollar pro Tag) enthalten. Die meisten der mehrtägigen Treks führen durch einsame Landschaften, nur wenige Siedlungen werden berührt, so dass das Zelten durchaus notwendig ist. Das Wandern von Unterkunft zu Unterkunft wie in Nepal wird man in Bhutan seltener finden.

Das Trekking mit Packtieren ist einerseits bequem, da man selber weniger zu tragen hat, es kann aber auch Probleme geben: So kann es durchaus passieren, dass der Weg zu verschneit, zu matschig oder zu steinig ist, um mit Packtieren benutzt zu werden, so dass die Pferdetreiber einen Weitermarsch verweigern. Es gibt dann meist kaum eine Alternative als tatsächlich umzukehren. Auf solche Eventualitäten sollte man sich unbedingt einstellen.

Allgemeine Verhaltensregeln

Lager- und Zeltplätze

Die Zeltplätze, die auf den jeweiligen Treks benutzt werden, sind vom Tourismusministerium vorgegeben. Meistens sind es aber auch die einzig möglichen flachen Plätze im Abstand einer Tagesetappe. Lagerfeuer sind nicht erlaubt, überhaupt ist das Kochen auf Holzfeuer seit 1996 verboten. Auf beliebten Treks ist man dann an diesen Lagerplätzen oft nicht alleine, da alle Gruppen, die auf dem Trek unterwegs sind, an diese Plätze gebunden sind.

Müll und Toilette

Jeder sollte seinen während der Wanderung anfallenden, nicht kompostierbaren Müll wieder aus der Naturlandschaft mit herausnehmen und in einer der größeren Siedlungen in die dortigen Müllbehälter werfen. So fliegt der Müll nicht unkont-

Manche Regionen erreicht man nur zu Fuß

Die Begleitmannschaft hat ein Küchenzelt dabei

rolliert in der Natur herum und gefährdet Wild- und Weidetiere, verseucht nicht die Böden und stört nicht das ästhetische Empfinden der Besucher. Für einen Rucksacktouristen, der seinen schweren Proviant mit auf die Wanderung nimmt, sollte das geringe Volumen und Gewicht des Mülls kein logistisches oder körperliches Hindernis sein, diesen auch selber weiter mitzunehmen. Das Verbrennen von Müll ist nicht gerne gesehen, da das Feuer als heilig gilt. Man sollte es also vermeiden, insbesondere dann, wenn ein Blick auf heilige Berge (beispielsweise den Jomolhari) möglich ist. Den Gang auf die Wald-Toilette kann man normalerweise auch ohne einen Spaten vornehmen, da die Luftfeuchtigkeit und Lufttemperaturen die mikrobielle Abbaugeschwindigkeit hoch genug halten. Es gilt die Regel, aus der Sichtweite des Pfades zu gehen und eine vorher mit den Stiefeln ausgeschobene Erdkuhle anschließend mit Moos, Blättern oder Steinen wieder zu bedecken. Toilettenpapier sollte nicht offen im Wald herumliegen. Gerade an den Zeltplätzen und entlang des Weges ist so manch größerer Felsen auf seiner Rückseite entsprechend genutzt. Auf den offiziellen Lagerplätzen sind Toilettenplätze eingerichtet.

Notfälle und medizinische Versorgung

Die Treks in Bhutan beinhalten lange, steile Anstiege und ebensolche Abstiege im ständigen Wechsel. Häufige Verletzungen auf den Treks wie zum Beispiel Blasen, kleinere Schürfwunden oder Verstauchungen lassen sich mit entsprechend mitgebrachten Pflastern, Bandagen oder Salben behandeln. Bei ernsthafteren Verletzungen, die zum Abbruch der Tour führen, wird die verletzte Person per Pferd zur nächsten Siedlung gebracht. Im allergrößten Notfall besteht auch die Möglichkeit einer Rettung per Hubschrauber.

Höhenanpassung

Fast alle Treks führen über Pässe, die höher als 4000 Meter sind. Dies sind bereits Höhen, in denen der menschliche Körper eine Anpassung benötigt. Die Anpassung des menschlichen Organismus an die Höhe, also an den geringeren Sauerstoffgehalt in der Atmosphäre und damit an den geringeren Sauerstoffpartialdruck im arteriellen Blut, findet bei jedem Menschen unterschiedlich schnell statt. Eine allgemeine Aussage, wer besonders empfindlich gegenüber der Höhe ist, gibt es nicht: Sportlich durchtrainierte oder untrainierte, alte wie junge Menschen können gleichermaßen

Morgendlicher Aufbruch

betroffen sein. (siehe ›Höhenkrankheit‹ im Kapitel Reisetipps A bis Z, → S. 401) Bis der Körper genug rote Blutkörperchen gebildet hat, versucht er den Mangel mit stärkerer Atem- und Herzfrequenz auszugleichen. Eine vollständige Akklimatisation an Höhen von 4000 oder 5000 Metern kann eventuell auch bis zu zwei Wochen dauern. Eine Akklimatisierung über 5500 Metern kann nicht mehr stattfinden. Ab diesen Höhen baut der Körper nur noch ab. Typische Symptome einer milden Höhenkrankheit (acute mountain sickness) sind Kopfschmerzen, Magenprobleme, Übelkeit, Erbrechen, leichter Schwindel, Appetitlosigkeit, Schlaflosigkeit und rasender Puls. Die körperlichen Alarmsignale sollten jeden veranlassen, sehr viel langsamer aufzusteigen, viele kleine Pausen einzulegen und die Nacht wieder in einer tieferen Lage zu verbringen (climb high, sleep low). Die Höhenanpassung findet in der Regel nicht während des Tages statt, wenn man den Körper aktiv antreibt, ihn belastet und fordert. Vielmehr findet die Anpassung in der Regenerationsphase des Schlafes oder in der Ruhephase einer ausgedehnten Mittagsrast statt. Die hohen Pässe während der Treks sollte man, solange man noch nicht angepasst ist, immer so während des Tages bewältigen, dass man am Abend wieder tiefere Zonen erreichen kann. Hierbei ist eine Zeitreserve bei launischem Wetter nötig, damit man nicht wegen des Wetters gezwungen wird, in Höhen zu lagern, an die der Körper noch nicht akklimatisiert ist.

Wasserversorgung, Lebensmittel

Es gibt zahlreiche Quellen und kleine Bergbäche entlang der Treks. Auch wenn das Wasser der bhutanischen Bergbäche sicher zum Trinken geeignet ist, schadet es nicht, die Flüssigkeit, die man während des Tages verbraucht, am Abend vorher abzukochen. Wer es jedoch schon immer gewohnt ist, das Trinkwasser direkt aus dem Bach zu schöpfen, der kann das auf alle Fälle auch in Bhutan tun. Die Lebensmittelversorgung unterwegs ist ein Problem, da kaum Dörfer besucht werden und diese dann auch nicht immer die Lebensmittel parat haben, die ein Trekkingtourist braucht. Es sollte also so geplant werden, dass während des Treks keine neuen Lebensmittel eingekauft werden müssen.

Ausrüstung für Trekkingtouren

Das Wichtigste ist die Frage, zu welcher Jahreszeit man Bhutan besuchen wird und mit wieviel körperlichem Einsatz ist zu rechnen. Bei den ›normalen‹ kulturellen Reisen, wo nach dem Besuch des Klosters oder Tempels der akklimatisierte Reisebus wieder bestiegen wird, benötigt man kaum irgendeine Outdoor-Ausrüstung. In diesem Fall zieht man sich so an wie zu Hause gewohnt, und achtet nur darauf, dass man genug Sonnenschutz (Hut, Schirmmütze, Sonnenbrillen, Sonnencreme) dabei hat. Ebenso darf der Windschutz nicht vernachlässigt werden, denn über den Wind kühlt man sehr schnell aus. Gegen den Regen kommt man als ›normaler‹ Kultur-Reisender mit einem Regenschirm an. Da braucht man keine teure Outdoor-Jacke.

Die Ausrüstungstipps an dieser Stelle sollen vor allem jenen dienen, die zu einer oder mehrerer der Trekkingtouren in Bhutan aufbrechen werden. Je sorgfältiger man die Ausrüstung für solche Outdoor-Aktivitäten plant, desto mehr kann man sich auf die Schönheit der Landschaft konzentrieren. Dieser Grundsatz steht über der gesamten Planung. Kritiker des modernen Ausrüstungswahns mögen vielleicht argumentieren, dass ja vor einigen Jahrhunderten die vielen erfolgreichen Pioniere, Forscher und Abenteurer ebenfalls ohne die heutigen technischen Hilfsmittel durch Wüsten und Urwälder gereist sind. Das stimmt oft nur teilweise, denn auch diese großen Forschungsreisenden haben sich viele Gedanken über die richtige Ausrüs-

Trekking-Camp

tung gemacht, die dem damaligen Stand der Technik entsprach. Man sollte darüber hinaus auch bedenken, dass die damalige Ausrüstung den Reisenden zumeist ständig Sorgen bereitete, selten großen Komfort bot oder oft genug auch Gefahren oder Krankheiten zur Folge hatten. Oftmals musste ein Tross an Helfern und Packtieren das voluminöse Gepäck schleppen. Diese Helfer waren meist sehr schlecht ausgerüstet und blieben nicht selten auf der Strecke. Wer damals durch menschenleere Wildnis zog, war bereit, körperlich weit mehr wegzustecken, als man es in der Regel heute im Zeitalter von atmungsaktiven Membranen und GPS-Empfängern wäre.

Wer also möglichst sorgenfrei bei einer längeren Trekkingtour die Natur Bhutans genießen möchte und noch nicht so viele eigene Erfahrungen besitzt, dem sind die folgenden Tipps und notwendigen Ausrüstungsgegenstände als ein Leitfaden bei der Auswahl und dem Einkauf nahegelegt. Das eine oder andere Fachgeschäft mag vielleicht nicht alle der erwähnten Artikel führen, aber nach einer guten Beratung beim Fachhändler ergeben sich meistens auch Alternativen.

Die Bekleidung

Es gibt eine Reihe von Textilien, die, direkt auf der Haut getragen, dafür sorgen, dass man möglichst trocken und damit auch warm bleibt. Der Vorteil dieser Materialien ist, dass sie nur zu einem ganz geringen Anteil des Eigengewichts Feuchtigkeit aufnehmen können – sie geben den Rest nach außen ab oder trocknen an der Wäscheleine sehr schnell. Je höher die Schweißproduktion, desto eher wird auch ein Hightech-Textil an seine Feuchtigkeitstransportkapazität kommen. Baumwolle schafft das zwar auch, aber erst nach mehreren Stunden.

Als das beste Material für **Unterwäsche** hat sich in den letzten Jahren Merino-Wolle herausgestellt. Die Unterwäsche ist zur besseren Elastizität und Stabilität meistens noch mit einem kleinen Anteil Polyester, Polyamid oder Elastan versehen. Es gibt dicke Merino-Unterwäsche (als Thermounterwäsche auch für nachts im Schlafsack) und dünne für das Tragen unter dem Rucksack. Die Merino-Wolle hat den Vorteil, dass sie kühlt, wenn es warm ist und wärmt, wenn es kühl ist – auch wenn sie feucht geschwitzt ist. Alle rein

Zu Gast bei einheimischen Bauern

synthetischen Fasern fangen schon nach kurzer Zeit an zu stinken und halten bei weitem nicht so warm.

Über die erwähnte Unterwäsche muss nun eine **Oberschicht**, die sowohl in der Lage ist, den Dampf weiterzuleiten als auch angenehm warm hält. Hier ist Wolle gegenüber Polartech (Fleece) leicht im Nachteil, weil Wolle größere Anteile des Eigengewichts an Feuchtigkeit aufnehmen kann. Aber auch hier hat sich in den letzten Jahren einiges auf dem Markt getan. Inzwischen gibt es auch Outdoor-Oberbekleidung aus robuster Merino- oder Schurwolle.

Nicht überall gibt es Brücken wie hier

Je mehr Schichten man trägt, desto flexibler ist man bei den verschiedenen Situationen (Rucksack und Schwitzen, Radfahren im Wind, Nieselregen oder Kälte). Da es in Bhutan zur Hauptreisezeit von März bis Mai und von Oktober bis November tagsüber in vielen Regionen nicht viel kälter als plus 15 Grad Celsius wird, braucht man über einem **100er-Fleecepulli** oder einem dickeren langärmligen Wollunterhemd keine weitere Schicht zur Wärmeisolation. Für die Pausen oder abends, wenn es kühl wird oder die feuchte Bekleidung trocknet, will man sich etwas Warmes und Behagliches anziehen. Hierfür ist ein dicker Wollpullover oder ein dicker Fleece-Pulli geeignet. Über die lange Wollunterhose zieht man eine robuste **Trekkinghose** an. Eine gute Outdoor-Hose muss flexibel im Schritt und robust an den stark belasteten Stellen (Knie, Hintern) sein.

Der kalte Wind ist im Bergland von Bhutan allgegenwärtig. Eine dünne, leichte **Windjacke** reicht oft aus, um den Körper vor Auskühlung zu schützen, solange man in Bewegung bleibt, wie beim Radfahren. Den Regen hält man jedoch nicht mit einer dünnen Windjacke ab. Dafür benötigt man dann eine sogenannte **Hardshell-Jacke** (muss nicht unbedingt mit GoreTex sein). Genauso benötigt ein Wildniswanderer eine **Regenhose**, die er über die Trekkinghose ziehen kann.

Direkt **auf die Füße** kommen natürlich auch nur dünne Polypropylen-Untersocken. Beim Tragen von dünnen Untersocken und beim Bergwandern und Bergsteigen sowieso ist es wichtig, seine Fußnägel stets sehr kurz zu halten. Über die Polypropylensocken kommen dicke Wollmischsocken oder reine Wollsocken, am besten aus gewalkter Schur- oder Merino-Wolle. Von denen sollte man auch ein zweites Paar dabeihaben. Wer wasserdichte Socken hat, sollte sie mitnehmen. Zu empfehlen sind hier die ›Merinosocks‹ von ›Sealskinz‹, die durch eine neuartige Kombination von Materialien zum einen warm halten (Merinowolle innen) und zum anderen wasserdicht bleiben (neoprenartiges Gewebe außen). Die Wanderstiefel sollten gut eingelaufen sein! Besonders zu empfehlen sind gute Lederstiefel mit möglichst wenigen Nähten (am besten zwiegenähte) ohne atmungsaktive Membran. Ein Paar **Sandalen** sind für die Flussdurchquerungen und am Zeltplatz empfehlenswert.

Lange Fingerhandschuhe sind für das Bergland Bhutans essentiell, da es wegen des immerwährenden Windes manchmal unangenehm kalt werden kann, besonders in der Nähe von Schneefeldern und in Höhen über 4000 Meter. Darüber hinaus sollte man die Auskühlung des Körpers über die Handflächen auch bei Regenwetter nicht unterschätzen. Am besten sind Handschuhe aus schnelltrocknendem Fleece oder dünnem Polypropylen. Nicht zu empfehlen sind Handschuhe mit Windstopper-Membran. Die Membran wird früher oder später ja auch nass und ist dann unterwegs nur sehr schwer richtig trocken zu bekommen.

Auf dem Kopf trägt man am besten eine Schirmmütze oder einen Hut mit Krempe, da diese das Gesicht gegen die intensive Sonne schützt. Die Schirmmütze ist auch unter der Regenjacke praktisch, weil die Kapuze so nicht ins Gesicht hängt. Für kalte und windige Tage und für Touren im Hochland ist eine Sturmhaube aus Polypropylen oder Fleece sehr angenehm.

Sehr wichtig ist außerdem eine qualitativ hochwertige UV-absorbierende **Sonnenbrille**, besonders in der Nähe der Schneefelder und in großen Höhen.

Das Zelt

Ein Zelt sollte bei einer Trekkingtour durch Bhutan immer dabei sein, da es kaum Hütten oder Lodges gibt. Ein Zwei-Personen-Zelt ist das Sinnvollste, da die meisten noch genügend Abstellflächen für Rucksäcke oder Packtaschen besitzen. Der Wind kann im Hochland jederzeit zum Sturm auswachsen. Daher sollte die äußere Zelthaut aus reißfestem Rippstopp-Nylon bestehen. Ein geodätisches Zelt oder ein Kuppelzelt besitzt bei wechselnden Windrichtungen Vorteile

Ob Kuppelzelt oder Geodät ist letztlich Geschmackssache

gegenüber dem Tunnelzelt. Das Tunnelzelt ist windstabiler, sofern der Wind nicht von der Seite kommt. Wichtig ist auch eine gute Durchlüftung des Zwischenraums von Innen- und Außenzelt. Eine Schutzplane zum Unterlegen sollte man ebenfalls dabeihaben.

Der Schlafsack und Iso-Matte

In Hinblick auf Packvolumen und Komfort empfehle ich für die Reisemonate in Bhutan (vor und nach der Monsunzeit) einen Daunenschlafsack mit Komfortbereich bei

Outdoor-Kühlschrank

-10 °C. Ein Kunstfaserschlafsack ist während der regnerischen Jahreszeit anzuraten, da dieser weniger Probleme mit der hohen Luftfeuchtigkeit macht. Die Isomatte kann aufblasbar sein, muss aber nicht. Bei luftgefüllten Isomatten sollte man das Flickzeug nicht vergessen. Besonders in den trockenen Gebieten Bhutans (in den Regenschatten-Tälern) gibt es auch dornige Gewächse, zum Beispiel Rosen und Berberitzen.

Fotoausrüstung

Die Fotoausrüstung sollte staub- und regendicht verpackt sein. Wer selbst bei regnerischem Wetter einen schnellen Zugriff auf die Kamera haben möchte, schnallt sich eine regendichte Kameratasche am Bauch an die Rucksackgurte und hat so beim Wandern auch in schwierigem Gelände beide Hände frei. Wer mit einer Digitalkamera fotografiert, sollte bedenken, dass die Batterieleistungen in den kühlen Nächten sehr stark abfallen. Bei Kälte hilft es, die Lithium-Ionen-Akkus, die benutzt werden, nachts mit in den Schlafsack zu nehmen. Die Akkus, die nicht benutzt werden, kann man im Kühlen lassen.

Der Rucksack

Der Rucksack für Trekkingtouren muss perfekt an den jeweiligen Rücken angepasst sein. Die Rückenlänge und die Tragekraft

Auf manchen Treks gibt es solche Unterstände

Abends am Lagerfeuer

entscheiden letztlich darüber, wieviel Rucksackvolumen man sich selber zutrauen kann. Eventuell muss man seine Ausrüstung zusammenstellen und damit in den Ausrüstungsladen zum Probepacken gehen. Für eine ein- bis zweiwöchige komplett selbstversorgte Trekkingtour sollte schon mit mindestens 70 Litern Rucksackvolumen gerechnet werden. Wer mit Packtieren unterwegs ist und nur das Tagesgepäck (Wetterbekleidung, Tagesproviant, Kameraausrüstung) schleppen muss, dem reicht ein 45 Liter Rucksack auch aus.

Beim Rucksackkauf auf die Regenhülle achten. Es empfiehlt sich, eine robuste gute Hülle separat zu kaufen, oder man läuft bei Regen mit einem großen Poncho, der auch über den Rucksack passt. Wichtige und empfindliche Dinge (Proviant, Bekleidung, Papiere, Kamera) sollten immer zusätzlich noch in stabile Tüten oder Beutel verpackt sein.

Sonstiges

Für Trekkingtouren abseits der ausgetretenen Pfade benötigt jeder einen eigenen Kompass, ein Taschenmesser, eine Stirnlampe, und für jede Gruppe ist ein GPS-Empfänger empfehlenswert.

Die einzelnen Trekkingrouten

Diese Touren sind reine Trekkingtouren und bieten in der Regel keine Möglichkeiten, gleichzeitig bergsteigerische Ambitionen auszuleben. Es ist in Bhutan sowieso verboten, Berge zu besteigen, die höher als 6000 Meter sind, da diese als heilig gelten und den Sitz der Götter darstellen. Die angegebenen Schwierigkeitsgrade orientieren sich an Personen, die eine gute Mittelgebirgskondition besitzen – also keine alpinen Kletterer. Jedoch treten wegen der Länge mancher Treks und der dabei erreichten Höhen Herausforderungen auf, die eine vorherige mehrtägige Test-Wanderung in den Alpen nötig macht. Es ist immer besser, man unterschätzt sich, als man sich überschätzt.

Druk Path Trek (leicht)

Paro Ta Dzong bis Motithang, 4 bis 6 Tage, maximale Höhe 4210 Meter. Saison: Februar–Juni, September–Dezember, die Monsunzeit Juli–August sollte gemieden werden.
Einer der landschaftlich schönsten und beliebtesten Treks in Bhutan **zwischen Paro und Thimphu**. Der Druk Path Trek hat zwei mögliche Ausgangspunkte. Der Startpunkt ist in Dambij, entweder auf einer Kiesfläche östlich des Do Chhu auf 2300 Meter oder etwa 140 Meter höher am Tor des Nationalmuseums im Ta Dzong auf 2470 Metern. Es ist auch möglich, den Trek in umgekehrter Richtung, also beginnend am Jugendzentrum in Motithang bis zum Beginn der Straße in Tsaluna zu laufen. Wenn man den Trek in vier Tagen gehen möchte, so erfordert dieses Unterfangen Tagesetappen von mehr als acht Stunden mit Zeltübernachtung in Jili La, Jimilang Tsho und Phajoding und Ankunft in Motithang am Vormittag des vierten Tages. Der Trek stellte in früherer Zeit eine Gewalttour als Strafe für bhutanische Soldaten dar, die gezwungen wurden, auf dieser Strecke an einem Tag von Thimphu bis Paro zu marschieren. Die üblichen Etappen (6 Tage) des Treks sind mit Übernachtungen in Jili Dzong, Jangchu Lakha, Jimilang Tsho, Simkotra Tsho, Phajoding und Ankunft in Motithang. Gehzeiten sind für eine Tagesetappe lediglich drei bis fünf Stunden eingeplant, auf Distanzen von etwa zehn Kilometern mit maximal 1000 Höhenmetern zu steigen. Man bewegt sich zwischen Wald und alpinen Wiesen, was besonders im Frühjahr sehr reizvoll ist, wenn die Rhododendren und die ersten Primeln blühen. Bei gutem Wetter bieten sich Aussichten auf den Jomolhari und andere Gletscherberge im Norden. Wer Glück hat, kann im Wald sogar den Himalaya-Glanzfasan sehen.

Gute Kondition sollte man mitbringen

Mittagspause

Dagala Thousand Lakes Trek (leicht)

Geynikha-Schule bis Chamgang, 5 Tage, maximale Höhe 4720 Meter. Saison: April, September–Oktober, oft problematisch bei Schneefall.

Ein recht kurzer Trek **in der Nähe von Thimphu**, der an einer Reihe hübscher Bergseen entlangführt. Es geht viel durch Wald, alpine Wiesen, aber auch vorbei an Stupas und Hirtendörfern. Der Dagala Thousand Lakes Trek ist nicht schwierig mit meist kurzen Tagesetappen. Dennoch ist dieser Trek nicht sehr beliebt, man wird mit hoher Wahrscheinlichkeit kaum andere Gruppen treffen. Der Dagala Thousand Lakes Trek kann über Thimphu mit dem Druk Path Trek verbunden werden, wenn man diesen in umgekehrter Richtung läuft. Der Ausgangspunkt liegt etwa 29 Kilometer von Thimphu entfernt in Khoma am Basic Health Unit (auch leicht von Chhuzom erreichbar). Von dort ist es noch etwa ein Kilometer bis zur Grundschule in Geynikha, wo die Pferde normalerweise warten. Für die letzten acht Kilometer der Anfahrt empfiehlt es sich, einen Geländewagen zu mieten, da es auf einer steilen Schotterpiste hoch geht. Der erste Zeltplatz nach Geynikha ist nur zwei Kilometer entfernt bei Geynizampa, so dass es sich anbietet, die Anreise zum Startpunkt am Nachmittag zu machen. Weitere Zeltplätze sind bei Gur, Labatamba, Panka und Talaka. Die zu bewältigenden Distanzen liegen zwischen fünf und zwölf Kilometern, mit Gehzeiten von vier bis sieben Stunden. Die längsten Etappen sind von Labatamba bis Panka und von Panka bis Talakha.

Im Kapitel Reisereportagen gibt es einen ausführlicheren Bericht zu diesem Trek (→ S. 332).

Jomolhari Trek (mittelschwer)

Drukyel Dzong (Paro) bis Dodina, 9 Tage, maximale Höhe 4930 Meter, 8 Tage zurück nach Drukyel Dzong. Saison: April–Juni, September–November.

Dieser Trek **startet bei Paro** und ist der beliebteste in Bhutan, weil er eindrucksvolle Aussichten von einem Camp bei Jangothang auf den 7314 Meter hohen Jomolhari erlaubt. Von Jangothang geht es dann zurück über die Pässe Bhonte La (4890 m), Takhung La (4520 m) und den Thombu La (4380 m) zum Drukyel Dzong. Eine Alternative führt von Jangothang über Lingzhi dann entlang des Mo Chhu, über den Yeli La (4930 m) bis Dodina. Die ersten drei Tage führen das Paro-Chhu-Tal entlang bis Jangothang mit mäßiger Steigung und nur

Camp in Laya

wenigen steilen Abschnitten, aber dafür mit vorgesehenen Gehzeiten von sieben bis acht Stunden. Danach überquert man den Nyile La (4870 m), besucht das Dorf Lingshi, überquert den Yeli La (4930 m) und steigt dann wieder bis in die Nähe von Thimphu ab. Insgesamt ist der Jomolhari Trek bezüglich Gehzeiten, Distanzen und der zu bewältigenden Höhe anspruchsvoller als der Druk Path Trek oder der Dagala Thousand Lakes Trek. Zum Jomolhari Trek gibt es im Kapitel Reisereportagen einen Erlebnisbericht (→ S. 312).

Auf dem Jomolhari Trek

Laya Gasa Trek und Gasa Hot Springs Trek (mittelschwer)

Drukyel Dzong (Paro) bis Tashithang, 14 Tage plus 5 Tage Hot Springs Trek, maximale Höhe 5005 Meter. Saison: April–Juni, September–November, beste Zeit für die Laya-Region ist der April.

Der **Laya Gasa Trek** beinhaltet die **ersten fünf Tage des Jomolhari Treks bis Lingshi**. Für weitere neun Tage geht es dann durch einsame Berglandschaften mit toller Flora und Fauna. So kann man mit etwas Glück Blauschafe oder Takins sehen oder im Sommer den blauen Mohn. Diese Erweiterung des Jomolhari Treks bietet außerdem die Möglichkeit, die Kultur der Laya kennenzulernen, ein kleines Bergvolk mit eigener Sprache und Kultur. Die Frauen tragen schwarze Yakwollkleidung mit Silberschmuck, dazu konische Hüte aus Bambus geflochten. Das Dorf Laya ist mit 3700 Metern eines der höchstgelegenen Dörfer des Landes. Die Laya sind Viehzüchter und bauen Raps, Rettich, Radieschen und Gerste an.

Der **Gasa Hot Springs Trek** ist ein fünftägiger Trek, ausgehend von Tashithang bis Gasa Dzong und zurück nach Tashithang. Diese Strecke ist identisch mit dem letzten Abschnitt des Laya Gasa Treks. Es gibt bei Gasa heiße Quellen, in denen man baden kann. Der Trashi Thongmoen Dzong in Gasa liegt an einer alten Handelsroute nach Tibet. Er wurde 1646 gebaut, nach dem Sieg gegen eine tibetische Militärinvasion.

Snowman Trek (schwer)

Drukyel Dzong (Paro) bis Sephu (zwischen Wangdue und Trongsa), 25 Tage, maximale Höhe 5320 Meter. Saison: September bis Oktober.

Der Snowman Trek gilt in seiner Gesamtlänge als einer der anspruchsvollsten, aber auch beeindruckendsten Treks weltweit. Es handelt sich um eine weitere **Verlängerung des Jomolhari-/Laya-Gasa-Treks**. Die ersten zehn Tage folgen dem Jomolhari-/Laya-Gasa-Trek bis Laya, dann geht es über den Tsomo La (4900 m) und den Gangla Karchung La (5120 m) ins Tal des Tang Chhu. Über den Keche La (4650 m) gelangt man an den Pho Chhu, und schließlich muss man noch einmal drei Fünftausender-Pässe überqueren, den Jaze La (5150 m), Loju La (5140 m) und Rinchen Zoe La (5320 m), bevor der Trek dann in Sephu am Nikka Chhu endet.

Bumthang Cultural Trek (leicht)

Thangbi Goemba (nördlich von Jakar) bis Kizum, 3 Tage, maximale Höhe 3360 Meter. Saison: März bis Mai, September bis November.

Auf diesem Trek bei Jakar gibt es vielfältige Möglichkeiten, Dörfer, Klöster und Stupas zu besuchen. Es ist ein recht kurzer Trek, aber dennoch anspruchsvoll mit zahlreichen kurzen, steilen Anstiegen und einer längeren Tagesetappe von sechs bis sieben Stunden Gehzeit. Zudem ist es einer der wenigen Treks, der auch im frühen Jahr, bereits ab März, gangbar ist und bis spät im Jahr offen ist. Ausgangspunkt ist Thangbi Goemba nördlich von Jakar, erreichbar über eine Piste von Kurjey Lakhang über Toktu Zampa. Der erste Tag führt entlang einer bunt bemalten Mani-Wand. Es geht dann über eine Hängebrücke und am Hochufer des Bumthang Chhu über alpine Wiesen und Wald. Der Weg führt vorbei am Schwanentempel Ngang Lhakhang. Die erste Übernachtung ist in Sambitang. Der zweite Tag führt durch Bambuswald, später Rhododendronwald, über den bewaldeten Phephe La (3360 m), der jedoch kaum Aussicht bietet. Durch dichten Wald geht es abwärts, später erreicht man wieder offenes Gelände mit Wiesen und Feldern bis zum Dorf Tahung. Man folgt dann dem Tang Chhu bis Gamling. Die Übernachtung erfolgt in Ogyen Chholing, dem Palast und Museum im oberen Tang-Tal. Von Ogyen Chholing ist es dann nur noch ein kurzer Abstieg bis Kizum, wo man sich an der Hängebrücke wieder abholen lassen kann.

Duer Hot Spring Trek (leicht)

Runde mit Start und Ende in Duer (nordwestlich von Jakar), 8 Tage, maximale Höhe 4700 Meter. Saison: März und April, sowie September bis in den November hinein.

Der Trek führt entlang einer alten Expeditionsroute zum Gankhar Puensum (7570 m), dem höchsten unbestiegenen Berg der Erde. Mit einer Sondergenehmigung könnte es sogar möglich sein, das Basislager am Gangkhar Puesum zu besuchen. Der Abschnitt zum Basislager ist jedoch besonders schwierig und daher nicht Bestandteil des normalen Treks.

Typische Übernachtungsorte sind Gorsuem, Lungsum, Tsochen Chen, und Duer Tsachhu. In Duer Tsachhu kann man einen Rasttag mit Baden in den heißen Quellen verbringen und dann auf der gleicher Route wieder zurückgehen.

Eine Alternativstrecke wäre über das Mangde-Chhu-Tal und auf einer Schotterpiste ach Trongsa. Die normale Route folgt dem Yoleng Chhu, der besonders für seinen Forellenreichtum bekannt ist. Es geht dann durch Wälder aus Wacholder, Fichte, Hemlock und Ahorn. Am dritten Tag verlässt man die Waldzone. Man passiert einige kleinere Bergseen und hat mehrere gute Aussichtsmöglichkeiten auf die Schneeberge der Umgebung. Wer etwas Glück hat, kann Moschushirsche, den Himalaya-Bär oder Blauschafe beobachten. Zum Duer Hot Spring Trek gibt es im Kapitel Reisereportagen einen Erlebnisbericht (→ S. 321).

Packpferde

Ein einheimischer Guide

Rodang La Trek (mittelschwer)

Thangbi Goemba (nördl. Jakar) bis Trashi Yangtse, 10 Tage, maximale Höhe 4160 Meter. Saison: Mai bis Juni, Oktober bis November, oft geschlossen wegen Schnee.

Ein Trek durch den Osten Bhutans, der einen sehr langen, sehr steilen Abstieg beinhaltet. Aufgrund der entlegenen Lage kommt es häufig vor, dass die Packtiere dem schwierigen Gelände nicht gewachsen sind. Es ist generell schwierig, Pferde für die letzten vier Tage zu bekommen. Obwohl der Rodang La Trek einer alten Handelsroute folgt, wird die Strecke seit Bau der Straße nicht mehr genutzt. Der Trek kreuzt die Straße im Tal des Kurl Chhu in der Nähe von Lhuentse. Die ersten beiden Tage des Treks sind identisch mit dem Bumthang-Cultural-Trek bis Ogyen Chholing, danach geht es über Phokpey, Pemi, Khaine Khakhang, Tangmachu, Menji, Taupang bis Trashi Yangtse. Die Gehzeiten sind mit bis zu neun Stunden eher anspruchsvoll, das Gelände entlang der Flüsse und Bäche ist oft matschig feucht und rutschig. Angeblich wächst der zweite Abschnitt des Pfades schon stark zu, weil er kaum noch begangen wird.

Nabji Trek (leicht)

Riotala nach Trongsa, 6 Tage, maximale Höhe 1635 Meter. Saison: Winter-Trek, ideal von Oktober bis März.

Der Nabji Trek wurde 2006 entworfen und erst in den letzten Jahren immer beliebter. Da dieser Trek durch besonders empfindliche Ökosysteme führt, darf jeweils nur eine Gruppe mit maximal elf Personen dort unterwegs sein. Der Nabji Trek stellt auch einen Versuch dar, die Bevölkerung in die Bereitstellung von Infrastruktur und Hilfen für die Wanderer einzubinden. Dorfbewohner stehen zum Beispiel besondere kulturelle Führungen zu Klöstern, Tempeln oder durch die Dörfer zur Verfügung, bieten Vorführung an Gesang und Tanz, verkaufen lokaltypisches Essen oder arbeiten als Träger oder Führer. Der Nabji Trek ist bisher auch einer der wenigen Treks, die im Winter möglich sind. Übernachtungsorte sind Nimshong, Nabji, Kuda, und Jangbi. Am Zielort Tongtongphey erfolgt in der Regel die Abholung und Fahrt zurück nach Trongsa. Der Weg führt viel durch Wälder aus Bambus mit vielen Orchideen. Es gibt auch noch Tiger und Leoparden in dieser Region, jedoch wird man diese Tiere nur sehr selten und dann mit viel Glück zu Gesicht bekommen. Goldlanguren können dagegen leicht beobachtet werden, ebenso wie die Nashornvögel oder diverse Greifvögel.

Gruppenfoto am Ende der Reise

»Wenn du ein Problem hast, versuche es zu lösen.
Kannst du es nicht lösen, dann mache kein Problem daraus.«

Siddhartha Gautama, Buddha

Blick ins Paro-Tal

REISEREPORTAGEN

Der Jomolhari Trek

Kristin Rinortner, München

Der Jomolhari Trek in Bhutan ist vergleichbar mit der Base-Camp-Route am Mount Everest in Nepal. Mit anderen Worten: überlaufen. Eigentlich wäre das ein Grund, diese Tour zu meiden. Aber Anfang November ist die Hochsaison vorbei, es ist fast leer auf der Strecke. Damit wir möglichst wenigen anderen Gruppen begegnen, gehen wir den Weg von seinem eigentlichen Ende, von Dodina (Dodena) in der Nähe des Tango-Klosters, heran. Wir sind zu dritt, meine Freundin Sabine, ihr Mann Henning und ich. Via Internet haben wir TP kennengelernt, einen Umweltaktivisten, der lange Zeit selbst Reiseführer war und nun mit seiner Agentur Bhutan Personal Tours alles organisiert.

Namensgeber für die Rundtour ist der majestätische, 7314 Meter hohe Berg Jomolhari. Für die frühen Everest-Expeditionen stellte er eine wichtige Landmarke dar. Everest-Pionier George Mallory beschrieb ihn 1921 als erstaunlich und grandios, aber auch als kalt und eher erschreckend. Der Gipfel wurde zwei Mal bestiegen, 1937 durch Spencer Chapman und Passang Lama und 1970 durch ein indisch-bhutanisches Team. Heute ist eine Besteigung aller Berge über 6000 Meter in Bhutan aus religiösen Gründen nicht mehr gestattet.

Wir treffen uns mit unserer Mannschaft am Fluss Wang Chhu in der Nähe des Ortes Dodina (auf 2720 Meter Höhe). Packsäcke, Körbe und Tragetiere stehen und liegen bereit. Die Vorstellungsrunde geht viel zu schnell: Tsewang kommt als Koch mit und Dorji wurde von unserem Guide als Hilfskoch angeworben. Er trägt für uns eine 1,5-Liter-Thermoskanne mit Tee und das Mittagessen. Rinzin ist der Muli-Mann und dann gibt es noch Ridup, der als Mulitreiber fungiert. Unseren Guide Sonam, der wie ein kleiner Buddha wirkt, kennen wir schon. Mit ihm kann man herrlich philosophische Diskussionen führen. Das mache ich gerne, wenn mir der Kopf von den vielen Geschichten, Reinkarnationen, fliegenden und schwebenden Lamas und transformierenden Heiligen schwirrt. Heute erscheint er nicht im traditionellen Gho, sondern im Trekking-Outfit. In den Bergen ist alles weniger streng.

Grandiose Landschaft auf dem Weg zum Jomolhari

Neun Tragetiere haben wir, sieben Mulis und zwei Pferde. Warum er nur weibliche Tiere hätte, fragen wir Rinzin später. Der wundert sich: ›Na, weil sie stärker und zuverlässiger sind.‹ Ob er denn keine Männchen besitzt, wollen wir dann wissen. Doch, doch, er nennt insgesamt 20 Tiere sein Eigentum und gilt damit als wohlhabend. Er argumentiert: ›Stell Dir doch einmal vor, ich mische die Tiere, die männlichen könnten sich vor lauter Wollust gar nicht richtig auf den Weg konzentrieren.‹ Alle lachen.

Durch den Nationalpark nach Nordwesten

Die Route führt zuerst entlang des Flusses durch den Jigme Dorji National Park auf einem mäßig steilen breiten Weg durch einen Mischwald aus Eichen, Birken, Tannen und Kiefern. Von Arbeitern werden Teile des Weges ausgebessert, es gab wohl einen kleinen Erdrutsch. Ich habe mich schon darauf eingestellt, endlos weiter zu trotten und die Gedanken schweben zu lassen, da wird schon die erste Rast angekündigt. Wie lange sind wir unterwegs? Noch keine Stunde! Etwas verwirrt bin ich schon, trinke dann aber doch einen Tee.

Danach verlassen wir den Forstweg, eine Abkürzung, die noch einige nach sich zieht. Die Pfade werden schmaler, das ist schon eher nach meinem Geschmack. Die Mulis mit unserem Gepäck treibt Renzin den nicht so steilen Weg weiter. Irgendwann erreichen wir den Bergrücken auf etwa 3500 Meter, dann geht es wieder abwärts und ich erblicke eine wunderschöne Wiese, auf der vereinzelt Bäume mit Bartflechten stehen: Das ist Dolam Kenchu, der Rastplatz auf 3430 Meter Höhe, auf dem unser erstes Lager aufgebaut wird, erklärt mir Dorji. Wir sind die einzigen Camper. Beim Aufstieg haben wir noch einen Trekker getroffen, der von der anderen Seite gestartet ist, und froh war, am Ziel zu sein.

Halb vier, die Sonne scheint und es ist recht warm. Das Leben ist schön. Nachdem auch die Mulis mit dem Gepäck angekommen sind, gibt es Tee und Gebäck. Während die Zelte aufgebaut werden und das Gepäck verteilt wird, wandere ich noch ein wenig in der Gegend umher und helfe beim Holzsammeln. Schließlich sind wir nur fünf Stunden und etwa 800 Höhenmeter aufgestiegen.

Als ich in mein Zelt von Mountain Hardware blicke, staune ich: Es ist mit einem Teppich ausgelegt und eine dicke, lederbezogene Schaumstoffmatte mit Kopfkissen wartet auf meinen Schlafsack. Darüber hinaus haben wir ein Küchenzelt, ein Esszelt und ein Toilettenzelt mit Toilettensitz. Was für ein Luxus!

Kurz nach vier Uhr ist die Sonne weg und es wird schlagartig kalt. Nun heißt es, die warmen Sachen, Handschuhe und Mütze auspacken. Gut, dass genug Holz für ein Lagerfeuer vorhanden ist. Dort versammeln wir uns auch bald, denn bis zum Abendessen, das es meistens gegen sieben Uhr gibt, dauert es noch eine Weile.

Das Abendessen ist mit viel Liebe und Können zubereitet: Reis, Gemüse und Fleisch. Sonam, unser Guide, erklärt stolz, dass er mit Tsewang den besten Koch für unsere Reise gewinnen konnte. Darüber sind wir wirklich froh. Danach sitzen und stehen wir noch lange am Lagerfeuer und kriechen durchgewärmt in unsere Schlafsäcke. Die Nacht ist kalt. Die Aufstehtemperaturen liegen bei minus 5 °C. Außen ist alles gefroren, auch der Schlafsack ist nass vom Kondenswasser.

Sonnenaufgang im Hochgebirge

Dorji bringt um halb sieben den dampfenden Guten-Morgen-Tee ans Zelt. Später gibt es noch heißes Wasser zum Waschen. Nach dem Frühstück (gebratener Reis mit Ei, wir konnten tatsächlich verständlich machen, dass wir keinen Reisporridge mögen) beginnt der zweite Trekking-Tag. Kurz nach acht Uhr sind wir abmarschbereit. Durch einen schattigen Wald aus Birken, Nadelbäumen und Rhododendren wandern wir in zügigem Tempo, damit wir warm werden, einige Zeit bergauf und wieder bergab. Auf dem höchsten Punkt misst mein nicht kalibrierter Höhenmesser 3500 Meter. Danach steigen wir hinab zum Fluss Wang Chhu (3300 m). Ein wunderschöner Weg, der noch schöner anmutet, als wir in die Sonne gelangen. Am Fluss geht es genauso bergauf und bergab weiter durch einen wunderschönen, herbstlich gelben Lärchenwald. Die Farben sind überwältigend.

Nach vier Stunden im Wald gelangen wir auf eine Anhöhe mit zwei leeren Häusern und den Ruinen eines kleinen Dzongs auf etwa 3700 Meter Höhe. Hier legen wir die Mittagspause ein und genießen die Sonne. Dorji packt Reis, zwei Sorten Gemüse, Fleisch, Äpfel und Saft sowie den obligatorischen Tee aus.

Wir warten noch, um unsere Muli-Karawane vorbeizulassen, die uns jetzt eingeholt hat, bevor wir uns auf den Abstieg machen. Es ist nicht mehr weit, versichert Sonam. Zuerst geht es noch ein wenig bergauf und dann wieder hinunter auf 3500 Meter an den Fluss, der sich tief in ein Tal eingeschnitten hat. Rechts und links ragen die Wände steil empor. Die Zelte sind diesmal schon aufgebaut. Es ist noch nicht einmal vier Uhr und wir frieren. Rinzin errichtet zu beiden Seiten des Camps Barrikaden aus Ästen und Sträuchern, damit die Mulis nicht weglaufen. Am Vortag hat er eine Stunde benötigt, auf einem Hügel alle Packtiere zusammenzutreiben.

Eigentlich wollten wir ja bei der Ruine übernachten, aber dort gab es kein Wasser zum Kochen und Sonam hat umdisponiert. Also wieder Holz sammeln, am Lagerfeuer aufwärmen, essen und um acht Uhr nach dem Zwiebelprinzip verpackt in den Schlafsack.

Der nächste Morgen ist wie der vorherige. Ich trockne meinen Schlafsack, den jemand durch das Einpacken eines nassen Zeltes mit Wasser bespritzt hat.

Märchenwald und sonnige Almen

Der Weg führt etwa zwei Stunden weiter am Fluss entlang, teilweise ist es sehr schlammig. Bis Mittag gehen wir im Schatten, oft ist noch Raureif auf dem Pfad. Mal geht es bergauf, mal bergab, anfangs meist eben. Hier kommt man sich vor wie im Märchenwald. Etwa acht Mal überqueren wir den Fluss und laufen schließlich durch einen modrigen Zypressenwald, der an einigen Stellen von Felsen durchsetzt ist. Es gibt sogar Steintreppen. Auf der anderen Seite des Flusses ragen beeindruckende Felswände auf. Die letzte Steinbrücke führt uns auf die besonnte Seite des Flusses, und wir steigen noch ein Stück bergauf bis über die Baumgrenze auf 3900 Meter. Wir finden ein sonniges Plätzchen für die Mittagspause und warten auf Dorji mit dem Essen. Die Vormittags-Teepause war ausgefallen. Als wir das Mittagessen beendet haben, holen uns auch die Mulis mit den beiden Treibern und dem Rest der Mannschaft ein.

Gras, das von vereinzelten Wacholderbüschen durchsetzt ist, Sand und Staub lösen jetzt den feuchten braunen Boden und Schlamm ab. Dafür ist der weitere Weg relativ eben. Wir passieren eine Meditationshöhle, wo Ngawang Zhabdung meditiert haben soll, und Häuserruinen, die einst für Touristen und einheimische Wanderer gebaut wurden. Jetzt werden sie nicht mehr genutzt, da man die Bevölkerung nicht zu sehr stören will, erzählt Sonam. Vielleicht wurden ja auch die Touristenmassen zu groß.

Heute schlagen wir unser Lager auf einer Hochebene in der Nähe eines kleinen Chörten auf, etwas oberhalb von Shodu, etwa 4150 Meter hoch. Es gibt einen Fluss zum Waschen und einen ersten Blick auf die vergletscherten Gipfel in der Ferne. Wir haben lange Sonne, aber der Wind ist stark und kalt. Er trocknet immerhin die Zelte schnell, erschwert allerdings auch deren Aufbau. Hoffentlich bringen die aufziehenden Wolken keinen Regen oder Schnee.

Von den umliegenden Bergkuppen hat man einen wunderschönen Blick ins Tal. Abends kommt eine große Muliherde, etwa 25 Tiere, den Berg hinab. Dazu gehören 15 Touristen, die noch nicht zu sehen sind, und etwa 10 Kilometer (!)

Tsewan unser Koch spannt Gebetsfahnen auf einem Pass

hinter dieser Herde sein sollen, erzählen die Treiber bei einer Tasse Tee. Vorbei ist es mit der einsamen Idylle, befürchten wir. Doch die Gruppe zieht weiter, sie wollen den Touristen zuliebe noch ein Stück tiefer. Einige haben Probleme mit der Höhe. Spät in der Nacht noch suchen die Mulitreiber die versprengten Touristen.

Heute Abend gibt es kein Feuer, das Holz aus dem Buschwerk am Fluss ist viel zu nass. Also sitzen wir zum ersten Mal zum Essen und auch noch danach im Küchenzelt. Sabine, die inzwischen jeden Tag dem Koch zur Hand geht, hat das arrangiert. Für die Crew ist es ungewohnt, sie machen sofort sehr viel Platz und essen nach uns. Auch unser Hund, der uns seit dem Start begleitet und im Abschnitt mit dem vielen Schlamm verschwunden war, ist jetzt wieder da und wärmt sich zwischen den Zelten.

Wieder eine kalte Nacht. Früh sind Zelte und Schlafsäcke vereist. Auch das Trinkwasser ist gefroren. Das Thermometer zeigt beim Aufstehen minus 10 °C. Aber im Lingshi Camp, unserem nächsten Rastplatz, gibt es eine sonnige Wiese im Windschatten der Berge, tröstet uns Tsewang.

Gegen acht Uhr morgens geht es weiter, wie immer. Heute erklimmen wir unseren ersten Pass mit 4930 Meter. Bisher war es nicht sonderlich anstrengend. Zuerst geht es leicht ansteigend in nördliche Richtung bis zu einer Brücke über den Fluss. Danach spazieren wir in drei Stunden gemütlich über Grasland am türkisfarbenen See Khelo Tsho (4720 m) vorbei bis zum Yeli La. Ein zweiter See auf etwa 4830 Meter ist ausgetrocknet. Wir beobachten die seltenen Blauschafe, ich bin begeistert. Kurz vor dem Pass holen uns die Mulis ein.

Auf dem Pass spannt Tsewang eine Gebetsfahne und Sonam verteilt Kuchen. Uns beeindruckt strahlender Sonnenschein und ein tolles Siebentausender-Bergpanorama. Wir bewundern Jomolhari, Gangchhen Ta (6794 m) und Tserim Kang (6994 m). Das erste Stück abwärts ins nächste Tal ist etwas vereist und kommt mir steiler als sonst vor. Der Abstieg bis hinunter zum Fluss zieht sich. Am Fluss machen wir Mittagspause. Danach ist es noch gut eine Stunde bis in unser Camp Lingshi. Hinter uns liegen ein Marsch von etwa 22 Kilometer und rund 1000 Höhenmeter Auf- und Abstieg. Die Höhe haben wir nicht bemerkt.

Herde von Blauschafen (Pseudois nayaur)

Den Yaks sollte man mit gebührendem Respekt begegnen

Von Lingshi nach Südwesten

Unterwegs treffen wir fünf US-Amerikaner, die von minus 20 °C Kälte in der Nacht erzählen. Als wir ankommen, kurz nach halb drei, stehen die Zelte im Schatten. Eine Stunde später liegt das gesamte Tal im Schatten. Wir liegen bald nach dem Essen dick verpackt im Schlafsack. Die Kälte kriecht trotz der dicken Matte immer wieder den Rücken hinauf und weckt mich auf.

Am nächsten Morgen halten wir uns links und gehen im Schatten etwa 200 Höhenmeter steil bergauf auf eine Ebene mit Yaks und Blick auf den Tserim Kang. Gut zum Aufwärmen. Wir laufen wieder 100 Höhenmeter bergab und am Lingshi Army Camp (4040 m) vorbei, wo Sonam unsere Permits abstempeln lässt, und wandern moderat weiter hinauf bis auf 4300 Meter, immer den Tserim Kang vor Augen. Man erkennt gut die Abbruchkante des Gletschers, die Endmoräne und den Gletscherfluss im Tal. Ein Highlight für mich sind auch diesmal die Blauschafherden.

Auf halber Höhe steigen wir dann ein Tal auf und balancieren schließlich über einen Bach, um auf der anderen Seite hoch zum windigen Ngile La (4870 m) zu gelangen. Das Grasland mit seinen vereinzelten Wachholder- und Mispelbüschen weicht zunehmend Geröll. Kurz vor dem Pass kommen uns von oben zuerst eine Muli-Karawane und anschließend eine Yak-Karawane entgegen. Yaks sind manchmal wild und unberechenbar, man sollte sich so weit wie möglich aus deren Bahn bringen, was ich auch beherzige. Es ist das erste Mal, dass wir Yaks als Lasttieren begegnen.

Auf dem Pass, der mit Steinhaufen und Gebetsfahnen bestückt ist, ist es so windig, dass wir uns nicht lange aufhalten und ziemlich schnell absteigen. Auf der anderen Seite kämpfen sich drei große Trekkinggruppen hinauf. Diese Seite

Reisereportagen

Die vergletscherte Pyramide des Jomolhari

ist halbwüstenhaft, die Landschaft erinnert stark an Mustang. Kurz vor der kleinen Siedlung Jangothang passieren wir die beeindruckende Pyramide von Bjiche Drake. Hier hat uns die Zivilisation wieder: Es gibt den ersten Laden (zum Bier kaufen). Nachdem wir um einen Bergrücken herum marschiert sind, kommt die Wiese mit der Ruine eines Dzongs auf 4080 Meter vor dem Tal, das zum Jomolhari führt, ins Blickfeld. Dieses Bild des kolossalen Jomolhari und seines Nachbarn Jichu Drake (6794 m) ist auf jeder Homepage zur Trekking-Touren in Bhutan zu finden.

Als wir ankommen, stehen die Zelte schon. Und sie stehen in der Sonne! Drei Campingstühle sind so platziert, dass wir genau auf den Jomolhari blicken. Dazu gibt es Kuchen und Tee. Wir lernen noch ein französisches Paar kennen, das einen Akklimatisierungstag eingelegt hat, bevor sie weiter nach Lingshi ziehen. Sie empfinden genau wie wir die Trinkgelder, die hier von den Amis eingeführt wurden, als heftig überhöht. Das bestärkt uns in unserer Entscheidung, die von TP empfohlenen Beträge nicht zu zahlen.

Am Jomolhari

Obwohl wir es nicht verstehen, bekommen wir heute ebenfalls einen Ruhetag verordnet. Um halb neun, als die Sonne auf die Zelte scheint, frühstücken wir. Es gibt auf meinen Wunsch Apple Pancake. Am späten Vormittag erkunden wir das Tal in Richtung Jomolhari. Unser Guide Sonam gönnt sich einen freien Tag.

Wir steigen entlang eines kleinen Bachs bis zu einer Sandebene hinauf, die Tummelplatz für Yaks ist. Wahrscheinlich ist das die Haustier-Variante, sie sehen so harmlos aus. Weiter geht es in Richtung Gletscher. Die Blockschutt-Moräne stoppt schließlich unseren Vorstoß zum Eis. Überall sind Gebetsfahnen zu sehen. Es ist ein beeindruckender Anblick. Komischerweise fühlen wir uns alle drei nicht so fit wie am Vortag. Zurück im Camp stürzen wir uns auf das

Mittagessen: einen großen Berg Knoblauch, Spaghetti und die üblichen Reis- und Gemüsetöpfchen. Zum Nachtisch Melone im geschnitzten Melonenkorpus. Göttlich.

Beim Abendessen darf ich ausnahmsweise mithelfen und bereite unter kundiger Anleitung Kewa Datse, Kartoffelscheiben mit Käsesoße und viel Chili. Neben Ema Datse (Chili mit Käsesoße) eines der einfach zuzubereitenden Nationalgerichte. Dazu gibt es Buttertee.

Die letzten beiden Nächte bekommen wir Wärmflaschen. Die Franzosen, die dazu noch das Zelt beheizen, hatten uns schon davon erzählt. Mit der Wärmflasche auf dem Bauch oder den Füßen ist es richtig kuschlig.

Ab heute ist die Trekkingtour Erholung pur. Um vier Uhr sind wir an unserem Ziel, dem Wald-Campingplatz Paro Chhu River Bank auf 3300 Meter. Nach Jangothang ist die Landschaft wieder wunderschön anzusehen. Oberhalb der Baumgrenze geht es zuerst vorbei an den Dörfern Dangochang, Takethang und Soe, vorbei an freundlichen Einheimischen und friedlichen Yaks. Später wandern wir durch einen Wald aus Birken, Eichen, Ahorn, Tannen und Lärchen mit Mittelgebirgscharakter. Die Bäume sind wieder voll behangen mit Bartflechten.

Da der Weg heute so kurz ist, gönnen wir uns schon nach zwei Stunden auf dem Campinglatz Takengthanka unsere Mittagspause. Dabei diskutieren wir auch die Trinkgelder und finden schließlich einen Kompromiss.

Zurück in der Zivilisation

Der Weg ist jetzt mühsam zu gehen, da er mit großen, unförmigen Steinen gepflastert ist. Wer über die Steine tänzeln kann, ist im Vorteil. Eine gute Koordinationsübung über Stunden. Sonam erzählt, dass das die alte Handelsstraße (und der Schmugglerweg) nach Tibet war.

Verfallender Wachturm vor der Fels- und Eiswand des Jomolhari

Unser Campingplatz im Eichen-Rhododendron-Wald ist natürlich bar jeglicher Sonne. Dafür gibt es abends wieder ein Lagerfeuer, da sich unsere bhutanischen Freunde auch nicht nur mit Betelnuss-Kauen warmhalten können. Lagerfeuer sind eigentlich verboten, erfahren wir. Aber heute sind wir wieder alleine auf weiter Flur.

Obwohl wir heute erst spät gestartet sind (zehn Uhr), sind wir bereits mittags am Ziel, einer sonnigen Wiese auf einem Armeegelände kurz hinter Shana auf 2900 Meter Höhe. Hier endet die Fahrstraße, an der wir morgen abgeholt werden. Der Abstieg gestaltet sich mit vielen Auf und Ab auf einem Felsenweg noch einmal abwechslungsreich. Im Camp besucht uns TP mit dem Mountain-Bike und bringt vier Flaschen (Weiß-)Bier mit.

Der Abend auf unserer Wiese auf dem Armeegelände ist noch recht schön. Erstmals gibt es auf unseren Wunsch ein wirklich gemeinsames Essen. Dann erfolgt die Trinkgeldübergabe, die von allen gespannt erwartet wird. Wir sind sehr zufrieden. Für jeden hält Henning eine schöne, lustige Rede. Der Muli-Mann und die zwei Hilfsarbeiter erhalten je 50 US-Dollar, der Koch 80 US-Dollar und unser Guide 200 US-Dollar. Alle versichern, dass ihnen die Tour richtig Spaß gemacht hätte, weil sie noch keine Touristen begleitet haben, die so schnell gewesen wären. ›Ja, wirklich, auch für uns war das einmal richtiges Trekking‹, versichert Sonam, als wir erstaunt gucken. Er scheint beeindruckt. Um acht Uhr liegen wir dann bereits wieder im Schlafsack, mit Wärmflasche. Denn Lagerfeuer sind ja verboten.

Am nächsten Morgen kredenzt Tsewang zum Abschluss noch einmal Pancake. Renzin ist mit den Tieren schon ganz früh aufgebrochen, er sagt, er braucht sieben Stunden von Shana bis in sein Dorf, das in einem Seitental von Paro liegt. Um zehn Uhr holt uns TP mit dem Auto ab, eineinhalb Stunden später sind wir wieder im Hotel in Paro

Trekkingstöcke sind hilfreich

Der Duer Hot Spring Trek

Christina Nitzsche

2013 besuche ich zum ersten Mal Bhutan. Ich reise allein. Während meines Aufenthaltes werde ich viele Klöster besichtigen und die Trekkingtour zu den heißen Quellen im Distrikt von Bumthang in Zentral-Bhutan unternehmen. Ich möchte neben den kulturellen Besonderheiten auch etwas von Bhutans wunderschöner Natur kennenlernen. Der Weg führt hauptsächlich nur durch unberührtes Waldgebiet, Dörfer oder Siedlungen passieren wir nicht. Unsere Route ist ein alter Handelsweg der Nomaden und entspricht den letzten drei Etappen des legendären Snowman Trek.

Die Stecke wird als mittelschwer eingestuft: Das bedeutet eine tägliche Gehzeit zwischen sechs und acht Stunden, eine maximale Distanz von 18 Kilometern. Der maximale Höhenunterschied beträgt 1340 Meter, und wir übernachten immer unterhalb 4000 Meter im Zelt. Das Reiseunternehmen kümmert sich um die Mannschaft, die Ausrüstung, die Verpflegung und die Packpferde. Acht Tage sind wir unterwegs. Meine Begleiter sind der Guide Jigme, der Koch Sonam, der Pferdeführer Taschi, sein Assistent Namje und zusätzlich der Nachbar unseres Pferdeführers. Er kommt einfach so mit. Alle sind schon seit über zehn Jahren mit Touristen unterwegs. Für mich ist es mein zweiter Urlaub dieser Art. Ich bin zu diesem Zeitpunkt 58 Jahre alt und nicht gerade sehr sportlich. Trotzdem möchte ich den Trek laufen. Mich treibt die Neugier auf die Natur, die Yaks und das Leben der Nomaden.

22. September

Der Hauptort von Bhumthang ist Jakar. Von hier geht es mit dem Auto auf pistenähnlichen Straßen zum Dorf Duer (Dhur), das am am gleichnamigen Fluss liegt. An der Landzunge zwischen den beiden Flüssen Dhur und Ramling ist der Ausgangspunkt unseres Trekkings. Es ist schon ein komisches Gefühl, so mitten im Nirgendwo zu sein. Ein Zurück in ein bequemes Hotel gibt es nicht. In Bhutan kann man nicht einfach umbuchen. Alles ist geplant. Hotelplätze sind lange im Voraus belegt und nur begrenzt vorhanden.

Das Wetter verheißt nichts Gutes. Eigentlich ist Mitte September die Regenzeit längst beendet. Jedoch nicht in diesem Jahr. Schwarze Wolken haben sich bereits am Vorabend unserer Tour aufgetürmt. Die ganze Nacht hat es wie aus Eimern geschüttet. Beginn unserer Wanderung ist acht Uhr. Der Pferdeführer, Koch und Hilfskoch warten schon auf mich. Leider spricht nur der Guide Englisch. Alles Gepäck wird in geflochtene Taschen und in dicke Stoffsäcke verstaut. Um alles zu transportieren, haben wir sechs Packpferde zur Verfügung. Ein Fohlen läuft mit, um schon einmal an die Wege gewöhnt zu werden. Es trägt einen Schmuck aus rot gefärbter Yakwolle. Wir laufen zu dritt. Der Guide, unser Koch und ich. Wir gehen voraus. Die Pferde folgen uns später. Sie überholen uns um die Mittagszeit.

Das erste Stück führt am Fluss Ramling durch dicht bewachsenen Wald entlang. Der Unterwuchs wird von Bambus, Rhododendren und Wacholder domi-

Flechten von Tragekörben für die Packpferde

niert. Darüber wachsen Hemlocktannen, Ahorn und Kiefern. Der Weg ist nicht schwierig zu gehen, aber dem Wetter entsprechend sehr schlammig. Oft weiß ich nicht, wo ich hintreten kann. Mit dem Wanderstock versuchen wir Trittsteine zu ertasten. Trifft man sie nicht, versinken wir bis über die Knöchel im Morast. Nur nicht verzagen: ›Schlammig‹ steht in jeder Reisebeschreibung zu diesem Trek. Wir beginnen auf Höhe von 2850 Metern. Auf der 18 Kilometer langen Stecke sind nur 380 Höhenmeter zu überwinden, aber durch das ständige Bergauf und Bergab habe ich das Gefühl, die doppelte Höhenmeterzahl zu laufen.

Unser Ziel ist Gorsuen. So heißt die Landmarke vom ersten Camp, wo wir zum ersten Mal übernachten. Nomaden haben auf ihrer Route Rastplätze gebaut. Die Konstruktion besteht aus sechs Holzpflöcken mit einem Bretterdach. Alles Gepäck verstauen wir darunter. Der Propankocher ist windgeschützt hinter den Packkörben platziert. Die Crew breitet eine Schicht Farnwedel auf dem Boden aus, um so eine gute Isolierung für unser Nachtlager zu schaffen.

Als der Guide und ich ankommen, steht mein Zelt schon. Unter dem Zeltboden ist auch eine Schicht Farnwedel ausgebreitet. So kann ich weicher und vor allem wärmer schlafen. Es gibt Tee und Kekse. Schuhe und Jacken können wir dank des Feuers trocknen. Vom Rastplatz genießen wir einen tollen Ausblick auf die umliegenden Berge und Täler. Eine Nomadenfamilie mit einem etwa drei Jahre alten Buben hat ebenfalls noch Unterschlupf gesucht. Sie wollen ins Tal wandern und übernachten mit uns hier. Wir bieten ihnen Tee und Reis an. Das ist so üblich. Man teilt das Essen mit den Gästen. Es gibt eine Suppe, den typischen heimischen roten Reis mit Hühnchen, Chili und Käse, Gemüse und Obst zum Nachtisch. Leider spricht der kleine Junge kein Wort mit uns. Auch die junge Frau ist sehr zurückhaltend und möchte nicht fotografiert werden. Bevor wir schlafen gehen, versperrt der Pferdeführer den Weg mit Ästen. Damit die Tiere nicht zurück nach Hause ins Tal laufen. Ihre Glöckchen höre ich die ganze Nacht. Beim leisen Gebimmel kann ich gut schlafen.

23. September

Aufbruch ist um sieben Uhr. Zum Frühstück gibt es Rühreier, Weißbrot, Marmelade, Honig, Butter, Kaffee oder Tee. Gestärkt und ausgeruht brechen wir auf. Der Weg führt weiter am Gewässer entlang. Laut der Streckenbeschreibung beträgt der Höhenunterschied nur 40 Meter. Das klingt leicht und einfach, ist es aber nicht. Wir müssen häufig Bergrücken überwinden. Durch den morastigen Weg kommen wir nur langsam vorwärts. Wir bleiben öfter stehen und bestaunen die riesigen Tannen, die weit über andere Baumwipfel hinausragen. Ich muss einfach viele Fotos machen. Es riecht nach dem Harz der Nadelbäume. Direkt am Weg finden wir eine Krause Glucke. Den schmackhaften Speisepilz nehmen wir mit.

Das Laufen den ganzen Tag in der schönen Umgebung hat etwas Beruhigendes. Ich bin viel aufmerksamer, wacher, nehme die Umgebung ganz anders wahr. Man schärft seine Sinne, achtet ganz anders auf Geräusche, das Knacken der Äste und das Zwitschern der Vögel.

Unerreichbar hoch in einer Tanne über dem Fluss entdecke ich ein Wildbienennest. Der kugelförmige Bau ist fast einen Meter groß. Wer Einsamkeit sucht, findet sie hier. Den Rauch unseres Feuers haben wir schon einige Kilometer vor dem Erreichen des Lagers in der Nase. Der heutige Platz von unserem Camp heißt Lungsum und liegt auf 3160 Meter Höhe. Wir können wieder eine Holzkonstruktion mit Bretterdach für uns nutzen. Unser Pferdeführer keannt die Lagerplätze. Er hat schon Holz am Fluss gesammelt. Meine Begleiter halten vor dem Abendessen ein Schläfchen. Sie strengt das Schlammstapfen genauso an wie mich. Ich lege Pferdedecken aus schwarzer Yakwolle über sie. Vor lauter Müdigkeit merken sie die Kälte nicht. Dann setze ich mich an das Feuer und beobachte nur den Waldrand. In der Dämmerung verschwinden die Konturen in der Dunkelheit. Das genießen zu können, ist für mich Luxus. Es ist einfach schön, so zu sitzen. Die Bhutaner verbringen die Zeit, um über ihre Familien zu erzählen. Unser Pferdeführer hat acht Kinder von zwei Frauen. In Bhutan dür-

Die Krause Glucke ist ein äußert schmackhafter Speisepilz

Reisereportagen

fen sowohl Männer als auch Frauen in Vielehe leben. Bei solchen Gesprächen vergeht der Abend schnell. Hier gibt es kein Fernsehen, kein Radio, keine Zeitung. Ich vermisse es nicht.

Mein Zelteingang liegt Richtung hangabwärts. So kommen die nächtlichen kalten Fallwinde nicht direkt ins Zelt. Meine Begleiter sind wirklich sehr aufmerksam. So kann es mir nur gut gehen und ich kann viel von Ihnen lernen.

24. September

Unser Tagesziel ist Tsochen Chen. Der Weg führt über den 4700 Meter hohen Juli La-Pass. Wie immer starten wir sehr zeitig. Wir laufen ein wunderschönes offenes Hochtal mit einem Flusslauf entlang. Der Wald lichtet sich, Wiesen und Zwergrhododendron bestimmen am Nordhang die Vegetation. Wir haben die Baumgrenze, die etwa in 4000 Meter Höhe liegt, erreicht. Plötzlich bleibt mein Guide stehen und sagt: »Schau auf die Hänge! Das sind alles Yaks, alles Yaks!« So sehe auch ich meine ersten Yaks. Schön, dass wir so staunen können. Sie sind viel größer als unsere europäischen Kühe. Durch das lange Fell und die tiefen Grunzlaute wirken sie noch respekteinflößender. Es beginnt leider wieder stark zu regnen. Hinzu kommt ein Temperatursturz. Wir beschließen heute nicht mehr über den genannten Pass zugehen. Es ist heute für uns besser, im Tal zu bleiben. Wenn wir am nächsten Tag nicht zu den heißen Quellen von Duer kommen, empfinde ich dies als nicht tragisch. Es geht auf dem gleichen Weg zurück nach Jakar. Die Entscheidung liegt bei mir. Wir können sehen, dass es am höher gelegenen Pass schneit. Jetzt dort ein Zelt aufzubauen und keine Feuerstelle haben zu können, wäre ein Problem. Falscher Ehrgeiz ist in dem Fall nicht angebracht. Unser Koch beeilt sich, die Pferde einzuholen. Sie überholen uns immer gegen Mittag. Er will sie erreichen, bevor sie am Pass sind, und aufhalten. Mit dem Pferdeführer und dem Assistenten sucht er einen geeigneten Rastplatz. Der Guide und ich laufen langsam weiter.

Von Einheimischen gebaute Brücke

Getrockneter Käse

Im Tal entdecken wir ein Steinhaus mit Holzdach. Wir möchten es uns unbedingt anschauen. Zum jetzigen Zeitpunkt ist es nicht bewohnt, es steigt kein Rauch auf. Wir können sogar hinein gehen. Es hat zwei Räume. Im hinteren Wohnraum ist ein Kamin an der Stirnseite gebaut. Das Haus hat keinen Schornstein und keine Fenster. Der vordere Teil wird als Wirtschaftsraum genutzt, hier gibt es die zweite Feuerstelle. Die Steine sind nur lose geschichtet. Überall pfeift der Wind durch. Die Balken des Daches sind mit Steinen beschwert. Diese Unterkunft ist keine Alternative zu unseren winddichten Zelten.

Unser Lager ist hinter einem Fluss aufgebaut. Da müssen wir noch hinlaufen, unsere letzte Etappe für diesen Tag. Die Nomaden haben elegante Brücken gebaut. Nur deshalb kommen wir schnell voran und trocken über den Fluss. Baumaterial gibt es genug. Für die Pfeiler wurden flache Steine ganz akkurat aufgeschichtet. Mörtel als Bindemittel wurde nicht verwendet. Es muss so halten. Über die Pfeiler werden von Ufer zu Ufer Bretter gelegt.

Ein Stück weiter sind zwei Steinwälle, rund eineinhalb Meter hoch mit etwa zehn Meter Durchmesser. Der Eingang ist mit dürren Ästen verschlossen. Es sind Steinsockel für Nomadenzelte oder um Tiere einzupferchen. Ich hatte so etwas noch nicht gesehen. Ein riesiger, haushoher Felsbrocken war mit farbigen Gebetsfahnen geschmückt. Auf einem Hügel oberhalb des Flusses stehen ebenfalls Stangen mit weißen Gebetsfahnen. Daneben eine Holzhütte mit Steinvorbau. Zwei Nomadenfamilien leben hier. Sie haben uns erlaubt, unsere Zelte in ihrer Nachbarschaft aufzugeschlagen. Wir werden gleich von ihnen zum Buttertee eingeladen und dürfen am eisernen Ofen sitzen. Ihr Reichtum sind 90 Yaks und 10 Pferde. Von den Yaks verarbeiten sie die Milch und die Wolle. Geschlachtet werden die Tiere aus religiösen Gründen nicht. Ich kann auch nirgends getrocknetes Fleisch sehen. Die Tiere werden zweimal am Tag zur Hütte getrieben und gemolken. Viel Milch gibt eine Yakkuh nicht: Es sind weniger als zwei Liter am Tag. Gemolken wird immer zu zweit. Ein Nomade muss mit dem Kälbchen neben der Kuh stehen. Die zweite Person übernimmt das Melken. Das Kalb muss erst trinken und auch zwischendurch, sonst versiegt der Milchfluss. Die Yaks würden beim Melken nicht ruhig stehen bleiben. Zum Kühlen der Milch stellen die Nomaden die Plastikkanister in den Fluss. Am Abend wird die Milch im Kupferkessel erhitzt. Unsere Nomaden haben Butter, Joghurt und Käse produziert. Der Käse ist die Haupteinnahmequelle. Im Steinvorbau der Hütte befindet sich die offene Feuerstelle mit dem Kupferkessel. Nach dem Kochen der

Abkühlung im Fluss

Milch kommt der Frischkäse in mit Tüchern ausgelegte Siebe. Die Masse wird in Würfel geschnitten und zu Ketten aufgefädelt. Sie werden über dem Ofen getrocknet. Der Käse wird hart wie Stein, ist somit lange haltbar, aber schwierig zu essen. Die Würfel müssen gut eingespeichelt werden, bevor sie gekaut werden können, und man muss sehr auf seine Zähne aufpassen. Die Käserei hier ist eigentlich nicht anders als auf einer Alm in den Alpen. Sogar die Häuser mit den Steinen auf den Dächern sind so ähnlich aufgebaut.

Ganz so friedlich sind Yaks nicht, wie es hier den Anschein hat. Es ist immer Bewegung in der Herde, vor allem in der Brunftzeit. In den Monaten September und Oktober kämpfen die Bullen um die Rangordnung. Sie rennen plötzlich aufeinander zu, krachen mit den Schädeln zusammen und dann geht das Geschiebe los. Zwanzig Minuten kann so ein Krampf dauern. Wenn man sieht, wie groß und schwer die Bullen sind, heißt es nur Abstand halten. Kommt ein anderes Tier zu nahe, wird kurz unterbrochen, mit den mächtigen Hörnern ausgekeilt und sich dann wieder dem Gegner gewidmet. Die Tiere beanspruchen für ihre Kämpfe ordentlich Platz. Ist eine Rangelei beendet, geht es an einer anderen Stelle los. Die Nomaden haben richtig Arbeit, dass es nicht zu Verletzungen unbeteiligter Tiere kommt.

Mir fällt auf, dass besonders Bullen gern und lange bis zu den Knien im kalten Fluss stehen. Sie kühlen offensichtlich ihre Beine. Es dient dazu den Puls und die Atemfrequenz zu regulieren – und vielleicht auch das Gemüt. Die Tiere schützen sich so vor Überhitzung.

In der Nacht hält sich die Herde in der Nähe unserer Zelte auf. Es war immer ihr Grunzen zu hören, und ich habe mich nur sehr vorsichtig getraut, das Zelt zu verlassen, um auf die Toilette zu gehen. Ganz wohl habe ich mich nicht dabei gefühlt.

25. September

Einen Tag bleiben wir noch auf dieser Alm. Wir versuchen eine kleine Tour Richtung verschneiten Pass zu gehen. Wenn die Wolken im Tal hängen bleiben, gibt es so schnell keinen Wetterumschwung. Unser Koch begleitet mich heute. Dem Guide ist es zu nass und zu kalt. Leider hat unser Koch keine Handschuhe und keine Mütze mit. Auch laufen die Einheimischen in ihren Gummistiefeln ohne Strümpfe. Ich helfe ihm mit Sachen von mir aus. Wir gehen ohne Gepäck und ohne Hast ein Stück und ich kann schließlich oberhalb unseres Tals das Quellgebiet des Flusses sehen. Leider beginnt es wieder heftig zu regnen. Wir erreichen eine Hütte und stellen uns unter. Die Kälte kommt ohne körperliche Bewegung noch schneller in die Kleidung gekrochen. Die Yaks ziehen mit ihren Jungtieren das Tal herauf. Es bleibt uns nichts anderes übrig, als auf dem Rückweg mitten durch die Herde zu gehen. Nur wie geht man am besten durch eine Yakherde? Ich habe bei den Nomaden beobachtet, dass sie mit einem Stein auf den Schinken des Tieres werfen, wenn es zur Seite gehen soll. Wir gehen bewusst ganz langsam und die Herde bleibt ruhig. Yaks können sehr schreckhaft sein und leicht in Panik geraten, Angst darf ich erst gar nicht aufkommen lassen.

Wie froh sind wir wieder, am warmen Ofen zu sitzen! Unser Nomade hatte bei dem Wetter das Haus auch nicht verlassen. Mit einem langen Messer hat er tagsüber eine Art Sattel zum Anhängen der Bambuskörbe für die Packpferde geschnitzt. Leider kann ich mich nicht mit den Nomaden unterhalten, sie können kein Englisch. Ich bin auf die Hilfe unseres Guides angewiesen. Tschoden, die Nomadin, ist 45 Jahre alt und hat vier Kinder - drei Töchter und einen Sohn. Alle sind nicht zur Schule gegangen, der Weg war zu weit. Normalerweise gehen die Kinder mit fünf bis sechs Jahren zur Schule. Sie müssten im Internat leben. Meist begleitet sie eine Großmutter, welche kocht und für sie sorgt.

Ausstattung in einem Nomadenhaus

Den restlichen Tag halten wir uns nur im Haus auf. Die Familie ist überaus gastfreundlich. Man stelle sich das in Deutschland vor: Jemand Fremdes klingelt und sagt »Mir ist kalt, ich friere! Darf ich in ihrem Wohnzimmer am Ofen sitzen? Haben Sie vielleicht noch etwas heißen Tee für mich? Kann ich Ihre Einrichtung fotografieren?« Ich darf vom gesamten Wohnraum Fotos machen. In der Mitte steht der von uns umlagerte eiserne Ofen. An den Wänden Regale mit Gerätschaften, Decken, Körben, etc. Neuzeitliche Gerätschaften sind einzig eine Solarlampe und ein Radio mit Batteriebetrieb. Möbel haben sie nicht. Auf den Dielen liegen ein Paar schwarze Yakfelle. Alle Arbeiten werden im Schneidersitz erledigt. Der Wohnraum hat vier offene Fensterluken, die durch Holzschieber zu schließen sind. Ich bin neugierig und frage die Nomaden nach dem schwarzen Himalaya-Bären. »Ja, die gibt es hier. Am nördlichen Berghang leben sie ganz oben. Im letzten Jahr ist einer in unser Haus eingedrungen.« An einem Fensterrahmen sind die Bissspuren zu sehen. Der Bär war durch das Dach ins Haus gekommen und hatte Fressbares gesucht. Es gelang ihm, die Steine vom Dach und die Balken einfach zur Seite zu schieben und so war er schnell im Haus, erzählt mir die Familie. Ich frage, wie er wieder herausgekommen sei. Die kurze Antwort: »Sie springen.«

Die meisten Lebensmittel werden in einer Höhle weiter weg vom Haus aufbewahrt. Sie wird mit einem Stein verschlossen, für den mehrere Männer zum Bewegen gebraucht werden.

Jetzt verstehe ich auch die Haltung der aggressiven Hunde. Als wir ankamen, wurden die Tiere angekettet. Keinen Schritt hätten wir in Richtung Haus machen können. Ich wollte mir einen der Hunde nur ansehen. Er sprang schnell hoch und wurde von der Kette abrupt zurückgerissen. Er wäre mir sofort an die Kehle gegangen. Die Hunde hier müssen so sein. Wenn Bären oder Wölfe kommen, verteidigen sie die Nomadenfamilie. Noch nicht einmal der Hausherr ist immer sicher. Er ist schon einmal beim Füttern gebissen worden.

Ein regenverhangener Tag

26. September

Schon wieder regnet es fast die ganze Nacht hindurch. Am Morgen ist es bitterkalt. Der Sohn der Familie hilft uns, die Pferde zu bepacken. Alles ist nass, das Küchenzelt ist besonders schwer geworden. Wir treten den Rückweg an. Es war für mich ein großartiges Erlebnis, bei den Nomaden zwei Tage verbracht zu haben. Wir bedanken uns mit Obst, Gemüse und Honig. Von Tschoden haben wir Käse geschenkt bekommen.

Der Abschied von der Nomadenfamilie fällt mir sehr schwer. Ich muss erst einmal ein Stück für mich allein gehen. Gern wäre ich länger im Tal geblieben. Am späten Nachmittag erreichen wir wieder das Camp Lungsum. Der Pferdeführer und der Koch sind vorausgegangen. Es ist ein tolles Gefühl, wenn man ins Lager kommt und das Feuer brennt schon, der Tee ist gekocht und bald gibt es Essen. Am Abend treffen wir auf die ersten Ausländer. Zwei Wissenschaftler aus Kanada und Schweden vermessen Baumscheiben zur Wachstumsbestimmung der riesigen Tannen. Beide sind komplett durchgefroren und haben sich wegen des Schlamms Plastiktüten um die Hosenbeine geklebt. Mit so viel Nässe haben Sie jetzt um die Jahreszeit nicht mehr gerechnet. Zu allem Unglück ist auch noch ihr Gaskocher defekt. Unserem Guide gelingt es, ihn zu reparieren. Ohne Kochgelegenheit wären sie ganz schön aufgeschmissen. Die beiden äußern einen für uns nicht nachvollziehbaren Wunsch: Sie würden gerne einen der Himalaya-Bären fotografieren. Als sie in mein entsetztes Gesicht sehen, ergänzen sie zumindest noch, den Bären nicht unbedingt auf der gleichen Seite des Flusses beobachten zu wollen. Ich habe keinen Bedarf auf ein solches Abenteuer. Wir sind hier schließlich nicht im Zoo, und es wäre kein Zaun zwischen uns und dem Bären. Das Tier bräuchte nur wenige Sekunden und wäre bei uns.

27. September

Endlich Sonne am Morgen. Es geht wieder in Richtung Gorsuem. Dadurch, dass wir nicht bis zu den heißen Quellen gelaufen sind, brauche ich bergab nicht die vorgesehene Etappe von 27 Kilometern bewältigen. Wir können uns im Zeitplan noch eine extra Übernachtung leisten. So gehen wir ganz entspannt und legen viele Fotopausen ein. Im Schlamm und Morast kommen wir nicht schnell vorwärts. An einer Stelle sind die Bäume oberhalb des Pfades abgeknickt. Die Tannen waren über einen Meter dick. Der Weg ist unpassierbar geworden. Wir müssen fast den gesamten Hang nach unten rutschen, um weiter zu kommen. Für uns und die Pferde eine große Kraftanstrengung. Ich bin die ganze Zeit darauf bedacht, nicht hinzufallen. An den Pflanzen kann ich mich nie festklammern, sie haben komischerweise immer Stacheln, Dornen oder Brennhaare. Zwar habe ich irgendwie Halt gefunden, aber es ist immer schmerzhaft.

Wir sind sehr wachsam beim Gehen. Plötzlich knackt es und ein großes schwarzes Tier taucht vor uns auf. Nein, kein Bär! Ein einzelner Yakbulle ist unterwegs. Mit dem ist aber auch nicht zu spaßen. Wir schleichen an ihm vorbei und werden nicht als Gefahr angesehen. Wir sind froh unser Camp zu erreichen und können länger ausruhen]. Unser Pferdeführer nutzt die Zeit und spaltet mit seinem Buschmesser Bambusstangen und beginnt Transportkörbe für die Pferde zu flechten. Zwei Stunden später sind sie fertig. Wir staunen nicht schlecht. Sein Begleiter, sein Nachbar von zu Hause, konnte das nicht. Ich schaue mich am Lagerplatz um und fühle mich bei dem Müll auf der Wiese nicht wohl. Überall liegen Plastik, Papier, alte Schuhe und Lumpen. Es ist so ein schöner Platz mit einer weiten Aussicht auf umliegende Täler. Bevor es Abendessen gibt, fange ich an, den Müll rund um unser Lager einzusammeln. Ich sage ihnen, dass ich sonst das Essen nicht so genießen kann. Erst werde ich ungläubig bestaunt, dann helfen mir aber doch alle. Ein voller Sack mit Müll kommt so zusammen. »Das sind die Nomaden«, versuchen sie mir die Müllberge zu erklären. Entlang unserer Strecke ist mir öfters Müll aufgefallen. Früher waren Plastiktüten in Bhutan verboten. Jetzt, nach den Parlamentswahlen 2013, wurden viele Gesetze geändert. Die Bhutanische Partei für Frieden und Wohlstand hatte die Wahl gewonnen und Änderungen vorgenommen. An den Straßen wird das Obst nur noch in Plastikbeuteln verkauft. »Wo wird der Müll entsorgt?«, frage ich. »Er kommt nach Indien.«

28. September

Wir haben unsere letzte Trekkingetappe vor uns. Nach dem Frühstück, dieses Mal gibt es gekochte Haferflocken, brechen wir auf. Der Weg will und will nicht enden. Ist es tatsächlich noch so weit? Mit Nomaden, die Richtung Berge laufen, hält unser Guide immer ein Schwätzchen und erfährt von einem anderen Bienenvolk. Sie haben ihren Bau direkt am Weg errichtet. Wilde Bienen können sehr unangenehm für uns und die Pferde werden. Das bedeutet, wieder einen Umweg zu laufen, zur Abwechslung mal hangaufwärts.

Im Lager angekommen, lasse ich mich nur noch in einen Klappstuhl fallen. Ich bin richtig erschöpft und ich denke, dass ich so schnell nicht wieder aufstehen kann. Ausgerechnet jetzt sehe ich auf der Wiese vor unserem Küchenzelt einen Wiedehopf und will unbedingt ein Foto von dem Vogel machen. Also es hilft nichts, ausruhen muss ich auf später verschieben. Wie zum Spott bleibt der Vogel nicht sitzen und ich muss auch noch hinter ihm herlaufen. Es gelingt mir nur ein einigermaßen scharfes Bild.

Zum letzten gemeinsamen Abend gönnt sich die Mannschaft ein Bier. Das Dorf ist nicht weit, dort gibt es einen Laden. Leider bin ich nicht mehr in der Lage, in den Ort zu wandern. Ich bin einfach geschafft. Der Pferdeführer wohnt in der Nähe. Er bringt uns noch selbst gemachten Käse aus Kuhmilch von seinem Bauernhof. Der Käse schmeckt wie Mozzarella. Es sind handgroße Kugeln. Ich koste üblicherweise immer alles Angebotene und bekomme nie Magenprobleme.

29. September

Ich bin schon früher als gewohnt aufgewacht. Es gibt noch ein gemeinsames Frühstück. Das Lager muss zügig abgebaut werden. Ich verabschiede mich noch von meinen Begleitern. Ich war die gesamte Zeit gut versorgt und fühlte mich immer sicher. Angst während unserer Wanderungen im Wald brauchte ich nie zu haben.

Noch nicht einmal meinen Tagesrucksack durfte ich selbst tragen! Ich sollte frei gehen können! Dafür war ich dem Guide sehr dankbar. Den Männern gab ich gerne Trinkgelder. Es wird vielleicht erwartet, aber nicht gefordert.

Schon kurze Zeit später holt mich der Fahrer vom Reiseunternehmen ab. Es geht mit dem Guide zurück nach Paro und von dort zum Flughafen. Wir werden zwei Tage unterwegs sein. Für den Koch und den Assistenten beginnt die Vorbereitung der nächsten Tour. Sie kommen erst Anfang Dezember nach Hause zu ihren Familien. Dann ist die Saison beendet.

Rückblick

Die gesamte Trekkingtour war für mich persönlich nicht ganz so leicht, auch wenn sie offensichtlich als nicht schwierig einzuordnen ist. Ich war einfach zu wenig durchtrainiert. Das Gehen in der Höhe ist viel anstrengender als ich dachte. Ich konnte als Alleinreisende mein eigenes Tempo laufen und über die Pausen selbst bestimmen. Ich kann diesen Trek besonders botanisch Interessierten und Ornithologen empfehlen, es bleibt viel Zeit für Beobachtung.

Die Gastfreundschaft und Offenheit der Menschen hat mich sehr beeindruckt. Mutig durch die durchweg positiven Erlebnisse hatte ich mir vorgenommen, im folgenden Jahr noch einmal nach Bhutan zu reisen und eine andere Trekkingroute im Westen des Landes zu laufen. Ich habe das auch verwirklicht.

Aufbruch vom Camp

Dagala Trek – Thousend Lakes Trek

Von Christian Schubert (berghorizonte.de)

Für diesen Trek sollten Sie schon über eine gute Kondition und körperliche Fitness verfügen, denn er führt hinauf über 4000 Meter Höhe über einige Pässe zu den Hochweiden der Yaks und ihren Hirten. Dagala ist der Berggott, der über dieses Gebiet wacht und dem Trek seinen Namen gegeben hat.

Unzählige kleine Bergseen liegen verstreut inmitten der kargen Hochgebirgslandschaft und daher hat der Trek auch den Beinamen ›Thousand Lakes Trek‹. Der schöne Trekkingpfad wurde in früheren Zeiten überwiegend dafür genutzt, um Kühe aus dem südlichen Dagala nach Thimphu zum Verkauf zu bringen. Jetzt werden die Hochflächen vor allem von Yakhirten genützt, die Ihre Yaks dort oben weiden lassen. Seltene Blumen (im Mai sind die Hänge voll mit blühenden Rhododendren und im Herbst blühen hier Edelweiß und andere Gebirgsblumen) und verschiedene Vögel finden sich auf den Berghängen. Es gibt atemberaubende Ausblicke auf die schneebedeckten Gipfel von Jhomolhari und Jichu Drake und sogar bis hin zum Kanchenjunga Massiv in Sikkim. Kristallklare Seen mit zahlreichen Fischen sind das Markenzeichen dieses Treks.

Der Dagala Trek kann bis nach Dagana verlängert werden beziehungsweise die Route wird dann abgeändert, ab Abzweig Labatama. Der Trek kann von beiden Richtungen gestartet werden.

Tag 1: Es geht los! Von Geynizampa nach Gibze Kebze

Von Thimphu muss man erst einmal etwa eineinhalb Stunden bis zum Ausgangspunkt der Trekkingtour in Geynikha fahren. Laut einer Legende nach haben die Bewohner dieses entlegenen Tals einst einem kranken Wandermönch geholfen, der ihnen darauf hin versprochen hat, dass sie von nun an mit reicher Ernte gesegnet sein werden, was sich bis in die heutige Zeit erwiesen hat. In der Nähe des Dorfes sieht man die Ruinen des ehemaligen Genye Dzongs, der damals vom

Die vielen kleinen Bergseen gaben dem Trek seinen Namen

Herrscher des Tales bewohnt wurde. Nach einer Weile erreicht man Chhizi Gompa, ein großes Kloster und Ausbildungszentrum für Mönche. Die traditionellen Häuser hier sind mit Tigern und anderen Symbolen bemalt, die die Bewohner vor Dämonen schützen sollen.

Bei einer großen Hängebrücke wird man vom Trekkingteam erwartet, um das Gepäck von den Fahrzeugen auf die Pferde zu verladen. Man befindet sich hier bereits in einer Höhe von 2850 Metern, man sollte es also erstmal langsam angehen. Nachdem man die relativ neue Hängebrücke überquert hat, windet sich der Pfad durch moosbehangenen Eichenwald bergauf. In früheren Zeiten waren hier viele Leute unterwegs, was man an den teilweise alten Steinstufen und Rastplätzen erkennen kann. Nach etwa eineinhalb Stunden Anstieg erreicht man einen Ort namens Dophu Jasey Dokha, von wo aus man einen herrlichen Blick auf die Umgebung hat und wo es in der Regel ein einfaches Mittagessen gibt. Auf dem Plateau geht es gemächlich weiter und schließlich erreicht man eine Höhe von 3350 Metern. Der Platz hier nennt sich Gur. Der Weg führt nun aus dem Wald heraus und im Herbst wachsen hier Edelweiß und andere Gebirgsblumen. Das Camp liegt auf 3710 Metern Höhe auf einer kleinen Lichtung am Waldrand, von wo aus man bis zum Paro-Tal blicken kann. Gehzeit etwa 4,5 Stunden, Anstieg 860 Höhenmeter.

Tag 2: Yakweiden und Pässe – Gibze Kebze-Labatama

Als erstes folgt wieder ein Anstieg hinauf zum Pagalabtsa La auf 4170 Metern, markiert durch vier Steinstupas und einem schönen Ausblick auf die umgebende Hochgebirgslandschaft. Bei zwei Steinhäusern (Wataching genannt), die den Yakhirten als Unterkunft dienen, gibt es eventuell frischen Yakkäse zu kaufen und außerdem kann man das einfache Leben der Yakhirten kennenlernen. Anschließend geht es hinauf auf einen kleinen Sattel und das heutige Camp ist nicht mehr weit. Eine schöne Hochfläche, genannt Labatama (4050 Meter), auf der zahlreiche Yaks weiden, ist erreicht. Von dort aus geht man noch in Richtung

Auch auf dieser Tour wird man von erfahrenen einheimischen Guides begleitet

Talende, wo in der Nähe eines kleinen Sees (Utsho Tsho) und einem Steinhaus das Camp Dolungo (4280 m) aufgeschlagen wird. Gehzeit etwa 4,5 Stunden, Anstieg 460 Höhenmeter, Abstieg 200 Höhmeter.

Tag 3: Wanderung zu den umliegenden Bergseen

Am heutigen Tag unternimmt man vom Camp aus eine herrliche Rundwanderung zu zahlreichen kleinen Seen (Serbho Tsho/Dajatsho), die verstreut auf dem Plateau liegen. Der höchste Punkt dabei ist ein Bergkamm auf 4500 Metern Höhe. Von dort kann man eventuell noch zum Gipfel des Berges Jomo (4716 m) aufsteigen, benannt nach einer Berggöttin (Deity), die speziell die hier lebenden Tiere beschützt und der die hier lebenden Yakhirten alljährlich Opfergaben darbringen. Am Nachmittag ist man wieder zurück im Lager an dem kleinen See.

Tag 4: Über einen schönen Höhenweg nach Kiwi Chowa

Am frühen Morgen erklimmt man erst einmal einen Höhenrücken mit 4355 Metern. Die Sicht ist hoffentlich gut, so dass man die schneebedeckten Gipfel von Jhomolhari (7314 m) und Jichu Drake (6989 m) erkennen kann. Bei passendem Wetter kann der Blick sogar bis hin zum Kanchenjunga reichen, dem dritthöchsten Berg der Erde. Vor dieser wunderschönen Kulisse schmeckt das Frühstück noch viel besser, das einer der Trekkinghelfer geschwind hochbringt und serviert. Anschließend führt ein etwas steiniger Weg über einen Pass, genannt Labajong La (4400 m), und dahinter hinab in eine Hochebene, die von kahlen Bergen umgeben ist und in der meistens viele Yaks weiden. Der Weg führt zwischen zahllosen Rhododendrenbüschen über einen Gebirgsbach (Dochha Chhu) weiter hinunter. Bevor man das nächste Zeltlager erreicht, heißt es nochmal einen langen Anstieg von etwa eineinhalb Stunden hinauf zum Chole La (4140 m) zu bewältigen. Hinter dem Pass geht es dann leicht bergab zum Lager in Kiwi Chowa (4030 m), das an einem Hang liegt, gleich neben einem Steinhaus von Yakhirten. Gehzeit etwa 7 Stunden, Anstieg 120 Höhenmeter, Abstieg 370 Höhenmeter.

Tag 5: Geschafft! Letzter Trekkingtag nach Thimphu

Als erstes erklimmt man am Morgen einen kleinen Pass mit 3960 Metern, bei dem mehrere Wege zusammenführen. Anschließend geht es in einem ausgetrockneten Flussbett ein Stück bergab, bis man schließlich einen herrlichen Höhenweg erreicht, der schöne Panorama-Ausblicke ermöglicht. Nach einiger Zeit erreicht man die Abzweigung nach Wangdi Phodrang. Der linke Weg ist der nach Thimphu. Man kommt erst noch über einen mit Gebetsfahnen geschmückten Pass (Tale La, 4185 m), bevor es dann durch einen Wald mit unzähligen Rhododendren (die im Mai blühen) bergab zum kleinen Dorf Chamgang in der Nähe von Thimphu geht. Hier endet der Dagana-Trek und hier verabschiedet man sich schweren Herzen vom Trekkingteam und den Lasttieren. In Chamgang wird man mit einem Fahrzeug wieder abgeholt und ins Hotel nach Thimphu oder Paro gebracht. Gehzeit etwa 4 Stunden, Anstieg 270 Höhenmeter, Abstieg 1500 Höhenmeter.

Mit dem Reiserad durch Bhutan

Erlebnisse und Abenteuer einer Erstbefahrung

Andreas von Heßberg

Immer wenn ich mich für eine neue Reise vorbereite und davon rede, dass ich sie mit meinem Reiserad unternehmen werde, bekomme ich die gleichen oder zumindest sehr ähnliche Fragen gestellt: Wieso denn mit dem Fahrrad und nicht mit dem Auto? Wie – ganz alleine? Ist das nicht gefährlich? Wo liegt Bhutan? Darf ich mit?

Die drei letzten Fragen sind schnell und leicht beantwortet, denn Bhutan ist auf der touristischen Weltkarte schon lange kein weißer, unbekannter Fleck mehr. Bhutan ist eher ein etwas exotischer Fleck. Die beiden ersten Fragen bedürfen stets einer Erklärung. Mit dem Fahrrad und besonders alleine entdeckt man das Land sehr viel besser als von einem schnellen Fahrzeug aus und in der Gruppe. Zwischen mir auf meinem Fahrrad und den Landschaften, Tieren, Pflanzen und besonders den einheimischen Menschen gibt es keine trennende Glasscheibe. Ich sehe, fühle, rieche, höre und schmecke das Land sehr viel intensiver. Ich bin viel näher an den Kleinigkeiten und Besonderheiten des Straßenrandes und des Geschehens. Näher zu sein, ist nicht nur eine meiner Reisephilosophien, es ist auch meine Aufgabe in Bhutan gewesen. Zwar empfand ich die Radtour auch als eine Art Urlaub – wenn auch nicht im physischen Sinn, aber ich kam hierher, um zu arbeiten: Ziel meiner beiden Bhutan-Reisen sollte dieses Buch werden. Damit es aber nicht nur ein trockener Tatsachenband über das Königreich Bhutan wird, sollte alles mit dieser Reisereportage aufgelockert werden. Zusätzlich kann man als Leser Bhutan unter einem anderen Aspekt, als es für die meisten Besucher üblich ist, erleben.

Mein Gefährt erweckt überall Neugier

Selbst gebastelter Abstandhalter (Linksverkehr!)

So erhielt ich den Anstoß, nach Bhutan zu reisen, von meinem Buchverleger Detlev von Oppeln (Trescher Verlag), der dankenswerterweise die richtige Person in Thimphu einschaltete: Dawa Penjore. Dank seiner Mühe stellte das TCB (Tourism Council of Bhutan) eine Einladung mit Visum für mich aus. Ich bekam einen Journalistenausweis und eine freie Reisegenehmigung für alle meine gewünschten Distrikte und Orte, sogar in Süd-Bhutan, was noch vor wenigen Jahren Sperrgebiet war.

Der für mich zuständigen und verantwortlichen Reiseagentur in Thimphu war es anfänglich spürbar unwohl bei dem Gedanken, mich alleine und ohne Guide im Land reisen zu lassen. Das konnte ich bei meinen fast täglichen Telefonanrufen nach Thimphu merken. Deshalb bin ich Dawa und seinem Mitarbeiter Ngawang sehr dankbar, dass sie (ganz im buddhistischen Sinn) losgelassen haben und mich fahren ließen. Sie hofften und bauten auf meine große Erfahrung von anderen, weit abenteuerlicheren Radtouren. Ich habe sie auch nicht enttäuscht, so viel steht wohl fest. Ich kann auch sehr gut verstehen, dass sie nervös waren, war ich doch der erste Tourenradler, der die Möglichkeit bekam, Bhutan in eigener Regie zu erradeln. Diese Ehre, der erste Reiseradler in einem Land zu sein, ist heutzutage auf dem immer enger werdenden Planeten sicherlich etwas sehr seltenes. Ganz ausschließen möchte ich es nicht, dass jemand anderes vor mir schon alleine mit seinem Gepäck durch Bhutan radelte. Nur bei meinen Recherchen im Internet und in der Literatur fand ich dazu keine Spuren. Ich meine dabei ausdrücklich nicht die geführten Gruppen-Radreisen, die in Bhutan angeboten werden, mit einem Gepäckfahrzeug und festem Übernachtungsprogramm in Hotels. Ganz ohne Hotel war auch meine Reise nicht – aber speziell auch deshalb nicht, weil ich möglichst viele Hotels und Unterkünfte längs meiner Strecken erkunden und testen wollte. Aber ich war häufig frei in meiner Entscheidung und teilte mir meine Tagesetappen so ein, wie es mir mit meinem Vorankommen passte. Deshalb hatte ich auch ein Zelt dabei, von dem ich auch häufiger Gebrauch machte.

Erste Erkundungen um Paro

Landeanflug nach Paro. Ich habe glücklicherweise einen Fensterplatz und schaue auf die knapp unter mir dahin huschenden Wipfel der hohen Kiefern. Dazwischen immer wieder Reisterrassen und einzelne Gehöfte. Ich kann die Wäsche auf der Leine oder die Eimer und Behältnisse daneben exakt erkennen, so tief fliegen wir. Dann erscheinen wieder hohe Bäume knapp unter den Tragflächen, so scheint es mir von hier oben. Die Piloten benötigen eine spezielle Schulung für diesen Landeanflug. Außerdem erfahre ich später, dass einige hohe alte Bäume zu einer ernsthaften Gefahr für die Flugzeuge werden könnten. Aber kein Bhutaner will Hand anlegen, weil jeder damit glaubt, an seinem eigenen Lebensast zu sägen. Die Philosophie dahinter ist mir sehr sympathisch. Ich hoffe nur, die Piloten kennen jeden einzelnen dieser Bäume schon beim Namen. Während der vielen Kurven des Sinkfluges innerhalb des engen Paro-Tals wird das Fahrwerk ausgeklappt, damit die Maschine nochmals weiter abgebremst werden kann. Jetzt geht es noch schneller hinab. Doch dann beruhigt sich plötzlich die Maschine und es gibt einen kurzen geraden Anflug über die Äcker und Häuser von Paro und schon setzt der Airbus 320 auf der Betonpiste auf.

Ich laufe mit den anderen Passagieren zum Gebäude, komme schnell durch die Passkontrolle, wo mir das Visum in den Pass gestempelt wird, hole mein Gepäck und das Fahrrad ab und schiebe zum Ausgang. Dort wartet schon Ngwang mit dem Auto, um mich zum Hotel zu bringen. Die ersten Meter auf bhutanischem Boden darf ich noch nicht selber radeln. Auf den 15 Kilometern durch Paro nach Norden ins Paro-Tal erfahre ich gleich die wesentlichsten Dinge des landestypischen Verhaltens im Straßenverkehr und die daraus resultierenden Gefahren. Insgeheim denke ich mir: »Oh wie schön ist es hier zu radeln. Kein Vergleich mit der durch den dichten Autoverkehr doch viel stressigeren Situation in meiner Heimatstadt Bayreuth«. Aber ich will Ngawang und seine Sorgen nicht ignorieren, da er und sein Chef Dawa sich schon ernsthaft Gedanken machen, ob mein Unternehmen, alleine durch Bhutan zu radeln, durch irgendeine nicht kalkulierbare Situation gefährdet sein könnte. Einzig an den Linksverkehr muss ich mich gewöhnen, und daran, dass nicht nur Fahrzeuge mit oder ohne Motor auf der Straße sind. Auch Pferde- oder Kuhherden spazieren hier, Kinder laufen von der Schule nach Hause und, wie ich später noch feststellen werde, sitzen mancherorts auch Affen auf der Fahrbahn.

Den Rest des ersten Tages verbringe ich mit einer großen Portion Schlaf und einem Spaziergang im Hang hinterm Hotel. Am Abend habe ich eine Besprechung mit Dawa, der mit mir meine Route und meine Fragen bespricht. Inzwischen habe ich eine SIM-Karte der bhutanischen Telefongesellschaft in meinem Mobiltelefon und kann somit meine Kontaktpersonen in Thimphu erreichen – sofern Netzempfang vorhanden ist. Das Abendessen ist eine erste und nicht ganz erfolglose Annäherung an die scharfen Speisen der hiesigen Küche. Das gesamte Hotel-Restaurant ist auf vegetarische Ernährung eingerichtet. Das erleichtert mir das Zugreifen von den verschiedenen Gemüseplatten oder aus dampfenden Töpfen. Manche Dinge kann ich zwar nicht identifizieren, aber sie riechen und schmecken trotzdem gut.

Der nächste Morgen gehört schon dem Besuchsprogramm rund um Paro. Auf der Liste stehen die verschiedenen Klöster, Tempel und Stupas der Stadt, aber auch der Dzong und der Ta Dzong mit dem Nationalmuseum. Ngawang will seine Ehre als guter Mitarbeiter von Dawa verteidigen und so muss ich heute noch ins Auto steigen. Aber die meisten Strecken werde ich mit dem Fahrrad sowieso nochmal radeln. Am späteren Nachmittag sitze ich dann doch auf dem Sattel und fahre nach Drukyel Dzong, um die dortige Region, die Ruinen des alten Dzong und das Dorf zu erkunden. Ein erster Blick auf den Jomolhari mit seiner gletscherbedeckten Zipfelmütze lässt Freude aufkommen. Endlich sehe ich ein Stückchen unverbautes Bhutan.

Im Paro-Tal bearbeitet der Mensch den Bodens und die Landschaft schon seit sehr vielen Jahrhunderten. Die Kulturvielfalt lockt jährlich tausende Besucher hierher. Auf der Piste hinter dem Drukyel Dzong, während ich die Asphaltstraße hinter mir lasse, beginnt die Ruhe und Natur. Die Bauern schauen verwundert von ihrer Reisernte auf, denn ein einzelner Radfahrer ist nichts Alltägliches. Es ist November, und viele Felder sind schon abgeerntet. Dort, wo noch geerntet wird, sehe ich die Handarbeit auf dem Feld. In großen Garben wird das Reisstroh mit der Handsichel geschnitten und zum Trocknen in eine Richtung auf den Boden gelegt. Nach einem Tag wird gedroschen. Das geschieht mit großen Handschlegeln auf dem Boden oder mit fußbetriebenen rotierenden Nagelwalzen, mit deren Hilfe die Ähren von den Halmen gerissen werden. Der letzte Arbeitsgang ist das Trennen der Spelzen von den Körnern. Dies geschieht mit einem flachen korbgeflochtenen Behälter, mit dem die Körner in den Wind geschüttet werden. Der Wind weht die Spelzen davon und reinigt so das Getreide. All diese Vorgänge erfordern einen großen Aufwand an Handarbeit und Koordination zwischen den einzelnen Erntehelfern, in der Regel eine Großfamilie. Bei uns in Mitteleuropa werden alle Vorgänge innerhalb von Sekunden von einer riesigen Maschine er-

Das Paro-Tal ist landwirtschaftlich geprägt

ledigt, die zwar sehr effizient ist, bei der der Landwirt aber eigentlich den Bezug zum Lebensmittel Getreide und seinem Charakter schon weitgehend verloren hat. Noch schlimmer ist es dann, wenn dieses Getreide nur angebaut wurde, um anschließend in der Biogasanlage zur Stromgewinnung vergoren zu werden.

Der nächste Tag erwartet mich mit einem ersten Highlight: dem Tigernest-Kloster in Sichtweite des Hotels, aber weit oberhalb des Gegenhangs. Ngawang meint, ich solle mich zum Parkplatz fahren lassen, da ich so doch mehr Zeit zum Wandern und Fotografieren hätte. Dafür schicke ich ihn wieder von dort zurück ins Hotel. Ich werde selbst zurücklaufen, so mein Beschluss. Die vielen Verkaufsstände mit den üblichen Souvenirs wie Schmuck oder buddhistischen Devotionalien lasse ich schnell zurück, auch weil ich dort einen ganz speziellen Dialekt nur allzu deutlich heraushöre. Auf dem Parkplatz stehen vier große Reisebusse – einer muss wohl mit einer deutschen Gruppe besetzt sein.

Der Pfad ist mehr als ausgetreten, führt steil in den Hang hinein und ist oft geschmückt mit Gebetsfähnchen und Manisteinen. Am Beginn des Weges gibt es noch kleine Gebäude mit Wassermühlen. Spätestens dort muss man seine Wasserflasche auffüllen. Das nächste Getränk gibt es erst in einer Stunde bei einer kleinen Cafeteria. Unterwegs im Wald sehe ich verschiedene Blumen und blühende Büsche. Einige Arten kenne ich schon vom weiter östlich gelegenen Hengduan Shan in der Grenzregion zwischen Yunnan, Myanmar, Tibet und Indien. Die alten Eichen hängen voll mit Bartflechten und sind bis weit nach oben mit Farnen bewachsen. Sie bilden eine fast märchenhafte Waldlandschaft. Die ersten Blicke auf das Felsenkloster sind zwischen den Bäumen möglich. Allerdings ist das Kloster noch weit oberhalb und auf meinen Fotos deshalb noch sehr klein. Das ändert sich nach etwa einer weiteren Wanderstunde. Jetzt bin ich fast auf der gleichen Höhe mit dem Kloster und laufe in Richtung dieser Felswand. Ich erreiche die Cafeteria, von wo aus es nochmal ein kleines Stück den Hang hoch geht. Bei einem großen Manistein führt der Pfad nun auf einer schmalen Treppe, die in den blanken Fels gehauen ist, entlang der Felswand steil hinunter. Zwar gibt es ein Geländer zum Festhalten, aber den Blick in die schwindelnde Tiefe muss man gewohnt sein. Schnellen Schrittes bin ich an der Brücke über den kleinen Gebirgsbach, den ein hoher Wasserfall speist. Tausende Gebetsfahnen wehen im Wind. Eines der meistbesuchten Attraktionen Bhutans hängt nun vor mir oder eher über mir an der Felswand. Ich kann nur erahnen, was es hieß, die Baumaterialien hier hinauf zu schaffen.

›Beeindruckend‹ ist als richtiger Begriff für dieses Felsenkloster eigentlich noch untertrieben. Am Eingang muss ich leider die Kamera, den kleinen Rucksack und den Inhalt meiner Taschen in ein Schließfach sperren. Ich gehe alleine die Treppen hoch zu den ersten Gebäuden, da vernehme ich die englische Sprache. Ein Pärchen aus Brasilien bekommt gerade eine genaue Erklärung zu dem ersten Tempel. Ich schließe mich kurzerhand dieser Minigruppe an und erfahre so die Besonderheiten der Statuen auf dem Altar sowie die Geschichte des Klosters von seinen Anfängen bis zu dem tragischen Großbrand vor wenigen Jahren, der durch Butterlampen ausgelöst wurde. Inzwischen dürfen die Butterlampen nicht mehr in den Tempeln entzündet werden, sondern in dem kleinen Gebäude am Beginn der steilen Treppe im schräg gegenüberliegenden Hang. Das gesamte Kloster

Das einzige Transportmittel zum Tigernestkloster

ist sehr klein, zwischen den einzelnen Gebäuden ist immer nur wenig Platz für enge und steile Treppen. Es gibt einen Balkon, wo man über die Mauer schauen und ins tiefe Nichts nach unten in den Wald blicken kann. Auf der Mauerkrone werden die Raben mit Reis und Gemüse gefüttert. Nicht alle Tempel dürfen besucht werden, so dass die Führung nach 30 Minuten schon wieder beendet ist.

Die schräg auf das Felsenkloster scheinende Nachmittagssonne beleuchtet den Gebäudekomplex in einem warmen Licht. Ich spaziere noch am Kloster und am Gegenhang herum, drücke häufig auf den Auslöser der Kamera und genieße die Ruhe und Besonderheit dieses Ortes. Die beiden Brasilianer sind schon wieder abgestiegen. Ich bin alleine mit vier Mönchen hier oben. Auf dem Rückweg mache ich noch einen kurzen Stopp im Häuschen der Butterlampen und zünde eine Kerze an. Dann eile ich auch hangabwärts, da ich den steilen und sandig-staubigen Weg nicht im Dunklen laufen möchte. Die Verkaufsbuden sind schon menschenleer und der gesamte Parkplatz ist bis auf ein wartendes Auto verlassen. Die beiden anderen Touristen hatte ich schon vor dem Parkplatz auf dem Weg nach unten überholt. Jetzt laufe ich in der schnell einbrechenden Dunkelheit die vielen Kurven der Asphaltstraße runter ins Dorf. Ich rieche das Harz der Kiefern und die ätherischen Öle der Nadeln, höre das Rascheln auf dem Boden, sicherlich von irgendwelchen Insekten oder Mäusen, und erblicke zwischen den Schatten der Bäume kleine Lichtpunkte, die aus den Häuser des Dorfes scheinen. Nach etwa einer Stunde vom Parkplatz aus gerechnet komme ich am Hotel an. Ein nervöser Ngawang begrüßt mich und bittet schon zu Tisch: Das Abendbüffet ist fertig.

Geburtstagsfeier in der Hauptstadt

Ich fahre durch Paro mit meinem Fahrrad rasch hinaus, dieses Mal aber mit den Packtaschen und der gesamten Ausrüstung. Am Schluss der Reise werde ich noch genug Zeit für Paro übrig haben. Die Stadt ist wirklich klein, schon radle ich am Flugplatz vorbei, durch das Dorf Bondy und hinab ins Tal des Paro Chhu nach Chhuzom. Dort an der Brücke mache ich den ersten Stopp und kaufe mir einen Beutel frische Mandarinen, hier Orangen genannt. Ein Polizist sieht mich und stellt neugierige Fragen über mein Mountainbike. Er ist selber begeisterter Mountainbiker und kennt viele gute Strecken rund um Thimphu. Aber mit so viel Gepäck hat er ein Fahrrad noch nicht gesehen. Er interessiert sich weder für mein Visum noch für meine Route. Er ist nur an der Technik interessiert und will wissen, ob ich einen Motor in der Hinterradnabe hätte. Er meinte, er hätte davon gelesen, dass es jetzt Fahrräder mit Elektromotoren gäbe, er selbst habe aber leider noch keines live gesehen. Ich muss ihn da jedoch enttäuschen, da meine Nabe ›nur‹ ein 14-Gang-Getriebe beinhaltet. Beim Abschied bemerkte er noch, dass ich mir in Thimphu einen Helm kaufen solle, da das Radfahren mit Helm dort Pflicht sei.

Die Strecke nach Norden verläuft relativ einfach, und nach etwa 30 Kilometern erreiche ich die vierspurige Straße ins Zentrum der Hauptstadt. Ich werde per Telefon in ein Hotel in der Innenstadt gelotst, wo Ngawang schon auf mich wartet. Heute ist der 11. November 2014, der 60. Geburtstag des vierten Königs. Es gibt große Feierlichkeiten in der ganzen Stadt und überall im ganzen Land. Die größte Feier ist im Nationalstadion von Thimphu. Dieses Stadion hat etwa 15 000 Sitzplätze, gekommen sind aber schätzungsweise 50 000 Menschen, um die Parade der verschiedenen Volksgruppen mit ihren Trachten, die Schülergruppen mit ihren Liedern und Tänzen und die Gruppen mit historischen Uniformen zu sehen. Der König selbst oder seine Familie sind nicht unter den Ehrengäs-

Große Feier zum 60. Geburtstag des vierten Königs

Reisereportagen

Auf dem Dochu La

ten. Dafür sehe ich den Premierminister, den Außenminister, den Botschafter Indiens, einige andere ausländische Staatsgäste und den gesamten oberen Klerus auf der großen Ehrentribüne. Die Feiern ziehen sich über mehrere Stunden hin. Da gebe ich vorher schon auf und schlendere durch die Stadt. Der erste Radeltag war anstrengend genug, und morgen möchte ich wieder fit sein. Die Stadt ist voll mit Menschen aus dem ganzen Land, überall wuselt es, überall ist Festtagsstimmung. Ich bin erstaunt über die Freundlichkeit der Bhutaner gegenüber mir als Ausländer. Selbst wenn ich Fotos von ihnen machen möchte, drehen sie sich nicht weg oder verneinen. Im Gegenteil, sie streichen ihre Bekleidung glatt und stellen sich in Pose. Am Erinnerungs-Chörten wogen die Menschen dreimal um das Gebäude und geben Geschenke ab. Eine unglaubliche Gelassenheit und Fröhlichkeit zeichnet sich in allen Gesichtern ab. Ob Jung oder Alt, alle sind gekommen, um den König und seine Familie hochzuleben. Die Königsfamilie ist bei den Bhutanern nicht nur beliebt, sie ist Kern des eigenen Staatsverständnisses und der Grund für das Glück im ganzen Land. Das spüre selbst ich, als ich mich zwischen die Menschen mische.

Am nächsten Morgen, jetzt mit einem neuen Fahrradhelm auf dem Kopf, radle ich nach Norden zu den beiden Klosterkomplexen Cheri und Tango. Die Strecke dorthin ist nicht weiter schwierig und wie ich hörte, die Lieblingsstrecke des vierten Königs, der ein begeisterter Mountainbiker sei. An manchen Tagen stehen die Kinder längs der Strecke und winken ihm zu, wenn er vom Palast bis zum Parkplatz des Tango-Klosters und wieder zurück fährt. Mir winkt heute keiner zu. Selbst auf dem Rückweg nicht. Allerdings löse ich schon auch neugierige und befremdliche Blicke bei den Menschen längs der Straße aus. Ein ›Wessi‹ alleine auf einem Fahrrad ... hat der denn kein Auto und Fahrer? In Thimphu erreiche ich mit dem letzten Fotografierlicht den Dzong. Der Gang durch den riesigen Gebäudekomplex ist kurz, da es dämmrig wird und die Wachleute nervös werden, weil ich zu einer ungewöhnlichen Uhrzeit noch dort herumlaufe. Der Dzong ist der einzige in Bhutan mit strengen Sicherheits- und Personenkontrollen am Eingang, ist dieses Gebäude doch auch der Regierungssitz.

Heute ist Samstag, und Ngawang muss nicht im Büro sitzen. Er fragt mich, ob er mich etwas herumfahren kann. Ich vermute dahinter ein Meeting, um mich aus seiner Sicht nochmal über alles Wichtige zu informieren, bevor ich alleine nach Osten aufbrechen werde. Deshalb willige ich ein und lasse mein Fahrrad heute im Hotelzimmer stehen. Wir fahren hoch zum Fernsehturm, zum Takin-Gehege und zur großen Buddha-Statue, an der noch gebaut wird. Wir besuchen am Mittag ein gutes bhutanisches Restaurant und schlendern durch einige lokale Geschäfte. Den Proviant für die Tour ins Hinterland kaufe ich noch am Abend. Jetzt nutze ich es aus, dass ich einen Übersetzer in die Landessprache Dzongkha dabei habe und recherchiere etwas in der Innenstadt. Dort kaufe mir einen Gho und filme den Polizisten an der Straßenkreuzung beim Regeln des Verkehrs. Eine Ampel gibt es in ganz Bhutan (noch) nicht. Am späteren Nachmittag fahren wir hoch zum alten Dzong Simtokha. Der Abend gehört wieder mir und meinen Reisevorbereitungen.

Aufbruch nach Osten

Nach dem kräftigenden Müslifrühstück, welches ich im Hotelzimmer einnehme, weil das Restaurant stark auf indische Küche ausgerichtet ist, packe ich mein Fahrrad vor dem Hoteleingang, verabschiede mich vom Personal und fahre in Richtung Osten. Schon bald hinter dem Hotel geht es steil den Hang hoch. Die Straße ist streckenweise eine Baustelle. An vielen Stellen sehe ich große Bagger und Lkws, die mit dem abgebaggerten Gestein hinunter nach Thimphu fahren (und leer wieder zurück). Außerdem liegt viel Sand auf der Fahrbahn, und in jede Ritze meiner Bekleidung und Ausrüstung kriecht der feine ockerbraune Staub. Dafür erfreue ich mich an den Obstbäumen, an denen teilweise noch die Äpfel hängen, an den großen Tannen mit ihren langen Bartflechten und an der schönen Berglandschaft. Nach 2 Stunden und 30 Minuten seit dem morgendlichen Start erreiche ich den Dochu La und rolle auf dem großen Parkplatz an eine kleine Mauer. Gerade als ich das Fahrrad abstelle, kommt ein Bhutaner auf mich zu und outet sich als passionierter Mountainbiker. Er erzählt von seinem Sieg im Jahr 2013 und seinem dritten Platz in diesem Jahr (2014) beim anstrengenden Radrennen von Jakar nach Thimphu. Ich habe großen Respekt vor diesem kleinen kräftigen Mann, auch wenn ich diese Strecke und die vielen Höhenmeter noch nicht abschätzen kann. Das wird sich in den nächsten Wochen ändern. Momentan ist er als Reiseleiter für eine Touristengruppe tätig. Dann

Nadel-Rhododendron-Wald bei der Abfahrt vom Dochu La

kommt eine ältere Frau zu mir, spricht mich auf Deutsch an und schenkt mir einen Apfel. Nette Geste von einer Touristin. Es dauert nur wenige Minuten, bis die gesamte Reisegruppe sich um mich versammelt. Sie wollen meine Internet-Adresse über meine Radreisen wissen und erfahren so auch meinen Namen. Da werde ich von einer Deutschen erkannt, die mit einer Tante von mir befreundet ist. So klein ist die Welt.

Der kurze Aufenthalt auf dem Parkplatz wird so noch zum Fotoshooting. Ich meinerseits mache noch einige Fotos auf dem kleinen Hügel mit den 108 kleinen bhutanischen Stupas (ohne alle 108 nachzuzählen) und rolle auf die lange Abfahrt zu. Es geht sehr schnell hinab in den nebelverhangenen Nadel-Rhododendron-Wald. Am ersten Bambusgestrüpp schneide ich mir einen eineinhalb Meter langen Stecken ab und befestige diesen an der großen Packtasche auf dem Hinterradgepäckträger. Daran hänge ich die in Thimphu gekaufte bhutanische Flagge so, dass ich einen guten Abstandshalter gegen die Autos habe. Das funktioniert sehr gut für den Rest der nächsten sechs Wochen.

Schon nach etwa 20 Kilometern bin ich wieder mitten in einer Baustelle. Zwar kann ich bis an die Spitze des etwa drei Kilometer langen Staus heranfahren. Aber dann gilt auch für mich die Straßensperrung wegen Sprengungsarbeiten. So verbringe ich fast eine Stunde im Dreck stehend am Straßenrand. Sobald der Verkehr wieder rollt, versuche ich vorne mit zu schwimmen, um nicht zu stark vom Staub und Schlamm eingedreckt zu werden und um nicht von den langsameren Lkws vom schmalen Asphaltband verdrängt zu werden. Das gelingt mir auch bis Metshina, wo ich in die örtliche Tankstelle einbiege, um 1,5 Liter Benzin für meinen Kocher zu tanken. Danach ist mir die lange Fahrzeugkolonne im Rücken sowieso egal, da ich nun in Richtung Punakha abbiege, wo sehr viel weniger Verkehr fließt. Es geht weiterhin recht steil hangabwärts.

Anstrengend wird die Fahrt auf der frisch geschobenen Piste hinauf zum Chimi-Kloster, dem Stammkloster des bekannten Heiligen Drukpa Kunley, der für die vielen Penisse an den Fassaden der Bauernhäuser verantwortlich ist. Hoch zum Kloster benötige ich fast eine Stunde, hinunter geht es in 20 Minuten.

Auf der Asphaltstraße nach Punakha fahre ich an abgeernteten Getreidefeldern vorbei, erreiche den großen Fluss Puna Tsang Chhu und am späteren Nachmittag den Dzong von Punakha. Ich stelle das Fahrrad am Parkplatz der Busse und Taxis ab und laufe in Richtung Kragbrücke. Mich beeindrucken besonders die Dimensionen dieses Bauwerkes. Ich erkunde in den nächsten etwa eineinhalb Stunden den Dzong, schaue in jeden Raum, der zugänglich ist, und fotografiere. Die Mönche sind sehr nett und scheuchen mich nicht weg. Da die meisten Touristengruppen schon wieder in Richtung Parkplatz unterwegs sind, leert sich die gesamte Dzong-Anlage schnell. Ich höre jetzt nur noch die einheimische Sprache. Mit ein paar jüngeren Mönchen unterhalte ich mich im Schatten des großen Feigenbaums sitzend. Sie sind auch neugierig wegen meines Fahrrads, können mich aber leider nicht bis zum Parkplatz begleiten, weil sie gleich zum Abendgebet müssen. Aber auch ich muss weiter, wenn ich nicht erst im Dunklen aus dem Kleinstädtchen kommen möchte. Am Parkplatz haben inzwischen alle Bus- und Taxifahrer Position um mein Fahrrad genommen und diskutieren laut über die Fahrradtechnik. Sie sind alle der Meinung, dass die große Getriebenabe

Auf dem Weg nach Gasa

ein Elektromotor sein muss. Nur finden sie keine Kabel oder eine Schalteinheit. Außerdem irritiert es sie, dass trotzdem noch Kurbeln und eine Kette am Fahrrad hängen. Ich zeige ihnen die Funktionsweise der 14-Gang-Nabe und erkläre ihnen, dass ich ohne Zusatzantrieb durch Bhutan fahre. Dann verabschiede ich mich freundlich von der Gruppe, bevor noch jemand auf die Idee kommt, mit dem Fahrrad eine Runde radeln zu wollen.

Erster Kontakt mit den subtropischen Wäldern

Bald hinter den letzten Häusern von Punakha wird das Asphaltband einspurig und taucht hinein in das subtropische Tal des Mo Chhu. Ich komme an Reisterrassen vorbei, die schon abgeerntet sind oder auf denen die Ernte gerade im Gang ist. Manchmal sehen die Leute von ihrer mühsamen Arbeit auf den Äckern hoch und ich winke ihnen zu. Aber die Landschaft wechselt schnell wieder und ich fahre durch den Wald. Es geht immer weiter talaufwärts und schon bricht die Dämmerung an. Meinen ersten Radeltag beende ich etwas zu spät – ich bin die kurze Dämmerungsphase noch nicht gewohnt und muss mein Zelt schon fast im Dunklen aufbauen. Zumindest habe ich noch ein kleines Rinnsal neben dem Zeltplätzchen gefunden, wo ich mich fürs Kochen mit Wasser versorge. Die erste Nacht in Bhutan. Auf meiner Matte liegend denke ich über das nun beginnende Abenteuer in diesem für mich unbekannten Land nach. Ich höre eine große Kröte neben dem Zelt quaken und rascheln. In den Bäumen über mir raschelt es auch, wahrscheinlich irgendwelche Kleinsäuger oder nachtaktive Vögel. Aus einem fernen Dorf höre ich die Motorengeräusche eines Stromgenerators. Aber lange liege ich noch wach, um dieses merkwürdige schmatzende Geräusch zu orten und zu identifizieren. Prinzipiell kann selbst hier in der Nähe eines Dorfes auch für einen Camper unangenehmes Getier auftauchen. Irgendwann schlafe ich ein.

Am Morgen werde ich von Kinderstimmen und Gelächter geweckt. Einige Schüler sind zu Fuß auf dem langen Weg zur Schule schon in der Dämmerung unterwegs. So versuche auch ich mich wieder fertig zu machen, esse mein

Bauernhaus in der Provinz Tsirang

Frühstücksmüsli und packe meine Ausrüstung in die Radtaschen. Mit den ersten Sonnenstrahlen an den hohen Bergspitzen fahre ich weiter nach Norden. Der Wald wird immer dichter und dschungelartiger. Immer häufiger sehe ich Kletterpflanzen und Baumorchideen auf den mächtigen Urwaldriesen. Am Straßenrand blühen mir unbekannte Pflanzen. Ich sehe große bunte Schmetterlinge und die eine oder andere Schlange auf dem langsam warm werdenden Asphalt. Ich radle durch den östlichen Bereich des Jigme Dorji Nationalparks. Die Vegetation ist eindeutig subtropisch. Es ist feuchtwarm und alles andere als angenehm zu radeln. Gegen Mittag komme ich an die Distriktgrenze zu Gasa. Die kleine Provinzzentrale mit dem markanten Dzong erreiche ich am späten Nachmittag. Für ein paar Fotos bleibe ich etwa eine Stunde, dann zieht es mich wieder auf der gleichen Strecke nach Süden, denn ich habe morgen Abend eine Verabredung in Wangdue Phodrang.

Heute Morgen traf ich einen Mountainbiker, der auf der Strecke von Punakha nach Gasa fast täglich trainiert. Er möchte das große Rennen von Jakar nach Thimphu im nächsten Frühjahr mitfahren. Dieser nette Bhutaner will sich noch etwas mit mir über Fahrradtechnik und Ernährungsgewohnheiten unterhalten, konnte das aber nicht in einer Trainingspause am Straßenrand machen. Deshalb solle ich ihn doch übermorgen anrufen, wenn ich in Wangdue Phodrang sein werde. Tatsächlich treffen wir uns auch zum besagten Termin in einem kleinen lokalen Esslokal in der Nähe des Hotels in der Neustadt von Wangdue. Er erzählt von dem doch recht schlechten Zustand seiner Gangschaltung und ob ich denn nicht gute Ersatzteile dabei hätte, die ich nicht mehr benötige. Ich muss ihn leider enttäuschen – ich fahre mit einer Getriebenabe. Ebenso sind viele andere Teile an meinem Reiserad sehr konträr zu seinem Sportgerät. Deshalb verschiebe ich die Unterhaltung mehr auf den ernährungsphysiologischen Bereich. Ich berichte ihm von meinen eigenen Erfahrungen bei Langstreckenrennen und der dafür nötigen Nahrungszufuhr. Ich rate ihm auch, auf Alkohol zu verzichten und einen Teil seines Bauchs in Muskelmasse umzuwandeln. Bei einem kühlen Bier sitzend ist dieser Rat natürlich besonders schmerzhaft und will noch nicht so recht in sein Verständnis von Wettkampfvorbereitung und effizientem Training.

Es wird feucht-warm und steil

Von Wangdue aus, dessen Dzong hoch oben auf einem Bergvorsprung über dem Tal des Puna Tsang Chhu steht – allerdings seit 2013 nur noch als verkohlte Ruine –, will ich nicht weiter nach Osten fahren, sondern neue Wege abseits der üblichen Touristenpfade entdecken, und radle deshalb nach Süden.

Schon bald nach der Brücke bei Wangdue fahre ich abwechselnd in Staub oder Schlamm, je nachdem, wie die Wasserzufuhr von den Berghängen zu meiner rechten auf die von einer riesigen Baustelle geprägten Strecke aussieht. Hier wird momentan ein großes Durchlauf-Wasserkraftwerk gebaut, und die Lkws fahren im Zehnsekunden-Takt an mir vorbei. Bald sehen mein Fahrrad, die Packtaschen und ich genauso gesteinsgrau aus wie die gesamte Landschaft. Die Blätter der Bäume, die Straßenschilder, die Hütten der Arbeiter, selbst die Kühe am Straßenrand – alles ist von einer grauen Staubschicht bedeckt. Die Baustelle und der

Lkw-Verkehr begleiten mich etwa 40 Kilometer weit nach Süden. Dann ist plötzlich Ruhe in der Landschaft. Ich finde einen stillen Bergbach, wo offensichtlich zum Zweck der Autopflege oder des Auffüllens von Kühlerwasser ein Schlauch von weiter oben herunter gelegt wurde. Ich nutze diese Situation und wasche alles inklusive mich selbst von der Staubummantelung frei. Bei über 35 °C ist das auch ein sehr angenehmes Gefühl, mit klarem, frischem Bergwasser zu duschen. Die Temperaturen steigen im Laufe des Tages sogar noch bis auf 41 °C. Dazu eine subtropische Luftfeuchtigkeit. Fast jeder Bergbach entlang der Strecke wird zum Auffüllen der Wasserflasche und zum Befeuchten des Shirts genutzt.

Auf den fast 80 Kilometern, die ich nach Süden radele, durchfahre ich nur wenige Siedlungen. Die meisten davon sind weit oberhalb an den etwas weniger steilen Berghängen, wo sich die Felder terrassiert an die Hänge schmiegen. Im unteren Teil des Tals ist es nicht nur zu steil, sondern im Sommer auch zu feuchtheiß. Jetzt ist es November, und mir reicht das auch schon. Hin und wieder gibt es kleine Verkaufsstände am Straßenrand mit frischem Obst wie kleine Bananen, Mangos, Mandarinen oder Kakis. Ich ernähre mich tagsüber fast nur noch von Obst, Brot und Nüssen. Makaken laufen auf der Straße. Immer wenn ich versuche, ein Foto von ihnen zu schießen, flitzen sie ins Unterholz. Wenn ich mich sehr schnell mit dem Fahrrad nähere, bleiben sie oft in ein bis zwei Meter Entfernung neben dem Straßenrand sitzen und warten dieses komische Fahrzeug ab. Sobald ich aber anhalte, sind sie im Geäst verschwunden. Bei den großen und bunten Schmetterlingen ist das fast genauso. Dafür habe ich mehr Fotoglück bei den vielen großen Heuhüpfern, die auf dem Asphalt sitzen.

Seit Wangdue geht die Fahrt tendenziell stetig talabwärts, teilweise sogar mit richtig schönen und kurvenreichen Abfahrten. Inzwischen bin ich im Distrikt Tsirang angekommen. Es geht für einige Kilometer leicht bergauf bis zum Abzweig nach Dagana. Diese Strecke möchte ich jetzt einschlagen, auch weil über den gleichnamigen Distrikt sehr wenig bekannt ist. Schon nach wenigen Kilometern seit dem Abzweig stehe ich am bisher tiefsten Punkt meiner Radreise in nur 400 Metern Höhe, auf der Brücke über den Puna Tsang Chhu. Nun schraubt sich die merklich schmaler gewordene Straße wieder am Hang nach oben. Die subtropischen Bedingungen machen mich fix und fertig. So viel kann ich kaum noch trinken, wie ich gleichzeitig ausschwitze. Ich dope mich mit Nüssen, Schokolade und Multivitamintabletten im Trinkwasser. Dazwischen gibt es immer wieder kleine Mandarinen-Pausen oder Foto-Stopps. Durch die geringe Verkehrsdichte kann ich es wagen, ›oben ohne‹ zu fahren, um wenigstens etwas Kühlung durch den geringen Fahrtwind zu erhalten. Die wenigen Autos auf dieser Strecke sind in der Regel Kleinlaster, die für die Versorgung der Dörfer des Distrikts Dagana fahren.

Ein kleiner roter Pkw hält am Straßenrand. Ich komme mit dem Fahrer ins Gespräch. Er ist Lehrer in Dagapela, der nächsten größeren Siedlung. Er bewundert meine körperlichen Anstrengungen und will mehr über diesen exotischen Ausländer wissen. Ich werde zum Abendessen eingeladen und nehme dankbar an. So bekomme ich einen weiteren Einblick in die dörflichen Gemeinschaften – sogar tiefer, als ich anfangs vermutet hätte. Der Lehrer Tendin und seine Frau Tashi bewirten mich grandios mit frischem Gemüse und Reis, Obst und grünem

Mandarinen, die in Bhutan Orangen heißen

Tee. Lange sitzen wir zusammen und quatschen über die Welt draußen und über meine Sicht auf dieses wunderschöne Land. Sie räumen ein kleines Zimmer auf und meinen, ich solle doch bitte schön nicht auf den Gedanken kommen, das Zelt vor dem Haus aufzubauen. Am nächsten Morgen muss ich ein Versprechen abgeben: dass ich bei der Rückfahrt von Dagana in Dagapela wieder einen Stopp einlege und dann ihn und seine Schulklasse besuche.

Dagana ist die bisher kleinste und unscheinbarste Distriktzentrale. Dieses Dorf so zu bezeichnen, ist schon stark übertrieben. Es gibt etwa 20 Häuser, die weiträumig am Hang verteilt sind. Oben auf dem Berg stehen der Dzong und einige kleine Wirtschaftsgebäude für das kleine Kloster, den lokalen Regierungssitz und das Distriktgericht. Es gibt ein einziges Hotel, welches auf die lokalen Gegebenheiten ausgerichtet ist. Ich bin wahrscheinlich der erste westliche Tourist in diesem Jahr. Aber das Abendessen ist gut und reichhaltig, die Familie, die das Hotel führt, ist nett und kümmert sich um alles. Mein Fahrrad nehme ich mit ins Zimmer, nicht weil ich Angst vor nächtlichen Langfingern habe, sondern weil vor und am Haus einige Hühner ihre abendlichen Sitzstangen suchen und das erste Huhn bereits auf meinem Sattel Platz nehmen wollte.

Als Gast in der Schule von Dagapela

Dagana liegt relativ hoch oben in den Bergen und ist umgeben von vielen terrassierten Feldern und Einzelgehöften. In der Höhe von etwa 1500 Metern werden neben Reis auch Hirse, Bananen und Zitrusfrüchte angebaut. Die Gegend ist sehr grün – selbst jetzt im November. Wie üppig muss es hier erst im Frühjahr oder zur Monsunzeit sein? Am nächsten Tag wartet die grandiose Abfahrt hinunter nach Dagapela auf mich. Fast die gesamte Strecke von 47 Kilometern geht es in vielen Kurven bergab. Ich muss mich beeilen, denn ich habe zugesagt, um 12 Uhr an der Schule zu sein. Mit einer halbe Stunde Verspätung (per Telefon jedoch schon angekündigt) erreiche ich das Eingangstor, wo Tendin mit einem Kollegen schon wartet. Mein Fahrrad wird beim Parkplatz in die Obhut des Hausmeisters gegeben, und ich eile im Laufschritt hinter den beiden Lehrern her. Zuerst wundere ich mich zwar etwas, dass die beiden es so eilig haben und dass ich weit und breit

Der Autor zu Gast in der Schule von Dagapela

auf dem großen Gelände der Dagapela Secondary School keine weitere Person sehe. Aber dann denke ich mir, dass wohl gerade eine Unterrichtsstunde läuft. Erst als ich die große Aula betrete, erfasst mich ein etwas mulmiges Gefühl, dass es wohl nicht einfach nur bei einem Besuch der Schulklasse von Tendin bleiben wird. Dort warten über 500 Schüler und die gesamte Lehrerschaft auf mich. Der Direktor begrüßt alle Anwesenden und mich im Speziellen. Anschließend werde ich mit dem Direktor auf die geschmückte Bühne gesetzt, bekomme Buttertee und Kekse und soll über mich, meine Radtour, über andere Reisen und Expeditionen sowie meine Sicht auf Bhutan berichten. Nach etwa 20 Minuten habe ich meinen Monolog glücklich beendet. Nun bekommen auf Anweisung des Direktors alle Anwesenden die Möglichkeit, mir Fragen zu stellen.

Die ersten kommen von Lehrern, die das Verhältnis der Deutschen zu China oder anderen autoritären Regimen beleuchten wollen. Außerdem werde ich gefragt, ob Adolf Hitler im Bewusstsein und Alltag der Deutschen eine Rolle spielt und ob dieser auch mit positiven Taten etwas Gutes für Deutschland bewirkt hätte. Ich werde gefragt, wie Bhutan seine Ökonomie weiter stärken könne und was Bhutan aus der wirtschaftlichen Entwicklung Deutschlands lernen könne. Die Diskussion verlagert sich immer weiter in die Frage von Landwirtschaft und Wertschöpfungsketten landwirtschaftlicher Produkte. Ich versuche daraufhin eine Frage aus der Schülerschaft zu bekommen und erhalte die erlösende Frage, was meiner Meinung nach Glück sei. Daraufhin komme ich wieder in angenehmere Gesprächsthemen wie die Frage nach Materialismus, Smartphones, hübschen Kleidern, neuen Autos oder einer intakten Umwelt und zufriedenen Menschen mit geringeren ökologischen ›footprints‹. Was ist Lebensqualität? Wir diskutieren über das Leben in Thimphu, wo alles in einem sehr viel schnelleren Takt läuft und die Menschen schon gewohnt sind, hinter jeder Minute und jedem Geldschein herzurennen. Oder ist Lebensqualität, in den Garten gehen und etwas ernten zu können, was man einige Wochen oder Monate zuvor gesät oder gepflanzt hat? Dagapela bekommt gerade eine neue Verbindungsstraße nach Indien, um die reichhaltigen landwirtschaftlichen Produkte der Region schneller zu den Verbrauchermärkten im Nachbarland zu bringen. Aber auf dieser Straße werden auch indische Händler nach Dagapela kommen, und es wird eine größere Produktvielfalt in den lokalen Geschäften geben. Vieles davon ist Zivilisationsmüll, was für das eigentliche Leben auf dem Land nicht nötig wäre und nur die Bequemlichkeit vergrößert. Die Bequemlichkeit ist der primäre Auslöser für den Verlust oder das Aufgeben der traditionellen Kultur. Von einer am Mikrophon sichtlich nervösen Schülerin werde ich in kaum verständlichem Englisch gefragt, wie wichtig es sei, als Schüler mehrere Sprachen zu lernen und ob in Deutschland die Schüler auch Englisch lernen. Ich erzähle etwas von der Sprachenvielfalt in Europa und dass es dort mehr als praktisch ist, wenn man neben Englisch noch eine zweite Fremdsprache beherrscht.

Ich erfahre von einem Lehrer, dass in den nächsten Wochen ein mehrtägiges Treffen von Schülern aus Thimphu und aus den ländlichen Regionen Bhutans in der Nähe von Dagapela stattfinden wird und dass bei dieser Gelegenheit nicht nur das gegenseitige Kennenlernen auf dem Programm steht. Es geht vielmehr darum, die kulturelle und soziale Kluft zwischen den Jugendlichen aus der Stadt und dem Land durch gegenseitiges Hinterfragen und Kommunizieren zu verringern. Bei dieser Gelegenheit sollen auch den Stadtkindern die traditionellen Werte und Fertigkeiten beim Umgang mit der Natur wieder näher gebracht werden. Ebenso ist geplant, auf aktuelle Probleme, wie beispielsweise die Müllbeseitigung und das Recycling, adäquate Antworten zu finden. Ich diskutiere mit den Lehrern und Schülern noch eine Weile über Mülltrennung und Wertstoffe, als dann der Direktor wieder zum Mikrophon greift und die Veranstaltung nach etwa eineinhalb Stunden beendet. Der gesamte Saal klatscht freudig, die Lehrer kommen zu mir und erklären, wir müssten noch ein großes Gruppenbild machen. In späteren Unterhaltungen bekomme ich gesagt, dass meine Rede und meine Diskussionen so interessant und geistig inspirierend gewesen seien, dass eine Art Ruck durch die gesamte Schule ging. In späteren E-Mails erfahre ich auch, dass das Naturcamp mit den Schülern erfolgreich verlief und solche Camps auch in Zukunft geplant seien (wenn genug Geld für die Durchführung zusammen käme). Auch auf dem Schulhof werden noch Fotos mit der Lehrerschaft und mir gemacht. Der Direktor ist glücklich, dass er einen Ehrengast in seiner Schule hatte, der ihm

Lehrer und Schülerin in Dagapela

in sein Unterrichts- und Erziehungskonzept passte, Tendin ist stolz, dass er so jemanden von der Straße aufgesammelt hat. Die Schüler sind vielleicht froh, zwei Unterrichtsstunden lang einmal etwas anderes erlebt zu haben und ich bin froh, dass meine Sprachkenntnisse für eineinhalb Stunden ausgereicht haben. Vielleicht habe ich ja auch bei der einen oder anderen Person einen Denkprozess angestoßen. Ich selber habe in diesen zwei Stunden in der Schule jedenfalls viel dazugelernt. Ich weiß zwar, das Dagapela ziemlich abseits vom Schuss liegt, aber ich habe Tendin und den Lehrern zugesagt, dass ich versuchen werde, bei einer späteren Bhutanreise wieder vorbei zu kommen.

Nach dem Mittagessen sitzen Tendin und zwei Lehrer noch lange zusammen und diskutieren weiter. Am Nachmittag verabschiede ich mich wieder von den freundlichen Menschen aus Dagapela und schwinge mich auf meinen Fahrradsattel. Es sind noch viele Kilometer und noch mehr Kurven bis hinunter ins tiefe Tal des Puna Tsang Chhu. Irgendwo auf der Strecke finde ich eine kleine waagrechte Zeltfläche neben einem kleinen Rinnsal, der von einem Felsen herunterläuft. Hier bleibe ich für die Nacht, die einmal mehr sehr geräuschvoll ist. Ich höre Affen, Vögel, Kröten und vieles mir Unbekannte. Tendin meinte zwar, hier in den Wäldern gäbe es auch Kragenbären und Schlangen, manchmal sogar einen Tiger. Aber direkt neben der Straße sollte die Gefahr eher von den kleinen Insekten ausgehen, die mich zwicken oder anstechen wollen....

Auf gefährlichen Strecken im Süden

Am nächsten Vormittag quäle ich mich bei hohen Temperaturen um die 40 °C und subtropischer Luftfeuchtigkeit den Hang nach Damphu/Tsirang hoch. Von dem Abzweig, auf den ich bereits vor ein paar Tagen aus Wangdue kommend stieß, bis hoch in die nächste Distriktzentrale sind es zwar nur 22 Kilometer. Aber bei einer Durchschnittsgeschwindigkeit von etwa sechs Kilometer pro Stunde sind das mehr als drei Stunden Qual an diesem Hang. Das Trinkwasser in den Flaschen kann ich glücklicherweise unterwegs auffüllen. Die Mittagspause verbrin-

Reisernte im Süden

ge ich dösend im Schatten eines großen Pavillons neben einem großen weißen tibetischen Stupa – mit Aussicht auf das tiefe Tal und die Brücke, über die ich einige Stunden zuvor kam. Sogar eine öffentliche Toilette gibt es. Wenigstens nimmt der Wind zu, je weiter ich am Hang hochfahre. Das kühlt und trocknet das nass geschwitzte Shirt. Ein Autofahrer hält an und fragt mich, ob ich denn schon ein Hotel in Tsiwang gebucht hätte. Er reicht mir ein Visitenkärtchen.

Bei den freundlichen Klosterschülern im Dzong von Tsirang

Je höher ich komme, desto deutlicher verändert sich auch die Zusammensetzung der Vegetation, besonders der Baumarten. Im tiefen subtropischen Tal gibt es viele Baumarten, die ich nicht identifizieren kann. Auf halber Höhe bis nach Tsiwang erkenne ich hartlaubige Eichen und Kiefern. Dann kommen sogar Esskastanien und eine Ahornart dazu. Im Unterwuchs gibt es auf den trockeneren Stellen Zitronengras, in den feuchteren Wäldern Bambus. Hin und wieder blüht ein Weihnachtsstern oder ein Hibiskus. Auf den Feldern wächst Hirse und Reis. An den kleinen Gemüse- und Obstständen am Straßenrand verkaufen die Einheimischen grünen Spargel, Papaya, Mandarinen, verschiedene Bohnen- und Gurkenarten.

Am Nachmittag erreiche ich Tsirang, wobei ich erst nur eine große Schule sehe – und sonst nichts von dem Kleinstädtchen. Durch einen kleinen Bergeinschnitt bin ich plötzlich inmitten des Gewusels von einzelnen Autos, vielen Menschen, verschiedenen Tieren und vielen neuen Eindrücken. Zwei jugendliche Schüler frage ich nach dem Weg zum Hotel, das mir empfohlen wurde. Einer der beiden meint, er wohnt dort, sein Vater sei der Besitzer. Also rolle ich neben ihm her. Er ist auf dem Heimweg von der Schule. So kann ich ihn über seine Schule etwas ausfragen – mit meinen frischen Einblicken und Eindrücken aus Dagapela im Gedächtnis. Das Hotel liegt etwas außerhalb der Siedlung in der Nähe des Klosters, das in Tsiwang nicht mit im Dzong untergebracht ist. Der Dzong ist ganz neu gebaut worden, ebenso wie das Gerichtsgebäude und die Schule. Auch das Hotel hat die erste Saison geöffnet. Ich bekomme als einziger Gast das Zimmer mit Blick hinunter ins Tal und über den oberen Teil des Kleinstädtchens. Die Küche ist sehr schmackhaft und reichhaltig. Ich erzähle dem Besitzer über meine Recherchen für ein Bhutan-Buch und bekomme sofort einen Nachschlag auf den Teller. Kaputt vom Bergfahren und dem vielen Essen sinke ich in mein Bett.

Am Morgen führt mich der Besitzer zum Kloster hinter dem Hotel. Ich werde zu den Klosterschülern in den Klassenraum gebracht und darf dort zuschauen und fotografieren. In den abseits der Touristenpfade gelegenen Klöstern und Tempeln ist der seltene Gast aus dem Ausland noch etwas Exotisches und wird

Reste eines riesigen tropischen Feigenbaums kurz vor Gelephu

überall herumgeführt. Zumindest hat niemand eine Scheu vor mir als Fremdling – auch nicht vor einem mit 193 Zentimeter Körpergröße. Nach dem Besuch des Klosters drehe ich mit dem Fahrrad noch eine Runde in Richtung ›Innenstadt‹ und Dzong, bevor ich nach Südosten weiterfahre. Sogleich geht es wieder bergab. Jetzt endlich komme ich hinunter nach Süd-Bhutan und in die tropische Tiefebene von Assam. Der Hotelbesitzer legte mir noch wärmstens ans Herz, ich solle dort nicht im Freien campieren oder mit Leuten an der Straße ins Gespräch kommen. Manchmal werden Bhutaner von Assam-Rebellen gekidnappt. Überall sei Militär und Polizei an der Strecke und passt auf. Außerdem soll ich nicht in der Nacht fahren, weil es dort nicht nur Tiger, sondern auch Wildelefanten gäbe. Überhaupt zweifelte er mein Durchkommen an und meinte, ich solle doch gleich mit dem Taxi bis Gelephu fahren. Na, da bin ich anderer Meinung.

Jedenfalls erfreue ich mich jetzt erst noch an der schnellen Schussfahrt und der immer exotischer werdenden Vegetation. Gold-Languren hüpfen in den Bäumen neben der Straße, ich sehe einen großen Hornvogel und zwischen den riesigen Farnblättern und Moospolstern knarzt und quakt ein Froschkonzert. Mehrere kleine Wasserfälle von den überhängenden Felsen klatschen auf die Fahrbahn – ideal für eine ›Drive-in-Dusche‹.

An der großen Brücke über den Sarbhang Khola kurz vor der Distriktzentrale Sarpang komme ich an den Checkpoint der Immigration Police. »Where is your guide?« lautet die erste Frage. Na, und dann bekomme ich wieder die Empfehlungen, doch lieber das Taxi nach Gelephu zu nehmen. Außerdem meinten die Polizisten, ich würde die Strecke bis Gelephu nicht vor Einbruch der Dunkelheit schaffen. Ich beruhige die fürsorglichen Beamten damit, dass es auf meiner Landkarte doch nur etwa 35 Kilometer sind und das relativ flach und es sei doch gerade erst Mittag.

Sarpang ist eine Siedlung mit etwa 20 Häusern entlang der Straße – und schon bin ich auf der anderen Seite der Distriktzentrale wieder draußen. Ich fahre durch einen Wald mit hohen Bäumen und wundere mich über den komplett leergeräumten Waldboden. Nur Gras wächst hier, alles andere wurde auf einer Breite von etwa 100 Metern kurzgemäht. Erst dachte ich daran, dass man die Vegetation gekürzt hat, um nachts die wilden Elefanten besser zu sehen. Aber dann fällt mir ein, dass ja direkt neben dem rechten Straßenrand die Grenze zu Indien liegt und in einem freigeräumten Gelände illegale Grenzübertritte von Bewohnern beider Seiten besser entdeckt werden können. Die Strecke ist tatsächlich flach und die Straße führt anfangs fast nur geradeaus. Manchmal gibt es kleine Siedlungen mit Steinhäusern oder Bambushütten. Ich sehe große Plantagen mit Betel-Palmen, tropische Fruchtbäume (Mango, Papaya), bunt gekleidete Menschen (wahrscheinlich Nepalesen) und breithornige Büffel. Die ungewohnten Gerüche in der feuchtwarmen Luft sind etwas Neues für mich. Auch ist das Licht ein anderes, als ich es aus dem Bergland in Erinnerung habe. Alles sieht aus wie ein komplett anderes Land. Mitten auf der Straße steht ein großer weißer Stupa – das alleine versichert mir, dass ich noch in Bhutan bin. An den etwas einsameren Streckenabschnitten sehe ich an der Grenzlinie Beobachtungstürme mit Soldaten der bhutanischen Armee. Sie winken mir zu und lachen. Offensichtlich geben die das Kommen eines westlichen Radfahrers per Funk von einem Turm zum nächsten weiter, da man mich am nächsten Wachturm bereits erwartet. Die Asphaltqualität ist neu und sehr gut, die Straße breit und die einzigen nennenswerten Steigungen auf der Strecke bis Gelephu sind an den kleinen Flussläufen, die von der Straße gequert werden.

Kurz vor Gelephu komme ich an der einzigen Whiskey-Destillerie Bhutans und am neuen Flugplatz vorbei. Dann erreiche ich das Provinz- und Grenzstädtchen Gelephu. Direkt neben dem kleinen Verkehrskreisel trillert ein Polizist mit seiner Pfeife herum, weil einige Auto- und Mopedfahrer die Einbahnstraße nicht respektieren möchten. Ich frage ihn nach einem geeigneten Hotel und finde dieses keine 100 Meter entfernt um die Straßenecke. Gerade will ich zu einer Erkundungstour in den Ort gehen, als ein heftiger Platzregen herunterkommt. Da verkrieche ich mich lieber erst mal unter das Hoteldach. Im angeschlossenen Restaurant bestelle ich eine große Portion Reis mit Gemüse und ein kühles

Im Städtchen Gelephu

Bier. Bei tropischen Temperaturen und Regen muss man dem ständigen Schwitzen entsprechend gegenarbeiten. Im Badezimmer wasche ich Shirts und Socken frei von Salz und Geruch. Nach dem Regenguss gehe ich doch noch eine Runde durch die quirlige Stadt. Besonders die Innenstadt ist ein einziges geschäftiges Treiben vieler indischer, nepalesischer und bhutanischer Händler. Textilien, Bekleidungen aller Art, Schuhe und Haushaltswaren quellen aus den kleinen Läden bis hinaus auf die Fußwege. Aus mehreren Lautsprechern dröhnt verschiedene indische Musik. Ich fühle mich eigentlich eher wie außerhalb Bhutans – was nicht verwundert, denn bis zum Grenzübergang ist es nur ein Kilometer.

Erbarmungslos steil und feucht-heiß

Der Morgen ist wolkenlos und angenehm kühl. Ich nutze diese Zeit und bin schon kurz nach Sonnenaufgang auf dem Sattel. Schon wenige Kilometer hinter Gelephu auf der Straße nach Zhemgang passiere ich die nächste Kontrolle. Die Beamten hier fragen nicht, wo und wie ich herkomme, sondern lächeln freundlich und wünschen mir ein »Good luck!« Sofort hinter der Schranke weiß ich auch, wieso sie so lächeln. Mit nicht weniger als 10 Prozent Steigung muss ich sofort in die Eisen treten. Im ersten Gang schleiche ich Serpentine um Serpentine den Hang hoch. Gelephu liegt auf 214 Metern über dem Meeresspiegel. Ich muss jetzt hoch auf 2000 Meter – also kann ich wohl den Rest des Tages damit rechnen, in den unteren Gängen fahren zu müssen. Die tropische Vegetation ist so opulent, dass ich das Gefühl habe, die Farne und Moose wollen die schmale Asphaltstraße erobern.

Die Verkehrsdichte ist sehr gering. Ich zähle etwa fünf Fahrzeuge in der Stunde. So habe ich genug Ruhe und Platz, die Böschungsvegetation anzuschauen, während ich langsam vor mich hin kurble. In der Gelassenheit liegt die Kraft, denke ich mir. Ich versuche also erst gar nicht daran zu denken, dass ich möglicherweise am Abend den Pass erreicht habe, sondern lenke mich mit dem Rezitieren von Pflanzennamen und dem Lauschen von Vogelstimmen aus den oberen Baumetagen ab. Zwischendrin gibt es immer mal wieder einen kleinen Bergbach, in dem ich meine Trinkflasche auffüllen und das Shirt einweichen kann. Bei den aktuellen Temperaturen macht es sogar Spaß, das nasse und kalte Shirt überzuziehen. Auch hier sehe ich wieder die Gold-Languren und viele bunte Vogelarten. Sogar ein Muntjak läuft kurz vor mir über die Straße. Eine überfahrene Schlange mit sicherlich über einem Meter Länge erinnert mich daran, dass es auch Gefahren in dieser Region gibt.

An den Stellen, wo der Hang nicht ganz so steil ist, haben sich einige Bauern angesiedelt und terrassierte Felder angelegt. Neben dem üblichen Reis und der Hirse sehe ich auch einige Gemüsesorten und Bananenstauden. In einer kleinen und extrem baufälligen Holzbude am Straßenrand werden getrocknete Bananenchips verkauft. Alles echt ökologischer Anbau und nicht geschwefelt oder mit Zitronensaft besprüht, damit die Chips schön hell bleiben. Nach einer doch sehr harten Kostprobe beschließe ich aber, keine Bananenchips zum Tagesproviant hinzuzufügen. Stattdessen kaufe ich eine Packung getrocknete Mangos. Ein Kleinlaster hält neben mir. Der Fahrer fragt, ob er mich bis zum Pass mitnehmen

Rast auf dem Tama La

solle. Das ist zwar eine nette Verlockung, aber ich habe nur noch etwa 15 Kilometer vor mir – gegenüber den 48 Kilometern, die schon hinter mir liegen. Stattdessen frage ich zurück, ob er die Strecke kenne und ob er mir einen schönen Zeltplatz in der Nähe des Passes empfehlen könne. Er meint, ich solle doch direkt oben am Pass schlafen – da gibt es ein Toilettenhäuschen und Sitzbänke. Er fährt weiter und ich überlege, ob ich dann wohl der einzige Nutzer dieser erwähnten Infrastruktur an dem Abend sein werde, oder ob ich mit nächtlichen Autofahrern zu rechnen habe, die alle auf die Toilette wollen. So mustere ich weiterhin die mir unbekannte Vegetation beiderseits des Asphaltbandes, nehme die eine oder andere Vogelstimme auf, schaue mir herabgefallene Früchte und Nüsse auf der Straße an (ans Probieren traue ich mich nicht) und sehe mehr und mehr die Distanz bis zum höchsten Punkt schwinden.

Am späten Nachmittag erreiche ich den Tama La auf 2031 Metern Höhe. In der Tat steht hier ein kleines Toilettenhäuschen – jedoch ziemlich verdreckt und eigentlich unbenutzbar. Daneben gibt es jedoch einen großen Pavillon mit Sitzbänken, einem Tisch und genug Fläche, um die Iso-Matte auszurollen. In der tropisch-subtropischen Region Bhutans muss man ja jederzeit mit einem heftigen Platzregen rechnen und so bin ich froh, dass ich ein Dach über der Ausrüstung und mir habe. Auf das Aufbauen des Außenzeltes verzichte ich sogar und nutze nur das Innenzelt. Das ist bei den Temperaturen hier auch sehr viel angenehmer und weit besser durchlüftet. Ich koche mir mein Abendessen und schreibe meine Tagesnotizen. In einem ungewöhnlich leisen Abend lege ich mich schlafen. Die Geräuschkulisse schwillt erst in den richtig dunklen Abendstunden an und lässt mich öfters aus dem Schlaf schrecken. Da sind nicht nur das Froschkonzert oder nachtaktive Vögel dabei. Von der tiefen Tonlage müssen Affen, Bären und Tiger gleichzeitig brüllen und schnauben. Ich tröste mich damit, dass der menschgemachte Pavillon und die vielen Gerüche um mich herum, inklusive meiner Strümpfe und meines Shirts die großen Tiere weit genug abhalten. Interessant ist, dass meine Trillerpfeife das gesamte Konzert zum Verstummen bringt, selbst die Frösche und Kröten sind plötzlich ruhig. Das sind aber auch diejenigen, die nach wenigen Augenblicken als erstes wieder loslärmen.

Die Morgensonne kämpft sich durch die höchsten Baumkronen und durch die Nebenschwaden, die vom Tal hochsteigen. Ich leere meinen Müsli-Napf und packe alles wieder aufs Fahrrad. Der Wald ist erfüllt von einem herrlichen Vogelgezwitscher. Keine tiefen Töne mehr, kein Gequake mehr. Die frische Luft tut gut nach der feucht-schwülen Nacht, in der ich nur leicht bekleidet auf meiner Matte lag. In dieser frischen Morgenluft die Abfahrt hinunter zum Fluss Mangde Chhu genießen zu können, ist die volle Entschädigung für die schweißtreibende Arbeit des Vortages. Leider dauert die Abfahrt nur einen Bruchteil der Zeit, die ich für die Fahrt hoch benötigt habe. Und der zweite Wermutstropfen ist die Tatsache, dass es vom Mangde-Fluss aus sofort wieder hoch geht zur Stadt Zhemgang, also ist mir klar, dass ich ab dem Mittag wieder kräftig schwitzen werde.

Nach 21 steilen und rasanten Kilometern stehe ich in der Ortschaft Tingtinbi auf der Brücke und traue meinem GPS-Empfänger kaum: Ich bin wieder auf 560 Meter runter gefahren. Zhemgang liegt auf knapp 2000 Metern. Na super ... was bleibt mir anderes übrig als weiterhin gelassen zu sein. Der Beamte am Checkpoint an der Brücke meinte etwas von 35 Kilometern bis Zhemgang. Ich rechne kurz nach und kalkuliere meine Ankunft in der Stadt zum Sonnenuntergang. An einem Obststand versorge ich mich noch mit frischen Mandarinen und schalte in den ersten Gang. Jetzt heißt es wieder Böschungsvegetation anschauen und Vogelstimmen lauschen. Zwischendrin halte ich für Trink- und Obstpausen an den kleinen Bergbächen. Die eine oder andere Kurve in diesem ewigen Hang liegt im Nachmittagsschatten und lädt zum Verschnaufen ein. Eine einzige kleine Siedlung erscheint nach etwa zehn Kilometern. Hier gibt es einen Abzweig zu den Siedlungen im Südosten des Distrikts. Danach bin ich wieder für mich alleine, abgesehen von den Gold-Languren in den Bäumen und den breithornigen Rindern am Straßenrand. Ein Motorradfahrer kommt von hinten und fährt langsam neben mir. Ob ich mich denn nicht bei ihm hinten dranhängen möchte? Er würde auch sehr vorsichtig fahren, damit kein Unglück geschähe. Ich bin inzwi-

Subtropische Landschaft

Hier ist Vorsicht angeraten

schen die Hälfte der Strecke alleine hoch gekommen und lehne dankend ab. Er hebt den Daumen nach oben und braust davon. Die Kühle des Abends beginnt und ich habe immer noch mindestens zehn Kilometer vor mir. Wahrscheinlich habe ich zu lange unterwegs pausiert. Aber selbst in der Dämmerung oder in der Dunkelheit komme ich bis zur Stadt. Insofern versuche ich jetzt gar nicht das Tempo zu erhöhen. Schon aus einigen Kilometern Distanz habe ich den großen Stupa gesehen, auf den ich nun zurolle. Zuerst hoffte ich, dass hier der Anfang der Stadt sei, aber nun weiß ich, dass es sich nur um die Markierung einer großen Bergrippe handelt und es dahinter noch weitere sieben Kilometer sind. Inzwischen ist es tatsächlich dunkel. Ich erkenne im Grau des Restlichts das Asphaltband mit Mühen und fahre auf der Straßenmitte. Autos sind eh nicht mehr unterwegs. Aber plötzlich sehe ich die schwarze Silhouette eines Fußgängers. Ich fahre langsam und mit entsprechenden Geräuschen von hinten neben ihn, so dass er nicht erschrickt und ich mich mit ihm unterhalten kann. Er ist Schüler in Zhemgang und läuft gerade zurück von einem Spaziergang in die Natur. Er erklärt mir den Weg zum besten Hotel in der Stadt: das erste Haus am Dorfeingang links. Er wird mit mir gehen, damit ich das auf keinen Fall übersehe. Dann merke ich – sehen kann ich ja fast nichts mehr – dass der Junge neben mir joggt. Es sind noch vier Kilometer, bis ich den Schein der ersten Straßenlampe auf der Fahrbahnoberfläche erkennen kann. Erst jetzt kann ich auch das Gesicht dieser unbekannten Person erkennen – ein 15-jähriger Bhutaner in seinem traditionellen Gho gekleidet. Ich bedanke mich für die nächtliche Begleitung und rolle zur Treppe des Hotels.

Vor der kleinen Herberge mit dem sinnigen Namen Valley View steht das Motorrad, welches mich vor 16 Kilometern überholte. Der Fahrer freut sich mit mir, dass ich es bis hierher geschafft habe und will mich gleich auf ein Bier einladen. Aber zuerst komme ich mit dem Hotelbesitzer ins Gespräch, trage meine Ausrüstung hoch ins Zimmer und mache mich mit einem Eimer warmen Wasser frisch. Ich stelle fest, dass ich mich seit dem Frühstück den ganzen Tag lang nur von Keksen und Mandarinen ernährt habe und es tatsächlich spät am Abend ge-

Die nette Herberge Valley View in Zhemgang

worden ist. Mit knurrendem Magen begebe ich mich nach unten ins Restaurant. Schnell ist eine doppelte Portion Nudeln mit Gemüse zubereitet. Als Nachtisch nehme ich die Flasche Bier und setze mich ans Lagerfeuer neben dem Haus. Der Besitzer hat einen Freund im Ort mit seiner Gitarre herbeigerufen. Wir sitzen sicherlich noch zwei Stunden am Feuer und singen oder diskutieren über die große weite Welt und die Sicht eines deutschen Radfahrers auf Bhutan. Der gute Mann fragt, ob ich denn einen USB-Stick dabei hätte. Er möchte mir zum Frühstück und Abschied etwas als Geschenk überspielen.

Durch die Black Mountains

Am nächsten Morgen frühstücke ich wieder in meinem Zimmer die gewohnte Portion Müsli und heißen Tee. Die Trinkflaschen werden aufgefüllt und das Gepäck nach unten getragen. Der Besitzer fegt die Stufen seines Restaurants und holt aus seiner Tasche meinen USB-Stick. Er hätte mir viele traditionelle und moderne bhutanische Lieder überspielt. Ich solle sie oft hören und immer dabei an Zhemgang und das kleine Hotel denken. Ich danke ihm für dieses tatsächlich überraschende Geschenk und die Wünsche, die damit verbunden sind. Noch heute stehe ich mit ihm per E-Mail in Verbindung. Ich komme bestimmt wieder nach Zhemgang. Und noch eine Überraschung beim Packen meines Fahrrades. Der Schüler, der mich in der Nacht auf der Straße begleitete, steht plötzlich neben mir. Ob ich denn den Dzong anschauen möchte? Dankbar nehme ich dieses Angebot an und lasse mich von dem Jungen fast überall im Festungsbau herumführen. Das Fahrrad steht bei den beiden Polizisten am Eingangsbereich. Als wir wieder zurückkommen, fragen sie erstaunt nach der Route, die ich durch Bhutan nehme und wo denn der Motor versteckt sei. Immerhin sehen sie ja die Benzinflasche mit der großen Aufschrift PRIMUS am Rahmen stecken. Ja ja, da ist mal wieder das Staunen groß, als ich berichte, wo ich schon war und noch hin möchte und dass alles mit 14 Gängen und Muskelkraft funktioniert.

Vom Schüler und den Polizisten verabschiede ich mich, rolle an den wenigen Häusern in Richtung Norden und beginne noch vor dem Ende des Ortes die rasante Schussfahrt in vielen engen Serpentinen hinunter zur Straße nach Trongsa. Unterwegs begegne ich einer hübschen Frau, die einen relativ großen Baumstamm auf der Schulter trägt. Ich frage, ob ich ein Foto von ihr machen darf, worauf sie den Baumstamm hinlegt und ihre Haare zurecht macht. Ich bitte sie, das Foto mit dem Baum machen zu dürfen und sie hebt den Stamm wieder lächelnd auf ihre Schulter. Danach holt sie mit ihrer freien Hand zwei hellgrün-gelbliche Früchte aus ihrer Tasche und schenkt sie mir. Ich habe diese Frucht noch nie gesehen, bedanke mich und radle weiter. Später lege ich wieder eine Obstpause ein und verspeise diese beiden Früchte, die die Konsistenz einer festen Birne haben, aber geschmacklich eher an Kiwi erinnern. Ein alter Mann schlendert den Berg hoch. Auch ihn frage ich, ob ich ihn fotografieren darf. Er willigt ein und wünscht sich anschließend das Foto zu bekommen. Ich zeige ihm die SD-Karte und mache ihm klar, dass das Foto da drin ist. Er spricht kein Englisch und ist etwas genervt, nachdem sein Wunsch nicht erfüllt werden kann und die Kommunikation auch nicht klappt. Begegnungen mit Menschen können so vielfältig sein und unvorhersehbar enden. Mir geht es ja nicht nur um die Fotos, sondern auch um die Begegnungen und das gegenseitige Kennenlernen. Mal funktioniert das, mal eben nicht.

Von Zhemgang nach Trongsa sind es laut Hinweisschild 112 Kilometer. Klar ist, dass ich das nicht in einem Tag schaffen kann. So beeile ich mich auch gar nicht sonderlich, mache öfters Pausen und begebe mich mit der Kamera auf Motivsuche. Die kleinen und größeren Abfahrten werden schnell genossen und die Auffahrten mache ich gemütlich im ersten Gang. Heute sehe ich wieder öfters die Makaken-Affen auf den Kiefern entlang der Straße. Kleinere Siedlungen, oft nur aus vier Häusern bestehend, liegen an der Strecke. Auch hier versorge ich mich wieder mit frischem Obst und Keksen. Die Route führt kontinuierlich an der östlichen Hangseite des Mangde Chhu entlang. Kurzzeitig geht es sogar hinunter zum Flussufer, wo die Baustelle eines Wasserkraftwerks die gesamte Landschaft in ein klebriges Grau verwandelt. Aber gleich danach kurbele ich Serpentine an Serpentine wieder hoch auf über 500 Meter über dem Talgrund. Die Wasserversorgung ist durch kleine Seitenbäche gewährleistet. Bis zum späten Nachmittag schaffe ich sogar 75 Kilometer.

Makake am Straßenrand

Ich beginne einen geeigneten Zeltplatz zu suchen, aber die steile Hanglage lässt dafür nirgends einen freien Ort. Schließlich ist es schon sehr dämmrig, als ich in einer Haarnadelkurve auf dem kleinen Grünstreifen das Zelt aufbaue. Der einzige flache Platz weit und breit. Leider mit ständigem Scheinwerferlicht der vorbeifahrenden Autos, die hoffentlich in der Nacht weniger werden. Ich koche mein Nudelgericht und verkrieche mich im Schlafsack. Von außen ruft ein Bhutaner, ob ich Hilfe benötige. Ich mache ihm klar, dass alles in Ordnung ist und ich keinen besseren Platz zum Zelten gefunden hatte. Am nächsten Morgen werde ich durch einen Hund geweckt, der wiederum von einem Menschen zurückgerufen wird. Ich ziehe mich an und komme nach draußen. Ein Bhutaner steht zwei Meter neben meinem Zelt und meint, er sei der Besitzer des Hauses neben meinem Zelt (das Haus habe ich am Abend nicht mehr bemerkt) und für ihn wäre es eine Ehre gewesen, wenn ich bei ihm im Garten gezeltet hätte. Jetzt müsse er leider zur Arbeit fahren und kann mir keinen Tee anbieten. Ich mache ihm verständlich, dass ich schon Tee in der Thermoskanne habe und auch früh aufbrechen möchte. Ich danke ihm für seine Fürsorge und erzähle ihm, dass ich nach Trongsa fahren werde. Er erwidert, dass er dort arbeite und fragt, ob wir uns denn dort nicht treffen könnten. Ich nenne ihm den Namen des Hotels, wo ich absteigen werde und wir verabschieden uns. Er hat seine Gastgeberehre gewahrt und ich kann in Ruhe mein Frühstück essen. Beim Einpacken bemerke ich eine Zecke an meinem Bein. Offensichtlich gefällt den Rindern dieser flache Platz am Straßenrand auch gut.

Die Fahrt nach Trongsa bringt noch eine Einladung auf einen Bogenschießplatz. Zwei Schützen mit ihren Bögen im Futteral laufen auf der Straße vor mir. Ich frage, ob ich sie beim sonntäglichen Wettbewerb begleiten und fotografieren darf. Sie willigen ein und während ich neben ihnen rolle, erklären sie mir die Regeln und wer sich heute treffen wird. Allerdings hatte es in der Nacht einige Regentropfen gegeben und die Landschaft ist sehr milchig vom morgendlichen Dunst. Als wir an der Schießbahn ankommen – einem abgeernteten Reisfeld – wird von den schon früher Anwesenden verkündet, dass der Wettbewerb heute ausfällt, weil die Sicht zu schlecht ist. So radle ich weiter durch die Dörfer und Felder in Richtung Norden.

Getreideernte im Distrikt Trongsa

Hoch gelegen: der Dzong von Trongsa

Endlich Trongsa erreicht!

Etwa zehn Kilometer vor Trongsa sehe ich schon den mächtigen Dzong auf dem Felsen im hinteren Bereich des Tals. Der Dzong ist schon zum Greifen nahe, aber doch noch fast eine Stunde entfernt. Gegen Mittag erreiche ich das Hotel am Ortseingang. Pünktlich dazu reißt der Dunst auf und es wird ein sonniger Tag. Ideal, um die Kleinstadt und den bekannten Dzong zu erwandern und Fotos zu machen. Mein Hotelzimmer bietet einen herrlichen Blick von oben auf die gesamte Festungsanlage. Es ist der wohl beeindruckenste Dzong in Bhutan. Auf einem kleinen Hügel weit oberhalb des mächtigen Mangde Chhu konnte dieser Dzong nur sehr schwer erobert werden. Zusätzlich konnten von hier alle Bewegungen auf den Wegen und Pfaden, seien es Truppen oder Handelskarawanen, beobachtet werden. Nach einer Obst-Mittagspause schlendere ich die Hauptstraße entlang und wundere mich, dass diese Distriktzentrale so klein ist. Es gibt einige Geschäfte, Restaurants und lokale Hotels, einen Internetladen, eine Bank, die Post und eine große Schule. Alle Gebäude sehen aus wie an den steilen Hang geklebt. Die breite Hauptstraße gabelt sich mitten im Ort – ein Arm führt weiter Richtung Osten, der andere nach Thimphu. Eine schmale Asphaltstraße führt hinunter zum Dzong. Ich passiere auch den Bogenschießplatz, auf dem einige Schützen gegeneinander antreten. Klar – am Sonntag gehen viele Männer in den ländlichen Regionen ihrem Lieblingssport nach, und jetzt hat sich der Nebel auch verzogen. Eine amerikanische Touristengruppe macht direkt neben dem Bogenschießplatz Picknick und bekommt von ihrer Reiseleiterin die Regeln erklärt. Da muss ich nicht zuhören, die habe ich schon aufgeschrieben.

Ich gehe die Treppen hoch zum großen Eingangsportal des Dzong und betrete den ersten Innenhof. Die bunten Holzschnitzereien und Malereien sind beeindruckend. Die miteinander verschachtelten Gebäude und die Ausmaße des gesamten Gebäudekomplexes bekomme ich trotz Weitwinkelobjektiv gar nicht in die Kamera. Einige wenige Tempel kann ich zwar anschauen, darf dort aber leider nicht fotografieren. Dafür schaue ich mir die Mittagessensausgabe für die jungen angehenden Mönche an. Mindestens eine Stunde laufe ich Treppen hinauf und hinunter, erklimme Leitern, schaue in enge Gassen und Gänge und spitze vorsichtig in fast jede offene Tür hinein. Inzwischen ist es Mittag und recht warm geworden, ich strebe wieder in Richtung Ortschaft und kühler Getränke. Beim Vorbeilaufen kaufe ich noch ein Kilo kleine süße Bananen und bemerke dabei, dass die Verkäuferin einen Korb alten Gemüses und Obst an die Affen (Makaken) verteilt. Diesem Spektakel schaue ich eine ganze Weile zu und amüsiere mich über die Schnelligkeit und Frechheit der jungen Affen gegenüber dem Chef der Gruppe, um auch an ein paar Früchte zu kommen. Im Hotelzimmer genieße ich meine frischen Bananen, nehme eine Dusche und schreibe die Gedanken und Erinnerungen der letzten beiden Radeltage auf.

Wasserbetriebene Gebetsmühle an der Straße zum Yotong La

Am nächsten Morgen bin ich wieder recht früh zurück auf meinem Sattel, da ich nicht nur die 70 Kilometer bis Jakar schaffen möchte, sondern auch noch einen nicht sehr kleinen Pass hochzufahren habe. Trongsa liegt auf 2150 Meter Höhe, und die Fahrt hoch zum Yotang La auf 3436 Meter ist abschnittsweise sehr steil. Ich komme nur sehr langsam und mühsam voran. Für die 28 Kilometer hoch zum Pass benötige ich fast fünf Stunden. Wenigstens bietet die Umgebung wieder viel Abwechslung fürs Auge. Interessant dabei ist der Übergang von den hartlaubigen Eichenwäldern mit vielen Kiefern und niedrigen Rhododendronbüschen zu den flechtenbehangenen Tannenwäldern mit einzelnen Papierbirken, Vogelbeeren und großblättrigen Rhododendren. Ich sehe große Hühnervögel über die Straße flitzen, wahrscheinlich eine der hiesigen scheuen Fasanarten. Kleine rote und blaue Früchte hängen an den Zwergsträuchern entlang der Straßenböschung. Der Vegetation sehe ich an, dass es hier oben in den Bergen schon den ersten Frost gegeben hat. Blumen gibt es nur in eingetrocknetem Zustand.

Auf der Passhöhe wehen hunderte von Gebetsfähnchen im Wind. Mitten in der Straße steht ein großer tibetischer Stupa, um den fast alle Autofahrer eine volle Umkreisung machen, bevor sie ihre Weiterfahrt fortsetzen. Wie sich später herausstellt, macht das sogar der öffentliche Linienbus. Ich fahre mit meinem Fahrrad sogar dreimal um den Stupa, damit die Sache mit der glücklichen und gesunden Rückkehr auf alle Fälle klappt. Anschließend setze ich mich in den Windschatten einer kleinen Manisteinmauer und mache Mittag. Das Geknatter der vielen Gebetsfahnen unterstreicht den kalten Wind akustisch. Gut, dass ich noch warmen Tee in meiner Thermoskanne habe. Wegen des Fahrtwindes muss ich die Abfahrt mit Handschuhen machen. Ich halte häufig an und fotografiere den Tannenwald. Die Baumriesen sind auch deshalb beeindruckend, weil sie die Silhouette von urweltlichen Araukarien haben. Verstärkt wird dieser Eindruck noch durch die meterlangen Bartflechten, die von den Ästen und der Baumkrone hängen.

Die schönen Täler von Bumthang

Die Abfahrt geht nur etwa 400 Meter runter, dann komme ich schon aus dem Wald und radle durch eine Ackerlandschaft mit vielen Bauernhäusern. Ich bin im Chhume-Tal angekommen, dem ersten der vier weit bekannten Bumthang-Täler. Die Region wurde schon früh in der buddhistischen Geschichte Bhutans besiedelt und besitzt daher viele sehr alte Klöster, Tempel und Heiligtümer. Ich zweige von der Hauptstraße ab und radle zu einem Kloster zu meiner Linken, dem Buli Lakhang. Die Region Bumthang ist auch für ihre breite landwirtschaftliche Produktpalette bekannt, so für die Kartoffeln, den Buchweizen, die Äpfel und Pflaumen oder den Käse und Honig. Jetzt, im November, sind alle Felder abgeerntet und alle Obstbäume laubfrei. Die Fahrt geht immer weiter talabwärts, durch die Ortschaften Domkhar und Zungney, wo ich viele Souvenirläden mit gewebten Stoffen am Straßenrand sehe. Ich schaue mich zwischen den hübschen und bunten, aber auch teuren Textilien um und beschließe, besser etwas anderes als Mitbringsel zu wählen. Nach ein paar Kilometern des Hochfahrens im Kiefernwald erreiche ich den Kiki La auf 2852 Metern. Nun geht es wieder in schnellen und engen Kurven hinab.

Ich erreiche das Choekhor-Tal und die Provinzhauptstadt Jakar. Am River Lodge Hotel werde ich vom Besitzer Dewa begrüßt, der von mir schon durch andere Reisende gehört hatte. Ich bekomme ein Zimmer mit Holzscheitofen, werde an den Abendtisch gesetzt und bekomme ein reichhaltiges vegetarisches Essen aus lokalen Produkten. Selbst die Marmeladen und das Kompott werden von der hauseigenen Küche selbst hergestellt. Anschließend kann ich den Büro-

Das Jampey-Kloster im Tal von Jakar

computer nutzen, um mal wieder per E-Mail mit der Außenwelt in Kontakt zu treten. Ich werde zwei Tage und drei Nächte in Jakar verbringen – das Programm ist straff und eng getaktet. Es wird den Abschluss meiner diesjährigen Radreise bilden und ich habe vor, in diesen beiden Tagen so viel wie möglich zu erkunden.

Das gesamte Tal von Jakar, auch Bumthang-Tal genannt, bietet so viele und unglaublich interessante Dinge aus der langen Geschichte Bhutans, dass ich am liebsten alles erkunden und fotografieren möchte. Das wird jedoch nicht klappen – zumindest nicht heute und morgen. So zeichne ich mir einen Kreis in die kleine Landkarte des Tals und beginne im Osten bei der Molkerei und Brauerei des Schweizers Fritz Maurer. Anschließend nehme ich mir alle Klöster, Tempel und Stupas vor, die ich mit meinem vom Gepäck befreiten Fahrrad erreichen kann. Im Norden von Jakar wechsle ich auf einer Hängebrücke die Uferseite des Choekhor Chhu und komme an den berühmten und bekannten Klöstern Kurjey Lakhang, Zangto Pelri Lhakhang und Jampey Lhakhang vorbei. Am Nachmittag kurbele ich dann noch steil hoch zum Dzong und erreiche mit der untergehenden Sonne wieder das Hotel. Ich glaube, ich habe heute mehr als 300 Fotos gemacht. Total erschöpft von den vielen Eindrücken und auch noch recht wirr im Kopf bezüglich der Sortierung selbiger (›Welches Kloster war das noch mal?‹) mache ich mich an die schriftlichen Aufzeichnungen. Zur Unterstützung meines Gedächtnisses habe ich tagsüber immer ein kleines Diktiergerät dabei. Zusätzlich mache ich mir Skizzen, aus denen am Abend Landkarten entstehen. So ist es spät nachts, bis ich das letzte Holzscheit in meinen Zimmerofen werfe und mein Tagebuch schließe.

Der nächste Tag gehört dem dritten Bumthang-Tal: dem Tang-Tal. Dazu muss ich zuerst auf der Straße nach Mongar für elf Kilometer weiter nach Osten fahren, bevor ich auf die staubige und sandige, teilweise aber auch sehr steinige Piste nach Tang gelange. Die Piste ist an manchen Abschnitten wirklich eine Herausforderung für mich. Es ist steil, kurvig und die Oberfläche besteht aus Sand oder schlimmstem Flussschotter-Pflaster. Kilometer für Kilometer quäle ich mich vorwärts. Dewa aus dem Hotel meinte noch, dass es bis zum Ende des Tang-Tals nur etwa 25 Kilometer seien und ich das locker ohne Gepäck in einem Tag schaffe. Von der Asphaltstraße bis zum Dorf Kyizum sind es aber schon 21 Kilometer, vom Hotel somit 32 Kilometer. Die gleiche Strecke muss ich bis zum Abend wieder zurück. Wenigstens ist das Wetter optimal, der Himmel blau und die Dämmerung braucht heute lange, bis sie das letzte Licht geschluckt hat. So schaffe ich alle Sehenswürdigkeiten des Tang-Tals zu sehen, wenn auch manchmal nur von außen.

Busfahrt nach Thimphu

Jetzt ist erst mal Abschiednehmen von der Region Zentral-Bhutans angesagt. Ich fahre mit dem öffentlichen Bus zurück nach Thimphu. Während dieser fast zwölfstündigen Fahrt lerne ich wieder viele nette Bhutaner kennen und kann viele Streckenabschnitte vom Fenster aus noch einmal in meinem Gedächtnis Revue passieren lassen. Am Abend holt mich Ngawang am Busbahnhof in der Hauptstadt ab. Mein Fahrrad und die Packtaschen wurden auf dem Busdach transportiert. Ich bekomme ein relativ luxuriöses Hotel in der Stadt zugewiesen und habe auch schon gleich zwei Termine im Kalender. Zum Abendessen

Mit dem Bus geht es zurück nach Thimphu

treffe ich mich mit Dawa, der vieles dazu beigetragen hat, dass ich diese Reise machen konnte, und morgen früh habe ich einen Gesprächstermin im TCB, im Tourism Council of Bhutan. Da aber durch den Vormittagstermin mein vormals eingeplanter Radeltag stark beschnitten wurde, bringt Ngawang mich und meine Ausrüstung mit dem Auto nach Chhuzom. Ab hier werde ich wieder weiter radeln und die letzte Etappe der diesjährigen Fahrradtour durchführen. Ich möchte noch in den Distrikt Haa.

Von Thimphu nach Haa

Anfangs geht es in vielen Kurven steil den Hang hoch, von 2093 Meter (Chhuzom) hinauf auf 2567 Meter bis zum Knick ins Haa Tal. Ich komme durch Kiefern- und Eichenwälder, sehe sehr viele terrassierte Felder und einzelne Bauernhäuser. Auf der weiteren Strecke entdecke ich immer wieder knallrote Hausdächer oder Feldabteilungen. Beim genaueren Hinsehen erkenne ich, dass dieses rote Chilischoten sind, die zum Trocknen ausgelegt sind. Die bhutanische Küche liebt ja scharfe Beilagen oder Soßen. Die vielen Chilis bilden das Rückgrat des einheimischen kulinarischen Genusses.

Nach 75 Kilometern seit Chhuzom erreiche ich die Brücke über den Haa Chhu und die große Garnisonsstadt der indisch-bhutanischen Armee. Ich besuche kurz den alten Dzong von Haa, der mit außergewöhnlich viel blauer Farbe gestrichen ist, und komme im letzten Dämmerlicht im Hotel Risum Resort an. Die letzten 500 Meter muss ich schieben. Die Pistenoberfläche zum Hotel besteht aus grob zugehauenen und bloßen, großen Flussschottern, auf denen ein Vorankommen per se schon sehr schwierig ist. Zusätzlich geht es recht kräftig den Hang hoch. Die Wasserflasche ist auch schon lange leer – ich freue mich nur noch auf ein weiches Bett. Allerdings gönne ich mir vorher noch die Spezialitäten der hauseigenen Küche.

Im Hotel treffe ich eine deutsche Touristin, die alleine mit ihrem Guide in West-Bhutan unterwegs ist. Die Unterhaltung wird noch weit nach dem Abendessen fortgesetzt, bis mir die Augen zuklappen und ich in mein Zimmer schwanke. Heute darf das Fahrrad wieder mit im Zimmer schlafen.

Überall im Haa-Tal trocknen Chilis auf den Feldern und Hausdächern

Nach einem kräftigen Frühstück eigener Zusammensetzung versuche ich mich warm zu machen und trage jede Packtasche einzeln hinunter zum Fahrrad. Je wärme ich bin, desto weniger ist zu befürchten, dass es nachher in den Beinen weh tut. Es geht von Haa auf etwa 2610 Metern hinauf auf den höchsten Straßenpass des Landes, den Chele La auf 3805 Meter Höhe – und das innerhalb von nur 26 Kilometern. Im Haa-Tal war es herbstlich mild und angenehm zu radeln. Fünf Stunden später und 1200 Meter höher ist die gesamte Vegetation und Landschaft mit einer dicken Eis- und Raureifschicht überzogen. Die Wolken hängen knapp über der Passhöhe, und es ist deutlich zu erkennen, dass das Steigungswolken sind, die sich hinter dem Bergkamm wieder auflösen. So schimmern oben am Pass auch immer wieder kleine blaue Himmelsfetzen durch, ab und an blinzelt die Sonne heraus. Ich bin froh, bis zur eigenen Mittagspause diesen steilen und anstrengenden Pass geschafft zu haben und genieße die Ruhe und Einsamkeit zwischen den tausenden mit Raureif bedeckten Gebetsfähnchen. Ein aufgestellter Betonsockel gibt mit 3900 Metern eindeutig eine falsche Höhenangabe an.

Ein Mopedfahrer kommt von Paro aus den Berg hoch. Er hat steif gefrorene Finger und macht ebenfalls eine Pause auf dem Pass, bevor es bei der Abfahrt wieder richtig kalt an den ungeschützten Händen wird. Ich schenke ihm aus meiner Thermoskanne heißen Tee ein und versorge ihn mit Nüssen und Keksen. Dann mache ich mich selber an die 38 Kilometer lange Abfahrt nach Bondey. Dieses Mal hab ich Lust zu einer Schussfahrt, halte nur selten für Fotos an und bin schon nach einer Stunde und 20 Minuten im Tal. Wie besoffen vom Geschwindigkeitsrausch halte ich an der Brücke über den Paro Chhu und schieße einige Fotos. Bis zum späten Nachmittag bin ich wieder in dem von mir schon wertgeschätzten Hotel Tiger's Nest. Ich dusche den Dreck der letzten beiden Radeltage ab und freue mich auf die leckeren vegetarischen Gerichte am Abendbüffet.

Morgen fliege ich wieder nach Deutschland. Mein Fahrrad und den Großteil der Ausrüstung lasse ich bis zum März hier im Hotel. Dann soll die Radreise fortgesetzt werden.

Zurück in Bhutan

Ausrüstung, Einladung, Flugbuchungen ... alles hat in letzter Sekunde doch noch geklappt, nur das Vor-Visum bekam ich erst einen Tag nach meiner Abreise von zu Hause per E-Mail. Jetzt stehe ich am Schalter von DrukAir in Kathmandu und kann dieses A4-Blatt (noch) nicht vorweisen. Da lassen die Angestellten der Fluggesellschaft mich natürlich nicht mit an Bord. Ihr Chef bittet mich jedoch zu sich ins Büro. Dort können wir erfolgreich das nötige Formular ausdrucken. Der Flug kann aber in der Zwischenzeit nicht auf mich warten. Daher kläre ich mit Dawa in Bhutan telefonisch, dass ich den Flug am nächsten Morgen nehmen werde. Eine Reise nach Bhutan ist immer mit einiger Bürokratie verbunden. So verbringe ich den Rest des Tages in der Innenstadt von Kathmandu, die keine vier Wochen später durch ein Erdbeben stark zerstört sein wird.

In Paro bin ich nicht sonderlich überrascht, wieder Ngawang am Airport zu treffen. Er muss mal wieder den Fahrservice übernehmen. Nach dem ersten verschenkten Tag in Nepal freue ich mich nun auf die nächsten drei Wochen in Bhutan. Ich hole mein Fahrrad vom Dachboden des Hotels und sortiere die Ausrüstung für die nächsten drei Wochen. Das Fahrradabenteuer kann weiter gehen – jetzt im Frühjahr soll der Fokus auf Ost-Bhutan liegen. Daher lasse ich mich auch gerne bis nach Thimphu mitnehmen, von wo aus ich am nächsten Morgen mit einem öffentlichen Bus bis Jakar fahre. Während der Fahrt in die Hauptstadt bin ich erstaunt, wie stark sich die Landschaft gegenüber dem vergangenen November verändert hat. Alles ist grün geworden, an den Hängen sehe ich rote Tupfer in der Vegetation: blühende Rhododendren. Auf den Feldern sprießt es, und auch die Bäume haben ihre ersten hellgrünen Blätter. Thimphu ist wie immer hektisch und laut. Ich werde in ein Hotel direkt im Zentrum einquartiert. So habe ich die Möglichkeit, einige Lebensmittel für die Weiterreise und eine neue SIM-Karte zu kaufen.

Auf dem Chele La

Zurück in Bumthang

Die Fahrt nach Osten ist etwas länger als geplant, weil kurz hinter dem Pele La eine Blattfeder des vollbeladenen Busses an der Hinterradachse bricht. Der Busfahrer und sein Helfer bocken das Fahrzeug mit großen Holzklötzen und Eisenstangen so weit auf, dass sie das komplette Rad entfernen können. Dann machen sie sich an die Reparatur der Blattfeder. Offensichtlich ist selbst für so einen Fall immer Ersatzmaterial im Bus. Die Passagiere unternehmen in der Zwischenzeit einige Spaziergänge entlang der Straße. Wir befinden uns mitten im Kiefernwald, in dessen Unterwuchs zahlreiche Rhododendren blühen. Es ist schon dunkel geworden, als wir endlich weiterfahren können. Statt um 18 Uhr kommen wir um 22 Uhr in Jakar an. Ich hole mein Fahrrad vom Dach des Busses, montiere die Pedale wieder an die Tretkurbeln, hänge die Packtaschen in die Träger und radle durch die Dunkelheit zum River Lodge Hotel, wo mich der Besitzer Dewa schon freudig erwartet. Das Licht in der Restaurantküche ist schon ausgeschaltet, aber Dewa stellt sich mit mir noch an den Herd und wirft ein paar Eier und Zwiebeln in die Pfanne. So bekomme ich doch noch etwas Warmes in meinen knurrenden Magen.

Der nächste Morgen ist sonnig und trocken. Ich belade mein Fahrrad und verabschiede mich von Dewa für die nächsten 18 Tage, bis ich wieder nach Jakar zurückkommen werde. Die Fahrt geht für die ersten elf Kilometer auf dem mir schon bekannten Abschnitt, auf dem ich im November in Richtung Tang-Tal gefahren war.

Busfahrt nach Jakar

Danach windet sich die Straße den Hang hoch zur Ortschaft Tangsibi, und 38 Kilometer nach Jakar stehe ich auf dem Ura La (3581 m). Neben dem Stupa mache ich eine ausgedehnte Mittagspause und beobachte die großen Geier, die in der Nähe kreisen. Ich klettere im Wald herum und fotografiere Rhododendren, Primeln und kleine Enziane. Die Sonne versteckt sich leider seit ein paar Stunden wieder hinter dichten Wolken. Mit einer winddichten Jacke mache ich mich an die rasante Abfahrt ins Ura-Tal, dem östlichsten der vier Bumthang-Täler. Das Dorf Ura liegt in einem Talkessel unterhalb der Asphaltstraße und wird von einem großen Tempel dominiert. Direkt an der Straße gibt es nur einzelne Bauernhäuser, eine kleine Herberge mit Imbiss-Lokal und die Parkverwaltung des Thrumshingla-Nationalparks. Eine neue Straße führt unterhalb von Ura direkt nach Zungney, welches an der Auffahrt zum Kiki La im Chhume-Tal liegt. Das ist der sogenannte Ura-Bypass. Diese Straße ist noch nicht in meiner Landkarte eingezeichnet und müsste demnach erst im vergangenen Herbst fertiggeworden sein. Ein kalter Wind ist inzwischen aufgekommen. Da ich ja gerade eine rasante Abfahrt hinter mir habe und nicht noch weiter auskühlen möchte, rolle ich weiter talabwärts, komme in eine kleine Schlucht und tauche in einen dichten Tannenwald ein. Aber schon bald ist der Abfahrtsspaß vorbei und es geht wieder den Hang hoch.

Wie ich aus meiner Landkarte entnehmen kann, wird der vor mir liegende Pass der zweithöchste des Landes sein (nach dem Chele La), was ich niemals bis zur Dämmerung schaffen werde. Deshalb lasse ich mir auch etwas Zeit, steige öfters für Fotos vom Sattel und suche mir frühzeitig einen passenden Zeltplatz. Letzteres ist gar nicht so einfach an diesem steilen Berg. Aber schließlich finde ich in einer engen Kurve an einem Bergbach ein kleines Stück flache Wiese, übersät mit hellblauen Primeln. Da traue ich mich anfangs erst gar nicht, das Zelt aufzubauen und so die Blütenpracht platt zu machen. Ich koche mir einen heißen Tee und verspeise mein Abendessen. Hin und wieder kommt ein Auto vorbei gefahren und beleuchtet mit den in der Kurve herumschwenkenden Scheinwerfern kurz das Zelt. Niemand hält an oder kümmert sich um diesen auch für Bhutaner ungewohnten Anblick eines Zeltes am Straßenrand. Das Fahrrad lehnt neben dem Zelt an der Böschung.

Die Nebelberge Ost-Bhutans

Im Laufe der Nacht beginnt es zu schneien, bis zum Morgen liegen etwa fünf Zentimeter weiße Pracht auf der Zeltplane. Ich sehe allerdings auch, dass sich die Sonne wieder durch die Wolken kämpft und packe deshalb frühzeitig wieder alle Ausrüstung zusammen. In einer Schneelandschaft bei grellem Sonnenschein und Nebelschwaden in den Tälern radle ich weiter nach oben. Kurve für Kurve geht es mühsam hoch. An vielen Abschnitten muss ich durch Schneematsch auf der Fahrbahnoberfläche fahren. Wenn sich dann noch statt Asphalt Sand und Schlamm hinzugesellt, wird es ziemlich ungemütlich auf dem Sattel. Vom Vorder- und Hinterrad werde ich mit Dreckspritzern getroffen, die Packtaschen nehmen die Farbe der Fahrbahn an und zwischen den Zähnen beginnt es zu knirschen. Nur sehr wenige Fahrzeuge sind bis Mittag unterwegs. Durch die

Schnee auf dem Thrumshing La

relative Ruhe auf der Straße und mein langsames und motorenfreies Annähern sehe ich heute Morgen außergewöhnlich viele Fasanenarten am Straßenrand. Leider kann ich nur bei einem Blutfasan erfolgreich einige Fotos schießen – die meisten anderen bunten Vögel sind zu scheu und verschwinden bei meinem Erscheinen sofort im Unterholz. Neben den Vögeln sind auch die eingeschneiten roten Rhododendrenblüten höchst fotogen. So gibt es ständig kleine Fotostopps und Verschnaufpausen, bis ich gegen Mittag auf dem Thrumshing La in 3763 Metern Höhe stehe.

Direkt neben dem kleinen Häuschen, das einen kleinen Tempel beherbergt, machen acht Bhutaner eine Rast. Sie haben Plastikstühle und kleine Tische aufgestellt, es gibt Tee und Kekse. Den Aufklebern an den Autos nach sind dies Regierungsangehörige, die sich hier zu irgendeiner Besprechung treffen. Ich werde direkt zum Tee eingeladen und freue mich auf die den Rücken entspannende Rast in einem Stuhl mit Lehne. Wie sich herausstellt, sind meine Gastgeber vom Umweltministerium, mehr bekomme ich auch nicht in Erfahrung. Nach etwa 15 Minuten müssen sie alle weiter fahren. Die Beamten verschwinden mit ihren Geländeautos in Richtung Westen, während drei Einheimische die Stühle und Tische auf einen Pickup laden und nach Osten fahren. Ich bin wieder alleine mit meinem Fahrrad. Der Schnee liegt hier oben noch dicker als am Straßenrand der letzten Kilometer, aber auf dieser Höhe arbeitet sich die Sonne schon sehr viel intensiver durch die Wolken, und die gesamte Schneelandschaft taut. Von den Tannenästen, den meterlangen Bartflechten, den verschneiten Gebetsfähnchen oder dem Tempeldach laufen unablässig Rinnsale von Schmelzwasser. Weiter im Osten scheint durch die Lage im Windschatten der Berge alles wolkenlos zu sein. Dort hat es also auch weniger oder gar nicht geschneit.

Nun habe ich auch die Distriktgrenze zu Mongar und damit zu Ost-Bhutan erreicht. Ich freue mich nicht nur auf die kommende Abfahrt mit dem Eintauchen in eine sehr viel sonnigere und wärmere Landschaft, sondern auch auf den kontinuierlichen Übergang von der verschneiten Nadelwaldzone bis hinunter in den tropischen Bereich am Kuri Chhu. Das Besondere an dieser Abfahrt ist auch, dass sie sehr lang und tief hinunter geht. Von 3763 Metern wird es auf 575 Meter gehen, somit fast 3200 Höhenmeter – das Ganze auf einer sehr kurvigen Strecke von etwa 93 Kilometern. Es ist die wohl beeindruckendste Abfahrt des Landes. Gut, dass ich hier nicht auch wieder hochradeln muss. Ebenfalls klar ist die Tatsache, dass ich nicht bis zum Abend unten ankommen werde. Ich werde auf dieser Strecke nicht dem Rausch der Geschwindigkeit nachgeben, sondern häufig wegen der Blumen-, Landschafts- und Menschenmotive anhalten und Fotos machen. Das fängt schon gleich hinter dem Pass an, wo ich für mich neuartige Primeln sehe. Später kommen dann gelbe, großblütige Rhododendren und weiße Magnolien dazu. An den trockneren Stellen blüht eine Berberitzen-Art und es gibt immer wieder kleine violette, dunkelblaue oder rosa Primelblüten. Der Wald ist voller Vogelstimmen, hin und wieder sehe ich auch bunte oder metallisch schimmernde Vögel in den Büschen neben der Straße hüpfen.

Das erste Dorf hinter dem Pass heißt Sengor. Hier sprechen die Bewohner noch einen zentral-bhutanischen Dialekt, so lese ich in einem Buch. Das Dorf liegt unterhalb der Straße in einem Talkessel. Oben, am Straßenrand gibt es ein Imbisslokal, zwei Bauernhäuser und drei aktuelle Baustellen mit Neubauten. Die Felder und Äcker sind fast alle eingezäunt, was darauf schließen lässt, dass hier noch Gerste, Buchweizen und Kartoffeln angebaut werden und diese Kulturen vor den herumlaufenden Weidetieren geschützt werden müssen. Songar liegt gerade einmal 1000 Meter unterhalb des Thrumshing La. Aber im Wind- und Regenschatten des Hauptkamms der Berge ist es weniger kalt und nass als auf der Westseite.

Abfahrt ins Kuri-Tal

Einige Kilometer hinter Sengor gibt es einen Stupa am Straßenrand und einen grandiosen Blick hinab in den tropisch-subtropischen Bereich Ost-Bhutans. Überall, wohin das Auge blickt, grüne Wälder und Dunstwolken, die aus den feuchten Gebieten emporstreben. Die Straße wird jetzt sehr eng, fast schon einspurig, und klebt förmlich an der Steilwand. Immer wieder gibt es überhängende Felsen auf der linken Seite und bodenlose Blicke ins tiefe Nichts auf der rechten Straßenseite. Die Fahrbahnoberfläche ist übersät mit tiefen Narben vom häufigen Steinschlag und Erdrutschen. Ich muss sehr vorsichtig bergab fahren, da immer wieder kleinere oder größere Hindernisse herumliegen. Außerdem drückt vom Tal eine Nebelschwade nach der anderen hoch und nimmt mir die freie Sicht auf den nächsten

Straßenabschnitt. Manchmal gibt es nur 30 Meter Sichtweite. Eine schon sehr eigentümliche und mysteriöse Atmosphäre, in die ich da eintauche. Die engen Kurven erkenne ich zwar immer früh genug, aber bei den manchmal etwas höheren Geschwindigkeiten bekomme ich das Gefühl nicht los, dass da vor mir ein großer Straßenabbruch ist und ich einfach ins Nichts hineinfalle. Der Eindruck wird auch dadurch verstärkt, dass ich seit mehr als einer Stunde kein anderes Auto oder Menschen auf der Straße gesehen habe. Eine Straße am Ende der Welt.

Plötzlich fliegen zwei sehr große schwarze Vögel über mir. Zuerst tippe ich auf Raben, dann aber erkenne ich die markanten Schnäbel und den breiteren Schwanz. Es ist ein Pärchen des Großen Hornvogels. Beide landen in einer hohen Baumkrone und singen melodisch-gluckerartig. Ein anderer Vogel, den ich beobachten kann, ist bachstelzenartig und fast weiß, hat aber einen mindestens 30 Zentimeter langen gegabelten Schwanz. Während des Fluges sieht das aus, als hätte jemand zwei lange Papierschnipsel bei diesem Vogel hinten drangehängt. Ein metallisch rot leuchtender Vogel fliegt vorbei. Leider viel zu kurz für eine intensive Beobachtung. Daneben gibt es unzählige kleine braune oder graue Vögel, die nervös und scheu reagieren, wenn ich mich nähere. Witzig finde ich das Verhalten einer amselartigen Vogelart, die häufig auf den Betonsteinen der Straßenumrandung sitzt und sich bei meinem Annähern sofort von den Steinen fallen lässt. Manchmal gibt es von kleinen Bergbächen unter der Straße Durchleitungsrohre, in die ich diese amselartigen Vögel verschwinden sehe. Mir sind bisher keine Vogelarten bekannt, die auf der Flucht nicht das Weite suchen, sondern sich im nächstbesten Betonrohr verstecken. Nach dem Motto: ›Ich sehe dich nicht mehr, also bist du weg‹.

Fast zwei Tage Abfahrt

Immer weiter rolle ich talabwärts. Der Nachmittag neigt sich schon in Richtung Dämmerung, als ich etwas oberhalb der Straße einen Pavillon sehe, nun schon 2000 Höhenmeter unterhalb des Passes. Ich muss schon zweimal hinschauen, um das Gebäude in der dichten Vegetation zu erkennen. Eine steile Treppe führt zu ihm hoch. Ein zweites Gebäude war einstmals ein Toilettenhaus. Dieses ist aber inzwischen kaputt und verwahrlost. Auf einem Schild lese ich ›This restroom facility has been constructed by the Tourism Council of Bhutan‹. Schön, dass ich an genau der richtigen Stelle einen Zeltplatz suche. Nur 500 Meter vorher gab es einen Bergbach, zu dem ich zurückradle, um meinen Wassersack aufzufüllen. Das Dach des Pavillons ist zwar auch schon löchrig, aber ich verzichte auf das Aufbauen des Außenzeltes. Ich koche Nudeln und Gemüse, befülle die Thermoskanne mit Tee und sitze auf der Isomatte an meinen Tagesnotizen. Ich weiß, dass hinter mir für etwa 25 Kilometer keine Siedlung liegt. Vor mir soll es in etwa fünf Kilometern ein Straßenbaucamp geben. Ich bin also ganz alleine im dunklen Wald, der die gesamte Nacht voller Geräusche ist. Einige dieser Geräusche, dieser scharrenden, schnaubenden oder quakenden Töne kenne ich schon aus anderen subtropischen Wäldern Bhutans. Aber viele Geräusche sind auch komplett neu und lassen mich mehr als einmal aus dem Schlaf hochschrecken. Dazu gibt es in der Nacht einige Tropfen Regen, wegen derer ich jedoch nicht aufstehe und das Außenzelt überwerfe.

Übernachtungsplatz in einem Pavillon

Der Morgen ist dampfig und frisch. Die ersten Sonnenstrahlen treffen auf die hohen Baumkronen. Viele Vogelstimmen tönen aus den unterschiedlichen Stockwerken des Waldes. Jetzt höre ich auch wieder die Großen Hornvögel. Ich esse meine Müsliportion und erfreue mich an dem melodischen Konzert. Ein schöneres Morgenradio kann es nicht geben. Schnell sind die Packtaschen beladen, das Zelt verstaut und alles zur Abfahrt bereit. Ich ziehe mich winddicht an, denn ich habe noch keine Pedalumdrehung gemacht, die Muskeln sind noch kalt und ich rolle weiter bergab. Nach einigen Kilometern kommt tatsächlich das Straßenbaucamp, bestehend aus zwei Baracken und einer Wäscheleine. Mehr sehe ich nicht im Vorbeifahren. Nach weiteren etwa zehn Kilometern komme ich aus dem Wald heraus. Nun habe ich einen freien Blick auf die vielen terrassierten Felder und Äcker an den Hängen unter mir. Ich sehe weit unten die Asphaltstraße und kann erst nicht glauben, dass es dort hinunter geht. Kurve für Kurve, Hang für Hang geht es weiter hinab. Einen kurzen Stopp lege ich bei einer ornithologischen Exkursionsgruppe aus Australien und England ein. Diese ›bird-watcher‹ sind ganz aus dem Häuschen, denn das Gebiet vom Thrumshing La bis zum Kuri Chhu sei angeblich das beste des Landes für Vogelbeobachtungen, so wird mir berichtet. Kann ich nachvollziehen, nachdem, was ich gestern und heute schon wieder an hübschen Vogelarten gesehen habe. Ich halte an einer Straßenbude an, die mit einem handgeschriebenen Schild auf getrocknetes Obst aus organischem Anbau aufmerksam macht. Beim näheren Betrachten gibt es hier Bananenchips und getrocknete Mangos. Von beidem nehme ich etwas mit. Nur die große Kilopackung konnte die Verkäuferin mir nicht andrehen – so viel Gewicht will ich nicht aufladen, zumal ich das die nächsten Tage sicherlich nicht aufessen werde.

Endlich im Tal angekommen, geht es immer noch bergab. Ich sehe die Ruinen des einstigen Dzongs von Shongar, der früher einmal die Handelswege im hiesigen Distrikt kontrollierte, aber inzwischen vom Dzong in Mongar abgelöst wurde. Dann macht die Straße einen Knick nach Osten und ich bin wieder von trockenheißer, wüstenartiger Luft umgeben. Ich habe einmal mehr eines dieser Trockentäler in den tiefen Flusstälern Bhutans erreicht. Hier wachsen – ungewöhnlich für dieses tiefe Tal – keine tropischen Wälder, sondern lichte Kiefernwälder mit Zitronengras auf dem Waldboden. Einige Gebiete sind schwarz und rostbraun vom letzten großen Waldbrand. Der oft fahrlässige Umgang der Bhutaner mit Zigarettenkippen, offenem Feuer und vielleicht auch die Hoffnung nach frischem, jungem Gras für die Weidetiere nach einem Brand ist in diesen subtropischen Trockentälern fatal für die Wälder und die darin lebenden Tiere. Die Feuerwehr und Armee sind bei solchen großen Waldbränden an den steilen Hängen oft völlig überfordert und selber stark gefährdet. Ich fahre nun an der rechten Hangseite des Kuri Chhu in Richtung Norden und sehe schon von weitem die Stahlbrücke über den Fluss.

Mongar liegt weit oben am Hang

Die Ortschaft Mongar, weit oberhalb des Flusstals gelegen, ist noch nicht zu erkennen. An der Brücke mache ich zuerst noch eine kleine Mittagspause, fotografiere den riesigen nepalesischen Stupa, der die heiligsten Reste des ehemaligen Dzongs beinhalten soll, und mache mich dann an die Auffahrt. Es sind laut Schild 24 Kilometer bis nach Mongar. 24 Kilometer bergauf. 24 Kilometer fast nur in der Hitze des nach Südwesten ausgerichteten Hangs. Zum Glück gibt es unterwegs immer mal wieder einen kleinen Bergbach oder eine Wasserentnahmestelle für die Lkws. Mit etwa 6 km/h komme ich voran. Nach der Hälfte der Strecke erreiche ich den Abzweig nach Lhuntshi. Hier gibt es einen überdachten Obstverkaufsstand, der momentan aber stark unterbesetzt ist (eine Verkäuferin). So kann ich mich für eine halbe Stunde mal etwas auskühlen lassen, einige Hände voll Nüsse und eine Tafel Schokolade zu mir nehmen. Später werde ich wegen Baumfällungen noch für etwa eine halbe Stunde an einer Straßensperrung aufgehalten. Selbst mich als einspuriges Fahrzeug lassen sie nicht vorbei. Wahrscheinlich weil der Kranführer noch üben muss, die Stämme so zu packen, dass sie ihm nicht immer wieder von der Ladefläche rollen. Am späten Nach-

Im Dzong von Mongar

mittag komme ich in Mongar an, das auf 1650 Meter Höhe wieder 1100 Meter über dem Kuri Chhu liegt. Das Hotelpersonal gibt mir ein nettes und sehr komfortables Zimmer mit Blick auf das Kleinstädtchen.

Nach einer erfrischenden Dusche mache ich mich zu einem Erkundungsgang durch die Ortschaft. Der Dzong liegt oberhalb des Hotels und beherbergt die Klostergemeinschaft und die Distriktregierung mit der dazugehörigen Verwaltung. Das Gebäude sieht relativ neu aus und verströmt nicht so viel Tradition und buddhistische Geschichte wie viele andere Dzongs. Mongar selbst ist ja auch eine relativ junge Stadt. Die wenigen alten Häuser entlang der Hauptstraße beherbergen Läden oder kleine Restaurants. In den Straßenzügen dahinter stehen moderne, mehrgeschossige Betonhäuser, die aber wenigstens im vorgeschriebenen traditionellen Baustil errichtet oder mit traditionellen Stilelementen an den Fenstern, Fassaden und dem Dach versehen sind. In der Nähe des Hotels steht auf einer öffentlichen Grünfläche eine baugleiche Turmuhr wie im Zentrum Thimphus. Dem Verwahrlosungszustand des Ziffernblattes und des oberen Teils des Turms nach zu urteilen, ist die aber seit einigen Jahren schon nicht mehr intakt. Die riesige Gebetsmühle, die die Pilger und Gläubigen Tag und Nacht in Drehung versetzen, müsste auch dringend mal wieder mit etwas Fett geschmiert werden. Wenn ich mein Zimmerfenster öffne, höre ich das rhythmische Quietschen und das kontinuierliche Erklingen des kleinen Glöckchens, das an der Decke des Pavillons befestigt ist. Da kann man nur schwer einschlafen. So lasse ich das Fenster lieber geschlossen.

Im Nachbarzimmer ist ebenfalls ein Deutscher einquartiert. Es ist Ralph, Reiseleiter eines Reisebüros aus Passau. Er erkundet das Land für zukünftige Kleingruppenreisen. Er hat einen Fahrer und einen Guide dabei und ist damit sozusagen eine ›Ein-Personen-Gruppe‹. Lange unterhalten wir uns über das bisher Erlebte und mein zukünftiges Buchprojekt. Ich werde ihn die nächsten Tage noch öfters sehen.

Abstecher nach Lhuntshi

Der Koch des Hotelrestaurants ist begeisterter Mountainbiker. Zusätzlich hat er am nächsten Tag bis zum Abend frei und so kommen wir darüber ins Gespräch, was ich denn als nächstes vorhätte. So bekomme ich das Angebot, von ihm mit dem Hotel-Pkw nach Lhuntshi gefahren zu werden. Ich spare mir auf diese Weise einen ganzen Tag, weil ich bei der Strecke von 77 Kilometern (ab Mongar) sicherlich hin und zurück zwei Radeltage benötigen würde. Ich hätte nur das Benzin, das Mittagessen unterwegs und ein Trinkgeld zu zahlen, meint der Hotelchef, als er am Morgen seinem Koch die Autoschlüssel überreicht und uns eine gute Fahrt wünscht. So mache ich während der Fahrt genaue Aufzeichnungen über die Streckenabschnitte, über Auf- und Abfahrten, über Dörfer und Brücken und viele kleine und große Besonderheiten entlang der Straße nach Norden. Im Nachhinein hätte ich sehr viel zu tun gehabt. Die Strecke ist alles andere als flach. Die Fahrbahnoberfläche ist durch Bergrutsche häufig kaputt und an einer Stelle lauern stechwütige Felsenbienen auf alles, was sich zu nah an ihren Fluglöchern bewegt. Der Nachteil der Autofahrt ist jedoch auch offensichtlich: Weil ich nicht mit dem Fahrrad fahre, kann ich auch nicht überall anhalten, kann nicht die vie-

Die Straße nach Lhuntshi

len Details am Straßenrand erkennen und nicht mal eben kleine Abstecher nach links oder rechts machen. Außerdem muss der Koch bis zur Zubereitungszeit des Abendessens wieder im Hotel sein.

Wir besuchen den Dzong von Lhuntshi, der auf einem großen Felsen weit oberhalb des Tals steht. Er ist hier vor einigen Jahrhunderten wegen der militärischen Bedrohungen aus dem nördlichen Tibet gebaut worden. Seinem Alter entsprechend ist er farbenprächtig, verwinkelt gebaut und voller Erinnerungen. Ein Mönch führt uns in den einzelnen Tempeln des Gebäudes herum. Im Haupttempel findet gerade eine Gebetsveranstaltung statt, in die ich nur mal kurz reinschauen darf. Der Dzong von Lhuntshi liegt auf der gleichen Höhe wie der von Mongar. Es ist also vom Abzweig 12 Kilometer unterhalb von Mongar bis zur nördlichen Distriktzentrale wieder 600 Höhenmeter talaufwärts gegangen. Bei so viel Gefälle ist es kein Wunder, dass im Tal des Kuri Chhu oberhalb des Dorfes Rewan momentan ein neues Wasserkraftwerk entsteht. Dieser zukünftige Strom ist größtenteils für den Export nach Indien bestimmt. Zusätzlich ist schon ein großes Wasserkraftwerk bei Gyepozhing südlich der großen Brücke über den Kuri Chhu am Netz. Von hier wird gerade auch eine 65 Kilometer lange neue Straße nach Nganglam an der Grenze zu Assam gebaut. Die gesamte Region Mongar wird also in Zukunft zu einem ost-bhutanischen Zentrum des Handels mit Indien werden und stark am wirtschaftlichen Aufschwung teilhaben. Am Abend unterhalte ich mich wieder mit Ralph, der erst morgen nach Lhuntshi fahren wird.

Weiterfahrt nach Osten

Der Morgen ist dampfig und Mongar liegt fast komplett in den Wolken. Ich habe mich inzwischen schon so an mein eigenes kalorienhaltiges Frühstück im Zimmer gewöhnt, dass ich zuerst nicht weiß, was ich sagen soll, als mich der Hotelmanager persönlich vom Zimmer zum Frühstücksraum abholen möchte. Ich rede mich damit heraus, dass ich als Sportler bestimmte Ansprüche an Menge und Zusammensetzung des Frühstücks habe. Das Fragezeichen in seinem Gesicht bleibt noch eine Weile bestehen. Als ich dann das Fahrrad vor dem Gebäude bepacke, kommt der Koch auch dazu. Er hat sein Sportdress an und schiebt sein Mountainbike neben meines. Auch er sieht seine Leidenschaft als sportliche Sache, hat sich aber über Ernährungsphilosophien oder Sportlerfrühstücke noch keine Gedanken gemacht. Ich gebe ein paar Denkanstöße und schenke ihm noch eine Packung Multivitamin-Brausetabletten, die ich übrig habe. Er will bis zum Kora La mitradeln und dann wieder zurück zum Hotel fahren. So sieht man zwei sehr ungleiche Fahrradsportler an diesem Morgen die Fahrt zum nächsten Pass starten. Ein Fahrrad flitzt einfach davon und hat offensichtlich keine Probleme mit den 18 Kilometern bergauf. Das andere Fahrrad ist von der Gravitation gefangen und quält sich in den unteren Gängen Kurve für Kurve den Hang hoch. Für die 18 Kilometer benötigt mein ›Konkurrent‹ nach eigenen Angaben normalerweise eineinhalb Stunden. Heute fährt er mir zuliebe auch langsamer und ist in der doppelten Zeit am mit Fähnchen behangenen Kora La in 2400 Meter Höhe. Wir verabschieden uns voneinander und während er wieder zu Tal rast, mache ich Fotos von den bunten Gebetsfähnchen im grauen Nebel.

Insgesamt sind es von Mongar bis Trashigang 90 Kilometer. Da die letzten zehn Kilometer bis zur nächsten Distriktzentrale steil den Hang hoch gehen, vermute ich, dass ich das nicht bis zum Abend schaffen werde. Ich richte mich also wieder auf eine Zeltübernachtung ein und lasse mir dementsprechend viel Zeit mit der Abfahrt. Ohnehin ist diese wieder ziemlich steil, die Fahrbahn oft eng und sehr kurvig. Die ersten Kilometer geht es durch einen dichten und dunkelgrünen Wald, aus dem nicht nur tausende Vogelstimmen ertönen, sondern auch ein intensiver, feucht-torfiger Waldgeruch strömt. Ich versuche mich an einigen Tonaufnahmen des Vogelkonzerts, merke aber, dass das dafür benutzte Mikrophon nicht wirklich brauchbar ist. Am Straßenrand entdecke ich kugelrunde grüne Früchte, so groß wie Walnüsse, die intensiv süßlich riechen. Ich wage mich aber nicht an eine persönliche Kostprobe und kann auch keine Tiere beim

Nebel auf dem Kora La

In Trashigang

Verzehr dieser Früchte beobachten. Auffällig in diesem Wald sind auch die vielen großen Baumfarne, die ich eigentlich eher aus Australien oder Neuseeland kenne. Eine überfahrene Schlange erinnert mich wieder daran, dass ich in den Subtropen bin und stets vorsichtig sein muss, wenn ich im Wald und im Freien übernachte. Vor Tigern und Kragenbären wird zwar von Einheimischen stets gewarnt, aber dann kann mir auch niemand der Warnenden erzählen, wann es den letzten Zwischenfall zwischen Menschen und Großsäugern gegeben hat. In einer Höhe von etwa 1600 Metern komme ich aus dem Wald heraus. Erstaunt über eine Plantage mit dunklen Netzen über den Sträuchern halte ich an und lese das Schild am Straßenrand: Es handelt sich um eine Haselnussplantage. Die hätte ich in einem subtropischen Klima nicht erwartet. Irgendwo hinter dem Ort Yadi finde ich einen einsamen Bergbach und ein kleines grünes Fleckchen für mein Zelt. Die Sonne scheint direkt nach dem Aufgang auf mein Zelt, und so bin ich schnell wieder draußen und nutze die morgendliche Frische und kühlen Temperaturen für die Weiterfahrt. Es geht ja wieder in eines dieser Trockentäler, dort herrschen ganz andere Temperaturen, die mich schnell ausdörren lassen. So bin ich schon gegen 10 Uhr an der großen Brücke über den Drangme Chhu auf nur noch 708 Metern Höhe und gebe an dem Checkpoint der Immigration Police meine Reiseunterlagen ab. Hier ist auch der Abzweig nach Trashi Yangtse, wohin es nur 44 Kilometer sind – laut Hinweisschild. Da will ich morgen hinradeln.

Schon wieder nach oben!

Aber zuerst muss ich hoch nach Trashigang und zum Hotel Druk Deothjung. Das sind mühsame und trocken-heiße zehn Kilometer, auf denen ich nur im ersten Gang vorankomme. Die Sonne knallt in den trockenen Hang, wo es so gut wie keinen Schatten gibt. Immer wieder muss ich anhalten und verschnaufen. Nach zwei Stunden bin ich im Ortskern der Kleinstadt und muss mir von einem Polizisten erklären lassen, dass es doch sehr wichtig sei, den Helm aufzusetzen. Bei Außentemperaturen von über 40 °C und einer steilen Fahrt hangaufwärts hört meiner Meinung nach die Helmtragepflicht auf. Ich frage diesen Polizisten noch nach dem Hotel und erfahre, dass ich schon vor zwei Kilometern dran vorbei gefahren sei. Also radle ich wieder zurück aus dem Städtchen, fahre einige Abschnitte talwärts und finde ein Hinweisschild zu dem genannten Hotel. Jetzt wird es ungemütlich steil! Ich muss zum ersten Mal schieben. Auf einer bröseligen, staubig-sandigen und mit Steinen durchsetzten Piste geht es extrem steil hoch. Ganze 200 Höhenmeter muss ich so schieben und komme völlig nassgeschwitzt am Hotel an. Ich benötige erst ein großes Glas kaltes Wasser, ehe ich wieder klar denken, geschweige denn handeln kann. Wer ist denn auf diese doofe Idee gekommen, das Hotel hierher zu bauen? Mag zwar sein, dass die Aussicht auf den gegenüberliegenden Hang und auf den Dzong von Trashigang für viele attraktiv ist. Aber selbst die Pkws haben massive Schwierigkeiten hier hoch. Kurz nachdem ich meine Packtaschen vom Rad abgehängt habe, kommt das erste Auto an. Es ist Ralph aus Passau. Wir vereinbaren einen gemeinsamen Rundgang durch das Städtchen und jeder verschwindet für eine Dusche in seinem Zimmer. Trashigang ist klein, aber schön gebaut. Es sind wegen der steilen Hänge nicht so viele Bauplätze vorhanden, so dass die Stadt sich auf einem kleinen Flecken konzentriert. Es gibt zwei Bäckereien, einen Imbiss-Garten, drei kleine lokale Hotels und viele Läden mit Haushaltswaren und Lebensmitteln. Eine große Schule, ein Gerichtsgebäude und eine Bank runden das Bild ab. Der Dzong liegt etwa 500 Meter unterhalb des Ortes auf einem Felsvorsprung weit oberhalb des Drangme-Tals. Momentan wird der Dzong komplett restauriert. Einige Wände sind abgerissen und müssen neu aufgebaut werden. Überall liegen Baumaterialien und Schutt. Zumindest der Haupttempel ist offen. Nach dem Stadtrundgang weiß ich jedenfalls, dass ich bei meiner nächsten Übernachtung in Trashigang eines der lokalen Hotels in der Stadtmitte wählen werde. Auf der Straße treffe ich noch einen weiteren Deutschen: Klaus aus Köln, der im Distrikt Trashi Yangtse die Mülltrennung und kontrollierte Müllverbrennung voran bringen möchte (→ S. 109).

Einmal Trashi Yangtse und zurück

Am Abend gönne ich mir das Abendessen im Restaurant, unterhalte mich noch lange mit Ralph und freue mich auf mein großes Bett. Der nächste Morgen verspricht wieder viel Arbeit auf dem Fahrrad. Ich rase die acht Kilometer wieder hinunter zur Brücke über den Drangme Chhu und zum Polizeiposten. Dann biege ich ab auf die Straße nach Norden zum Distrikt Trashi Yangtse. Anfangs ist die Strecke durch Bauarbeiten ziemlich kaputt, wird dann aber für einige Kilometer bis Duksum wieder besser. Direkt an der großen Klosteranlage von Gom Kora trifft auch Ralph mit seinem Begleiter ein. Wir erkunden das Klostergelände, wo gerade auf dem Versammlungsplatz eine Unterrichtseinheit des Lamas stattfindet. Der Tempel geht auf einen Meditationsplatz von Guru Rinpoche zurück. Es ist ein sehr heiliger und wichtiger Pilgerort für die Buddhisten Bhutans. Der große Fluss, die grünen Bäume, die goldenen Dächer der Tempelgebäude und die roten Roben der Mönche – eine äußerst fotogene Kulisse. Nach einer Stunde schwin-

Der Drangme Chhu

Pilgerinnen im Kloster Gom Kora

ge ich mich wieder auf den Sattel. An einer kleinen Baustelle kurz vor Duksum ist eine Straßensperrung. Ich wage mich jedoch vor, weil ich nicht so lange warten möchte und radle kurzerhand unter dem langen Baggergreifarm hindurch.

Gleich bei Duksum führt die Straße steil und in einigen Serpentinen den Hang hoch und nach Nordwesten ins Kulong-Tal. Die Hitze ist so heftig, dass ich schneller als gedacht meinen Trinkwasservorrat aufbrauche. An einem Haus am Straßenrand frage ich einen Einheimischen nach Wasser. Ich werde sofort mit kühlem frischem Wasser versorgt. Der Mann unterhält sich noch etwas mit mir und so stelle ich fest, dass er eine kleine Pension betreibt und auf den touristischen Aufschwung in Ost-Bhutan wartet. Momentan verdient er aber mit seiner Landwirtschaft noch mehr als mit zahlenden Übernachtungsgästen. Je weiter ich talaufwärts fahre, desto dichter wird die Vegetation wieder. Bei Duksum gab es nur einzelne Kiefern und Dornengebüsch an den Hängen. Jetzt sehe ich viele Rhododendren, Magnolien und Eichen. Zahlreiche Bergbäche kommen zu meiner Rechten den Hang herunter. Aus den Felsen, die häufig auch überhängend sind, fliegen manchmal auch Wildbienen heraus. Eine von ihnen schafft es auch, mich zu verfolgen und in die Schulter zu stechen. Die Straße ist teilweise sehr schmal und in die Felswand hinein gefräst. Nur wenige Autos fahren hier. Am Nachmittag erreiche ich den alten Dzong von Trashi Yangtse, dann den alten nepalesischen Stupa unterhalb des Dzongs und wenig später den großen Stupa von Chorten Kora. Hier pausiere ich und mache viele Fotos. Anschließend breche ich zu einer kleinen Erkundungsfahrt durch das Kleinstädtchen auf, das sich in einem weiten Talkessel verteilt. Hier gibt es keinen so hohen Platzmangel wie im Städtchen zuvor, so dass alles sehr viel größer erscheint. Der neue Dzong mit dem lokalen Regierungssitz liegt nochmal 100 Höhenmeter oberhalb des Stadtzentrums. Er ist auf alt gemacht und besitzt kaum Charme: Ein funktionaler Bau, jedoch in traditioneller Bauweise.

Am späteren Nachmittag entschließe ich mich, doch schon wieder zurückzufahren. Die Alternative, hier im Ort ein lokales Hotel zu suchen, finde ich nicht so attraktiv. So schaffe ich es auf der Strecke zurück bis zu jener kleinen wasserbetriebenen Gebetsmühle am Straßenrand, wo ich heute zu Mittag gegessen hatte. Eine ebene Zeltfläche auf grüner Wiese mit frischen Wasser und oberhalb der Straße gelegen. Mehr brauche ich heute nicht mehr.

Am Morgen werde ich von Waldarbeitern geweckt, die hier von einem Auto abgesetzt wurden und nun ihre Sägen schärfen, bevor sie im oberhalb liegenden Hang verschwinden. Sie sind neugierig und setzen sich alle um den Zelteingang. Das ist nett und wir können uns auch etwas unterhalten. Das verzögert jedoch die Zubereitung meines Frühstücks und so ist es schon wieder recht warm, als ich endlich auf dem Sattel sitze. Die weitere Fahrt nach Duksum und an Gom Kora vorbei verläuft größtenteils talabwärts und vergeht schneller als gedacht. Insgesamt sind es von Trashi Yangtse bis zur Brücke über den Drangme Chhu nur 44 Kilometer. Kurz vor der Brücke überholt mich das Auto von Ralph wieder. Dieses Mal möchte er Fotos machen, wie ich auf der Strecke radle. So fährt er etwas voraus und winkt mich dann herbei. Anschließend verabschieden wir uns voneinander, da ich ja nun in ein anderes Hotel ziehen werde. Die quälenden zehn Kilometer hoch nach Trashigang sind dieses Mal nicht ganz so schlimm, da ich eine große schwere Tasche im Hotel gelassen hatte. Die soll mir nun mit der nächsten Gelegenheit in das lokale Hotel in der Innenstadt gebracht werden. Ich bekomme ein Zimmer in der dritten Etage, muss also alle Ausrüstung und das Fahrrad hochschleppen.

Ein sehr erfolgreicher Wartetag

Ich mache mich frisch und gehe zum Busbahnhof, um ein Busticket für die morgige Fahrt nach Thimphu zu bekommen. Der Bus nach Jakar ist jedoch schon voll und ich muss einen Tag länger in Trashigang warten. So kaufe ich das Ticket für übermorgen, laufe noch etwas im Ort herum und setze mich zum Abendessen ins lokale Restaurant. Dort werde ich von jemandem angesprochen, der wissen will, was ich denn alleine und ohne Guide hier tun würde. Die zweite Frage ist dann interessanter: Was ich morgen vorhätte, wenn ich nun den ganzen Tag noch warten müsse? Der Mann, der mich anspricht, macht einen gebildeten Eindruck und spricht recht gut Englisch. Er hat vor, morgen zum Kloster Dramitse hoch zu fahren. Die fast 20 Kilometer steile Schotterstrecke hatte ich mir mit dem Fahrrad sparen wollen. So sage ich erfreut zu, dass ich mitfahren werde. Hat der Wartetag doch noch etwas Gutes. Der Abend wird noch lange und mit mehreren Bhutanern unterhalte ich mich über die Ansichten eines Ausländers zu Bhutan, über Probleme im Land, aber auch über Entwicklungen in Europa oder Deutschland.

Fast pünktlich erscheinen mein Gastgeber und sein Fahrer für die Tagestour. Dazu kommen noch zwei Geologen aus Thimphu, die auf der Fahrt zum Kloster wieder aussteigen werden, um eine Lagerstätte für Straßenbaumaterial in Augenschein zu nehmen. So sitzen wir zu fünft in einem großräumigen Toyota und fahren hinunter zur Brücke über den Drangme Chhu. Nach der üblichen Formalität am Checkpoint – inzwischen komme ich hier das vierte Mal vorbei – fahren wir etwa 18 Kilometer auf der Straße in Richtung Mongar zurück. An einem großen weißen Stupa zweigt die Piste nach Dramitse ab. Ab nun geht es fast 20 Kilometer steil und auf sehr unebener Strecke um 1400 Meter höher hinauf. Der Fahrer muss das Auto an einigen Abschnitten stark quälen. An der Stelle, wo die beiden Geologen ihre Untersuchung durchführen wollen, steigen wir alle aus und gehen für eine Stunde mit ins steile Gelände. Auch der Fahrer gehört zum Geologen-Team. Es wird nach Material gesucht, was als Schotter für die Fahrbahnbefestigung geeignet ist. So erfahre ich auch, dass die geologische Karte von Bhutan noch recht lückenhaft ist und viele Gebiete des Landes bisher nur sehr grob untersucht wurden – meist von indischen Wissenschaftlern. Es mangelt an gutem Personal und an Geld für Exkursionen. Auf der anderen Seite besteht nur ein geringer wirtschaftlicher Nutzen aus den gewonnenen Erkenntnissen, weil nicht jede gefundene Lagerstätte abgebaut werden darf und weil die Umweltauflagen sehr streng sind.

Nachdem wir auf dem Parkplatz des Klosters in 2114 Meter Höhe ankommen, werden wir von so gut wie jedem Bewohner begrüßt. Mein Reiseführer scheint hier sehr bekannt zu sein. Als er sich dann kurz in ein kleines Holzhaus entschuldigt, um seinen traditionellen Gho anzuziehen – bisher war er in Jeans und Hemd unterwegs –, schlendere ich zwischen den Gebäuden etwas umher. Ich traue meinen Augen kaum, als er wieder auf die Straße kommt. An seinem blauen Schal, den er über die Schulter gelegt hat, ist eindeutig zu erkennen, dass er Parlamentsabgeordneter in Thimphu ist. Kein Wunder, dass er so bekannt ist und sich alle vor ihm leicht verneigen. Wir gehen zusammen ins Kloster und opfern einige kleine Geldscheine. Daraufhin wird uns das Orakel vorgelesen und geweihtes Wasser über unsere Köpfe verspritzt. Ich bekomme die Erlaubnis, im Tempel und Kloster überall Fotos machen zu dürfen. Am meisten beeindruckt die Sammlung teilweise erbeuteter historischer Waffen aus den Kriegen gegen Tibet. Angeblich werden diese Utensilien für bestimmte Festivals noch benötigt. Auf dem Altar steht auch eine AK 74, die wohl vor ein paar Jahren bei den

Abzweig zum Kloster Dramitse

Assam-Rebellen im Süden Bhutans erbeutet wurde. Wir besuchen die jungen Mönche beim Lesen ihrer Texte im Klassenraum, und sofort wird uns einer der älteren Schüler zur Seite gestellt, damit er die Klostertüren für uns aufschließe. Heute ist wohl einer der seltenen Glückstage, an dem es im Erleben neuer Dinge scheinbar keine Grenzen gibt. Und es ist ja erst Mittag.

Ein verwaister Flugplatz

Unten im Drangme-Tal halten wir an einem kleinen Imbisslokal zum Mittagessen. Mein Begleiter fragt, ob ich denn noch auf die andere Talseite mit hoch möchte, nach Youphu. Ich bin heute frei und ohne Termine – offen für alles, was kommt – und sage gerne zu. Also fahren wir wieder zurück in Richtung Trashigang. Die Polizei am Checkpoint macht nur noch ein Häkchen auf der Liste hinter meinem Namen. Etwa drei Kilometer vor Trashigang zweigt die Straße nach Süden ab zu den Bezirken Pemagatsel und Samdrup Jongkhar sowie zum Grenzübergang in Richtung Guwahati.

Nun schraubt sich die Straße wieder in unendlichen Kurven den Hang hoch, bis wir schließlich in 1620 Meter Höhe durch Rongtong und Kanglung kommen, wo sich das größte College für Studenten des Landes befindet. Diese Ortschaften sind auf der Karte nur als kleine Dörfer markiert. In Wirklichkeit sind sie größer als die Distriktzentrale und viele andere Kleinstädtchen Bhutans. Hunderte Studenten sind unterwegs – es ist gerade 16 Uhr und damit Vorlesungsende. Wir fahren noch weiter hinauf, kurz vor dem Youphu La auf 2580 Metern erreichen wir die schmale Zufahrtsstraße zum Youphu Airport. Ein Anblick, den ich hier oben auf dem steilen Berg sicherlich nicht erwartet hätte. Eine Landebahn mit etwa 700 Metern Länge und einer Steigung, die dazu geeignet ist, landende Flugzeuge schnell abzubremsen und startende Flugzeuge schneller auf hohe Geschwindigkeiten zu bringen. Im Asphalt und Beton gibt es feine Risse, die

Das Flughafengebäude von Youphu

teilweise schon von der Vegetation erobert werden. Das kleine Aiport-Gebäude ist leer und ausgeräumt. Dieser Flughafen ist sicherlich geeignet, Touristen aus Paro schnell und ohne die anstrengende Kurverei auf der Landstraße nach Ost-Bhutan zu bringen. Die gesamte Region Ost-Bhutans ist momentan touristisch noch stark unterentwickelt, besitzt aber große Potentiale. Das Manko an der Sache ist eben die große Distanz zu Thimphu und die anstrengende zweitägige Anfahrt. Voraussetzung für die Wiederaufnahme des Flugbetriebes ist sicherlich die Anzahl der Touristen, die dieses Angebot auch annehmen wollen. An wagemutigen Piloten mangelt es in Bhutan nicht, ist doch der Flughafen von Paro auch nicht viel einfacher anzufliegen. Nur hängen in Ost-Bhutan ab Mai sehr viel mehr Wolken tief im Gebirge, so dass dieser Flug von Paro nach Youphu auch schnell zum terminlichen Risiko wird. Ich denke, dass ein Flug pro Woche für den Anfang ausreichend sein könnte. Einheimische werden diese Verbindung wohl nicht nutzen. Für den touristischen Aufschwung in Ost-Bhutan wäre die Einrichtung einer regelmäßigen Verbindung nach Westen sicherlich von großem Nutzen.

Spät am Abend kehren wir in die Innenstadt von Trashigang zurück, wo wir uns alle, auch die Geologen, im Restaurant des kleinen Hotels zum Abendessen treffen. Mein Aufenthalt im Osten des Landes ist heute beendet. Mit dieser schönen Abschlusstour zum Kloster Dramitse und hinauf zum Yonphu La gab es noch einmal zwei kleine Highlights.

Zwei Abschnitte zurück nach Westen

Am frühen Morgen um fünf Uhr fährt mein Bus nach Jakar los. Das Fahrrad und die Packtaschen werden wieder auf dem Dachgepäckträger festgezurrt. Ich habe Glück und bekomme den Beifahrersitz. So kann ich die gesamte Strecke, die ich mit Muskelkraft bewältigt habe, noch einmal Revue passieren lassen. In Jakar bleibt der Bus über Nacht auf dem großen Busparkplatz stehen. Alle Passagiere verabschieden sich in kleine lokale Hotels oder zu Verwandten im Ort. Ich lasse Fahrrad und Gepäck auf dem Dach und laufe zum Hotel von Dewa. Dort komme ich noch gerade passend zum großen Büffet. Eine große Reisegruppe hat sich einquartiert. Da lohnt sich der Aufwand in der Küche. Es gibt scharfe Nudeln, gebratene Gurken mit Chili, kleine Buchweizenpfannkuchen und Reis mit Rührei. Dazu diverses Gemüse und Soßen, alles vegetarisch! Am nächsten Morgen geht die Busfahrt weiter nach Thimphu, wo ich jedoch noch nicht ankommen möchte – ich habe noch zwei Tage im Kalender. Deshalb lasse ich mich auf dem Pele La zwischen Trongsa und Wangdue aussetzen. Ich radle ins Phobij-Tal und zur Ortschaft Gangtey, schaue mir das dortige Kloster und den hübschen Ort an, fotografiere viele rote, gelbe, rosa und weiße Rhododendren und bin drei Stunden später wieder auf der großen Ost-West-Hauptstraße. Vom Pele La auf 3396 Meter Höhe habe ich eine grandiose Abfahrt hinunter auf 1479 Meter nach Samtengang. Dann sind es nur noch acht Kilometer bis Wangdue, wo ich wieder zu dem Hotel fahre, in dem ich im vergangenen November war. Ich treffe mich mit dem Mountainbiker, der immer noch vorhat, am großen Radrennen von Jakar nach Thimphu teilzunehmen und unterhalte mich mit ihm den langen Abend über die hinter mir liegende große Reise durch Bhutan.

Kloster Gangtey

Am nächsten Morgen steige ich früh auf den Sattel, damit ich vor zehn Uhr an der Baustellenstraßensperrung bei der Auffahrt zum Dochu La vorbei bin. Sonst muss ich bis 12 Uhr auf der Strecke warten. Das schaffe ich aber auch nur mit Mühe. Die Sperrung war gerade vor mir eingerichtet worden, als ich mich noch schnell am Kontrollposten vorbeischleiche, während hinter mir die Baggerfahrer bereits damit beginnen, den Hang aufzubrechen und abzutragen. Die gesamte Strecke von Wangdue nach Thimphu wird momentan erweitert, damit der Verkehr schneller und problemfreier fließen kann. Bis ich oben auf dem Dochu La bin, ist der meiste Schlamm und Staub auch schon wieder vom Fahrrad und den Packtaschen gefallen. Auf dem Pass lehne ich das Fahrrad am Parkplatz gegen einen großen Betonklotz und gehe mit der Kamera spazieren. Nur wenige Touristen sind um diese Uhrzeit hier oben – eben auch, weil die Touristenfahrzeuge auch alle vor zehn Uhr durch die Straßensperrung fuhren. Eine Gruppe Taiwan-Chinesen hängt noch mit ihren großen Objektiven zwischen den 108 Stupas herum. Sie flitzen von einer Ecke zur anderen und tun so, als hätten sie den Ausgang verloren. Leider ist der Himmel in Richtung Norden und Osten bewölkt, so dass ich die hohen Gletscherriesen des Himalayas nicht sehen kann. Die 20 Kilometer hinunter zum Hotel in Thimphu sind schnell erledigt. Ich steige wieder im Migmar Hotel ab, sortiere meine Ausrüstung und nehme ein ausgedehntes Bad. Zum Abendessen treffe ich mich mit Ngawang, der mich am nächsten Morgen nach Chukha fahren wird, damit ich auf der Strecke und bei dem dortigen Dzong noch einige Bilder machen und die wichtigsten Dinge in diesem südlichen Distrikt recherchieren kann. Auch hier wird im Tal des Wang Chhu kräftig an der Straßenerweiterung gebaut, so dass südlich von Chukha mit mehreren Straßensperrungen zu rechnen ist. Am späten Nachmittag treffe ich wieder im Tiger's Nest Resort bei Paro ein. Hier empfangen mich Tashi und Dawa zum Abendessen und wir reden noch lange bei Tee und Kaminfeuer über die vergangenen drei Wochen.

Resümee

Bhutan mit dem Fahrrad bereisen zu können und zu dürfen, war ein ganz besonderes Erlebnis und Abenteuer. Es ist ein Land mit sehr viel Wildnis, und doch war es eine Radtour durch eine äußerst kultivierte Landschaft, Lebensweise und Landesgeschichte. Die tiefen Spuren, die der Buddhismus in diesem Land hinterlassen hat und die sich in alle Bereiche des Alltags und des spirituellen Lebens der Menschen festgesetzt haben, machen sicherlich eine der ganz großen Faszinationen dieses Himalaya-Landes aus. Die große Verehrung, die den beiden Königen zuteil wird und besonders die hoch gelobte weitsichtige Politik des vierten Königs halten das kleine Land nicht nur zusammen, sondern haben einen Nationalstolz entstehen lassen, der bei jedem Gespräch zum Thema wird. Bhutan ist sicherlich nicht das Paradies oder das Shangri La, wo alle Menschen in glücklicher Harmonie miteinander und mit der belebten Natur im Einklang leben. Aber bei all den zahlreichen Ländern, die ich bisher bereist und intensiv betrachtet habe, kommt Bhutan diesem Ideal doch schon auf vielen Ebenen sehr nahe. Ich habe in den sechs Wochen der Reise nicht nur vielfältigste Erfahrungen mit den Landschaften, der Flora und Fauna, sowie den Kulturen gemacht, sondern bin einer großen Zahl netter, herzlicher und zuvorkommender Menschen begegnet, mit denen ich bis heute per E-Mail und im Geiste verbunden bin. Bhutan wird mich auch nach dem Fertigstellen dieses Buches noch in seinem Bann halten, und sicherlich werde ich nicht nur wiederkommen, sondern noch weitere interessante Ecken und Gebiete besuchen, wieder viele nette Menschen treffen und immer weitere Aspekte des Landes kennenlernen. Bisher habe ich ja den Vorhang der Erkenntnis nur leicht angehoben.

Zum Abschied

Reisetipps von A bis Z

Anreise mit dem Flugzeug

Etwa 90 Prozent aller Touristen und Besucher Bhutans (die Besucher aus Indien und Bangladesch nicht mitgerechnet) kommen über den Flugplatz Paro nach Bhutan (IATA-Kennung PBH). Von dort kommt man in der Regel sehr gut ins Zentrum von Paro oder nach Thimphu per Taxi. Die meisten Besucher werden jedoch von den Bussen oder Pkws ihrer Reiseagentur abgeholt und müssen sich keine Sorgen über den weiteren Transport machen.

Paro wird angeflogen von den beiden Fluggesellschaften **DrukAir** und **Bhutan Airlines**, die hier auch ihre Stammsitze haben. Flüge nach Paro kommen aus Kathmandu (KTM, Nepal), Neu Delhi (DEL), Guwahati (Assam), Mumbai (Maharashtra), Kolkata und Bagdogra (beides Westbengalen), Gaya (Bihar), Bangkok (Thailand), Dhaka (Bangladesh) und Singapore. Inlandsflüge gehen nach Jakar (Bumthang) und Gelephu (Sarpang). Die Konkurrenz Bhutan Airlines (gibt es seit 2011) fliegt von Neu Delhi, Kolkata, Kathmandu und Bangkok nach Paro. Die Flüge von Kathmandu oder Neu Delhi starten früh am Morgen, damit die Piloten in Paro bei noch guter Sicht landen können. Ab Mittag gibt es häufig dichte Quellwolken im Paro-Tal. Auf den Internetseiten der beiden Fluggesellschaften findet man alle weiteren Informationen www.drukair.com.bt und www.bhutanairlines.bt.

Wer auch immer ein Flugzeug nach Bhutan besteigen möchte, muss beim Check-in auch das **Visum** bzw. die **Einladung von der Agentur** oder einer anderen staatlichen Stelle vorzeigen. Ansonsten wird er gar nicht erst mitgenommen. Nach der Landung in Paro bekommt man dann das Visum mit dem Einreisedatum in den Pass gestempelt. Der Flugplatz Paro ist klein, das Gebäude auch. Es gibt ein Gepäckfließband. Ein neues Gebäude wird momentan (2015) neben dem alten gebaut. Die Landung in Paro ist etwas für geschickte Piloten, die eine spezielle Ausbildung für diese Landebahn benötigen. Das Flugzeug muss in einigen sehr engen Kurven im engen Paro-Tal steil nach unten fliegen, um den Landeanflug möglichst flach bewerkstelligen zu können. Flüge von Kathmandu nach Paro und zurück kosteten 2015 um die 400 Euro (etwas abhängig vom Buchungszeitpunkt).

Das Hauptquartier von DrukAir liegt in Paro direkt am Ortseingang, wo die Stupas in der Straßeninsel stehen: Nemeyzampa, Tel. +975/8271856, enquiry@drukair.com.bt. Den Flughafen von Paro erreicht man unter Tel. +975/8271423, parostation@drukair.com.bt.

In Thimphu ist das Büro der Fluggesellschaft in der Chang Lam im Gebäude ›Changlam Plaza‹ unter folgender Nummer zu erreichen: Tel. +975/2327499, druckairthimphu@druknet.bt.

Anreise über Land

Von den zehn Prozent derjenigen, die über Land nach Bhutan einreisen, kommt der überwiegende Teil am **Grenzort Phuentsholing** (→ S. 282) ins Land. Die Prozedur ist hier die gleiche: Das Visum wird in den Pass eingestempelt, sofern man eine gültige Einladung oder bereits das Visum in den Händen hält. Sobald man bhutanischen Boden berührt hat, ist ein Guide

DrukAir ist eine von zwei Fluglinien des Landes

In Bhutan herrscht Linksverkehr

oder Reiseleiter einer bhutanischen Reiseagentur zuständig für den/die Besucher. Ab hier ist das freie und individuelle Reisen (wie noch auf indischer Seite gewohnt) zu Ende, selbst wenn man mit dem eigenen Fahrzeug ankommt.

Autofahren

Eine Autovermietung ohne einen Fahrer habe ich nicht finden können. Prinzipiell ist das Autofahren (auch Motorradfahren) Ausländern und Touristen mit einem internationalen Führerschein erlaubt. Allerdings muss dann der Guide mit im Auto sitzen oder zumindest in einem separaten Fahrzeug mitreisen. Selbst bei Motorradreisen mit dem eigenen Fahrzeug wird man seinen Guide nicht los. In dem Fall fährt er im Auto hinterher. Es gibt geführte Mountainbike-Touren oder Radreisen durch Bhutan. Einige Agenturen sind darauf spezialisiert. Allerdings fährt ein Kleinbus nebenher oder vorne weg zum Hotel. Im Kleinbus wird dann das Gepäck, die Ersatzteile, der Guide (sofern er nicht selbst mitradelt) und diejenigen, die schlapp machen, transportiert. Für all diejenigen, die selber am Lenkrad sitzen wollen: in Bhutan ist Linksverkehr. Die meisten bhutanischen Autofahrer betrachten den Mittelstrich auf dem Asphalt als eine Art Richtfaden, an dem sie entlang zu steuern haben. Häufig habe ich gesehen, dass zwei in der Mitte der Straße fahrende Autos erst im letzten Moment nach links ausgewichen sind. Wer also mit dem eigenen Fahrzeug einreist, muss sich vom TCB oder seiner Agentur vor Ort die entsprechenden Genehmigungspapiere und Verhaltenshinweise schicken lassen.

Banken und Geldwechsel

Das Umtauschen von Euro in den **Bhutanischen Ngultrum** (BTN) ist in den Banken des Landes jederzeit möglich. Es gibt die ›Bank of Bhutan‹ und die ›Bhutan National Bank‹. Der **Umtauschkurs** lag im Frühjahr 2016 bei etwa 75 BTN für einen Euro. Für einen Schweizer Franken bekam man 68 BTN.

Die bhutanische Währung ist **1:1 an die indische Rupie** gekoppelt, weshalb in ganz Bhutan auch mit der indischen Währung bezahlt werden kann. Die Untereinheit des Ngultrum heißt Chetrum. 100 Chetrum = 1 Ngultrum. Auf der Internetseite der Bank of Bhutan kann man die aktuellen Umtauschkurse sehen: www.bob.bt.

Die Zentrale der **Bank of Bhutan** ist in Thimphu unter den Telefonnummern +975/(0)2/323631 oder -322254 oder -322622 oder per E-Mail gm_tmb@bob.bt erreichbar. Die SWIFT-Nummer lautet BHUBBTBT022.

Die **Bhutan National Bank** (www.bnb.bt) hat ihr Hauptquartier ebenfalls in der

Filiale der Bhutan National Bank in Thimphu

Hauptstadt und ist unter den Telefonnummern +975-(0)2-328577 oder -328588 oder -322767 oder per E-Mail thimphu@bnb.bt erreichbar.

Wer nach der Reise noch bhutanisches Geld übrig hat, der muss versuchen, es in Bhutan oder Indien zurückzutauschen. In Europa haben die Scheine höchstens bei Sammlern einen Wert. Kleinere Beträge kann man am Flugplatz auch in die Spendenbox des WWF Bhutan werfen.

Bergsteigen

Wer zum Bergsteigen nach Bhutan kommt, muss trotz der grandiosen Bergwelt und der vielen alpinistischen Herausforderungen bedenken, dass seit dem Jahr 1994 per Gesetz das **Bergsteigen in über 6000 Metern Höhe nicht erlaubt** ist. Die hohen Berge gelten als die Sitze der Götter und werden entsprechend von den einheimischen Gläubigen verehrt. Es würde also einer Blasphemie gleich kommen, würde man auf diese Berge steigen. Bhutans höchster Berg ist der 7570 Meter hohe **Gangkhar Puensum** (N28°02'49", E90°27'18") an der Grenze zu Tibet. Er ist der weltweit höchste unbestiegene Berg. Der zweithöchste Berg ist der **Kula Kangri** mit 7538 Metern.

In Bhutan wurde das Bergsteigen zunächst 1983 erlaubt. Daraufhin scheiterten 1985 und 1986 insgesamt vier Expeditionen bei dem Versuch, den Gangkhar Puensum zu besteigen. Darunter war auch eine britische Expedition, von der die aktuell gültige Höhenangabe des Gipfels stammt. 1994 wurde dann das Bergsteigverbot oberhalb 6000 Metern erlassen. 1998 sicherte sich jedoch eine japanische Expedition von der Bergsteigervereinigung der VR China eine Lizenz zur Ersteigung des Berges von dessen Nordseite aus. Die Expedition konnte aber nur einen Nebengipfel, den Liangkang Kangri (7534 m) erreichen. Ungeklärt ist auch, ob dieser Berg ganz zum bhutanischen Staatsgebiet gehört. Zum einen gibt es zwischen Bhutan und der VR China einen Konflikt um den genauen Verlauf der gemeinsamen Grenze, zum anderen sind die Karten der Region recht ungenau. Der Kula Kangri (N28°13'36", E90°36'58" wurde 1986 durch eine japanische Expedition bestiegen. Auf vielen Karten wird der Berg als ein tibetischer Berg dargestellt.

Einer der bekanntesten Berge Bhutans ist der **Jomolhari** (7314 m) im Westen an der Grenze zu Tibet. Dieser Berg ist mit seinem vergletscherten Gipfel bei passender Fernsicht von vielen anderen Bergen, Pässen und Plätzen Bhutans zu sehen, beispielsweise vom Cheli-La zwischen Paro und Haa. An sein Basislager führen auch zwei bekannte und beliebte Trekkingrouten, der Jomolhari Trek und der Jomolhari-Laya-Gasa-Trek (→ S. 305, 307). Der Jomolhari ist 1937 durch eine fünfköpfige britische Expedition erstbestiegen worden.

Bus

Mit dem öffentlichen Bus innerhalb Bhutans zu reisen, ist für Ausländer grundsätzlich kein Problem. Man kauft sich sein Ticket, wenn möglich, zwei oder drei Tage vorher, um sicher zu gehen, dass man im gewünschten Bus auch mitfahren kann.

Der Busbahnhof in Thimphu ist in der Nähe der großen Brücke über den Wang Chhu (siehe Stadtplan). Alle Busse haben einen Dachgepäckträger für das Gepäck der Passagiere. Bei größeren Gegenständen verlangt der Fahrer oder sein Gehilfe nochmal eine Nachzahlung. Die Kosten für die Tickets sind jedoch so gering, dass man diese Nachzahlung schnell akzeptiert. Zwei Beispiele: Von Thimphu nach Jakar/Bumthang (273 Kilometer, 12 Stunden) kostet es 360 Nu, von Trashigang nach Thimphu (537 Kilometer, zweimal 12 Stunden) kostet es 750 Nu. Busse fahren von der Hauptstadt prinzipiell täglich in fast jede der Distriktzentralen, auch in die Gegenrichtung. Die weit im Osten liegenden Distrikte können allerdings nicht innerhalb eines Fahrtages erreicht werden. Für alle Busse nach Mongar oder weiter wird daher in Jakar ein Abendstopp eingelegt. Die angegebenen Fahrzeiten dienen eher der Orientierung. Der Bus legt unterwegs Stopps zum

Mittagessen, für ›Harmonie‹-Pausen oder Reparaturen ein. Überhaupt scheint es niemanden zu stören, wenn ein Reifen platt ist oder eine Blattfeder gebrochen ist. Die Busfahrer sind auch gleichzeitig ihre eigenen Mechaniker und erledigen alles unterwegs. Dadurch, dass fast alle Touristen mit ihren 250 US-Dollar auch den Transport durch ihre Reiseagentur bezahlen, ist es für diese Personengruppe nur selten nötig, mit den öffentlichen Bussen zu fahren. Für alle in Bhutan arbeitenden Ausländer (beispielsweise Mitarbeiter von NGOs oder Volontäre) bieten die Busse jedoch eine günstige Alternative zum Pkw mit Chauffeur.

Ein Busticket von Trashigang nach Thimphu

Camping

Mit dem Zelt in Bhutan unterwegs zu sein, klingt angesichts der Vorabbezahlung von Touristenhotels etwas merkwürdig. Aber neben den Trekking-Touristen, die in der freien Natur angesichts mangelnder Alternativen campen müssen, gibt es ja auch noch die Besucher Bhutans, die beispielsweise für eine NGO oder eine Regierungsbehörde im Land arbeiten und sich frei bewegen dürfen. In bebauten und eingezäunten Gebieten ist das Aufschlagen des Zeltes wegen Platzmangel manchmal etwas schwierig. Aber es gibt so viele Lücken in der freien Natur, dass dieses Problem leicht umgangen werden kann. Es können dafür zwei andere Probleme auftreten: eine passende waagrechte Fläche für das Zelt zu finden, wenn die Hänge so steil sind, oder wenn einen der nächste Bauer vom Zeltplatz holen und in seinem Haus einquartieren möchte, weil er das mit seiner Gastgeberehre nicht anders vereinbaren kann. Die Bhutaner haben mir aber auch immer wieder klar gemacht, dass ich in der Nähe von indischen oder nepalesischen Gastarbeitern (also in der Nähe der großen Baustellen) mein Zelt besser nicht aufstellen solle, weil die lästig werden oder klauen könnten.

Unterwegs mit ›Karma‹

Checkpoints/Kontrollposten

An vielen Orten innerhalb Bhutans gibt es Kontrollposten der Immigration Police, genauer gesagt des ›Ministery of Immigration‹. An diesen Kontrollen müssen alle Ausländer ihre Reisepapiere (Reisepass, Visum mit der genehmigten Reiseroute) vorzeigen. Der Kontrollposten wird einen Stempel auf das letztgenannte Papier setzen und die Daten in ein dickes Buch eintragen. Bei Reisegruppen macht das der Reiseleiter oder der bhutanische Guide. Wer mit dem öffentlichen Bus fährt, muss an den Kontrollstellen ebenfalls raus und seine Papiere abstempeln lassen.

Kontrollposten sind hinter Thimphu im Dorf Hongtsho auf dem Weg hoch zum Dochu La, in Rimcheding bei Phuentsholing, an der Brücke bei Chapcha auf der Straße nach Chhukha, zehn Kilometer westlich von Trongsa, an der Brücke bei Sarpang, an der Brücke nördlich von Gelephu, an der Brücke unterhalb von Trashigang, vier Kilometer nördlich von Samdrup.

Diplomatische Vertretungen

▶ **Ausländische Botschaften in Thimphu**

Indische Botschaft, India House Estate, Tel. +975/2322162, Fax +975/2323195, www.indianembassythimphu.bt, hocbht@druknet.bt. Bürozeiten: 9–16 Uhr (im Winter) 9–17 Uhr (im Sommer)

Botschaft von Bangladesh, Plot No. HIG-3, Upper Chubachu, Tel. +975/2322539, Fax +975/2322629, bdoot@druknet.bt

▶ **Ausländische Konsulate in Thimphu**

Kanadisches Konsulat, POBox 201, Tel. +975/2322109 oder 02332615, canada@druknet.bt

Dänisches Konsulat, POBox 614, Tel. +975/2323331, pbhrpk@um.dk

Niederländisches Konsulat, Lanjuphaka, POBox 815, Tel. +975/2323259 oder 02324871, consulate@snv.org.bt

Schweizer Konsulat, Hejo, Tel. +975/2322870, Fax: 02323210, helvetas@druknet.net.bt

Guru Lhakhang in Mongar

▶ **Länder, deren Botschaften nicht in Bhutan, sondern in New Delhi sind**: Australien, Belgien, Brasilien, Brunei, China, Kolumbien, Europäische Union, Finnland, Indonesien, Japan, Kambodscha, Laos, Malaysia, Myanmar, Nepal, Nord-Korea, Norwegen, Österreich, Oman, Saudi Arabien, Schweden, Singapur, Slowenien, Spanien, Sri Lanka, Süd-Korea, Thailand und Vietnam.

▶ **Botschaften Bhutans im Ausland**

Bangladesch (in Dhaka), Indien (in Neu Delhi und Kolkata), Kuweit (in Kuweit City), Thailand (in Bangkok), Europäische Union (in Brüssel), Vereinte Nationen (Botschaften in Genf und New York).

Diplomatische Beziehungen mit China gibt es seit der Invasion nach Tibet (1949/50) nicht. Es gibt Generalkonsulate in Macau (seit 2000) und in Hongkong (seit 2004). Diplomatische Beziehungen existieren außerdem mit Afghanistan, Australien, Bahrain, Brasilien, Japan, Kanada, Kolumbien, Malediven, Nepal, Pakistan, Singapur, Süd-Korea und Vietnam.

Elektrizität

Bhutan hat genug Strom – Bhutan steht sozusagen unter Strom. Der größte Ressourcenreichtum des Landes sind die vielen Flüsse und deren Gefälle – ideal, um viel Strom zu gewinnen. Ein Großteil des Stroms wird nach Indien verkauft. Aber auch im Land selber herrscht eine gute Versorgungssicherheit. Die Spannung ist wie bei uns mit 220 Volt angegeben, die Frequenz mit 50 Hertz. Ob die Leitungen alle dreiadrig sind (Erdung), konnte nicht verifiziert werden – das bleibt im Einzelfall immer zu hoffen. Die Wandstecker in manchen Hotels oder Haushalten sind nur für die schmalen Eurostecker geeignet. Manchmal scheinen aber auch diese nur mit viel Gewalt rein- und rauszugehen. Wer auf dem Land unterwegs ist und in einem kleinen Imbiss-Lokal seine Kamera oder das Mobiltelefon aufladen möchte, muss bedenken, dass mancherorts der Stromgenerator erst gegen Abend eingeschaltet wird.

Kleines Einkaufszentrum in Thimphu

Einkaufen

Zum Einkaufen in den Läden Bhutans gibt es nicht viel zu sagen. Man geht in den Laden und kauft das, was man braucht – nicht anders wie bei uns zu Hause. Es kann nur sein, dass die Auswahl etwas anders aussieht. In den Supermärkten Thimphus bekommt man fast alles für die Reise durchs Land – bis auf Müsli. Das habe ich vergeblich gesucht. Mit einzeln gekauften Haferflocken, Cornflakes, Trockenobst und Nüssen kann man sich jedoch selber etwas mischen. Der größte Supermarkt Thimphus ist gleich an der Ostseite des Clocktower Square. Spannend könnte es höchstens werden, wenn man in einen der kleinen Läden geht und der Verkäuferin sagen muss, was man braucht. Im Chaos und Dunkel zwischen den Kisten und Kartons ist es für den Käufer nicht gleich offensichtlich, auf was man zeigen müsse. Die sprachliche Barriere kann dann dazu führen, dass man sich erst einmal jemanden suchen muss, der englisch spricht und gegenüber der Verkäuferin dolmetscht.

Der Einkauf von Souvenirs ist eine andere Sache. Die dafür ›zuständigen‹ Handicraft-Läden stehen an fast jeder Ecke, wo Touristenströme vorbeikommen. Die Anzahl ist unübersichtlich geworden. Erwähnenswert sind höchstens noch die Läden der Frauen-Kooperative ›National Handicraft Emporium‹ in Thimphu, Paro und Jakar sowie der Verkaufsladen Sangay Arts & Crafts neben dem Nationalen Institut for Zorig Chusum. Wer antikes Kulturmaterial kaufen will, muss darauf achten, dass das Objekt auch einen Freigabe-Stempel der Nationalen Kommission für alte Kunst besitzt, damit es bei der Ausreise am Zoll keine Probleme gibt. Lohnenswerte Souvenirs aus Bhutan sind gewebte Stoffe (Rohseide, Wolle), Bambus-Waren, religiöse Objekte (Thangkas, Gebetsmühlen, Gebetsfahnen, Katas (Schal), Tanzmasken, Gefäße für Butterlampen, Räucherstäbchen, Statuen von Buddha und anderen Heiligen), Schmuck, Holzschnitzereien, bedruckte T-Shirts oder auch Ghos. Man muss sich allerdings im Klaren sein, dass viele der vermeintlichen bhutanischen Objekte in Nepal oder Indien hergestellt wurden. Interessant sind auch CDs mit bhutanischer oder buddhistischer Musik. Der lohnenswerteste Buchladen Thimphus ist der ›DSB Books‹ in der Chang Lam. Hier findet man meist auch Bücher über die Vogelwelt oder Flora Bhutans, einige gute Bildbände oder Bücher über geschichtliche Aspekte des Landes. Hier konnte man auch eine gute Landkarte von Bhutan bekommen.

Alte Ladenzeile

Sitz der Frauenkooperative ›National Handicraft Emporium‹ in Thimphu

Es gibt in Thimphu auch einen Laden für Outdoor-Ausrüstung – falls man zu Hause etwas vergessen haben sollte: im Changlam Plaza (fast alles ›Made in China‹).
Ein Besuch des ›Bauernmarktes‹ (›Weekend Market‹) in der Chhogyel Lam lohnt sich. Produkte oder Teile von Tieren und Pflanzen würde ich nicht mit nach Hause nehmen, da es aus vielen Gründen Ärger mit dem Zoll geben kann (veterinärrechtliche oder artenschutzrechtliche Gründe). → S. 414
Eine Ausnahme mag Cordyceps sinensis, der Raupenpilz, sein, den es im Ganzen

Hund frisst Opfergaben auf einem Markt

oder zu Pulver gemahlen gibt. Ebenso günstiger als im Rest der Welt bekommt man in Bhutan Zitronengrasöl aus Ost-Bhutan. Wer in Bhutan Tee einkauft, bekommt entweder indischen oder solchen aus Ceylon. Da Bhutan einige besonders aufwendig gestaltete Briefmarken herausgibt, lohnt sich für Sammler auch der Kauf von diesen Objekten. Hierzu begebe man sich in die Hauptpost (siehe Punkt Post).
Die Ladenöffnungszeiten sind in Bhutan sehr variabel. In der Hauptstadt öffnen die meisten Läden gegen 8 Uhr bis 8.30 Uhr früh und schließen um 20 Uhr am Abend. Manche Läden machen ein bis eineinhalb Stunden Mittagspause.

Essen und Trinken

Abgesehen davon, dass die meisten Besucher Bhutans sich im hoteleigenen Restaurant versorgen und verwöhnen lassen, sei trotzdem darauf hingewiesen, dass es auch viele exzellente Restaurants und Küchen gibt, besonders in Thimphu. In den kleineren Distriktzentralen beschränken sich die Restaurants außerhalb der Hotels auf Imbissbuden oder Restaurants für die lokale Bevölkerung. Bei diesen Lokalen sind die Preise niedrig, das Essen gut, die Portionen ausreichend groß und die Zubereitungen sind immer frisch und schnell. Ich habe bei meinen Reisen durch Bhutan immer nur diese Lokale aufgesucht, wenn ich nicht aus praktischen Gründen oder wegen der Höflichkeit im Hotel gegessen hatte.
Die Gerichte sind sowohl **regional unterschiedlich** (zwischen Ost-, Süd- und West-Bhutan gibt es einige lokale Unterschiede in der Auswahl der Speisen) als auch saisonal stark variierend. Die Wenigsten haben eine Gefriertruhe, so dass es immer frische Saisonware gibt.
Klar ist, dass in den Lokalen der Einheimischen **stark mit Chili gewürzt** wird – woran man sich nur sehr langsam gewöhnen kann. Wer das nicht verträgt, kann dem Koch oder der Bedienung einfach sagen ›no chili‹. Bei vielen kleinen Hotels oder

Pensionen auf dem Land steht auf dem Schild ›Fooding and Lodging‹. Hier kann man also jederzeit auch auf ein einfaches und schnelles Mittagessen einkehren. Die Auswahl an Getränken ist in der Regel auf Tee und auf das beschränkt, was gerade im Kühlschrank an verschiedenen süßen Sprudelgetränken steht. Selten haben die Lokale auch ein Bier.

In Bhutan ist eine **vegetarische Ernährung** aus religiösen Gründen nicht ungewöhnlich, auch wenn es den hiesigen Mönchen gestattet ist, Fleisch zu essen. Folglich sollte es in den meisten Restaurants auch immer eine Auswahl fleischloser Speisen geben.

Trinkgelder sind in Bhutan üblich – dieses System haben sie von den Indern übernommen. Im Hotel lässt man bei einer Übernachtung von 2000 Nu etwa 100 bis 200 Nu an der Rezeption als Dankeschön fürs Personal zurück. Im Restaurant kann man die Rechnung entweder gut aufrunden oder man gibt auch etwa zehn Prozent als Trinkgelder dazu. Ich würde das etwas davon abhängig machen, ob es ein Restaurant mit viel Personal ist oder ein kleiner Familienbetrieb.

Überall kommt das Essen frisch auf den Tisch

Fahrrad

Mit dem eigenen Reiserad anzureisen lohnt sich nur, wenn man die Erlaubnis bekommen hat, in Bhutan auch frei zu radeln. Es gibt Anbieter in Bhutan, die organisierte Mountainbike-Ausflüge oder Radel-Events durchführen. Da ist dann das eigene Fahrrad oft auch mitzubringen. Bei diesen Angeboten handelt es sich aber meistens um eher sportliche Ausflüge mit kulturellem Beiprogramm, weniger um den Genuss, die Landschaft auf eine etwas langsamere und ruhigere Weise zu erfahren. Die Tagesetappen der Radfahr-Anbieter richten sich nach der Hoteldichte und liegen in der Regel bei um die 60 Kilometer. Dabei muss das Gepäck aber nicht mitgeschleppt werden – das fährt im Minibus hinterher oder vorneweg. In der Hauptstadt Thimphu existiert Helmpflicht für Radfahrer. Außerhalb ist es wenigstens an den steilen Abfahrten und in den größeren Siedlungen oder Städten empfohlen. Einen annehmbar guten Fahrradladen gibt es gleich oberhalb des Erinnerungs-Chörten in Thimphu.

Wer unbedingt am großen Mountainbike-Rennen von Jakar nach Thimphu teilnehmen möchte, setze sich mit einer einladenden Agentur in Bhutan in Verbindung. Das Rennen ist bezüglich der Höhenmeter ziemlich heftig und nichts für Anfänger. Die Strecke geht über 268 Kilometer über drei hohe Pässe (Yotang La, Pele La, Dochu La).

Mit dem Fahrrad unterwegs in Zhemgang

Feiertage

In Bhutan sind fast alle Feste von religiöser Bedeutung. Sie sind wichtige Bestandteile der kulturellen nationalen Identität.

Die wenigen **weltlichen Feierlichkeiten** sind: der Nationalfeiertag am 17. Dezember, der an die Krönung des ersten Drachenkönigs und an die Einführung der Monarchie im Jahr 1907 erinnert, sowie der Geburtstag des vierten Königs (Vater des jetzigen Königs) am 11. November. Zu seinem 60. Geburtstag wurden am 11.11.2014 im Nationalstadion in Thimphu, aber auch in allen Distriktzentralen große Feierlichkeiten abgehalten. Ebenso wichtig ist der Krönungstag des fünften Königs, der 2. Juni.

Bhutan richtet sich offiziell nach dem **tibetischen Mondkalender,** wonach der erste Tag des Jahres (Gyalpo Losar) der erste Neumond des Februars ist. Dieser Tag ist kein hoher Feiertag und wird hauptsächlich im Kreis der Familie oder enger Freunde verbracht. Nur in manchen Ortschaften und Tempeln werden zu Neujahr religiöse Zeremonien für die lokalen Gottheiten durchgeführt. Außerdem gibt es am Neujahrstag Bogenschießwettbewerbe (→ S. XXX). In den Distrikten im Osten wird Neujahr (Nyinlo) zur Wintersonnenwende (21. Dezember) gefeiert. In Haa und Paro wird dieser Tag (Lomba) nach dem alten Ackerbaukalender am letzten Tag des 10. und an den beiden ersten Tagen des 11. bhutanischen Mondmonats gefeiert, was nach unserem Kalender Ende November oder Anfang Dezember ist. Im Süden des Landes wird unter der nepalesischen Bevölkerung das Neujahrsfest am ersten Neumondtag des Aprils gefeiert.

▶ **Tsechu-Termine:**

Durch den Mondkalender verschieben sich jedes Jahr die Festlichkeiten und Festivals (Tsechu, auch Thsechu geschrieben) in den Distrikten. Als Anhaltswert sind die Daten für 2016 angegeben – jedoch ohne Gewähr! Die stets aktuellsten Daten erhält man auf der Seite www.tourism.gov.bt oder unter info@tourism.gov.bt.

1.–5. Januar Dagana Tsechu, 13.–15. Januar Dagapela Tsechu, 17.–20. Januar Gelephu Tsechu, 17.–19. Februar Punakha Tsechu, 22. Februar und 9. März Chörten Kora Festival, 23. Februar Nomaden-Festival Bumthang, 26.–28. Februar Trashi Yangtse Tsechu, 5. März Bhutan Marathon (Gasa-Punakha), 14.–17. März Gasa Tsechu, 17.–18. März Gom Kora Festival, 16.–18. März Zhemgang Tsechu, 27.–29.

Die Tsechus sind wichtiger Bestandteil der nationalen Identität

Die Flagge Bhutans am Fahrrad des Autors

März Tsirang Tsechu, 29.–31. März Peling Tsechu (Bumthang), 20.–24. März Paro Tsechu, 18.–20. April Rhododendron Festival, 10 Kilometer unterhalb Dochu-La, 18.–23 April Ura Yak Choe (Bumthang), 12.–24. Juni Dramitse Tsechu. 15. Juni Kurjey Lhakhang Tsechu (Bumthang), 5.–6. Juli Haa Tsechu, 5. September ›Tour of the Dragon‹ Mountainbike-Rennen von Jakar nach Thimphu (268 Kilometer), 11.–13. September Thimphu Tsechu, 6.–10. Oktober Pemagatshel Tsechu, 7.–8. Oktober Jomolhari Mountain Festival (am Fuß des Berges), 9.–11. Oktober Gangtey Tsechu (Phobjikha-Tal), 6.–10. November Jakar Tsechu, 6.–9. November Mongar Tsechu, 11. November Geburtstagsfeier für den vierten König im Changlimithang-Stadion Thimphu, 11. November Schwarzhals Kranich-Festival in Gangtey (Phobjikha-Tal), 7.–11. November Trashigang Tsechu, 13. Dezember Druk Wangyel Tsechu (Dochu La), 7.–11. Dezember Lhuentse Tsechu, 8.–10. Dezember Trongsa Tsechu.

Flagge

Die Flagge Bhutans ist im Hintergrund diagonal halbiert. Links ist die Farbe gelb, rechts orange. In der Mitte gibt es einen flügellosen, weißen Drachen mit dunkelgrauen Konturen, der in seinen Klauen Edelsteine hält. Die Farbe Safrangelb steht für die Macht des Königshauses über weltliche und religiöse Angelegenheiten. Das Orange steht für die geistliche Kraft des Buddhismus. Der flügellose, Drache symbolisiert einerseits den bhutanischen Namen für Bhutan, Druk-Gyalkhap (Drachenreich), andererseits steht er für den Donner, der wegen der starken Gewitter in den Berglandschaften zu hören ist. Der Donner ist die Stimme des Drachen. Die vier Juwelen sind ein Symbol für das Universum. Im Gegensatz zu den Flaggen-Drachen der chinesischen Kaiser, die sehr ähnlich aussehen, besitzt der bhutanische Drachen nur drei nach vorne gerichtete Krallen (statt vier).

Fotografieren und Filmen

Wer noch mit Dia-Positiv oder Negativfilmen arbeitet, muss sich sein Filmmaterial selbst mitbringen. Ich habe keinen Laden in Bhutan gesehen, der dieses Material noch vorrätig hat. Wer viel Kultur und Klöster fotografiert, dem sei ein gutes Weitwinkel empfohlen. Mein Favorit ist ein 10 bis 20 Millimeter Objektiv für die oft engen Innenhöfe der Dzongs und die hohen Türme der Utse. Außerdem kann man mit einem solchen Objektiv auch gute Landschafts-

Ausrangierte Gebetsmühlen

Junge Mönche im Dzong von Luntshi

eindrücke festhalten. Wer mehr an Natur und Pflanzen oder Tiere interessiert ist, bringe entweder ein Zoom von beispielsweise 20 bis 200 Millimeter mit, oder gehe gleich auf größere Brennweiten.

Das Fotografieren und Filmen in den Klöstern ist erlaubt, innerhalb der Tempel aber in der Regel verboten. Dieses Verbot ist umso weicher, je weiter man nach Ost-Bhutan kommt. Dort sind die Mönche (noch) hilfsbereit gegenüber den Besuchern, führen diese durch die heiligen Stätten und lassen oft auch alles fotografieren. Ein dringender Tipp: Wenn man im Kloster tatsächlich die Erlaubnis bekommt, im Tempel fotografieren zu dürfen, dann halte man nicht zu provokativ direkt auf den Altar zu. Lieber erst hohes Interesse an den Wandgemälden zeigen, dann den gesamten Raum aufnehmen und am Schluss ein gutes Foto vom Altar - wenn möglich ohne Blitz. Dann wirkt das gesamte Gehabe des Besuchers nicht ganz so voyeuristisch und aufdringlich. Wenn der Mönch das Fotografieren nicht erlaubt, sollte man sich auch daran halten und nicht frech aus der Hüfte heraus abdrücken.

Das Fotografieren von militärischen Objekten ist auch in Bhutan untersagt - in der Hinsicht haben alle Länder dieser Welt die gleiche Verfolgungsneurose.

Gesundheit

Für Europäer sind bei der Einreise nach Bhutan, also über Nepal, Indien, Bangladesch, Thailand oder Singapur keine Impfungen vorgeschrieben. Falls der Impfschutz gegen Hepatitis A, Tetanus, Polio und Diphtherie abgelaufen ist, empfiehlt es sich, diesen vor der Reise in der Heimat aufzufrischen. Fast alle in Europa gängigen Medikamente sind in Thimphu erhältlich, in den Distrikt-Zentralen wird es schon schwierig. Apotheken gibt es in fast jeder Kleinstadt. Im medizinischen Notfall kann man über die Botschaften die Adressen deutsch- oder englischsprechender Ärzte in der Region erhalten. Wer sich abseits der Zivilisation bewegt (Trekkingtouren), sollte seine Reiseapotheke entsprechend aufrüsten und sich im Fall von Erster Hilfe selbst versorgen können.

Nach dem Genuss von ungewaschenen oder ungekochten Nahrungsmitteln kann es schnell zu Magen-Darm-Beschwerden kommen. Besonders in Regionen mit vielen Weidetieren besteht das Risiko einer Infektion mit Giardia (durch Parasiten verursachte

Wer das Streicheln nicht lassen kann, sollte über eine Tollwutimpfung nachdenken

Durchfallerkrankung), auch aus vermeintlich sauberen Wasserquellen. Man sollte daher Wasser möglichst von nur solchen Bächen entnehmen, bei denen man sich sicher ist, dass nicht von Menschen oder Tieren am Oberlauf Fäkalien oder Unrat eingeleitet wurde. Empfindliche Naturen sollten Entkeimungstabletten (z.B. ›Micropur‹) zur Behandlung des Wassers benutzen oder einen entsprechenden Filter verwenden. In den Hotels und Landgasthöfen stehen immer mehrere Thermoskannen mit kochend heißem Wasser für die Gäste und deren Tee zur Verfügung.

Gerade wer viel zu Fuß unterwegs ist oder viel Kontakt mit Hunden hat, sollte berücksichtigen, dass in Bhutan Tollwut unter Hunden verbreitet ist. Streunende Hunde gibt es genug. Dennoch ist das Risiko, gebissen zu werden, als eher gering anzusehen – angemessenes Verhalten vorausgesetzt: Fremde Tiere nie berühren oder streicheln! Bei Bissverletzungen oder bei Blut- oder Speichelkontakt durch streunende Tiere ist umgehend ein Arzt beziehungsweise medizinische Hilfe aufzusuchen. Der Reisende kann sich auch durch eine aktive Schutzimpfung gegen Tollwut schützen, empfohlen wird das jedoch eher für Reisen in die tropischen und subtropischen Regionen Asiens (Laos, Kambodscha, Myanmar oder Thailand), Bhutan gehört nicht unmittelbar zum Risikogebiet.

Höhenanpassung

Für diejenigen unter den Reisenden, die hoch hinauf wollen, also beispielsweise zum alpinen Trekking oder gar Bergsteigen nach Bhutan kommen, sind an dieser Stelle einige Tipps zur Höhenanpassung angebracht. Es sei aber auch gleich darauf hingewiesen, dass das Bergsteigen über 6000 Meter Höhe in Bhutan verboten ist (→ S. 392). Aber auch bei vielen der Trekkingtouren kommt man weit über die oft problematische **5000er Höhenlinie**. Die Höhe verursacht kein gesundheitliches Problem, wenn man sich richtig verhält. Das gilt auch für Besucher aus dem ›Flachland‹.

Abfahrt vom Kori La

Jeder, selbst die erfahrenen Höhenbergsteiger, müssen sich der Prozedur der Höhenanpassung unterwerfen.

Die Anpassung des menschlichen Organismus an die Höhe, also an den geringeren Sauerstoffgehalt in der Atmosphäre und damit an den geringeren Sauerstoffpartialdruck im arteriellen Blut, findet bei jedem Menschen unterschiedlich schnell statt. Eine allgemeine Aussage, wer besonders empfindlich gegenüber der Höhe ist, gibt es nicht: Sportlich durchtrainierte, alte und junge Menschen können gleichermaßen betroffen sein! Besonders angepasst muss man sein, wenn man Bergtouren in über 5000 Meter machen möchte. Hier beträgt der Sauerstoffpartialdruck in der Luft nur noch 50 Prozent dessen der Meereshöhe. Bis der Körper genug rote Blutkörperchen gebildet hat, versucht er den Mangel mit stärkerer Atem- und Herzfrequenz auszugleichen. Eine vollständige Akklimatisation kann eventuell auch bis zu zwei Wochen dauern.

Typische **Symptome der milden Höhenkrankheit** (acute mountain sickness) sind Kopfschmerzen, Magenprobleme und Übelkeit, Erbrechen, Schwindel, Appetitlosigkeit, Schlaflosigkeit und rasender Puls. Die körperlichen Alarmsignale sollten jeden veranlassen, langsamer aufzusteigen, kleinere

Zwischen Gelephu und Zhemgang

Pausen einzulegen und nachts in tieferen Lagen zu schlafen (›climb high, sleep low‹). Wer nicht angepasst ist, zu schnell in Höhen über 4000 Meter kommt und nicht auf die Symptome achtet, riskiert Bewusstlosigkeit, Halluzinationen, blutigen Auswurf, blaue Lippen und Finger und im schlimmsten Fall ein Lungen- oder Gehirnödem. Die Ödeme sind akut lebensbedrohlich, einzige Hilfe ist dann der schnelle Transport in tiefere Lagen.

Es ist akzeptabel, die milden Symptome der Höhenkrankheit zu entwickeln, aber es ist dumm und leichtsinnig, an Höhenkrankheit zu sterben! Kopfschmerzen, geringe Kreislauf- oder Atemprobleme und Übelkeit kann man mit Aspirin bekämpfen. Es ist jedoch zu beachten, dass man erst dann weiter aufsteigen darf, wenn man ohne Schmerzmittel symptomfrei ist.

Eine beliebte **Prophylaxe** gegen Höhenkrankheit bietet das Medikament Diamox (Wirkstoff Acetazolamid), das den Gasaustausch des Blutes verbessert und den Gehirndruck senkt. Nur wer unter ›Diamox‹ symptomfrei ist, darf weiter aufsteigen! Bekommt man unter prophylaktischer ›Diamox‹-Anwendung Höhenkrankheitssymptome und steigt trotzdem weiter, so können schlimmere Auswirkungen bis hin zu Ödemen durch ›Diamox‹ nicht verhindert werden!

Goldene Regeln zum Aufenthalt in großer Höhe von der Himalayan Rescue Association:

- Jeder kann höhenkrank werden, aber niemand muss daran sterben.
- Jede Gesundheitsstörung in der Höhe muss als Höhenkrankheit gelten, solange nicht das Gegenteil bewiesen ist.
- Bei Symptomen der Höhenkrankheit ist jeder weitere Aufstieg zu vermeiden.
- Wenn die Symptome zunehmen, muss sofort abgestiegen werden.
- Personen mit akuter Bergkrankheit dürfen niemals alleine gelassen werden.

Hygiene

Die hygienischen Bedingungen in den Touristen-Hotels sind gut bis sehr gut. In den kleinen Gasthöfen und Pensionen geht es meistens etwas rustikaler zu – da darf man nicht immer pingelig sein. Im Gegensatz zu Indien und China liegt auf den Straßen und Gehwegen so gut wie kein Müll herum. Die Bevölkerung ist in den letzten Jahren genug sensibilisiert worden. Trotzdem ist die Müllbeseitigung noch kein perfekt gelöstes Thema in Bhutan (→ S. XXX).

Öffentliche Toiletten sind auf dem Land kaum vorhanden. In den Kleinstädten sind Toiletten vorhanden – man sei aber auf die Toiletten der Hotels und Restaurants verwiesen. Überhaupt ist Bhutan bestrebt,

den menschlichen Einfluss auf die Landschaften und Natur so klein wie möglich zu halten. Dazu gehört es auch, dass einige Distrikte ein- bis zweimal im Jahr einen Müllsammeltag einberufen. In Bhutan war es ja noch vor wenigen Jahrzehnten üblich, die Bevölkerung für Gemeinschaftsprojekte (staatliche Frondienste) hinzuzuziehen. Heutzutage wird das über eine finanzielle Abgabe an den Staat gelöst. Aber die Mentalität des gemeinschaftlichen Anpackens ist noch vorhanden.
Ebenso vorbildlich für asiatische Verhältnisse ist die Qualität der Fließgewässer. Selbst entlang der großen Flüsse mit entsprechend großen Einzugsgebieten findet man praktisch keine Plastikflasche oder Mülltüte am Ufer. Sogar die großen Flüsse haben Trinkwasserqualität.

Individuelles Reisen

Der Traum eines jeden Individualtouristen ist es, ohne staatliche oder gesellschaftliche Beschränkungen ein Land mit eigenen körperlichen Anstrengungen (Wandern, Radeln, Kanu, Pferd...) zu erfahren. Das ist in Bhutan normalerweise nicht zulässig, da ja jeder Tourist an eine Reiseagentur gebunden ist und deshalb immer einen Guide dabei hat. Selbst die Fahrradtouristen radeln mit Begleitfahrzeug und vorher abgestimmter Route. Wer wirklich indivi-

Mülleimer mit unmissverständlicher Aufforderung

Auch das gibt es leider

duell in Bhutan reisen möchte, der muss alleine mit seinem Guide und dem Fahrer des Fahrzeuges reisen. In der Regel ist der Guide nicht der Fahrer. Das ist dann das individualistischste Programm, was in Bhutan für normale Besucher möglich ist. In dem Fall von ein bis drei Touristen muss man etwa 40 US-Dollar pro Person mehr zu den 250 US-Dollar pro Tag zahlen. Anmerkung: in den Wintermonaten (Dezember, Januar, Februar) und Monsun-Monaten (Juni bis August) sind das nur 200 US-Dollar.

Internet

Das Internet kam 1999 ins Land (wie auch das Fernsehen). In Bhutan gibt es landesweit ein Internetangebot über den Mobilnetzanbieter Bhutan Telecom. Entweder besorge man sich eine entsprechende SIM-Karte für den eigenen USB-Internet-Stick oder man hoffe darauf, dass bei den gebuchten Hotels stets das W-LAN auch funktioniert. In manchen Hotels gibt es auch LAN-Anschlüsse. Davor muss man allerdings sein LAN-Kabel von zu Hause mitbringen.

Landkarten

Neben den schwierig zu bekommenden russischen Generalstabskarten 1:200 000 (sehr gute Topographie) gibt es noch gute Karten Bhutans im Maßstab 1:390 000, 1:380 000 und 1:1300 000. Die erstgenannte Karte ist vom ›Himalayan Map‹ Druckhaus (ISBN 99933-23-44-6) und kostet neu um die 21 Euro. Die zweite Karte stammt aus dem Haus Itmb (Vancouver) und kostet im Internet etwa zehn Euro. Die Karte mit dem sehr kleinen Maßstab ist vom Reise Know-How Verlag aus Bielefeld. Diese Karte hat reißfestes Papier und kostet ebenfalls zehn Euro. Auf verschiedenen anderen Karten zu Indien oder Tibet ist Bhutan mit abgebildet, aber dafür entsprechend klein.

Maße und Gewichte

Bhutan hat zwar die Maßsysteme des indischen Subkontinents, aber auch einige Maße und Gewichte von den Briten übernommen. Es gibt Pounds und Inch, aber auch Kilogramm und Meter. Die Entfernungen sind in Kilometer angegeben. An den Tankstellen wird der Treibstoff in Litern abgegeben. Bei den Angaben der Inhalte von Getränkeflaschen kann es auch schon mal 0,6 Liter-Flaschen geben. Beim Einkauf auf dem Land wird man schnell erkennen, dass die Handelsware häufig nach Augenmaß abgewogen wird. Alles in allem für einen Mitteleuropäer keine besonderen Umstellungen.

Militär

Das Militär Bhutans ist nicht so stark in der Öffentlichkeit zu sehen wie in den Nachbarländern. Manchmal sieht man die Lkws auf der Straße (Kennzeichen RBA), aber ansonsten bleibt das Militär lieber im Hintergrund. Bhutan gibt etwas mehr als ein Prozent der Staatsausgaben für seine Streitkräfte aus. Insgesamt soll es 7000 Soldaten und Militärangehörige geben. Bhutan hat keine Luftwaffe, noch nicht einmal einen Helikopter. Die Diskussionen laufen seit einigen Jahren, ob nicht wenigstens zwei Helikopter eingekauft werden sollen, die dann in West- und in Ost-Bhutan stationiert würden. Bisher muss im Fall eines Notfalls oder eiligen Krankentransportes immer die indische Armee nach Bhutan fliegen. Die Zusammenarbeit zwischen der indischen und der bhutanischen Armee wird kontinuierlich geprobt. Dafür gibt es beispielsweise die große gemeinsame Militärsiedlung bei Haa. Ohne diese Kooperation hätte die bhutanische Armee kaum das KnowHow, gegen die Assam-Rebellen in Süd-Bhutan vorzugehen.

Bitte keine Uniformierten oder Kasernen fotografieren. Ansonsten sind Soldaten

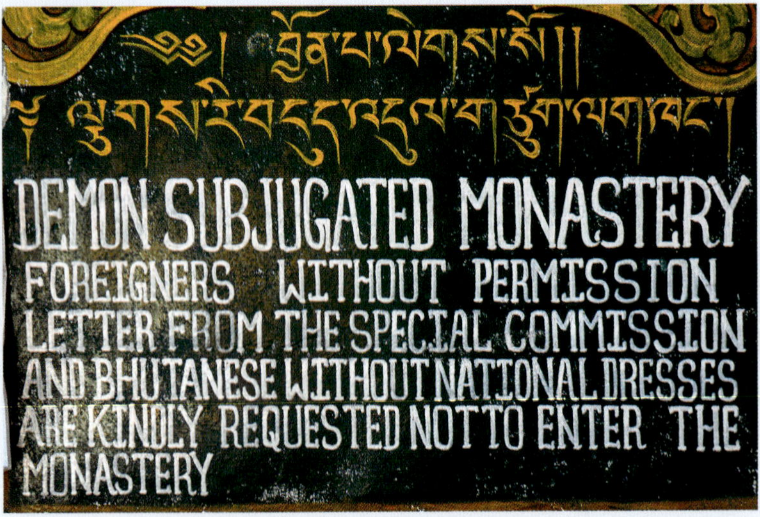

Auch für manche Klöster braucht man eine Erlaubnis

auch in Bhutan freundlich und helfen einem weiter, beispielsweise mit der Wegbeschreibung oder heißem Wasser für die Thermoskanne.

Permits

Eine Erlaubnis, Bhutan zu bereisen, hat man mit der Einladung und dem Visum schon bekommen. Es gibt allerdings Regionen im äußersten Norden, Osten und Süden, die für Ausländer Sperrgebiete sind. Will man diese trotzdem bereisen, so muss man sich an seinen Reiseanbieter aus Bhutan wenden. Diese versuchen dann auch über das TBC, das Tourism of Bhutan Council, an diese Permits zu gelangen (Post Box 126, Thimphu, Tel. +975/2323251 oder 02323252, info@tourism.gov.bt, www.tourism.gov.bt). Das TBC wird im Fall eines Besuches eines Sperrgebietes das Innenministerium befragen und von dort das nötige Permit erhalten. Der zeitliche Vorlauf ist dafür mit mindestens zwei Monaten anzusetzen. Individualtouristen in Bhutan sollten ihre Reisepapiere stets in einem korrekten Zustand halten und ihre darin angegebene Reiseroute auch einhalten.

Polizei und Kontrollen

Grundsätzlich ist die Polizei Bhutans sehr freundlich gegenüber Europäern und spricht in der Regel auch ein gutes Englisch. Die Polizei der Einwanderungsbehörde hat die Aufgabe, die Ausländer und deren Fahrzeuge an den Kontrollstellen im Land zu überprüfen (siehe Checkpoints).

Post

Briefe und Postkarten werden mit großer Sicherheit und Zuverlässigkeit nach Europa transportiert. Die Briefmarken Bhutans sind kleine Juwelen: aufwendig gestaltete großformatige Briefmarkenblöcke oder Serien. Entweder gibt es Motive aus der Natur oder das Königspaar ist abgebildet. Für Sammler gibt es einen separaten Raum im Gebäude der Hauptpost in Thimphu: nach der hohen Treppe rechts in den rechten Gebäudeflügel gehen und dort in die separate Holztür (links im Gebäude sind die Schalter der Nationalbank). Das Hauptpostamt ist in der Chang Lam gegenüber dem südlichen Ende des Nationalstadions. Bhutan hat auch in der Vergangenheit einige besondere Marken herausgebracht. Die bekannteste unter Sammlern ist die dreieckige Marke mit dem Yeti drauf – weltweit die einzige mit dem Fabelwesen.

Rafting/Kajak fahren

Viele Flüsse Bhutans eignen sich hervorragend zum Kajakfahren. Darunter sind auch einige höchst anspruchsvolle Strecken, die den Fahrern ein sehr hohes Können abverlangen (bis zur Kategorie VI). Saison ist im März/April und im November/Dezember. Während der höheren Wasserstände im Sommer (Monsun) sind fast alle größeren Flüsse Bhutans sehr gefährlich.
Beliebt ist der Paro Chhu von oberhalb Drukyel Dzong bis nach Chhuzom. Einige enge und steile Stromschnellen erfordern ein gutes Kajak. Interessant wird es auch unterhalb von Chhuzom auf dem Wang Chhu. Hier gibt es kleine Wasserfälle und heftige Stromschnellen (Kategorie IV bis V) zwischen dicken Felsbrocken. Auf dem

Briefkasten

Vierbeiniger Gegenverkehr

Mo Chhu beziehungsweise dem Pho Chhu, oberhalb Punakhas, sind weite Flussabschnitte sehr gut befahrbar (Klasse V beziehungsweise Klasse III bis IV). Von Wangdue Phodrang flussabwärts auf dem Puna Tsang Chhu bis zur aktuellen Baustelle des Wasserkraftwerks (etwa 15 Kilometer) mit Klasse IV bis V. Auf dem Mangde Chhu unterhalb von Zhemgang bei Tingtibi gibt es einen Abschnitt von etwa 50 Kilometern mit Kategorien von V bis VI und einigen Wasserfällen – also nur für starke Fahrer geeignet. Ein amerikanisches Team (Mike Abbott, Ravi Frye und Marcus Morse) schaffte das 1997. In Jakar auf dem Bumthang Chhu gibt es dafür große Abschnitte mit der Klasse II bis III – also auch etwas für weniger extreme Sportler. Noch weiter im Osten gibt es eine etwa 20 Kilometer lange Strecke auf dem Kuru Chhu von Lhuentse bis zum Dorf Autsho, die als Klasse IV bis VI+ geführt werden (bei normalen Wasserständen), aber auch einige Abschnitte mit Vs besitzen.

Reiseveranstalter

Alle Reiseveranstalter, die Touren in Bhutan anbieten, werden hier nicht Platz finden. Dazu recherchiere man im Internet! Die **Liste der zugelassenen Agenturen** kann unter www.tourism.gov.bt eingesehen werden. Ich möchte mich an dieser Stelle nur auf die deutschsprachigen Reisebüros, die bekanntesten bhutanischen Agenturen sowie einige Spezialanbieter konzentrieren. Die Reihenfolgen besitzen keine Wertigkeiten, sondern sind alphabetisch bedingt.

▶ **Veranstalter in Deutschland**

At-Reisen, Karl-Liebknecht-Str. 127, 04275 Leipzig, Tel. 0341/550094-0, www.at-reisen.de. Verschiedene Trekking- und Kulturreisen, darunter auch der Snowman-Trek.

Auf und Davon Reisen, Lebrechtstr. 35, 51643 Gummersbach, Tel. 022 61/501 99-0, www.auf-und-davon-reisen.de. Kulturreisen unterschiedlicher Länge, einige davon mit Anreise auf dem Landweg (Zug und Bus) über Indien.

BCT-Touristik, Bonner Str. 37, 53721 Siegburg, Tel. 02241/9424211, www.die-bhutanreise.de. Dieser Bhutan-Reiseveranstalter und Bhutan Spezialist hat seit 1992 Erfahrungen mit Studienreisen nach Asien und in den Himalaya.

Berghorizonte, Alatseestr. 18, 87629 Füssen, Tel. 08362/9308672, www.berghorizonte.de. Der Reiseveranstalter aus dem Allgäu ist ein Spezialist für maßgeschneiderte Individual- und Kleingruppenreisen nach Bhutan. Mehrere Trekking- und Kulturreisen sind im Programm, darunter auch der legendäre Snowman-Trek.

Bhutan-Travel, Landshuter Str. 16, 85368 Moosburg, Tel. 08761/727915, www.

Früchte einer subtropischen Pflanze

Im Distrikt Luntshi

bhutan-travel.de. Einer der führenden Bhutan-Reisespezialisten Deutschlands – das Unternehmen gibt es seit über 47 Jahren. Deren Spezialität ist es, individuell gestaltete Privatreisen ab einer Person zu organisieren. Natürlich kann man auch an einer Gruppenreise durch Bhutan teilnehmen.

Chili Reisen, Pappelstr. 81–83, 28199 Bremen, Tel. 05051/7564, www.chili-reisen.de. Im Programm sind drei jeweils 19-tägige Kulturrundreisen, darunter auch eine Durchquerung von Ost nach West.

Diamir Erlebnisreisen, Berthold-Haupt-Str. 2, 01257 Dresden, Tel. 0351/312077, www.diamir.de. Diese Agentur für Reisen weltweit mit einigen besonderen Expeditionen im Programm bietet mehrere 14- bis 18-tägige Rundreisen und Trekkingtouren in Bhutan an.

Dr. Tigges (Gebeco GmbH), Holzkoppelweg 19, 24118 Kiel, Tel. 0431/5446-0, www.drtigges.de. Dieser renommierte Reiseanbieter für Studienreisen hat auch Bhutan im Programm. Fundierte Landeskunde wird bei den ReiseleiterInnen groß geschrieben.

e-Kolumbus, Taunusstraße 21, 60329 Frankfurt, Tel. 069/74305300, www.e-kolumbus.de. Diese Agentur bietet viele Bhutanreisen in Kombination mit Reisen nach Indien oder Nepal an. Reine Bhutanreisen werden auch zusammengestellt. Ziel von e-kolumbus ist es, die führende Online-Vertriebsplattform für Rund- und Erlebnisreisen in Deutschland zu werden. Ob der persönliche Service da mithalten kann? Dafür sind die Preise etwas günstiger.

Emporium Travel, Wilmersdorfer Str. 50/51, 10627 Berlin, Tel. 030/802083700, www.bhutan-deluxe.com. Diese Agentur bietet insgesamt 12 Bhutanreisen an, darunter auch eine siebentägige Fahrradrundreise (Paro – Punakha – Paro). Angeboten werden fast alle Regionen Bhutans, auch im Osten.

Erlebe Fernreisen, Flughafen-Ring 199, 47652 Weeze, Tel. 02837/6638-135, info@erlebe-bhutan.de, www.erlebe-bhutan.de. Dieser Anbieter legt großen Wert auf Individualismus und stellt daher für die Reisenden die einzelnen Wunschbausteine persönlich zusammen. Außerdem engagiert sich das Reiseteam auch bei sozialen Projekten in den Zielregionen.

E/T/C Edutainment Travel Company, Neureutherstr. 27, 80799 München, Tel. 089/2730680, www.etc-reisen.de. Individual- und Trekkingreisen. Es gibt zudem Spezialangebote für Reisen zu den buddhistischen Festivals.

Gecco-Tours, Salzbrunnen 19, 89426 Wittislingen, Tel. 09076/918877, www.gecco-tours.de. Dieser spezielle Veranstalter hat eine Vielzahl von kleinen und großen

Gruppenreisen im Katalog, gestaltet aber auch individuelle Reisen für einzelne Personen und hat eine schön gestaltete und informative Website.

Geoplan Privatreisen, Geisbergstr. 39, 10777 Berlin, Tel. 030/34649810, www.geoplan-reisen.de.

German Travel Network, Rothenburger Str. 5, 90443 Nürnberg, Tel. 0911/9899185, www.g-t-n.de. Klassische Rundreisen durch Bhutan.

Go East Reisen, Bahrenfelder Chaussee 53, 22761 Hamburg, Tel. 040/8969090, www.go-east.de. Im Programm sind eine 9-tägige Rundreise sowie ein 6-tägige Privatreise.

Haase Touristik, Dickhardtstr. 56, 12159 Berlin, Tel. 030/8418322-6, Fax -7, www.haase-touristik.de. Pauschalangebote für Individualreisende und Kleingruppen. Es sind Reisen verschiedener Länge im Angebot.

Hauser Exkursionen, Spiegelstr. 9, 81241 München, Tel. 089/235006-0, www.hauser-exkursionen.de. Renommierter Anbieter mit Trekking-, Mountainbike- und Kulturreisen in Bhutan. Die Hauser-Reisen sind bekanntlich im oberen Preissegment, bieten dafür aber auch sehr viel Komfort und Exklusivität. Hauser unterhält auch Büros in Zürich und Wien.

Ikarus Tours, Am Kaltenborn 49–51, 61462 Königstein/Taunus, Tel. 06174/2902-0, www.ikarus.com. Ikarus hat sechs Reisen mit Bhutan im Katalog. Dabei ist auch das Königreich Sikkim mit im Programm. Darunter ist eine Tour mit Ein- und Ausreise über den Landweg (Phuntsoling–Samdrup).

Reisefieber, Kleberstr. 6–8, 63739 Aschaffenburg, Tel. 06021/306530, www.reisefieber.net. Asienspezialist, der Kleingruppen, Studien- und Erlebnisreisen anbietet.

Rotel Tours, Herrenstr. 11, 94104 Tittling, Tel. 08504/404-0, www.rotel.de. Der Reiseanbieter aus der Umgebung von Passau bietet eine Reise durch Bhutan an. Die Einreise startet in Assam und kommt von Osten her ins Land. Von Paro aus fliegen die Teilnehmer wieder zurück.

Sommer Fernreisen, Nelkenstraße 10, 94094 Rotthalmünster, Tel. 08533/919161, www.bhutan-discover.de. Dieser sehr persönliche Reiseanbieter aus Niederbayern organisiert Bhutanreisen speziell für Kleingruppen oder Pärchen. Es gibt klassische Rundreisen, Trekkingreisen (auch für anspruchsvolle Schwierigkeiten) und Wander-Reitreisen. Der Inhaber, Herr Sommer, legt viel Wert auf die Begegnung mit Einheimischen und der Kultur – das sind alles keine Pauschalreisen. Er arbeitet nur mit Partnern vor Ort zusammen, die viel Wert auf Nachhaltigkeit und Umweltschutz legen.

TSA–Travel Service Asia, Riedäckerweg 4, 90765 Fürth, Tel. 0911/9795990, www.tsa-reisen.de. Spezialveranstalter mit individueller Reiseplanung für Einzelreisende, Paare und Gruppen. Für Bhutan wird unter anderem eine Schnupperreise (8 Tage) angeboten.

Wigwam Tours, Lerchenweg 2, 87448 Waltenhofen, Tel. 08379/9206-0, www.wigwam-tours.de. Natur- und Expeditionsreisen. Zu Bhutan gibt es eine kombinierte Wander- und Kulturrundreise, die auch die indischen Nachbarregionen Sikkim und Darjeeling einschießt.

▶ Veranstalter Österreich/Schweiz

Akademischer Reisedienst, Fröbelgasse 46, 1160 Wien, Tel. 01/89 3443, ww.studienreisen.at. Bietet in 2016 u.a. eine Bhutan-Durchquerung von West nach Ost in 13 Tagen.

TCTT Tibet Culture Trekking Tour, Seefeldstr. 128, CH-8008 Zürich, Tel. 044/260 22 88, www.himalaya.ch. Spezialveranstalter für die gesamte Himalaya-Region mit einem breiten Angebot an Reisemodulen für Trekkingtouren von 3–30 Tagen Dauer sowie zahlreichen Vorschlägen für individuelle Privatreisen. Auch einige Gruppenreisen.

Globotrek, Neuengasse 30, CH-3001 Bern, Tel. 31/313 00 10, www.globotrek.ch. Trekkingspezialist, der auch eine Tour mit Anreise auf dem Landweg über Indien anbietet.

▶ Veranstalter vor Ort

Adventure Bhutan (AB) Travel (seit 1999), geführt von zwei Brüdern. Organisieren Bhutanreisen allgemeiner Art, aber auch Touren mit Mountainbikes, Kajak oder für

Motorradfahrer. Legen viel Wert auf Authentizität und gute Landeskunde. Wurden 2009 von National Geographic als eine der besten Reiseagenturen weltweit ausgezeichnet.

AB Travel, Zomlha Complex, Suite 139, Clock Tower Square, 11001 Thimphu, Bhutan, Tel. +975/327117 oder +975/17117304, pwangchu@gmail.com, www.totallybhutan.com.

Adventure Silk Road Group, eine Agentur aus Kathmandu, die seit vielen Jahren Touren allgemeiner Art, aber auch Spezialtouren (Angeln, Botanik, Kajak, Radfahren) anbietet. Adventure Silk Road Ltd., 120 Nurshing Chowk, Thamel, Kathmandu, Nepal, Tel. +977/14700275, www.silkroadgroup.com.

Ambient Bhutan, organisiert Kajak-, Mountainbike- und Vogelbeobachtungsreisen in Bhutan. Tel. +975/17141619, ambientbhutan@gmail.com.

Bhutan Yodsel Tours and Treks, seit vielen Jahren ein erfahrener Reiseanbieter mit hohem Organisationsgrad. Haben viel Erfahrungen mit deutschen Reisegruppen. POBox 574, Chang Lam Building 1, Thimphu 11001, Bhutan. Tel. +975/2/323912, dawa@druknet.bt oder yodsel@hotmail.com, www.bhutanyodsel.com.

Laya Tours & Treks, dieser Anbieter aus der Hauptstadt hat eine Deutsche als Chefin (Beate Lidl). Sie wissen seit vielen Jahren, welche Wünsche und Bedürfnisse die deutschsprachigen Touristen haben. Entsprechend gut sind der Service und die gesamte Organisation. Chang Lam Plaza 54, Post Box: 827, Thimphu/Bhutan, Tel. +975/2335600, info@layatours.de, www.layatours.de.

In Sarpang

▶ **Bird watching**

Semioptera Consulting, David Bishop, PO-Box 1234, 2350 Armidale, NSW, Australia, Tel. +61/26771/5580, david@davidbishop.com.au, www.davidbishop.com.au.

Off to Bhutan, Thimphu, Bhutan, Tel. +975/17119664, bhutanbirding@gmail.com, www.bhutanbirding.com.

Bird Holidays, 10 Ivegate, Yeadon, Leeds, LS19 7RE, UnitedKingdom, Tel. +44/113/3910 510, info@birdholidays.co.uk, www.birdholidays.co.uk.

Viele Bhutan-Besucher kommen von Kathmandu aus ins Land und suchen sich auch spontan Reisegruppen oder **Reiseagenturen in Nepal**, um gemeinsam von dort über Sikkim und den Landweg einzureisen. Die unzähligen Reiseagenturen in Kathmandu mit Bhutan in ihren Programmen würden an dieser Stelle jedoch den Rahmen des Kapitels sprengen.

Reisefreiheit

siehe Visum und Einladung, → S. 412

Sicherheit

Eigentlich ist nichts zu diesem Thema erwähnenswert. Bhutan hat eine sehr niedrige Kriminalitätsrate und ist eines der sichersten Länder, die ich bereist habe. Laut der Auskunft der Einheimischen soll man sich vor indischen Gastarbeitern in Acht nehmen, denn die könnten einem schon mal etwas klauen. Ob das eine realistische Einschätzung ist, konnte ich nicht verifizieren. Der Straßenverkehr kann auch als sicher bezeichnet werden – im Verhältnis zu Mitteleuropa. Die sehr viel geringere Anzahl an Pkws und Lkws lässt genug Fahrfehler zu, bevor etwas Schlimmes passiert. Richtig schwere Unfälle habe ich keine beobachten können.

Souvenirs

siehe Einkaufen, → S. 395

Straßenqualitäten

Mancherorts ist man erstaunt über die hervorragende und neue Qualität der Straßen, Brücken und Infrastruktur. Die Fahrbahnoberfläche ist glatt und ohne Risse und Flicken. Aber schon nach wenigen Kilometern kann sich das ändern und man muss wieder zwischen den vielen Schlaglöchern navigieren. Durch die steilen Hänge und vielen Hangrutschungen während der Monsunzeit werden Straßen auch schnell wieder zerstört. Bis dann mal eine Asphaltmaschine vorbeikommt, kann auch mehr als ein Jahr vergehen. So beherrschen dann Sand, Lehm, festgefahrener Waldboden und dicke Steine die Fahrbahnoberfläche. Bei regnerischem Wetter wird das dann ziemlich unangenehm und an einigen Stellen auch richtig gefährlich. Die Regierung ist bemüht, die Straßenqualitäten kontinuierlich auszubauen und die Straßen zu verbreitern. Das funktioniert jedoch nicht mit zeitlich begrenzten, aber nervigen Straßenblockaden, da es nur in den seltensten Fällen eine Umleitungsmöglichkeit gibt. Angesichts der Staatsverschuldung, der geringen Staatseinnahmen und der schwierigen Topographie des Landes existiert in Bhutan jedoch eine sehr viel bessere Straßen-Infrastruktur wie in anderen vergleichbaren Ländern.

Straße im Distrikt Trashi Yangtse

Auf dem Markt

Taxi

Mit dem Taxi ist man innerhalb Thimphus sicherlich am schnellsten. In den anderen Distriktzentralen ist die Taxidichte recht niedrig (abgesehen von Paro). Dafür fahren einen die Fahrer auch zu Orten außerhalb. Die Taxis sind leicht an ihrem Nummernschildern erkennbar: BT (Bhutan Taxi). Die Preise sind niedrig, die Fahrer zuverlässig. Für diejenigen, die mit dem Taxi außerhalb der Stadt ein Ziel ansteuern lassen wollen, ist Verhandlungsgeschick angesagt. Wer beispielsweise von Thimphu Zentrum zum Tango-Kloster möchte, muss schon mal mit 500 Nu rechnen. Ich hatte aber auch schon mal einen Fahrer auf 350 Nu herunterhandeln können. Als anderes Beispiel: die Fahrt von Mongar nach Lhuntse (77 Kilometer einfach) und zurück kostete 3000 Nu.
Im Übrigen sind die anderen Auto-Kennzeichen BP (Bhutan Privat), BG (Bhutan Government), RBP (Royal Bhutan Police) und RBA (Royal Bhutan Army).

Telefon

Das Telefon hat dank einer hohen Dichte von Sendemasten landesweit in fast jedem Dorf Einzug gehalten, selbst in den entfernten Dörfern der Hochgebirgsregion um Lunana. Den Besuchern oder Touristen, die länger im Land sind oder einiges selber vor

Ort organisieren wollen beziehungsweise mit der Agentur, dem Arbeitgeber oder der Behörde vor Ort verbunden sein möchten, empfehle ich den Kauf einer SIM-Karte von Bhutan Telecom. Das sind Prepaid-SIM-Karten, die sich in vielen Läden aufladen lassen (meistens hängt an solchen Läden das Logo der Telefongesellschaft vor der Tür). Die internationale Vorwahl für Bhutan ist +975. Wer vom Ausland eine Nummer in Bhutan anwählt, muss nach dieser Vorwahl die 0 vor der bhutanischen Nummer weglassen, beispielsweise +975-2-258456.

Trampen

Das Trampen habe ich in Bhutan selber nicht probiert. Allerdings hab ich Einheimische am Straßenrand gesehen, die ihre Hand raushalten, um von anderen Einheimischen mitgenommen zu werden. Prinzipiell ist es nicht verboten, aber für Ausländer ist es doch sehr ungewöhnlich, es sei denn im Fall eines Notfalls.

Unterkunft

Im Kapitel Reiseziele wird eine Auswahl an Unterkünften in den jeweiligen Orten und Regionen vorgestellt. Dies dient für den Normaltouristen lediglich der Orientierung, da man sowieso ›all inclusive‹ reist und keine Hotels selber bucht. Im Vorfeld der Reise kann man natürlich Wünsche äußern. Im täglichen Reisepreis von 250 US-Dollar sind Übernachtungen in Mittelklassehotels inbegriffen. Wer es luxuriöser möchte, kann dies durch die Reiseagentur arrangieren lassen und zahlt dann entsprechend mehr. Die Preis- und Qualitätsspanne der Unterkünfte ist riesig. Die Preise für einfache Zimmer oder Matratzenlager von Landgasthöfen und Lkw-Stopps, gedacht für die einheimische Landbevölkerung, wenn sie mal unterwegs ist, steigen üblicherweise nie über 1000 Nu pro Übernachtung. Für Touristen aus Europa sind solche Unterkünfte jedoch häufig gewöhnungsbedürftig. Die Betten sind zu kurz, die Matratzen zu weich oder zu hart, das Badezimmer ist nicht vorhanden (Gemeinschaftstoiletten/Duschen auf dem Gang), die Elektrizität muss nicht unbedingt funktionieren und einige Einschränkungen mehr. Eine gute Touristenunterkunft kostet um die 1500 bis 2200 Nu pro Übernachtung. Dann sind die Zimmer sauber, schön hergerichtet, es gibt ein Badezimmer und in der Regel auch heißes Wasser. Die Zimmer über 2500 bis 3000 Nu sind dann schon die gehobene Klasse mit moderner funktionaler Einrichtung (z. B. Kühlschrank und TV), mit traditionellem Ambiente und geräumigen Zimmern.

Versicherungen

Im Falle eines medizinischen Ernstfalls ist eine Rückverlegung in ein heimatliches Krankenhaus ratsam und daher der Abschluss

Satellitenschüsseln in der Provinz Zhemgang

Standardzimmer in einem Touristenhotel

einer entsprechenden Reisekrankenversicherung zu empfehlen. Die staatlichen Krankenhäuser in Thimphu und in Paro sind zwar modern eingerichtet, aber allzu komplizierte Operationen oder Krankheiten/Verletzungen werden nach Neu Delhi ausgeflogen. Weitere Versicherungen sind für Touristen normalerweise nicht nötig. Selbst eine Reisegepäckversicherung ist in der Regel nicht nötig, da man ja als normaler Tourist stets mit dem Gepäck gefahren wird.

Visum und Einladung

Die Regierung Bhutans verfolgt eine sehr spezielle Visapolitik. Die Einreise für Touristen ist grundsätzlich nur in der organisierte Gruppe möglich, wobei die Definition einer Gruppe auch nur eine Person umfassen kann. Diese ›Gruppentouristen‹ benötigen ein Visum, das sie von einer auf Bhutan **spezialisierten Reiseagentur** bekommen. Das kann eine Reiseagentur in Deutschland oder in Bhutan sein. Die andere Möglichkeit der Einreise ist als Gast der Regierung. Das Touristenvisum bekommt man ausschließlich über eines der in Bhutan registrierten Reiseunternehmen. Eine deutsche Agentur arbeitet daher immer mit einer bhutanischen Agentur zusammen. Sie können aber auch direkt bei einer Agentur in Bhutan buchen. Nähere Auskünfte zu Visum und Einladung erteilt die touristische Repräsentanz Bhutans für die deutschsprachigen Länder, ›Bhutan Tourism‹, Karl-Marx-Allee 91a, 10243 Berlin, Tel. +975/30-42084943, info@bhutan-tourism.de.

In Europa gibt es keine Botschaft des Königreichs mit Besucherverkehr (nur Konsulate an der Europäischen Gemeinschaft in Genf und Brüssel). Deshalb kann man sich das Visum nicht selber beschaffen. Ohne ein Reiseprogramm gibt es für Touristen sowieso kein Visum.

Mit einem **Reiseprogramm** einer Agentur bekommt man dann eine **Genehmigung für ein Visum** (auch Vor-Visum oder Voucher genannt), welches von der Agentur an die Reiseteilnehmer verschickt wird. Dieses Vor-Visum legt man beim Check-in von DrukAir oder Bhutan Airlines vor, um überhaupt das Flugzeug nach Paro besteigen zu dürfen. Bei der Kontrolle der Reisepapiere nach der Landung in Paro bekommt man dann das echte Visum in den Reisepass gestempelt. Das Vor-Visum muss man deshalb immer noch aufheben, denn hier steht die Reiseroute drauf.

An den **Straßenkontrollen innerhalb Bhutans** muss dann dieses Vor-Visum von den Polizisten mit abgestempelt werden. Für die Erstellung eines Vor-Visums benötigt die Reiseagentur vom zukünftigen Reiseteilnehmer ein ausgefülltes Antragsformular (zu bekommen über die Agentur), einen Scan oder Fotografie des Reisepasses und ein biometrisches Original-Passfoto.

Das Visum kostet 40 US-Dollar. Das Vor-Visum bekommt man von der Reiseagentur auch erst zugeschickt, wenn der Reiseteilnehmer die 250 US-Dollar (Stand 2015) für jeden der Tage des Bhutan-Aufenthaltes in voller Höhe bezahlt/überwiesen hat. Für die Wintermonate (Dezember bis Februar) und die Monsun-Monate (Juni bis August) kostet das ›nur‹ 200 US-Dollar.

Bei der **Einreise von Indien** aus benötigt man auch noch ein indisches Visum, außer man ist nicht länger als 24 Stunden im Transitbereich des Flugplatzes von Neu Delhi. Bei der Ausreise gilt gleiches, also benötigt man eventuell ein Multi-Entry-Visum für Indien – oder eines mit zweifacher Ein- und Ausreise.

Wer **über Kathmandu** nach Bhutan einreist, benötigt ein Visum für Nepal. Dieses bekommt man gegen Barzahlung (in US-Dollar) und gegen Vorlage eines Passfotos im Flughafen Kathmandu in den Pass geklebt. Hierbei gibt es auch ein 24-Stunden-Visum. Das 30-Tages-Visum für Nepal kostete 40 US-Dollar (Herbst 2014). Das 24-Stunden-Visum kostete 18 US-Dollar (Frühjahr 2015).

Zeitungen

Eigentlich gibt es nur eine englischsprachige Zeitung in Bhutan: Kuensel. Zugleich ist es DIE nationale Zeitung des Landes. Es gab zwar auch zwei weitere ›Tages‹zeitungen (Bhutan Times und Bhutan Observer), die sind aber relativ bedeutungslos und wurden 2006 von Kuensel geschluckt. Die ›Tages‹zeitung Kuensel wird heute weitgehend vom Staat kontrolliert (51 Prozent der Besitzanteile). Der Name der Zeitung setzt sich aus den beiden Wörtern Kuen

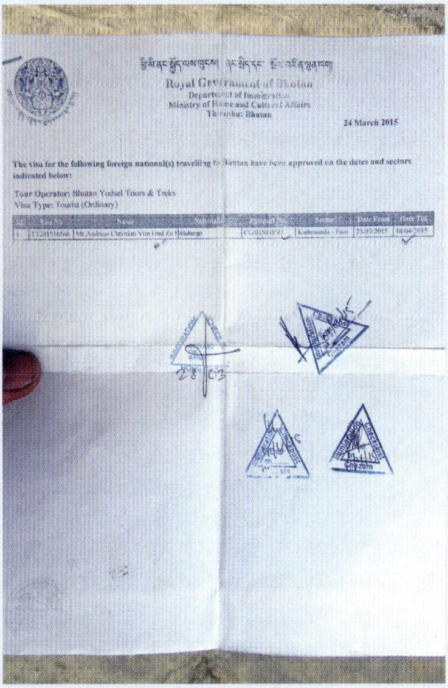

Visum mit Kontrollstempeln von unterwegs

Bananenblüte

(für jeden/für alle Leute) und sel (Klarheit/Wahrheit) zusammen. Kuensel bedeutet daher so etwas wie ›Übersichtlichkeit‹ oder ›Wahrheit für alle‹. Die Zeitung wurde schon 1967 gegründet, aber nur als regierungsinterne Broschüre. 1974 wurde eine erste Druckmaschine angeschafft. Seitdem erscheint die Zeitung in einer englischen und einer Dzongkha-Version, später kam noch eine nepalesische Ausgabe dazu. Die Zeitung erscheint wöchentlich, am Mittwoch und Samstag. Ein weiteres Druckhaus neben dem Hauptsitz in Thimphu ist bei Trashigang. So schafft es die Zeitung in alle Distriktzentren am Tag ihres Erscheinens. Seit 1999 gibt es auch eine online Version der Zeitung: www.kuenselonline.com.

Zeitzone

Bhutan liegt in der Zeitzone am neunzigsten Längengrad (Ost), weshalb die Zeitzone sechs Stunden vor (später) der UTC (universelle/koordinierte Weltzeit, Greenwich Zeit) liegt. Damit ist der Zeitunterschied zu Deutschland fünf Stunden (Winterzeit) und sechs Stunden (während der Sommerzeit). Andere Länder in dieser Zeitzone sind Bangladesch, Kasachstan, Kirgisien und die russische Zeitzone zwischen Omsk und Novosibirsk.

Zoll

Bei der Einreise nach Bhutan muss eine Zollerklärung ausgefüllt werden. Von dieser Zollerklärung erhält man eine Kopie, die bei der Ausreise wieder vorzulegen ist, was jedoch heute üblicherweise nicht mehr kontrolliert wird. Die Einfuhr von Waffen, Rauschgift und Pornographie (weite Auslegung) ist verboten. Die Einfuhr von Zigaretten ist stark limitiert. Zwei Liter Spirituosen sowie Devisen in unbegrenzter Höhe dürfen zollfrei mit ins Land gebracht werden.

Antiquitäten dürfen nur ausgeführt werden, wenn sie ein amtliches Exportsiegel des zuständigen Ministeriums tragen. Nach dem Washingtoner Artenschutzabkommen dürfen keine Produkte oder Bestandteile von geschützten Tier- und Pflanzenarten (CITES-Liste) nach Europa eingeführt werden. Der Handel ist illegal!

Zollbestimmungen bei der Einreise in die EU

Mit Dank an Christian Dettenhammer

Bei Rückkehr in die EU/Schweiz gelten verschiedene Beschränkungen.

Die wichtigsten **Freigrenzen** für die Einreise im Flug- und Seeverkehr sind:

200 St. Zigaretten oder 100 St. Zigarillos oder 50 St. Zigarren oder 250 g Rauchtabak (ab 17 Jahren); 1 Liter Spirituosen über 22 % (ab 17 Jahren), 4 Liter nicht schäumende Weine, 16 Liter Bier; andere Waren zur persönlichen Verwendung oder als Geschenk im Wert von 430,- Euro pro Person. Reisende bis 15 Jahren: 175,- Euro. Für die Schweiz: 300,- SFr pro Person.

Bei **Überschreitungen** dieser Mengen- und Wertgrenzen müssen die Waren angemeldet und versteuert werden (roter Kanal). Hierbei fallen Abgaben von 15 % bzw. 17,5 % des Kaufpreises (bis 700,- Euro Warenwert) an. Bei Kaufpreisen über 700,- Euro liegen die Abgaben zwischen 19 % und 35 %. Hohe Abgaben bei Zigaretten und Spirituosen!

Als **verbotene Waffen** sind eingestuft: Springmesser, Butterflymesser, Faustmesser, Schlagringe, Wurfsterne, Stockdegen, Stahlruten, ausländ. Elektroschocker u. Reizstoffsprays u.a.

Als **artengeschützte Produkte** gelten z.B. Korallen (auch am Strand gefunden), versch. Schnecken- u. Muschelarten, Schlagen- u. Krokodilleder, Elfenbein, Schildkröten, Whisky mit eingelegter Kobra, versch. Tierfelle, Kakteen, Orchideen, bestimmte Kaviarsorten.

Arzneimittel: Erlaubt ist die Menge eines üblichen 3-Monatseigenbedarfs. Anabolika sind in jedem Fall verboten.

Markengefälschte Produkte aller Art: Für den eigenen Gebrauch und als Geschenk sind diese in geringer Stückzahl erlaubt.

Drogen: auch Kleinmengen sowie Hanfsamen, Kokatee und Kokablätter sind verboten. Ggf. auch im Ausland gekaufte starke Schmerz- u. Beruhigungsmittel.

Feuerwerkskörper: Einfuhr verboten.

Lebensmittel: Für Fleisch, Wurst, Käse, Milchprodukte sowie Eier aus nicht EU/EWR Ländern gilt ein generelles Einfuhrverbot.

Pflanzensanitäre Vorschriften: Pflanzen mit Wurzeln oder Erde ohne Pflanzengesundheitszeugnis aus nichteuropäischen Ländern sind einfuhrverboten (aus Mittelmeeranrainerstaaten jedoch frei). Auch für bestimmte frische Früchte in größeren Mengen gelten Verbote.

Barmittel über 10 000 Euro (Schweiz: 10 000 SFr) sind dem Zoll bei Aus- u. Einreise schriftlich und ohne Aufforderung anzumelden.

Für **selbst aufgegebene Postsendungen** gelten gesonderte Regelungen und eine Freigrenze von 45 Euro Warenwert. Internetbestellungen und Sendungen von Firmen über 22 Euro Warenwert sind abgabenpflichtig.

Die Zollbestimmungen und die Steuersätze für die Schweiz und Österreich können davon etwas abweichen.

Weitere Infos unter: www.zoll.de, www.bmf.gv.at, www.ezv.admin.ch.

Sprachführer

Dzongkha gehört zu den tibeto-burmesischen Sprachen. Bhutanisch hat sich allmählich vor einigen Jahrhunderten aus der tibetischen Sprache entwickelt, wobei die Schriftzeichen bis heute erhalten geblieben sind – nur die Inhalte der Wörter haben sich verschoben. Bhutanisch und tibetisch sind alphabetische Schriften mit vier Vokalen und 30 Konsonanten. Zur einheitlichen Transkription des Alphabets in lateinische Buchstaben ist die Wylie-Transkription entwickelt worden, die jedoch nicht unbedingt die Aussprache widerspiegelt. Die staatliche Sprachkommission arbeitet an einer einheitlichen Transkription – aber vorerst ins Englische.

Die beste Internetseite zur Zeichenschrift mit einem großen Wörterbuch ist ebenfalls auf Englisch: www.dzongkha.gov.bt/online/dictionaries/dz-en-dict (Link unter trescher-verlag.de).

Die **Aussprache** im Dzongkha ist für Europäer eher kompliziert. Je nachdem, welche Buchstaben aufeinander folgen, ist die Aussprache unterschiedlich. Die unten dargestellten Ausführungen zu den Redewendungen sind nur als allgemeine Richtlinien zu betrachten. Lokale Dialekte bleiben unberücksichtigt.

Dzongkha ist zudem eine tonale Sprache, das heißt die Betonung ist wichtig für die Bedeutung. Vokale können in hoher, tiefer oder mittlerer/neutraler Tonlage gesprochen werden. Die mittlere Tonhöhe ist typisch für Zweitsilben und angehängte Partikel.

Für den **Satzbau** gilt die Wortstellung ›Subjekt-Objekt-Verb‹. In der klassischen Schriftsprache verfügen die Substantive über neun Fälle. Die Verben haben bis zu vier verschiedene Stammformen, die von Grammatikern Gegenwart, Vergangenheit, Zukunft und Imperativ genannt werden. Im Gegensatz zu den meisten anderen Sprachen der Region werden Adjektive den Substantiven nachgestellt, auch Zahlen werden dem gezählten Substantiv nachgestellt.

Die Konsonanten

ཀ	ka
ཁ	kha
ག	ga
ང	nga
ཅ	ca
ཆ	cha
ཇ	ja
ཉ	nya
ཏ	ta
ཐ	tha
ད	da
ན	na
པ	pa
ཕ	pha
བ	ba

Anhang

མ	ma
ཙ	tsa
ཚ	tsha
ཛ	dza
ཝ	wa
ཞ	zha
ཟ	za
འ	'a
ཡ	ya
ར	ra
ལ	la
ཤ	sha
ས	sa
ཧ	ha
ཨ	a

Die Vokale

Die Vokale, die an einen Konsonanten angehängt werden, werden durch Zeichen über den Konsonanten vermerkt. Wenn nichts vermerkt ist, so ist ›a‹ der Vokal, der mit den Konsonanten gesprochen wird (a ist somit auch eine Art Konsonant, siehe Konsonanten-Tabelle).

ཨ	a
ཨི	i
ཨུ	u
ཨེ	e
ཨོ	o

Die Zahlen

1	1
2	2
3	3
4	4
5	5
6	6
7	7
8	8
9	9
0	0

Redewendungen und Alltagsfloskeln

Kuzoozangpola	Begrüßung und beste Wünsche, auch Guten Morgen!
Na gi tshen ga chi mo?	Wie ist Ihr Name?
Ngegi ming .... ein	Mein Name ist ....
Chhoey ga te lay mo?	Wo kommen Sie her?
Nga Germany le	Ich komme aus Deutschland
Kay lo gadem chi ya si?	Wie alt sind sie?
Log jay gay	Auf Wiedersehen! (wir sehen uns wieder)
Tashi delek	Auf Wiedersehen! (sehr höflich, aus dem Tibetischen)
Nga Drukyul gae	Bhutan gefällt mir
Ga sug mo la (am Telefon)?	Wer spricht da?
La oder Lasso L	Ja
Las la	alles klar!
Me	Nein
Kadrichannang	Bitte
Kadrinche	Danke
Gon ma tre	Entschuldigung
Lam di ga thay jow mo?	Wo führt diese Straße hin?
Tha ring sa in-na?	Ist es weit weg?
Na/Nalu	Hier!
Pha/Phalu	Dort!
Ga Tey?	Wo?
Gadee?	Welcher/e/s?
Dongkha	davor
Bolokha	daneben
Japkha	dahinter
Mar	unten
Ani ga chi mo?	Was ist das?
Dilu gadem chi mo?	Wie viel kostet das?
Gong bom may	Das ist zu viel!
Chhu (tshe)	(heißes) Wasser
Ja	Tee
Na ja	Milchtee
Su ja	Buttertee
Dropey zao	Frühstück
Pchiru gi ho	Abendessen
Zhim bay	Es hat sehr gut geschmeckt
Me zhu	Nichts mehr, danke!
Charo	Hilfe
Nga nau may	Ich fühle mich krank
Chhapsa ga tey in-na?	Wo ist die Toilette?
Menkhang ga tey in-na?	Wo ist das Krankenhaus?
Om Mani Padme Hum	(Gebetsmantra, wörtl.: Du Kleinod der Lotosblüte)

Bhutan-Glossar

Akshobya (Mitrugpa) transzendenter Buddha des Ostens, Buddha des ›unerschütterlichen Glaubens‹.

Amitabha (Oepame) transzendenter Buddha des Westens, Buddha des ›unermesslichen Lichts‹.

Amitayus (Tshempame) Buddha des ›unendlichen Lichts‹.

Amogasiddhi donyo Drubpa transzendenter Buddha des Nordens, Buddha der ›unfehlbaren Zauberkraft‹.

Ani bhutanischer Begriff für eine Nonne, Plural: Anim.

Ashi Titel für die Frauen der Königsfamilie Bhutans.

Ashi Kesang Choden Großmutter des amtierenden Königs, Gattin des dritten Königs.

Ashi Phuntsho Choegron (1911–2003) Urgroßmutter des amtierenden Königs, Gattin des zweiten Königs.

Atsara Spaßmacher während eines Tsechu (Festivals), meistens mit einem Holz- oder Stoffpenis ›bewaffnet‹.

Aum respektvolle Anrede einer alten Frau.

Avalokiteshvara (Chagton Chenton) Bodhisattva mit 1000 Augen und 1000 Armen.

Avalokiteshvara (Chuchishe) Bodhisattva mit 11 Köpfen.

Avalokiteshvara (Chenresi) Bodhisattva des Mitgefühls.

Bodhisattva, ein erwachter Buddhist, ein Mensch, der die Stufe der Erleuchtung (des Zustandes Buddhas) erreicht hat, aber auf den Eintritt ins Nirwana (Ausbrechen aus dem ewigen Rad der Zeit) verzichtet, um durch seine Reinkarnationen immer wieder den Menschen zu helfen, den Erleuchtungszustand ebenfalls zu erreichen.

Buddha (563–483 v.u.Z.) Siddhartha Gautama, historischer Buddha und Religionsgründer des Buddhismus.

Chagzampa (auch Thangton Gyelpo (1385–1464) tibetischer Lama und Heiliger, ließ zahlreiche Eisenketten-Brücken in Bhutan erbauen.

Cham, religiöser Tanz.

Chhu Fluss.

Choeden Zangmo Urgoßenkelin von Pema Lingpa, gründete das Dramitse-Kloster in Ost-Bhutan.

Choekey klassisches Tibetisch, Sprache der meisten alten Religionstexte.

Choeshe religiöses Lied, Gesang.

Chogu religiöse Zeremonie.

Chorten Grabdenkmal, auch Stupa genannt. In der Regel mit der Asche eines verstorbenen, angesehenen Lamas im Inneren. Manchmal auch nur als Symbol für einen heiligen Platz (z. B. Quellen, Flussmündungen, Bergpässe).

Dawa Penjor Paro Penlop Anfang des 20. Jahrhunderts.

Desi Begriff für den weltlichen Herrscher Bhutans von 1695–1905. Insgesamt gab es 55 verschiedene Desi (manche waren mehr als einmal an der Regierung).

Dorje diamantener Donnerkeil, Symbol für die Unzerstörbarkeit des Buddhismus.

Dorje Droloe Furcht und Schrecken einflößende Manifestation von Guru Rinpoche.

Dorje Legpa eine der Schutzgottheiten des Buddhismus.

Dorje Lingpa (1346–1405) Heiliger der Nyingmapa und bekannter Terton.

Druk yul ›Bhutan‹ in der Landessprache.

Drukpa Kunley (1455–1529) heiliger Lama und Tantriker der Drukpa-Kagyupa-Schule aus Tibet, bekannt für seine oft derbe Art, der ländlichen Bevölkerung den Buddhismus nahe zu bringen (›heiliger Narr‹).

Duar aus dem Englischen ›door‹, für Tür, bezeichnet die südlichen Ebenen Bhutans in Richtung Assam.

Dungkhag Bezeichnung für einen Unterdistrikt.

Dzong Festung, Sitz der Distrikt-Verwaltung, der lokalen Regierung und oft auch der lokalen Mönchsgemeinschaft.

Dzongkha ›Sprache des Dzong‹, Bezeichnung der Landessprache Bhutans.

Dzongkhag Distriktbezeichnung, Bhutan ist in 20 Dzongkhags eingeteilt.

Ekajati eine der Schutzgottheiten des Buddhismus.

Garuda mystischer Greifvogel mit einer Schlange in den Fängen/Schnabel.
Gedun Chomphel erster Desi von Bhutan (Reg.-Zeit 1695–1701).
Gho Nationalgewand der Männer Bhutans.
Guru Dragpo Furcht und Schrecken einflößende Manifestation von Guru Rinpoche (mit einem Skorpion).
Guru Rinpoche großer indischer Meister und Hauptmanifestation von Padmasambhava, der in Tibet lehrte, im 8. Jahrhundert nach Bhutan kam und den Buddhismus hier etablierte. Stammt aus dem Swat-Tal im heutigen Nord-Pakistan.
Gyelpo Losar Neujahrsfest nach dem Mondkalender (i. d. R. im Februar).
Gyelwa Lhanangpa (1164–1224) Gründer der Lhapa-Schule, einer von der Kagyupa-Schule abzweigende Schule.
Hayagriva eine der Schutzgottheiten des Buddhismus und Beschützer der Druk-pa.
Je Khenpo oberster Abt Bhutans und Vorsitzender der gesamten Mönchsgemeinschaft der Drukpa-Kagyupa.
Jhomo (Jomo) Berggott, nach ihm ist der Berg Jomolhari benannt.
Jigme Dorje Wangchuck (1929–1972) dritter König von Bhutan
Jigme Namgyal (1825–1881) Vater von Ugyen Wangchuck, dem ersten König. Trongsa-Penlop und 51. Desi.
Jigme Khesar Namgyel Wangchuck (geb. 1980) fünfter und amtierender König von Bhutan (seit 2006).
Jigme Singye Wangchuck (geb. 1954) vierter König von Bhutan (1972–2006).
Jigme Wangchuck (1905–1952) zweiter König von Bhutan.
Jowo Name des Buddha (Siddhartha Gautama) als neunjähriger Prinz.
Kabne Zeremonienschal der Männer.
Kagye Geheimlehre von Guru Rinpoche.
Kanjur heilige Schrift des Buddhismus, in 108 Bände/Bücher aufgeteilt.
Kata weißer Zeremonienschal, der bei besonderen Anlässen überreicht wird.
Kira Nationalgewand der Frauen Bhutans.
Kunga Wangpo Sohn von Pema Lingpa, bekannter heiliger Lama des 16. Jahrhunderts.
Kyebu Lungtsen Schutzgottheit der vier Bumthang-Täler.
La Bezeichnung für einen Bergpass.
Lama Bezeichnung für einen Lehrer, i. d. R. ein angesehener Lehrer oder religiöser Meister, muss nicht zwingend ein Mönchsgewand tragen. Wird im indischen Buddhismus als ›Guru‹ bezeichnet.
Langchen Pelkyi Singye Schüler des Meisters Guru Rinpoche, meditierte an der Stelle des heutigen Tigernest-Klosters.
Langdarma tibetischer Bön-König, von Pelkyi Dorje im Jahr 842 ermordet worden.
Lhakhang Bezeichnung für ein Kloster oder ein Heiligtum.
Loden Chogse eine der acht Manifestationen des Guru Rinopoche.
Lorepa (1187–1250) bekannter Drukpa-Kagyupa-Lama.
Mahakala (Yeshe Gompo) Schutzgottheit Bhutans.
Mahakali (Palden Lhamo) Schutzgottheit Bhutans.
Maitreya (Jampa) der ›zukünftige Buddha‹, einer der Buddhas der drei Zeiten.
Mandala kosmisches oder mystisches symmetrisches Bild oder Diagramm.
Manjushri (Jampelyang) Bodhisattva der Weisheit, immer mit Schwert und Buch dargestellt.
Mantra bestimmte religiöse Silbe, Vers oder Wortspiel, um sich auf etwas gezielt zu konzentrieren.
Marpa (1012–1097) bekannter tibetischer Heiliger, der die Lehre über die Klostergemeinschaft und das Mönchswesen nach Bhutan brachte.
Maudgalyayana wichtigster Schüler Buddhas.
Milarepa (1040–1123) sehr bekannter heiliger tibetischer Geistlicher und Dichter.
Ngagi Wangchuck (1517–1554) Urgroßvater des Zhabdrung Ngawang Namgyal.
Ngalong Bezeichnung für die Bewohner West-Bhutans.
Nirwana Bezeichnung für den Zustand (oder Ort) der völligen Erleuchtung und Leere.
Nyima Oezer eine der acht Manifestationen von Guru Rinpoche.

Padmasambhava identisch mit Guru Rinpoche.

Pehar Schutzgottheit der Nyingmapa Bhutans.

Pekar Juney erster Je Khenpo (ab 1672).

Pelkyi Dorje hat den tibetischen Bön-König Langdarma ermordet (danach lange Zeit Unruhen und Rückgang des Buddhismus in Tibet).

Pema Gyelpo eine der acht Manifestationen von Guru Rinpoche.

Pema Karpo (1527–1592) berühmter Drukpa Lama.

Pema Lingpa (1450–1521) hoch angesehener Druk-pa Gelehrter, gilt als Reinkarnation von Guru Rinpoche, Auffinder (Terton) von vielen alten Kultgegenständen und Texten aus der Zeit von Guru Rinpoche.

Pema Trinley Enkel von Pema Lingpa und Gründer des Gangtey-Klosters im Phobji-Tal.

Penlop Titel für den Gouverneur der großen Distrikte und Dzongs (bis 1905, heute nicht mehr). Ausnahme ist der Trongsa-Penlop, der der Kronprinz ist.

Phajo Drugom Shigpo (1184–1251) Gründer der Drukpa-Kagyupa-Schule in Bhutan.

Rachu Zeremonienschal für die Frauen Bhutans.

Ratnasambhava Rinchen Jungne Buddha des Südens, Buddha des ›Zwischenparadieses‹.

Rinpoche Titel für die Reinkarnation eines großen Lamas.

Samantabhadra höchster Buddha der Nyingmapa Bhutans.

Sendhaka König von Bumthang im 8. Jahrhundert, hat Guru Rinpoche aus Tibet nach Bumthang eingeladen. Angeblich der erste Bhutaner, der zum Buddhismus wechselte.

Sengye Drathok eine der acht Manifestationen von Guru Rinpoche.

Shabdrung Ngawang Namgyal siehe Zhabdrung.

Shakya Sengye, eine der acht Manifestationen von Guru Rinpoche.

Songtsen Gampo tibetischer König im 7. Jahrhundert.

Sutra Lehrschriften (Plural: Sutren) des Buddhismus.

Tara weibliche Manifestation von Avalokiteshvara. Es gibt in Tibet eine grüne und eine weiße Tara.

Tenpe Nyima Enkel von Pema Lingpa.

Tenpe Nyima (1567–1619) Vater von Zhabdrung Ngawang Namgyal und bekannter Drukpa-Kagyupa-Lama.

Terton Auffinder und Entdecker religiöser Kultgegenstände und Texte, die in früheren Jahrhunderten vor den Anti-Buddhisten (meist den Bön) versteckt wurden.

Thangka kleines (für den Hausgebrauch) oder riesiges Rollenbild (textil oder gemalt) zur Unterstützung der Meditation.

Thangton Gyelpo siehe Chagzampa.

Thongdroel riesige Rollenbilder (Thangka), die an den Klosterwänden während der Tsechus (Festivals) entrollt werden.

Trisong Detsen tibetischer König im 8. Jahrhundert, holte Guru Rinpoche aus Indien.

Trulku, Reinkarnation eines Lamas. Muss nicht zwingend ein ordinierter Mönch sein.

Tsangpa Gyare Yeshe Dorje (1161–1211) Gründer der Drukpa-Kagyupa-Schule in Tibet.

Tsechu (Tshechu) religiöses Fest (Festival) über mehrere Tage.

Tsheringma, Gott des langen Lebens.

Tshokye Dorje eine der acht Manifestationen von Guru Rinpoche.

Tshongdu Nationalversammlung Bhutans.

Ugyen Wangchuck (1861–1926) letzter Trongsa-Penlop und erster König Bhutans (ab 1907).

Utse zentraler Turm (Tempel) innerhalb eines Dzongs.

Vairocana transzendenter Buddha der Mitte.

Vajradhara, wichtigster Buddha der Kagyu-pa.

Vajrararahi (Dorje Pagmo) Schutzgöttin der Bhutaner, wichtigste tantrische Göttin.

Zhabdrung (Shabdrung) Ngawang Namgyal (1594–1651) Vereiniger von ganz Bhutan unter der Vorherrschaft der Drukpa. Oberster Religionsführer und wichtiger Lama Bhutans. Zhabdrung ist auch der Titel für die drei Wiedergeburten des ersten Zhabdrung.

Literatur

Landeskunde und Reiseerlebnisse

Leaming, Linda (2013): Das glücklichste Land der Welt: Mein Leben in Bhutan.

Nestroy, Harald (2012, 3. Auflage): Bhutan Bildband, Edition Panorama, ISBN 9783898232890.

Sonntag, Beatrice (2014): Bhutan entdecken, BoD Norderstedt, ISBN 9783732261741.

Tho, Ha Vinh (2014): Grundrecht auf Glück – Bhutans Vorbild für ein gelingendes Miteinander (Ha Vinh Tho ist Leiter des Gross National Happiness Center in Bhutan).

Wangchuck, Ashi Dorji Wangmo (Königin von Bhutan) (2014): Treasures of the Thunder Dragon – A Portrait of Bhutan (englisch).

Zeppa, Jamie (2009): Mein Leben in Bhutan: Als Frau im Land der Götter, Piper Verlag, ISBN 97834922633474.

Natur und Landschaft

Inskipp, Carol, Inskipp, Tim, Grimmett, Richard (2011): Birds of Bhutan (englisch), Helm Field Guides, A & C Black Publisher, ISBN 9780713669909.

Namgyel, Thinley, Tenzin, Karma (2009): Flowers of Bhutan (englisch), WWF Bhutan, ISBN 9789993678502.

Internet

(alle Links auch unter www.trescherverlag.de)

Landeskunde und Natur

www.rspnbhutan.org und **www.bhutanfound.org/RSPN**
Königliche Naturschutzgesellschaft

www.birdlist.org/bhutan.htm
Liste der Vogelarten Bhutans

www.bhutan.com/nature
Natur- und Landschafts-Informationsseite

http://cms.cnr.edu.bt/plantdb/index.php
Datenbank über die Flora Bhutans

www.nature.com/news/2009/091021/full/4611042a.html
Über das Abschmelzen der Gletscher in Bhutan (und Himalaya)

Hilfsorganisationen und NGO

www.probhutan.com/
Pro Bhutan e.V.

www.bhutan-gesellschaft.de
Deutsch-Bhutan-Himalaya-Gesellschaft e.V.

www.wwfbhutan.org.bt

www.bhutan-switzerland.org
Schweizer Bhutan Gesellschaft

Tourismus

www.tourism.gov.bt
Tourismusdepartment der Regierung (mit sehr vielen Hinweisen zu Agenturen und Landeskunde)

www.abto.org.bt
Verband der Reiseagenturen Bhutans

www.drukair.com.bt
Fluggesellschaft DrukAir

www.bhutanairlines.com.bt
Fluggesellschaft Bhutan Airlines

www.hotel.bt
Liste mit Hotels in Bhutan

Kultur

www.nab.gov.bt
National Assembly of Bhutan

www.nationalmuseum.gov.bt
Nationalmuseum

www.library.gov.bt
Nationalbibliothek

www.dzongkha.gov.bt/online/dictionaries/dz-en-dict/index.html
Schriftzeichen und Wörterbuch

www.grossnationalhappiness.com
Bruttonationalglück

Über den Autor

Dr. Andreas von Heßberg studierte Physik und Geoökologie an der Universität Bayreuth und spezialisierte sich in den Bereichen Landschaftsökologie, Naturschutz und Vegetationskunde. Er promovierte über Vegetationsdynamik an Flussufern. Momentan arbeitet er an der Universität Bayreuth, freiberuflich als Reiseleiter auf Kamtschatka, in Tibet und in Xinjiang und als Reisejournalist (unter anderem im Trescher Verlag ›Kamtschatka‹, ›Tibet‹, ›Chinesische Seidenstraße‹).
Andreas von Heßberg erkundete (meist zusammen mit Dr. Waltraud Schulze) per Mountainbike oder mit dem Trekking-Rucksack die Gebirge und Wüsten in Patagonien, Australien, Namibia und Botswana, Nord- und Ostafrika, der Mongolei und in der Wüste Gobi, auf Kamtschatka, auf dem Baikalsee, in Tibet und in einigen weiteren Gebieten. Beide sind auch Spezialisten für die Herstellung von Trockenproviant für Outdoor-Aktivitäten und Expeditionen.
Ihre Internetseite: www.mountainbike-expedition-team.de mit mehr Informationen zur Radtour durch Bhutan. Hier können auch viele anderen von den beiden publizierte Werke (Bücher, DVDs) bestellt werden.

Danksagung

In Bhutan zu reisen ist stets damit verbunden, dass sich jemand um einen kümmert. In diesem Fall hatte ich das Glück und die Ehre, gleich mehrere Kümmerer zu haben. Ein großer Dank geht an Detlev von Oppeln dafür, dass er mich nach Bhutan geschickt hat. Vor Ort kümmerten sich Dawa Penjore und Ngawang Thinley, beide von der Reiseagentur Yodsel Tours in Thimphu, um mich und meine Ausrüstung. Ebenso möchte ich mich an dieser Stelle bei Thinley Wangdi vom TCB (Tourism Council of Bhutan) für die Hilfe und gute Kooperation bedanken. Ich empfand es als einen Glücksfall, dass ich Sangye Wangdi, ehemaliger Parlamentsabgeordneter aus Trashigang, getroffen habe. Der eine Tag mit ihm brachte nochmal viele tiefe Eindrücke. An zwei Tagen in Ost-Bhutan traf ich auch Ralph Sommer, mit dem der Gedankenaustausch dieses Buchprojekt wieder ein kleines Stück weiter brachte. Dank auch an Tandin Wangdi, den Lehrer aus Dagapela, der mir die große Möglichkeit gab, mit 500 Schülern in Kontakt zu kommen. Ich bedanke mich auch bei meinem ›Basislager‹, dem Tiger's Nest Resort bei Paro.
Für die externen Beiträge bedanke ich mich (alphabetisch) bei Axel Gebauer (Foto vom Roten Panda), Frau Golbol (MPI für Ornithologie), Harald Nestroy (Pro Bhutan), Christina Nitzsche (Dhur Hot Spring Trek), Kristen Rinortner (Jomolhari Trek), Klaus Schätte (Müllbeseitigung), Waltraud Schulze (Trekkingtouren allgemein) und Sangye Wangdi (Kloster Dramitse) sowie Christian Schubert/berghorizonte für Bildmaterial und den Bericht zum Dagala Trek.
Dank an die Korrekturleser: Waltraud Schulze (Stuttgart), Thomas Windisch (Saarbrücken), Klaus Herkommen (Tübingen).
Für die sorgfältige Beratung in allen medizinischen Fragen bei der Reisevorbereitung bedanke ich mich bei Dr. Michaela Krämer.
Letztendlich geht ein großer Dank an Lidia und Jessenia, die mehrere Wochen ohne mich auskommen mussten und die während der Arbeit am Buchmanuskript von mir leider häufig vernachlässigt wurden. Dafür kommen sie in Zukunft auch mal mit nach Bhutan!

Bildnachweis

Alle Fotos Andreas von Heßberg, außer:
anandoart/shutterstock.com: S. 282, 284
Axel Gebauer: S. 43 o.
Hung Chung Chih/shutterstock.com: S. 12
maodoltee/shutterstock.com: Titel, S. 398
Christina Nitzsche: S. 322, 323, 324, 325, 326, 327, 328, 331
Mathias Osti: Klappe vorne, 16, 23, 47, 62, 73, 80, 87, 102, 122, 127, 128, 135, 140
Pema Gyamtsho/shutterstock.com: S. 136
Kristin Rinortner: S. 312, 314, 315, 316, 317, 318, 319, 320
Sainam51/shutterstock.com: S. 43
Soumitra Pendse/shutterstock.com: S. 246
Christian Schubert/berghorizonte: S. 296/297, 303, 305, 306o., 306u., 307, 308, 309o., 309u., 332, 333

Kartenregister

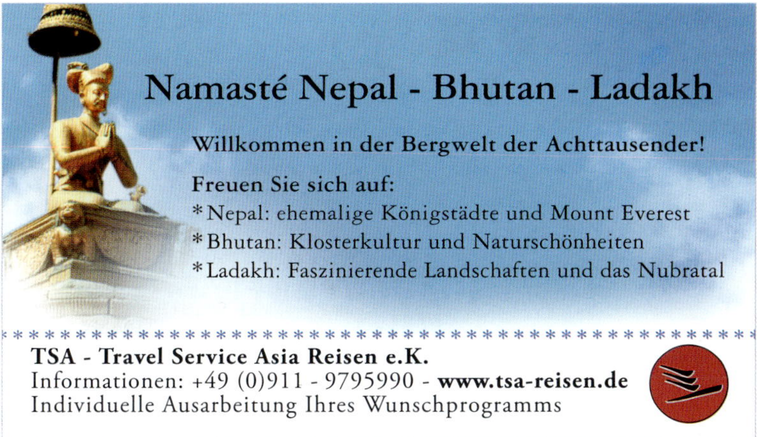
Namasté Nepal - Bhutan - Ladakh
Willkommen in der Bergwelt der Achttausender!
Freuen Sie sich auf:
* Nepal: ehemalige Königstädte und Mount Everest
* Bhutan: Klosterkultur und Naturschönheiten
* Ladakh: Faszinierende Landschaften und das Nubratal
TSA - Travel Service Asia Reisen e.K.
Informationen: +49 (0)911 - 9795990 - www.tsa-reisen.de
Individuelle Ausarbeitung Ihres Wunschprogramms

BHUTAN
... UNTERWEGS IM LAND DES GLÜCKS
neue REISEN
KULTUR & TREKKING Aktivreisen nach Maß
berg horizonte
Füssen Fon +49.8362.9308672
info@berghorizonte.com
www.berghorizonte.com

MEHR WISSEN. BESSER REISEN
REISEFÜHRER AUS DEM TRESCHER VERLAG
TRESCHER VERLAG
Tobias Esche
MYANMAR
Unterwegs im Land der weißen Elefanten
TRESCHER VERLAG
Franz-Josef Krücker
VIETNAM
Mit Hanoi, Hue und Saigon
trescher-verlag.de

TRESCHER VERLAG

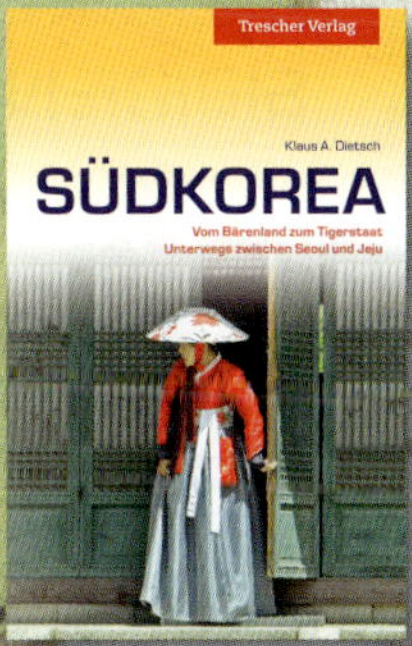

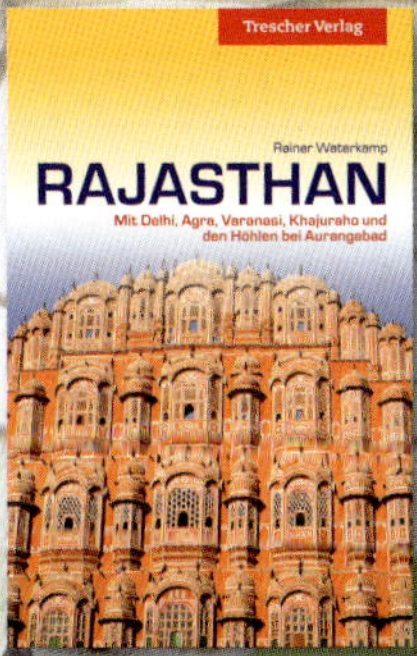

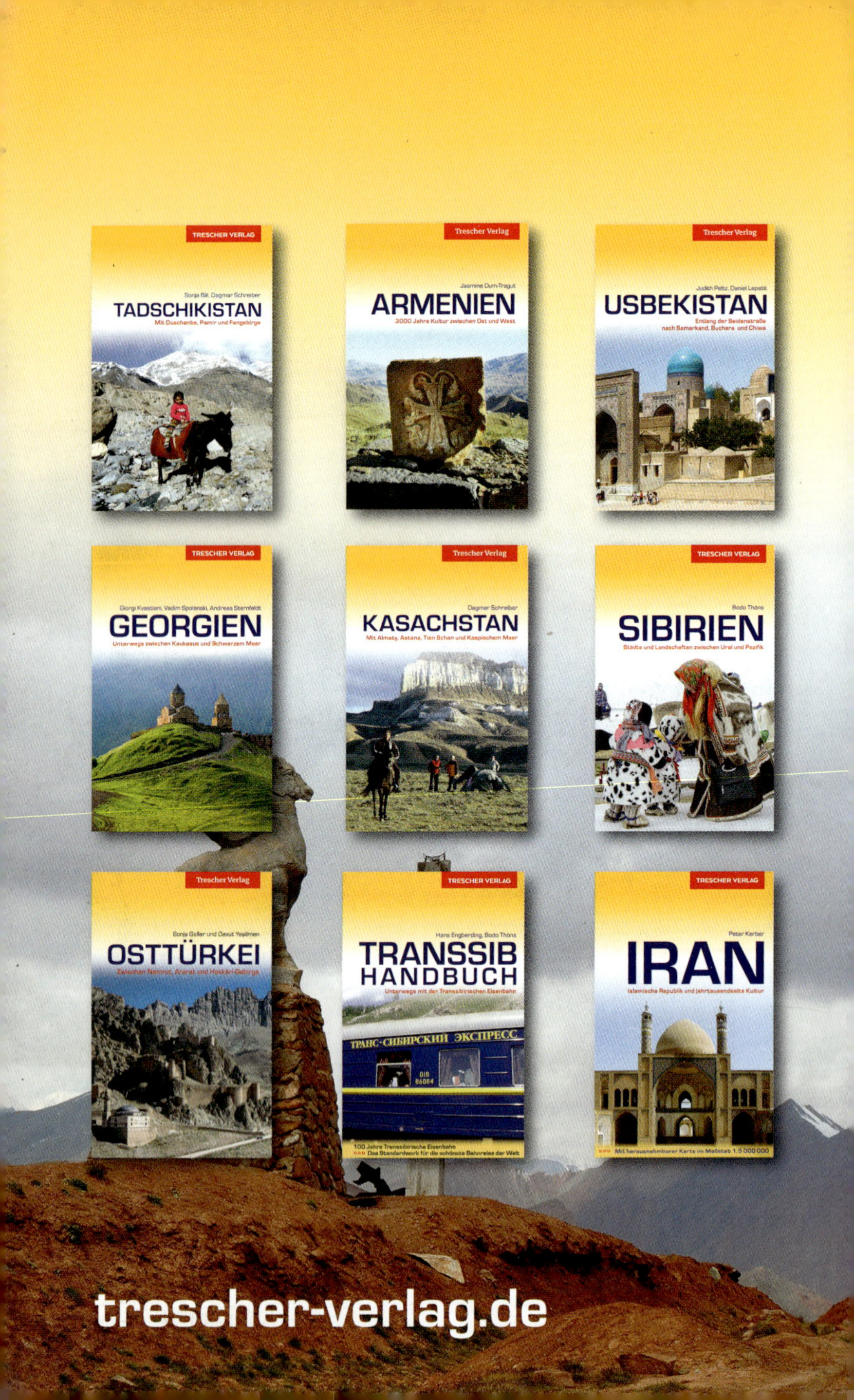
TRESCHER VERLAG
Sonja Bill, Dagmar Schreiber
TADSCHIKISTAN
Mit Duschanbe, Pamir und Fangebirge
Trescher Verlag
Jasmine Dum-Tragut
ARMENIEN
3000 Jahre Kultur zwischen Ost und West
Trescher Verlag
Judith Peltz, Daniel Lepetit
USBEKISTAN
Entlang der Seidenstraße nach Samarkand, Buchara und Chiwa
TRESCHER VERLAG
Giorgi Kvastiani, Vadim Spolanski, Andreas Sternfeldt
GEORGIEN
Unterwegs zwischen Kaukasus und Schwarzem Meer
Trescher Verlag
Dagmar Schreiber
KASACHSTAN
Mit Almaty, Astana, Tien Schan und Kaspischem Meer
TRESCHER VERLAG
Bodo Thöns
SIBIRIEN
Städte und Landschaften zwischen Ural und Pazifik
Trescher Verlag
Sonja Galler und Davut Yeşilmen
OSTTÜRKEI
Zwischen Nemrut, Ararat und Hakkâri-Gebirge
TRESCHER VERLAG
Hans Engberding, Bodo Thöns
TRANSSIB HANDBUCH
Unterwegs mit der Transsibirischen Eisenbahn
ТРАНС-СИБИРСКИЙ ЭКСПРЕСС
100 Jahre Transsibirische Eisenbahn
Das Standardwerk für die schönste Bahnreise der Welt
TRESCHER VERLAG
Peter Kerber
IRAN
Islamische Republik und jahrtausendealte Kultur
Mit herausnehmbarer Karte im Maßstab 1:5 000 000
trescher-verlag.de

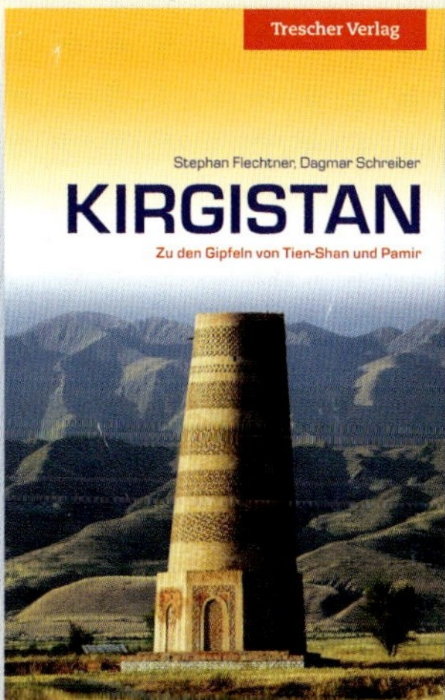
Trescher Verlag
Stephan Flechtner, Dagmar Schreiber
KIRGISTAN
Zu den Gipfeln von Tien-Shan und Pamir

Trescher Verlag
Marion Wisotzki, Erna Kappeli, Ernst von Waldenfels
MONGOLEI
Unterwegs zwischen Altai-Gebirge,
Ulan Bator und der Wüste Gobi

Kartenlegende

- Aussichtspunkt
- $ Bank
- Berg (Höhenangabe in m ü. N.N.)
- Bhudda
- Dzong
- Einkaufen
- Flughafen
- Golfplatz
- Hotel, Guesthouse
- Kloster
- Krankenhaus
- Markt
- Museum
- Parkplatz
- Pass (Höhenangabe in m ü. N.N.)
- Polizei
- Post
- Restaurant
- Sehenswertes
- Tor
- Stupa
- Taxi
- Tankstelle

- 31 Steigung, Entfernung in km
- Hauptstraße
- sonstige Straßen
- Staatsgrenze
- Hauptstadt
- Stadt/Ortschaft

Zeichenlegende

- Allgemeine Informationen
- Hotels, Gästehäuser
- Restaurants, Cafés